诸子百家

中华传世藏书

【图文珍藏版】

王艳军⊙主编

线装书局

第五章　法家

第一节　法家史话

一、法家产生的时代背景

　　法家在战国时期是一个十分重要的派别，而韩非是法家思想的集大成者，是广为人知的重要历史人物。法家的思想影响深远，中国数千年来君主集权的思想，或多或少是受法家所影响的。本书就是阐述韩非子的思想渊源、生平事迹及主要思想，亦深入浅出地介绍法家思想的时代背景、代表人物和核心思想体系。

　　法家是战国时期的重要学派之一，因主张以法治国，"不别亲疏，不殊贵贱，一断于法"，故称之为法家。在百家之中法家很特殊，法家没有什么明确的创始人，更没有开门立派，四方讲学。法家更多的是一种思想潮流，法家人物也多是政治活动家。公认的最早走法家路线的是春秋前期齐国的管仲。一般认为，春秋时期，管仲、子产即是法家的先驱。战国初期，李悝、商鞅、申不害、慎到等开创了法家学派。至战国末期，韩非则集法家思想学说之大成。

　　作为先秦诸子中对法律最为重视的一派，他们以在法律界及法理学方面做出了卓越贡献而闻名，并提出了一整套的理论和方法。这为后来建立的中央集权的秦朝制定各项政策提供了相当有效的理论依据，后来的汉朝继承了秦朝的集权体制以及法律体制，这就是我国古代封建社会的政治与法制主体。法家在法理学方

管仲

面做出了贡献，对于法律的起源、本质、作用以及法律同社会经济、时代要求、国家政权、伦理道德、风俗习惯、自然环境以及人口、人性的关系等基本的问题都做了探讨，而且卓

有成效。但是法家也有其不足的地方。如极力夸大法律的作用,强调用重刑来治理国家,"以刑去刑",而且是对轻罪实行重罚,迷信法律的作用,等等。

历史从哪里来,思想就应该从哪里开始。今天我们试着分析法家思想,就必然要从产生法家思想的那个时代说起。这对于我们从总体上更客观、更深入地理解法家思想的实质是大有裨益的。法家生活在春秋战国这个大变革的时代。西周以来鼎盛的奴隶制社会在经济、政治、文化等领域内都发生了重大的变化。

政治背景

西周时期,以周王为首的奴隶主贵族集团在政治上以"亲亲""尊尊"为基本原则,分封同姓、异姓诸侯,建立了以血缘为纽带的宗法等级社会;在经济上实行井田制,土地被划分成类似井字形的方块,受封的各级奴隶主对被分封的土地只有使用权,没有所有权。自称"天子"的周王以为"普天之下,莫非王土;率土之滨,莫非王臣"出自《诗经·小雅·北山》。这个时期的社会特点,用春秋末期思想家孔子在《论语·季氏》的话来说,就是"礼乐征伐自天子出"。与此相应,西周统治者用周礼来巩固、加强其统治。相传"周公制礼",即在周公的主持下,对以往的宗法习惯进行了系统的整理,制定出一整套以维护宗法等级制为中心的行为规范以及相应的典章制度、礼节仪式。与这套礼制相适应,西周统治者在政治法律思想方面所实行的就是以"亲亲""尊尊"为基本原则的"礼治",其基本特征是"礼不下庶人""刑不上大夫"。在思想文化方面,尽管提出"以德配天"说,但"君权神授"的神权思想仍占据着统治地位;同时,"学在官府",文化教育完全由官府控制,奴隶主贵族子弟也只能去官府求学。整个社会保持着等级森严的统治秩序。然而,当西周这个历史的车轮行进到春秋战国时期,社会的方方面面都发生了重大的变革。

春秋末期,周天子早已失去了昔日驾驭诸侯的权势,王室衰微,王权旁落,各大诸侯国争夺霸权;各诸侯国内部,"礼乐征伐自诸侯出",卿大夫专权跋扈,新旧势力矛盾激烈。王室东迁之后,原来周王室控制的土地尽数为秦国占有,周天子所直接控制的领土不过是成周一带的六百里土地,王室失去了控制各诸侯国的政治、经济、军事实力,徒具天子虚名。也就是说周天子不过是名义上的共主,在春秋时期的政治生活中,周王室几乎没有起过实际的作用。在失去王室控制的情况下,一些诸侯国竞相扩张自己的势力范围,兼并他国的土地。社会秩序也变得动荡不安起来。列国卿大夫在争霸中逐渐发展了自己的实力,攫取了政权,卿大夫的家臣也慢慢掌握到实权,进而控制了国家的部分权力。出现了所谓"礼崩乐坏"的局面。战国时期,各国新兴地主阶级相继走上政治舞台变法改革,他们对以前的政治制度已经不再满足于修修补补,而是大刀阔斧地进行改革,于是,以君主为中心的中央集权的专制制度与郡县制度取代了宗法分封制度,以军功授爵的官僚制度取代了世卿世禄制度。

经济背景

在经济上,铁器逐渐应用于农业生产,牛耕开始普遍推广,使得农业生产力迅速提高。铁器在春秋末年已经出现，但不普及，进入战国以后，无论农业还是手工业，都已经离不开铁制工具。《管子》里谈道：农夫必须有铁制的耒、耜、铫，女工必须有针和刀，制车工必须有斤、锯、锥、凿。否则他们就不能成其事。生产工具方面的变革和广泛使用既增强了开荒的能力，使可耕地面积增多，也为社会提供了更多的生产生活资料。春秋中晚期，在"井田"之外，出现了"私田"。随之而来的是私田的不断增多，土地逐渐可以交换，甚至买卖，井田制渐趋瓦解。战国时期，社会生产方式也开始转变，以一家一户为单位的个体耕作代替了犁耕为单位的集体协作，封建个体经济逐渐占主导地位；"工商食官"的局面逐渐破坏，出现了个体手工业者、商人。他们的行业很多，有铁工、木工、纺织、洗染、刺绣、制陶等。内部分工还很细，有专做鞋、帽、农具、炊具、车子以及专做葬具的。战国时期，参与商品交换的种类繁多，商品交换的地域也相当广，如北方的走马、吠犬，南方的羽毛、象牙、皮革、丹青，东方的鱼、盐，西方的皮革、文旄等。手工业、商业繁荣的结果，城市也空前繁荣，出现了一些人口众多、经济发达的大城市。

文化背景

在思想文化上，随着春秋末期孔子提出的"有教无类"的主张，社会也进入到一个"注重人事""私学"大兴、"百家争鸣"的新时代。在那里，传统的神权观念和神权思想受到了"德""仁"思想的猛烈冲击、批判，"礼"思想、"法"思想成为社会意识形态的重要基础；"士"（知识分子）阶层出现，私学大兴。这些"士"阶层有文化知识，有政治谋略，有军事才能，他们的活动不受国界的限制，无论走到哪里，都受到统治者的礼遇，从这个意义上讲，士人的活跃，奠定了思想文化繁荣的基础。例如，春秋末期，邓析在郑国聚徒讲习法律；孔子在鲁国聚徒讲习六艺，后来发展为儒家学派；春秋战国之际，墨翟又聚徒讲学，发展成为墨家学派。此后，个人著书立说蔚然成风，道、法、名、兵、阴阳、农、杂等学派相继出现，形成了空前的"百家争鸣"的新气象。人们手中已经有很多书籍，学术文化开始步入民间，整个社会的文化、科学水平得到普及和提高。

西周奴隶制社会的运转，依靠的是两项权利原则：礼和刑。"礼"针对贵族，"刑"针对普通百姓。在西周奴隶制社会礼里，各种社会关系主要依靠个人接触和个人关系来维持。天子、诸侯都生活在社会金字塔的顶尖，与普通百姓没有直接关系，而与百姓打交道的人，则是一些下级诸侯和小贵族。诸侯国之间的交往称为"礼"，而贵族依靠"刑"迫使庶民服从。到了东周时期，社会各阶层原有的僵硬界限逐渐被打破，大国之间侵略、兼并；这在春秋五霸、战国七雄之中可以得到印证。各国领导人都想在弱肉强食的残酷竞争中保存自己的国家，强大国家军事、政治、经济实力，强化国家的统治，就需要中央集权。面对这样的形势，儒家、道家、墨家等各派都力图解决君王的各种问题，即开始了后世学者所称道的先秦诸子之间的"百家争鸣"。各国君王最关注的不是怎样谋求民众的安居乐业，而是如何解决当前的严峻的国际形势。就这样，一班"方术之士"登上了历史的舞台。有一些人为他们鼓吹的统治方略提供理论依据，这就构成了法家的思想主张。

二、三晋地区是法家产生的摇篮

三晋地区历史的回顾

三晋地区与法家的产生和发展有着不可分割的关系。三晋地区的主体是晋国,另外卫、郑等国也包括在内。卫、郑虽属小国,但交通方便,商业发达,经济上十分富庶。中国第一部成文法的公布是在郑国,第二部成文法的公布是在晋国。许多著名的法家人物,如李悝、吴起、商鞅等,或者原本就是三晋人,或者是在三晋求学,可以说三晋地区是法家产生的摇篮。

为什么三晋地区能最早孕育和产生法家学派,而同处春秋战国时期的其他诸侯国就不行呢? 这是因为三晋地区有着独特的历史。

晋国立国之时称为唐,其开国君主是叔虞。叔虞是周武王的儿子、周成王的弟弟。《史记·晋世家》记载了周成王封叔虞于唐的有趣故事:唐发生了叛乱,周公派人去平息。成王是在与弟弟叔虞玩耍时得知平叛胜利的消息的,他非常高兴,就随手摘了一片梧桐叶当作圭交给弟弟说:"我就用这片梧桐叶作凭证,封你于唐。"弟弟年幼,还不知道封于唐是怎么回事。成王原本也是闹着玩的,然而跟随成王的史官却记了下来,并选择了吉日要成王进行册封典礼,成王有点莫名其妙,后来才回忆起来,说:"那是我与弟弟开玩笑哩!"史官却严肃地说:"国君是不可以随便开玩笑的。你一句话出口,我们史官就要记录下来,若是国君出尔反尔,会被天下人耻笑的。"成王一听才知道问题的严重性,只好真的把唐封给了叔虞。后来叔虞的儿子燮继位,将都城迁于晋水旁并改唐为晋,被称为晋侯。

晋穆侯时,其太子名仇,因小儿子出生时恰逢穆侯伐千亩获胜,于是就取名成师,就是胜利之师的意思。此事传出后,大夫师服便议论道:"这事儿可怪了,国君给儿子取名考虑欠周全啊! 太子名叫仇,仇字就是仇敌。小儿子叫成师,就是胜利之师的意思。这么一来不是长幼不分、嫡庶颠倒吗? 以后晋国要是不内乱才怪呢!"

穆侯死后,内乱果真发生了。先是穆侯的弟弟殇叔自立为国君,把太子仇赶出了晋国。4 年后,太子仇又把殇叔赶下台,自己当国君,即晋文侯。其子继位,为昭侯。昭侯把曲沃封给了他的叔叔成师。成师很会治理政务,得到民众的拥护。但是,他并不是国君。有人说:"晋国内乱的根源在曲沃,臣子的号召力比国君还大,不内乱才怪哩!"昭侯七年(公元前 739 年),大臣潘父杀了昭侯,请成师当国君,但因受到昭侯军队的抵抗未能成功。后来,昭侯的儿子平继位,即孝侯。

几年后成师死了,其子继续统治曲沃,史称曲沃庄伯。孝侯十五年(公元前 725 年),庄伯发兵杀了孝侯,但孝侯的军队打败了庄伯,立孝侯的儿子为国君,即鄂侯。6 年后庄伯趁鄂侯死的时候攻打晋,但未能成功。庄伯死后,其子继续与太子仇进行一系斗争,于哀侯八年(公元前 710 年)时,曲沃兵俘虏了哀侯,次年将哀侯杀死。曲沃兵虽然没有完全控制晋国,但经过三代人的努力,曲沃实力得到相当大的发展,足以和晋抗衡,成为晋

諸子百家——法家

的心腹之患。到曲沃武公时,他不甘偏安于曲沃,用计杀了小子侯。又经过了28年的准备,在晋缗侯二十八年(公元前679年)向晋突然发起进攻,一路势如破竹,灭了晋国,完成了几代人的夙愿。此时的周天子釐王做了个顺水人情,正式任命曲沃武公为晋国国君,列为诸侯,即晋武公。从此,延续了67年的太子仇一系与成师一系的内乱才算结束。

但是,一波未平,一波又起。晋武公的儿子晋献公为防止原太子仇一系的反击,下令诛杀了所有原晋国的诸公子。照说这场杀戮之后,该平息下来才是,然而晋国公室又孕育着新的内乱。

这还是因为嫡庶问题而引起的。晋献公的嫡长子即太子是申生,而献公却想将妃子骊姬的儿子奚齐立为太子。这样做就要先废掉太子申生,于是公室的矛盾激化起来。而且,即使把申生废了,也轮不到奚齐当太子,于是献公设计把申生、重耳、夷吾都派往国外,都城中只留下奚齐。申生得胜回来,被骊姬设计陷害而死,重耳、夷吾也怕被骊姬杀害,不敢见献公。但是献公还是不能放过他们。献公去世时,效忠于申生、重耳、夷吾三公子的武装力量发动了政变,杀死奚齐要迎回重耳为君,重耳不同意,他们才接回夷吾为国君,即晋惠公。

惠公上台,又大肆杀戮大臣,而且派人去杀重耳,未得逞。惠公死后,其子怀公继位,又大肆杀戮重耳的追随者。此时秦国借机出兵杀了晋怀公,于公元前636年拥立重耳为国君。重耳就是"春秋五霸"之一的晋文公。

这是晋国历史上第二次因嫡庶问题而引起的内乱,其结果,与第一次一样还是以庶公子的胜利而告终。

晋文公即位后,大封功臣,重赏勇士。许多人加官晋爵,得到了赏赐的土地与奴隶。正是在这种情况下,一支新兴的军功贵族在晋国产生了。他们与旧贵族不同,不是依靠血缘关系,而是依靠军功而获得土地、封爵和官位,因此他们比有宗法血缘关系的旧贵族更具进步性。晋文公五年(公元前632年),晋国打败楚国,取得了霸主地位,成为当时最富强的国家。

然而好景不长,又一场内乱暴发了。晋文公去世后,其子襄公在位仅七年,也去世了。太子夷皋年幼,大臣赵盾等欲另立襄公的弟弟雍,而以贾季为首的另一批人却要立公子乐。最后,赵盾在太子母亲的恳求下改变主意,总算是保住了太子夷皋的君位。夷皋即位后就是晋灵公。但是,灵公是个昏君,赵盾等多次劝谏均无用,灵公反而派人去刺杀赵盾,因刺客发现赵盾是个忠臣,才没有成功。后来灵公设计要在宴席上杀害赵盾,却被一个武士倒戈,把赵盾救了。赵盾逃走后,还没有逃出国境,灵公就被赵穿杀死。赵盾回到都城与赵穿共立襄公的弟弟黑臀为国君,即晋成公(公元前606年),这场内乱才算告一段落。

然而晋成公之子景公担心赵氏家族势力太大,功高盖主,下令杀尽赵氏家族。有一出叫《赵氏孤儿》的戏讲的就是这个故事。这又是一场大杀戮。

景公之子为厉公,是个荒淫的国君,被乐书、中行偃发动政变赶下了台,拥立晋襄公的重孙公子周为君,即晋悼公。悼公内修文德,外治武备,又有祁奚等大臣的辅佐,晋国又强盛起来。

到晋悼公之子平公晚年，晋国的大权逐渐落入赵文子、韩宣子、魏献子三家大夫手中。平公死后昭公继位，韩、赵、魏、中行、范、智6个家族势力空前强大，竟能平息周王室的内乱，立周数王。后来6大家族又相互火并，智、赵、韩、魏4家灭掉了中行、范2家。当时的国君出公没办法，想借齐、鲁两国的帮助来干涉，反被4家的军队逼迫而死于逃往齐国的路上。4家又立昭公的曾孙骄为晋哀公。哀公四年（公元前453年），赵襄子、韩康子、魏桓子联合灭了智伯，其封地也被3家瓜分了。哀公毫无办法。到其子幽公十五年（公元前423年），魏氏自封为诸侯，即魏文侯。幽公之子烈公在位期间，周威烈王二十三年（公元前403年），周天子正式封韩、赵、魏3家为诸侯。到公元前373年，魏武侯、韩哀侯、赵敬侯终于把晋国灭了，结束了由叔虞开始的晋国历史。

晋国独特的历史环境导致了法家的产生

晋国的历史说明什么呢？说明只有在这样的历史环境里，法家才能产生。因为从奴隶制向封建制的过渡，好像是从旧的母体中孕育和诞生新的生命一样，母亲的阵痛是难免的。晋国历史上的内战，反映了新生事物由萌芽而逐渐成长壮大，最后战胜并取代旧事物。在这些战争的过程中以及战争结束之后，都要给社会带来一些变化。因为战争的需要，一部分下层士兵或军官身份上升，而另一部分则丧失从前的特权和地位。每次战争之后，胜利者都要实行封赏，赏给有军功的部下土地、爵位或官职等等。随着战争次数的增加，社会的变化就越来越大。

第一，在晋国逐渐形成了一大批军功贵族。他们与旧贵族不同，不是依靠宗法制，即不是依靠血缘关系来继承土地和爵位，而是依靠战场上的拼命杀敌。一大批军功贵族的产生，对晋国社会产生了巨大的影响。

我们知道，奴隶制是以宗法血缘关系为基础的。军功贵族的出现则是对这种亲亲尊尊关系的否定，因此它对奴隶制起着破坏作用。这种破坏突出地表现在内战使公子成师一系获胜。这本身就是对宗法制的嫡长子制的否定。我们不能把公子成师一系战胜太子仇一系而取得君位仅仅看成简单的统治者内部的争权夺利。因为按宗法制的亲亲尊尊原则，嫡长子是唯一合法的君位继承人，而非嫡长子的公子成师一系却大胆地用长戈大戟对这一制度进行挑战，经过几代人60多年的较量，终于夺得晋国君主的地位。公子成师一系的胜利，实际上是新思想的一次胜利。正因为有了新的思想，晋献公才会试图废太子（嫡长子）申生而立庶子奚齐。第二次内乱的结果是选择了贤明的二公子重耳为国君，这才有了晋国成为霸主的那段光辉历史。也正是在这种思想指导下才会有韩、赵、魏的"三家分晋"，以及周天子的正式承认三家为诸侯。因此，晋国的宗法血缘关系远不如鲁国那样牢固，晋国宗室的势力在内战中大大地被削弱了。到战国初，原来的晋国不复存在，变成了三个独立的封建诸侯国，它们所依靠的已经不是宗法血缘关系，而是新兴的军功贵族。因此它们不受旧传统与宗法血缘关系的束缚，容易接受新事物，容易进行改革。

诸子百家 —— 法家

第二，破坏了井田制，使新的封建生产关系产生。晋国旧有土地制度的改革正是在一次又一次内战中得以实现的。内战所导致的直接后果之一就是使得一些奴隶得以趁机逃亡，从而获得自由。与此同时，还有一批奴隶在战争中因战功而获得解放，他们都成了自由民。而许多自由民的出现，又给社会提出了一个新的问题：即他们怎样生活？他们或者成为小手工业者，或者成为小商人，或者逃亡山林成为盗贼，然而他们最容易接受的还是为别人耕种土地，成为农民。在内战过程中因军功获得土地的贵族，对于他们的封地与爵位特别珍惜，不愿用逃亡、消极怠工、破坏工具的奴隶从事耕种，而愿意用那些战争中获得解放的奴隶，因为这些人获得了自由民身份，劳动积极性高。于是由这些军功贵族而形成的新兴地主阶级，与内战中出现的农民阶级便成为一对互为需求的矛盾统一体，从而形成一种新的生产关系。这种生产关系不是奴隶制的，而已经带有了封建制的性质。封建社会的两大阶级，即地主阶级与农民阶级于是形成了。另一方面，在内战中被打败的奴隶主失去了奴隶，然而他们的土地仍然要进行生产，这就逼迫他们不得不雇用自由民进行生产，从而不得不改变剥削方式，也开始向地主阶级转化。这种生产关系的改变，有力地冲击了奴隶制的经济基础——井田制。

第三，大规模封赏中出现了郡县制。这是一种新的政治体制，它逐渐地取代了奴隶制的分封制。这种制度最初出现在晋国。在晋国与郑国的一次战争中，晋国大臣赵鞅在动员将士作战的誓词中说："如果战胜了敌人，上大夫可以授给县，下大夫可以授给郡……（在当时县的建制比郡大，以后才变成郡比县大）"由此可见，晋国已设置郡县。这种制度是将诸侯国划分为若干行政区，在每区设立行政长官。行政长官直接向诸侯国的国君负责，接受国君指挥，但他们并不拥有该行政区的全部土地，大多数也与国君没有血缘关系，即是军功贵族。这样就加强了诸侯国的中央集权，有利于统治者在新的形势下对诸侯国进行统治。

第四，公布成文法。在内乱中获胜的一方以及军功贵族形成的新兴地主阶级，为了维护他们的政治、经济、军事以及文化上的利益和特权，就要用法律来达到目的，因此他们要制定新的法律。在奴隶社会里也有法律，但它是不公布的，统治者可以随意解释法律，也可以随意立法和修改法。如果让这种状况继续下去，这种法律就很难取信于民。另一方面，民众也因为不知法、不懂法而不守法，这些都要求成文法的出现。在这样的形势下，郑国首先"铸刑书"——公布成文法。此后晋国大夫赵鞅、荀寅在鲁昭公二十九年（公元前513年）力排众议在晋国征收了480斤铁铸成一个大铁鼎，将范宣子（晋大夫）所写的刑书铸在上面，公之于众。这就是我国历史上第二次成文法的公布。成文法的公布，当然为法家的产生创造了条件。

也正是在这种历史环境下，"法治"思想在三晋地区就萌芽了。早在晋文公（重耳）的时候，一次，晋文公率部攻打曹国，在攻破了曹国之后传下军令：不得侵扰曹国名士僖负羁的家。而当年曾经跟随重耳在外逃难的颠颉自恃功高爵显，居然置此军令于不顾，带领着士卒冲进僖负羁家，并且在那里放了一把火，把僖负羁家烧了。这种严重违反军令的行为给晋文公很大的震动。为了整顿军纪，晋文公下令处死颠颉，并且通报全军，以此为违令者戒。在同一年进行的城濮之战中,大臣祁瞒也违反了军令,军中的司马以晋文公杀颠颉的事为榜样,当场将祁瞒杀了。在城濮之战进行到最后关头时,车右(官职名称)舟之侨自己悄悄地回晋国去了,这种临阵脱逃的行为没有逃过晋文公的眼睛,晋文公便下令将他杀了,并且通报全国。古代有一句话叫"刑不上大夫",就是说大夫、贵族在一般情况下(除谋反之类的重罪)是不受刑罚的,而晋国居然在一年中(鲁僖公二十八年)接连杀掉了3名违反军令的大臣,这不能不说是有进步意义的。实际上,以上这3件事正体现出了"法治"的思想。"法治"首先就是要取信于民,军令制定下达了,就是不容违抗的。如果因为这3个违反军令的人是大夫就不加处理或从轻处理的话,民众就会认为军令是可以违反的。晋国这一系列行动正是后来作为法家指导思想的"赏善不遗匹夫,刑罚不避大夫"这一理论的萌芽。

只有在如此丰沃的土壤中,法家才有可能产生。因为三晋地区的历史几乎为法家准备了所有必需的条件,所以法家学派最早出现在三晋地区也就不足为奇了。

三、法家的创建

从变法中寻找出路

在晋国发展的同时,其他的诸侯国也在发展,而这些诸侯国与晋国又有着千丝万缕的联系,整个中国的发展也就成了法家学派产生的大环境。没有这个大环境就不会产生晋国及三晋地区这个小环境,也就不会有法家学派的产生。

进入春秋时代,过去的奴隶制统治方法逐渐地暴露出了它的弊端。从上层而言,由于长期实行分封制,致使各诸侯国的力量日益壮大,而周天子的权力却一天比一天减小。从下层而言,由于奴隶主对奴隶的残酷剥削压榨,奴隶们开始了各种消极或积极的反抗,从怠工发展到破坏工具、逃跑,甚至武装暴动。这时的奴隶制已经不再适应生产力的发展,相反,已经成为生产力发展的绊脚石了。

周天子没有能力控制各诸侯国。各诸侯国为了扩大自己的领土开始了相互的兼并战争,而奴隶的反抗又给各诸侯国的后方带来了不安定因素。要想不被其他诸侯国吞并,扩大自己的领土,就一定要安定后方,于是各诸侯国纷纷想办法发展生产,增强国力,这就必然要改变已不适应生产力发展的奴隶制。齐国管仲对奴隶制进行过改良;鲁国也制定出了针对井田制弊端的"初税亩"制度。在这些改良办法的推动下,封建制作为一种新的剥削制度开始在奴隶制的内部孕育。随着时间的推移,诸侯间相互兼并愈演愈烈,战国时原来的诸侯国只剩下了10多个,主要有秦、楚、燕、韩、赵、魏、齐7个大诸侯国,史称"战国七雄"。大国力图一统天下,小国力求安定自保,无论是一统天下还是力求自保都有一个先决条件——富国强兵。这时各诸侯国对改革的需求越来越迫切,过去小范围的改良已经解决不了根本问题,出路只有一条——变法。

从儒家转向法家的过渡性人物——子夏

政治上变法改革的需要,促进了儒家队伍的分化,子夏就是适应这种需要而出现的历史人物。魏国的"西河之学"则是为适应这种需要应运而生的学术机构。

在春秋末期,几大学派就一直在为选择何种统治方式而争论不休,这就是"百家争鸣",其中比较著名的有儒家、道家、墨家。

进入战国时期,道家"无为而治"的思想显然不合时宜,各路诸侯想的都是如何有为,因为"无为"就面临着亡国的危险。墨家近乎理想化的理论"兼爱,非攻"也同样无法为统治者所接受,儒家的"仁政"思想似乎也应付不了当时险恶的环境。然而,政治统治是必须有一种理论做指导的。在这种情况下,儒家学派的一部分成员开始考虑一种新的思想以维护统治者对国家的统治。显而易见,在当时的情况下,国家的当务之急就是发展生产以巩固后方,这样才能扩大军备,在争霸中立于不败之地。而发展生产就要靠人的力量,统治阶级自己是不可能去种地、造武器的,只有依靠下层的劳动人民。众所周知,一个人甘心情愿地干活,与被逼无奈之下违心地干活的工作效率是有着很大差异的。这就要求统治者想办法缓和阶级矛盾,让劳动人民更好地为自己劳作。在封建制一步步地取代了奴隶制之后,统治阶级对劳动人民的剥削方式有了变化,这种变化可以说是经济基础的变化所引起的。经济基础的变化必然要引发上层建筑的变化,这种变化怎样才合理、怎样才能充分调动劳动者的积极性呢? 这正是儒家学派中那一部分有一些新思想的成员所思考的问题。在这些成员中,成就最大的便是子夏。

子夏是孔子晚年的弟子之一。他的思想与孔子的正统儒学思想有不尽相同的地方,因此,经常受到正统儒生们的攻击,被称为"小人儒""贱儒"等。子夏晚年来到魏国,在西河讲学,他的学生中有魏文侯、李悝等。正是在他的引导下,李悝才在魏国进行了变法,并且写下了不朽之作《法经》。稍后的吴起在楚国变法也不能说与子夏的西河之学没有一点关系。因此,可以说子夏在法家的产生过程中起到了重要的促进作用。

就子夏思想而言,对后来的法家有很大影响的主要是他提出了"势"。所谓"势",是指一种威慑力。子夏认为,君主要"善待势",才能加强自己的权势。就是要君王掌握一切对自己有利的条件,使之成为一种强大的威慑力量,从而巩固自己的统治地位。子夏曾经说过:"在《春秋》这部书中,对臣下杀死君主、儿子杀死父亲的记载很多了,这些事,不是一天两天的积累就可以办到的,是逐渐形成的。所以说一个善于用势的君主应该在这些反叛行为还处于萌芽状态时就把它摧毁!"这段话后来被韩非在著名的法家著作《韩非子》中所引用以说明"势"的重要性。慎到的重"势"与子夏是一脉相承的,孙膑"贵势"的思想在一定程度上也受了子夏的影响。

但是,就子夏其人而言,并没有从儒家彻底变为法家,只能说是一个从儒家转向法家的过渡人物。

法家的创始人——李悝

在子夏思想的基础上,李悝大大前进了一步,从而创建了法家学派。"西河之学"在李悝手里才纳入了法家的轨道。因此他在法家的历史上居于重要地位,是个举足轻重的人物。但是由于史料的缺乏,我们现在连他的生卒年代都搞不清楚,只能据一些零星的史料推断,大约是公元前455年至前395年。他辅佐魏文侯,任过北地守、魏相等职。他廉洁奉公,有无私的精神,从而推动魏国的变法改革,使魏国富强起来。

历来人们对李悝的评价是基本上一致的。因为他对魏国确实有巨大的贡献,其政绩说明了他治国安邦的才能。李悝之所以能够成为法家的创始人,除了时代的风浪把他推上这一高峰的宏观原因之外,他严于律己、大公无私、不徇私情,以及矢志改变奴隶制弊端及世卿世禄制度的壮志,也有重要的作用。

这里有一个小故事:

有一次,魏文侯又将李悝招来,向他请教:"先生,依你之见,怎样才能把国家治理好呢?"李悝毫不犹豫地回答:"很简单!据我所知,要想治理好国家,只要对有功劳的人进行封赏,做到奖赏必须实行;而对有过失的人就要处罚,做到处罚必须得当。"文侯听完有些不以为然,说:"我自认为已经做到了奖赏必须实行,处罚必须得当。但民众还是不肯全心全意地为国家出力,这又是为了什么呢?"李悝微微地笑了笑,说道:"我知道,有功劳的人,你都一一封赏了,可你想过没有,在咱们魏国还有一批无功受禄的'淫民'呢!所谓'淫民',就是那些依仗着自己的父辈有功而享受着父辈遗泽的人。他们自己对国家没有立下一点点功劳,却坦坦然然出门就乘上豪华的车马,穿着精美的裘皮袍子,招摇过市。他们整日声色犬马,搞得乌烟瘴气。试想民众看到这些人对国家什么功劳也没有,却过着如此的生活,心里怎么能服气呢?又怎么能全心全意地为国出力呢?"文侯听罢不觉连连点头称是:"有理有理,那先生以为这事应该怎么处理才好?"李悝斩钉截铁地说:"要想成就霸业,就必须夺去这些'淫民'的俸禄,追回对他们的封赏!用这笔钱去召集各国的贤才,这样既平息了百姓的怨气,又为国家广开了才路,是一举两得的办法。"文侯听后大喜,随即传下命令,夺去了那些'淫民'的俸禄,用以招贤纳士。果然取得了很好的效果,为魏国在战国初期成为一代霸主打下了基础。

这个故事表现了李悝勇于与旧势力斗争,崇尚法治的思想,加之魏文侯对李悝的重用和整个社会大环境对一种新统治思想的需要,李悝发动了一场轰轰烈烈的变法运动,法家学派的诞生由此拉开了序幕。

李悝认识到一个国家要想称霸于诸侯就要有强大的军事力量,而强大的军事力量则又要以国家的经济为后盾。在战国初期,国家的经济支柱主要是农业,而农民又是农业生产的主角。要想发展农业,就要解决更好地激发农民生产积极性的问题。只有农民有很高的生产积极性,国家才能富。而只有国富才能兵强。因此,李悝一方面向文侯进谏反对穷兵黩武,破坏生产,一方面又搞出了一套缓和农民阶级与地主阶级矛盾的政策以发展生产。历史记载中有这样一个故事,就反映了李悝对穷兵黩武的反对:

魏文侯经常与李悝探讨历史上国家兴亡的教训。一次,两人谈论起了在春秋末期称霸一时的吴国。魏文侯问李悝:"当时吴国兵强马壮,以至连齐、楚这样的大国都不放在眼里,可为什么最后却被越国给灭掉了呢?"李悝回答:"因为吴国数战数胜!"魏文侯不解地说:"这就不明白了,只有打了败仗亡国的道理,哪会有数战数胜而亡国的道理呢? 打胜仗只会为国家开疆辟土,使国家更为强大呀!"李悝说道:"我之所以说吴国灭亡在数战数胜上,是因为数战就必然要动用大量的人力物力,使百姓疲惫而无法安心生产;而数胜呢,又使君主越来越骄傲,自视无敌于天下,又要接着打仗;像这样骄傲的君主率领的却是一批已经疲惫不堪的百姓,这就是吴国灭亡的根本原因所在。不仅仅是吴国,历史上那些穷兵黩武,不重视发展生产的国家,没有不灭亡的!"李悝的一番话,使魏文侯对战争与生产的关系有了新的认识。

李悝为提高农民生产积极性以发展国家经济做了广泛的调查研究工作,此后又为魏国算了几笔账:一是以一块方圆百里的土地为例,为国家算了一笔账:其地合 9 万顷(古代土地单位换算与现在不同),其中要除去三分之一的山地、湖泊等不可耕地,这样就只剩下了 600 万亩可耕地。如果农民们非常尽心尽力地去耕种,每亩要比正常情况多打 3 斗粮食;如果农民不尽心耕种,每亩要比正常情况少打 3 斗粮食。这就是说,百里之地,每年的产量,由于农民勤与不勤,或增产或减产 180 万石(古代计量单位)粮之多。可见农民积极性的高与低对农作物产量的巨大影响,从而反映出提高农民生产积极性的必要性及重大意义。

二是为一个普通的以种田为生的 5 口之家算了一笔账:按他们种植 100 亩农田计算,秋后虽能收获不少粮食,但首先要交纳赋税,然后还要留够 5 口人一年的口粮,还要支付修理农具、买食盐等一些必不可少的开支,七扣八扣就剩不下什么了,连添置衣服的开销都很难凑齐。一旦家庭成员中有人得病、去世,或是遇上什么自然灾害的话,一家人吃饭的问题都很难解决。在这种情况下,农民连来年的生活能否有保障都不知道,生产积极性又如何提高呢?

以此为依据,李悝提出了"平籴法"。所谓"平籴法",就是国家出面通过宏观调控来调整粮食供需情况的一种办法。具体实施方法是这样的:国家在秋收之后深入地调查这一年的收成情况,如果是大丰收,国家就要出资按照平常年景的粮价大量地收购粮食,不至于使粮价由于丰收而暴跌。对一般的丰收年或收成平常的年景,国家适量按常价收购,要让农民留够自己的所需。遇到了灾年或是收成不好的年景,国家则按照平常的价格再把粮食卖出去。"平籴法"的实行,既可以有效地控制一些商人囤积居奇,哄抬粮价,又可以使农民在遇到自然灾害的情况下不至于挨饿。这样一来,农民的生产积极性自然就提高了,国家的收入也就多了。这个方案对当时魏国生产力的发展起到了很大的推动作用,从而巩固了魏国的新兴地主阶级政权。难怪历史上对李悝的这一套政策有着这样的评价:这套办法"行之魏国,国以富强"(《汉书·食货志》),意思就是(这办法)在魏国推行之后,魏国很快就富强起来了!

我们不能不说李悝此举是具有相当强的经济头脑和政治头脑的。一个国家只有首先解决了民众吃饱肚子的问题,才可能有更大的发展。李悝在两千多年前的战国时代就能够清楚地认识到这一点,实在是难能可贵的。也只有这样,国家政府才能够在民众的心目中树立起威信。在这个基础之上,国家政府颁行的法令才会为老百姓所接受、所遵守。法令只有得到全面推行，才能够起到它所预期的目的。由此我们就不难理解，李悝作为一个封建地主阶级利益的捍卫者，却要时时为农民阶级着想的原因所在了。

李悝在进行了一系列调查研究和准备工作之后，终于铸出了一柄锋利的法律之剑——完成了中国历史上的第一部封建法典、同时又是标志着法家学派产生的第一部法家著作——《法经》，锋芒直指与地主阶级有着根本矛盾的农民阶级与残余的旧贵族势力。《法经》对后世的影响是极为深远的，在清朝的法典中，我们仍可以看到有《法经》的影子。可惜的是，由于历史年代的久远，《法经》一书的全貌我们已经很难看到了，只能从后来的一些史料记载中了解它的一个大概情况。这不能不说是一个遗憾。

依据现存史料记载，李悝所著《法经》一共有六篇，其篇名依次为《盗法》《贼法》《网法》（亦称《囚法》）、《捕法》《杂法》《具法》。其中《盗法》所涉及的内容主要是惩罚侵害他人财产的犯罪；《贼法》的主要内容是惩罚杀人、伤人等危害他人人身安全的犯罪；《网法》是有关囚禁和审判罪犯的法律规定，其内容与现代的诉讼法有类似之处；《捕法》主要对追捕盗、贼及其他犯罪者做出了具体规定；《杂法》是作为以上4法的补充，内容包括很多方面，主要是规定了"六禁"，即淫禁（关于惩治淫乱行为的规定）、狡禁（关于惩治侵犯国家统治权、危害国家机器正常运转行为的规定）、城禁（关于惩治翻越城墙者的规定）、嬉禁（关于惩治聚众赌博行为的规定）、金禁（关于惩治官员受贿的规定）、徒禁（关于惩治聚众行为的规定）；最后一篇为《具法》，主要是关于定罪量刑之法律原则的规定，其作用类似于现代法律中的总则部分。

看过《法经》的基本内容后，我们就会发现《法经》是把保护封建私有财产作为首要任务来完成的，因此它的第一篇就是《盗法》。李悝曾经讲过："王者之政，莫急于盗贼。"意思是说，要想把国家治理好，首先就是要严惩盗贼。李悝的法主要针对的是农民阶级。原因很简单，农民阶级的生活水准是最低的，当时的情况通过合法手段改善生活是很困难的；而地主阶级虽不从事劳动，却占有了绝大部分财产。这样，就会有一部分农民在走投无路的情况下走上为"盗"、为"贼"的道路。因此，可以说《盗法》就是为农民阶级设立的法。实际上，《盗法》所保护的是封建制度下的所有制关系。这一关系是封建制的命脉，只有很好地保护它，封建制才可能继续发展下去。李悝将《盗法》置于全书之首，正是抓住了巩固与发展封建政权统治问题的关键。同时，《法经》一书体现出了法家的指导思想。

在法家看来，人的本性都是恶的，人为了要满足自己的欲望，就必然会做出侵害他人、破坏社会秩序的事来。怎样才能够不让他们这么做呢？法家认为，只有重刑惩戒和威慑，才能避免民众的犯罪。在《法经》中就有这样的规定：凡捡拾他人遗失在路上物品的人，要处以刖刑（古代砍去犯人脚的酷刑）。就捡拾遗失物品本身而言，并不是一种严重的犯罪，为何要处以刖刑呢？法家认为，对很轻微的犯罪给予很严厉的惩罚，虽然对这个犯罪者来说有些不够公平，但其他人在看到犯如此小罪都要受到这样的严刑惩罚时，内心深处就会产生恐惧心理，为了不受刑罚也就不会犯罪了。这一理论后来被商鞅总结成了"以刑去刑"四个字。"以刑去刑"这种重刑主义理论，商鞅在秦国的变法中乃至后来整个中国封建社会中都有所体现,足见其对后世影响之深远。

在《法经》中,另一个显著的特点是在破坏奴隶制等级制的同时,又以法律为手段,建立并维护一套新的封建制的等级制。这也正体现了《法经》一书的阶级性。例如在《法经》中有这样的规定:"大夫之家有侯物,自一以上者族。"意思是说,在大夫的家中如果藏有一件以上诸侯等级应拥有的东西,就要满门抄斩。这一规定既打破了奴隶制下"刑不上大夫,礼不下庶人"的那种等级制,又维护了新的封建制的等级制。

《法经》作为一种维护和巩固封建政权的工具,它不可避免地带有一定的历史局限性,但它毕竟在原有的历史基础上向前跨了一大步。从体例上讲,《法经》开创了成文法典编纂的新体系,一改在此之前法令、法规重叠、混乱的局面;而《具法》一篇的设立,更是开历史之先河。从内容上讲,《法经》将官吏受贿等行为列入应受法律制裁的行列等,我们只有将其放到它所处的那个特定历史时期去分析,才能够比较清楚地认识《法经》,认识李悝,认识法家。一部《法经》为法家学派的学术理论体系勾勒出了一个大概的框架。法家也像这部《法经》一样,他们既有先进的,带有革命性的一面,同时又主张对劳动人民的反抗给予残酷的镇压,带有强烈的阶级性。法家试图以法律来治国,来统治民众,使民众以他们所制定出的法律为行为规范。

李悝作为法家学派的创始人,他非常善于用法律来规范人们的行为,除"以刑去刑"外,还有一个小故事同样表现出李悝对以法治人之道的擅长。

魏国地处中原腹地,与几个军事强国接壤。要发展生产,首先就要具备强有力的武装力量,保证边境上的安全。但是,当时魏国处于一种百废待兴的状况,让国家一下子拿出那么多钱去训练军队,有一定的困难。况且,即便是国家抽调出这笔钱来,也不可能把大多数的青壮年男子征来当兵。在这样一种国防与生产矛盾的情况下,李悝想出了一个主意。当时,民间因为土地占用、借贷关系、遗产继承等问题发生纠纷,直至诉诸公堂的事是时常发生的,而这种案件往往又是很不容易审理清楚的。李悝奏请魏文侯批准后做出了这样一个规定:凡属民事纠纷案件长期审理不清的,采用一种新的办法来判断纠纷双方谁是谁非:让原告、被告双方比试箭法,哪一方射得准,哪一方胜诉。规定传出之后,百姓们纷纷买弓买箭,在家操练起来,以备将来派上用场。

看到这里,我想大家也就都明白了是怎么回事。原来,民众各自回家练习射箭,恰恰就是李悝发布这条规定的目的所在:民众为了将来打官司时能够胜诉,必定苦练箭法,这样一来,一不用国家派官员管理,二不用国家出钱买训练器械;而民众为了能够维持生活,又绝不会因为练射箭而荒废了生产。你看,这不就是个一举两得的好办法吗!自此以后,魏国上下全民皆兵,打起仗来谁都能拼杀一阵。后来吴起驻守河西时,让一些农民临时组成一支"突击队",轻而易举地将秦国的一处观察亭攻下。这其中,可以说有李悝很大的功劳。李悝正是这样用法规来引导民众,从而达到巩固国家、巩固地主阶级统治的目的。

李悝作为初期法家的代表人物,在他身上表现出了法家所特有的革命性和进步性,同时也不可避免地有一定的不足。如理论上比较简单,在政治策略上只有"赏"与"罚"

两个字等。但这毕竟是法家走出的第一步，与一个婴儿走出的第一步一样可贵。而李悝在魏国实行了一系列以法家思想为指导的变法改革之后，魏国在很短的时间里就一跃成为战国初期第一大强国这一事实，就足以证实法家——这个刚出生的婴儿有着多么不可思议的力量。就李悝个人而言，他开创了法家学派，并为后世法家制定了根本指导思想，为吴起在楚的变法、商鞅在秦的变法，乃至秦始皇统一中国这些历史性的史实打下了理论基础。

四、吴起对法家思想的实践——在魏楚的变法

在坎坷的道路上完成由儒家向法家的转化

吴起是在李悝之后出现的一位法家学派的代表人物。他不仅是法家，也是军事家、政治家、史学家。但是，学术界过去往往更重视他的军事成就，而忽略了他作为法家在历史上的重要地位。

吴起出生于战国初期卫国的一个富商之家，大约生于公元前440年。卫国处于三晋地区，又是中原水陆交通的枢纽，经济文化都很繁荣，吴起在年轻时就受到了法治思想的影响，并将"法治"运用在自己的家庭中。他有一位漂亮的妻子，善于纺织各式各样带有美丽花纹的腰带。有一次，他需要一条比较宽的腰带，就请妻子为他织，并告诉妻子他所需要的宽度。妻子痛快地答应了，很快就织了出来。可是他一试，发现宽度不够，便让妻子按要求的宽度重新织一条。她织出之后，仍然不符合吴起要求的宽度。吴起的妻子解释说："我一开始织的时候就把经线上少了，再织就很难改变腰带的宽度，所以第二次织出来也窄了。"吴起并没有因为她的解释而原谅她，而是写休书将她赶回了娘家。这件事足以反映吴起崇尚"法治"的精神。"法治"要求人们言必信，行必果，一件事情如果办不到就不要答应，而如果答应了就一定要办到。答应下来却办不到就是无信，与无信的人是不可以为友的，更不要说是朝夕相处的夫妻了。当然，不能否认，在这件事上吴起对"法治"的理解过于僵化，但也正体现出吴起对推广"法治"思想的坚决态度。吴起不但对别人以"法治"要求，对自己也同样用"法治"来要求。有这样一个故事：吴起在魏国做西河守的时候，有一次意外地碰到了一位多年未遇的老朋友，吴起很高兴，就请朋友到家中吃饭。他的朋友以为是客套，就推辞说："我还有些别的事情，以后再叨扰吧。"吴起便说："也好，你先去办你的事，晚上一定到我那里去吃晚饭，我等着你一起吃。"朋友随口说道："一定，一定。"吴起回到家中就命令家人做好了饭菜，准备晚上和那位朋友一起用。可是那位朋友并没把他的邀请当真，当然也就没有来。吴起因为答应了等朋友来一起吃，所以就一个人坐在桌前一直等到第二天早上，见朋友还没来，只好又派人去请，直到朋友来了，才与他一起吃了饭。可见吴起已经把"法治"思想贯彻到自己的日常生活当中了。

在这种"法治"思想的影响下，吴起具有了非常强的叛逆思想。他试图以自己的财产

诸子百家——法家

打通关节,在卫国谋取个职位,却遭到了卫国贵族的讥笑,一气之下,将这些讥笑他的贵族杀了,告别老母逃到了鲁国,投师于名儒曾申门下。他因为母丧不归而触怒了曾申,并被逐出了师门。此后,吴起在鲁国曾领兵打败了入侵的强大齐军,却因鲁国旧贵族的排挤而不得不到了魏国。这时魏文侯正需要人才,便任用吴起为将,参加伐中山的战争,之后,又任西河守。

吴起与李悝都是早期法家的代表人物。

李悝

在魏国西河的变法

吴起以他的军事才能为魏国攻下了秦国的 5 座城池,魏国在这 5 座城的基础上建立了西河郡(此处的西河郡与子夏讲学的西河并非一地),魏文侯任命吴起为西河守(西河郡的最高军事行政长官)。吴起在任西河守期间以李悝所创立的法家思想为指导,进行了一系列的改革。

吴起初到西河时,发现这里的民众对魏国政府还不够信任。这一方面是由于西河刚刚划入魏国版图,另一方面是因为民众对魏国正在进行的变法还不够了解。吴起感到如果不能够取得民众的信任,自己对西河的改革举措是绝对无法完成的。于是,他决定先从取信于民入手,向民众展示一下法家的"言必信,行必果"与赏罚分明。

吴起到任不久的一天早上,进出南门的民众惊异地发现城门的旁边立着一根柱子,柱子浅浅地埋在土里,摇摇晃晃,柱子边上还悬挂着一张告示。告示上写着:"明日有人能偾南门之外表者,仕长大夫。"意思是说,明天谁能把立在南门外的那根柱子推倒就任命谁为长大夫。大家一看,都觉着这天底下绝不会有这么便宜的事,也就没放在心上。后来一好事者推倒了柱子,果然被任命为长大夫。自此,西河之民众知道吴起是"言必信,行必果"的人,吴起和魏国在西河民众心目中的威信逐渐树立起来了。

很显然,以推倒一根柱子换取长大夫的职位,这对民众而言是太合适了,这种不等价的交换,在谁看来都是难以置信的。而吴起却要把它变为现实,其目的就是要让西河的民众都知道,他吴起和魏国政府,在任何情况下,说话都是算数的,只有在取信于民之后,政府所下达的命令才能为民众所不折不扣地执行,颁布的法律才能一丝不苟地遵守。

吴起在做好了充分的准备工作之后,便开始推行其以法家思想为理论指导的变法改革。提高生产力当然是首要问题。吴起在农业生产问题上,推行了李悝的"尽地力之教"与"平籴法",大大地提高了农民的生产积极性,解决了民众的吃饭问题,同时也使国家的粮仓充实了起来。此后,吴起清除了奴隶制社会所残留的旧风俗旧习惯,建立起了一套封建制的新秩序。吴起对使他自己受害匪浅的奴隶制用人制度进行了彻底批判,大胆地提出了"贤者居上,不肖者居下"的新用人制度,将一大批有才能,忠于新兴地主阶级的人提拔到关键职位上。这一举措使很多空有一身本领无处发挥的人受到了很大鼓舞,让他们看到了希望所在,从而使新制度进一步地得到了更多人的拥护。在军事方面,吴起也将法家的思想运用其中。他认识到在军队中如果没有一个权威来指挥,人再多也是乌合之众,不可能有很强的战斗力。那么以什么为权威呢? 他认为应是以"法"。"法"定出来了,就要令行禁止,对能够很好遵守的赏,对胆敢触犯的则重罚。这正是法家"信赏必罚"的思想。在这一点上,吴起是绝不留情面的。

有这样一个故事:有一次,吴起带领魏军去攻打秦国,一勇士为表现自己,令未下而先潜入秦营,毙敌数人,大获而归。吴起却喝令将其斩首,有求情者,吴起说"其勇可喜,但违令当斩"。自此,魏军严守军纪,一时军威大振。吴起以法治军获得成功。

吴起同样又以法家思想为指导,在西河建立起了一支威震列国的武装力量——"武卒"。吴起在建立"武卒"的过程中,严格地遵循自己提出的"贤者居上,不肖者居下"的用人方针,对每个参加"武卒"的人,都进行严格的考试,通过的留下,通不过的绝不通融。据记载,吴起选拔武卒的标准是这样的:披上沉重的厚甲,携带 12 石拉力的强弩,再带上50 支利箭,扛上长戈,头戴铁盔,腰佩短剑,背上足够吃三天的干粮,如此全副武装,要在一天之内急行军 100 里,能够完成的,才可以加入"武卒"的行列之中。正因为有如此严格的选拔,才使"武卒"的战斗力非常强大,吴起正是率领这样一支队伍创下了"大战七十六,全胜六十四,其余则钧解"(《吴子·图国》。钧解:不分胜负。)的战争史上的奇迹。这固然与吴起的军事才能有着密不可分的联系,但也不能不说有着法家思想的功劳。

以上这些事情说明,吴起虽然没有给后世留下什么法家著作,但他完全够得上是法家学派中的实践家了。他将法家的理论融汇到了政治、军事、经济等各个方面,并以此创下了不朽的丰功伟绩。吴起在西河郡的变法进行了 20 余年,可谓大得民心,在这块原本属于秦国的土地上,民众没有对吴起进行过任何形式的反抗,相反,他们非常信任他,尊重他,乐于接受他的领导。在这 20 余年间,吴起将西河郡建成了魏国西部边境的铜墙铁壁,令秦国不敢越境一步。他所创建的"武卒"也成为列国公认的当时战斗力最强的部队之一。吴起在西河期间写下了举世闻名的《吴子兵法》,在这部军事著作中,也有不少的地方反映出了吴起的法家思想,如在《吴子·治兵》篇中,吴起就把用兵取胜的起码条件归纳为"四轻、二重、一信"。"四轻"指要在物质上为作战准备好马匹、战车、武器、甲胄,并选择合适的地形、道路;"二重"指前进重赏,后退重罚;"一信"指赏罚严守信用。很明显,这是法家思想。

吴起虽然为魏立下了汗马功劳,却终因奸臣王错等人向魏武侯(魏文侯之子)大进谗言而失去了武侯的信任。在这种情况下,吴起不得不离开魏国,逃奔楚国。

在楚国的变法

楚国国君楚悼王听说吴起逃到楚国,便立即请来待之如上宾,并委以重任,打算在吴起的帮助之下振兴楚国。

当时,楚国是诸侯国中疆域最大的一个国家,但由于长期受各种旧制度的束缚,国力却弱得可怜。吴起到楚国的时候,楚国已经到了只能靠向列国割地求和来维持国家生存的地步。所以,吴起的到来,在楚悼王看来无疑是一场"及时雨",他从吴起的身上看到了楚国振兴的希望。

吴起在与楚悼王的第一次见面中,就明确地提出了自己的主张———削弱旧贵族势力,得到楚悼王的肯定,其实这一主张与李悝的"夺淫民之禄"如同出一辙。

接着,楚悼王任命吴起为宛守,让吴起在宛变法。宛处于楚国北部,与秦、韩、魏三国接壤,其重要性就如同魏国西河一样。吴起到宛之后,完全按照当年他在西河变法时的办法,从政治、经济、军事几个方面推行封建制下的各项新制度,扫除奴隶制下的各项旧制度,与此同时又不断地到各地去调查各阶层对改革的不同反应,并按当年训练"武卒"的办法,开始训练楚国的军队。

但是,楚国的历史背景与三晋地区不同,它的旧势力非常大,而吴起的变法必然要触及他们的个人利益,他们当然不会坐视不管。在这样的利益冲突之下,一场新旧势力的力量角逐开始了。

公元前 382 年,楚悼王正式任命吴起为令尹(全国最高军事行政长官)。吴起成了"一人之下,万人之上"的楚国"总管"。而以屈、景、昭三家为首的旧贵族势力与吴起的争斗也渐渐公开化了。新旧两种势力的矛盾愈来愈尖锐。

屈、景、昭等旧势力的反对,并没能阻止吴起的变法。吴起首先以李悝《法经》为蓝本,制定颁布了统一的成文法,将权力最大限度地收归君主,实行地主阶级专政。吴起还提出了"明法审令"的主张,就是要让所有的人都清楚地了解国家法令,从而使法令得到切实贯彻执行。此举的目的在于以"法"为武器,保护新兴地主阶级利益,打击反对派势力。然后,吴起向楚国世世代代执行的分封制提出了挑战,准备以此削弱奴隶主贵族的势力。他做出规定:凡受过分封爵位和领土的贵族,只要爵位已传了三代,就要将爵位、俸禄、土地一并收归国有;他又着手废除了一大批国君远房亲戚的宗室谱籍,取消了这些人的世袭特权;对于那些坚决反对变法,代表保守旧势力的大臣,吴起则采用"蚕食"的办法,慢慢地降低他们的职位,渐渐地收回他们的权力,以期将权力最终集中于君主,从而达到巩固王权和维护地主阶级统治的目的。

与此同时,吴起在政府机构中大力推行"法治",对那些贪赃枉法、目无法纪、一心只知搜刮民脂民膏、置国家利益于不顾的贪官污吏,一律予以法办。此举使官吏逐渐廉洁起来,为楚国树立了良好的社会风气。此外,吴起又在官吏中提倡为官的要公私分明,不能因为私事妨碍公事;不要受谗言迷惑,要保证忠臣不遭诬陷;不听随声附和的话,不用苟且于世的人。要求官吏们办事,只要符合道义就大胆去办,不要管别人是毁谤还是赞扬。这一系列措施,严厉打击了保守旧贵族的嚣张气焰。吴起为巩固胜利果实,开始乘胜追击。他意识到,那些被夺了爵位或还没被夺去爵位的旧贵族大都聚居在都城附近,很便于相互勾结伺机反扑,破坏变法。为此,他与楚悼王商议之后,向聚居在都城的旧贵族发布了一条命令,责令他们限时收拾东西,举家迁居到有待开发的边区去。这道命令对旧贵族势力的打击非常沉重,使他们伺图大举反攻的机会大大降低了。

吴起解除了这一后顾之忧后，便全面展开了以法家思想为指导的，针对政治、经济、军事各个方面的变法运动。

在政治上，对楚国庞杂臃肿的官僚机构动了大手术，将一些不起作用或作用重叠的机构撤销，以"贤者居上，不肖者居下"为标准，将一批有能力、有真才实学的人安排到重要岗位上，而对那些当初通过种种不正当途径进入国家机构的以及政绩平庸的人员一律罢免。吴起对那些不从事生产，仅凭如簧巧舌四处招摇撞骗、蛊惑人心的"游民"下了禁令，使这些人不得不回去从事生产，既保证了劳动力的数量，又稳定了社会秩序。

在经济上，吴起继承发扬了李悝"尽地力之教"的政策，鼓励民众大量开垦荒地，开出来的土地一律归个人所有。由于吴起在楚变法的时间不长，这项措施没有起到彻底动摇奴隶制根基的作用。

在军事方面，吴起按照当年在魏国西河训练"武卒"的办法，以法治军，赏罚分明，同时将军队的指挥权集中到楚悼王的手中，使楚国的军队战斗力逐渐加强，具备了"逐鹿中原"的条件。不久，这支队伍初试锋芒，一举攻下了秦的几座城池，使诸侯们对楚国不得不刮目相看。稍后赵国在与魏、卫两国联军的战斗中失败，向楚国求救。吴起率楚军救赵，这支刚刚接受吴起训练不到一年的队伍，竟将魏国的"武卒"击败，吴起领兵一路追杀，直至黄河岸边。过去一向软弱可欺的楚国，这次竟然能够击败魏"武卒"，饮马黄河，给各路诸侯们以很大的震动，吴起的变法开始展示出它的成效。

正在吴起的变法大业如日中天的时候，楚悼王突然暴病身亡。吴起只好将变法的事情暂时停了下来，为悼王治丧。以屈宜臼、阳城君等为首的旧贵族势力乘此时机，相互联络，在吴起陷于极度悲哀的情况下，集结了大批私人武装攻进了都城。吴起死于旧贵族势力的疯狂反扑之下，他所进行的变法也就此夭折，所有被废除的旧制度重又恢复了起来。楚国又回到了混混沌沌之中，以致最终走上了灭亡的道路。

吴起在楚国的变法虽然以失败而告终，但作为法家思想的又一次实践，却直接影响了后世的法家。商鞅后来在秦国的变法正是总结了李悝、吴起等前辈法家的经验教训才得到了"商鞅虽死而秦法不变"的最终胜利，从而为秦王政完成统一六国的大业奠定了坚实的基础。

我们不妨来分析一下吴起变法失败的原因，就能从中看出一些早期法家的弱点或不够成熟的地方。

（1）对法家理论的运用过于僵化。楚国与魏国有着不同的历史背景，魏国受奴隶制束缚较少，而楚国却是一个奴隶制根深蒂固的国家，它的旧势力要比魏国强大得多。吴起没有对这一问题给予足够的注意，仅采取了旧贵族的爵禄传过三代以后剥夺其爵禄，让旧贵族迁往边地等一些相对消极的措施，没有做到对旧势力的彻底打击，因而使旧势力还有反扑的力量。

（2）未能积极发动民众的力量。这是法家的一个通病，当然也是由于历史的局限性所造成的。纵观法家从产生到消亡的过程，对治吏的重视程度从来就远远高于对治民的重视，后来甚至提出了"明主治吏不治民"的相对极端的理论，这不仅是吴起失败的原因之一,也是法家学派最终消亡的原因之一。这里所讲发动民众的力量,是指对民众意识的引导。正因为早期的法家对此问题重视不够,所以变法往往是自上而下的,民众只是消极地接受,而并不十分理解。这才会使楚悼王的死对吴起的变法有着那样大的影响。如果说吴起的变法能够首先从思想上深入人心,那么即使是吴起死了,变法也是会继续的——正如商鞅在秦的变法那样。

(3)过分强调要"法治"而忽视了人在社会中所起的重要作用。李悝、吴起都对培养继承人的问题不够重视。他们片面地认为有"法"就足够了,却不曾认真地考虑过"法"同样也是要由人制定并由人来实施的,这一因素大概也可以算是导致法家昙花一现的原因之一吧。

我们也不能否认客观因素对吴起变法的影响,吴起在楚国从变法开始到为变法而死只有短短的一年时间,在这一年之中要把一个长期受奴隶制束缚的国家彻底改变,谈何容易?再者,法家学派在当时刚刚创建,其理论还正在探索之中,吴起不可能有后世商鞅那么多的经验以供借鉴等等。

作为生活在现代社会中的我们,可以从吴起变法的失败中看到任何时候的改革都必将会受到守旧势力的顽固抵制,因此在改革中新旧势力之间的冲突,直至武装斗争都是难免的。守旧势力往往有强大的力量,推动历史前进的力量又往往是要历经千难万险才会有最终的胜利。当然,无论是什么人、什么团体都不可能阻挡历史车轮的滚滚前进,而历史的车轮也总会将这些旧的保守势力碾碎的。

五、申不害对法家思想的发展

申不害的生平与所处的时代

继李悝、吴起之后,申不害对法家的理论又有较大的发展。申不害本是郑国人,郑国被韩国所灭后,他作为"贱臣"在韩国为官,被韩昭侯器重,后官至相。他在辅政的 15 年中,韩国的国力有了较大的发展,以至当时没有哪个诸侯国敢于侵略韩国。

申不害所处的时代,地主阶级已经夺取了政权,但是还需要巩固政权。法家思想作为一种统治的指导理论,其首要任务就在于要适应这一需要。根据韩国的特殊情况,申不害在这特定的社会环境下,对法家理论做了相应的发展。

我们在回顾晋国历史时曾提到韩国,在"三家分晋"以后,它是三晋地区的主要国家之一。它与魏、赵有共同之处,也有着独特的地方,这就是它当初在"三家分晋"时,所分得的地盘最小,又夹在秦、魏、楚几个大国的中间,可以说危机四伏。而韩国的新兴地主阶级内部又是矛盾重重。从韩景侯正式列为诸侯到申不害所辅佐的韩昭侯这六代中,连续发生了韩列侯(韩景侯之子)的相侠累(一作韩傀)被刺客聂政刺死、韩哀侯被杀等事件。这些内部矛盾不断冲突,使韩国的统治政权受到很大削弱,再加上西边的秦国又一直虎视韩国,并于公元前 371 年攻取了韩国的 6 座城池。在这样内外交困的背景下,韩国国力一直很弱,以至于到后来不得不采取消极躲避的办法,将更弱小的郑国灭了,迁都新郑以躲避秦的威胁。到韩昭侯初年,情况仍没有好转。随着时间的推移,大部分诸侯国都经过了程度不同的变法,其中一些国家很快强盛起来,这给韩国带来了更大的威胁。连小小的宋国都曾攻取了韩国的黄池(今河南商丘西南)。近邻魏国更是隔三差五地侵略韩国,弄得韩国整日不宁。韩昭侯实在不愿意当这个担惊受怕的国君,便开始考虑进行变法改革,以求富国强兵。韩昭侯所需要的改革,已经不再是所有制的变革,而是对统治方法的改良了,这就是所谓的"内修政教"。

法家"术"的思想的提出及其意义

由于受到这样一个特定历史环境的影响,申不害在原有法家理论尚"法"的基础之上,又提出了"术"这一理论。

所谓"术",并没有一个明确的概念,其基本内含就是现在所说的"权术",也许用一个故事能更好地解释"术":在申不害刚刚成为韩国大臣的时候,魏国发兵攻打赵国,一直打到了赵国的都城邯郸,但攻了很久,也没有攻下邯郸,魏、赵两国都派使者来想与韩国联合。韩昭侯便问申不害:"你看我与哪国联合好一些呢?"申不害刚接触韩昭侯不久,不知道韩昭侯是怎么想的,怕说错了话韩昭侯不高兴,便推托说要好好考虑考虑。申不害私下里却找到了赵卓、韩晁两位大夫,让他们分别劝说昭侯,一个说助魏,一个说助赵,申不害则在一边注意观察韩昭侯对这两种意见的反映。根据观察,申不害发现昭侯倾向于其中一种意见。当昭侯再次问他的时候,申不害就说出了昭侯所倾向的那种意见。昭侯听过之后,果然很高兴(《战国策·韩策一》)。在这个故事中,申不害所运用的就是"术"。在当时,"术"确实能够非常有效地调整统治阶级内部的冲突,很好地维护王权。这种"术"也正是韩昭侯所需要的,因为他看到了直接导致韩国弱小的原因,并不是来源于国外的侵略,而是在萧墙之内的火并,而"术"正是对付这种内部矛盾冲突的有效办法。所以他在发现申不害这个善于用"术"的人才后,马上委以重任,令申不害为相。《史记·老子韩非列传》中就有这样的记载:"(申不害)学术以干韩昭侯,昭侯用为相,内修政教,外应诸侯。"

申不害所主张的"术",在当时实际上是有进步意义的。由于在战国之前一直实行的是分封制,各级贵族一向是各自为政,战国时期分封制虽然基本废除了,但其影响还没有彻底清除,操有实权的大臣总有一些独断专行、无视君主的表现。而君主用"术"来控制大臣可以有效地抑制这种现象,从而达到巩固君主集权、稳定国家政局的目的。就像申不害所说的:"明君使其臣并进辐凑。"(《群书治要》卷三十六《申子·大体》)这句话的意思是,高明的君主能使自己像车轮的毂一样,让臣下像车轮的辐条一样,辐条虽然伸出很长但根部总要凑在车毂上,受到毂的控制。

对此,我们不妨讲一个韩昭侯用"术"的故事。韩昭侯曾派使者去外地巡察,使者回来之后,韩昭侯问他:"巡察的路上都看到些什么?"使者回答:"没有看到什么特别的。"昭侯又说:"没看到什么特别的,那你就随便讲讲这一路上都看见了什么吧。"使者想了想

諸子百家——法家

说："出国都南门的时候,看到有黄牛犊在道路的左侧吃禾苗。"昭侯听完很严厉地说："不许你向外泄露我曾经问过你的这件事情。"原来,国家早就下过命令,在禾苗生长期间,严禁牛马进入农田毁坏禾苗。昭侯听过使者所讲的情况便知道承办这件事的官吏没有认真地执行这项命令,于是下令让官吏马上把各地牛马入农田毁苗的情况报上来,报不上来的要处以重罚。官吏们只得急急忙忙地凑了一些材料报上来,打算蒙混过关。昭侯看过之后,发现上面没有南门外黄牛吃禾苗的事,就说："还有遗漏。"官吏们只得再次去搜集材料,果然发现南门外还有一群黄牛在吃禾苗。这件事使官吏们大为震惊,他们认为昭侯真是明察秋毫,骗不过去的。此后这些官吏再也不敢阳奉阴违、玩忽职守了(《韩非子·内储说上》)。可见申不害所主张的用"术"在当时并非毫无意义。

通过上面所讲的几个关于"术"的故事,我们不难发现,"术"与"法"不同。"法"是要公之于天下让世人知道以便遵守的,"术"则是要深藏于君主内心,让世人都难于揣摩的。用"术"给君主蒙上了一层神秘的面纱,让臣下总也搞不懂君主到底想的是什么,以及知道什么或不知道什么。这正是申不害主张用"术"的目的之一。申不害认为,君主的思维一旦为臣下所了解,臣下就可能去迎合君主,以成一己之私,因此,"术"要求君主对身边所发生的事情假装不闻、不见,这样就可以不暴露君主自己的所见、所闻、所知,以至所欲。君主在这样的情况下才能做到"独视""独听""独断"。申不害有过这样的表述:君主心思表现得很明白,臣下就会对君主所为有所准备;如果君主的心思表现得不很明白,臣下就会疑惑。那么,怎么样才能使君主很好地驾驭臣下呢? 申不害说:君主在只有表现出什么心思都没有的情况下,才能够观察到臣下真实的情况。这话实际上就是要君主以骗术、阴谋来驾驭臣下,以使臣下不敢对君主以及王权有所冒犯。上面讲的那个"牛吃禾苗"的故事中,韩昭侯正是这样做的。他在得知了使者传回的"情报"之后就严密封锁消息,不让任何人知道他已经了解此事。而当官吏们试图蒙骗他时,他却把自己掌握的情况突然亮出,使官吏们以为他早已明察秋毫,以达到督促官吏的目的。韩昭侯从申不害处学到了用"术"之后,就时常把它运用于实践中去。比较著名的还有韩昭侯用"术"对付内官的故事。内官由于侍奉于君主左右,君主的一举一动往往都很容易被他们观察到,因此,对他们用"术"比较困难。但韩昭侯却每每运用自如。例如:韩昭侯有一次在沐浴的时候发现在浴缸的底下有一些石头、瓦砾。出现这种情况很明显是主管沐浴的内官失职。但韩昭侯经过冷静的思考,认为主管沐浴的内官不至于糊涂到这种程度,一定是有人试图诬陷这个内官,以取代他的职位。于是昭侯就假装什么都不知道,照常沐浴,然后对左右的内官说："我打算把这个主管沐浴的人换掉,谁能接替他?"内官中有一人答:"我可以接替。"昭侯认定此事必是这人所为,但仍很平静地说："那好,你来一下。"那位内官还以为有什么好事,忙随昭侯到了另一处宫室,昭侯猛然厉声喝问:"你为什么在我沐浴的水中投入石头、瓦砾?"这位内官以为昭侯已经知道自己所为,只得认罪(《韩非子·内储说下》)。

在申不害的倡导下,"术"成了君王的杀手锏,也确实取得了一些成效。但由于"术"的本质是欺骗,这就不可避免地有它消极的一面,用"术"实际上把君与臣的关系对立了起来。虽然申不害提出"术"的本意可能是试图解决统治阶级的内部矛盾,但在客观上,当"术"使用过多时,则无疑加剧了统治阶级的内部矛盾。随便举个例子,就可以说明君王对臣下的防范是何等严密。

韩昭侯有一次喝多了酒,胡乱地躺倒就睡着了。在一旁的典冠(专掌君主帽、冠的内官)怕昭侯受风寒,就悄悄地取了一件衣服盖在昭侯的身上。过了一会,昭侯醒了,发现身上盖了一件衣服,就问左右:"刚才是谁给我盖的衣服?"左右忙答道:"是典冠大人为您盖的衣服。"昭侯闻听此言脸色大变,当即下令将典衣(专掌君主衣服的官员)治罪,将给自己盖衣服的典冠拉出去杀了(《韩非子·二柄》)。

就此事而言,治典衣之罪是理所当然——他没有给君主及时地盖衣服是失职,而将典冠杀掉,却明显地表现出昭侯对臣下的防范之心。他认为典冠为自己盖衣服是一种越权行为,而对君王而言,最可怕的正是越权行为,所以昭侯宁可忍受风寒,也绝不容许有越权行为的发生。为此他将典冠杀了。很明显,臣下之所以会听从君主的,并不是因为臣下尊重君主、信任君主,而是因为臣下怕君主,因此,他们一有机会就难免会对君主不利。昭侯的醉卧就导致了他短时间对臣下的失控,而在这种情况下典冠的越权,当然要引起昭侯的极大愤怒。正是基于这样的思维,昭侯才会对失职者仅是治罪,而对越权者则一定要杀之。

由此可以看出,用"术"虽然在短时间内可以取得一些成就,但从长远看却是不利于国家统治的,这不能不说是用"术"的一大弊端。同时,君主的用"术"是欺骗臣下的,臣下一旦认识到这一点,他们也就会对君主用"术"。拿申不害来说吧,这个当臣下的不也在韩昭侯向他询问助赵、助魏时大用其"术"吗?这样君臣之间互相欺骗,所导致的最终后果只能使统治者之间的内耗加剧,造成国家政局的不稳定。当然,申不害所提出的"术"也是有积极意义的,那是由韩国独特的历史背景和社会环境造就的。因此不能把"术"所带来的消极意义统统归罪于申不害。

尽管"术"的提出可以说是法家理论走向极端化的一个开始,但也不能否认申不害对早期法家的理论确实有所发展。在早期法家的理论中,片面强调"法"的作用,不能不说有失于僵化。而"术"的产生,则将法家理论同人有机地结合了起来,使得"术"在短时间内并没有表现出它的脆弱性。在申不害任韩相的 15 年中,韩国的国力还是有了很大的提高。这一点在很多历史材料中都可以看到,如《史记·韩世家》中就有这样一句话:"申不害相韩,修术行道,国内以治,诸侯不来侵伐。"可是,由于"术"本质上的弱点,韩国也只能够发展到"诸侯不来侵伐"的程度,仅可自保而已。而在此以后,韩国的国力又逐渐地衰弱下去,直至最终为秦国所灭。我们可以用一个比喻来说"术":以"术"治国无异于饮鸩止渴,虽可解燃眉之急,而最终却一定是深受其害。这当然不是申不害所处的那个时代的人所能认识到的了。

申不害作为一名法家人物,在提出了"术"这一理论的同时,对早期法家用人的理论也有所继承和发展。

諸子百家
——
法家

重赏罚与明法治

申不害任职韩国以后，对韩国的用人制度提出了一些自己的看法。他认为，当时韩国之所以强大不起来，是由于没有认真贯彻"见功而与赏，因能而授官"(《韩非子·外储说左上》)的用人制度。在韩昭侯向申不害请教时，申不害就大胆地向韩昭侯表露了这一看法。

一次，韩昭侯把申不害召来，对他说："在韩国，法治的推行总是非常艰难的，你看这是为什么？"申不害回答："实行法治讲究的是对确实有功劳的人要论功行赏，而在任用官吏时，要看一个人有多大的能力，以此作为任用的标准。现在您虽然在国内立了法，却在行赏、任官的事上不依法行事，而是听左右臣下的推荐，这样一来法治当然就难以推行了。"韩昭侯听后觉得非常有道理，很感慨地说："我今天才算知道了如何推行法治，你的意见我一定会采纳。"

这位热衷于用"术"的韩昭侯，在这件事情上可没有用"术"，而是真的向全国推行了"见功而与赏，因能而授官"和"循功劳，视次第"的用人原则。不仅如此，韩昭侯还身体力行，带头遵守这一原则，对任何人都绝不通融，包括对一国之相的申不害。

曾经有过这样一件事：申不害不知是出于试探一下韩昭侯对自己所提"循功劳，视次第"的建议是否真的能够认真执行，还是真的出于一己之私，曾向韩昭侯提出了一个请求，要给自己的哥哥封个官。韩昭侯很不高兴，反问申不害："关于推荐你哥哥做官这件事，你做的与你以往教导我的截然不同。这就让我为难了——是听从你的请求，任你哥哥为官而让我放弃你一向主张的原则呢？还是要我回绝你的请求，而坚持你一向的主张呢？你觉得我该怎么办才好？"申不害听完，连忙向韩昭侯请罪，自此再也不提封他哥哥做官的事了(《韩非子·内储说上》)。由此可见，韩昭侯对申不害所提出的用人原则确实是予以采纳并认真地实施了。

韩昭侯在申不害理论的影响下，认为对任何人的封赏都必须是因为他有功劳，即是说，只有立功的人才能受奖。韩昭侯有一件旧衣服，不想穿了，就让臣仆将这件衣服收藏起来。臣仆请求昭侯将这件衣服赏给自己，昭侯严肃地说："我曾经听说过这样的一个道理：贤明的君主一皱眉头，或是一笑，都要有相应的原因。连一皱眉、一笑这样一个小小的表情都不可以平白无故地表露，那件衣服比起那一皱眉、一笑可要实在得多、重大得多了，我又怎么能把它无缘无故就赏给你呢？我今天要把它收藏起来，是为了等到将来有一天，有人立下了与赏这件衣服相适应的功劳时，再赏给他！"昭侯就是这样，连一件衣服都一定要赏赐给有功的人，就更不要说土地、俸禄、官职了。这一举措，给了官员们很大的激励，使他们知道在其位不谋其政是不行的，而要努力，立下了功劳，是一定会受到封赏的。申不害将用人理论与用"术"理论有机地结合在一起，使之在整顿吏制、治理国家上，起了很大的作用。这一系列理论用现在的话归纳起来其实只有四个字："一打一拉"，即既要用"术"去提醒、控制属臣，使他们不要有什么非分之想；又要使他们感觉到只要忠于君主，努力尽职尽责，前途就是很光明的。

历史地位与"术"的思想渊源

申不害的这套理论对后世，尤其是对后世的君主，有相当大的影响。自隋朝开始的在中国延续了 1000 多年的科举制度，在某种意义上讲正是脱胎于"循功劳，视次第"与"待有功者而赏"的理论。也正是由于这套办法在韩国取得的成效，历史上才会对申不害、韩昭侯有"昭釐侯(即韩昭侯)一世之明君也；申不害一世之贤士也"(《战国策·韩策三》)的评价。

历史上固然有这样的评价，但对申不害及其大肆宣扬的"术"持微词者更多，大部分人都认为申不害不能算贤臣。当然这多半由于受后世儒家思想的影响。申不害在固有的法家理论基础上提出了"术"，然而"术"的诸多特征却又往往是与法家所崇尚的"法"根本对立的。比如"法"是严肃的，是不搞坑人骗人那一套的；而"术"则是以骗人为基础的，不骗人就没有"术"。乍一听来，似乎还是把申不害划出法家行列为好。不过根本对立的理论却又往往能够统一起来，以"术"而言，它是一种以骗术操纵他人的办法。实际上自法家的创始人李悝始就已经开始用"术"了，如李悝以射箭技术断民案又何尝不是在用"术"？不过他的用"术"手段更为隐蔽罢了。再如吴起，尚"法"可以说是到了无以复加的地步，为此他连妻子都休了。然而他的一切尚法行为仍然是一种"术"。他所做的一切，无非要调动民众积极去为统治阶级卖命，用吴起自己的话说就是"乞人之死"。从阶级本质而言，那些劳动者的利益原本是与统治者的利益相矛盾的，吴起却能让劳动者去为剥削他们的统治者卖命，这其中用的不是"术"又是什么呢？如此想来，申不害倒是诚实得多，他将其中的骗局整理成为理论，使其也登上了大雅之堂。而且申不害所用的"术"，与李悝、吴起所行相比，实在只能称得上是一些小把戏而已。大概也正由于这一渊源，申不害才得以跻身于法家行列之中。有人认为可将申不害及其所持之"术"列为法家的一个分支学派"术家"。这一分类也不无道理。

通过以上这些分析，可以看到，法家人物尽管在战国时期的确是代表着先进的势力，但他们毕竟是为统治阶级服务的，在其道貌岸然的外表下和那副铁面无私的面孔后面，所隐藏的是骗人的"术"。当然，这是那个历史时期的产物，我们也无意要求法家人物具有超越时代的思想，只不过在此揭示一下法家的实质而已。这样也许更有利于人们清楚地去认识法家。

正因为"法"与"术"本质上相同，我们才将申不害提出"术"这一理论称之为对法家理论的发展。这一理论也使得法家理论中"术"的欺骗实质开始明朗化，以至直接影响了后期法家韩非。

申不害提出的"术"，追根溯源却出于老子。老子是道家的创始人，但由于他曾经担任过周朝的史官，所以他的理论很庞杂，既有后来被道教继承的如天道观一类的唯心主义论，又有诸如"祸兮福之所倚，福兮祸之所伏"(《老子》第 58 章)这样朴素辩证法的理论。在这一部分理论中，老子以"物极必反"为理论基础，提出了"坚强者死之徒，柔弱者生之徒"(《老子》第 76 章)。他认为，柔弱往往能够胜刚强，即后世所说的"以柔克刚"。

诸子百家——法家

这一理论可以说是"术"的最根本的源泉所在——真刀真枪地去迎击敌人可以说是刚,对敌人用阴谋则该说是柔。老子又在"柔弱胜刚强"这一思想基础上,将其具体为"将欲废之,必固兴之;将欲夺之,必固与之"(《老子》第36章)。

我们从老子的理论中不难发现"术"的影子,因此后来人们评价老子思想时,认为他具有"君人南面之术",即君主所用的统治臣下的权术或手段。实际上,法家的"术"也正是以这些理论为基础发展而来的。

六、慎到对法家思想的发展

慎到的生平与思想来源

慎到是战国中期赵国人。他的生卒年很难考订,国学大师钱穆的《先秦诸子系年》里说他约生于公元前350年,卒于公元前275年,大体上是可信的。他早年与西河之学可能有关系,后来到了齐国稷下学宫,成了不参与国家管理而议论朝政的稷下先生。齐湣王末年,稷下先生纷纷离开稷下学宫,慎到也到了韩国,据说当了大夫(《二酉堂丛书》载《风俗通义·姓氏》佚文),但未见其治绩,因此一般都认为他没有做官。他的思想比较复杂,在思想学派问题上,有人认为他是道家,但多数人认为他还是法家。这一争议与法家主要起源于三晋,并由儒家转化而来,但也有一小部分是由道家的一个支派——黄老之学转化而来,有一定的关系。

慎到的理论正是由黄老之学转化而来的。因此。慎到思想中有浓厚的黄老之学成分。但是从整体上看,慎到又的确是法家,而且是法家中的一位十分杰出的代表人物。更值得注意的是,慎到的师承虽说是黄老之学,但他同样也受到了子夏的影响,如慎到的主要思想之一——"势",追其渊源,则是来自子夏。慎到虽然没有成为一位法家的实践家,但却大大丰富了法家的理论,成为一名当之无愧的法家理论家。

要讲慎到,先应该谈一谈黄老之学。春秋战国时,在齐国,一支代表封建地主阶级的新势力——田氏取代了姜氏为齐国的国君,这就是历史上很有名的"田氏代齐"。田氏家族为论证这场政变的合理性,就必须培植出一种新的理论为其政权服务。在这样的政治环境下,产生了黄老之学。"黄"就是传说时代的黄帝,中华民族的祖先;"老"就是那位以一部《道德经》闻名于世的老子。那么田齐政权为什么一定要选这两位人物呢?传说田氏是黄帝的后裔,姜氏却是炎帝的后裔。黄帝部落曾经打败过炎帝部落。据此,田氏认为作为黄帝后裔的他们发动政变,将炎帝后裔的姜氏赶下台,无疑是合情合理的。老子是陈国人,而据说田氏的祖先公子完原本也在陈国,只是因为陈国发生了内乱,才避逃到齐国。因此可以说,老子与田氏家族是同乡,且很多理论对田氏这支新的势力是很有用的。就这样,在田氏政权一手操纵之下,黄帝与老子的学说被合并到一起,黄老之学便产生了。

当然,黄老之学绝不是简单的"黄帝+老子=黄老之学"。关于黄帝的"著作",1972

年发掘出的长沙马王堆帛书《黄帝四经》即是，老子的著作则是《道德经》，即《老子》。实际上这里无论黄帝还是老子的理论都是经过演化、发展了的。老子思想是相当庞杂的，黄老之学把老子思想中他们认为有用的部分留下，加以解释发展，而删除那些对他们没有用的或是对他们不利的思想，使其更好地为新兴地主阶级服务。说得具体一些：老子主张"无为而治"，就是顺其自然的意思。这里面包含着不掺杂主观成见的意思，这一含义正是"法治"所需要的，黄老之学就非常重视这一层意思。而老子思想中对法治轻视的倾向，黄老之学却视而不见。由此可见，黄老之学的渊源虽然是出于道家，但其实质却是倾向于法家的。说得更确切些，是以道家老子的哲学思想来论证法家的政治经济主张。也可以说，黄老之学是从道家向法家转化的一个过渡性的学派。

　　在这样一个大方向的引导下，黄老之学产生了很多新的理论，这些理论越来越倾向于法家，有的几乎可以说已与法家达成了共识。如黄老之学中的代表人物宋钘就有这样的话："君，无代马走，无代鸟飞。此言不夺能，能不与下诚也。"（《管子·心术上》）这段话的意思是说君主没有必要去做具体的事情，具体的事应该交给臣下们去做。这种思想与法家的观点就非常类似。在任人唯贤这一点上，黄老之学的理论也几乎与法家的理论一致。黄老之学的另一位代表人物尹文有这样的话："有贤有不肖，故王尊于上，臣卑于下；进贤退不肖，所以有上下也。"（《意林》，见《艺文类聚》二）这段话充分地说明了黄老之学派也是主张要以"贤"与"不肖"为标准来划分等级的。

　　当然，黄老之学毕竟不是法家，因此也就必然与法家有一些分歧，如法家是极为重视"赏"与"刑罚"这两种手段的，而黄老之学对此却不甚以为然，他们认为"赏不足以劝善，刑不足以惩过"（《管子·内业》）。但他们也很重视法，认为"事督于法"（《管子·心术上》），就是说要用"法"来作为判断事物是非的标准。这也正体现出了黄老之学作为一个过渡性学派的特点。

　　黄老之学尽管不能说是法家，但是它的确对法家的发展有很大的帮助。法家自李悝创始起就不很重视理论论证，只是一味强调"法治"好，国家需要"法治"。这样就只能借助于政权的力量去做一些硬性的规定，而不是首先从意识形态上去推行"法治"。黄老之学正好弥补了法家学派在理论上的这一弱点，以道家的一系列理论来证明"法"的合理性、"法治"的必然性。慎到作为黄老之学的一分子，最终彻底地完成了从道家到法家的转化。以他为首的这一批由黄老之学转化而来的新法家的产生，可以说是为法家学派输入了新鲜血液，从而使得法家学派在理论上有了很大发展。

　　这里我们要简要讲一讲齐法家。齐法家的主要特点是道法融合，因此有人称它为"道法家"。它的主要著作保存在《管子》的《法禁》《法法》《任法》《明法》《君臣上》《霸言》《禁藏》等篇里。《法法》说："英明的君王在位，'道法'就实行于这个国家。"《君臣上》说："英明的国君重视'道法'。"《任法》说："国君治理国家，依靠法，而不依靠智慧的多少。""依靠大道而不依靠小事。"这些都反映了齐法家重视"道法"的特点。这是与三晋法家有所区别的。当然，齐法家也具备法家的基本特点，即重视刑罚和法令。如《任法》说："法是天下最完美的治国之道。""用法来处理国家大事，所以能够胜任而觉得轻

诸子百家——法家

松。"《明法》说："先王治理国家，使用法来选择官员，而不自己去推举人才；按照法来衡量功劳大小，而不自己去衡量。"但是齐法家也吸收儒家"仁""义""礼"的思想。如《管子·民牧》把"仁""义""礼""智"作为"国之四维"，即维系国家这个高大建筑的四根巨大的绳子。而且齐法家还重视儒家的"孝道"，认为"不恭敬祖宗，就是孝悌之道有缺陷"。因为齐法家在稷下学宫的特殊环境之下形成，因此受到诸多学派的影响。但是它又不同于儒家，《任法》说："说到'仁'、'义'、'礼'、'乐'等等，它们都是从法出来的。"可见其仍然坚持了法家的立场。

齐法家与黄老之学有许多共同的地方，因为它们都是田齐政权所培植起来，并为新兴地主阶级政权服务的学派。两者的区别主要表现在黄老之学立足于道家，即其基本立场是道家，理论基础是《老子》的思想；而齐法家则是立足于法，即其基本的立场是法家，理论基础是法治思想。

现在我们再来讲慎到，他与黄老之学，与齐法家，还有三晋法家都有联系。

慎到的思想虽然最终成形于齐国，但不能否认赵国历史对慎到思想的影响，因此我们有必要先回顾一下赵国的历史。赵氏原本是晋国的一个大家族，世代在晋国为官。其中比较著名的有随重耳（晋文公）出逃的赵衰、险遭晋灵公诛杀的赵盾等。后来赵氏势力日益增大，在联合韩、魏两家打败了晋国另一支大势力——智氏之后，便与韩、魏三家合伙瓜分了晋国，赵氏建立了赵国。由于赵国同三晋地区的其他国家一样受到了晋国历史的影响，所以赵国对"法治""变法"也非常重视。慎到作为一名赵国人，自然也就深受这方面的影响，这就为慎到后来在齐国与田骈、环渊等人共同创立黄老之学，成功地完成了从道家而黄老之学，自黄老之学而法家的转变，成为法家中一位极富特点的人物奠定了基础。慎到不仅吸收了子夏的思想，到齐国后又受齐国社会环境的影响，使得他虽然最终成为法家，却又与李悝、吴起等三晋法家在思想理论上有着不尽相同的地方。

慎到曾用"粹白之裘，盖非一狐之皮也"来比喻自己的思想体系，是博采众家之长的结果（《慎子·知忠》）。慎到的思想理论的确与不少学派有着渊源关系，但若说全是取其精华，却也未必。

作为一名法家的代表人物，慎到的理论与其他法家的最大共同点，就是他也主张"尚法"，提倡以法治国。慎到认为，法就如同尺子和规矩一样，是一种规范、一种标准，国家绝不可无法。在现存的《慎子》一书中有这样的论述：法与礼制定，并且以文字的形式记录下来，这样公义才能够确立，所有的事情才能够做到主持公义，而废弃私利。一个真正称得上贤明的君主，安排事情的分工一定是根据智慧，而确定如何封赏财物则一定是以法为准则，实施德政则又一定要依据于礼。也有这样的记述：如果治理国家没有相应的法为依靠，国家就肯定要发生混乱，而死守着过去那些已不合时宜的旧法就肯定会导致国家力量的衰竭。法制定并颁行了，却还要徇私，这就该称之为不法。在一个国家里，民众应该尽其力在法的约束下劳作，官吏一定要拼着性命去维护法，君王则要善于根据形势的不同采取相应的措施去变更法。在法的诸多功效中，最大的莫过于杜绝徇私，而君王最大的功绩则莫过于能够有效地防止民众的各种争斗。法虽然已经确立了，颁行了，却有人还在徇私。像这样的私利、私心与法的争斗所造成的混乱，要比以前没有制定法的时候更为混乱，更具有破坏性。慎到的这些话都是在说法的重要性，并且强调了法的严肃性——有法不依，还不如没有法。这种对法的重视，以及对法的严肃性的重视同以李悝、吴起为代表的三晋法家的观点几乎是一样的。由此我们也可以看出慎到已经确实从道家转化为一名真正的法家了。可惜的是，慎到一生没有真正掌握制定和执行法的大权，因而也就没有机会将他的理论付诸实践。他的著作《慎子》现在只有几篇，虽已残缺不全，但还可以看出他的理论脉络。而慎到不曾掌握大权，又给他带来了一个其他法家所不具备的优势：他无羁身之绊，得以将毕生的精力都投入到法家理论的深入研究中去。自李悝创立法家开始，法家的理论一直是在摸索中前进，很少有清楚的总结与归纳。通过慎到的努力，法家的理论才得以充实丰满起来。在这一点上，慎到在法家发展的过程中起到的重要作用是绝不容忽视的。可以说慎到为法家的理论研究翻开了新的一页，从而为韩非总结法家理论奠定了坚实的基础。

对法家"势"思想的创建

慎到将子夏"势"的理论丰富发展，使之成了法家理论中的一个重要部分。后来韩非将法家概括为"法""术""势"三大部分，可见"势"在法家理论中占有相当的地位。那么"势"为何物呢？简单地给"势"下一个定义很难，因为它包容的内容非常广泛。《慎子》中有不少能够更清楚地说明"势"之内涵的形象比喻："河之下龙门，其流驶如竹箭，驷马追，弗能及。"（《慎子·佚文》）意思是说，当河水从很高的地方冲击而下的时候，流速是非常之快的，就像离弦的箭一样，即使是由四匹好马拉的车子也追不上。这段话又与"势"有什么关系呢？水本身不可能比好马跑得快，它之所以能够比好马跑得还快，就因为它是从很高的地方冲击而下的。此时的水就是得了"势"。慎到为了证明"势"的重要性，又谈道："大蛇在雾中游荡飞腾（此处的蛇大概是一种与龙类似的神话动物），飞龙乘驾着云朵飞行，一旦雾散云开，那它们也就与拱土的蚯蚓没有什么两样了，因为它们失去了所倚仗的东西。为什么贤德之士却屈居于没有本领的人之下呢？是因为他没有权势。为什么没有本领的人却能让贤德之士服从于他呢？是因为他有着很尊贵的地位。假设让尧这样的上古贤君去当一个普普通通的民众，那他恐怕连邻居家的人都调遣不动，而当他当了上古时代的帝王，他却能号令天下，做到令行禁止"（《慎子·威德》）。通过这些事情可以看出，有本领却不一定能治理那些没有本领的人，而掌握权势却能够让那些有本领的人屈服。这充分反映了慎到将"势"的重要性抬到了何等高度。

在慎到的理论中，"势"是凌驾于"法"与"术"之上的。我们根据慎到的理论逻辑可以推论，"法"制定得再完善严密，"术"使得再高明、隐蔽，而这个"法"与"术"的制定者、使用者仅仅是一名平常人，那么此时的"法"与"术"又有什么用呢？因此，只有首先得了"势"，"法"与"术"的作用才能够真正体现出来。这一理论无疑比李悝、吴起他们单纯的"尚法"提高了一步。它指出了"法"并不是万能的，"法"必须要以"势"为基础。实际上吴起死在阳城君等一帮旧贵族乱箭之下的下场就恰恰说明了这一点。要讲吴起的才能，无论是军事才能，还是政治才能都是阳城君、屈宜臼之流望尘莫及的。吴起之所以失败正是因为吴起失去了"势"——楚悼王死了，而吴起又没有来得及调集军队。在这种情况下，吴起一个人有多大的本领也是不可能战胜阳城君、屈宜臼的千军万马的。

慎到关于"势"的理论在客观上揭示了"法"的实质——它是统治阶级的一种工具。它一定要为统治者所用才能够体现出它的功效，不然则一文不值。因此，重"势"这一理论，可以说为后来法家学派的发展以至秦始皇最终得以一统天下提供了一个理论指导。应该说它是一个先进的理论。

当然，慎到的理论，究其根本仍然是为统治者服务的。这一点就决定了重"势"这一理论的另一方面——掩盖当时社会中的种种不合理现象。如有本领的人却要服从没有本领的人之管理等，慎到将其统统归咎于这些人无"势"。那么这些人又为什么无"势"呢？慎到却只字不提。通过慎到的理论解释，种种不合理的现象也就变得再合理不过了：君主虽然昏庸无能，但因为其得"势"，就可以为君主；平民虽有通天本领，却终因为无"势"，只能当平民。

慎到为了进一步解释"势"的合理性，又巧妙地做了这样一个比喻：在大街上，如果有一只兔子跑了出来，将会有数百人去追逐它，因为谁都想占有它。这种心理每个人都会有，因为这只兔子的归属权还没有确定。而在集市上到处都挂着等待出售的兔子，过往的行人不打算买的话连看都不会看一眼。这并不是说他们不想得到兔子，而是因为兔子的所有权已经有了明确的归属，所以大家谁也不再去抢夺了。这段话的意思非常明白，君主这个位子的所有权已经确定，你再有本领也不要去打它的主意了。用慎到的话来讲就是"定分"。对此慎到还有一句话讲得更为清楚："多贤不可以多君，无贤不可以无君。"（《慎子·佚文》）由此我们可以看出，慎到关于"势"这一问题的种种论述，归根结底落足在一点上——维护君权。而慎到经过长期的调查研究，也意识到一个国家光有国君是远远不够的，因为国君再有权势，没有民众也不成其为国家。为了解决这一理论危机，慎到巧妙地将"得助于众"归到君主所应得"势"的范畴之中。他在《慎子》一书中这样说道：航海的人所以能够坐着就穿越大海，是因为有海船的缘故；走路的人所以能够站着就到达远在西方的秦国，是因为有车辆的缘故。在这里，航海人、行路人都是因为"得助于众（海船、车辆等）"才能够到达目的地。于是慎到就有了这样的推论：君主的权势为什么就比臣下、民众的大呢？是由于他"得助于众"。君主应该善于使民众、臣下各尽所能，为君主所用。慎到在《慎子》一书中有这样一段话专门谈论这一问题：民众混杂在一起，他们的擅长和本领各有不同，这是客观的存在。一国之君，是凌驾于这些人之上的，他就要善于选择任用。尽管民众、臣下的本领、能力不同，但都要为君主所用。所以说君主应该将民众的诸多才能作为自己的资本，全部接收下来，不要在其中挑挑拣拣，这样才不至于因为某一件事去求助于人。君主不对自己的下属、臣民们挑拣，就能得到来自多方面的帮助。这样君主的臣民才会越来越多，君主才能稳固地凌驾于众臣民之上。这个观点实际上是慎到对君主们所提出的希望，在其中含有一定的人本思想成分。这个观点同时也客观地反映出了慎到对当时社会的认识：一个国家没有了臣民，也就不成其为国家了；臣民越多君主所得的"势"也就越大，君位坐得也就越稳。这样的认识程度在当时是很先进的，比早期法家的李悝、吴起单纯的重"法治"，要前进了一步。正因为有了这个理论基础，法家的理论才成为一个完整的体系。不仅如此，慎到的思想理论虽然是服务于统治者的，但由于他看到了上面所讲的"得助于众"这个问题，也就必不可少地要为民众着想。因为民众的利益如果受到的侵害太大了，他们就不会再去"助"君主了。为此，慎到又引入一个理论去完善他的重"势"理论体系，那就是君主"为天下"的理论。慎到在《慎子·威德》篇中有这样的话：在古代，确立一位君王并使他有尊贵的地位，并不是为了君王一个人的利益。还有：天下没有一个地位尊贵的人，那么道理就无法施行了。只有道理得以施行天下，才是真正地得到了天下。所以说立一位君王是为了天下人的利益，而不是为了国君一个人的利益。在一个国家中，立一位国君也是同样的道理，是为了国家的利益，而不是为了国君一个人的利益。推而言之，设立官吏也是这样一个道理。这一理论打破了在此之前关于"君权神授"的理论，认为君主的权力是社会赋予的，君主、官吏不过是这个社会的管理者而已。因此他们的存在是为了维护社会的利益。这是一个开创性的见解。但这套理论在当时的社会中只不过是一种空想而已。因为在宗法封建制度之下，君主的家事是很难与国事分离的——国家的所有权是完全属于君主的，国事也就是家事。维护所谓国家利益实际上也就是维护君主的利益。所谓君主"为天下"，实际上就是君主为自己。当然，这套理论还是有着它的社会作用的。它确实可以起到缓和阶级矛盾，以至进一步地欺骗民众，从而达到维护君权的目的。当然这也是维护统治集团利益的。另外，慎到为了进一步论证其理论的正确性，又提出"谁养活谁"的问题。《慎子·威德》说：君主之所以拥有天下，是民众授予的，并不是他自己取得的。就是说，民众养活了君主，而不是君主养活了民众。从这种理论看来，君主为民众服务，也就是所谓"为天下"，正是理所应当的了。

由此可见，慎到对社会问题的认识要远比李悝、吴起等人深刻得多。但是，他对君主怎样才能够服务于民众的问题，却避而不谈。大概因为慎到自己也很清楚：君主是不会为民众服务的。

慎到重"势"的一套理论可谓高明之至了，他首先讲君主的位子是不可动摇的，是已经"定分"的了，让民众不要有非分之想，然后又提出"得助于众"，要求君主不要对民众过于苛刻，之后又反过来解释说君主虽然凌驾于民众之上，但却是为民众服务的，他之所以做君主，正是为了民众。这样一来，似乎统治者与被统治者之间就没有了任何矛盾，利益是吻合的——损害君主的利益，也就是损害民众的利益了，所以民众应该"助"君主，维护君主的利益，这样也就是维护自己的利益了。两个根本矛盾的阶级经慎到一解释，竟然成了一种患难与共的"亲兄弟"了。

对法治理论的贡献

慎到煞费苦心地编织这样一套理论，其目的是为了推行法治。但慎到比李悝、吴起高明就高明在他认识到法不但要制定、实施，更重要的是要大多数人遵守。试想，如果大

諸子百家——法家

多数人都不守法,难道君主能把他们统统杀掉吗?慎到以为要人守法仅靠一赏一罚还是不够的,要让人觉得守法是理所应当的。既然民众的利益与君主的利益是一致的,而法又是维护君主利益的,那么民众守法不就是维护自己的利益了吗?这样一来,法就可以顺利地推行了。可见慎到不愧是一位理论家,他的理论步步为营,环环入扣。其手段比吴起在南门外立柱悬赏,以树立法的威信要高明得多哩!

在慎到的理论之中,君主成了民众的代表。因为君主可以代表民众,于是慎到进一步提出:"国家之政要,在一人心矣。"(《慎子·威德》)意思是说,国家行政最为紧要的是对人心的统一。如何将人心统一呢?慎到认为只有实行法治才能达到这一目的。慎到的这一理论是从意识形态的角度出发的。试想,如果一个国家的人意识形态统一了,那还有什么事不能做到呢?所以慎到极力强调要"一人心"。但是俗话说"众口难调",何况是人心呢?慎到自己也认识到法并不是绝对公正的。以一个本来就不绝对公正的东西去统一人的思想又谈何容易!为此,《慎子·威德》对这个问题做出了这样的解释:用投钩(类似抽签的一种办法)的方式来分割财产,用投策(马鞭子)的方式来分马,这些分配的方法并不是真能做到平均,但却能使得那些多分到的人心安理得,而那些分得少或分到不好东西的人也不会有什么怨言。这就破除了人的私欲对分配的干扰。所以要用筮草、龟甲来占卜,是因为这样可以确立一个共识;所以有计重量的秤,是为了有一个公正;所以有契约,是要有一个公信;所以有尺子、量具,是要让大家有一个公认的标准。而有了法律规章,才能确立一个公众认可的公义。只有一切从公,才能够废弃私。在这里,慎到把法比喻成了"投钩""投策",说它虽然不是绝对公正的,但它是公允的,是不掺杂任何私心杂念的。慎到对法有这样的评价:"法者,所以齐天下之动,至公大定之制也。"(《慎子·佚文》)意思是说,法所以能够统一天下,是因为它是一个从公义而不含私心的制度。慎到还说过这样一句话:"法虽不善,犹愈于无法,所以一人心也。"(《慎子·威德》)意思是说,法虽然不是尽善尽美的,但总要比没有法强得多,这是因为可以用它统一人的思想。经过慎到这一系列理论的解释,把当时法的不公正性和法的本质——统治阶级的工具都掩盖了起来。虽然他自己也承认法确实不是很公正,但又宣称,如果不实行法治将会更不公正。法既然是一种公义,触犯法当然也就是触犯公义,当然就要受到惩罚。有了这套理论,法的赏与罚就都有了理论依据。在这一点上,慎到又比李悝、吴起等人大大地前进了一步。李悝、吴起等人只是定出了法,并且告诉人们要遵守,而慎到却进一步地告诉人们为什么要遵守。慎到不仅是一位法家,而且是一位法理学家。他的"尚法"思想偏重于对法理方面的研究。

尽管慎到的理论在本质上是服务于统治阶级的,但我们不能因此就否定慎到理论的进步意义。慎到提出的立"公",其矛头是直接指向以往的"人治"思想的。以往的儒家认为要把天下治理好,治理者就要有很高尚的品行,用真本领去治理天下。这一"人治"思想,乍一听来十分有理,但细细一想却又问题百出。首先,一个人的品行怎么样才算高尚,怎么样不算高尚呢?各个阶级或社会集团各有其标准,而并没有一个固定不变的标准。其次,人的可变性非常大,主观上的好恶往往要影响到对事物的判断等等。所以慎到认为"人治"是一种自私的表现。在《慎子·君人》中，慎到对"人治"给予了无情的批判：君主舍弃法治而用人治，那么对臣下的诛杀、封赏、给予还是夺取，都是根据君主的意识决定的。虽然对臣下的赏赐很得当，但臣下却总希望能得到更多的赏赐；虽然对臣下的处罚很得当，但臣下也总免不了希望得到更轻的处罚。君主用自己的意识去裁决，就免不了会出现立功一样而得到的封赏不一样，所犯的罪一样而所受的处罚不一样的情况。民众的怨气就是从这里产生的。慎到这段话讲得很深刻，充分地揭示了"人治"的种种弊端。事实上也正是如此，做君主的以自己的好恶去评判事物，臣下也一定会效仿。人的好恶是不可能统一的，这样君臣之间就一定会产生矛盾。君臣之间有了矛盾，国家就不可能治理好。而法治则不然，法是事先制定出的，是不以人的好恶为转移的。这就排除了人主观成见的影响，使是非善恶有一个固定的标准，无疑是对治理国家非常有利的。因此，慎到大力宣扬："事断于法，是国之大道也。"(《慎子·佚文》)从理论上讲，慎到这个提法是正确的，但这只能是一个空想，因为慎到把法理想化了。法本身是人制定出来的，在当时的社会，制定法律的权力基本上掌握在君主的手中。那么，君主可以立法，也就可以废法、变法。而君主废法、变法就难免要受到主观好恶的影响，所以法实际上也并不是一个固定的标准。慎到极力推崇的"法治"，实际上还是没有能摆脱"人治"的阴影。当然，"法治"总是比"人治"要进步一些，有了法，尤其是有了成文法，君主也就不可能随心所欲地按自己的意识来评判事物——君主总不能因为一些小事就随意对法律进行改动或废除。这对统治者多少是有了些约束，这是"法治"的进步意义所在。也正像慎到自己说的，法虽然不是尽善尽美的，但总比没有法要好一些。

按照慎到的理论，既然诸事皆断于法，那么还要君主以及各级官吏这些社会的管理者做什么呢？对此问题，慎到也提出了自己的独到见解。

根据慎到"尚法"的理论，在对用人这个问题上，慎到提出了与李悝、吴起、申不害等人似乎不同的看法。归纳起来基本上是两个方面：一是主张"尚法不尚贤"，这一点与李悝、吴起等人的主张不同。无论李悝，还是吴起，他们都对人才的任用非常重视。那么为什么同为法家的慎到却提出了"不尚贤"的主张呢？这与慎到的理论体系有很大的关系。慎到根据他对"法"的理解，认为尚贤实际上仍然是一种"人治"的表现。因为无论其人多么贤能，他也还是一个人，人就有人的特性。慎到在人性方面与其他法家的观点是一致的，认为人性恶。既然如此，无论是贤人还是普通人，利的诱惑性总是要比义的诱惑性更大，这就必然会导致在判断事物上有私心的掺杂，而私与公是绝对对立的。再者，一国既然有了国君，他就应该是一国中唯一的最高职权人物。如果让贤人也占据了关键的位置，则必然会形成对国君地位的威胁。《慎子·佚文》指出：一个国家既要立国君，又要尊贤才，就会导致国君与贤才的争斗，所造成的混乱程度要远比没有国君的混乱更为严重。据此，慎到认为，尚贤不但不会使国家力量得到发展，相反会使国家陷入极端危险的境地。但是，不尚贤也随之带来问题，因为国君一人不可能完成对国家的统治，必须依靠群臣才有可能。《慎子·知忠》有这样一段话：建造大的建筑物，一根木材是不够的，纯白的裘袍，也不是用一张狐狸腋下的皮就能够做成的；治理乱世，平息危机，也不是一个人的力量就能够达到的。那么怎样解决这一问题呢？慎到进而提出了"君无事臣有事"的主张。

对此，慎到引入了一个"能"的概念。慎到反对"尚贤"，却主张"任能"。他认为"贤"是一种道德、政治概念，而"能"则是一种纯技术性的概念。能人就是在某方面有某种才干的人。慎到"任能"的主张实际上与李悝、吴起"任贤"的主张是一致的。李悝、吴起所主张任用的"贤人"其实也是那些在某方面比较有才干的人，而不是儒家所说的那种全知全能的"贤人"。

慎到认为国家既然有了法，即万事的准则已经有了，那么做官的人就是要尽自己所能去执行。尽管如此，由于各人智力上的差异，也同样存在有人干得好，有人干不好的问题。这就要求君主知人善任，能够根据臣下的不同能力合理地任用他们，而一旦任用就不要再去干涉，让他们尽全力去做就是了。如果君主过多地干涉臣下所做的事，则又要导致"人治"的后果。《慎子·民杂》有两处话谈到了君主过多干涉臣下的后果。慎到认为君主抢先发表自己的意见，臣下一定不敢与君主争执，只得将自己的意见藏起来，这样臣下反而是以逸待劳了。君主也不是圣人，难免要有过失，一旦有了过失，臣下就会反过来责备君主。这样君臣颠倒，国家必然大乱。君主的才智不一定是最高明的，想以本就不很高明的才智管理国家而又面面俱到，那是不可能的，一定会出乱子。即使是君主的才智过人，而以一个人的才智去管理国家，那么多的事情，也一定会有疲倦的时候，这样就难免会有差错，同样会出乱子。慎到用这两段话反复证明君主不可以去管臣下该管的事情。

在选择臣下方面，慎到又提出了一个惊世骇俗的观点——"不用忠臣"。这个观点乍一听确实要吓人一跳——不用忠臣？难道要君主都用奸臣不成？当然不是。慎到从理论上对君臣关系进行了分析，他提出君与臣之问是一种交换关系——臣下为君主卖力，君主给臣下俸禄，各取所需。也只有这样，君主才能完成对臣下的驾驭。如果一个大臣声称"大公无私"不计个人利益，无私献身于君主，即我们所说的"忠臣"，那么君主也就对他没有约束力了。相反他对君主的"忠"完全是他自己控制的，这种"忠"无疑是不牢靠的。这一观点当然也是法家"性恶论"的派生物之一。《慎子·因循》有这样一段话来解释"不用忠臣"：人没有不为自己的，要想使他们都转化为一心为君主，那是不可能的。所以以前的君主遇到不肯接受俸禄的人就不会收他做臣下；对俸禄不够丰厚的人，也不会让他去从事危险的工作。人如果不是为自己的利益而向君主尽忠的话，那君主就不要用他。所以说，任用有私欲的臣下才能控制，而不要用那些号称一心为君主的人。慎到的这一理论从客观上讲是有一定道理的。他长期处于一个旁观者的位置，所以有很多问题看得更为清楚。在慎到所处的战国时期，由于频繁的内部政变和对外战争，就经常发生今天还是盟友，明天就是仇敌的事情。今天还表示为君主尽忠尽力，明天就把君主推下了君位。这就难怪慎到会认为人本性恶，人皆"自为"（为自己）了。这种不相信任何人的论调，直接影响了后世韩非的理论。当然，慎到关于"不用忠臣"的理论不能不说是有点绝对化了。他把社会关系完全归结于等价交换，而彻底否定了人之感情的存在。自慎到而始,法家理论开始走向极端化,这也是法家在秦朝之后就消亡了的原因之一吧。

总之,慎到在整个法家史上是一个继往开来的人物。他既对以往的法家理论进行了整理,又提出了一些新的理论,在这方面的贡献是不可否认的,对此后的法家有着很大的影响。他虽然一生都没有像李悝、吴起、申不害那样轰轰烈烈,但他却以毕生的精力,为法家的发展开创了一个新的阶段。他虽然一生没有机会去实现他的政治主张,但其主张却直接影响了韩非、秦始皇,乃至中国历史后来的发展。作为一个思想家,具体说是法家或法理学家,慎到是很值得我们去研究探索的人物。

七、商鞅于秦国的两次变法

商鞅入秦与变法的准备

商鞅是法家学派中成绩最辉煌的一位,他把法家的实践推到了历史的最高点,为秦国最终完成统一中国的大业立下了不可磨灭的功勋。商鞅作为吴起之后又一位为变法而献出宝贵生命的法家学派中的勇将,其传奇而悲壮的一生,如一颗划破夜空的流星,在中国法制史上留下了辉煌的一页。

也许是历史的巧合,商鞅与吴起同是卫国人,只是较吴起稍晚而已。商鞅原为公孙氏,因此也叫公孙鞅。青年时代的公孙鞅离开了家乡卫国,来到法家学派的发源地魏国,学习法家思想,投奔到魏相公叔痤门下。公孙鞅很快就显露出了过人的才华,非常受公叔痤的赏识。但是,此时的魏国已经不再如李悝、吴起在世时那样强盛,国君魏惠王也不如魏文侯那样知人善任。因此,公孙鞅在魏国一直没有施展身手的机会。

商鞅

后来,公叔痤得了重病,卧床不起。魏惠王亲自来看望他,并向他征询以后可为相的人才。公叔痤推荐了公孙鞅,说他虽年纪轻轻,却是旷世奇才。惠王以为公叔痤病糊涂了,一个名不见经传的年轻人能有什么治国安邦的本领。公叔痤见惠王未置可否便请求惠王如果不用公孙鞅,那就把他杀掉,千万别让他跑到别国去,否则定会后患无穷。惠王觉得公叔痤已病入膏肓,说的全是糊涂话,因此,并没把此事放在心上。惠王走后,公叔痤突然又觉得像公孙鞅这样的旷世奇才被杀掉实在可惜,便召公孙鞅来一五一十地将推荐他为相,惠王未置可否,又劝惠王杀掉他的事告诉了公孙鞅,要他尽快离开魏国。公孙鞅却认为惠王肯定不会杀他,他对公叔痤说:"既然大王不能接受你对我的推荐,又怎么会接受你的建议来杀我呢?"

事情正像公孙鞅所预料的那样,魏惠王根本就没把公孙鞅的事放在心上,回去之后

諸子百家

——法家

笑着对左右说:"唉!公叔痤的病真是够重的了,居然让我任用那个什么公孙鞅为相,这不是笑话吗?"公孙鞅果真就得以平安无事。

公叔痤在举荐公孙鞅未果后不久,就撒手归天了。公孙鞅在魏国失去了唯一赏识自己的人,就如同一匹遇不到伯乐的千里马一样,空有凌云壮志而无处施展。正当此时,秦孝公在秦国内大举招纳贤士,辅佐他成就霸业。公孙鞅得到了这个消息之后,就义无反顾地离开了魏国,来到秦国。

公孙鞅到了秦国之后,找到秦孝公的宠臣景监,请他向秦孝公为自己代为引见。公孙鞅初次见孝公,对孝公不太了解,因此不敢贸然提出自己的政治主张,只好一边跟孝公东拉西扯地谈些无关紧要的事情,一边注意观察孝公的反应。孝公听公孙鞅说了半天总是不得要领,最后听得直打瞌睡。公孙鞅见此情景,也就告辞出来了。公孙鞅刚走,孝公就叫过景监来大骂了一顿,说他引荐的公孙鞅是个"骗子",无能之辈。景监埋怨公孙鞅,公孙鞅却说:"我刚才是在与他说关于帝道的事,看样子,他对这个不太感兴趣。不过没关系,我总有能让他感兴趣的东西。"孝公在景监走后,静下心来一想,又觉得这个公孙鞅是个很奇特的人。过了几天,他居然又把公孙鞅请来面谈。这就是秦孝公与公孙鞅的第二次见面。

诸子百家——法家

这次两人谈得很投机,但公孙鞅仍没有将自己的主张完全暴露给秦孝公。不过,秦孝公对公孙鞅的看法已经完全改变了。景监回去见到公孙鞅,公孙鞅胸有成竹地对他说:"我今天谈的是王道,看来他并不完全赞成王道的主张。他还会再召见我的。"果真,孝公第三次召见了公孙鞅。这次公孙鞅已经基本摸清了孝公的意图,开始大胆地与孝公谈论法家的强国之道。孝公听得津津有味,不断点头,但却没有提及任用公孙鞅的事。公孙鞅也不着急,谈完后就告辞了。秦孝公待公孙鞅走后对景监说:"你推荐的这个人很不错,值得与他再谈。"景监后来将孝公这句话告诉了公孙鞅。公孙鞅说:"我这次与他谈的是霸道(即指法家理论)。"不久,孝公又召见公孙鞅。这一次两人越谈越投机,孝公不由自主地把座位直往前移。两人就这么谈了好几天,好像谁都不知道疲倦似的。这应该说是决定秦国命运的一次谈话,孝公从此下定决心,要委公孙鞅以重任了。事后,景监私下里问公孙鞅,到底是怎样打动秦孝公的。公孙鞅说:"我开始跟他说帝王之道,以夏、商、周三代的事来比喻,他说:'我可等不了那么长时间,哪个君主能等得了数十年上百年才当上帝王呢?'我就开始给他详细地讲强国之术(即指法家理论),他果然十分赞赏。"可见秦孝公早就倾向于法家所持的政见了。实际上,孝公对当年魏文侯时期的变法,以及后来吴起在楚国变法的情况都有所了解,历史的事实使孝公认识到只有变法才能强国。但孝公苦于没有一个像李悝、吴起这样的人才来协助自己。经过与公孙鞅的4次会面,孝公发现公孙鞅正是自己期待已久的那个人。

但是,事情的发展并不那么简单,每当一种新生事物出现的时候,总会有守旧势力站出来阻挠、反对。秦国虽然地处边陲,受到奴隶制宗法制度的影响也较小,但其守旧势力也是存在的。公孙鞅准备在秦国搞变法改革,这批守旧势力当然不会坐视不管,一场论战不可避免地发生了。

孝公召集群臣商议变法的事，公孙鞅首先站出来说："抱着怀疑态度的行为，一定不会干出什么名堂来；抱着怀疑的态度去做事，也一定不会成功。而且，见解独到、做法高明的人，总是要遭到来自世俗的讥笑与反对。愚昧的人往往在事情发生之后还是搞不清楚为什么发生，而聪明的人，事情还没有发生就已经看出了它的苗头。对世俗的人来说，是不能与他们商议像变法改革这样的大事，只能让他们坐享其成而已。所以说做大事的人是不能与普通的人去商议的。圣人之所以可以强国，正是因为他不受旧法的约束；之所以可以利民，也是因为他不受旧礼的约束。"公孙鞅一番慷慨陈词，孝公觉得都说到了自己的心里，于是大声地表示赞同。大臣甘龙却对公孙鞅的话大不以为然，说："圣人是不以改变旧有的民俗来推行其主张的，而明智的人也不会去改变旧有的制度。这是因为，根据旧有的习惯、风俗施教，才能不用费太多的力气就取得成功。根据旧有的制度治理国家，不会引起什么混乱。要是非得改变旧有的制度，不再按老规矩办事，只怕天下人会有议论的。"言下之意是叫孝公不要变法。公孙鞅对这种情况早有预料，等甘龙说完，马上进行批驳："世俗之人总是习惯于安守固有的习俗，而一些自以为很有学问的人，也总是习惯于按照自己已经熟悉了的那老一套去执行。这些人要是做了官，让他们照章办事也许还可以，而想让他们有什么创新就不可能了。变法图强的例子在历史上有很多，想当初夏、商、周三代的礼，每一代都有所变化，但都成就了帝王之业。当年的五霸，法度也是各不相同，却也都成就了霸业。善于管理国家的人会根据不同的需要来制定新的法度，而只有那些愚昧的人才会抱残守缺，受旧法的约束。贤明的人会根据情况的变化而对礼进行变革，只有那些世俗之人才会拘泥于旧的礼制。"另一位大臣杜挚又站出来反对："新的制度没有比旧制度百倍的好处，不能改变旧有的制度；新的东西不是比旧的东西强出十倍的功效，也不要更换旧的东西。所以说，遵守从古代传下来的法是不会有错的；依照旧有的礼俗办事，也不会有什么偏差。"公孙鞅从容不迫地继续反驳说："从古至今，历朝历代治理国家的方法都是各不相同的。该去效法哪个呢？治理天下本来就不该按照一套固有的办法去搞，只要对国家有利，就不必考虑是否效法了古代的哪种制度。当年商汤和周武王都没有遵循旧有制度，不也都成就了帝王之业吗？夏桀和商纣倒是不曾改变旧有的制度，可不是照样灭亡了吗？由此可见，不循古制的不应遭到非议，而遵循旧有礼教的人也不值得赞扬。"秦孝公坚决支持公孙鞅，使这场论战以守旧势力的失败而告终。秦孝公通过这场论战更加坚定了变法的决心，于是任命公孙鞅为左庶长（秦国官名），主持变法。

第一次变法

公孙鞅对变法的措施早就在心中谋划好了，但考虑到自己刚刚来到秦国，在民众的心目中没有什么威信，不利于变法的推行。他决定效仿当年吴起在西河推行变法时的办法。

公孙鞅在秦国都城的南门外立起了一根三丈长的木杆，并通告民众：有能把这根木杆从南门扛到北门的，赏十金。大家都围着这根木杆看，总觉得天下不会有这么便宜的

諸子百家——法家

事——这根木杆虽长,但并不算很重,而且南门到北门并没有多远,可以说任何一个健壮的男子都能不费多大气力就办到。而做这么点儿事就能得到十金的赏赐? 大家都在那儿犹豫不决,谁也不敢上前去搬那根木杆。公孙鞅见此情景,下令将赏额提高到五十金。终于有一个人抵不住那五十金的诱惑,走上前将木杆扛起,一直扛到了北门。围观的民众自然也少不了一路尾随,要看个究竟。待那人扛的木杆在北门下一落地,公孙鞅马上命人拿五十金给扛木杆的人。这事一传开,秦国的人都知道了公孙鞅的恪守信用。就这样,公孙鞅用自己"言必信,行必果"的实际行动在秦国民众的心目中树立起了威信。此后,公孙鞅便下令将自己制定出的一系列新制度公之于秦国。

(1)"伍什"连坐。公孙鞅根据秦国地域偏僻、生产落后的情况,结合固有的法家理论,提出了"变法修刑,内务耕稼,外劝战死之赏罚"(《史记·秦本记》)的变法基本纲领。依据这一纲领,新制度首先规定在秦国境内施行"伍什"连坐制,就是将全国居民以五家为一"伍",以十家为一"什",编定户籍,以利于国家对全国户口数的掌握。还规定,"伍""什"之中,凡有一家犯法,其他户没有向政府报告的,整个"伍""什"的人都要受到株连——全部处以腰斩(古代的一种酷刑)。对揭发检举犯罪行为的人给予奖励,并赐爵一级;对那些胆敢窝藏罪犯的人,则要处以与叛变投敌者一样的处罚。

諸
子
百
家
——
法
家

这一规定,看来似乎有些不近情理——一人犯罪为什么要株连那么多人呢? 但这正体现出法家理论中几个重要的指导思想:其一是"性恶论"。在法家的眼中,所有人的本性都是恶的,所以一定要用严刑酷法去约束他们,威慑他们,使之不敢犯罪。其二是"行刑重其轻者"。通俗讲就是轻罪重罚。以连坐而言,虽然犯罪的只有一人,但与之同"伍"同"什"的人若不检举,也是一种犯罪。尽管这种罪行轻微,但依照轻罪重罚的思想,也是要严惩不贷的。其三是"以刑去刑"。如此严酷的刑罚,会使人人将犯罪视为畏途,这样才不会有犯罪。没有人犯罪,刑罚再严酷也没有关系了。其四是"赏罚分明"。只罚不赏会使民众产生恐慌乃至抵触的心理,只赏不罚会使民众无所顾忌,胆大妄为。只有赏罚分明,才能有效地引导民众的行为,让他们遵纪守法。所以,"伍什"连坐这一规定虽简单而残酷,却是公孙鞅推行其新法的基础。施行"伍什"连坐制,就像将全国的千家万户都编织成一张网,而中央掌握着一根总绳一样。这样一来,大大地加强了中央集权,而这也正是公孙鞅要把"伍什"连坐制放在新法首要位置上的原因。

当然,"伍什"连坐制的种种不足与弊端也是显而易见的。"伍什"连坐会引起民众人人自危,终日惴惴不安,生怕不知为什么灾祸就会落到自己的头上;对告发者的重赏又使得一部分利欲熏心的人无中生有,对别人进行诬告以骗取赏赐。这些问题都是由公孙鞅所受到的阶级局限性与历史局限性所决定的,可以说是不可避免的。但是客观地讲,"伍什"连坐的确起到了推行法治、预防犯罪的作用。

(2)严禁私斗,奖励军功。一个国家要强盛,没有一支强大的军队是不行的,因此强兵就成为公孙鞅变法的目标之一,而私斗却严重地影响了国家的安定。公孙鞅根据这种情况,以奖惩来引导民众,争取在战场上立功,而不去私斗。新法规定:凡立有军功的人,根据其功劳的大小赐以不同的爵位;而对那些私斗的人,则要视其情节轻重给予不同程度的处罚。人们当然都希望能得到爵位的奖赏而不希望受到处罚。这样既安定了国家，又提高了军队的战斗力。

（3）颁布《分户令》。要想富强，就必须发展经济，因为雄厚的经济基础是国家富强的前提。当时，经济的主要内容就是农业。对此，公孙鞅也有很清楚的认识，他将发展农业的纲领，以法律的形式确定下来，大力鼓励发展农业，而对发展农业不利的行为予以重罚。公孙鞅根据当时的经济形势，确定鼓励以家庭为单位从事农业生产，还专门下达了《分户令》。规定：凡一个家庭有两个以上成年男子的，就必须分户，否则就要加倍征收这户的赋税。这一规定迫使那些有两个以上成年男子的家庭分化为两个或两个以上的家庭。这就使原来的一个生产单位扩大为两个或两个以上新的生产单位，从而进一步地挖掘了农民的生产潜力。新法还规定：从事各项劳动的人要尽心尽力地完成自己的本职工作。对从事本职工作取得很大成绩的，如粮和帛生产得多，就可以免除劳役和赋税；如果系奴隶身份的，可以释放为自由民。而对那些贪图经商中的利润，不事农桑的人，或因懒惰、不努力耕作以致贫困潦倒的人，则要剥夺其自由民的身份，收为官奴。并规定"民有余粮，使民以粟出官爵"（《商君书·靳令》）。就是说，要是农民手中的余粮多了，可以用它换取爵位。这一系列规定使农民的生产积极性有很大的提高，对农业生产有很大的促进作用。

（4）革除旧制。公孙鞅在新法中对奴隶制的残余世卿世禄制进行了彻底的清除。在这一点上，公孙鞅吸取了当年吴起在楚变法的教训，吴起当初就是没有给旧贵族以致命的打击，结果使轰轰烈烈的变法只搞了一年就遭失败，他自己也惨死在乱箭之下。因此，公孙鞅对旧贵族赖以生存的世卿世禄制坚决予以废除。新法规定，那些贵族除了立有军功的，一律不得再享有任何特权。又规定根据军功的大小确定爵位的高低、等级的上下，乃至对田宅、奴婢、车辆等的占有情况，任何人不得僭越逾制，做到使有功劳的人能得显荣，而没有功劳的人，即使他很富有也得不到尊重。这一规定对整个旧贵族集团是一个非常沉重的打击。

以上是公孙鞅在秦国第一次变法的主要内容。这次变法未能面面俱到，但对秦国的发展有很大的促进，一改秦国的落后局面，这不能不说是公孙鞅和法家的一次重大胜利。

守旧势力总是不甘于失败的，于是引出了公孙鞅第一次变法中的一个小小插曲。当时的太子在周围一群旧贵族的煽动下，十分仇视公孙鞅，处处与他作对，以至于触犯了新法。公孙鞅看到这一情况，认为必须惩戒太子以杀一儆百，否则变法将难以彻底推行。又考虑到太子毕竟是君位的继承人，不好直接对他用刑，于是决定让太子的两个师傅公子虔和公孙贾代太子受刑。这么一来，旧贵族也就不敢再那么明目张胆地反对新法了，新法便得以顺利推行（《史记·商君列传》）。

新法推行10年，取得了十分显著的成绩，据《史记·商君列传》记载，居然达到了"道不拾遗，山无盗贼，家给人足"的程度。民众个个都希望在战场上立功，而不敢再行私斗。无论城市还是乡村，都是一片繁荣景象。一些当初对新法不够理解的人都纷纷开始赞扬新法。这一记载不排除有夸张的成分，但新法推行后秦国有了很大发展却是不可否认的。因为变法取得了如此大的成效,秦孝公便将公孙鞅提拔为"大良造"。这个位置是当时秦国 20 等爵的第 16 等(明·董说《七国考》),这一委任实际上使公孙鞅掌握了全国最主要的军政大权。

第二次变法

秦孝公十二年(公元前 350 年),秦国迁都至咸阳。公孙鞅以秦孝公为后盾,开始了进一步的变法改革,即第二次变法。

公孙鞅的第二次变法,较第一次更为深入全面,从根本上摧毁了奴隶制,巩固了中央集权。这次变法的内容主要有 4 个部分。

(1)普遍建立县制,进一步加强君主集权。这一措施消除了奴隶制分封制的不良影响。具体规定是将原来的小乡、小城加以合并,建立 31 个县,每县设立县令、县丞作为地方行政长官。县令、县丞直接向国君负责,也由国君直接任免。这一规定使国君对地方的领导更为直接。

(2)彻底否定奴隶制的土地制度,大力推行"废井田、开阡陌"。规定废除原有井田制下的土地疆界,鼓励农民开垦荒地,使之成为新的可耕田;承认土地私有,允许个人对私有土地进行买卖。这一规定不但使秦国可耕田的面积有了很大增加,而且完全瓦解了奴隶制的基础,从法律上确立了封建土地制度的合法性,使秦国的生产力得以极大发展。

(3)统一秦国境内的度量衡。在此之前,由于度量衡不统一,使用混乱,给征收赋税带来了很大不便。如一亩地收若干升粮食的赋税,由于各地升的容积不统一,出现了同是一亩地,所征得粮食的实际数量却不一样的情况。一方面会给国家税收带来损失,另一方面也会引发民众的不满情绪。因此统一度量衡势在必行。这一措施是具有历史进步意义的。

(4)实行文化专制。公孙鞅根据法家理论,认为民众所掌握的知识越丰富,就越不好管理,而民众的任务是从事生产,只要他们能够很好地生产就行了,没有必要让他们掌握太多的知识。这一思想的渊源应追溯到老子对民众"虚其心,实其腹"的主张。在这样的思想指导下,公孙鞅制定了一系列关于文化专制方面的规定,由于年代久远,这些规定的具体内容我们已经很难全面了解到了。《商君书·农战》中说:"农战之民千人,而有《诗》《书》辩慧者一人焉,千人者皆怠于农战矣。"意思是说,如果从事农战的民众有 1000 个人,而有 1 个读诗书、有智慧、能辩论的人存在的话,他就足以使这 1000 个民众都懒于进行农战了。由此可见,公孙鞅不但不主张民众掌握知识,而且将掌握了知识的人一概视为害群之马,认为他们的存在对国家有百害而无一利。这一思想的影响一直延续至秦朝。秦始皇颁布的《挟书令》以及大搞焚书坑儒等都是这一思想指导下的产物。

商鞅之死与变法的成就

秦国历经两次变法,其国力有了突飞猛进的发展,成为战国七雄中最强大的一个。随着国力的增强,秦国开始进行扩张战争,将一度不可一世的魏国打得落花流水,连连告

諸子百家——法家

饶,最后只好将当年吴起率兵从秦国夺去的西河一带献给秦国作为求和的条件。此时的魏惠王才意识到自己犯了一个多么大的错误,悔当年没有听公叔痤的话。而公孙鞅却在攻打魏国的战争中立下大功,秦孝公将商这个地方封给了他。从此,人们就将公孙鞅称为商鞅。

商鞅为秦国的富强立下了汗马功劳,但也与秦国的守旧势力结下了不共戴天之仇。旧势力无时无刻不想置商鞅于死地,但一直苦于没有机会,所以没敢轻举妄动。一个突发性的事件——商鞅变法的坚强后盾秦孝公突然去世了,那个当年就与商鞅作对的太子登上了秦国的君位,这就是秦惠文王,旧势力们一下子有了靠山,如冬眠之后的蛇蝎一样从各处冒了出来。公子虔等人当然没有忘记商鞅曾对他们施过的酷刑,便对商鞅大肆报复。他们诬告商鞅谋反,秦惠文王明知有诈却不加细查,马上下令追捕商鞅。商鞅对这一形势估计不足,没有防备,只得只身出逃。但终于没有逃出,秦惠文王在旧势力的怂恿下,将商鞅以当时最为残忍的一种刑罚——车裂(即五马分身)处死,并株连了商鞅的全家,将他们统统处死。当年商鞅制定这些刑罚的时候万万不会想到有一天会用在自己和家人的身上。

商鞅,这位法家杰出的代表人物就这样被人冠以莫须有的罪名,惨死在自己所定的刑罚之下,从而在法家史上又留下了沉重的一笔,成为继他的同乡吴起之后又一位为变法而献出宝贵生命的法家殉道者。

值得注意的是,商鞅虽然在旧势力的疯狂反扑中死去了,可是他在秦国推行了近20年的新法已经在秦国民众的心目中牢牢地扎下了根。旧势力虽然从肉体上将商鞅消灭了,但商鞅的思想、商鞅的理论、商鞅的法却无法消灭。这才使秦国没有重蹈当年吴起死后楚国旧势力复辟的覆辙,得以继续称雄于诸侯。直至秦始皇灭六国,一统天下,应该说在很大程度上是得益于商鞅的两次变法的。

商鞅死后,秦国的法治建设没有因守旧势力的阻挠而停止。相反,由于法治思想在秦国已经深入人心,法治建设在此之后又有了很大的发展。商鞅制定出的农战政策一直被保留着,且又制定出了很多新的法规予以丰富。由于重视农业生产,秦国的许多水利工程像郑国渠等都是在那样的政治环境下修成的,这都为秦完成最终的统一打下了坚实的经济基础。在法律编制方面,同样受到商鞅两次变法的影响,秦国法律内容之丰富、体系之严密都是当时各诸侯国难以比拟的。即使是纵观当时整个世界的法律状况,秦法也应当算是其中的佼佼者。这一切都不能不说有商鞅不可磨灭的功绩。

商鞅的著作与思想

商鞅轰轰烈烈的一生虽然结束了,但他给后人留下的理论与思想却是非常值得我们去分析研究的。《商君书》基本反映了商鞅的思想,对后世法家颇有影响,流传也较为广泛。战国末期法家韩非就曾说过:"今境内之民皆言治,藏商、管之法者家有之。"这里所提到的商、管之法,即指《商君书》和《管子》。据记载,《商君书》原有 29 篇,现在我们能够看到的有 24 篇,它是商鞅及其后学者的著作。比起《吴子》一书原有 48 篇而现存仅有

诸子百家——法家

6篇来看,应该算是一部保存比较完好的古籍了。另外,据《汉书·艺文志》说,商鞅还著有兵书一部,可惜现在看不到了。

我们不妨根据《商君书》的记载,对其思想做一些分析。

商鞅的一生,主要活动于魏国和秦国。魏国的法治思想与法家理论都非常丰富与活跃,商鞅的青年时代就是在这样的一个环境中度过的。这一时期培养造就了商鞅"公平无私,罚不讳强,赏不私亲近"的思想,这对商鞅后来在秦国实施变法提供了一个很好的基础。当时的秦国,由于地理位置偏僻,对新事物的接受比较晚,其国力与其他列强比有明显的差距。这一现实是秦国的几代国君都不愿意接受而又不得不接受的。在战国时代,国力弱就意味着战败、割地,甚至亡国。面对如此严重的后果,秦国的历代国君当然不希望坐以待毙。他们纷纷采取措施以期达到富国强兵,称霸诸侯的目的。在商鞅来到秦国之前,秦献公曾废除了奴隶制的陋习——殉葬制度(《史记·秦本纪》),还在一定范围内进行了设立县制的试点工作,秦惠公也有类似的改革举措。但从总体而言,这些措施并没有真正动摇奴隶制的根基。因此,秦国在当时还基本上是一个奴隶制国家。不过历史前进的浪潮已经把秦国推到了从奴隶制向封建制转化的边缘。在秦国内部,农民阶级与新兴地主阶级已经出现,封建制的经济基础正逐渐发展,封建制的上层建筑也开始逐渐产生,而原有的奴隶制下的种种制度也还存在。这种情况使得秦国内部赞成新制度的集团(包括地主阶级与农民阶级)与顽固坚持旧制度的集团(主要是奴隶主阶级)之间的矛盾日益尖锐。这一切为商鞅的变法提供了很好的社会环境。

到了秦孝公时代,孝公极力想效仿当年秦穆公"东服强晋,西霸戎夷"的壮举,以成就千秋霸业。于是大举求贤,从魏国请来了商鞅。商鞅经过一段时间的了解,认识到了秦国正是他施展才华的地方。孝公的礼贤下士,使商鞅将使秦国富强视为己任,并为之付出了毕生的努力。

商鞅变法的第一步就是针对秦国当时的状况提出"法治",以期根本改变一直在秦国占据统治地位的"人治"。在奴隶制下,国家也有法律,但实行的却不是"法治"。法律本身并不公布,以使法威难测。这样统治者可以根据个人的好恶,任意制定、修改、废除法律。这种以个人的意识、好恶去治理国家的行为就是"人治"。到了战国时期,"人治"已经成为一块阻碍历史车轮前进的"绊脚石",其弊端越来越暴露无遗。在国家中实行"法治",是当时解决这一问题的唯一方法。商鞅在秦国推行"法治",就是要改变过去奴隶制下"临事制刑"的局面,为是非善恶定下一个标准。这个标准是具有普遍约束力的,无论是谁都要遵循这个标准。这一做法无疑是进步的。虽然定下的法不一定就是最公正的,但它却不是出于执法者的私心。比较而言,可以说是"至公大定之制"。进而商鞅要求统治者"缘法而治"(《商君书·壹言》),就是要统治者绝对依法办事,并针对奴隶制"礼不下庶人,刑不上大夫"的规定提出了"刑无等级"。《商君书》对这个问题有这样的论述:施用刑罚没有等级差别,从地位很高的将军、相、大夫到普通民众,只要有不听从君主命令,违反国法的行为,就要治他的罪,绝不能赦免。过去有功劳的人,现在违反了法律,不能因其有功劳而减轻对其处罚;以前行过善事,现在违反了法律,也不能因其行过善事就减轻处罚；即便是有名的忠臣孝子犯了法，也必须依据其犯罪情节而治罪。这段话中，商鞅特别强调了王公大臣，有功、行善之人，忠臣孝子在法律面前同普通的民众是完全平等的。只有这样，法律才能真正成为具有普遍约束力的行为准则，才能在人们的心目中树立起威信。也只有这样，变法才可能顺利地实施。

推行"法治"的另一方面就是要打破过去法威不可测的局面，让民众清楚法律到底规定了哪些事可以做，哪些事不能做。《商君书·定分》明确指出：善于治理国家的人，为民众定下了法，就一定要使法明白易懂，使民众不论是聪明的还是愚笨的，都能够搞清楚。为达到这一目标，商鞅还提出设立"法官吏"（《商君书·赏刑》），负责对法律、法令的解释，使法律能够深入贯彻到每个人的心中，这就是所谓的"明法"。法家所推崇"法治"的另一方面，就是"重刑"。《商君书·赏刑》有这样的话："禁奸止过，莫若重刑。"可见商鞅将重刑摆到了何等重要的位置。这里所说的"重刑"并不是单纯地讲刑罚很重，而是要轻罪重罚。对"重刑"理论商鞅作了很大的发展。早期的法家，像李悝、吴起都强调赏罚分明，而且是重赏重罚，但并没有明确地提出轻罪重罚，商鞅提出轻罪重罚是有其理论依据的。首先是"性恶论"。既然人的本性是追求私欲，那么如果对追求私利（当然是指违法的）的行为所用刑罚比他所可能得到的私利要轻或者是等同的话，出于其本能，他就有可能再度铤而走险，因为他可能会认为这种冒险是值得的。如果为追求很小的一点私利，就要冒着受重处罚的危险，这种事就很少会有人去干了。《商君书·去强》讲到"以刑去刑"，即以刑罚为手段去免除刑罚。这样国家才能走上强盛的道路，而如果因为刑罚而招致更多的刑罚，那国家就会衰弱。所以说，对轻罪施以重刑，最终刑罚不必用了，事业也就成功了，国家当然就强盛了。如果只是重罪用重刑，轻罪用轻刑，乱事仍会不断产生，国家也就衰弱了。在此，商鞅提出了著名的"以刑去刑"的法家理论，并将其奉为治国之宝，在变法实践过程中身体力行，连坐法就是一个典型的实例。据《汉书·刑法志》记载，商鞅除了设立连坐之外，又设立了凿颠、抽胁、镬烹等种种酷刑。而接受这种严酷刑罚的犯罪事实又往往是非常之轻微的。《史记·李斯列传》中记载："商君之法，刑弃灰于道者。"意思是说，在商鞅的法律中，对把灰撒在道路上的人都要施以严刑。就此事而言，我们相信，那个撒灰于道路的人在接受了商鞅设立的严刑之后，这一辈子再也不会去干这种事情了。从这个角度而言，商鞅的这一套理论是有其合理性的。但同时我们也必须将商鞅的理论放到当时的那个历史环境下去分析。商鞅和他的法家理论同样是统治阶级的一种统治工具。这一特性，注定他是要维护统治阶级的利益，想方设法去剥夺被统治阶级的利益。商鞅的重刑理论当然也跳不出这个圈子。

商鞅将种种犯罪的原因统统归咎于人的私欲，而实际上他所说的私欲，远不是简单地追求个人利益所能包容了的，在很大程度上包括了劳动者阶级对利益的追求。就是说，商鞅"无私"的法，在制定时就包含极大的私心——地主阶级的私欲。由于这一原因，虽然商鞅的重刑理论从逻辑上分析是很有道理的，但实际上却不可能真正达到"以刑去刑"的目的。仅就重刑而论，它并不是法家的发明，奴隶制社会中的刑罚要更为严酷，而且普遍实行的是轻罪重罚。比如《韩非子·内储说》中就讲到"殷之法，弃灰于公道者断

诸子百家——法家

其手"。这不能不说是轻罪重罚的典型事例了,按法家"以刑去刑"的理论分析,商朝不是应该国力强盛吗?可事实恰恰相反,这种高压政策带来的是更为强烈的反抗。再回到商鞅那一时代,轻罪重罚贯彻的也不可谓不彻底,而刑罚却一直没能被搁置不用。这都不能不说是对重刑理论的现实批判。重刑理论将法家的理论引向了极端。当然,法家理论的这一缺陷,绝不能说是商鞅所导致的,而是受当时的历史局限性制约所必然要产生的。但是它也确实起到了沉重打击奴隶主贵族,防止其复辟的作用。客观地说,也还有一定的积极意义。

与刑相对应的当然就是赏。商鞅同其他法家一样,也很重视赏,提倡用重刑的同时实行厚赏。但商鞅的厚赏与以往法家所主张的厚赏又有很大的不同。商鞅认为厚赏是针对一人一事的,换而言之就是在微观上实行厚赏,宏观上却主张"重罚轻赏"。《商君书·去强》有这样的观点:能够成就王业的国家中,刑罚有九分,而赏赐只有一分;强盛的国家中刑罚占七分,赏赐占三分;在那些衰落的国家中刑罚与赏赐才是各占一半。实际上,商鞅也正是根据自己的这一观点去做的。商鞅实行厚赏的对象实际上只有 3 种人:在农业生产上做出了很大成绩的;在战场上立有军功的;告奸者。对秦国的总人数而言,这 3种人只占少数。而刑罚方面,却连在道路上撒灰这样的事都要处罚。犯这样小错误的人,大概不是个小数字。可见,商鞅真是严格地按照"刑九赏一"的"王者之道"去执行的!

在推行"法治"的基础上,商鞅又着手做了两件事:其一是丰富立法,其二是推行农战政策,两件事都是与"法治"相辅相成的。根据法家的理论,法是评判事物行为是非的唯一标准,这无疑就要求法必须是尽可能地面面俱到,因为如果法没有管到某些事物或行为的话,那这些事物或行为就没有一个是非的标准了。因此,要想真正地全面推行"法治"就必须丰富立法。在丰富立法方面,早期的两位法家实践家李悝、吴起因为受各方面因素的影响做得很不够。李悝的《法经》,主要内容只涉及对刑事法律关系的调整,吴起则没有制定什么新法,其在楚的变法基本上用的仍是李悝的《法经》。商鞅在这方面却有着得天独厚的优越条件,如他的变法时间很长,又受到秦孝公始终如一的坚决支持,因此既有充分的时间来丰富立法,又能保证新法的贯彻执行。这使商鞅取得了前辈法家无法比拟的成绩。从《睡虎地秦墓竹简》所载中可以看到,较商鞅略晚一些时候的秦国法律,内容之丰富已经到了令人惊叹的地步。其中包括了刑法、经济法、军事法、行政法等诸多方面。尽管不能肯定这些法律都是商鞅制定的,但据此可以推测,商鞅所建立的也是一套相当完备的法律体系。这不仅是商鞅对法家学派的一大贡献,也是他对世界法制史的一大贡献。

在丰富立法内容的同时,商鞅将"法治"直接运用到了建设国家上,即以法律为手段推行农战。农指农业生产。在战国时期,农业生产是国家的主要经济来源,有着举足轻重的地位。战是指军事,当然也是关系到国家生死存亡的大事。只有把两方面关系都调整好了才能做到国富兵强。商鞅对此有着很深刻的认识。对于农业生产,他认为不仅要重赏在农业生产中有突出成绩的人,而且要以种种措施去迫使人们返回土地,当好农民。《商君书·垦令》一整篇的文字就都是讲这个问题的。在这里,商鞅提出要通过行政干预、提高赋税等手段去迫使尽量多的人做农民。其中比较有代表性的是要迫使贵族的门客和商人去做农民。商鞅认为，富有的贵族往往要养很多闲人（即门客），这对国家发展农业是很不利的。若要按照他们所养闲人的数目，征收人口税，再加重他们的徭役，那么，就不会有人再愿意养那么多的闲人了。而这些闲人没处吃饭了，就只有去务农。这一办法既增加了从事农业生产的劳动力，又削弱了贵族的力量，可谓一举两得。商鞅同孟子一样重农轻商，认为商人是不劳而获的蛀虫，他们不从事生产，只是靠把东西买来卖去从中渔利，但国家的物资（尤其是粮食）却没有增加。因此这些人是阻碍农业生产的。商鞅认为：国家要禁止商人卖粮和农民买粮。农民不能买粮，就只能去努力耕作才能有饭吃；而商人不能卖粮，就使他们在丰收的年景也不能享乐，在荒年又无法牟取暴利。这样，商人无利可图，也只有回到土地上去了。商鞅的这一主张在很大程度上是受了李悝"平籴法"影响的。为使农民能够安心种田，商鞅又提出要求百官对公事不互相积压，以使农民有更多的时间从事农业生产；要求国家以农民收入粮食的多少为基数来征税，以统一地税制度，这些都在客观上起到了维护农民利益的作用。当然，商鞅维护农民利益并不是真正在替农民着想，而是以此使农民安心地受地主阶级剥削，因此，商鞅的主张中也就不可避免地带有若干不近情理的地方。比如主张禁设旅馆，禁止私人渔猎，禁止音乐、杂技等。根据商鞅的理论，这些措施同样也是为了发展农业。由此可见，商鞅完全将农民看作生产粮食的工具。他为了达到增加粮食产量的目的，竟主张剥夺农民学习、娱乐乃至喝酒的权利。商鞅及其所制定法律的阶级性就显而易见了。当然不能否认，这一套主张也确实起到了发展农业的作用，可以说是达到了富国的目的，为后来秦始皇统一六国打下了坚实的经济基础。

商鞅对军事的重视绝不亚于对农业生产的重视。《商君书》中《战法》《立本》《兵守》等篇中都有很大的篇幅论述军事对国家政治的重要性，以及如何调动民众乐于参加国家所发动的战争。可见，商鞅不仅是法家，而且也是一位军事家。在《境内》篇，商鞅很详细地制定了军事上的奖惩制度，并将连坐法引入了军事领域。他规定，在战争期间，将每5名士卒的名字编在一个册子上，如有一人逃跑，则其余4人就要受到刑罚；但是这4人中若有人斩下了一颗敌人的首级，他就可以免受刑罚。商鞅还制定了种种规定，使上了战场的士卒面前只有两条路：要么奋勇杀敌，立功受赏；要么面对严酷的刑罚。比如，规定"百将"和"屯长"（均为下级军官，五人设一"屯长"，百人设一将，即"百将"）在战争中没有斩下敌人的首级，将被杀死，如果斩下了33颗以上敌人首级，就可以得到一级爵位的赏赐。在或得或失两者的选择中，士卒们当然希望受赏而不愿受罚，这就使秦军的战斗力有了空前的提高。后来秦兵之所以能横扫六国，与此大有关系。

商鞅变法及其理论思想中还有一个重要的部分，那就是否定和批判儒家的思想。我们在讲法家起源的时候曾说过法家是由儒家思想中分裂转化出来的。由于儒家主张偏于保守，而激进的法家则是要建立新的封建制制度，就使得法家与儒家的矛盾越来越大，越来越明朗化。李悝、吴起、申不害、慎到这几个法家的代表人物的主张与观点，虽然与儒家思想也有矛盾，但他们并没有公开提出坚决反对儒家。到了商鞅这一代法家，根据

诸子百家——法家

当时的形势,对儒家进行了批判,这一动作直接影响了后来秦始皇焚书坑儒的行为。在商鞅看来,儒生们是一群无所事事,终日以自己的小聪明和一张利嘴游说于诸侯之间以谋取私利的政治投机者,这些人的存在不会为国家多打一粒粮食,也不会为国家多杀一个敌人,相反他们会导致农民不愿种田、战士不愿战斗,使国家衰弱。对此,《商君书》中的几乎每一篇都要谈到。商鞅的这个见解,不能说是完全没有道理的。在战国中期,大量儒生的出现,确实在一定程度上带来了社会的混乱,他们喜欢空发议论,而不深入到社会中去。因此他们的理论也就越来越与当时社会的实际情况相脱节。而由于国君、王公大臣们往往也是不深入社会的,因此觉得他们的议论蛮有道理,从而对他们委以重任。当从事生产劳动的民众看到这样可以得到高官厚禄,自然就不会再安心生产,而要去模仿他们,试图以此谋取升官发财的机会。可以想象,如果一个国家没有人从事生产劳动,国家当然就会很快衰亡,这是一方面。另一方面,商鞅认为民众越愚昧无知越好,因为他们的任务只是生产,而从事农业生产是不需要丰富知识的。《商君书·垦令》就这样说。民众对学问不重视,自然是愚昧的了。正因为如此,他们就不会和别国有什么交往,使国家的安全有了保障。民众不轻视农业,就会努力地从事生产劳动而不懒惰。这便是商鞅思想消极的一面。强调发展农业生产当然没有错,但强调让民众总处于愚昧状态,就不能说是很正确的了。商鞅的愚民政策,的确是法家的阻碍生产力发展的一种不高明的措施。在这一点上,倒是儒家"有教无类"的思想比法家的愚民政策要好得多。当然,法家的这一理论的产生,是其历史局限性及阶级局限性造成的,我们不能因此就抹杀法家及商鞅在历史上做出的重大贡献。

商鞅还明确地提出了对儒家核心思想"仁义"的批判。商鞅首先以"性恶论"为出发点,并吸收了慎到的一些理论,他不承认有"仁义"的存在,也不相信会有儒家所说的忠臣孝子。他认为国家之所以能够正常运转,是因为有法度的原因。商鞅对"仁义"的否定,是走向了"法律万能"的理论极端。他试图证明,只有法才是调整社会关系的唯一有效手段,因而其他的就都成了邪门歪道。这种片面地强调法的作用,忽视其他调整社会关系的手段的认识,就使得法家治理国家的手段难免是单一的,并且极端野蛮与残酷。商鞅否定了对人的思想教育,认为只要用赏与罚就可以完全调动民众,只要有法律就可以完全管理好民众。这种极端理论,也是作为一个学派的法家之所以在战胜儒家理论而完成中国统一大业后,就过早消亡的重要原因之一。

商鞅理论中的进化历史观,对后世的影响也相当大。这种进化的历史观,不仅为他在秦国的变法提供了理论基础,而且直接影响了后来的韩非子,并对秦始皇统一中国,乃至秦以后的历史都有较大的影响。商鞅在与甘龙、杜挚等人的论战时,就提出了"不法其故""不循其礼"的主张。这一主张体现出了商鞅的进化历史观。《商君书》的《开塞》篇中,商鞅以夏、商、周三代的历史为例来说明治理国家的方法是要随着历史的发展而发展,不可能一成不变。商鞅认为,善于治理国家的人,既不能效仿古代,也不能拘泥于当代。效仿古代,就必然要落后;拘泥于当代,就难免要碰壁。当初周朝就没有去效仿商朝,而夏朝也不曾去效仿更古的虞舜。夏、商、周三代的形势不同,但他们都成就了王业,而且在创立王业时用的是一套办法,在维持王业时用的又是一套办法。周武王用"叛逆"的手段取得了政权,而在取得政权之后却又提倡服从于君主。在没有取得政权的时候,要与商朝争夺天下,而在取得政权之后,却又要求民众重视退让。在夺取政权的时候要用武力,而在维持政权的时候又要用道义。商鞅时代的形势与当初三代时又有很大的变化。商汤、周武王的办法在这个时代是行不通的。事实胜于雄辩,商鞅以所讲历史事实,有力地驳斥了旧贵族们主张"法古无过、循礼无邪"的谬论,阐述了治理国家的方法不能一成不变的真理。这一观点不仅使商鞅在与旧贵族的论战中取得了胜利,而且对此后的中国历史也起到了相当大的推动作用,这也应该是法家学派对历史的一个重大贡献。

商鞅变法的历史地位

从对商鞅理论思想的几个重要方面的简要分析可见,商鞅的理论有所长,也有所短。因此,历史上对商鞅的评价众说纷纭,不少有欠公正。著名的史学家司马迁在《史记·商君列传》评价商鞅是"其天资刻薄人也"。就是说商鞅是一个天生就非常刻薄的人。这一评价大概因司马迁只是着重看到商鞅所制定的那些严刑酷法而不免有失公允。作为历史唯物主义者在评价商鞅时,应把他放到他所处的那个历史环境中去分析。客观地讲,商鞅的理论和行事,有着顺应社会、推动历史发展的一面,也有着极端偏激的一面。他对历史做出了不可否认的贡献,但同时也未摆脱阶级的局限,从而成为统治阶级的捍卫者和牺牲品。

为了更清楚地了解商鞅在秦变法的历史意义,我们可以将他的变法与其他几个诸侯国的变法做一个比较。

秦国的变法之所以取得了最后的胜利,是因为以商鞅为代表的秦法家与其他法家有着很大不同。以李悝、吴起为代表的三晋法家无疑是具有革命性的,但他们作为法家的第一代开创者,难免有很多不足的地方。这就使李悝在魏的变法虽取得了显著的成果,但终究半途而废,魏国也在一度强盛之后走了下坡路。吴起在楚的变法,尽管在实践经验严重不足的情况下还搞得轰轰烈烈,但并不彻底,最终导致了变法的失败。申不害在韩的变法从总体讲并没有多大的显著成就,韩国也仅仅只是达到了尚可自保的程度。法家中的另一支派——由黄老之学发展为法家的慎到虽然在相当大程度上丰富了法家学派的理论,但由于齐国特殊的社会环境和特殊的理论渊源使得他在政治上总是瞻前顾后:一方面"尚法",主张以法治国;另一方面又对旧制度有着一丝眷恋。在这样的理论指导下,齐国执政者的改革步伐也就显得忽快忽慢。虽然在战国中期的威、宣时代,齐国发展成为一个军事强国,取代了魏国称霸中原的地位,但最终却没有战胜后起之秀的秦国。在这些方面,以商鞅为代表的秦法家却表现得较其他法家支派要单纯、成熟得多。首先,秦国地理位置偏僻,与中原诸侯很少往来,因此受周朝宗法制的影响很少。又由于生产落后、国家封闭,使得民众的文化素质极低,尚处于愚昧状态。愚昧使得民众很容易接受新生事物。而且,秦国的落后局面迫使秦国的统治者在要么亡国、要么变法图强中,必须做出选择。由于这方面的原因,秦国统治者对变法的立场是非常坚决的,正如常言所说,

诸子百家——法家

"穷则思变"，任何一个国家的统治者当然都不愿意亡国。而这诸多条件是其他法家在变法时不具备的。

吴起在楚变法，楚国的情况与秦国很类似，但它的旧势力要比秦国强大得多。如果吴起一开始就对旧势力采取彻底打击的措施，而又有商鞅一样充裕的时间，也许后果会大不一样。正如郭沫若先生在《十批判书》中所说："在这里，我感觉吴起不失为当时的一位革命的政治家，他的不幸是悼王死得太早。假使悼王迟死，让他至少有 10 年或 5 年的执政期间，则约定俗成，他的功烈绝不会亚于商鞅。"

但历史将这副变革社会的重担给了以商鞅为代表的秦法家。秦法家除了具有秦国特有的优越条件外，还吸收了大量前辈法家变法的经验教训。如商鞅对"贵族如没有战功则一律免除其特权"的规定，就是吸收了吴起在楚变法时规定贵族世袭三代才免除特权的教训，给旧势力以坚决的打击。正是因为有了前人的经验，才使得秦法家在变法中显得格外成熟老练。

秦法家正因为占了天时、地利、人和，才取得了前所未有的成绩。尤其是他们中最为杰出的商鞅，在秦国两次变法，其规模之大，持续时间之长，法制建设之完备，都不是其他诸侯国的变法可以比拟的。虽然后世对商鞅变法中的一些政策执微词者颇多，但商鞅变法所取得的显著成效，却是不容人们怀疑的。《韩非子·和氏》对商鞅变法的评价是："秦行商君法而富强。"意思是说，秦国因为推行了商鞅所制定的法令，所以富强起来。《史记·李斯列传》记载："李公（指李斯）用商鞅之法，移风易俗，民以殷盛，国以富强。"意思与韩非的话相仿。《战国策·秦策一》中描述商鞅变法成效时讲道：在商鞅变法之后，秦国达到了路不拾遗、民不妄取的程度，同时军事力量日渐强大，令其他诸侯畏惧。根据这些评述，我们都可以看到，商鞅在秦的两次变法决定了秦国后来的命运。

吴起与商鞅同是死于旧势力的反扑之下，为什么吴起的变法失败了，而商鞅的变法却胜利了呢？这是因为，吴起死于旧势力的乱箭之下以后，所有的旧制度又在楚国恢复了起来；而商鞅死后，他所制定的各项法律规定却并没有因为商鞅的死而被废除。这里有一个特殊原因，是秦国的统治者已经认识到了变法给国家带来的巨大发展，下令杀死商鞅，实际上完全是一种泄私愤的表现。在商鞅近 20 年的变法过程中，已经对旧制度从经济基础到上层建筑都给予了极大的打击，新法已深入民心，使得旧势力已经不可能再重新复辟了。惠文王之所以杀商鞅，也并不是因为他反对新制度（尽管在变法开始他反对过），新制度给秦国带来的好处，他也目睹了。惠文王是赞成新制度的，但他对商鞅却是积怨难解。他杀商鞅实际上也是出于个人目的。正因如此，惠文王在杀死了商鞅之后，对商鞅变法中所制定的新法和"法治"的治国方针没有改动。并且，惠文王在执政期间，对法制建设也是非常重视的。

明白了这些之后，我们似乎觉得历史给予了秦法家以特别的关照。其实不然，这是历史发展的必然规律。新的事物总有一天要取代旧的，只是一个时间问题罢了。秦法家恰恰处在完成这一历史性转变的紧要关头，可以说他们所取得的成绩，是踏在前辈的肩膀上取得的。公平地说，秦国命运的改变不仅仅是商鞅变法所取得的胜利，也是法家学派在春秋战国百家争鸣中所取得的重大胜利。

八、集法家理论之大成的韩非

（一）韩非的生平

韩非（约前280年－前233年），战国末年韩国宗室贵族，"喜刑名法术之学，而其归本于黄老"，曾与李斯一起求学于荀卿。他从小口吃，不善言辞，但天资聪慧，又勤奋好学，很早就开始著书立说，并闻名于世。

学成归国的韩非，看到当时的祖国积弊甚重，国势衰微，曾"数以书谏韩王"，希望以自己的能力帮助国家变法图强，可惜昏庸的韩王执迷不悟，根本听不进他的意见。失望的韩非只得埋头写作，把自己的理想和主张写进书里，这使他成为先秦法家思想的集大成者，其主要著作有《孤愤》《五蠹》《内外储》《说林》《说难》等。

韩非反对儒家说教，认为"儒者用文乱法"，也反对游侠行为，说"侠者以武犯禁"。他主张"以法为教"，"以吏为师"，"赏后而信，刑重而必"。他强调，治国要有法律，明确指出"为治者

韩非

不务德而务法"。法的制订，应"编著之图籍，设之于官府，而布之于百姓"。法是整个社会的行为准则和规范，必须做到"法不阿贵，绳不绕曲，法之所加，智者弗能辞，勇者弗取争，刑过不避大臣，赏善不遗匹夫"。这在某种意义上与"法律面前人人平等"的意思相近。他还综合前人商鞅（前390年－前338年）的"法"治，申不害（前385年－前337年）的"术"治和慎到（前395年－前315年）的"势"治，提出"法、术、势"三合一的统治术。

"法"指现行的法令法规，"术"指操纵臣属的手段，"势"指国君拥有至高无上的权势（所谓君权神授）。可以说，中国封建专制主义集权统治的建立，韩非的学说起到了相当大的影响。

在人性是善还是恶的问题上，韩非继承老师荀子的"性恶论"，认为人人都有"欲利之心"，人际间存在利害关系，即使亲如父子也是如此。他说，"父母之于子也，产男则相贺，产女则杀之"。为什么？"虑其后便，计之长利也。故父母之于子也，犹用计算之心以相待也，而况无父子之泽乎？"夫妇之间也不例外。整个社会都处于利害关系之中，统治者与人民之间更是对立的双方。因此帝王们要巩固政权，就必须用暴力强迫人民，使其心悦诚服地接受管理，如果人民反抗，则必须用严刑峻法予以制止。他说："夫严家无悍虏，慈母有败子，吾以此知威势之可以禁暴，而厚德之不足以止乱也。"他还认为，实行轻罪重

诸子百家——法家

判,可以使"小过不生,大罪不至"。

在哲学上,韩非发展了荀子的唯物主义,反对"前识"(即先验论),主张"循名实而定是非,因参验而审言辞"。他最早提出"理"这个哲学概念,并论述"理"与"道"的关系——"道者万物之所成,理者成物之文也"。即"道"是事物运动的普遍规律,"理"是具体事物的特殊规律。因此他说:"万物各异理,而道尽稽万物之理,故不得不化。"他还主张"缘道理以从事",反对"无缘而妄意度",并提出"世异则事异","事异则备变"的历史观。他还认为,天不能主宰人事的吉凶,人可以胜天,人可以把天当作物类加以利用。

逻辑严密,议论透彻,锋芒犀利,说服力强,是韩非文章的一个主要特点。例如,他在《亡征》篇里,一口气谈了国家可亡之道达 47 条,让人感到处处都有亡国的危险,可谓惊心动魄。最后却平静地说道:"亡征者非曰必亡,言其可亡也。"意思是,说有亡征,并不一定就会亡,我在这里主要是给君主们提个醒,平时要多注意某种征象,做到防患于未然,才能确保江山的长治久安。韩非还喜欢用寓言阐述深奥的道理,使文章显得生动活泼。这些寓言后来很多被提炼为成语,如"守株待兔"就见于《韩非子·五蠹》。他在这篇文章里,列举了历史上的许多事例,指出:"圣人不期修古,不法常可,论世之事,因为之备。"接着就讲了一个故事,说宋国有个农夫在一株树下捡到一只撞死的兔子,以后老是在那里等待,以为还有这种机会,结果只能落空。他以这个故事说明,"今欲以先王之政,治当世之民,皆守株之类也",即历史是不断发展的,因循守旧行不通。韩非的著作很快就流行于当时各国。《史记》这样写道:"人或传其书至秦。秦王(即赢政)见《孤愤》《五蠹》之书,曰:'嗟乎,寡人得见此人与之游,死不恨矣!'"可见秦王赢政对韩非著作的喜爱已到了无以复加的程度。为了急于得到韩非,他迅速派兵攻打韩国。韩王原先对韩非认识不足,弃而不用,现在才发现其价值。可是大军压境,不把韩非送给秦国是绝对不行的,韩王无奈,只得"遣非使秦"。秦王如愿以偿地得到自己的"偶像"韩非,按说一定会委以重任才对,然而人们看到《史记》的记载却是这样的,"秦王悦之,未信用"。为什么秦王那样喜爱韩非的著作,甚至不惜动用武力把他抢过来,而到手之后,却"未信用"呢? 司马迁没有正面回答这个问题。但他强调指出,"韩非知说之难,为说难书甚具,终死于秦,不能自脱",这分明暗示,在与秦王的对话中,韩非可能说了些秦王不喜欢听的话,因而被闲置起来。笔者读《韩非子·初见秦》,就有这种感觉,认为韩非虽然在文章中为秦王统一六国而积极献言,却有意无意地否定过去,如"秦当霸而不霸","谋臣皆不尽其忠也"。

自以为是的秦王对这种批评能接受吗? 在秦王身边任丞相的老同学李斯看到这种情况,既高兴,又担心。高兴的是秦王没有信任韩非,担心的是有朝一日秦王又重用韩非,会对他造成严重威胁,因为早在荀卿那里求学时,他就深知韩非比自己能干。于是他勾结姚贾,在秦王面前说韩非的坏话:"韩非,韩之诸公子也。今王欲并诸侯,非终为韩不为秦,此人之情也。今王不用,久留而归之,此自遗患也,不如以过法诛之。"这种没有任何事实作为依据的推理,等于造谣,但秦王竟然听信,并"下吏治非"。李斯见阴谋得逞,不等有关部门判决下来,便抢先一步,派人给韩非送去毒药,让他自杀。韩非看到秦王竟是如此的反复无常,非常悲愤,也清楚自己难逃一死,但他并不害怕,只希望在死前能够再见一见秦王，然而这个要求也被李斯断然拒绝了。之后，秦王对诛杀韩非的决定感到后悔，派人前去赦免韩非，此时的韩非已然在狱中自杀身亡了。

韩非的死无疑是个悲剧。究其原因，一是死于李斯的妒忌，这与庞涓暗算孙膑同出一辙，都是师兄弟不相容所造成，比起为宿敌所害，更让人叹息；二是死于秦王的一时糊涂，作为韩非著作的忠实读者的秦王，本应很好地重用这个能人，却因误听谗言而杀了他。但更主要的是死于他深知的说话难。

在《说难》篇中，韩非指出人臣与主子说话的种种难处："与之论大人（有道德有地位的人），则以为间己（挑拨离间）；与之论细人（见识浅薄地位卑微的人），则以为卖重（卖弄身价）。论其所爱，则以为借资（拉关系）；论其所憎，则以为尝己（搞试探）。径省其辞，则不之而屈之（指笨拙不会办事）；泛滥博文，则多而久之（指啰哩啰嗦）。顺事陈意，则曰怯懦而不尽（说你胆小不敢尽言）；虑事广肆，则曰草野而倨侮（说你粗野不懂礼貌）。此说之难，不可不知"，"故谏说之士不可不察爱憎之主而后说之矣"。可以看出，与主子说话的难处，韩非是相当清楚的，他还告诫人们"不可不知"。然而，知道是一回事，做起来又是一回事，韩非最终还是没能逃脱因"说"所带来的杀身之祸。正如司马迁所叹息的，"余独悲韩子为《说难》而不能自脱耳"。

（二）韩非的主要思想

1、性恶论

"性恶论"是以荀子为代表的，韩非是在其师荀子思想理论的基础上进一步丰富了"性恶论"的内容，深化了"性恶论"的内涵。本文认为韩非的性恶论的主张的产生和形成与其性格和人生际遇有很大的关系。

首先，从生长环境来看，韩非是韩国的公子，韩非出生并成长于深宫之中。大家都知道宫廷之中充满了尔虞我诈，勾心斗角。而韩非则是长期陷于这种权力斗争的中心，于是他对官场的阴暗面极其明了与熟悉，对官场特别是宫廷的丑恶更是看得入木三分。从小深受这些人性负面的影响，使他用失望和恶毒的眼光来看待周围的人和事，对人性充满了失望和失落。

其次，其身体缺陷，更加深了其对世界阴暗面的理解和憎恶。《史记》中说韩非"为人口吃，不能道说，而善著书"。这种生理上的压抑长期得不到有效的释放和排解，必然会使他对人性的阴暗面看得更加清楚，并且对阴暗面的理解和领悟也会更加深刻。这就更加重韩非本已无法承受的"说难""孤愤"，强化他人生的怀疑、苦涩和对现实世界的失望。

最后，从其人生境遇来看，韩非是英雄无用武之地，其才华得不到应有的发挥。韩非在本国得不到重用，他真是"哑巴吃黄连，有苦难说"。后来到了秦国，虽然得到了秦始皇的赏识，但是遭到小人的嫉妒和陷害，不到一年就在监狱中饮毒自尽了。在官场上可以说韩非一直以来都是不得志的。

从上文的分析可以看出韩非应当是一个有阴暗阴影的、孤独的、自卑而又骄傲的人，他性格比较偏激和极端，缺少人性关怀，其人生境遇是从富家公子到阶下囚，可谓一波三

诸子百家——法家

折。这些不同寻常的因素,使得在韩非的思想中被注入了不同于常人的冷峻和阴暗。本文认为,这是韩非性恶论思想形成的重要原因之一。韩非的"性恶论"是着眼于人没有感情、自私自利、互不信任、互相猜忌残害,他认为"好利恶害"是人的本性。韩非的法律起源人性观,是指在"物寡人众"的社会条件下,由于人们的争斗,法律才担当起"禁暴""止乱"的职能。他认为人与人之间就是纯粹的利益关系,甚至父母子女、夫妻、君臣之间。他认为人人皆好利恶害,"夫民之性,恶劳而乐佚","好利恶害,夫人之所有也……喜利畏罪,人莫不然"。就是说好利恶害是每个人的自然本性。并且人性的好利是由人的本能所决定的。他说:"以肠胃为根本,不食则不能活,是以不免于欲利之心。"韩非认为人们一切行为的直接驱动力就是利益,所以,对于人的一切行为,就不必用道德去衡量、评价,一切都是利益驱动的。韩非举了很多例子来说明这个问题:

首先,普通人之间是利益关系。"医善吮人之伤,含人之血,非骨肉之亲也,利所加也。故舆人成舆,则欲人之富贵,匠人成棺,则欲人之夭死。非舆人仁而匠人贼也,人不贵则舆不售,人不死则棺不卖,情非憎人也,利在人之死也。""夫卖庸而播耕者,主人费家而美食,非爱庸客也。庸客致力而疾耕耘者,非爱主人也,曰:羹且美。"他认为普通人之间不会有真实的情感,都是以自己的私利为基础,为了一件事,或不为一件事。也就是说人们之间除了利益之外什么都没有了。

其次,夫妻之间、父母子女之间也是利益关系。韩非认为人人都是自私的,所有社会成员之间的关系都建立在自私自利的基础上。人们相互间是一种纯粹的利害关系,连家庭成员之间也是如此。"为人主而大信其子,则奸臣得乘其子以成其私,故李兑傅赵王而饿主父。为人主而大信其妻,则奸臣得乘于妻以成其私,故优施傅丽姬,杀申生而立奚齐。夫以妻之近与子之亲而犹不可信,则其余无可信者矣。"丈夫对待妻子,是"爱则亲,不爱则疏",不存在"骨肉之恩";父母与子女之间,"父母之于子也,产男则相贺,产女则杀之"。

最后,君臣之间亦是利益关系。儒家学派强调君臣相依,君臣之间要讲究信、忠、仁、礼。但是韩非不相信这一套,他直截了当地指出君臣之间是赤裸裸的买卖关系,就像市场上的交易。"臣尽死力以与君市,君垂爵禄以臣市。君臣之际,非父子之亲也,计数之所出也。"君臣之间没有血缘关系,也不必讲什么道德,"主卖官爵,臣卖智力",相互交换买卖而已。君臣之间没有道德可言,那就更没有说什么信任可言,"夫以妻之近与子之亲而犹不可信,则其余无可信也"。

韩非虽然认为人性是好利恶害的,但这种人性也不是不可以改变的,他认为通过学习人的这种好利恶害的人性观是会有所改变。并且也提出了限制这种人性的方法:一是利用法治来限制人的私欲,即"必罚以禁邪";二是根据互利的原则引导自利的人性走上正轨,即"以利之为心"。他认为严格的法治能够有效地抑制人性恶的膨胀,使人们考虑到犯恶的后果,以至于不敢作奸犯科。并且认为适用重刑是法治的有效手段之一,能够有效地抑制人性的好利恶害。

2、重刑思想

諸子百家——法家

重刑思想源于先秦时期法家的"法治"理论,在中国法学史上占有重要地位。"重刑"虽给人以不人道甚至残酷的印象,但重刑对历史的进步性有着不可替代的作用。重刑思想在秦统一六国,建立中国第一个封建专制王朝中发挥了巨大的作用。此后,由于"重刑"思想适应了封建君主专制统治的需要,使其在以后的各个封建王朝都占据着重要地位。

韩非并不是第一个提出重刑思想的人,他的重刑思想只是中华传统法律文化的代表之一。在韩非以前,商鞅已经系统地论述了重刑理论,他指出只要"重轻罪",就可以做到"以刑去刑"。韩非作为先秦法家思想的集大成者,不仅吸收、借鉴了商鞅的重刑主张,而且将其提到了一个新的高度:"故明主峭其法,而严其刑也。"也就是说,重刑是君主治国安邦的首要条件,是维护君权的重要法宝。

何谓重刑?"所谓重刑者,奸之所者细,而上之所加焉者大也;民不以小利蒙大罪,故奸必止者也。"重刑就是让违法的人为违法行为得来的利益大大小于为此行为所受到惩罚所带来的损失的一种刑罚方法。从韩非给重刑所下的定义来看,他是从功效的角度来看待重刑的。很明显,"好利恶害"的人性论是他提出此说的理论依据。

缘于人性恶的思想根源,韩非对儒家以德教治国的主张报以嗤之以鼻的态度,"仁义爱惠之不足用,而严刑重罚可以治国也"。他主张只有施行重刑酷法才能使人畏瞑,不敢以身试法,才能达到国泰民安的目的。他认为轻刑等于无刑,只有严刑峻法,才能止奸息暴;只有"以刑去刑",才能达到政治的稳定。韩非继承了先秦法家的重刑思想,并提出了自己的重刑主张:

(1)信赏必罚

"信赏必罚"是指法律明文规定的东西必须付诸实施,要树立法律的绝对权威。"赏莫如厚而信,使民利之;罚莫如重而必,使民畏之,法莫如一而固,使民知之。故主施赏不迁,行诛无赦,誉辅其赏,毁随其罚,则贤、不肖俱尽其力矣。"施行奖赏应该优厚而且要说到做到,使人们认为有所贪图;施用惩罚应该严厉而且要坚决执行,使人们畏惧。"言赏则不与,言罚则不行,赏罚不信,故士民不死也。"赏罚的作用不仅体现为受到赏罚的对象,更是为了扩大影响、以儆效尤、树立法律权威。

(2)厚赏重罚

在韩非看来,"厚赏重罚"中,厚赏是为了鼓励臣民继续立功,重罚是为了威吓臣民不敢犯法,即"赏厚则所欲之得也疾,罚重则所恶之禁也"。提倡重刑,正如韩非所言"所谓重刑者,奸之所利者细,而上之所加焉者大也;民不以小利蒙大罪,故奸必止也"。实施重刑,就是要让那些违法的人为其行为负责,使其得来的利益相比遭受的惩罚小得多,而为此所受到非常重的刑罚。韩非强调"重刑"就是要重到能有效地预防犯罪的程度。"重罚"是为了造成一种恐怖气氛,用以威慑臣民,使之不敢再触犯法律。韩非认为,重刑符合人的"好利恶害"的本性,是为了"去奸""去刑"。

(3)轻罪重罚

韩非说:"所谓重刑者,奸之所利者细,而上之所加焉者大也;民不以小利蒙大罪,故

諸子百家——法家

奸必止者也。所谓轻刑者，奸之所利者大，上之所加焉者小也；民慕其利而傲其罪，故奸不止也。""轻罪重罚"就是要形成刑与罪之间的巨大反差，告诫臣民不以小利而蒙大罪。杀一儆百是为了扩大刑罚的威慑影响，运用严刑苛法制止犯罪。只有"刑九赏一"才能"以刑去刑"。韩非说："古之善守者，以其所重禁其所轻，以其所难禁其所易，故君子与小人俱正。"重刑只是手段，其目的在于建立不使用刑罚的理想的"法治"国家。由上文可以看出，韩非的重刑思想并不是凭空产生的，而是建立在一定的理论基础之上的。上文我们谈到韩非继承了其师荀子的"性恶论"的观点，其认为人性本来就是恶的，人生来"好利恶害"的。由于人的本性是恶，那么人与社会之间、人与人之间就必然会发生争斗。韩非认为要防止和解决争斗仅仅使用道德是不够的，要使用法律来约束人的行为。

韩非反对无条件地满足人民的欲望，主张在法律允许的条件下，使人民的欲望得到满足，如果是法律不允许的行为，那么就要受到法律的惩罚。因此要在全国的范围内推行法律，使人们的行为都受到法律的约束，这样一来，就可以防止争斗的发生。如果人们为了自己的私利违反了法律，韩非主张用重刑来惩治人们的违法行为。因为他认为"所谓重刑者，奸之所利者细，而上之所加焉者大也；民不以小利蒙大罪，故奸必止者也。所谓轻刑者，奸之所利者大，上之所加焉者小也；民慕其利而傲其罪，故奸不止也"。施用重刑就能使民众因害怕违法犯罪带来的严重后果，而约束自己的行为，尽量不去犯罪。

同时韩非认为对犯罪人适用重刑，还可以达到以儆效尤、预防犯罪的作用。因为人天性是恶的，是"好利恶害"的，为了自己的私利犯罪的可能性很大。一般来说，犯罪代价越小，获利越大，犯罪的意念就会强烈，如果对犯罪人使用重刑，那么他犯罪所得到的惩罚就会大于他通过犯罪行为所获得的利益，那么他的犯罪意志就会被抑制，这就达到了预防犯罪人再次犯罪的目的。同时使一般的民众看到犯罪人所受的刑罚的痛苦，那么他们在实施犯罪行为之前就会"三思而后行"，大部分人都会选择不实施犯罪行为，从而达到预防一般民众犯罪的目的。因此重刑不但可以惩罚犯罪，还可以预防犯罪。

韩非是战国末年法家思想的集大成者，也是我国古代一个卓越的思想家，他积极倡导的专制主义理论，为秦国的统一提供了理论基础，对以后两千多年的政治，产生了深远的影响。韩非思想中的进步性和反人民性并存于他的具有矛盾的思想体系中。他只看见争取国君、打击旧贵族以满足封建地主阶级的要求，而没有照顾到其他阶级，如工商业者，特别是广大农民阶级的要求。

3、法、术、势的政治思想

韩非的政治思想体系是"以法为本"的法、术、势三者的结合。它的出发点是历史进化观和社会矛盾观。根据他的说法，人口既然愈来愈多，而财富却相对地愈来愈少，争夺也就愈来愈激烈，所以在"当今争于气力"的时代，就必须用"倍赏累罚"的法治来维持社会秩序。他在《五蠹》篇说："夫古今异俗，新故异备，如欲以宽缓之政，治急世之民，犹无辔策而御马。此不知之患也。"因此，韩非主张用暴力去镇压一切反抗者，建立君主专制的政权。

韩非子的法治思想主要有两个来源。一是源于荀子。荀子隆礼重法。韩非丢掉了隆礼,而大大地发展了重法。二是源于商鞅、申不害和慎到。商鞅在秦变法,大有成就,本编已别有传。申不害,"故郑之贱臣",相韩昭公,内修政教,外应诸侯。终不害之身,国治兵强,无侵韩者。史称其"学本于黄老而著刑名。著书二篇,号曰《申子》"(《史记·老子韩非列传》)。《申子》早佚,有《大体篇》,保存在《群书治要》中。慎到,赵人,与齐人田骈、接子、淳于髡、楚人环渊等,都是齐的稷下先生。慎到著书,《史记》称其有十二论,《汉书·艺文志》著录"有《慎子》四十二篇"。慎到书,也久佚,清人存辑本。韩非把商鞅论法、申不害论术、慎到论势,加以分析扬弃,发展成为法家的新的思想体系,使他成为法家学说集大成的人物。

　　韩非所谓的"法",就是法令,是官府制定、公布的成文法,是官吏据以统治人民的条规。术,就是权术,是君主驾驭、使用、考察臣下的手段。法和术的显著区别,一个是向国人公布,一个是藏在君主的"胸中","故法莫如显,而术不欲见。是以明主言法,则境内卑贱莫不闻知也,用术,则亲爱近习莫之得闻也"(《韩非子·显学》)。《定法》篇是韩非对申不害、商鞅的变法理论和实践的分析总结,并指出法、术结合的必要性。

諸子百家——法家

　　韩非有见于申不害只讲术不重法的弊病,指出:"申不害不擅其法,不一其宪令,则奸多",所以申不害辅佐韩昭侯治国十七年,仍然不能使韩国实现"霸王"之业。韩非又见于商鞅只讲法不用术的弊病,指出鞅之治秦,虽有法以致富强,"然而无术以知奸,则以其富强也资人臣而已矣"。它的结果是"战胜则大臣尊,益地则私封立"。所以,凭借秦国的强大力量,长达几十年都不能实现"帝王"的事业,这是由于官吏虽然勤谨守法,而君主却不用"术"所造成的。为此,他用答客问的形式,说明法和术的不可偏废。他把法和术,比喻为衣和食,说明治理国家法和术缺一不可。他说:"君无术则弊于上,臣无法则乱于下,此不可一无,皆帝王之具也。"

　　韩非认为,申不害讲的"术",商鞅用的"法",也还不完善。"二子之于法、术皆未尽善也。"他引申子的话说:"治不逾官,虽知弗言。"他接着批评说,官吏办事不超越自己的职权。说是"守职",那是对的,但知道自己职权以外的事不说,那就错了。因为君主了解全国的情况,要依靠官吏。如果官吏知道了自己职权以外的事不说,君主还依靠谁做耳目呢?他又引商鞅之法说:"'斩一首者爵一级,欲为官者,为五十石之官。斩二首者爵二级,欲为官者,为百石之官'。官爵之迁与斩首之功相称也。"他批评说,如果定这样的法令,叫斩敌首立战功的人做医生、工匠,那么,病就治不好,房子就盖不成。因为医生会调配药剂,工匠有专门的手艺,让有战功者做这些事与他的能力是不相当的。"今治官者,智能也。今斩首者,勇力之所加也。以勇力之所加而治智能之官,是以斩首之功为医、匠也。"韩非拥护并发展了慎到的势治。在《难势》篇中,韩非认为"势"有"自然之势"和"人之所设"的"人为之势"两种。"自然之势",是指世袭的君位,所谓"生而在上位"。他引慎到的话说:"尧为匹夫,不能治三人。而桀为天子,能乱天下。吾以此知势位之足恃。而贤智之不足慕也。"看来,慎到讲的似偏重于"自然之势",韩非所讲的是"人为之势"。"人为之势"是势和法的结合,就是所谓"抱法处势",是指君主的法治权力。韩非认为像尧、舜、桀、纣那样的君主,"千世而一出"。因此,他所要着重讲的是"中者"的得"势":所谓"中者"，指的是"上不及尧舜，而下亦不为桀纣"的君主。他认为这样的中主"是比肩随踵而生，世之治者不绝于中"。对于中主来说，"抱法处势则治，背法去势则乱"。又说："中主守法术，拙匠守规矩尺寸，则万不失矣。"《韩非子·难三》这种势、法并举，势、法结合的"人为之势"，就是韩非对慎到"自然之势"的发展。

韩非在经过对前期法家学说的分析总结以后，把法、术、势这三个法治要素，连接在一起，构成了一个政治思想体系，故成为法家的集大成者。

韩非的法治思想，概括地说，是君主凭势，使术，用法来统治臣民。所谓势，就是君主的权威，就是生杀予夺的权力。君主有了这种权力，才能使术用法，使臣民服从自己，为自己所用。韩非认为君主必须把这种大权牢牢地掌握在自己手中，决不能同任何人分享，否则权力就会遭受削弱，甚至丢权丧身。

他认为，国和家一样，只能容许独尊，不能容许两尊或近似两尊的局面。否则，国家就要发生纷争。他说："孽有拟适（嫡）之子，配有拟妻之妾，廷有拟相之臣，臣有拟主之宠，此四者，国之所危也。故曰：内宠并后，外宠贰政，枝子配适，大臣拟主，乱之道也。"韩非认为君主要依靠官吏统治人民，所谓"明主治吏不治民"。但君臣间又有利害矛盾，所谓"知臣主之异利者王，以为同者劫，与共事者杀"。君主驾驭臣下的权术，在《韩非子》中占有相当大的篇幅，在他的政治思想中占有重要地位。

法，在韩非的政治思想中占有主要位置。在韩非看来，法是全国臣民行动的准则。有了法，行动才能有统一的步调。他说："一民之轨，莫如法。"他认为如果依法行事，就能消除人间的不合理现象，社会秩序才会稳定。"法分明，则贤不得夺不肖，强不得侵弱，众不得暴寡。托天下于尧之法，则贞士不失分，奸人不侥幸。"他还认为，如果按法行事，就是受到惩罚的人，也会心安理得。"以罪受诛，人不怨上。"否则，"释法制而妄怒，虽杀戮而奸人不恐。罪生甲，祸归乙，伏怨乃结"。因此，他得出的结论是："释法术而任心治，尧不能正一国"，"以法治国，举措而已矣"。

实行法治主要靠赏罚。在韩非看来，绝大多数人不会自动为善，必须利用人们趋利避害、喜欢受赏而害怕受罚的本性，君主只要运用赏罚，就可以支配全国臣民。他把赏和罚看作重要的统治工具，称之为"二柄"。他说："明主之所导制其臣者，二柄而已矣。二柄者，刑德也。何谓刑德？曰：杀戮之谓刑，庆（赐）赏之谓德。为人臣者，畏诛罚而利庆赏，故人主自用其刑德，则群臣畏其威而归其利矣。"赏罚的权柄要牢牢地掌握在君主手中。如果君和臣共掌赏罚大权，禁令就行不通，所谓"赏罚共则禁令不行"，还会出现像宋国司城子罕劫宋君，齐国的田恒杀齐简公那样的事。

法治的对象是广大的臣民，与术只用于臣下者不同。依照韩非的看法，除了国君以外，不论贵贱，一律要受法的约束。所谓"法不阿贵"，"刑过不避大臣，赏善不遗匹夫"。"诚有功则虽疏贱必赏，诚有过则虽近爱必诛。"

韩非为了说明法治的历史根据，从先王中找出一些事例。《说疑》："尧有丹朱，而舜有商均，启有五观，商有太甲，武王有管、蔡。五王之所诛者，皆父兄子弟之亲也，而所杀亡其身，残破其家者，何也？以其害国伤民，败法纪类也。观其所举，或在山林薮泽岩穴之间，或在图圄缧绁缠索之中，或在割烹刍牧饭牛之事。然明主不羞其卑贱也，以其能，为可以明法，便国利民，从而举之，身安名尊。"他主张论功行赏，反对无功受禄，不论亲疏贵贱，只要按法行事，立下功劳，就可担任官职。"明主之吏，宰相必起于州部，猛将必发于卒伍。"这一主张，有利于打破世袭贵族对政权的垄断，便于新兴封建地主分子参加各级政权，对发展巩固封建制度的统治是有积极作用的。

韩非是一个君权至上论者。他提倡尊君，主张君主集权、专制。他说："事在四方；要在中央，圣人执要，四方来效。"他认为君权集中的指导思想是法家思想，要求定法家于一尊。他激烈地批判和攻击法家以外的其他学派，特别是当时影响最大的儒家和墨家。他主张严格统治言论与思想，禁止私人著作流传和私人讲学，只准学习国家颁布的法令，只准以官吏为师，即所谓"明主之国无书简之文，以法为教；无先王之语，以吏为师；是境内之民，其言谈者必轨于法"。在他看来，封建统治者不需要什么诸子争鸣，只需要人民成为"无二心私学，听吏从教"的顺民。韩非的这种君主专制和文化专制思想，是战国末年各国间走向统一，各国内部趋向君权集中的反映。世界观与认识论韩非继承和发展了荀况的思想，并改造了老子书的若干观点。他的《解老》《喻老》两篇，是对老子书最早的注解，反映了韩非世界观富有唯物主义的方面。

九、法家对历代法制的影响

在韩非之后，虽然秦始皇极力推崇法家理论，但理论本身的极端性、刑罚的残酷性及赤裸裸的剥削压迫使法家学派很快就消亡了，但法家学派的理论却已经渗透进了中国的法制体系之中，并对汉以后中国历代法制产生了极为深远的影响。

秦王朝在农民起义的战火烽烟中灭亡之后，历史仿佛又重演了战国末年的诸侯争霸局面。当然这一幕非常短暂，很快，一个新的封建王朝——汉朝就建立了。

汉王朝的统治者在表面上似乎极力地反对法家理论以及在其基础上建立的秦法制体系。汉高祖刘邦一进关中，就彻底废除秦律，只以"杀人者死，伤人及盗抵罪"这约法三章为法律，并大力地宣传"除秦苛法"，以争取民心。以致后来汉惠帝废秦苛法《挟书律》（即禁止私人拥有书籍的法律）和文帝、景帝所搞的刑制改革似乎都说明了这一点，但实际上，这不过是统治者在继续使用法家的"术"而已。

秦末汉初天下大乱，百废待兴，生产力已经降到了很低的水平。一方面，对民众的大肆剥削已根本不可能——那时的民众已经没有什么油水可榨了；另一方面，汉王朝早期的统治者亲眼看到在法家高压政策下所爆发的反抗力量之强大。当时，民众刚从苛捐杂税、繁重徭役的负担中解脱出来，还挣扎在死亡线上，再要用严刑酷法去吓唬他们是不会有多少作用的——所谓"民不畏死，奈何以死惧之"，闹得不好还会再度揭竿而起。汉王朝初年的统治者正是看到了这两方面，才对民众恨之入骨的那一套法家理论进行了批判，大有与之势不两立之势。实际上，这完全是汉王朝的早期统治者出于无奈所采取的一种愚民策略。汉王朝的统治者在政权基本稳固之后，便一面大喊着"除秦苛法"，一面以法家理论为基础,参照秦律开始编织他们用以维护地主阶级利益的那张法网了。

刘邦取得天下不久,就意识到了凭他那"约法三章"是根本无法完成国家统治的,于是指派萧何进行了汉代的第一次立法。著名法典《九章律》就是这次立法活动的产物。《九章律》实际上就是以法家的经典《法经》为蓝本制订出来的,只不过在李悝《法经》六篇的基础上参照秦律有关条款增加了《户律》《兴律》等罢了。《九章律》后来成为汉律的核心与骨干,就足以说明汉朝的法制体系在很大程度上受到了法家理论的影响。

在严刑酷罚方面,汉朝法制体系更是深受法家理论的影响。法家理论中轻罪重罚、"以刑去刑"等主张,汉朝统治者虽然都不表示赞同,但在实际上,法律中却都有所体现,只不过变得很隐蔽,不再像秦朝的法家那样赤裸裸地肆无忌惮了。当年法家创始人李悝提出的"王者之政莫急于盗贼"的主张,汉王朝统治者在骨子里是非常赞同的。在汉朝繁多的法律中关于打击"盗贼"的占了绝大多数,其中比较著名的有《通行饮食法》《越宫律》等。《通行饮食法》规定:对给"盗贼"(即指农民起义军等)带路、提供食物的人一律以重罪论处。在《汉书·宣威传》中曾有因"通行饮食"(即指为盗贼引路并提供饮食)罪,身遭杀戮、株连数千人的记载。这无疑是沿袭了法家的重刑理论。不仅如此,在汉法中,对法家"君权至上"的理论还有所发展。秦朝时,反对君主的言论和行为无疑是要惹来杀身之祸的。汉朝法律则规定不仅对君主的不利言论与行为要从严法办,而且还增加了"腹诽"之罪。所谓"腹诽",就是说虽然这个人对君主的不满并没有以言论或行为的形式表达出来,但心里有这种情绪,那么他就犯了"腹诽"罪。犯"腹诽"罪可刑至"大辟"(即死刑)。这种连人未表露于言行的内心活动都要受到惩罚的法律,即使是李悝、吴起、商鞅、韩非等几位法家的代表人物看到,也恐怕要为之不寒而栗了。

汉宣帝曾公开承认:"汉家自有制度,本以霸、王道杂之。"这里面的那个霸道就是指的法家理论。在汉朝的几种法律形式中,"令"是其中具有最高权威性的一种。所谓的"令"也就是君主的诏令。"令"可以凌驾于其他诸法之上,换而言之,也就是说君主的话就是具有最高效力的法。这便是对后期法家理论,尤其是韩非"君权至上"理论的继承。这一点还体现在将皇权的至高无上用法律的形式加以确立上。在汉朝的诸多法律中,首要维护的就是皇帝的权力。它将所有可能对皇权产生侵害的行为一律划入犯罪之列。《左官律》中规定,不接受皇帝的任用却去辅佐诸侯即构成"左官罪";《酎金律》中规定,诸侯每年向皇帝献上的黄金和酒如发生成色不足、分量不够的现象,那诸侯就犯了罪,会导致失去领地和爵位;对拒不执行皇帝诏令的行为称之为"废格诏令",要处以"弃市"之刑(即在闹市执行死刑,之后还要暴尸);对于严重侵害皇权的"擅发兵"(即指未经皇帝批准擅自调动军队)行为,则无论情节轻重、动机如何一律斩杀。规定这些法律的指导思想,我们都可以从法家理论中,尤其是晚期法家的理论中找出。

以法律为手段来巩固封建伦理制度,则几乎是韩非理论的延续和发展。董仲舒将韩非的理论发展为"君为臣纲,父为子纲,夫为妻纲",并使其成了封建法律的一个组成部分。凡违犯"三纲"者,绝不仅是道德上的审判,而且要受到严厉的法律制裁。汉律中对违犯"三纲"的行为,一律视为"大逆不道",要严惩不贷。从这些方面,我们都可以看到,

诸子百家 —— 法家

法家理论对汉朝法制的影响之大。以至有人认为，汉王朝统治者的指导理论是"外儒内法"，即在外表上信奉儒家理论，而实际上则是更多地吸收了法家的理论。其实，汉朝董仲舒之儒的理论已经不再是春秋战国时的儒家理论了，他提出"罢黜百家，独尊儒术"这一主张时，就已将儒术进行了大规模的改造，并对先秦诸子百家的理论都有所吸收，其中也吸收了法家的理论，尤其是对后期法家的理论有大量的继承和发展。由于这些原因，导致了汉朝的法制体系与秦朝非常类似，所以才有"汉承秦制"的说法。

东汉以后，中国又陷入了大规模的混乱状态，经三国、两晋、南北朝等，直到隋唐的建立才结束。在这种混乱的局面下，法家的理论却产生了较大的影响。

曹操受法家影响较大，在政治上提出了"奉天子以令不臣"。所谓不臣，就是不服从中央、搞分裂的人。这是利用汉献帝的名义来反对分裂、实现统一，也正是仿效法家的政治主张。他还提出"拨乱之正，以刑为先"，广泛采用了"唯才是举""任人唯贤"之类的法家理论和主张。在经济上，他实行"屯田"，显然是受了法家"耕战"政策的影响。他"以法治军"则更是以孙武、吴起为榜样的。三国时杰出的政治家诸葛亮，对法家理论，尤其是关于"法治"思想非常赞赏。他充分肯定孙武、吴起以法治军的思想，说："孙、吴所以能够制胜于天下者，用法明也。"（《三国志·蜀志·马谡传》裴松之注引《襄阳记》）法家理论在分裂状态这一特殊的历史条件下，又显出了它独有的魅力。这一时期的法制建设，大体上是以法家理论作为指导的。

唐代在法制建设上很有成就，《唐律疏义》的编撰对后世影响深远。长孙无忌在《唐律疏义》中强调法防患于未然的作用，认为法是"惩其未犯，防其未然"。这种思想，正是受商鞅"以刑去刑"理论的影响。韩愈《淮氏子》所说："罚一劝百，政之经"，说的也是刑罚惩前毖后的作用。这也是受法家的传统思想影响的结果。

宋代苏轼《论周穜擅议配享自劾札子二首》说："为国之本，在于明赏罚，辨邪正"，这里"明赏罚"显然也是受了法家思想的影响。杨万里《上寿皇气留张木式黜韩玉书》说："法存则国安，法亡则国危"，把法的存亡与国家安危等同起来。宋代在法制上的建设是颁行《宋建隆详定刑统》，简称《宋刑统》，从大体上本于《唐律疏义》，但强调对"盗贼"从重处理，特别立了《盗贼重法》，其内容比《唐律疏义》更为残酷（《宋史·刑法志》），这说明《宋刑统》深深地受到李悝《法经》的影响。封建法典的主要矛头就是针对农民的。

明代对法制建设非常重视，因为明太祖起自布衣，目睹元代因为法制废弃而导致灭亡的情景，决心加强法制建设。他的指导思想是"刑乱国用重典"。他在《大明律序》中说："出五刑酷法以治之，欲民畏而不犯。"即是要用严酷的刑罚来镇压民众，从而使他们产生畏惧心理，就不敢违法了。这种思想显然是受了战国时代商鞅轻罪重罚、"以刑去刑"思想的影响。

法家思想对清代统治者的影响，有一点是十分突出的，即为了加强封建专制主义统治，特别是思想文化上的专制而大兴文字狱。这种思想追根溯源与商鞅、韩非以及秦始皇所搞的"焚书坑儒"是一脉相承的。法家思想对一些政治家的影响则又各有不同。清末洪仁玕《资政新篇》说："最强之邦，由法善也"。意思是说，最强大的国家，是由于它的

诸子百家——法家

法律很完善。这是从正面肯定法的作用,当然也是受法家理论的影响。而梁启超《论主权法》说:"恃人而不恃法者,其人亡则其政息焉",是在论述人治与法治两者的关系,强调法治更为重要。只有人治而无法治,如果主持人治的人要是不在了,这种政治也就消亡了。这种观点自然也打着明显的法家思想烙印。

总之,法家思想对后世的影响是深远的。对于这份珍贵的历史文化遗产,我们理应给予科学的总结。

第二节　法家人物

一、法家的先驱

春秋末期的中国社会已经进入大变革时期,面对这种变化,一些政治家主张通过变法或立法的途径来顺应历史的潮流,以解决或缓和社会矛盾。他们都是当时各国著名的政治家,如:齐国的管仲,郑国的子产、邓析,晋国的赵盾、赵鞅、范武子,宋国的子罕,晋国的叔向。他们在各国的立法、司法实践活动中,为法家学说的形成奠定了基础。由于他们只有实践,并没有提出相应的系统理论,因此,从严格意义上讲,还不能称之为法家。但是,把他们看作法家的先驱应该是符合史实的,后来法家学派对他们的尊重也正好说明了这一点。

1.管仲(?~公元前 645 年),名夷吾,字仲,又称敬仲,齐国颍上(今安徽颍上)人。出身平民或没落贵族。年轻时曾与鲍叔牙一起经商。齐桓公即位前曾和其兄公子纠争夺王位,当时任公子纠师傅的管仲曾射过齐桓公一箭。公元前 685 年齐桓公即位后,经鲍叔牙推荐,不计一箭之仇,重任管仲为相(一说为卿),主持国政。为了富国强兵,他辅助齐桓公进行了一系列改革,使齐国第一个取得了霸主地位。其法律思想对法家产生了很大的影响。

(1)"仓廪实则知礼节","与民分货"

提出了"仓廪实则知礼节,衣食足则知荣辱"的名言,认为发展经济是国家富强的前提,也是使人们遵守礼义法度和稳定社会秩序的物质基础。这种思想具有一定的朴素唯物主义因素,对当时一味剥削压榨而侈谈礼义廉耻的贵族也是深刻的批判。同时,非常重视道德和法律的作用,将"礼义廉耻"比作国之"四维";反对空谈礼义法度,认为首先必须解决人民的衣食问题,然后才谈得上礼义廉耻。因此,要想国富民安,就要发展生产,改善人民生活。这种思想是他在齐国进行一系列改革的理论基础。

管仲充分利用齐国的有利条件,大兴渔盐、铸铁之利。为此,设置盐官,管理盐铁业,并采取渔盐出口不纳税的政策,鼓励渔盐贸易;在农业上,他改革了赋税制度,按照土地的好坏分等级确定税收额,号召开垦荒地,兴修水利,种植五谷、桑麻,饲养六畜,努力耕织。为了奖励耕织,发展工商业,提出"与民分货"的主张,即必须让人民分享一点生产成果和经济收益,从而把"富国"和"富民"统一起来。

（2）"匹夫有善,可得而举"

管仲认为,要使人民遵守法律,必须使人民感到有利可图。因此,要求做到"俗之所欲,因而予之;俗之所否,因而去之"。以期"令顺民心"。根据这一原则,主张"修旧法,择其善者而业用之",即废除那些不利于"富国""富民"的规定,从而"与俗同好恶"。

管仲认为,要保证法令的贯彻执行,必须"劝之以赏赐,纠之以刑罚"。一方面,他不顾周礼任人唯亲的"亲亲"原则,主张"匹夫有善,可得而举",提倡破格选拔人才;并规定乡大夫有推举人才的责任,如有才不举,便以"蔽明""蔽贤"论罪。另一方面,他也敢于对那些"不用上令""寡功"和"政不治"的官吏绳之以法:"一再则宥","三则不赦"。

管仲还按职业和身份将"国"（国都以内）、"鄙"（国都以外）的居民重新加以编制,并"寄内政于军令",把行政组织和军事组织结合起来,以加强军事力量。

总之,管仲的改革已经超出了礼制的范围,突破了"礼不下庶人,刑不上大夫"的旧传统。他敢于打击旧贵族,《论语·宪问》中就有他曾剥夺"伯氏骈邑三百"的记载;相传他还提出"有过不免,有善不遗",加之他所主张的"富国强兵""与民分货"和"令顺民心"等,这些都与后来的法家一脉相承,所以后人一般称他为法家的先驱,他的改革成果与商鞅的法律并称"商管之法"。

2.子产（? ~公元前 522 年）,即公孙侨,字子美,又称公孙成子,郑国贵族。公元前543 年至公元前 522 年执掌郑国国政,是当时享有盛名的政治家。作为一个刚刚从奴隶主贵族转化而来的封建贵族,为了保持贵族的某些特权,不仅不公开反对周礼,反而赞美它,甚至认为"礼"是"天之经也,地之义也,民之行也;天地之经而民实则之"。因此,被一些贵族看成是"知礼"和"有礼"的典型。但是执政后,却进行了一系列违反周礼而有利于封建化的改革,在个别问题上甚至带有比较激进的法家色彩。

（1）"田有封洫,庐井有伍"

为了制止贵族对土地的侵占和争夺,子产首先从改革田制入手,"作封洫",即重新划分田界,明确各家的土地所有权,并把个体农户按五家为伍的方式编制起来,使之"庐井有伍",以加强对农民的控制。同时,又重新确立了国都内外、上下尊卑的等级秩序,奖赏忠于职守、节俭奉公的贵族和官吏,打击那些骄横奢侈之徒。五年之后,又"作丘赋",以"丘"为单位,向土地所有者征收军赋,进一步肯定了土地私有权的合法性。

（2）"制叁辟,铸刑书"

"作封洫""作丘赋"之后,子产又同旧势力进行了斗争。这时,新兴地主阶级的力量逐渐壮大,国人也看到了改革的好处,开始积极拥护改革。为了保护已经取得的改革成果,公元前 536 年,子产"铸刑书",即把新制定的"刑书"铸在铁鼎上公布,这是中国法制史上一个具有重大意义的创举。以往的奴隶主贵族不但对其封地内的奴隶可以为所欲为,而且也可以恣意迫害平民。他们不制定也不公开颁布什么行为是犯罪,以及犯什么罪应该处什么刑的"刑书",而是采取"议事以制"的方式审判案件,使人们经常处于"刑不可知,则威不可测"的极端恐怖之中。从反对者的意见中不难看出,仅就颁布成文法本身来说,就已经起到了限制贵族特权的作用。反对者叔向谴责说:"今吾子相郑国,作封洫,立谤政,制叁辟,铸刑书,将以靖民,不亦难乎?"从中可推断,子产"刑书"的内容与其田制、赋制改革有关。子产的"刑书"公布后,不仅打破了"先王议事以制不为刑辟"的"礼治"传统,而且限制、打击了奴隶主贵族的特权,让人们知道什么是权利,什么是义务,"民知争端矣,将弃礼而征于书,锥刀之末,将尽争之,"在一定程度上保护了新兴地主阶级和平民的既得利益,因而遭到晋国著名保守派贵族叔向的反对。正在主持郑国改革的子产没有屈服,非常坚决地答复:"侨不才,不能及子孙,吾以救世也。"意即"铸刑书"正是为了挽救郑国危亡。子产"铸刑书"这一举动,为后来法家所主张的"法治"提供了经验。

（3）以"宽"服民和以"猛"服民

子产第一个提出了"宽""猛"两手策略。"宽"即强调道德教化和怀柔;"猛"即主张严刑峻法和暴力镇压。

子产在执政期间,主要采用"宽"的一手,主张"为政必以德"。为此,孔子多次赞美,说他是"惠人","其养民也惠,其使民也义"。子产的确如此开明。执政后,郑国人经常到"乡校"议论其为政的得失。"乡校"本来就是国人举行乡射宴饮和议论国政的场所。有人劝子产毁掉乡校,他不同意,说:

何为? 夫人朝夕退而游焉,以议执政之善否。其所善者,吾则行之;其所恶者,吾则改之,是吾师也。若之何毁之? 吾闻忠善以损怨,不闻作威以防怨。岂不遽止? 然犹防川。大决所犯,伤人必多,吾不克救也。不如小决使道,不如吾闻而药之也。

这种择善而从、闻过则改的风度,在当时也是十分难能可贵的。

但是到了晚年,子产的"为政必以德"的观点却发生了转变。他在临终前竟对后继者子大叔说:

我死,子必为政。唯有德者能以宽服民,其次莫如猛。夫火烈,民望而畏之,故鲜死焉;水懦弱,民狎而玩之,则多死焉。故宽难。

这一转变不外有两种可能:一是他对以往所行的"德政"已经丧失了信心;一是认定子大叔不是"德者",所以示意他舍宽而取猛。

子产所提出的"宽""猛"两手,关系到立法的指导原则。后世的儒家主要继承和发展了其"以宽服民"的思想,主张立法从宽;法家则主要继承和发展了其"以猛服民"的思想,主张立法从严。

3.邓析(？ ~公元前 501 年),郑国人。子产执政时曾任郑国大夫,在政治上非常活跃。子产在郑国进行了一系列有利于封建化的改革,但是作为一个刚刚转化而来的新封建贵族,为了保持贵族的特权,并不否定周礼。而邓析则代表了新兴地主阶级的利益,要求进一步改革。《荀子·非十二子》说他"不法先王,不是礼义"。可见,邓析是最早反对"礼治"的思想家。

諸子百家——法家

（1）私造"竹刑"

邓析对子产所推行的一些改革不满，曾"数难子产之治"。由于不满子产所铸刑书，竟私自编了一部更能适应新兴地主阶级要求的成文法，把它写在竹简上，叫作"竹刑"。晋人杜预在注《左传》时说，邓析"欲改郑所铸旧制"，不受君命，而私造刑法，书之于竹简，故言"竹刑"。"欲改旧制"和他"不法先王，不是礼义"的精神显然是一致的。"竹刑"的内容已无可考，但从当时的历史条件分析，邓析这一部有别于"刑书"的"竹刑"，必然只能是体现新兴地主阶级意志的东西。

（2）传授法律知识，承揽诉讼

邓析曾聚众讲学，传授法律知识与诉讼方法，并助人诉讼。《吕氏春秋·离谓》说：邓析"与民之有讼者约：大狱一衣，小狱襦裤而学讼者，不可胜数"。又以擅长辩论著称，"操两可之说，设无穷之词"，并"持之有故，言之成理"。在诉讼中，也能打破旧传统，不以周礼为准，反而"以非为是，以是为非"。

在邓析的倡导下，当时郑国曾兴起一股革新的浪潮，给新老贵族的统治造成严重威胁，以致"郑国大乱，民口讙哗"。最后，"郑驷歂杀邓析，而用其竹刑"。驷歂是继子产、子大叔之后的执政，他杀了邓析却不得不继续使用其"竹刑"。可见，"竹刑"适应了社会发展的需要。

4.赵盾，即赵宣子，赵衰之子。春秋时晋国执政。赵氏在晋国的地位与实力是逐渐上升的。晋文公重耳出逃时，狐偃、赵衰以士的身份随重耳出亡；晋文公作三军时，狐毛、狐偃将上军，赵衰为卿，赵氏不及于狐氏。但是，公元前621年，赵盾被推荐任中军元帅，开始执掌国政。从此，赵氏的势力大起来。次年，赵盾主"扈"地之盟，开大夫主盟之先河。公元前607年，避灵公杀害出走，未出境，其族人赵穿杀死灵公。赵盾回来拥立晋成公，继续执政，进行了一系列立法活动，以保卫新兴地主阶级的斗争成果。"制事典，正法罪，辟狱刑，董逋逃，由质要，治旧洿，本秩礼，续常职，出滞淹。"新法典当时并没有公布，但新兴地主阶级一直用"法"镇压旧贵族。直到公元前513年，晋国的赵鞅、荀寅才将赵盾所做的法典铸在铁鼎上。赵盾的立法实践活动为成文法的产生奠定了基础。

5.赵鞅，即赵简子，又名志父，亦称赵孟。春秋时期晋国卿。公元前513年冬，与荀寅一起"帅师城汝滨，遂赋晋国一鼓铁"，将赵盾所作法典铸在铁鼎上。这是新势力在晋国取得政权后采取的一项重大举措。但是，遭到了孔子的强烈批评。

6.叔向，一作叔响，羊舌氏，名肸（音希）；因其封邑在杨（今山西洪洞东南），又称杨肸。春秋时期晋国卿。约与子产、孔子同时。晋悼公晚年时任太子彪的老师（傅）。后来，彪即位为平公，叔向任太傅，参与国政。

叔向长于历史典故，人称"习于春秋"；又有丰富的施政经验。他评价晋国的时政是国势日衰，处于"季"世（没世）。为挽救这种局面，坚持"礼"的原则，并主张以"宽"待民。

叔向崇尚"礼治"，认为："礼，政之舆也；政，身之守也。怠礼失政，失政不立，是以乱也。""忠信，礼之器也。卑让，礼之宗也。"强调"礼，王之大经也。一动而失二礼，无大经矣。言以考典，典以志经。"为维护旧贵族统治，主张对人民施以恩德。

诸子百家——法家

面对春秋时期的社会变革，他从维护"礼治"的立场出发，对新生事物持否定态度。最突出的事例就是曾写信指责子产公布"刑书"。他说：

昔先王议事以制，不为刑辟，惧民有争心也；

民知有辟，则不忌于上，并有争心，以征于书，而徼幸以成之；

民知争端矣，将弃礼而征于书，锥刀之末，将尽争之。乱狱滋丰，贿赂并行，终子之世，郑其败乎！

可见，叔向从三个方面抨击子产：其一，"铸刑书"违背了西周以来不公布法律的传统；其二，有了刑法典且公布之后，人们可以依法而力争，必将不再遵守礼；其三，这种新的法制必然导致司法腐败。其实，子产创制的成文法适应了时代发展的需要，是中国古代法律实践走向成熟的标志。

在司法方面，叔向主张依法处死徇私枉法的法官叔鱼（叔向的弟弟），体现了严格执法、大义灭亲的精神。为此，孔子称赞道：

叔向，古之遗直也。治国制刑，不隐于亲。三数叔鱼之恶，不为末减。曰义也夫，可谓直矣！

这种做法反映了当时晋国重视法制传统的一个侧面。与后世法家"不别亲疏，不殊贵贱，一断于法"的"法治"精神是一脉相承的。

（7）士会，即随武子、范武子，士为之子，字季。春秋时晋国大夫。因食邑在随（今山西介休东南），后更受范地（今山东梁山西北），故又称随会、范会、士季、随季。公元前593年，任中军元帅，并兼任太傅，执掌国政。其间曾修订法制，制定"士会之法"。

（8）司城子罕，春秋战国之际宋国执政。公元前567年—公元前544年在位，并进行社会改革实践。提出"同罪异罚，非刑也"，坚决反对礼治条件下的罪刑擅断思想，成为后来法家思想的滥觞。

二、法家代表人物

法家的代表人物大多是战国时期各国著名的政治家、军事家和思想家。其主要代表有：战国初期的李悝、吴起，中期的商鞅、慎到、申不害，末期的韩非、李斯。兹简要介绍如下：

1.李悝（约公元前455年~公元前395年），魏国人。法家学派始祖，三晋地区最著名的法家代表人物之一。魏国是战国初期最早进行改革的一个诸侯国。自魏文侯时，便与韩、赵分晋，建立新国。为了富国强兵，魏文侯（公元前445年~公元前397年在位）广招人才，礼贤下士，起用了一批著名的政治家、军事家和思想家，李悝就是其中最著名者。李悝初为北地守，后任"魏文侯相"和"魏文侯师"，主持魏国的变法，在政治、经济、法制方面进行了一系列有利于发展封建制的改革。他最突出的事迹，就是总结了春秋战国时期各国的立法经验，并对成文法运动进行了理论概括，完成了中国古代第一部系统的封建法典《法经》。至此，法家思想才初步形成一个体系，法家才成为一学派。从而，李悝获

諸子百家——法家

得了战国初期法家始祖的地位,谱写了"以法治国"的时代篇章。

2.吴起(? ~公元前381年),卫国左氏(今山东曹县北)人。战国初期著名的军事家、政治家。据说性格暴烈,急于功名。年少时因游仕而破家,为乡党所耻笑,遂"杀谤己者三十余人";与母亲诀别时曾发誓说:"起不为卿相,不复入卫。"后入鲁国,师从于孔子的弟子曾参,但因母亲死而不归守孝,为曾参所鄙视。长于兵战,著有兵法,与孙武齐名。初任鲁将,打败齐兵;旋即入魏,屡败秦兵,被魏文侯任为西河郡守,曾协助魏文侯推行奖励军功的法家政策。魏文侯死后,因受陷害,被迫由魏入楚。初被楚悼王任为宛(今河南南阳市)守,一年之后被提升为令尹(相当于相),主持变法,使楚国兵力强盛。楚悼王死后,被旧贵族杀害,变法失败。

3.商鞅(约公元前390年~公元前338年),卫国人。战国中期著名政治家,法家思想体系的奠基者之一。公孙氏,名鞅;因是卫公的同族,亦称卫鞅;因出身魏国国君的疏远宗族,又称魏鞅;因功被封于商(今陕西商县东南商洛镇)而号商君,史称商鞅。"少好刑名之学",曾任魏国"相"公叔痤的家臣,熟悉李悝、吴起在魏国变法的理论、实践。公元前361年,秦孝公即位,为富国强兵,下令求贤。商鞅携带李悝的《法经》入秦,并取得秦孝公信任,初任左庶长,后升为大良造。在秦孝公的支持下,两度主持变法,奠定了秦国富强的基础,使秦国后来者居上,一跃而成为"兵革大强,诸侯畏惧"的强国,为秦统一天下打下了基础。但因其变法损害了贵族的利益,并曾刑及太子"傅"公子虔等,遭到贵族的强烈反对。秦孝公死后,被贵族陷害,车裂而死。商鞅不仅是先秦法家中变法最有成效者,而且是法家思想体系的奠基者之一。以重"法"而著称,与同时代的慎到、申不害各成一派。

4.慎到(约公元前390年~公元前315年),赵国人。战国中期法家代表人物之一。曾长期在齐国稷下学宫讲学,对法家思想在齐国的传播起过重大作用。其思想源于"黄老道德之术,因发明序其指意"。一般认为,慎到是从道家分出来的法家;但是,严格说来,慎到是从批判儒家("笑天下之尚贤""非天下之大圣")开始,最终走向法家的。在先秦法家中以重"势"而著称,是法家中重要的理论家,在法理学上很有造诣。但他之所以重"势",完全是从"尚法"出发的。

5.申不害(约公元前395年~公元前337年),郑国京(今河南荥阳东南)人。战国中期政治家、法家代表人物之一。出身低微。韩灭郑后,被韩昭侯(公元前362年~公元前333年在位)起用为相,主持变法改革,颁布了大量的法律,一度使韩"国治兵强"。《史记·老子韩非列传》称:"申子之学,本于黄老而主刑名,"可见其思想带有道家影响的痕迹。他把法家的"法治"和道家的"君人南面之术"结合起来,成为法家重视"术"的一个分支。

6.韩非(约公元前280年~公元前233年),战国末期法家主要代表人物之一,先秦法家特别是晋法家法律思想的集大成者。出身韩国贵族。与李斯一同师从于荀子,但只是从荀子那里获得了某些知识,其思想已经与荀子相悖。在荀子在世之时,便高举法家的旗帜与老师分道扬镳了。《史记·老子韩非列传》称韩非"喜刑名法术之学,而其归本于黄老"。韩国在战国"七雄"中是最弱的一个。韩非不忍心看着韩国走向衰败,数次上书劝谏韩王变法革新,但没有被采纳。由于口吃不能道说而善于著书,于是便发奋著书立

诸子百家

法家

说,作《孤愤》《五蠹》《内外储》《说林》《说难》十余万言。这些著作传到秦国后,受到秦王政(即秦始皇)的重视,秦王感慨地说:"嗟呼,寡人得见此人与之游,死不恨矣!"后秦国攻打韩国,韩王派韩非出使秦国。秦王见后非常欣赏,但韩非书生气太浓,念念不忘故国,因而没有得到信任。在李斯、姚贾的陷害之下,下狱经年,被迫自杀。他集商鞅的"法"治、慎到的"势"治、申不害的"术"治为一体,提出了"法、势、术"三者合一的思想,对后世产生很大的影响。"韩非虽然身死于秦,但他的学说实为秦所采用,李斯、姚贾、秦始皇、秦二世实际上都是他的高足弟子。"

7.李斯(? ~公元前 208 年),楚上蔡(今河南上蔡西南)人。战国末期秦著名政治家、思想家,法家代表人物之一。年轻时曾做过郡小吏,并曾与韩非一起师从于荀子,后又接受商鞅、慎到、申不害等人的法家学说,韩非的思想对他也产生了很大影响。战国末入秦,起初做秦相国吕不韦的舍人,后来被秦王政(即秦始皇)任命为长史、客卿。公元前 237 年,以韩国水工郑国事件,宗室贵族建议逐客,他却上书谏阻,为秦王所采纳。不久,升为廷尉(朝廷的司法官)。建议对六国采取各个击破的政策,对秦始皇统一六国起了较大的作用。秦统一天下后,任丞相。反对分封制,主张焚《诗》《书》,禁私学,实行文化专制,以加强专制主义中央集权

李斯

的统治;反对"仁义",主张严刑,并将商鞅、韩非的"重刑轻罪"思想纳入实践之中,严刑重罚,深督轻罪。早年出于个人嫉妒,曾陷害其同学韩非。秦始皇死后,追随赵高,合谋伪造遗诏,迫令秦始皇长子扶苏及大将军蒙恬自杀,立少子胡亥为二世皇帝,即秦二世。后被赵高陷害而死。他协助秦始皇实践了法家的政治法律主张,但在君主专制制度上又发展了商、韩等法家代表人物思想中的糟粕,把君主专制制度推向极端。其一生的成败与秦王朝的兴亡密切相关,其法律思想和实践活动对秦中央集权的君主专制制度的确立和封建法制的发展以及破坏都具有很大的影响。

第三节　法家名言

一、管仲名言

管子(? ~公元前 645 年),名夷吾,字仲,又称敬仲,齐国颍上(今安徽颍上县)人,春秋时期齐国著名的政治家、军事家。早年曾与鲍叔牙一起经商,后来与鲍叔牙分别做公

子纠和公子小白的师傅。周庄王十二年（公元前685年），在齐国内乱中，管仲帮助公子纠同公子小白争夺君位，并曾射过公子小白一箭。公子小白（即齐桓公）在鲍叔牙的协助下抢先登上君位，并杀死了公子纠，囚禁了管仲。经鲍叔牙举荐，齐桓公不计一箭之仇，任其为相。齐桓公在管仲的辅佐之下，励精图治，厉行变法，对内政外交各个方面进行改革，推行了一系列富国强兵的措施，使齐国成为"五霸之首"。管仲执政四十年，辅佐齐桓公"九合诸侯，一匡天下"，成为霸主。管仲立下了卓著功勋，被齐桓公尊为仲父。

管子

《管子》是托管仲之名而博采众家之长的一部论文集。写作年代可能始于战国中期直至秦、汉时期，不是一人一时所作，内容比较庞杂，汇集了战国时期包括法家、儒家、道家、阴阳家、名家、兵家和农家等在内的各门派的观点和言论，涉及政治、经济、法律、军事、哲学、伦理道德、天文、农业等各个方面。《汉书·艺文志》把它列入道家，而《隋书·经籍志》则将其归于法家。今本《管子》是由西汉刘向整理编定而成，全书共二十四卷，八十六篇，现存七十六篇。

《管子》一书虽然并非管仲所著，但是内容却多是追述管仲的言行事迹，阐述管仲的思想主张的著作。作为我国古代的学术典籍之一，《管子》在诸子百家中占有十分重要的地位，是研究古代政治、经济、法律等各方面思想的珍贵资料。

1.治国之道

错国于不倾之地

错国于不倾之地者，授有德也。积于不涸之仓者，务五谷也。藏于不竭之府者，养桑麻育六畜也。下令于流水之原者，令顺民心也。使民于不争之官者，使各为其所长也。[1] 明必死之路者，严刑罚也。开必得之门者，信庆赏也。不为不可成者，量民力也。不求不可得者，不强民以其所恶也。不处不可久者，不偷取一时也。不行不可复者，不欺其民也。[2]（《管子·牧民》）

【注释】

①错：通"措"，放置。涸：枯竭。府：府库。官：这里指职事、岗位、行业。②信：诚信。不偷取一时：不贪图一时侥幸。

诸子百家——法家

要想把国家建立在不会倾斜的基础上,就得先把权力交给有道德的人。要想把粮食积存在取之不尽的粮仓里,就得先致力于粮食生产。要想把物资贮藏在用之不竭的府库里,就得先种植桑麻,饲养六畜。要想让政令顺利得到传达,就得先使政令顺应民心。要想驱使民众从事于无可争议的岗位,就得先使他们各自发挥所长。要想向民众指明犯罪必死的道路,就得先严刑峻法。要想向人们敞开立功必赏的大门,就得先做到奖赏诚信。要想不做办不到的事情,就得先做到量民力而行。要想不追求得不到的利益,就得先做到不强迫民众去干他们厌恶的事情。要想不居处不能持久的地位,就得先做到不贪图一时侥幸。要想不做不可重复的事情,就得先做到不欺骗民众。

【评说】

千里之行,始于足下。管仲能够辅佐齐桓公成就"春秋五霸"霸主的功业,就是始于这些收服民心的"小事"。然而,"得民心者得天下,失民心者失天下",民心的向背决定着君主统治的成功与否。

苟大意得,不以小缺为伤

夫鸟之飞也,必还山集谷。不还山则困,不集谷则死。山与谷之处也,不必正直。[①]而还山集谷,曲则曲矣,而名绳焉。以为鸟起于北,意南而至于南;起于南,意北而至于北。苟大意得,不以小缺为伤。故圣人美而著之曰:千里之路,不可扶以绳;万家之都,不可平以准。[②](《管子·宙合》)

【注释】

①正直:平正笔直。②绳:笔直。平以准:用准具量平。

【译文】

鸟儿飞翔,一定会回到山林,或停集在深谷中。不回到山林就会疲倦,不停集到深谷中就会死亡。飞往山林和深谷的路线,不一定平正笔直。然而鸟飞回山林、集合到深谷的路线,曲折固然曲折,总的方向却是直接而不变的。因为鸟从北方起飞,想到南方就飞到南方;从南方起飞,想到北方就飞到北方。只要大的目标能够实现,就不要因为小的缺失受到妨害。所以圣人对此赞美并写在书里说:千里之路,不可能用绳墨来测量它是否正直;万家之城,不可能用水准仪来测量它是否公平。

【评说】

人非圣贤,孰能无过。事情的目标没有问题,就不要为细节上的不足而改弦易辙。但是,也不能总是借这句话替自己的缺陷和不足开脱。知道出错了,就该加以改正并按

诸子百家 —— 法家

照正确的去做。

不官于物，而旁通于道

天不一时，地不一利，人不一事。是以著业不得不多分，名位不得不殊方。明者察于事，故不官于物，而旁通于道。①道也者，通乎无上，详乎无穷，运乎诸生。是故辩于一言，察于一治。攻于一事者，可以曲说，而不可以广举。②（《管子·宙合》）

【注释】

①官：专一。不官于物：指不只专一于某个事物。②详："翔"的借字。翔乎无穷：即行乎无穷的意思。治：通"辞"。曲说：指谈论对事物片面的认识。

【译文】

天不是只有一个时节，地不是只有一种物利，人不是只从事一项活动。因此，设置职业就不能不分为许多种，名称就不能不分为许多类。明智的人清楚地看到事物的这个特点，所以能够不拘泥于某个事物，而是触类旁通地认识规律。规律这东西，可以达到极高境界，它涵盖万物，包罗万象，并运用于一切生命。所以，那些只能辨明一句话、弄懂一个词、办好一件事的人，只能谈论一些片面的认识，却不能够广泛地阐发。

【评说】

自然环境千差万别，要适应自然环境、改造自然环境，就要认识自然规律、顺应自然规律。治理天下亦是同样的道理。人是社会人，作为管理者，要掌握社会规律，顺应民意所向，才能取信于民，制定的政令才能行得通。

丰国之谓霸，兼正诸国之谓王

霸王之形：象天则地，化人易代，创制天下，等列诸侯，宾属四海，时匡天下；大国小之，曲国正之，强国弱之，重国轻之，乱国并之，暴王残之：谬其罪，卑其列，维其民，然后王之。①夫丰国之谓霸，兼正之国之谓王。②（《管子·霸言》）

【注释】

①易：改变，改换。易代：改换朝代。曲：弯曲，引申为不正，无理。曲国：即不正之国。②兼正之国：即兼正诸国的意思，这里的"之"通"诸"。

【译文】

霸王之功业的形态是：取象于天，取法于地，教化万民，改换朝代，为天下创立、制定礼仪法度，给各级诸侯排列次序，令四海宾服归属，并把握时机匡正天下；能把大国变小，使不正之国走上正道，让强国变弱，削弱重要国家的权威；兼并乱国，摧毁暴君：讨伐他的

诸子百家——法家

罪恶,降低他的地位,保护他的国民,然后治理这个国家。能够使本国富强的叫作霸,同时又能匡正其他国家的叫作王。

【评说】

称王称霸不是为了将天下据为己有,而是为了福泽万民,此举可谓替天行道;摧毁暴君,讨伐罪恶,不是为了取而代之,而是为了护佑苍生,为民除害,更好地治理这个国家,此举可谓顺应民意。

君子食于道,小人食于力

明君在上,忠臣佐之,则齐民以政刑,牵于衣食之利,故愿而易使,愚而易塞。①君子食于道,小人食于力,分也。威无势也无所立,事无为也无所生。若此则国平而奸省。(《管子·君臣下》)

【注释】

①愿:敦厚老实。塞:阻止,指控制,驾驭。

【译文】

明君在上执政,凭借忠臣的辅佐,可以用政令和刑罚来统一民众,使他们都受衣食之利的牵制。这样,民众就会朴实而易于役使,愚昧而易于驾驭。君子依靠奉行治国之道来生活,老百姓依靠出力劳作来生活,这就是本分。威望没有权势就无从树立;在农事上不事耕作,田地就不会有什么产出。人们都恪守本分,国家就能安定,坏人就会减少。

【评说】

君主做好君主该做的事情,就是符合为君之道;民众做好民众该做的事情,就是符合为民之道。

为君要靠自我约束和民众的监督,为民要靠道德的教化、舆论的监督和法律的管制。从君主到民众言行都符合本分,社会就会安宁、和谐无动荡之虞。

决之则行,塞之则止

明君立世,民之制于上,犹草木之制于时也。故民迁则流之,民流通则迁之。①决之则行,塞之则止。唯有明君,能决之,又能塞之。决之则君子行于礼,塞之则小人笃于农。君子行于礼,则上尊而民顺。小民笃于农,则财厚而备足。(《管子·君臣下》)

【注释】

①迁:保守,守旧。流:开放。

諸子百家——法家

【译文】

明君在世,民众受君王的制约,就像草木受天时的制约一样。所以民众如果过于守旧,就要使他们开放一些;民众如果过于开放,就要使他们守旧一些。开放就能流通,堵塞就会停止。只有明君,既能开放,又能堵塞。开放,就能使君子遵守礼制;堵塞,就能让老百姓专心务农。君子遵守礼制,那么君王就有尊严,民众也会顺从;老百姓专心务农,那么财物就会丰厚,储备也会充足。

【评说】

治理国家讲究因地制宜、因时制宜,不能一成不变。现代社会的生产管理也是一样,怎样做到张弛有度,恰到好处,就需要掌握好管理的方法。

政平而无威则不行,爱而无亲则流

甚富不可使,甚贫不知耻。水平而不流,无源则遫竭;云平而雨不甚,无委云,雨则遫已;①政平而无威则不行,爱而无亲则流。(《管子·侈靡》)

【注释】

①遫:同"速"。委云:积云。

【译文】

人太富了会不好役使,太穷了会不知羞耻。水平稳就不会流淌,没有源泉很快就会枯竭;云平稳就不会下大雨,没有积云,雨很快就会停止;政令平和而没有权威,就推行不了。只讲求泛爱万民而不分亲疏,就会流于平淡而没有功效。

【评说】

音乐讲究抑扬顿挫,故事讲究起伏跌宕。人的生活过于平淡,就会感觉乏味;民众不分才能疏浅,一律同样对待,搞平均主义,人的积极性就得不到发挥。

上离其道,下失其事

心之在体,君之位也;九窍①之有职,官之分也。心处其道,九窍循理;嗜欲充益,目不见色,耳不闻声。故曰:上离其道,下失其事。毋代马走,使尽其力;毋代鸟飞,使弊其羽翼。毋先物动,以观其则。动则失位,静乃自得。(《管子·心术上》)

【注释】

①九窍:指双目、口、双耳、双鼻以及尿道和肛门等人体器官的九个孔穴。

【译文】

心在体内,处于君的地位;九窍各自有其不同的功能,有如百官之间有不同的职位分工。心的活动和与正道,九窍就能按常规运作;心充满了嗜欲,眼睛就看不见颜色,耳朵就听不到声音。所以说,处于上位的脱离了正道,处于下位的就会失职。不要代替马去奔跑,要让它自尽其力;不要代替鸟去飞翔,要让它自己展翅高飞。不要先于物而动,应观察事物的规律。躁动就会失去自己的主动地位,静观才能自得其宜。

【评说】

社会各阶层的人都应在各自的范围内自由生活、自由思想、自由创造,上层不可过多干预。管理也是这样,权力如果下放,每个人才能在自己的岗位各负其责,各尽其才。上层限制过死,如何做到集思广益呢?

道、德、义、礼、法

虚无无形谓之道,化育万物谓之德,君臣父子人间之事谓之义,登降揖让、贵贱有等、亲疏之体谓之礼。简物,小未一道,杀戮禁诛谓之法。[①](《管子·心术上》)

【注释】

①小未一道:有与道不一致的。

【译文】

虚无而无形叫作"道",化育万物叫作"德",君臣父子这类人伦关系叫作"义",尊卑揖让、贵贱有别和亲疏之间的体统叫作"礼"。简选事物,凡是与道不一致的,就加以杀戮、禁止、诛伐,这就叫作"法"。

【评说】

各行各业如果符合天地之道,则百业兴旺;人与人之间的关系如果符合道德规范,则政通人和。作为道、德的衍生物,礼、法可以作为一种辅助性的工具来维护道、德。因此,需要制定贵贱有别的礼仪和严格公正的法律来制约人们的行为。

夺柄失位,令不行

明王之所操者六:生之、杀之、富之、贫之、贵之、贱之。此六柄者,主之所操也。主之所处者四:一曰文,二曰武,三曰威,四曰德。

此四位者,主之所处也。借人①以其所操,命曰夺柄。借人以其所处,命曰失位。夺柄失位,而求令之行,不可得也。法不平,令不全,是亦夺柄失位之道也。(《管子·任法》)

【注释】

①借人：出让给别人。

【译文】

明智的君主所要掌握的权力有六项：使人活、使人死、使人富、使人贫、使人贵、使人贱。这六种权柄，是君主要掌握的。君主所要占据的领域有四方面：一是文治，二是武功，三是刑成，四是德惠。

这四个领域，是君主要占据的。把自己掌握的权力出让给别人，叫作失去权柄；把自己占据的领域出让给别人，叫作失去地位。失去权柄，又失去地位，还指望法令能够推行，是办不到的。法度不公平，政令不完备，也是导致失去权柄和地位的原因。

【评说】

上天赐予君主权柄和地位是让他治理好国家、福泽民众，不是让他满足权欲、祸害百姓。

为了权柄和地位为所欲为，罔顾民意，必然成为暴君。现代社会，有必要使用公正完备的法度和严格透明的措施，来防止公权力的滥用。

执利之在，民自美安

夫凡人之情，见利莫能勿就，见害莫能勿避。其商人通贾，倍道兼行，夜以继日，千里而不远者，利在前也。渔人之入海，海深万仞，就彼逆流，乘危百里，宿夜不出者，利在水也。①故利之所在，虽千仞之山无所不上，深源之下无所不入焉。②故善者势利之在，而民自美安，不推而往，不引而来，不烦不扰，而民自富。如鸟之覆卵，无形无声，而唯见其成。（《管子·禁藏》）

【注释】

①仞：长度单位，古代以七尺或八尺为一仞。宿：通"夙"。夙夜：昼夜。②源：通"渊"。势：通"执"。

【译文】

见到利益没有不追求的，见到害处没有不躲避的，是人之常情。商人做买卖，一天走两天的路，夜以继日、千里迢迢却不觉得远，是因为有利益在前面。渔夫下海，海深万丈，在那里迎着逆流，冒着危险航行百里，昼夜不上岸，是因为有利益在水中。所以，利益所存的地方，即使是千丈的高山，人也没有不上去的；即使在深渊之下，人也没有不下去的。所以，善于治国的人，掌握住利益之所在，民众就自然会羡慕而甘心被役使；不用他们推动民众就会自动前往，不用他们引导民众也会自动跟从，不用他们烦扰而民众自会富足。

这就像鸟类孵卵一样,不动声色,但最终却会看到成果。

【评说】

只有先想到老百姓的利益,才会有统治者的利益,才能稳固统治者的政权。治理国家只有让老百姓看到利益与实惠,老百姓才会乐意顺从治理,从而实现统治者与老百姓的双赢。

据有余而制不足,民无不累于上

国有十年之蓄,而民不足于食,皆以其技能望君之禄也;君有山海之金,而民不足于用,是皆以其事业交接于君上也。①故人君挟其食,守其用,据有余而制不足,故民无不累于上也。五谷食米,民之司命也;黄金刀币,民之通施也。故善者执其通施以御其司命,故民力可得而尽也。②(《管子·国蓄》)

【注释】

①山海:指盐铁。金:指货币收入。山海之金:指专营盐铁的货币收入。交接:交往,这里有互换之意,指民众以自己事业(职业)换取君主的金钱。②累:牵制。司命:神名,这里指主宰生命。通施:流通的工具或手段,指黄金货币。

【译文】

一个国家有十年的粮食积蓄,而民众的粮食还不够吃,那么人们就想用自己的技能来获取君主的俸禄;君主有经营盐铁的大批收入,而民众的用度还不充足,人们就都想以自己的事业去侍奉君主以挣得货币。所以,君主可以控制粮食,掌握货币,利用有余的粮食和货币来控制民间的不足,这样民众就没有不被君主控制的。五谷粮米,是民众生命的主宰;黄金货币,是民众交易的工具。所以,善于治国的君主,掌握他们的流通手段来操纵主宰他们生命的粮食,这样,就可以最大限度地役使民力了。

【评说】

经济措施是控制民众、维护政权的有力工具,占有粮食就意味着垄断了最重要的政治资源。法家的基本思路是:不服从者不得食。在君主是唯一雇主和所有者的农业社会,与君主不一致就意味着无法生存。这是法家在向统治者公开兜售其驭民之术。

现予之形,不现夺之理

民予则喜,夺则怒,民情皆然。先王知其然,故见予之形,不见夺之理。①故民爱可治于上也。租籍者,所以强求也;租税者,所虑而请也。王霸之君去其所以强求,废其所虑而请,故天下乐从也。②(《管子·国蓄》)

【注释】

①见:同"现"。表现出来,公开。理:内情。②租籍:指公开性的直接税收,如人丁税等。租税:指包含在商品价格中的隐蔽性税收,如盐、铁加价等。虑:谋虑,策划。请:求,索取。废:放置,保留。

【译文】

对于人来说,给予则喜,夺之则怒,这是人之常情。先王懂得这个道理,所以在给予民众利益时,总是要公开进行;在夺取民众利益时,却不露声色。这样,民众就与君主融洽了。租籍,是强制进行的公开性税收;租税,是经过谋划后才索取的隐蔽性税收。成就王霸功业的君主,要避免强制性公开征税的办法,而要采取经过仔细谋划后进行隐蔽性征税的措施,这样,老百姓就乐于服从了。

【评说】

利用人之常情采取隐蔽性的征税措施聚敛民财,统治者既达到了扩大财政积累的目的,又不露痕迹地避免了激化矛盾。法家的一些招数既高明又险恶。表面上在给予,暗地里在索取,愚弄百姓的狡诈伎俩昭然若揭。当然,再高明的伎俩最终也无法长久。

泉雨五尺,其君必辱

管子曰:"泉雨五尺,其君必辱。①食称之国必亡。待五谷者众也。故树木之胜霜露者不受令于天,家足其所者不从圣人。故夺然后予,高然后下,怒然后喜,天下可举。"②(《管子·轻重乙》)

【注释】

①泉雨:泉水和雨水。辱:屈辱。②其君必辱:指风调雨顺的年成五谷丰收,人们无求于君主,君主说话不灵。食称:粮食与人口所需相称。待:备。

【译文】

管仲说:"泉水、雨水入地五尺,国君必遭屈辱。粮食足够民众消费的国家必定灭亡。这是因为有余粮的人太多的缘故。所以,树木如果不怕霜露,就会不受时令的限制;老百姓的需求都能得到满足,就会不服从君主的摆布。因此,要先夺取而后再给予,先提高物价而后再降下来,先惹百姓怨恨然后再让他们满意,天下的事就都能好办了。"

【评说】

法家阴险的一面在寥寥几句话里就暴露无遗。《庄子·齐物论》中有一个叫作"朝三暮四"寓言故事:养猴的人在给猴子们吃橡子的时候,对他们说:"早上给你们三升,晚上给你们四升。"所有的猴子都很生气。养猴的人就换了一种说法,说:"那么,早上给你们四升,晚上给你们三升。"这样,所有的猴子都很高兴。法家不仅把民众当猴子耍,而且企图通过巧取豪夺、明予暗取的方式来榨取民众的血汗,比之于养猴的人可谓有过之而无不及。不仅如此,法家骨子里不希望民众富裕,甚至不惜先激起民怨,然后再予以平息,以达到从物质利益上和心理上牢牢控制民众的目的。

2.以民为本

言室满室,言堂满堂

毋蔽汝恶,毋异汝度①,贤者将不汝助。言室满室,言堂满堂,是谓圣王。城郭沟渠不足以固守,兵甲强力不足以应敌,博地多财不足以有众,唯有道者能备患于未形也。故祸不萌。(《管子·牧民》)

【注释】

①毋:不要。异:改变。

【译文】

不要遮掩你的过错,不要擅改你的法度,否则,贤能的人将不会辅助你。在室内讲话,要使全室的人都听到;在堂上讲话,要使满堂的人都听到。这样开诚布公,才称得上圣明的君王。只依靠城郭沟渠,不足以固守国土;只依靠坚甲利兵,不足以应对敌人;只依靠地大物博,也不足以赢得民众。只有有道的君王才能够防患于未然,从而避免灾祸萌生。

【评说】

君主作为民众的表率,不仅要不断提高自己的修为,还要有光明正大的气度和虚怀若谷的胸襟,如此才会得到贤能之人的辅佐,才会赢得民心。

且怀且威,则君道备

君不君则臣不臣,父不父则子不子。上失其位则下逾其节。上下不和,令乃不行。衣冠不正则宾①者不肃,进退无仪则政令不行。且怀且威,则君道备矣。莫乐之则莫哀之,莫生之则莫死之。往者不至,来者不极。②(《管子·形势》)

【注释】

①宾:同"傧",指接引宾客或赞礼的人。②极:至。

【译文】

如果君王不像个君王的样子,臣子就会不像个臣子的样子;如果父亲不像个父亲的样子,儿子就会不像个儿子的样子。君王办事没有一定的规矩,臣子就会不遵守法度。君臣上下不融洽,政令就无法推行。君王的衣冠不端正,礼宾的官吏就不会严肃,君主的举动不合乎礼仪,政策法令也就得不到实施。一面怀柔一面施威,为君之道才算完备。君王不能使臣民安乐,臣民也就不会为君王分忧,君王不能使臣民安养生息,臣民也就不会为君王效命。君王应当给予臣民的恩惠不能够兑现,臣民是不会全力以赴地回报君王的。

【评说】

发生在孩子身上的行为,往往像镜子一样映照出家长行为的影子;君主的道德修为,也会反映在其臣下的行事风格中。失之毫厘,谬以千里。作为行为源头的家长和君主,更要能够一日三省其身,才能履行表率的作用。

天之所助,虽小必大

生栋覆屋,怨怒不及;弱子下瓦,慈母操箠。①天道之极,远者自亲;人事之起,近亲造怨。万物之于人也,无私近也,无私远也。巧者有余,而拙者不足。其功顺天者天助之,其功逆天者天违之。天之所助,虽小必大;天之所违,虽成必败。顺天者有其功,逆天者怀其凶,不可复振也。(《管子·形势》)

【注释】

①生栋:指用刚砍下的木材盖成的房子。生栋覆屋:用刚砍下的木材盖成的房子倒塌。箠:同"棰",棍子。

【译文】

用刚砍下的木材盖成的房子倒塌了,谁也不怨恨木材;而如果小孩子把屋瓦揭下来,即使是慈母也会用棍子打他。顺应天道行事,远方的人都会来亲近;人为做的坏事,即使是近亲也会怨恨。万物之于人类,是没有亲近和疏远之分的。灵巧的人顺应天道,做事情显得应对自如、游刃有余;笨拙的人自以为是,做事情显得才能不足、顾此失彼。顺天道去做事,天就会成全他;逆天道去做事,天就会违背他。天所要成全的,即使暂时很弱小也一定会变得强大;天所要抛弃的,即使暂时成功了也注定要失败。顺应天道会功成事遂;违背天道会招致灾祸,而且无可挽救。

【评说】

古人曰:"天作孽,犹可违;自作孽,不可活。"天道代表了自然规律和社会规律的总和,具有决定性的力量和作用。不可企图用人为的力量颠覆客观规律,否则会招致严厉的惩罚。顺天道,即顺应民意,合乎民情。顺应了民意,就会得民心,国家治理就会顺畅;反之,则失道寡助,众叛亲离。

自媒之女,丑而不信

乌鸟之狡,虽善不亲;不重之结①,虽固必解。道之用也,贵其重也。毋与不可,毋强不能,毋告不知,与不可,强不能,告不知。谓之劳而无功。②见与之友,几于不亲;见爱之交,几于不结;见施之德,几于不报。四方所归,心行者也。独王之国,劳而多祸;独国之君,卑而不威。自媒之女,丑而不信。③(《管子·形势》)

【注释】

①狡:通"交",交往。重:重复。结:绳结。②见:通"现",与"见爱之交""见施之德"中的"见"相同。与:亲与,友好。③见与之友:外表上显示友好的朋友。独王:独断专行。丑:名声不好。不信:没有信誉。

【译文】

乌鸦之间的交谊,看着友善,其实并不亲密;不是双重的绳结,看着结实,也一定会松脱。所以,道在实际运用的时候,贵在慎重。不要结交不可结交的人,不要勉强人做不能做到的事,不要晓告不明事理的人。结交不可结交的人,勉强人做不能做到的事,晓告不明事理的人,叫作劳而无功。表面上显示友好的朋友,几乎是不亲密的朋友;表面上显示亲爱的交谊,几乎是不结好的交谊;表面上显示慷慨施舍的美德,几乎是不值得回报的美德。四面八方的人所情愿归附的,是内心真正行德的人。独断专行的国家,必然劳神费力而灾祸不断;独断专行的君主,必然品行卑劣而没有威望。这好比自为媒人议定婚姻的女子,一定名声不好而没有好的声誉。

【评说】

物品的优劣,不在于它的包装,而在于它的内在品质;人的品行高低,不在于他的外表,而在于他的所言所行。越是刻意修饰,越是引人怀疑;越是自我张扬,越是没有德性。表里如一,值得称道;表里不一,招致鄙夷。

欲为其国者,必重用其民

欲为天下者,必重用其国;欲为其国者,必重用其民;欲为其民者,必重尽其民力。无以畜之,则往而不可止也;无以牧之,则处而不可使也。远人至而不去,则有以畜之也①;民众而可一,则有以牧之也。(《管子·权修》)

【注释】

①畜:饲养,养活。

【译文】

要想治理好天下,必须珍惜本国国力;要想治理好国家,必须珍惜国内民众的财力;要想治理好民众,必须珍惜民力的耗费。君王没有办法养活民众,他们就要外逃而没有办法阻止;君王没有才能治理好民众,即使留住了他们也不能役使他们。远方的人们来归附而不愿离开,是因为有办法养活他们;人口众多而政令能够统一,是因为君王有治理民众的才能。

【评说】

船是否行得安稳,首先要看水流是否平稳。君民之间是舟与水的关系。抛弃民众的君王,民众也会抛弃他。君王的政令是否合理,民众可以"用脚投票"。不论是远方的人来归附,还是本地人迁离逃避,都是民心向背的体现。

备长在乎任贤,安高在乎同利

法天合德,象地无亲,参于日月,伍于四时。悦众在爱施,有众在废私,召远在修近,闭祸在除怨。备长在乎任贤,安高在乎同利。[1](《管子·版法》)

【注释】

①合德:指普遍施德。备长:谋求长治久安。

【译文】

君王应当效法于天,对全体万物普遍施德;应当取法于地,对全体万物没有私亲。公正无私,与日月同辉;恒常不已,与四时并列。使众人喜悦在于施行恩惠,得民众拥戴在于去除私心。要招来远方的人们,在于治理好国内;要避免祸乱的发生,在于消除怨恨。要想谋求长治久安,关键在于任用贤人;要想安然处于高位,关键在于与民同利。

【评说】

天地无私,公正地对待每一个人。君主作为天地的代表,履行治理天下的职责时,也应如此。儒家孟子的"仁政"思想希望统治者能够"与民同乐"。管仲的这种主张与之相比似乎更切合实际,成为后来统治者"与民同利"思想的雏形。唐朝皇帝唐太宗李世民比较开明,曾提出"与民同苦同利"这样有远见的思想。"与民同利"不仅是统治者尊高而安的秘诀,在其他场合也有它的意义和价值。古代军事家孙武曾提出"上下同欲者胜",认为官兵上下齐心协力,就可以夺取战争的胜利。在今天的企业管理中,众志成城的团队精神也是提高企业发展的速度和员工工作效率的内在动力。管理者能够与下属"上下同欲",企业管理的难题就可得到有效破解。

得人之道，莫如利之

得人之道，莫如利之，利之之道，莫如教之以政。故善为政者，田畴垦而国邑实，朝廷闲而官府治，公法行而私曲止，仓廪实而囹圄空，贤人进而奸民退。① 其君子，上中正而下谄谀；其士民，贵勇武而贱得利；其庶人，好耕农而恶饮食。（《管子·五辅》）

【注释】

①教之以政：用实际政绩来教化人们。上：崇尚。下：鄙视。仓廪：指粮仓。囹圄：监狱。

【译文】

得人拥戴的方法，莫如给人以利益；而给人以利益的方法，莫如用实际政绩来向人们证明。所以，善于为政的人，总是能够让田地得到开垦而城邑殷实，让朝廷安闲而官府清明，让公法通行而邪道废止，让粮仓充实而监狱空虚，让贤人得到重用而奸臣被罢免。那里的君子，都崇尚公正而鄙视阿谀奉承；那里的中层士民，都看重勇敢刚强而轻视财利；那里的平民百姓，都爱好农耕而不喜欢大吃大喝。

【评说】

唐太宗曾经问魏徵：为什么大禹耗尽天下财物治理山川，前后达十年之久，却没有招至反对和抱怨；而隋炀帝三次亲自征伐高句丽，不过用了三年时间，动用了全国一半的人力和财力，竟导致民怨沸腾呢？魏徵回答说："与民同利，故天下虽竭而民不怨。"国家政治清明，往往体现在君臣同心协力造福于百姓。百姓安居乐业，国家才会富强。

魏徵

盛必失而雄必败

尊高满大，而好矜人以丽，主盛处贤，而自予雄也。① 故盛必失而雄必败。夫上既主盛处贤，以操士民，国家烦乱，万民心怨，此其必亡也。犹自万仞之山，播而入深渊，其死而不振也必矣。②（《管子·宙合》）

【注释】

①矜：自夸。自予雄：自封为英雄。②播：跌落。不振：指不可救助。

【译文】

居处高位的人如果自骄自大、喜好自我夸耀，或自以为不可一世、以贤明自居，或自以为能力超群的雄杰，那么，这样不可一世的气势一定会消失，这样的雄杰也一定会遭遇失败。君王如果自认为不可一世，或自以为贤明，并以这种态度来驾驭士民，国家就会陷入混乱，民心就会产生怨恨，这样就一定会灭亡。就会像从万仞的高山上跌入深渊一样，其不可救助的死亡是必然的。

【评说】

被誉为"最有智慧的人"——"希腊三贤"之一的苏格拉底曾经向人们解释说：如果说自己的智慧有什么与众不同的话，那就是他知道自己的无知，而别人虽然也与他一样的无知，却不知道自己的无知。春秋时期的孔子也有坦言自己"无知"的谦虚襟怀，悟出了"三人行必有我师"这样简朴而珍贵的道理。圣贤的思想往往具有普遍性价值，这一点，在道德领域内如此，在政治领域内亦如此，即使贵为君王也不能例外。君王的任何狂妄自大行为，不仅不明智，也危险。民众作为载着君王这只船的水，具有倾覆它的能力，君王如果记住这一点，就不会自认为可以"翻手为云，覆手为雨"。

通德者王，谋得兵胜者霸

明一者皇，察道者帝，通德者王，谋得兵胜者霸。故夫兵，虽非备道至德也，然而所以辅王成霸。今代之用兵者不然，不知兵权者[①]也。故举兵之日而境内贫，战不必胜，胜则多死，得地而国败。（《管子·兵法》）

【注释】

①一：指万物生成的本源。今代：当今时代。权：权变。

【译文】

通晓万物根源的，可以称为皇；明察天地之道的，可以称为帝；懂得实行德政的，可以称为王；依靠谋略取得战争胜利的，可以称为霸。所以，战争，虽不是什么完备高尚的道德，但是可以用来辅助王道、成就霸业。现今用兵的人却不是这样，不懂得军事也是需要权衡得失的。结果，有的一发兵打仗就使国内贫穷，有的打起仗来还不一定取胜，有的即使打了胜仗也死伤很多，有的甚至得到了土地国家却衰败了。

【评说】

盗亦有道。即使是发兵打仗也不能肆无忌惮、为所欲为。称王称霸并不仅仅凭借武力就能够奏效，没有内在素质的人不配称王称霸；否则，有可能会涂炭生灵，劳民伤财。

我有过为,民毋过命

管子曰:"身不善之患①,毋患人莫己知。丹青在山,民知而取之;美珠在渊,民知而取之。是以我有过为,而民毋过命。民之观也察矣,不可遁逃以为不善。故我有善则立誉我,我有过则立毁我。当民之毁誉也,则莫归问于家矣。"②(《管子·小称》)

【注释】

①身不善之患:意即患在自身之不善。这里的"之"同"是"。②丹青:红色和青色的颜料。命:称谓,指评价。立:马上。当:面对。

【译文】

管子说:"应该忧虑自身不好的地方,而不应该忧虑别人不了解自己。丹青藏在深山,人们知道后就会把它取出来;美珠沉在深渊,人们知道后就会把它捞出来。所以,我会有错误的行为,而民众却不会有错误的评价。民众对问题看得清清楚楚,不要指望为非作歹能够逃避民众的眼睛。所以,我有德行,人们马上就会赞扬我;我有过错,人们马上就会指责我。面对人们的指责与赞扬,都不需要再回去问自家人是不是这样了。"

【评说】

"人人心里有杆秤。"功过是非,自会得到公正的评价。优点、长处和功劳不需要刻意显露和张扬,也用不着担心不被别人知道。一心为别人着想,时时修正自己的不足,实为明智之举;反之,丑行败绩,假象掩盖不了,谎言欺骗不了,暴力也威胁不了,而且,瞒天过海的企图最终也只能自取其辱。

有过则反之于身,有善则归之于民

管子曰:"善罪身者,民不得罪也,不能罪身者,民罪之。故称身之过者,强也;治身之节者,惠也;①不以不善归人者,仁也。故明王有过则反之于身,有善则归之于民。有过而反之身则身惧,有善而归之民则民喜。往喜民,来惧身,此明王之所以治民也。"②(《管子·小称》)

【注释】

①惠:通"慧"。②往喜民:指把好事归功于民众以取悦于民众。往:归往。来:指把过错归咎于自己。

【译文】

管子说:"善于责备自己的人,民众就不会责备他;不肯责备自己的人,民众就会责备他。所以,承认自己的错误,是刚强的表现;修养自己的德行,是智慧的表现;不把不好的事归咎于别人,是仁义的表现。所以,明智的君王有了过错就归咎于自己,有了好事就归功于民众。有了过错就归咎于自己,自己就会警惕;有了好事就归功于民众,民众就会感到喜悦。把好处给民众以取悦于民众,把过错归咎于自己从而引以为戒,这是明智的君王能够治理好民众的原因。"

【评说】

治理好民众不仅需要有非凡的才能,也需要有圣人一样的品质;不仅需要有博大的胸怀,也需要有爱民如子的父子般情谊,还要能够坦然舍弃自己的名利恩怨。

胜民之为道,非天下之大道

桓公曰:"我欲胜民,为之奈何?"管仲对曰:"此非人君之言也。胜民为易。夫胜民之为道,非天下之大道也。君欲胜民,则使有司疏狱,而谒有罪者偿,数省而严诛,若此,则民胜矣。[1]虽然,胜民之为道,非天下之大道也。使民畏公而不见亲,祸亟及于身。虽能不久,则人持莫之弑也,危哉。君之国岌乎!"[2](《管子·小问》)

【注释】

①疏狱:意即按条写好有关刑狱的规定。谒:揭告,揭发。偿:通"赏"。数省:多次审查。②持:被控制。岌:形容危险。

【译文】

桓公说:"我想制服民众,该怎么办?"管仲回答说:"这不是君主所应当说的话。制服民众是容易的。但制服民众这个措施,不是统治天下的正当措施。您要想制服民众,就该让官吏分条写好刑律,对于揭发别人有罪的人就给予赏赐,不断地巡查并严加诛杀,这样,民众就被制服了。然而制服民众这个措施,终究不是统治天下的正当措施。使民众惧怕您而不能亲近您,灾祸很快就会危及您自身。因此,即使制服了民众,您也不会长久。人们只不过是被控制住而无法杀掉君主而已,危险得很呀!如此您的国家将要摇摇欲坠了。"

【评说】

凭借权势采取硬性的办法来压制民众,实际上是执政者的误区,看似易如反掌,实则危险至极。"以权胜民"不可行,"以德化民"才是长治久安的王道。

辐辏并进,则明不塞

目贵明,耳贵聪,心贵智。以天下之目视则无不见也,以天下之耳听则无不闻也,以天下之心虑则无不知也。辐辏并进,则明不塞矣。[1](《管子·九守》)

①辐辏:车辐条辏集于车毂上,形容人或物集中于一个中心。辐:车轮中集中在车毂上的直木。

【译文】

目贵在明,耳贵在聪,心贵在智。利用普天下人的眼睛来看,就没有看不见的东西;利用普天下人的耳朵来听,就没有听不到的消息;利用普天下人的心来思想,就没有不能理解的问题。集中普天下人的聪明智慧于一体,判断是非的明辨力就不会被蒙蔽了。

【评说】

一个人的能力有限,但可以利用别人的长处,弥补自己的不足。

借鉴别人的经验,聆听别人的建议,汲取别人的智慧,来完善自己的谋略,集思广益,博采众长,成就自己的事业,这种做法不仅谦虚,也很明智。

亲近者言无事

莅民如父母,则民亲爱之。道之纯厚,遇之有实,虽不言曰吾亲民,而民亲矣。

莅民如仇雠,则民疏之。道之不厚,遇之无实,诈伪并起,虽言曰吾亲民,民不亲也。故曰:亲近者言无事焉①。(《管子·形势解》)

【注释】

①莅:临,从上面监视,指统治。雠:仇敌。

【译文】

统治者治理民众要像父母照顾子女一样,民众自然会亲近和爱戴他们。如果能够用忠厚来引导民众,用实惠来对待民众,虽然口头上不说我亲近民众,而民众也会来亲近的。

如果统治民众像对待仇敌一般,民众自然就会疏远。如果不用忠厚来引导民众。不用实惠来对待民众,而把欺诈和虚伪都用上,虽然口头上说我要亲近民众,民众也是不会亲近的。所以说:亲近民众的人,只凭嘴里说说,是无济于事的。

【评说】

仁爱用在政治上也是有威力的,表现在它对民众的吸引力上。对待民众仁爱的人,给予民众利益时只做不说,却能够赢得信任。而对待民众刻薄的人,给予民众利益时只说不做,攫取民众利益时只做不说,结果却是失信于民。

这是我们每一位"公仆"应该记住的。

3.以法治国

非一令而民服之,不可以为大善

智者知之,愚者不知,不可以教民;巧者能之,拙者不能,不可以教民。非一令而民服之也,不可以为大善;非夫人能之也,不可以为大功。①(《管子·乘马》)

【注释】

①夫人:指众人。

【译文】

聪明的人能明白而愚笨的人不明白的事,不可以用来教化民众;灵巧的人能做到而笨拙的人做不到的事,也不可以用来教化民众。如果不是一声令下民众都能够服从,就不能够达到天下大治;如果不是人人都能做得到,就不能够办成大事。

【评说】

政令言简意赅,让普通的民众能够直接领会他们的权利和义务,才可称得上"有效"。政令如果自相矛盾,玩弄晦涩的语言故作玄虚,只能是愚弄百姓。

喜无以赏,怒无以杀

喜无以赏,怒无以杀。喜以赏,怒以杀,怨乃起,令乃废。

骤令不行,民心乃外。外之有徒,祸乃始牙。众之所忿,寡不能图。①举所美必观其所终,废所恶必计其所穷。②(《管子·版法》)

【注释】

①骤:屡次,多次。牙:通"芽",萌芽,发生。图:图谋,对付。②终:结果。穷:穷尽,指后果。

【译文】

不可因个人喜悦而行赏,不可因个人恼怒而擅杀。如果是因个人喜悦而行赏,因个人恼怒而擅杀,民众就会产生怨言,政令就会废弛。

政令屡屡行不通,民心就会背离。背离以后结成同党,祸乱就开始萌芽。引起了民众的怨怒,执政者少数人是不能对付的。举办君王所喜欢的事,一定要估计到事情的结局;废止君王所厌恶的事,也一定要考虑到事情的后果。

诸子百家 —— 法家

【评说】

君主自称"天子"——代表"天"来统治天下万民,那么,就应该像"天"一样,公正地对待每一个子民。既不能意气用事、凭个人的观念决断天下大事,也不能作威作福、以个人的喜好役使天下百姓。

凡令之行,必待近者之胜

凡令之行也,必待近者之胜也,而令乃行。故禁不胜于亲贵,罚不行于便辟,法禁不诛于严重,而害于疏远,庆赏不施于卑贱,而求令之必行,不可得也。[①](《管子·重令》)

【注释】

①胜:制服。便辟:指国君左右的宠臣。严重:罪行严重的人。

【译文】

凡是要施行法令,必须先制伏君王亲近的人,然后法令才能得到施行。所以,禁令如果不能制服君王亲近的人或身份尊贵的人,刑罚如果不能施加于君王身边的宠臣,法律禁令如果不惩罚罪行严重的近臣而对关系疏远的臣子从重量刑,奖赏如果不肯给予出身低贱的人,还指望法令一定能够施行,是办不到的。

【评说】

权势往往会为违法犯罪提供便利或庇护。法不阿贵,只有突破这一障碍,才可能实现法律面前人人平等和真正意义上的法治。

禁胜于身,令行于民

不法法则事毋常,法不法则令不行。令而不行则令不法也,法而不行则修令者不审也,审而不行则赏罚轻也,重而不行则赏罚不信也,信而不行则不以身先之也。故曰:禁胜于身则令行于民矣。[①](《管子·法法》)

【注释】

①法法:前一"法"为动词,即用法的手段执行;后者为名词,指法度。以身先:以身作则。胜于身:约束自身。

【译文】

不依法实施法令,事情就没有规范;法令不依法实施,就得不到推行;法令得不到推行,就不能成为法令。法令得不到实施的原因,是由于起草法令的人不够慎重;如果慎重了还得不到实施,那是由于赏罚太轻;如果赏罚已经很重但还是得不到实施,那是由于赏罚不能够兑现;如果赏罚能够兑现却还是得不到实施,那就是由于君主不愿以身作则。所以说:禁令如果能够约束君主自身,政令就能够推行到民众中去。

【评说】

正人先正己。运用赏罚措施强制推行政令,未必能够让人心悦诚服。管理者如果一味强调严格的规章制度,自己却不能带头遵守,只会使规章制度成为一纸空文。

社稷戚于亲

明君不为亲戚危其社稷,社稷戚于亲;不为君欲变其令,令尊于君;不为重宝分其威,威贵于宝;不为爱民亏其法,法爱于民。①(《管子·法法》)

【注释】

①社:土地神。稷:谷神。古代帝王都祭祀社稷,社稷就成了国家的代称。

【译文】

明智的君王不会为了至亲的缘故来危害他的国家,所以国家比至亲更为可亲;不会因为自己个人的私欲而改变政令,所以政令比君王自身更有尊严;不会为了珍宝而与人分享自己的权力,所以权力比珍宝更为宝贵;不会为了仁爱民众而削弱法度,所以法度比民众更为可爱。

【评说】

治理国家要遵循公正的原则,不能任人唯亲,或为了个人的目的和私欲而削弱法度,否则,无法可依,无章可循,贤能之士也不可避免要受到排挤,政令自然难以推行。

任法而不任智

圣君任法而不任智,任数而不任说,任公而不任私,任大道而不任小物,然后身佚而天下治。②……不思不虑,不忧不图,利身体,便形躯,养寿命,垂拱而天下治。(《管子·任法》)

【注释】

①任法:依靠法度。数:通"术",指办法,策略。

【译文】

圣明的君王依靠法度而不依靠智谋,依靠策略而不依靠议论,依靠公道而不依靠私情,依靠大的原则而不依靠小的细节,这样的结果是,君王自身安闲而天下大治。……他不思不虑,不忧不谋,休养身心,调节形体,颐养天年,垂衣拱手就能天下大治。

诸子百家——法家

王字有三横,分别代表天道、地道、人道,中间的一竖代表着将三者贯通。

作为君王,必须具备对天道、地道、人道规律的把握,顺应这种规律,才能替天行使管理百姓的权利。

君臣上下贵贱皆从法

有生法,有守法,有法于法。夫生法者①,君也;守法者,臣也;法于法者,民也。君臣上下贵贱皆从法,此谓为大治。(《管子·任法》)

【注释】

①生法:立法。

【译文】

有创制法度的,也要有执行法度的,还要有遵照法度行事的。创制法度的,是君王;执行法度的,是大臣官吏;遵照法度行事的,是民众。君臣、上下、贵贱都依从法,这就叫作"大治"。

【评说】

制定法度和执行法度,是为了保证所有人都能够按照公正的原则行事,是为了整个国家能够长治久安。如果制定法度是为了制别人,或只为少数统治者服务,那么这个法度必定不能得到真正而长久的实施。

见必然之政,立必胜之罚

凡私之所起,必生于主。夫上好本则端正之士在前,上好利则毁誉之士在侧;上多喜善赏,不随其功,则士不为用;数出重法,而不克其罪,则奸不为止①。明王知其然,故见必然之政,立必胜之罚。故民知所必就,而知所必去,推则往,召则来,如坠重于高,如渌水于地。故法不烦而吏不劳,民无犯禁,故百姓无怨于上。(《管子·七臣七主》)

【注释】

①本:根本,指道德。不克其罪:不查明罪行。克:审核,核查。

【译文】

凡是私弊的产生,一定是从君主开始的。君主喜好修养德性,品行端正的人就会出现在眼前;君主喜好私利,善于诽谤吹捧的人就会出现在左右;君主亲近宠信、不按功劳而滥加赏赐,士人就不会效力;君主总是从重用法,却不能做到量罪适当,坏人就不能制止。明智的君主懂得这个道理，所以就颁发一定会产生效力的政令，确立必然能制服坏人的刑罚。因此，人们知道哪些是一定要做的，哪些是一定要避免去做的，挥之即去，招之即来，就像从高处投下重物，又像在地上开渠引水一样。所以法令不必太烦琐，官吏不用太劳顿，而民众也没有违反禁令的行为，这样，民众也没有什么抱怨君主的了。

【评说】

腐败总是由上至下滋生，统治者除了要做到赏罚严明，还得做到以德治国。善于治理国家的人，能够遵循社会规律，顺应民众的意愿，从而收到事半功倍的效果，实现"垂拱而天下治"。

先易者后难，先难而后易

于下无诛者，必诛者也；有诛者，不必诛者也。① 以有刑至无刑者，其法易而民全；以无刑至有刑者，其刑烦而奸多。夫先易者后难，先难而后易，万物尽然。明王知其然，故必诛而不赦，必赏而不迁者，非喜予而乐其杀也，所以为人致利除害也。（《管子·禁藏》）

【注释】

①必：一定。

【译文】

使民众不受刑罚，是有罪必诛的结果；百姓有犯法受刑的现象，是不能实行有罪必诛措施造成的。从有刑到无刑，法律变得简易而民众得以保全；从无刑到有刑，法律会逐渐变得烦琐而坏人反而会增多。先易后难，先难后易，万事都是如此。明智的君主懂得这个道理，所以，该惩罚的决不赦免，该赏赐的决不拖延，这并不是因为君主喜欢赏赐，也不是君主乐于杀人，而是为了百姓兴利除害的缘故。

【评说】

事情有利就有弊，有难也有易。法家的先驱管仲善于运用恩威并施、宽猛相济的方式治理民众。既有正面的引导，亦有与之相反的刑罚作为配套。

虽有明智高行，不能废法而治国

规矩者，方圆之正也。① 虽有巧目利手，不如拙规矩之正方圆也。故巧者能生规矩，不能废规矩而正方圆。虽圣人能生法，不能废法而治国。故虽有明智高行，背法而治，是废规矩而正方圆也。（《管子·法法》）

【注释】

①规矩：规和矩，校正圆形和方形的两种工具。

诸子百家——法家

【译文】

规矩,是矫正方圆的。人即使有明察秋毫的双目和敏捷麻利的双手,也不如用笨拙的规矩来矫正方圆。所以,能工巧匠可以造出规矩,但不能不用规矩而矫正方圆。同样道理,圣人能够制定法度,但不能废弃法度来治理国家。因此,即使有高明的智慧和高尚的德行,如果违背法度来治理国家,也会像废弃规矩而矫正方圆一样行不通。

【评说】

俗话说:"不以规矩无以成方圆。"良好的工具和正确的使用方法也是取得成功的必要因素,不可漠然置之。明智的人总是能够顺应外物自身的规律,并善于利用规律。

喜之有徵,恶之有刑

见其可也,喜之有徵①;见其不可也,恶之有刑。赏罚信于其所见,虽其所不见,其敢为之乎? 见其可也,喜之无徵;见其不可也,恶之无刑。赏罚不信于其所见,而求其所不见之为之化②,不可得也。(《管子·权修》)

【注释】

①可:指行为可取。徵:徵验,指给予实际的奖赏。②化:感化。

【译文】

见到人们做好事,内心感到喜悦并应有实际的奖赏;见到人们做坏事,内心产生厌恶并应有具体的惩罚。赏功罚过,如果亲身经历的人兑现了,那么,没有亲身经历的人还敢胡作非为吗? 如果见到人们做好事,内心感到喜悦却没有实际的奖赏;见到人们做坏事,内心产生厌恶却没有具体的惩罚;赏功罚过,对于亲身经历的人都没有兑现,却要指望没有亲身经历的人受到感化,那是办不到的。

【评说】

奖励功劳,会给他人指明正确的行为方向;惩罚罪过,会提醒他人规避类似的行为举止。

我们的各级领导,是否都懂得这么去做呢?

明君在上,刑省罚寡

形势不得为非,则奸邪之人悫愿;禁罚威严,则简慢之人整齐①;宪令著明,则蛮夷之人不敢犯②;赏庆信必,则有功者劝;教训习俗者众,则民化变而不自知也。是故明君在上位,刑省罚寡,非可刑而不刑,非可罪而不罪也,明君者,闭其门,塞其途,弇③其迹,使民毋由接于淫非之地,是以民之道正行善也,若性然。(《管子·八观》)

【注释】

①悫愿:诚实谨慎。简慢:怠慢。②宪令:法令。著明:彰明。蛮夷之人:这里指不开化的人。③弇:覆盖,遮蔽,这里指消除。

【译文】

客观形势使人们不能够胡作非为,奸邪的人就只好老实守法;禁令与刑罚十分威严,无视法令的人就只好规规矩矩;法令昭著彰明,冥顽不化的人也就不敢以身试法;奖赏诚信无欺,有功劳的人就会再接再厉;受教化、守习俗的人多了,民众就会在不知不觉中潜移默化。所以,有明智的君王在上位,刑罚就会很少,这倒不是该用刑的不用刑。该治罪的不治罪,而是明智的君王关闭了通向犯罪的门户,堵塞了通向犯罪的道路,消除了犯罪的恶劣影响,使民众无从接触到为非作歹的环境,因而民众走正道、做好事,就好像出自本性似的了。

【评说】

近墨者黑,近朱者赤。威严的刑罚固然可以预防犯罪,但是,注重发挥教化和习俗的作用,整体上营造一个良好的守法氛围,反而可以收到以逸待劳、事半功倍的成效。

安其位乐其群,务其职荣其名

圣王之治民也,进则使无由得其所利,退则使无由避其所害,必使反乎安其位,乐其群,务其职,荣其名,而后止矣。故逾其官而离其群者必使有害,不能其事而失其职者必使有耻。是故圣王之教民也,以仁错之①,以耻使之,修其能致其所成而止。(《管子·法禁》)

【注释】

①错:通"措"。

【译文】

圣明的君王治理民众,对于那些一心想谋取个人功名的人会让他无法得到好处;对于那些犯有过失而推卸责任的人会让他逃避不了惩罚,最终使人们回到敬业、乐群、尽职、珍惜名声的正道上来,才算达到目的。所以,对于超越职权而高高在上的人,一定会让他遭受损害,对于无所作为而有失职责的人,一定会让他蒙受羞辱。因此,圣明的君王教化民众,会怀着仁爱之心来安置他们,利用他们的羞耻之心来让他们顺从,增进他们的才能,让他们获得成功,而后才肯罢休。

【评说】

治理民众要站在民众的立场上,充分为民众着想。对于不正义的事情要防患和制止,对于正义而合理的要求,要顺应和满足。既有威严的刑罚,也有道德的教化,惩恶扬善,恩威并施,多种措施,多管齐下,才能达到理想的治理目标。

赏罚之制,无逾于民

将与之,惠厚不能供;将杀之,严威不能振。严威不能振,惠厚不能供,声实有间也。有善者不留其赏,故民不私其利;有过者不宿其罚,故民不疾其威。①赏罚之制,无逾于民,则人归亲于上矣。如天雨然,泽下尺,生上尺。(《管子·君臣上》)

【注释】

①振:通"震"。声:名义。宿:过夜,指拖延。

【译文】

如果要行赏,恩惠厚重反而满足不了一些人的贪心;如果要杀戮,从严从重对一些不怕死的人反而不能起到震慑作用。从严从重不能起到震慑作用,厚重的恩惠满足不了贪心的需求,这都是由于名义和实际之间不一致造成的。对于做好事的人,不扣留他应得的奖赏,民众就不会贪图私利;对于有过错的人,不拖延对他的惩罚,民众就不会怨恨刑罚威严。赏罚的条款,不要超过民众的期望,那么民众就会归附亲近君主了。这就像天下雨一样,天上降下一尺的雨量,地上的庄稼就向上生长一尺。

【评说】

过犹不及,凡事讲究恰如其分。奖惩得当分明,量刑公正合理,民众就会无怨无恨。民众心里清楚自己行为的后果,就会约束自己的行为,而不会怀着侥幸心理试图钻空子,投机取巧。

4.道德教化

仓廪实则知礼节,衣食足则知荣辱

凡有地牧民者,务在四时,守在仓廪。国多财则远者来,地辟举则民留处。①仓廪实则知礼节,衣食足则知荣辱。(《管子·牧民》)

【注释】

①牧:本意为牧养牲畜,引申为统治或管理民众。牧民:治理人民,统治人民。四时:指春耕、夏耘、秋收、冬藏四个季节的农事。务在四时:指注重农业生产之意。仓廪:指粮仓。守在仓廪:要守护好粮仓,指要保证粮食储备。辟:开辟,开垦。举:尽,全。辟举:全面开垦。

【译文】

凡是拥有国土治理人民的君主，务必重视四季的农事，保证粮食储备。国家富足多财，远方的人们就会前来投奔。荒地开发得好，国内的居民就能安心留住。粮仓储备充实，人们就会知道遵守礼节；人们衣食丰足，就会懂得荣誉与耻辱。

【评说】

丰衣足食是普通民众最基本的需求，然后，才谈得上教化和其他一些事情。在中国，皇帝祭祀先农和亲耕的传统，可以追溯到周朝。明清两代，祭祀先农更成为国家重要的典礼，而且，皇帝都要亲自下田耕种，以示万民。俗话说的"一亩三分地"指的就是皇帝亲耕的田地。由此可见，自古以来帝王对农事的重视。

諸子百家——法家

守国之度，在饰四维

上服度则六亲固，四维张则君令行。故省刑之要，在禁文巧；守国之度，在饰四维；顺民之经，在明鬼神，祇山川，敬宗庙，恭祖旧。①（《管子·牧民》）

【注释】

①六亲固：指六亲关系稳固。维：系在网四角上的绳索。四维：提起网的四角，才可以张开网。这里喻指礼、义、廉、耻对维护国家社会秩序的重要性有如国之四维。文巧：奇技淫巧，指奢侈品的生产与制造。禁文巧：即禁止奢靡之风。饰：通"饬"，整顿。顺：通"训"，教训。经：指常规，常法，指具有根本性的措施与办法。祇：恭敬，这里指祭祀。

【译文】

在上的君主生活服用合乎法度，六亲之间的关系就会稳固。礼义廉耻作为国家的四维能够得到发扬，君主的政令就可以顺利推行。所以，减少刑罚的关键，在于禁止奢靡之风；巩固国家的准则，在于整治礼义廉耻这四维；教化民众的根本办法，就在于敬畏鬼神、祭祀山川、敬奉祖宗和敬重宗亲故旧。

【评说】

中国自古以来，君主就自称"天子"——代表"天"来统治天下臣民。不过，权利和义务总是相伴而行，君主广有天下的同时，也要履行表率的义务，教化民众敬畏天地、敬奉祖宗、维持人类社会的行为规范，更是义不容辞。

礼义廉耻

何谓四维？一曰礼，二曰义，三曰廉，四曰耻。礼不逾节，义不自进，廉不蔽恶，耻不从枉。①故不逾节则上位安，不自进则民无巧诈，不蔽恶则行自全，不从枉则邪事不生。

（《管子·牧民》）

【注释】

①枉：歪邪，指坏人。

【译文】

什么叫四维？一是礼，二是义，三是廉，四是耻。有礼，人们就不会越轨；有义，就不会妄自冒进；有廉，就不会掩饰过错；有耻，就不会追随邪念。所以，人们都不越轨，统治者的地位就安稳；都不妄自冒进，民众就不会有奸巧和欺诈行为；都不掩饰过错，品行就自然端正；都不追随坏人，邪恶的事情也就不会发生。

【评说】

礼、义、廉、耻作为基本行为准则已深植于中国人的心中。不欺暗室的人被当作君子来推崇，而"寡廉鲜耻"的评价却是对一个人的彻底否定。自觉约束自己的行为，提高个人的道德修养是中国传统知识分子的共识。

终身之计，莫如树人

一年之计，莫如树谷；十年之计，莫如树木；终身之计，莫如树人。一树一获者，谷也；一树十获者，木也；一树百获者，人也。我苟种之，如神用之，举事如神，唯王之门。①（《管子·权修》）

【注释】

①树：种植。苟：如果。神：神奇。用：作用。

【译文】

做一年的打算，没有比种植谷物更重要的事情了；做十年的打算，没有比种植树木更重要的事情了；做终身的打算，没有比培育人才更重要的事情了。一种一收的是谷物；一种十收的是树木；一种百收的是人才。如果注重培育人才，将会收到神奇的效果，兴举大事也会有意想不到的结果，这才是君王成就功业的门路。

【评说】

安邦定国、成就事业，天时、地利、人和缺一不可。天时、地利是客观条件，而人和首先是有人才。当今社会的竞争实际上是人才的竞争。人才的培养靠的又是教育。十年树木，百年树人，教育兴国的概念应得到人们的共识。

治官化民，其要在上

主身者，正德之本也；官治者，耳目之制也。身立而民化，德正而官治。治官化民，其

諸子百家

法家

973

要在上。①是故君子不求于民。(《管子·君臣》)

①要:要领,关键。

【译文】

君主自身,是端正德行的根本;对于官吏的治理,好比人的耳目应受到节制一样。君主自身修养好,民众就受到教化;君主德行端正,官吏就能管好。管好官吏和教化人民,其关键在于君主。所以君主不应苛求民众而应苛求自己。

【评说】

人们常说的"上行下效""上梁不正下梁歪",就是这个道理。父母的言行举止对子女来说就是范本。君主之于民众,就像父母之于子女,空洞的说教,甚至言行不一,就会失去民众的信任。

敬而待之,爱而使之

管子曰:"夫政教相似而殊方。若夫教者,摽然若秋云之远,动人心之悲;蔼然若夏之静云,乃及人之体;骛然若皜月之静,动人意以怨;荡荡若流水,使人思之,人所生往。①教之始也,身必备之,辟之若秋云之始见,贤者不肖者化焉。敬而待之,爱而使之,若樊神山祭之。贤者少,不肖者多,使其贤,不肖恶得不化? 今夫政则少则,若夫成形之征者也。去,则少可使人乎?"②(《管子·侈靡》)

【注释】

①摽然:形容秋云高远的样子。蔼然:形容夏云温和的样子。骛然:幽深的样子。皜:同"皜"。②生:通"性"。樊:樊篱。去:除去。除掉,指不用政令。

【译文】

管仲说:"政令与教化相似而方法不同。教化,高远如远方的秋云,能牵动人的悲情;温润如夏天的静云,恍惚能够浸及人的肌体;幽深如寂静的皓月,能以哀怨动人心意;坦荡平易如流水,使人思念不已,是人的本性之所向。教化的开端,必须是教化者本身具备良好的道德素养,就像秋云始现,贤者与不肖者都被感化。教化是恭敬地对待人们,仁爱地役使人们,就像在神山上筑起篱笆来祭神一样庄重严肃。贤人虽少,不肖者虽多,但通过教化让不肖者变得贤良,不肖者怎么能不变化呢? 至于政令,则应以少用为原则,这是天下太平的征兆。没有政令,依靠教化不也可以役使民众吗?"

【评说】

良好的教化能够恰到好处地触及人的心灵深处,促使混沌麻木的心灵幡然悔悟,迷

诸子百家

——

法家

途知返。人的行为由思想意识来驱使,要想规范人的行为,必先修正人心,提高人的心性及道德水平。心智迷失,人就会堕落,就会做出于己于社会都有害的事情,招致精神和肉体的痛苦;心智光明,行为坦荡磊落,对社会的爱心与信心大增,精神愉悦,身体也会健康,于己于社会两相宜。

5.藏富于民

府不积货,藏于民

野与市争民,家与府争货,金与粟争贵①,乡与朝争治。故野不积草,农事先也;府不积货,藏于民也;市不成肆,家用足也;朝不合众,乡分治也。故野不积草、府不积货、市不成肆、朝不合众,治之至也。②(《管子·权修》)

【注释】

①金:货币。粟:粮食。争贵:指货币与粮食争比贵贱。乡:指地方。朝:指中央。争治:指争夺治理权限。②肆:指众多排列成行的店铺。合众:聚众议事。

【译文】

农田与市场争劳力,民家与官府争财货,货币与粮食争贵贱,地方与朝廷争治理权限。所以,农田不应积有杂草,要把农耕之事放在首位;官府不应积聚财富,而要把财富藏于民间;市场上不应当有成行的店铺,但要做到让居民家用很充足;朝廷不应当整天聚众议事,而要分权到乡,让地方政府分担治理责任。农田里没有杂草,官府里不积聚财富,市场上店铺不成行成排,朝廷不整天聚众议事,这就是治国的最高境界。

【评说】

市场经济发达,则货币地位重要,即"金"贵;自然经济发达,则粮食地位重要,即"粟"贵。作者主张限制商业,使市不成肆,并赞成把财富藏于民间,让人们生活自给自足。这种发展生产的思想难能可贵。

有事则用,无事则归之于民

圣人之所以为圣人者,善分民也。圣人不能分民①,则犹百姓也。于己不足,安得名圣?是故有事则用,无事则归之于民,唯圣人为善托业于民。(《管子·乘马》)

【注释】

①分民:指分利于民。

诸子百家——法家

【译文】

圣人之所以能够成为圣人,就是因为他善于分利于民。圣人不善于分利于民,就同普通百姓一样了。自己总是贪心不足,怎么能称得上圣人呢?所以,国家如果有事就取用于民,无事就应把财富归还于民,只有圣人才善于把产业寄托于民众。

【评说】

"普天之下,莫非王土;率土之滨,莫非王臣。"既然君王已经富有天下,又何必横征暴敛,积累所谓的财富呢?君王如果想富有,就应让天下人富有;君王如果想安宁,就应让天下人安宁。根基稳固,大厦才能稳固。

今日不为,明日亡货

时之处事精矣,不可藏而舍也。故曰:今日不为,明日亡货。昔之日已往而不来矣。[1]
(《管子·乘马》)

【注释】

①时:农时。精:宝贵。舍:止息。亡:无。

【译文】

农时对于农事来说是非常宝贵的,不能够把它收藏起来使它停滞不前。所以说:今天不辛勤劳作,明天就一无所获。从前的时光已经过去了,就不会再回来了。

【评说】

"一年之计在于春,一日之计在于晨",说的是农时的重要,抓住了农时就是迈向了丰收。要想有收获,必须事前有付出。要想取得成功,必须有一个良好的开端。对于人的教育来说,也应该从小抓起。"从小偷针,长大偷金"就是从反面说了这个道理。

治国之道,必先富民

凡治国之道,必先富民。民富则易治也,民贫则难治也。奚以知其然也?民富则安乡重家,安乡重家则敬上畏罪,敬上畏罪则易治也。民贫则危乡轻家,[1]危乡轻家则敢凌上犯禁,凌上犯禁则难治也。故治国常富,而乱国常贫。是以善为国者,必先富民,然后治之。(《管子·治国》)

【注释】

①危:指不安其所居。

【译文】

凡是治国之道，一定要先让民众富裕。民众富裕就容易治理，民众贫穷就难以治理。为什么这么说呢？民众富裕就会安于乡居而珍惜家业，安于乡居而珍惜家业就会恭敬君上而畏惧刑罪，如此就容易治理了。人民贫穷就会不安于乡居而轻视家业，不安于乡居而轻视家业就会对抗君上而违反禁令，如此就难以治理了。所以，治理好的国家往往是富裕的，而混乱的国家往往是贫穷的。因此，善于治理国家的人，一定要先使民众富裕起来，然后，再加以治理。

【评说】

民众贫苦，就会感觉活得没有意义，从而轻视自己的生命。一个人连自己的生命都不看重，他还会惧怕什么、还有什么能约束他的行为？

所以要想治理好国家，要想使法度得以实施，首先要使民众真正富裕。仅靠画饼充饥，不断地给人以希望，却从不能实现，久而久之，人就会失去信心，社会也不会安定。

6.选拔贤良

不患无臣，患无君以使之

天下不患无臣，患无君以使之；天下不患无财，患无人以分之。故知时者可立以为长，无私者可置以为政[①]，审于时而察于用，而能备官者，可奉以为君也。（《管子·牧民》）

【注释】

①政：通"正"，官长。

【译文】

天下不怕没有良臣，只怕没有君王能够任用他们；天下不怕没有充足的财货，只怕没有人能够合理地分配它们。所以，懂得天时的人，可以任用他为官长，没有私心的人，可以安置他做官吏。通晓天时，明察财用，而又善于任用官吏的人，可以奉为国君。

【评说】

千里马常有，而伯乐不常有。君主不仅赋有治理国家和民众的使命，而且要担任伯乐的角色来识别和选拔良臣以辅佐自己。治理好天下，造福于百姓靠的是君臣上下一心、齐心协力。能做到"思百姓之所思，想百姓之所想"，才是称职的官员和合格的君主。

诸子百家——法家

977

选贤论材,待之以法

为人君者,坐万物之原^①,而官诸生之职者也。选贤论材,而待之以法。举而得其人,坐而收^②,其福不可胜收也。官不胜任,奔走而奉,其败事不可胜救也。而国未尝乏于胜任之士,上之明适不足以知之。是以明君审知胜任之臣者也。(《管子·君臣上》)

【注释】

①坐万物之原:据守万事的准则。②收:收到效果。

【译文】

做君主的,应当把握各种事务的原则来授予众人职位;应当选拔贤良,评定人才,并且依照法度来使用他们。如果举用人才正确得当,治理国家就可以坐享其成,所得到的好处是不可尽收的。如果官吏不能胜任,即使卖力地奔忙劳累,他们弄糟的事情,也是很难补救的。然而国家并不缺乏能够胜任的人才,只是君主还不足以明察了解他们。所以,明智的君主要认真地访求胜任之臣。

【评说】

良好的开始是成功的一半,选拔合适的人才是事业成功的关键。

古人说"千里马常有,而伯乐不常有"。信息时代,人人都有张扬自己才干的机会,伯乐也不缺,就怕任人唯亲,拉帮结伙搞帮派,将贤能的人拒之门外。

事其内无事其外,事其小无事其大

万世之国,必有万世之宝。必因天地之道,使其内无使其外,使其小无使其大。"……称其宝使其小,可以为道。能则专,专则佚。橡能逾,则橡于逾。能官,则不守而不散。^①(《管子·侈靡》)

【注释】

①使:通"事"。橡:梯子。逾:超越,引申为登高。

【译文】

流传万代的国家,必有能够流传万代的法宝。这法宝,就是遵循天地之道,勤于内政而不向外扩张,谨小慎微而不好大喜功。……与天地之道相宜而谨小慎微,就可以成就治国之道。如果对能臣委以专任,专任能臣就可以身心安逸。梯子能够使人登高,能够使人登高,才算是梯子。善于任用贤能的人为官,即使国君不管理国家也不会混乱。

【评说】

大处能够顺应天地之道,小处能够遵循为人之理,君有君的成德,臣有臣的良才,各

诸子百家——法家

司其职,各负其责,这就是最高明的管理。

宁过于君子,毋失于小人

德厚而位卑者谓之过,德薄而位尊者谓之失。宁过于君子,而毋失于小人。过于君子,其为怨浅;失于小人,其为祸深。是故国有德义未明于朝而处尊位者[1],则良臣不进;有功力未见于国而有重禄者,则劳臣不劝;有临事不信于民而任大官者,则材臣不用。(《管子·立政》)

【注释】

[1]明:彰明。

【译文】

德行深厚却授予低微爵位的做法,叫作"过";德行浅薄却授予尊贵爵位的做法,叫作"失"。宁可有过于君子,却不可有失于小人。有过于君子,招致的怨恨浅;有失于小人,造成的祸乱深。因此,身居高位的人如果没有德义显明于朝廷,贤良的大臣就得不到进用;如果享受厚禄的人没有功绩表现于国家,辛劳的大臣就不会再努力;如果做了大官的人主持政事却不能取信于民,有才能的大臣就不会尽力。

【评说】

君主的一言一行举足轻重。君主个人的观念如果影响了人才选拔的公正,国家就可能失信于民,政权也可能陷入信用危机。所以,官员的任免必须遵循公平公正的原则,如此才能取信于民,国家才能长治久安。

多忠少欲,为人臣之广道

日益之而患少者,唯忠;日损之而患多者,唯欲[1]。多忠少欲,智也,为人臣之广道也。为人臣者,非有功劳于国也,家富而国贫,为人臣者之大罪也;为人臣者,非有功劳于国也,爵[2]尊而主卑,为人臣者之大罪也。(《管子·枢言》)

【注释】

[1]益:增加。损:减少。[2]爵:爵位。

【译文】

每天都应当增加而唯恐太少的,只有忠诚;每天都应当减少而唯恐太多的,只有欲望。多一些忠诚,少一些欲望,实为明智之举,是做臣子的宽广大道。作为臣子,对国家没什么功劳,却家富而国穷,这是做臣子的大罪过;作为臣子,对国家没什么功劳,却爵位尊贵而君主卑微,这也是做臣子的大罪过。

有失有得,不失不得。

官员享受民众的供养,就必须为民众造福、为国家分忧,对上不可欺骗蒙蔽、对下不可作威作福。

7.经典故事

桓公东游

桓公将东游,问于管仲曰:"我游犹轴转斛,南至琅琊。司马曰,亦先王之游已。①何谓也?"管仲对曰:"先王之游也,春出,原农事之不本者,谓之游;秋出,补人之不足者,谓之夕。②夫师行而粮食其民者,谓之亡;从乐而不反者,谓之荒。先王有游夕之业于人,无荒亡之行于身。"桓公退再拜命曰:"宝法也!"管仲复于桓公曰:"无翼而飞者,声也;无根而固者,情也;无立而贵者,生也。公亦固情谨声,以严尊生,此谓道之荣。"桓公退,再拜:"请若此言。"(《管子·戒》)

【注释】

①犹轴转斛:像轴转载斛石一样,指必有所成就。斛:古代粮食量具名。司马:朝廷主管军事的官。②原:查问,了解。不本:指没有本钱或经营困难。夕:指以出游的方式视察百姓生产和生活情况。师行:大队人马出行。粮食其民:吃喝老百姓。从:通"纵"。反:通"返"。无立而贵:没有地位而尊贵。立:通"位"字。生:通"性"。荣:荣显,发扬。

【译文】

桓公准备东游,问管仲说:"我这次出游要有所成就,准备向南直到琅琊。大司马却说,也应像先王出游一样。这是什么意思呢?"管仲回答说:"先王出游,春天外出,考察农民在农事经营上有什么困难,叫作'游';秋天外出,补助人们生活的不足,叫作'夕'。那种大队人马出行去吃喝百姓的,叫作'亡';游山玩水尽情享乐而不想回来的,叫作'荒'。先王对于民众有'游'和'夕'的功业,自身却从没有'荒'和'亡'的行为。"桓公退后再拜说:"这是宝贵的法度。"管仲又对桓公说:"没有羽翼就能飞翔的是语言,没有根子却能牢固的是情感,没有地位却很尊贵的是本性。您也应当增强情感、谨慎言语、严守尊贵的本性,这就叫道的弘扬。"桓公退后,再拜说:"请让我照着这番话去做。"

【评说】

我们的祖先几千年前就把如何为王、如何亲民进行了充分的论证。管仲的这番话不仅对桓公来说是金玉良言,对于今天的人来说同样是不可多得的宝贵财富。人们都说

"伯乐"难求，也许像管仲这样的良臣更难求。

鸿鹄之喻

……桓公明日弋在廪，管仲、隰朋朝。公望二子，弛弓脱扞而迎之曰："今夫鸿鹄，春北而秋南，而不失其时，夫唯有羽翼以通其意于天下乎？今孤之不得意于天下，非皆二子之忧也？"桓公再言，二子不对。桓公曰："孤既言矣，二子何不对乎？"管仲对曰："今夫人患劳，而上使不时；人患饥，而上重敛焉；人患死，而上急刑焉。如此而又近有色而远有德，虽鸿鹄之有翼，济大水之有舟楫也，其将若君何？"桓公蹴然逡遁。①管仲曰："昔先王之理人也，盖人有患劳而上使之以时，则人不患劳也；人患饥而上薄敛焉，则人不患饥矣；人患死而上宽刑焉，则人不患死矣。如此而近有德而远有色，则四封之内视君其犹父母邪！四方之外归君其犹流水乎！"公辍射……斋三日，进二子于祖宫，再拜顿首曰："孤之闻二子之言也，耳加聪而视加明，于孤不敢独听之，荐之先祖。②（《管子·戒》）

【注释】

①弋：射猎。廪：谷仓。隰朋：人名。扞：臂上的铠甲。蹴然：惭愧局促的样子。逡遁：恭顺退让。②祖宫：祖庙。顿首：以头叩地而拜；再拜：拜两次。古代的一种跪拜礼。

【译文】

……桓公于第二天在谷仓一带射猎，管仲、隰朋前来朝见。桓公见到二位，松开弓弦脱去臂上的铠甲迎上去说："看那些鸿鹄，春天北去秋天南飞，从来不误时节，这还不是因为有了两只翅膀才能够在天下畅快地飞翔吗？现在我不得志于天下，你们二位就不忧虑吗？"然而，二人没有回答。桓公又说了一遍，二人还是没有回答。桓公说："我已经说了话，二位怎么不回答呢？"管仲回答说："现在人们忧患劳苦，而国君却没完没了地役使他们；人们忧患饥饿，而国君却重重地盘剥他们；人们忧患死亡，而国君却加紧采用重刑。不仅如此，还要亲近女色，疏远有德性的人。这样，即使您像鸿鹄一样有双翅，像过河一样有船桨，又能有什么用处呢？"桓公惭愧得局促不安。管仲说："从前先王治理民众，看到人们忧患劳苦，就按照时节役使他们，这样人们就不忧患劳苦了；看到人们忧患饥饿，就减轻赋税，这样人们就不忧患饥饿了；看到人们忧患死亡，就宽缓刑罚，这样人们就不忧患死亡了。这样做了以后，先王还亲近有德性的人，疏远女色，因此，四境之内，人们对待国君就像父母一样；四境之外，归附国君就像流水一样！"桓公中止了射猎……斋戒三天以后，把二人接进祖庙，再拜顿首说："我听到你们二位的话，耳朵更加灵敏了，眼睛更加明亮了，我不敢独自听闻这些高论，要把它献给祖先。"

【评说】

桓公能够闻过则喜，而不是闻过则讳，甚至闻过则怒，在自省和纠正自己错误的过程中逐渐提升自己的素质，成为一个无愧于天地的人。有了明智的君王，何愁没有智慧而

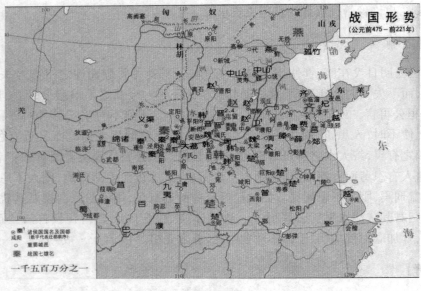

战国形势图

又忠诚的臣子？两者兼具，又何愁江山不稳固，万国不来朝？

粟禾之喻

桓公放春，三月观于野。桓公曰："何物可比于君子之德乎？"隰朋对曰："夫粟，内甲以处，中有卷城，外有兵刃。未敢自恃，自命曰粟。①此其可比于君子之德乎！"管仲曰："苗，始其少也，眴眴乎何其孺子也？至其壮也，庄庄乎何其士也！至其成也，由由乎兹免？何其君子也！天下得之则安，不得则危，故命之曰禾，此其可比于君子之德矣。"桓公曰："善。"②（《管子·小问》）

【注释】

①放春：即春游。放：游放。甲：铠甲，喻指小米外的谷皮。卷城：圈城。指粟粒的外壳。兵刃：武器。指谷粒的外芒。粟：粟粒，微小颗粒。古代粮食称粟，并称微小颗粒为粟。这里指粟有君子谦虚之德，虽具铠甲、圈城与兵刃，却自命为微小颗粒。②眴眴：同"恂恂"，柔顺的样子。由由：通"油油"，和悦恭顺的样子。兹：益，更加。免：俛，俯，指低头。禾：禾苗，"禾"与"和"谐音，谓未有和德，取其和调成事之意。

【译文】

三月天，桓公春游，在乡野观赏。桓公问："什么东西可以与君子之德相比呢？"隰朋回答说："粟粒可比，身处铠甲之内，中间有圈城围绕，外边有兵刃保护。它还不敢自恃强大，谦虚地自称为微小颗粒，这大概可以与君子之德相比了吧？"管仲说："禾苗可比，开始在幼小的时候，柔顺得多么像个孩子；到它长得苗壮时，庄重得多么像个义士；到它成熟

诸子百家——法家

以后,恭敬得把头更加向下低垂,多么像个君子啊!天下得到了它就安定,得不到它就处于危难之中。所以命名为禾(和)。这可以与君子之德相比了。"桓公说:"好。"

【评说】

明智的人总是能够做到以小见大,在生活中也能够汲取治国之道,感悟人生哲理,实践修身养性,并以君子之德服天下之人。

石壁之谋

桓公曰:"寡人欲西朝天子而贺献不足,为此有数乎?"管子对曰:"请以令城阴里,使其墙三重而门九袭。因使玉人刻石而为壁,尺者万泉,八寸者八千,七寸者七千,珪中四千,瑗中五百。"①壁之数已具,管子西见天子曰:"弊邑之君欲率诸侯而朝先王之庙,观于周室。请以令使天下诸侯朝先王之庙,观于周室者,不得不以彤弓石壁。不以彤弓石壁者,不得入朝。"天子许之曰:"诺。"号令于天下。天下诸侯载黄金珠玉五谷文采布帛输齐以收石壁。石壁流而之天下,天下财物流而之齐,故国八岁而无籍。阴里之谋也。②(《管子·轻重丁》)

【注释】

①阴里:齐国地名。珪:同"圭",一种上尖下方的玉器。②彤弓:朱红色的弓。以彤弓陪衬石壁,意在使计谋不露痕迹。瑗:一种圆形的大孔玉璧。

【译文】

桓公说:"我想西行去朝拜天子而敬贺献礼的费用不足,有办法解决吗?"管仲回答说:"请下令在阴里筑城,要求修建三层城墙,九道城门。借此机会让玉匠雕制石壁,一尺的石壁定价为一万钱,八寸的石壁定价为八千,七寸的石壁定价为七千,石珪定价四千,石瑗定价五百。"石壁如数完成后,管仲就西行去朝见天子,说:"敝国君主想率领各国诸侯来朝拜先王宗庙,观礼于周王室。请发布命令,要求天下诸侯凡来朝拜先王宗庙,观礼于周王室的,都必须带上彤弓和石壁。不带上彤弓和石壁的,不准入朝。"周天子答应说:"可以。"于是号令天下照办。天下诸侯都运载着黄金、珠玉、粮食、彩绢和布帛到齐国来购买石壁。齐国的石壁流向天下,天下的财物流归齐国,因此,齐国八年没有征收赋税。这是阴里之谋的效果。

【评说】

"石壁之谋"也称"阴里之谋"。管仲打着"朝天子"的旗号,挟天子以令诸侯,冠冕堂皇地掠夺其他国家财富,帮助齐桓公大发其财。管仲的高明之处在于能够借外交活动的力量和政治上的优势,堂而皇之地达到目的。

二、子产名言

子产（？~公元前522年），即公孙侨，字子美，郑穆公之孙，谥号成，后人又称其公孙成子，春秋时期郑国著名政治家和思想家，法家的先驱人物，公元前543年至公元前522年执掌国政，晚于管仲而与孔子同时，《史记·郑世家》记载："为人仁爱人，事君忠厚。孔子尝过郑，与子产如兄弟云。及闻子产死，孔子为泣曰：'古之遗爱也！'"子产为人聪明智慧，善于辞令，少年时期就表现出非凡的政治才能。

郑简公十二年（公元前554年），子产被立为国卿。郑简公二十三年（公元前543年），升任执政。子产执政后，立即开始在国内进行了几项重大改革。子产为政不反对周礼，却进行了一系列违反周礼的内政改革。为了制止贵族对土地的侵占，子产从改革田制着手，整顿贵族田地和农户编制，"作封洫"，重新划分田界，明确土地所有权，并把农户按五户一伍的方式编制起来，使之"庐井有伍"，促进了农业生产的发展，增加了国家税收。五年之后，子产又"作丘赋"，以丘为单位，按田亩向土地所有者征收军赋，承认土地私有制，此举保护了一般平民的利益。

子产执政时最有影响的举措就是"铸刑书"。公元前536年，子产率先公布法律，将刑法条文铸于鼎上以示众，开创了古代公布成文法的先例。"铸刑书"之举打破了传统的"议事以制"的审判方式，在一定程度上起到了限制贵族特权的作用，揭开了成文法运动的序幕。子产"铸刑书"的创举在当时产生了很大的社会震动，为后来法家的法治提供了借鉴。

子产推行法治，又主张"为政必以德"，强调采取宽猛并用的政治策略，在以道德教化安抚百姓的同时，又主张严刑峻法，抑制强宗，限制贵族特权，保持国内政局长期稳定；既主张坚决惩处贪暴者，又存开明宽容之心，反对毁坏乡校，主张听取国人意见。子产为政数十年，政绩显赫，社会秩序有条不紊，郑国国势迅速强大起来。孔子曾经称赞他说："其养民也惠，其使民也义。"

文德与武功

子产曰："小国无文德而有武功，祸莫大焉。"①（《左传·襄公八年》）

【注释】

①文德：指礼乐教也。武功：指军事方面的成就。

【译文】

子产说："一个小的国家不致力于文治而一味地迷信武功，没有比这所带来的祸患更大的了。"

文德武功,一张一弛,相辅相成,并行不悖。按照汉代刘向在《说苑》中的说法:只有文德而没有武功,不能威震天下;而只有武功无文德,民众对帝王只有畏惧但不亲近。一个王朝,即使起初用武力统一天下,之后也一定要设法靠文治仁德统治天下,使人缅怀其德行。后世人们多注重从文武两个方面治理国家,以文事为经,以武备为纬,所以有"文经武纬""文德武功,经天纬地"等等说法。不过,一个国家,当民众生活还不安定的时候,就应当要先务内政,而不要雄心勃勃地去图谋武功。

众怒难犯,专欲难成

子产曰:"众怒难犯,专欲难成,合二难以安国,危之道也。"①(《左传·襄公十年》)

【注释】

①专欲:指独断专行。

【译文】

子产说:"众怒难犯,独断专行难于成功。采取这两种难以行得通的办法来治理国家,是危险的举措。"

【评说】

治理国家不能只按照自己的利益和意图为所欲为,必须顾及多数人的利益和要求,刚愎自用、一意孤行最终只能招致失败。

朝夕而行,行无越思

子产曰:"政如农功,日夜思之,思其始而成其终,朝夕而行之;行无越思,如农之有畔。其过鲜矣。"①(《左传·襄公二十五年》)

【注释】

①农功:农事。畔:田埂。

【译文】

子产说:"治理国家就像做农活一样,心里日夜都在想着它,从开始盘算一直到最后取得收获,从早到晚都照着所制订的计划去付出辛劳;而所做的又不超出所制订计划的范围,就像农田里有田埂一样。这样就很少会犯过失了。"

【评说】

国家的政策和法令不仅要符合民众的利益,而且还要不折不扣地实施,切不可朝令夕改或有令不行。做任何事情都要做到胸有成竹,而且目标一旦制定,就要按照既定的计划矢志不移地坚持下去,既不能三心二意,也不能轻易半途而废,否则将会一事无成。

不毁乡校

郑人游于乡校,以论执政。然明谓子产曰:"毁乡校,何如?"①子产曰:"何为?夫人朝夕退而游焉,以议执政之善否。其所善者,吾则行之。其所恶者,吾则改之。是吾师也,若之何毁之?我闻忠善以损怨,不闻作威以防怨。岂不遽②犹防川,大决所犯,伤人必多,吾不克救也。不如小决使道,不如吾闻而药之也。"(《左传·襄公三十一年》)

【注释】

①乡校:乡间用于私人讲学或聚会议事的公共场所。然明:人名,郑国大夫。②遽:就,竟。

【译文】

郑国人常常闲聚在乡校里,议论朝政得失。郑国大夫然明就对子产说:"不如毁掉乡校,你看怎么样?"子产说:"为什么呢?人们在早晚休闲时间里到那里去相聚游玩,议论执政的好坏得失。他们认为做得好的,我们就继续推行;他们所讨厌的事情,我们就加以改正。这本来是我们为政的老师,为什么要毁掉它呢?我只听说尽力做好事可以减少怨恨,没听说依仗权力就能防止怨言。靠权力来制止议论,那就像堵塞河流一样,可是一旦洪水大决口,伤害的人必然更多,那时我们就无法挽救了。不如现在开个小口子加以疏导,不如听取他们的议论并把它当作治病的良药。"

【评说】

以一种谦卑敬畏的姿态,采取公开透明的途径,来尊重民众的参与权、表达权和监督权,不仅需要大度宽容的政治智慧,更需要足够的勇气。然明企图封锁舆论的拙劣手法不仅表明统治者对于自己的权力过于傲慢自负,也表现出一种对权力不自信的心态。与此形成鲜明对比的是,子产不仅允许国人议论政事,而且乐意从中吸取有益的建议,表现出子产作为一位政治家所具有的理性开明精神和坦诚无私胸怀。

论尹何为邑

子皮欲使尹何为邑。子产曰:"少,未知可否?"子皮曰:"愿,吾爱之,不吾叛也。使夫往而学焉,夫亦愈知治矣。"①子产曰:"不可。人之爱人,求利之也。今吾子爱人则以政,犹未能操刀而使割也,其伤实多。子之爱人,伤之而已,其谁敢求爱于子?子于郑国,栋也,栋折榱崩,侨将厌焉,敢不尽言?子有美锦,不使人学制焉。大官、大邑,身之所庇也,而使学者制焉,其为美锦,不亦多乎?侨闻学而后入政,未闻以政学者也。若果行此,必有所害。②譬如田猎,射御贯则能获禽,若未尝登车射御,则败绩厌覆是惧,何暇思获?"子皮曰："善哉！虎不敏。吾闻君子务知大者、远者，小人务知小者、近者。我，小人也。衣服附在吾身，我知而慎之；大官、大邑，所以庇身也，我远而慢之。微子之言，吾不知也。他日我曰：'子为郑国，我为吾家，以庇焉，其可也。'今而后知不足。自今请虽吾家，听子而行。"③子产曰："人心之不同，如其面焉。吾岂敢谓子面如吾面乎？抑④心所谓危，亦以告也。"子皮以为忠，故委政焉。子产是以能为郑国。（《左传·襄公三十一年》）

【注释】

①子皮：郑国大夫，名罕虎。子产：即公孙侨，郑国大夫。尹何：子皮的家臣。为：治理。邑：封邑，采邑。愿：谨慎诚实。②椽：屋椽。侨：子产名。厌：通"压"，与"厌覆"的"厌"同。尽言：无保留地把话说出来。锦：有彩色花纹的绸缎。庇：庇护，寄托。③田猎：打猎。射御：射箭驾车。贯：通"惯"，习惯，熟习。禽：通"擒"。败绩：指事情的失利。厌覆：指乘车的人被倾覆的车碾压。虎：子皮名。敏：聪明。务：致力。远：疏远，疏忽。慢：轻视。微：无，非。家：卿大夫的采地食邑。④抑：不过，然而。

【译文】

子皮想要让尹何来治理自己的封地。子产说："尹何年纪还轻，不知道能不能胜任。"子皮说："这个人谨慎善良，我喜欢他，他不会背叛我的。让他去学习一下，他就更会懂得如何治理了。"子产说："不行。一个人喜欢谁，总是也希望对这个人有好处。现在您喜欢一个人却把政事交给他，这就好像一个人不会用刀而您却让他去割东西，很可能是要伤害他自己的。所以，您虽然喜欢他，结果不过是伤害他罢了，这样，有谁还敢希望求得您喜欢呢？您对于郑国来说是国家的栋梁。栋梁要是折断了，椽子就会坍塌，我也将会被压在底下，我哪敢不把真话全部说出来？您有了漂亮的丝绸，是不会让别人用它来学习剪裁的。高的官位和大的封地，是您用来庇护自身的，您反而让一个生手去治理它，而它比起漂亮的丝绸来价值不是多得多吗？我只听说通过学习以后才能从政，没有听说通过从政来学习的。如果真是这么办，一定会带来损害。就像打猎，熟悉射箭驾车的，才能获得猎物；如果从来没有登车射过箭驾过车，那么就会一心担心翻车被压，哪里有心思去捕获猎物呢？"子皮说："说得好！我太迟钝了。我听说君子致力于了解大的、长远的事情，小人致力于了解小的、眼前的事情。我啊，真是一个小人。衣服穿在我身上，我知道重视它；大官、大的家邑是用来护身的，我却疏远它、轻视它。如果没有您的这番话，我是不懂得的。过去我说过：'你治理郑国，我治理我的家邑，以此来求得安稳，大概就可以了吧。'今天才知道这还不够。从今往后我请求您，即使我的家邑，也听从您的安排。"子产说："人心各不同，就好像他们的面貌，我岂敢说您的面貌像我的面貌呢？我只不过心里认为危险，就将它告诉您了。"子皮认为他忠诚，所以将政事委托给他，子产因此能够治理郑国。

【评说】

为官治国不是游戏，没有成功可以重新再来。执政者出了什么差错，可不是个人私

諸子百家——法家

987

事,而是关系着国家民生,可谓非同凡响。虽然犯了过失可以改正,但是为此付出的代价可能会非常大,所以,"出发点是好的"不该成为"好心办错事"的借口。在这则故事中,子产不仅深谋远虑,高瞻远瞩,而且待人推心置腹,忠实诚恳,显示了贤能之士的才能和智慧,体现了一个优秀谋略家的风范。子皮在遭到下属的反对之后,不仅没有置之不理,反而十分真诚大度地接受了劝告,对子产的远见卓识大加赞赏,并由此更加信任子产。子皮虚怀若谷、从善如流的精神,表现出了一个政治家良好的心理和行为素质,值得我们学习。

与人同欲,尽济

子产曰:"求逞于人,不可;与人同欲,尽济。"①(《左传·昭公四年》)

【注释】

①逞:显示,施展,炫耀。

【译文】

子产说:"只想在别人那里求取快意,是不行的;只有和大家的想法一致、目标相同,才能一起取得成功。"

【评说】

不能把自己的快乐建立在别人的痛苦之上。凡事不能只想着自己的利益,同时也要想着成全别人;只有成全了别人,才能成全自己。

为政莫如猛

郑子产有疾,谓子太叔曰:"我死,子必为政。唯有德者能以宽服民,其次莫如猛。夫火烈,民望而畏之,故鲜死焉。①水懦弱,民狎而玩之,则多死焉。故宽难。"疾数月而卒。太叔为政!不忍猛而宽。郑国多盗,取人于萑苻之泽。②太叔悔之,曰:"吾早从夫子,不及此。"(《左传·昭公二十年》)

【注释】

①子太叔:即游吉,郑国大臣,继子产后执政。鲜:少。②萑苻之泽:即芦苇丛生的水泽,位于今河南省中牟县。

【译文】

郑国的子产有病在身,就对子太叔说:"我死以后,您肯定会执政。只有那些有德行的人能够用宽容来使百姓顺服,其次就莫如严厉施政。火势猛烈,人们看着就害怕,所以很少有人死于火中;水的样子很柔弱,人们容易轻视它、玩弄它,所以很多人就死在水里。

诸子百家——法家

因此施政宽容是很难有所成就的。"子产病了几个月就死去了。子太叔执政，不忍心严厉而推行宽容政策。于是，郑国出现很多盗贼，聚集在芦苇丛生的湖泊里。子太叔后悔地说："我要是当初听从了子产的话，就不至于到这一步了。"

【评说】

宽容是有条件的，没有限度的宽容就是纵容。俗话说"溺子不孝，肥田收瘪稻"。过分的放纵，不受任何约束，就会使人偏离正常轨道。现今社会的许多孩子因为家长的过分溺爱而没有责任心和孝心，有的好逸恶劳，成为"啃老族"，有的甚至成为危害社会的毒瘤。为官也是这样，在无制约的特权下，在金钱和美女的诱惑面前，在众人的巴结和吹捧声中，一些人丧失了理智，最终不仅丧失了仕途，而且危害一方。

三、李悝名言

李悝（公元前455年~公元前395年），战国时期魏国（今山西南运城一带）人，著名政治家，法家代表人物，也叫李克。曾受业于子夏弟子曾申门下，当过中山（诸侯国名，位于今河北省境内）相和上地（今山西省东南部的上党地区）郡守。桓谭以为李悝为文侯师，而班固、高诱等人以为是文侯之相。李悝的生平事迹，今已难考。

李悝任魏国相时，采取了一些重要的变法改革措施。政治上，李悝主张选贤任能，赏罚严明，废弃世袭特权。经济上，推行"尽地力""平籴法"等重农政策，促进魏国农业生产的发展，使魏国因此而富强。李悝在魏国的变法，是中国最早的变法，在中国历史上产生了深远的影响，在当时对其他诸侯国影响很大，引发了整个中国范围内的轰轰烈烈的变法运动。后来的商鞅变法、吴起变法等，无不受到李悝变法的影响。司马迁说："魏用李克尽地力，为强君。"班固称李悝"富国强兵"。

李悝为了进一步实行变法，巩固变法成果，汇集各国刑典，著成《法经》一书，通过魏文侯予以公布，使之成为法律，以法律的形式肯定和保护变法。《法经》是中国历史上第一部系统的法典，共有六篇，分别为《盗法》《贼法》《囚法》《捕法》《杂律》和《具律》（类似于近代刑法总则部分的律文）。从其内容上看，《法经》的指导思想是"王者之政，莫急于盗贼"，其目的是为了"使其君生无废事，死无遗忧"。《法经》早已佚失，桓谭《新论》中有关于《法经》内容的简述，但《新论》也早已亡佚。明代收藏家董说编著了一部《七国考》，其中《魏刑法》引有桓谭《新论》中关于《法经》的一段论述。《七国考》中的《法经》引文，共339字，是现存史料中关于《法经》的最详细的阐述。

杀人者诛

《正律》略曰：

"杀人者诛，籍其家及其妻室；杀二人及其母氏。大盗，戍为守卒，重则诛。窥宫者膑，拾遗者刖，曰为盗心焉。"[1]（《七国考·魏刑法》）

【注释】

①籍:没收罪犯的财产入官。膑:古代一种剔掉膝盖骨的酷刑。刖:古代一种把脚砍掉的酷刑。

【译文】

《正律》的提要里说:

"凡杀人的人应当被诛杀,同时要株连其家族以及妻子的家族。杀了两个人,其母亲的家族也要被株连。对于大盗,应当罚他去守边,罪行严重的则要被诛杀。窥视宫廷的人,就挖掉他的膝盖骨;捡拾别人掉在路上的东西,则要被处以砍掉脚的酷刑,这是因为他有盗窃之心。"

【评说】

《法经》是一部什么样的书?

《法经》是第一部系统的以刑法为主,杂有诉讼法、民法以及其他法律内容的法典,被认为是我国成文法典的滥觞。但是其立法目的不是为了反映平民在政治、经济、法律地位上的要求,而是为了维护帝王的地位和利益,所以,这种"法治"也只是为帝王的"人治"服务,所谓的法从一开始就是帝王手中的镇压工具,它几乎与刑是同义词。

从"拾遗者刖"这样具体的条文来看,即使仅有侵占他人财物的动机,也构成犯罪行为,这显然是在以刑罚为手段来调整民事法律关系,其民法与刑法不分、刑重而民轻的立法倾向和特征十分突出。

米贵伤民,谷贱伤农

李悝为魏文侯作尽地力之教,以为地方百里,提封九万顷,除山泽、邑居参分去一,为田六百万亩,治田勤谨则亩益三升,不勤则损亦如之。地方百里之增减,辄为粟百八十万石矣。①又曰:籴甚贵伤民,甚贱伤农。民伤则离散,农伤则国贫,故甚贵与甚贱,其伤一也。善为国者,使民毋伤而农益劝。今一夫挟五口,治田百亩,岁收亩一石半,为粟百五十石,除十一之税十五石,余百三十五石。食,人月一石半,五人终岁为粟九十石,余有四十五石。②石三十,为钱千三百五十,除社闾尝新、春秋之祠,用钱三百,余千五十。衣,人率用钱三百,五人终岁用千五百,不足四百五十。不幸疾病死丧之费,及上赋敛,又未与此。此农夫所以常困,有不劝耕之心,而令籴至于甚贵者也。③(《汉书·食货志》)

【注释】

①魏文侯:战国时期魏国君主,名斯。尽地力:充分利用土地。教:教令。提封:共,大凡。九万顷:即九百万亩。石:古代容量单位,十斗为一石。②籴:指买进粮食。百亩:合今三十亩左右。③社:古代指土地神和祭祀土地神的祭礼,一年两次,春天举行时叫

"春社"，秋天举行时叫"秋社"，春社祈神赐福，祈求五谷丰登；秋社报神，在丰收之后，答谢社神。闾：古代二十五家为一闾。尝新：古代于孟秋时节以新收获的五谷祭祀祖先，然后尝食新谷。祠：春祭曰祠，品物少，多文辞。

【译文】

　　李悝任魏国丞相时提出了一些进一步发展农业生产的主张，他以地方百里计算，共有九百万亩，扣除山川河流都城以及城乡居民住宅占地，共三分之一，还有田地六百万亩，如果勤于耕作，则每亩地可以增产三升；不勤于耕作，则每亩地要减产三斗。这样，方圆百里的土地的增产和减产之差，就是一百八十万石的粮食。他还认为，粮食太贵伤害一般人的利益，粮食价格太便宜又伤害农民的利益。一般人的利益受到伤害，他们就会四处流散；农民的利益受到伤害，国家就要贫穷。所以，粮食价格太贵或太便宜，带来的伤害是一样的。善于治理国家的人，一定要使一般人的利益不受到伤害，同时又能够鼓励农民搞好生产的积极性。一般五口之家的农民，耕田一百亩，每年收获粮食一百五十石，除去纳税十分之一即十五石，剩下一百三十五石。口粮，每人每月一石半，五口之家一年的口粮是九十石，剩下四十五石的粮食。每石粮食可卖得三十钱，共计可卖一千三百五十钱，除去春秋两次祭祀社神的费用三百钱，还剩下一千零五十钱。添置衣服，每人需要三百，五口人家每年需要一千五百钱，还缺四百五十钱。除此之外，还有不幸生病、丧葬的费用，以及交纳国家增加的苛税还没有包括在这里。这就是农民之所以长期贫困，生产的积极性又得不到鼓励，从而使得粮食价格太贵的原因。

【评说】

　　为解决农民的困难，李悝设法充分发挥土地的潜力，以增加单位面积产量，这种"尽地力之教"的办法在当时是成功的。粮食问题与民生密切相关，国家有必要采取相关措施，保护农民和消费者的合法权益。"伤农"与"伤民"都不是好事，解决"伤农"的问题尤属当务之急。只有让农业有利可图，才能调动农民的生产积极性，使地尽其力，人尽其用，从而使民众衣食无忧，国强民富。但是现实中的"谷贱伤农"往往不是由于一般的价格波动造成的，多是由于国家一些政策性干预的结果。粮食作为生活必需品，需求价格弹性小，人们不会因为粮食便宜而多吃粮食，这样可能会造成由于丰收而粮价下跌。如此，农民种地不仅无利润可言，反而种得越多越亏本。

取有余以补不足

　　善平籴者，必谨观岁有上、中、下孰。[1]上孰其收自四，余四百石；中孰自三，余三百石；下孰自倍，余百石，小饥则收百石。中饥七十石，大饥三十石，故大孰则上籴三而舍一，中孰则籴二，下孰则籴一，使民适足，贾[2]平则止。小饥则发小孰之所敛，中饥则发中孰之所敛，大饥则发大孰之所敛而粜之。故虽遇饥馑、水旱，籴不贵而民不散，取有余以补不足也。行之魏国，国以富强。（《汉书·食货志》）

【注释】

①籴:买进粮食,与"粜"相对。岁:年成。孰:通"熟"。②贾:通"价"。

【译文】

善于稳定粮食价格的人,一定要认真考察上、中、下三种好年成农民的丰收情况。上等的好年成农民可以增收四倍,可以余下四百石的粮食;中等的好年成可以增收三倍,可以余下三百石的粮食;下等的好年成可以翻一番,可以余下一百石的粮食。遇到小的灾荒年成要减收,只能够收获一百石粮食;遇到中等程度的灾荒年成只能够收获七十石粮食;而遇到大的灾荒年成只能够收获三十石粮食。所以遇到上等的好年成,官府可以收购农民多余的三百石粮食,另外一百石粮食由农民自己储备;遇到中等的好年成,官府可以收购农民多余的二百石粮食;而遇到下等的好年成,官府可以收购农民多余的一百石粮食。这样,既满足了农民的粮食消费,又平稳了粮食价格,等到粮食价格平稳了,就可以停止收购了。如果遇到小的灾荒年成,官府就把下等年成所收购的粮食卖出去;遇到中等程度的灾荒年成,就把中等好年成所收购的粮食卖出去;遇到大的灾荒年成,就把上等好年成所收购的粮食卖出去。这样,即使遇到水灾或旱灾的饥荒年成,粮食价格也不会上涨,民众也就不会四处流散了,这就是用了取有余补不足的办法。在魏国实行这个办法后,国家因此变得富强了。

【评说】

李悝平籴法的基本思路就是国家以较合理的价格采取适时的收放政策,按照收成好坏来决定收购粮食的数量,待到荒年再发售出去,以丰补歉,调节价格。实行这一措施,不仅有助于调剂供求、平抑粮价,也能够防止粮商囤积居奇,操纵粮价,有效地调节了粮食流通,保持了粮价稳定,既不至于米贵伤民,又不至于谷贱伤农,解决了丰年多粮、灾年少粮的矛盾,促进了农业的发展。同时,平籴法也有利于充实国家财政。所以魏国在推行"平籴法"后,社会相当稳定,很快成为战国初期的强国。

自多则辞受,辞受则原竭

魏武侯谋事而当,攘臂疾言于庭曰:"大夫之虑莫如寡人矣!"立有间,再三言。李悝趋进曰:"昔者楚庄王谋事而当,有大功,退朝而有忧色。①左右曰:'王有大功,退朝而有忧色,敢问其说?'王曰:'仲虺有言,不谷说之。曰:诸侯之德,能自为取师者王,能自取友者存,其所择而莫如己者亡。今以不谷之不肖也,群臣之谋又莫吾及也,我其亡乎!'"②曰:"此霸王之所忧也,而君独伐之,其可乎?"武侯曰:"善。"人主之患也,不在于自少,而在于自多。自多则辞受,辞受则原竭。(《吕氏春秋·恃君览·骄恣》)

【注释】

①魏武侯:战国时期魏国国君,名击,公元前396年继魏文侯位。攘臂:捋起袖子,露

出胳膊表示兴奋。楚庄王：春秋时期楚国国君，楚穆王之子，春秋五霸之一，又称荆庄王，公元前613年至公元前591在位。②仲虺：人名，商汤的贤相，曾辅佐商汤完成大业，有政治才华和政治远见。不谷：不善，古代王侯自称的谦辞。

【译文】

魏武侯谋事得当，有一次竟然在朝廷上振臂高喊："大夫们谋虑事情还不如我。"一会儿工夫，他就这样喊叫了几次。李悝快步向前，走过来说："从前楚庄王谋事得当，有大功劳，但是在退朝的时候面带忧虑之色。左右的人问：'大王有大功劳，却在退朝的时候面带忧虑之色，请问这是什么原因呢？'楚庄王回答说：'仲虺的话，我很欣赏。他曾经说过：诸侯的德行，能够得到良师的就能够成为王；能够得到良友的就能够保全自己的国家；如果所选择的人还不如自己，其国家就会灭亡。现在我没有贤良的德行，而群臣们的谋虑还不如我，我的国家大概要灭亡了吧？'"李悝接着说："这本来是想称王称霸的人所忧虑的事情，如今您却自鸣得意，这怎么能行呢？"魏武侯说："你说得很好。"君主的忧患不在于自己认为自己不如别人，而在于认为自己比别人强。认为自己比别人强，就不会接受别人的意见；而不接受别人的意见，那么意见来源的渠道就消失了。

【评说】

作为君主，如果自满自大，傲视群臣，只会堵塞臣下的进谏之路，从而导致视听闭塞，独断专行，国无良策。如此治国，只能是自取灭亡。唯有谦虚才能长久处于不败之地。这个道理即使在现代社会也有意义。成就一番事业，不仅需要一定的才能，还需要良好的品质，其中谦虚更是为学、待人、做事不可或缺的德行。

四、商鞅名言

商鞅（约前390年～前338年），战国时期思想家、政治家和军事家，法家思想的代表人物之一。原名公孙鞅，因是卫国（今河南安阳市一带）国君的后裔，所以又称卫鞅，又因封于商（今陕西商县一带），号称商君，后人称其为商鞅。

商鞅自幼拜法家的开山鼻祖李悝为师，受李悝、吴起等人的影响很大，"好刑名之学"。学成后先到魏国，做魏国宰相公叔痤门客。公叔痤临死前，向魏惠王推荐商鞅，未果。当时，正值秦孝公发布招贤令，广招天下人才，商鞅遂于秦孝公元年应招入秦。受到秦孝公的赏识和重用后，在秦孝公的支持下实行变法，制定了以法制取代旧的礼制、以军功取代世卿世禄制等变法措施。为了确保变法的实施，商鞅通过舌战击败甘龙、杜挚等权臣，获得了秦孝公的信任，然后采取计策取信于民。在实施新法之前，商鞅在国都的南门口竖立起一根三丈高的木头，发布命令：谁能将它搬到北门，便可得到重赏。一开始，却无人相信。商鞅又加重了赏金。最后有人抱着试试看的想法将木头搬到了北门，果真当场得到了赏金。此事迅速传遍秦国，商鞅通过此举树立了威信，为变法做好了准备。

推行法治数年后，秦国民风大变，军事上兵强马壮，于是秦国准备乘机扩张势力。秦孝公二十二年（即公元前 340 年），商鞅奉秦孝公之命攻打魏国，假借和谈之机设计擒获魏将公子昂，大败魏军，迫使魏国献河西之地与秦媾和。魏惠王后悔地说："寡人恨不用公孙痤之言也！"经过变法，秦国国力大增，国富民强，成为战国时期的七雄之一，为日后统一中国奠定了基础。

商鞅

公元前 338 年，秦孝公去世，太子驷即位，即秦惠文王。商鞅因变法与秦国贵族之间积怨甚深，太傅公子虔等人诬告商鞅谋反，秦惠文王下令逮捕商鞅。商鞅逃至边关，欲宿客舍，当时按照商鞅制定的法律，留宿无凭证的客人是要被治罪的。商鞅因未带凭证，客舍主人害怕"连坐"不敢留宿他。商鞅无奈之下准备投奔魏国，但又因他曾经背信弃义生擒公子昂、攻破魏军，遭魏国人怨恨，被拒绝入境。商鞅无处躲藏，只好又回到自己的封邑，组织人马抵抗秦军，结果寡不敌众，失败被擒，被秦惠文王下令车裂其尸，并诛灭全家。

《商君书》又称《商子》，是法家的一部重要著作，在《汉书》中录有二十九篇，现在仅存二十四篇。《商君书》并非全部由商鞅本人所作，而可能是由战国末年信奉商鞅思想的学者编成。《商君书》主要论述商鞅一派的法治理论和具体措施，主张加强君权，建立赏罚严明的法治制度，取消贵族的世袭特权，提倡耕战，奖励军功，同时反对用诗书礼乐和道德教化的手段治理国家。

1.变法图强

苟可以利民，不循其礼

公孙鞅曰："臣闻之：疑行无成，疑事无功。君亟定变法之虑，殆无顾天下之议之也。且夫有高人之行者，固见负于世；有独知之虑者，必见骜于民。语曰：'愚者暗于成事，知者见于未萌。民不可与虑始，而可与乐成。'"[1]郭偃之法曰："'论至德者不和于俗，成大功者不谋于众。'法者所以爱民也，礼者所以便事也。是以圣人苟可以强国，不法其故；苟可以利民，不循其礼。"[2]（《商君书·更法》）

【注释】

①亟：急切，尽快。殆：当。骜：嘲笑。暗：不明白。乐成：欢庆成功。②郭偃：春秋时人，曾辅佐晋文公变法，著有法书。苟：如果。循：遵守。

【译文】

公孙鞅说:"我听说过:行动迟疑不定不会有成就,办事犹豫不决就不会有功效。君主应当尽快下定变法的决心,不要顾及天下人怎么议论。况且高明人的行为,本来就会被世俗社会所反对,有独到见解的谋虑,也一定会遭到一般人的嘲笑。俗语说:'愚昧的人在事情成功之后还看不明白。明智的人在事情还没有萌芽之前就察觉到了。民众,不可以在事业开端时和他们谋虑,只能够和他们欢庆事业的成功。'"郭偃的法书上说:"讲究崇高道德的人不会附和世俗。建立大功业的人不和群众一起谋划。'法度只是爱护民众的。礼制只是方便治理国事的。所以圣人治国,只要能使国家强盛,就不沿用旧的法度;只要有利于民众,就不遵守旧的礼制。"

【评说】

商鞅变法有积极的意义,但是商鞅在具体实施的过程中,只讲求功利,而不考虑社会的实际接受能力,所以秦国当时的经济虽然快速发展,社会矛盾却随之激化,以至于变法到了不能继续的地步。

治世不一道,便国不必法古

前世不同教,何古之法?帝王不相复,何礼之循?伏羲、神农教而不诛,黄帝、尧、舜诛而不怒,及至文武,各当时而立法,因事而制礼,礼法以时而定,制令各顺其宜,兵甲器备各便其用。①臣故曰:治世不一道,便国不必法古。汤武之王也,不循古而兴;殷夏之灭也,不易礼而亡。②然则反古者,未必可非;循礼者,未足多是也。(《商君书·更法》)

【注释】

①前世,以前的时代。教,政教,教化。伏羲:古代传说中的三皇之一,又称伏牺、包牺、伏戏,相传他始画八卦,教民结网捕鱼,驯养牲畜。神农:古代传说中的三皇之一,中国农业与医药的发明者。姜姓,号烈山氏。一说即炎帝。尧:又称帝尧,名放勋,原始时代陶唐氏的部落首领,为帝时期约在公元前23世纪,建都于唐(今山西临汾),史称唐尧。舜:姓姚,名重华,号有虞氏,史称虞舜。传说中的贤君,在位时期约在公元前22世纪。文:指周文王,姓姬,名昌,亦称伯昌,统治期间国力强盛。武:指周武王,姓姬,名发,周文王之子。西周王朝的建立者,建都于镐(今陕西西安一带)。当时:顺应时势。②汤:商汤,又称成汤,商朝开国之君。殷夏:殷:商朝,商朝第十代君主盘庚将都城从奄(今山东曲阜)迁到殷(位于今河南省安阳县),因此商也称殷或殷商。夏:夏朝,相传是由夏后氏部落首领禹建立。

【译文】

以前的朝代政教各不相同,应该去效法哪个朝代的法度呢?古代帝王的法度不相互因袭,应该遵循哪个礼制呢? 伏羲、神农教化民众不施行诛杀,黄帝、尧、舜虽然施行诛杀但不株连,到了周文王和周武王时代,他们各自顺应时势建立了法度,根据国家的具体情况制定了礼制。礼制和法度都要根据时势来制定,政策和命令都要顺应当时的社会事宜,兵器铠甲和器具用备都要方便使用。所以我说:治理国家,并非只有一种方式;只要对国家有利,就不一定非要效法古人。商汤、周武王称王于天下,并不是因为他们遵循了古代法度才兴盛起来的;殷朝和夏朝的灭亡,正是因为他们不肯改革旧的礼制才招致灭亡的。既然如此,反对旧法度的人,不一定就该遭到责难;遵循旧礼制的人,也不一定值得肯定。

【评说】

时代发展了,人具体的需求也变了,但是普通民众对国家的期望却不会变,那就是希望政治清明,从而国富民强。对于制定国家法度的人来说,只要以民众的利益为重,就一定会赢得民心,这也是圣明君主们制定法度的原则。

穷巷多怪,曲学多辨

穷巷多怪,曲学多辨。① 愚者笑之,智者哀焉;狂夫乐之,贤者丧焉。(《商君书·更法》)

【注释】

①穷巷:偏僻的胡同。曲学:指学识浅陋的人。辨:通"辩"。

【译文】

从偏僻的胡同里走出来的人总是少见多怪,学识浅陋的人总是喜欢诡辩。愚昧的人感到高兴的事,正是有智慧的人感到悲哀的事;狂妄的人感到愉快的事,正是贤能的人感到不幸的事。

【评说】

越是见识短浅,越容易执迷不悟。井底之蛙孤陋寡闻,却觉得小小的井底就是大大的世界;追名逐利的人在智慧的人眼里很可悲,但是他们往往乐此不疲;狂妄自大的人在贤能的人看来有点不知天高地厚,但他们总是固执己见。

主贵多变,国贵少变

兵行敌所不敢行,强。事兴敌所羞为①,利。主贵多变,国贵少变。(《商君书·去强》)

【注释】

①事兴敌所羞为:儒家思想主张仁政,反对兼并战争,以此为耻;法家思想则与此相

诸子百家

——

法家

反。事:这里指战事。

【译文】

敌人不敢做的事,我们敢做,我们必然强大。敌人认为可耻的事情,我们敢干,我们必然得到利益。君主的计谋贵在灵活多变,国家的法制贵在稳定少变。

【评说】

法家不承认义大于利,主张一切以功利为目的,唯利是图,所以除了法律之外,无所谓什么道义原则,也不需要道德观念的束缚。但是治国不同于用兵,用兵讲求多变,崇尚兵不厌诈,治理国家往往需要坚持一个公正合理的原则。当然,如果改变僵化的观念能够给民众和国家带来长远的利益,那么,这样的变化必将会受到举国上下的欢迎。

2.任法去私

官爵可得而有常

境内之民及处官爵者,见朝廷之可以巧言辩说取官爵也,故官爵不可得而常也。是故进则曲主,退则虑私,所以实其私,然则下卖权矣。……下官之冀迁者皆曰:"多货,则上官可得而欲也。"曰:"我不以货事上而求迁者,则如以狸饵鼠尔,必不冀矣。若以情事上而求迁者,则如引诸绝绳而求乘枉木也,愈不冀矣。[1]二者不可以得迁,则我焉得无下动众取货以事上,而以求迁乎?"百姓曰:"我疾农,先实公仓,收余以食亲,为上忘生而战,以尊主安国也。仓虚,主卑,家贫。然则不如索官。"[2](《商君书·农战》)

【注释】

①处:处在,居于。常:典章法度。曲主:曲意逢迎君主。实:满足。狸:猫。情:真情,指忠诚。引:牵,拉。求:想,想要。乘:疑为"乖"之误,意为违背,这里指修正。②动:惊动,扰乱。动众:役使民众。食:供养。索:谋求。

【译文】

国内的民众和有官职、爵位的人,看到朝廷可以用花言巧语谋得官职和爵位,就会认为授予官职和爵位没有一定的标准。因此,他们上朝就想着曲意逢迎君主,退朝就盘算着自己的私利及如何得到私利,进而就在下面搞以权谋私了。……下级官员中希望升迁的人都想:"只要钱财多,就有做大官的希望。"又想:"我如果不用钱财去贿赂上司,却想要升官,那就像猫儿作诱饵去引诱老鼠一样,肯定没有任何希望。如果用忠诚去对待上司,想要升官,就会像拉着断了的墨绳却想来校正弯曲的木材一样,更是不可能的。既然用这两种办法都无法得到升官,那么我为什么不到下面去敲诈盘剥老百姓、勒索钱财去贿赂上司,来争取升官呢?"老百姓也会想:"我努力耕作,收获的粮食要先装满公家的粮仓,剩下的粮食才能用来供养父母。在战争中,为了君主我拼命作战,让君主尊贵、国家安定,可是结果仍然是国家的粮仓空虚,君主的地位降低,自己的家里贫穷,像这样还不如去谋取个官做。"

【评说】

身正不怕影子歪。臣下与万民就像君主的影子,君主做得正,臣下与万民就会跟进。反之,君主如果没有正确评判是非的标准,臣下就会在歧路上走得更远;君主如果凭个人的喜好来评价和任免官员,官员就会曲意逢迎。

凡人臣之事君,多以主所好事君

凡人臣之事君也,多以主所好事君。君好法,则臣以法事君;君好言,则臣以言事君。君好法,则端①直之士在前;君好言,则毁誉之臣在侧。(《商君书·修权》)

【注释】

①端:正直。

【译文】

凡是臣下侍奉君主,大多是以君主所喜好的东西来讨他的欢心。君主喜好法度,臣下就会谨守法度来侍奉他;君主喜好空谈,臣下就会用花言巧语来侍奉他。因此,君主喜好法度,那么品行端正的人必定会出现在他的面前;君主喜好空谈,那么说长道短的人必定会出现在他的左右。

【评说】

法家强调君王的表率作用的思想在今天也有其现实意义。儒家认为,为政者的德行好比风,百姓的言行表现就像草;风吹在草上,草一定会顺着风的方向倒。为政者必须以自己良好的行为做出表率,正己然后才能教化百姓。

公私之交,存亡之本

尧舜之位天下也,非私天下之利也,为天下位天下也;论贤举能而传焉,非疏父子亲越人也,明于治乱之道也。故三王以义亲,五霸以法正诸侯,皆非私天下之利也,为天下治天下。①是故擅其名而有其功,天下乐其政,而莫之能伤也。今乱世之君臣,区区然皆擅一国之利,而管一官之重,以便其私,此国之所以危也。故公私之交,存亡之本也。②(《商君书·修权》)

【注释】

①位:通"莅",临,到。越人:疏远的人。三王:指夏禹、商汤和周武王。五霸:关于春

諸子百家

——

法家

秋五霸,历来说法不一。高亨认为,战国时期人们所说的五霸当指齐桓公、晋文公、楚庄王、吴王阖闾、越王勾践。正:端正,纠正。②区区然:形容自鸣得意。擅:专断。

【译文】

尧舜治理天下,并不是独占天下的利益,而是为了天下人而治理天下,所以评定选拔贤能的人士,再把天下传给他。尧舜并不是疏远自己的儿子而去亲近关系疏远的别人,是因为他们明白治理和混乱的道理。古代三王用道义来亲近天下的人,春秋五霸用法度来纠正诸侯,他们都不是独占天下的利益,而是为了天下人而治理天下。所以才能够取得名誉,建立功业,并让天下人都喜欢他们的政治,而没有人能够伤害他们。现在乱世的这些君臣们,自鸣得意地独占一国的利益,掌握整个官府的大权,以此谋取个人的私利,这就是国家危险的原因。可见公私之间的关系,就是国家生死存亡的根源。

【评说】

国家的蠹虫们以权谋私,蚕食甚至鲸吞国家的财产,这是腐败的主要表现之一。在他们的心目中,公私不分,国家的利益变成了他们私人的利益,最终损毁的是国家和民众的利益。

明主爱权重信,不以私害法

国之所以治者三:一曰法,二曰信,三曰权。法者,君臣之所共操也;信者,君臣之所共立也;权者,君之所独制也。人主失守则危。君臣释法任私必乱,故立法明分,而不以私害法,则治。权制独断于君,则威。民信其赏,则事功成;信其刑,则奸无端。惟明主爱权重信,而不以私害法。①(《商君书·修权》)

【注释】

①信:指执行法律决不改动。即法律上的信用。操:坚守。释:舍弃。明分:明确职分。无端:没有理由产生。

【译文】

国家能够治理好的要素有三个:第一是法度;第二是信用;第三是权柄。法度,是君臣共同遵守的东西;信用,是君臣共同树立的东西;权柄,则是君主单独掌握的东西。君主失掉权柄,就危险了。君臣抛弃法度不用,听任个人意志来处理政事,一定会导致混乱。所以,建立法度,明确界限,不让个人意志损害法度,国家就能治理得好。权柄由君主独自运用,君主就会有威严。民众相信君主许诺的赏赐,就都能去建功立业;相信君主会执行严厉的刑罚,奸邪行为就不会产生。只有明智的君主才会爱护权柄、重视信用,而不以个人意志来损害法度。

【评说】

法家的法治存在两面性。法家重视法度，认为一旦法度确立，即使权贵也不能随意违背，否则就该接受惩处。这是法家执法如山的一方面。但是，法家在制定法度的时候，却处处体现出其苛刻的特点，甚至有违人伦和常理，这又是它暴虐而不尽情理的另一方面。

任法去私，国无隙蠹

夫废法度而好私议，则奸臣鬻权以约禄，秩官之吏隐下而渔民。谚曰："蠹众而木折，隙大而墙坏。"故大臣争于私而不顾其民，则下离上。下离上者，国之隙也。秩官之吏隐下以渔百姓，此民之蠹也。①故有隙蠹而不亡者，天下鲜矣。是故明王任法去私，而国无隙蠹矣。②（《商君书·修权》）

【注释】

①鬻：卖。约：求取。秩：常。秩官：常设的官。隐下：隐瞒下情。渔：侵占，掠夺。蠹：蛀虫。②隙：墙上的裂缝。

【译文】

君主如果抛弃了国家的法度，而喜欢听取个人的议论，那么奸臣就会以权谋私，来追求利禄；国家常设的官吏就会隐瞒下情，侵占民众的利益。谚语说："蛀虫多了，树木就要折断；缝隙大了，墙壁就要毁坏。"大臣们如果都争相谋取私利而不顾及民众，那么，民众就会远离君主。民众远离君主，就是国家的"缝隙"；国家常设的官吏隐瞒下情，侵占民众的利益，就是民众的"蛀虫"。所以，国家有了"缝隙"和"蛀虫"，而不灭亡，这是天下少有的事情。因此，明智的君主使用法度，抛去私心，国家就没有"缝隙"和"蛀虫"了。

【评说】

法度凌驾于一切之上，虽然不见得要求超越君主个人的意志，但是两者的不一致会降低法度的权威和严肃性。君主如果遵守法度，臣下就会自觉地随从，民众也就会信服；君主如果带头违背法度，臣下就会失去行动的指引，民众就会陷入无法治理的境地。

见本然之政，知必然之理

圣人知必然之理、必为之时势，故为必治之政，战必勇之民，行必听之令。是以兵出而无敌，令行而天下服从。黄鹄之飞，一举千里，有必飞之备也。丽丽巨巨，日走千里，有必走之势也。①虎豹熊罴，鸷而无敌，有必胜之理也。圣人见本然之政，知必然之理，故其制民也，如以高下制水，如以燥湿制火。②（《商君书·画策》）

【注释】

①黄鹄:天鹅。丽丽、巨巨:均是古代骏马名。②黑:一种棕褐色的熊。鸷:凶猛。本然,本来如此。

【译文】

圣人懂得万事万物的必然规律和社会发展的客观形势,所以就制定出必然能够治理好国家的政策,使用必定会勇于取胜的民众去作战,推行必定会被民众听从的法令。所以,一旦出兵打仗,就能天下无敌;一旦下达政令,就让人人都能服从。天鹅飞翔,一飞就是上千里,这是因为它具备了一定能飞这么远的翅膀;丽丽巨巨这样的好马,一天能跑上千里,这是因为它具备了一定能跑这么远的本领。老虎、豹子、黑熊、黄熊,凶猛无敌,因为它们具备了一定能够战胜其他野兽的条件。圣人因为能够发现适合社会发展需要的政治措施,懂得万事万物的必然规律,所以他制服民众就像利用地势的高低来控制水流一样容易,也像利用干燥和潮湿两种特征来控制火势一样简单。

【评说】

因势利导有利于扬长避短,发挥自身的优势。法家注重"势",追求法治的普遍法和必然性,但是容易走向极端和绝对,往往因为过分迷信强势和威权而忽视其他因素,被一些假象所蒙蔽,盲目乐观,唯我独尊,一意孤行,以至于在政治中走向专制与独裁。

仁者能仁于人,不能使人仁

仁者能仁于人,而不能使人仁。义者能爱于人,而不能使人爱,是以知仁义之不足以治天下也。圣人有必信之性,又有使天下不得不信之法。①(《商君书·画策》)

【注释】

①圣人:指能够推行法治的理想人物。

【译文】

仁爱的人能够对别人仁爱,却不能够使别人仁爱;正义之士能够关爱别人,却不能够使别人相互关爱。由此可知,仁爱和正义是不足以治理好天下的。圣人自己有诚信的品德,又有让天下的人不得不诚信的办法。

【评说】

法家相信通过人治的手段可以摆平一切,而排斥道德的教化作用。诚然,仁爱的人未必能够使每个人都变得仁爱,但仁爱可以感化人,营造一种仁爱的氛围;用法律手段强制别人遵从,是在以恶劝善,事倍功半,难以长久。道德问题上尤其如此。

治国之制，民不得避罪

治国之制，民不得避罪，如目不能以所见遁心。今乱国不然，恃多官众吏。吏虽众，同体一也。夫同体一者相不可。且夫利异而害不同者，先王所以为保也。[1]故至治，夫妻交友不能相为弃恶盖非，而不害于亲，民人不能相为隐。[2]（《商君书·禁使》）

【注释】

①遁：逃避。为保：指建立官吏之间和民众之间互相保证的制度，一人犯罪，保者连坐。②弃恶：放任别人的恶行，指不管别人做坏事。盖非：替别人掩盖罪过。

【译文】

在治理得好的国家中，法治使人们不能掩盖罪恶，就好像眼睛看到的东西不能逃出心的审视一样。政治混乱的国家就不是这样，只是依靠官吏众多。官吏虽然众多，然而他们担任的职务一样，所以利益是一致的。让担任同样职务、利益一致的人们相互监视，是不行的。让利害不同的人们相互监视，这是古代帝王建立互相保证制度的根据。所以，最好的政治，可以让夫妻、朋友都不能互相包庇罪恶、掩盖过错，却又不伤害彼此间的亲情关系。因此，民众之间也就没什么事情可以相互隐瞒了。

【评说】

法律面前人人平等，这才是真正的法治。有名义上的法治还不够，关键是去遵守，包括君主和臣下；否则，法制就如同水中月、镜中花，执法者的监守自盗、执法犯法只会导致国家的法律变成一纸空文。

但是法家将属于执法者的任务分摊给了普通民众，怂恿人人相互告发、检举，破坏了人与人之间良好的友好信任关系。因此一个问题还没有解决，却又惹出另一个更棘手的问题。一个典型的表现就是人们关闭了心灵的窗户而变得冷漠，彼此之间没有信任感。

爱人者不阿，憎人者不害

有明主忠臣产于今世，而能领其国者，不可以须臾忘于法。破胜党任，节去言谈，任法而治矣。[1]使吏非法无以守，则虽巧不得为奸；使民非战无以效其能，则虽险不得为诈。夫以法相治，以数相举者，不能相益，訾言者不能相损。民见相誉无益，相管附恶，见訾言无损，习相憎不相害也。夫爱人者不阿，憎人者不害，爱恶各以其正，治之至也。[2]（《商君书·慎法》）

【注释】

①须臾：顷刻，片刻。②訾：说别人的坏话，诋毁。附：应为"拊"，打击。阿：偏私。

【译文】

现在如果有明君忠臣出现，来统治国家，也不能够片刻忘掉法度。解散党羽、战胜奸巧，制裁言论、取消空谈，一切依照法度，国家就能得到治理。让官吏除了法度以外，不再遵守别的东西，这样，官吏即使奸巧，也不会做坏事；让民众除了战争以外，没有施展能力的地方，这样，民众即使狡诈，也不会去欺骗。运用法度来治国，按照常规来用人，让个人的赞誉对他人没有什么好处，让个人的诋毁对他人也没有什么损害。民众看到互相赞誉没有什么好处，就要相互监督、抨击坏人了；民众看到诋毁他人却对他人没有什么损害，就习惯于相互敌视而不至于相互损害了。喜爱某人，却不徇私枉法；憎恶某人，却不损害他。这样一来，喜爱和憎恨都恰到好处，就是统治的最高境界。

【评说】

在法治国家里，法律是行为的准绳。

法家把国家的法度作为人们判断是非的唯一准则，允许个人的喜好、情感、利益等等存在，但是前提是必须自觉与法度相一致，恰到好处地做到公私分明。

名分已定，贫盗不取

为治而去法令，犹欲无饥而去食也，欲无寒而去衣也，欲东而西行也，其不几亦明矣。① 一兔走，百人逐之，非以兔为可分以为百，由名之未定也。夫卖兔者满市，而盗不敢取，由名分已定也。故名分未定，尧、舜、禹、汤且皆如骛焉而逐之；名分已定，贫盗不取。②（《商君书·定分》）

【注释】

①不几：不近，远。几：近。②骛：乱跑。

【译文】

想把国家治理好却抛弃法令，就好比希望不挨饿，却抛弃粮食一样；又好比希望不受冻，却抛弃衣服一样。希望到达东方，却向西方走，想的和做的相差太远了。这是很明白的。一个兔子在地里跑，会有一百个人去追赶，这并不是因为兔子可以分成一百份，而是由于兔子属于谁的名分还未确定。待售的兔子充满市场，而盗贼不敢夺取，这是因为兔子属于谁的名分已经确定。所以当事物的名分没有确定以前，尧、舜、禹、汤还要像奔马似的去追逐；在名分已经确定之后，贫困的盗贼也不敢来夺取了。

【评说】

名正才能言顺，有法可依是治理国家第一步措施。财产的所有权理顺后，就有了法律效力；有了法律效力，就不至于再起纷争。每个人的权利和义务都有明确的法律规定，人们的言行就有了目的和标准。有了统一的标准,才能区分出谁对谁错、谁好谁坏。

势治者不可乱,势乱者不可治

圣人必为法令置官也,置吏也,为天下师,所以定名分也。名分定,则大诈贞信,民皆愿悫,而各自治也。

故夫名分定,势治之道也;名分不定,势乱之道也。故势治者不可乱,势乱者不可治。[①](《商君书·定分》)

【注释】

① 贞信:正直诚信。愿悫:谨慎诚恳。

【译文】

圣人必定会给法令设置法官,设置法吏,让他们做天下人的老师,就是为了确定名分。名分确定了,奸诈的人可以变得正直诚实,民众都能谨慎忠诚,而且都能自治。

所以,确定名分,是"势"所必治的办法;名分不确定,是"势"所必乱的办法。势所必治,就不可能混乱;势所必乱,就不可能治理好。

【评说】

"势",是社会发展的趋势,实际上就是"民心"的向背。依法治国也需要顺应民心,获得民众认同,而民心需要争取,不能自然获得,争取了民心也就获得了治国的法宝。

3.赏罚并用

无敌者强,多力者王

怯民使以刑,必勇;勇民使以赏,则死。怯民勇,[①]勇民死,国无敌者强,强必王。贫者使以刑则富,富者使以赏则贫。治国能令贫者富、富者贫,则国多力,多力老王。(《商君书·去强》)

【注释】

① 怯民:胆小的人。

【译文】

对于胆小的民众,拿刑罚强迫他们去作战,他们必定会勇敢;对于勇敢的民众,拿赏赐鼓励他们去作战,他们就会舍生忘死。让胆小的民众勇敢起来,让勇敢的民众勇于献身,这样的国家一定天下无敌,这就是强大。强大必然能够称王称霸。对于贫穷的人,用

諸子百家
——法家

刑罚强迫他们去耕作,他们就会富裕起来;对于富人,用官职和爵位鼓励他们捐献粮食,他们就会变穷。治理国家,能够让穷人变富,富人变穷,这样国家就具有雄厚的实力。有雄厚的实力,国家就可以称王天下了。

【评说】

胜王败寇,法家迷信严刑峻法、极权政治。秦国经过商鞅变法,确实国力大增,并逐渐称雄于列国。不可否认,法家重视农业生产、彰明法治的思想在商鞅变法的过程中起了积极的作用。但是,严刑峻法也成为日后秦王朝灭亡的导火索。

名利之所出,不可不审

圣人之为国也,入令民以属农,出令民以计战。夫农,民之所苦;而战,民之所危也。犯其所苦、行其所危者,计也。故民生则计利,死则虑名。名利之所出,不可不审也。利出于地,则民尽力;名出于战,则民致死。[1](《商君书·算地》)

【注释】

①属农:归附于农。计:算计,谋虑。所出:出处,来源。

【译文】

圣人治理国家,对内让民众从事农耕,对外让民众追求战功。农耕,民众都认为是劳苦的;而战争,民众都认为是危险的。民众之所以做他们所认为劳苦的事、干他们所认为危险的事,是出于一种算计。所以,民众活着的时候要算计怎样得到利益,快死的时候考虑怎样留有名声。君主对于民众取得名利的途径,不可不加以考察。利益出于土地,民众就会竭尽全力去耕地;名誉出于战争,民众就会拼死去作战。

【评说】

"人为财死,鸟为食亡",法家相信人性自利,认为人们行为的根本出发点就是谋取个人的利益。在追名逐利的过程中,人就像机器一样,不需要社会认同感和家庭归属感。不过,尽管追名逐利大有人在,但是,没有社会认同感和家庭归属感,人活得还有意义吗?

好恶者,赏罚之本

明王之所贵,惟爵其实,爵其实而荣显之。不荣,则民不急列位;不显,则民不事爵;爵易得也,则民不贵上爵;列爵禄赏不道其门,则民不以死争位矣。人君而有好恶,故民可治也。[1]人君不可以不审好恶。好恶者,赏罚之本也。夫人情好爵禄而恶刑罚,人君设二者以御民之志,而立所欲焉。[2](《商君书·错法》)

【注释】

①爵其实:指根据农战的实际情况授予爵位。列位:爵位。不道其门:不遵循正当的

諸子百家——法家

途径。人君而有好恶:当作"人生而有好恶"之误。②御:通"驭",控制,支配。

【译文】

明智的君主,所注重的是把爵位给予有实际功劳的人,同时让他们感到荣耀显贵。如果授予了爵位而不使他们荣耀显贵,民众就不会渴望得到爵位;如果授予的爵位不尊贵,民众就不会去追求爵位;如果爵位很容易得到,民众就不会重视爵位;如果设置的爵位和俸禄不遵循正当的门路,那么民众就不会去拼命争取爵位。人天生就有喜欢和憎恶的东西,因此君主才可以利用它来统治民众。因而,君主不能不考察民众的喜好和憎恶。喜好和憎恶,就是赏赐和刑罚能够取得成效的根本原因。人之常情都是喜好爵位和俸禄而讨厌刑罚,因此君主就设立了赏赐和刑罚这两样东西来控制民众的意志,从而达到自己所要达到的目的。

【评说】

虽然商鞅这里说的看似有道理,可是其根本的出发点是将民众作为对立的人来看待,混淆了君主和民众相互依存的关系,将君主凌驾于民众之上,赋予君主随意生杀予夺的权利,所以,用心还是险恶的。

利出一空者,其国无敌

重刑少赏,上爱民,民死赏;多赏轻刑,上不爱民,民不死赏。利出一空者①,其国无敌;利出二空者,国半利;利出十空者,其国不守。(《商君书·靳令》)

【注释】

①一空:即一孔,指一个渠道,一种途径。

【译文】

加重刑罚,减少赏赐,这就是君主爱护民众,民众也会愿意为了赏赐而去献身;增加赏赐,减轻刑罚,这就是君主不爱护民众,民众也就不肯为了赏赐而去献身。赏赐如果由君主一个人来掌握,那么这样的国家就会天下无敌;赏赐如果由君主、大臣两个人来掌握,那么这样的国家君主只能支配一半的财利;赏赐如果由十个人一起来掌握,那么这样的国家就保不住了。

【评说】

这是把国家作为君主的私有财产来看待,说明权力不可以让给别人。法家认为,越是民众害怕和畏惧的措施,越是要推行;越是民众想要和追求的东西,越是要减少。物以稀为贵,赏赐虽然能够收拢人心,但是不能频繁赏赐,以防惯坏民众,失去效力;人们对重刑畏若猛虎,所以更要采取重刑。《韩非子·饬令》也有与此相同的话。

壹赏、壹刑、壹教

圣人之为国也,壹赏、壹刑、壹教。壹赏则兵无敌,壹刑则令行,壹教则下听上。夫明赏不费,明刑不戮,明教不变,而民知于民务,国无异俗。明赏之犹至于无赏也,明刑之犹至于无刑也,明教之犹至于无教也。(《商君书·赏刑》)

【注释】

①明:修明,彰明。不费:不耗费财物。

【译文】

圣人治理国家的办法是:统一赏赐,统一刑罚,统一教育。实行统一赏赐,军队就会无敌于天下;实行统一刑罚,政令就能得到推行;实行统一教育,民众就会听从君主的役使。明确赏赐制度并不需要耗费财物;明确刑罚制度并不需要杀人;明确教育制度并不需要改变风俗,民众就能懂得尽职尽责,而国内也没有不同的风俗习惯了。明确赏赐制度就可以达到不用赏赐;明确刑罚制度就可以达到不用刑罚;明确教育制度就可以达到不用教育。

【评说】

化民成俗,事半功倍。制度一旦确定,就需要举国上下共同遵守;目标一旦确立,民众就会自觉地达成。当然,前提条件是这些条目都从根本上不能损害民众的利益,民众最终能够从中得到利益和好处。

欲战其民,必以重法

欲战其民者,必以重法。赏则必多,威则必严,淫道必塞,为辩知者不贵,游宦者不任,文学私名不显。赏多威严。民见战赏之多则忘死,见不战之辱则苦生。赏使之忘死,而威使之苦生,而淫道又塞,以此遇敌,是以百石之弩射飘叶也,何不陷之有哉?①(《商君书·外内》)

【注释】

①石:古代重量单位,一百二十斤为一石。弩:一种利用机械力量发射箭的弓。陷:穿透。

【译文】

君主要想让民众为自己作战,必须采用重法:施行赏赐必须要丰厚;执行刑罚必须要威严;把人引向骄奢淫逸的途径必须堵住;让擅长辩论、卖弄知识的人得不到尊贵的地位;让游说求取官职的人得不到任用;让各种思想、道德品行得不到显扬。赏赐丰厚,刑罚威严,民众看到立战功的赏赐很丰厚,就贪图赏赐而不怕死;看到不为君主作战而献身所遭受的屈辱,就会觉得没有战死而活着才是痛苦。丰厚的赏赐让民众不怕死,威严的刑罚让他们觉得不为君主献身而活着是痛苦的,同时又堵住了通往骄奢淫逸的道路,用这样的策略对付敌人,就好比用百石的强劲弓弩去射飘摇的树叶,还有什么射不透的呢?

【评说】

置之死地而后生。法家把民众当作水一样的物质,只有堵死其他所有的通道后,才能让水沿着预定的通道流向预定的地方。君主要想如其所愿地役使民众,万无一失的办法是,让民众除了为君主卖命一条路之外,没有任何途径可以获得君主丰厚的奖赏,没有任何退路可以回避比死亡更痛苦的屈辱。

4.严刑峻法

重罚轻赏,则上爱民

重罚轻赏,则上爱民,民死上;重赏轻罚,则上不爱民,民不死上。兴国行罚,民利且畏;行赏,民利且爱。①(《商君书·去强》)

【注释】

①利:以之为利。

【译文】

加重刑罚,慎用奖赏,实际上就是君主爱护民众,民众也肯拼死为君主效命;加重奖赏,减轻刑罚,实际上就是君主不爱护民众,民众也就不肯拼死为君主效命。兴盛的国家,在执行刑罚时,让民众觉得对自己有利,同时也感到畏惧;在执行赏赐时,让民众觉得对自己有利,同时也十分想得到赏赐。

【评说】

法家缺乏真正为民众利益着想的主观意愿,不考虑收服民心,一味地主张用重刑威慑民众。其实,除了法家认可的赏罚并用之外,采取恩威并施、宽猛相济、德刑相辅等一些策略也容易使民众归服。否则,尽管民众都有贪生怕死、追求利益的心理,单纯依靠加重刑罚或奖赏未必能够达到目的。

以刑去刑,国治;以刑致刑,国乱

以刑去刑,国治;以刑致刑,国乱。①故曰:行刑重轻,刑去事成,国强;重重而轻轻,刑至事生,国削。刑生力,力生强,强生威,威生惠,惠生于力。②(《商君书·去强》)

①以刑去刑:指轻罪重罚,使民众不敢犯罪,从而达到不使用刑罚的目的。以刑致刑:指重罪轻罚或者重罪重罚、轻罪轻罚都会导致民众认为有利可图,从而不怕刑罚去做犯法的事。②重轻:加刑重于轻罪。重重而轻轻:即重罪重罚,轻罪轻罚。惠:恩惠。

【译文】

用刑罚来消除刑罚,国家就能治理得好。用刑罚来招致刑罚,国家就会陷入混乱。所以说:使用刑罚,加重刑罚惩处犯轻罪的人,结果用不着动用刑罚,各种事情也就办成了,国家就强盛了;如果只是对犯重罪的人加重处罚,而对于犯轻罪的人从轻处罚,那么即使动用了刑罚,犯法的事情也还是屡屡发生,这样,国力就削弱了。因此,重的刑罚能够产生实力,实力能够产生强大,强大能够产生威力,威力能够产生恩惠。所以,恩惠是从实力中产生出来的。

諸子百家 —— 法家

【评说】

合乎逻辑的事情未必合乎情理,也未必合乎事实。种子种在土里,发芽,生长,然后结实。但是,并不能因此说果实直接来自土壤。没有种子,就算土壤再肥沃也结不出来果实。法家的逻辑有强词夺理的嫌疑。严酷的刑罚威慑民众,固然可能会达到消除刑罚的目的,但是也可能会导致横征暴敛、滥刑滥罚、妄杀无辜,弄得民怨沸腾,动摇其统治基础。法家刑罚措施的特点是刑有余而德不足、威有余而恩不足。

治之于其治,则治;治之于其乱,则乱

治之于其治①,则治;治之于其乱,则乱。民之情也治,其事也乱。故行刑,重其轻者②,轻者不生,则重者无从至矣,此谓治之于其治也。行刑,重其重者,轻其轻者,轻者不止,则重者无从止矣,此谓治之于其乱也。故重轻,则刑去事成,国强;重重而轻轻,则刑至而事生,国削。(《商君书·说民》)

【注释】

①治之于其治:前一个"治"是动词,指治理;后一个"治"是形容词,指政治清明,社会安定。②重其轻者:"重"是动词,指加重刑罚惩处;"轻者"指犯有轻罪的人。

【译文】

治理国家要是在社会安定的形势下去治理,就能治理好;在社会混乱的形势下去治理,结果就会更乱。民众的本意是希望国家治理好,可是他们的行为是在造成混乱。所以施行刑罚,如果对轻罪采用重刑,那么犯轻罪的现象就不会产生,重罪也就更不会出现,这叫作"在社会安定的形势下去治理国家"。施行刑罚,如果只是重罪用重刑,轻罪用

轻刑,那么,犯轻罪的现象就不能制止,犯重罪的现象也就更无从制止了,这叫作"在社会混乱的形势下去治理国家"。所以,对于轻罪采用重刑加以惩处,结果就会是刑罚还没用上,事情就办成了,国家也就强大了。而如果只是按部就班地用重刑惩处重罪,用轻刑惩处轻罪,结果就会是刑罚也用了,而犯法的事情还是屡屡出现,国家也就削弱了。

【评说】

法家看到了社会混乱和犯罪对国家发展造成的危害,这一点值得肯定。

但是,犯罪本身并不是产生社会混乱的原因,而是伴随着社会混乱以后产生的社会现象。一厢情愿地采取严重刑罚,只是在治标,而不是在治本。探讨社会混乱的根源,让社会回归到正常的发展轨道上去,也许更值得关注。

以刑治则民畏,民畏则无奸

今世之所谓义者,将立民之所好,而废其所恶;此其所谓不义者,将立民之所恶,而废其所乐也。二者名贸实易①,不可不察也。立民之所乐,则民伤其所恶;立民之所恶,则民安其所乐。何以知其然也? 夫民忧则思,思则出度②;乐则淫,淫则生佚。故以刑治则民威,民威③则无奸,无奸则民安其所乐。(《商君书·开塞》)

諸子百家——法家

【注释】

①贸、易:原意指交换,这里指颠倒。②出度:出于法度,指合乎法度。佚:通"逸"。③民威:指民众就会畏惧。威:通"畏"。

【译文】

现在人们所说的"义",是要建立民众所喜欢的东西,而废除民众所憎恶的东西;人们所说的"不义",是要建立民众所憎恶的东西,而废除民众所喜欢的东西。这正反两种看法中,名称和实质都被颠倒了,所以不能辨别清楚。如果建立民众所喜欢的东西,那么民众就要被他们所憎恶的东西伤害;建立民众所憎恶的东西,那么民众就会享受到他们所喜欢的东西。为什么这么说呢? 因为民众有所忧虑就要深思远虑,深思远虑就会遵守法律;民众快乐就会放纵起来,放纵起来就会懒惰。所以用刑罚统治民众,民众才会有所畏惧;民众有所畏惧,才能没有奸邪行为,没有奸邪行为,民众才能享受到他们所喜欢的东西。

【评说】

法家认为,人们所说的"义"其实正好是"不义",而人们所说的"不义"反倒正好是"义"。因此,政治上采取一些让民众憎恶的措施,其实是在为民众着想,能够让民众最终得到好处;相反,则是在放纵他们。这些话似乎有一定道理,但是仍然不能够作为法家采取极端措施的理由。

从严执法固然好,可是更应首先针对执掌权力的人。否则,可能会出现该严的不严,不该严的却予以严惩,甚至导致局面无法收拾的结果。

刑不善而不赏善,故不刑而民善

善治者,刑不善而不赏善,故不刑而民善。不刑而民善,刑重也。刑重者,民不敢犯。故无刑也,而民莫敢为非,是一国皆善也。故不赏善而民善。赏善之不可也,犹赏不盗。(《商君书·画策》)

【译文】

善于治国的人,只惩罚不守法的人,而不奖赏守法的好人,这样,不需要动用刑罚,民众就都能从善如流。不需要动用刑罚而民众能够从善如流,这是由于刑罚很重的缘故。刑罚很重,民众就不敢违犯;结果不需要动用刑罚,民众也不敢做坏事,这样全国民众就都守法了。所以,不需要奖赏好人,而民众都会守法了。君主不能奖赏好人,就像不能奖赏不做盗贼的人一样。

【评说】

没有了"坏"也就无所谓"好"。君主治理国家的时候肯定要惩处作恶的人;但是,不需要特别地给遵纪守法的人以嘉奖,因为这是人的本分。做好自己职责范围内的事情,并没有什么值得夸耀和奖赏的。

5.强国弱民

仓廪虽满,不偷于农

善为国者,仓廪虽满,不偷于农,国大民众,不淫于言,则民朴壹。民朴壹,则官爵不可巧而取也。不可巧取,则奸不生。奸不生,则主不惑。(《商君书·农战》)

【注释】

①仓廪:贮藏米谷的仓库。偷:忽视,放松。淫:放任。朴壹:朴实专一。

【译文】

善于治国的人,即使粮仓装得满满的,也不会放松农业生产;即使国土广大,人口众多,君主也不会听任空洞的言论泛滥,这样,民众就会纯朴专一;民众纯朴专一,人们就不会用花言巧语的手段来谋取官职和爵位;不用花言巧语来谋取官职和爵位,就不会出现奸邪的人;不出现奸邪的人,君主就不至于被迷惑。

诸子百家——法家

【评说】

民以食为天。农业生产是人与自然打交道最直接的一项活动。法家以农业为本,不但能够丰衣足食、有备无患,而且可以有效地保持民风的淳朴。淳朴的民风,有利于促进国家的长治久安和社会的安宁和谐。

重富者强,重贫者弱

国富而贫治,曰重富,重富者强。国贫而富治,曰重贫,重贫者弱。[①](《商君书·去强》)

【注释】

①贫治:即以治理贫国的方法来治理富国,指注重节俭,使民众努力农作。重富:更加富有。富治:指崇尚奢侈。

【译文】

国家富有,却当作穷国来治理,这叫作富上加富。富上加富,国家必然强盛。国家贫穷,却当作富国来治理,这叫作穷上加穷。穷上加穷,国家必然衰弱。

【评说】

未雨绸缪,有备无患。国家也应该有忧患意识,丰年的时候要考虑到荒年的需求,这样即使遇到荒年,也能轻松度过。没有忧患意识,不懂得开源节流,面对突如其来的灾难就会措手不及,陷入困境。

民胜其政,国弱;政胜其民,兵强

辩慧,乱之赞也。礼乐,淫佚之徵也。慈仁,过之母也。任举,奸之鼠也。乱有赞则行,淫佚有征则用,过有母则生,奸有鼠则不止。八者有群,民胜其政。国无八者,政胜其民。民胜其政,国弱。政胜其民,兵强。[①](《商君书·说民》)

【注释】

①赞:赞助。淫:荒淫。佚:通"逸",安逸。徵:招引,引导。过:过失,错误。母:本源。任:担保。举:推举,引荐。胜:超过,胜过。奸之鼠:商鞅认为担保与推举都不免为奸人所利用,替奸人穿穴盗粮,违背了法家以法取人的主张。

【译文】

巧言善辩和足智多谋是人们犯上作乱的助手。烦琐的礼仪和涣散意志的音乐是骄奢淫逸的向导。慈爱和仁义是滋养犯罪的根源。侠义和举荐是奸邪行为的庇护所。犯上作乱有了助手,就要闹大。骄奢淫逸有了向导,就会盛行。犯罪行为得到滋养,就会泛滥成灾。奸邪行为有了庇护所,就无法制止。这八种东西集结成群,民众就要战胜政权;国内没有这八种东西,政权就能制服民众。民众战胜了政权,国家就会衰弱;政权制服了民众,兵力就会强大。

【评说】

国家的根本其实就是毫不起眼的普通百姓。法家把民众的利益与君主的利益对立起来,并片面强调民众绝对服从君主,是有悖于历史规律的。历史一再告诉我们:"民为重,君为轻。"国家与民众原本是相互依存的关系,民众的利益决定着国家的利益。秦王朝的灭亡表明,当遇到严重的社会危机或政治危机时,赤裸裸的暴力未必能够奏效。

用善则民亲其亲,任奸则民亲其制

用善则民亲其亲,任奸则民亲其制。合而复者善也,别而规者奸也。章善则过匿,任奸则罪诛。过匿则民胜法,罪诛则法胜民。民胜法,国乱;法胜民,兵强。故曰:以良民治,必乱至削;以奸民治,必治至强。①(《商君书·说民》)

诸子百家 —— 法家

【注释】

①善:指按照儒家所谓的道义,顾全私人的情谊,不能揭发别人的过错。与儒家的"善"相对立,法家主张的"奸",是指人人相互监视,相互揭发别人的过错。合:与"别"相对,指兼顾别人。复:通"覆",掩盖,隐瞒。别:指只顾自己。规:通"窥",窥视,监视。章:通"彰",表彰。匿:隐藏。任奸:指任用儒家所谓的奸人。

【译文】

利用所谓的善民来治理民众,民众就会只亲爱自己的亲人;利用所谓的奸民来治理民众,民众就会遵守国家的法制。这是因为,为别人着想而替别人掩盖罪恶,就是所谓"善";只为自己着想而监视别人的罪恶就是所谓"奸"。表彰这样的"善民",民众的罪过就将被掩盖;任用这样的"奸民",民众的罪过就会得到惩罚。民众的罪过被掩盖,那么民众就要凌驾于法律之上;民众的罪过得到惩罚,那么法律就能够制服民众。民众凌驾于法律之上,国家就会陷入混乱;法律能够制服民众,兵力就会强大。所以说:利用所谓的"善民"来治理国家,国家必然会乱,直到被削弱;而利用所谓的"奸民"来治理国家,国家必然能治理好,直到很强大。

【评说】

玩火者必自焚。伦常关系的副作用不值得夸大,社会的存在和正常发展,需要人们遵守一定的秩序和规范。伦常关系是维持人与人之间信任和关爱的纽带,是人与人之间得以相互理解和宽容的基石。鼓动和利用人性中自私的一部分因素,可能会达到某些目的,但是这种做法所带来的危害往往也是统治者始料未及的。

以其所难,胜其所易

圣人菲能以世之所易胜其所难也;必以其所难胜其所易。故民愚,则知可以胜之;世知,则力可以胜之。臣愚,则易力而难巧;世巧,则易知而难力。[1](《商君书·算地》)

【注释】

[1]知:三处"知"均通"智"。臣愚:当作"民愚",因形似而误。

【译文】

圣人不会用世上人们容易具有的东西来战胜他们难以具有的东西;必然会用世上人们难以具有的东西来战胜他们容易具有的东西。所以,民众愚昧,就可以用智慧来战胜他们;世人有智慧,就可以用力量战胜他们。民众愚昧,就容易有力量而难以有技巧;世人有技巧,就容易有智慧而难以有力量。

【评说】

水能载舟,亦能覆舟。法家不仅将民众放在君主或国家的对立面上,而且处心积虑地谋划怎样制服民众。但是,民众与君王原本是舟与水的关系,法家治理民众的措施不仅没有拉近君主与民众之间的关系,反而弄巧成拙,导致两者之间的关系疏远和紧张。君王治理国家,"治"是一方面,"理"也同样重要。能够理顺君王与民众之间关系,才是符合双方利益的明智之举。

民有私荣,则贱位卑官

民,辱则贵爵,弱则尊官,贫则重赏。以刑治,民则乐用;以赏战,民则轻死。故战事兵用曰强。民有私荣,则贱列卑官;富则轻赏。[1](《商君书·弱民》)

【注释】

[1]乐用:乐于出力。民有私荣:指道德品行好的个人在民间享有的威望和荣誉。列:爵位。

【译文】

对于民众来说,地位低下就会崇尚爵位;胆小怯弱就会尊重官吏;贫穷困苦就会看重赏赐。君主用刑罚来治理民众,民众就乐于效力;用赏赐驱使民众去作战,民众就不怕死亡。这样,在作战时能够严阵以待、全力以赴,就叫作强大。除了朝廷给予的荣誉之外,民间如果有给予品行好的个人的荣誉,人们就会轻视爵位,鄙视官吏;民众如果都很富裕,就会看不起赏赐。

諸子百家——法家

【评说】

民众的利益非但和君主的利益不一致,而且相反。施以恩惠和严刑峻法被法家看成统治民众、治理国家的灵丹妙药,所以法家看到民众的"辱""弱""贫"处境更加有利于君主支配和役使以后,对于民众的"私""荣""富"等情况怀有深深的敌意,以至于违反游戏规则,在治国措施中将潜规则公开化。

治大国小,治小国大

法枉治乱,任善言多。治众国乱,言多兵弱。法明治省,任力言息。治省国治,言息兵强。故治大国小,治小国大。[①]（《商君书·弱民》）

【注释】

①法枉:指治国之道在采用法治的同时杂有儒术。枉:邪曲不正。任力:任用力量,指采取强硬措施。

【译文】

法度不正,治国措施必然混乱;任用仁义的人,各种言论就会盛行。治国措施混乱,国家就会陷入混乱;各种言论盛行,国家的兵力就会削弱。法度明确,治国之道就会简单有效;采用强制有力的措施,各种言论就会止息。治国之道简单有效,国家就会得到治理;各种言论就会止息,国家的兵力就会强大。所以,治国措施的范围扩大,国力就变得弱小;治国措施的范围缩小,国力就变得强大。

【评说】

商鞅反对空谈的做法值得肯定,但是他走向了极端,不仅反对空谈,而且反对思想言论自由,这显然不符合正义的原则。法家对于民众的行为采取严厉防患后,还觉得意犹未尽,逐渐将权力的触角延伸到本不属于它管辖的意识形态领域,对言论和思想加以限制,实为不智之举。

民弱国强,民强国弱

政作民之所恶,民弱;政作民之所乐,民强。民弱国强,民强国弱。故民之所乐民强,民强而强之,兵重弱。民之所乐民强,民强而弱之,兵重强。（《商君书·弱民》）

【译文】

用政治措施建立民众所憎恶的东西,民众的力量就削弱了;用政治措施建立民众所喜欢的东西,民众的力量就增强了。民众的力量削弱了,国家政权的力量就增强了;民众的力量增强了,国家政权的力量就削弱了。由此可见,民众所喜欢的是自身力量的增强,如果民众的力量很强,君主又用政治措施去让他们更强,那么,这就相当于国家的兵力弱而又弱了。民众所喜欢的是自身力量的增强,如果民众的力量很强,君主却用政治措施去削弱他们的力量,那么,这就相当于国家的兵力强而又强了。

【评说】

法家往往将民众与君主对立起来,机械地将两者看成是"此消彼长",甚至是制与反制的关系。其实不然,两者之间的关系是"舟与水"的关系,非但不对立,反而相互依存。

五、慎到名言

慎到(约公元前395年~公元前315年),战国时期赵国人,法家代表人物之一。曾长期在稷下宫讲学,与田骈、环渊等有较多的交往,对于法家思想在齐国的传播起了重要作用。慎到的学派归属问题至今尚无定论。一般认为,慎到是属于从道家分化出来的法家,其思想源于"学黄老道德之术,因发明序其指意"(《史记·孟子荀卿列传》),也有学者认为,慎到是从批判儒家思想开始,"笑天下之尚贤""非天下之大圣",最终走向法家的。

慎到著有《慎子》一书。《慎子》的佚失情况十分严重,大多已经失传,《史记·孟子荀卿列传》记载"慎到著十二论",《汉书·艺文志》的法家类著录了《慎子》四十二篇,宋代的《崇文总目》记载为三十七篇。《慎子》现存有《威德》《因循》《民杂》《德立》《君人》五篇,《群书治要》里有《知忠》《君臣》两篇,清朝钱熙祚合编为七篇,刻入《守山阁丛书》。此外,还有佚文数十条。

从现存的《慎子》中,可以看出慎到有尚法、重势、贵因的思想,属于前期法家之列。慎到反对尚贤,反对儒家主张的德治,主张法治。在尚法方面,慎到主张"民一于君,事断于法",要求臣民一律听从于君主的政令。慎到还认为,君主如果要实行法治,就必须重视权势,这样才能令行禁止,君主只有掌握了权势,才能保证法律的严格执行。另外,慎到还有贵因的思想,他提倡"无为而治",主张在法治的基础上,依照事物的本性,因循自然,清静而治。

圣人无事

天虽不忧人之暗,辟户牖①必取己明焉,则天无事也;地虽不忧人之贫,伐木刈草必取己富焉,则地无事也;圣人虽不忧人之危,百姓准②上而比于下,其必取己安焉,则圣人无事也。故圣人处上,能无害人,不能使人无己害也,则百姓除其害矣。圣人之有天下也,受之也,非取之也。百姓之于圣人也,养之也,非使圣人养己也,则圣人无事矣。(《慎子·威德》)

【注释】

①户牖:门窗。②准:依照,依据。

上天虽然不忧虑人间的黑暗,人类开凿门窗一定能够获取光明,这样上天不需要去做什么事;大地虽然不忧虑人世的贫穷,可人类斩草伐木一定能够取得财富,这样大地也不需要去做什么事;圣人虽然不忧虑人类的危险,百姓按照君主的政令,参照别人的做法和经验,也一定能够获得自身的安定,这样圣人也不需要去做什么事。所以圣人居处高位,能够无害于人,却不能使人做到不自相残害,这样就需要百姓自己设法来去除祸害。圣人拥有天下,是自己被动接受的,并非是攫取的。百姓对于圣人,只能供养他,而不是让圣人来养育自己,这样圣人也不需要去做什么事。

【评说】

这是在替绝对权力寻找合法性证明,绝对权力是法家的法治所不可或缺的前提。这里的圣人是法家理想的君主模型。君主的地位犹如天地,万民像万事万物遵循自然规律和社会规律一样,自会服从必然性的支配。慎子想以此说明,君主要无事、无为,掌握好自己的权势,不把自己等同于普通人。君主如果事必躬亲,看起来好像很有权,实际上干的是臣子应该干的事。这样,其实就把自己降低到臣下的地位了。

势位足以屈贤

腾蛇游雾,飞龙乘云,云罢雾霁,与蚯蚓同,则失其所乘也。①故贤而屈于不肖者,权轻也;不肖而服于贤者,位尊也。尧为匹夫,不能使其邻家。至南面而王,则令行禁止。由此观之,贤不足以服不肖,而势位足以屈贤矣。(《慎子·威德》)

【注释】

①腾蛇:传说中一种能飞的蛇。霁:雨雪停止,天放晴。

【译文】

腾蛇在空中游走要依靠雾,龙在天上飞翔要依靠云,一旦云消雾散,它们就会与蚯蚓没有两样,这是因为它们失去了所要依靠的东西。因此贤能的人屈从于不贤能的人,是因为贤能的人权势太轻;不贤能的人服从贤能的人,是因为贤能的人地位高。尧在做老百姓的时候,指挥不了他的邻居。到他做了帝王的时候,却能够做到令行禁止。由此可以看出,贤能的人不足以制服不贤能的人,但是权势和地位却足以能够制服贤能的人。

【评说】

在慎子的法治思想中,只有"法"还不够,统治者要有绝对的权势,才可以有效地进行统治,没有权势,一切都谈不上。对于君主来说,权势最重要,而贤德和才能都在其次。因此君主治理国家只要牢牢地掌握住权势,运用法治,就能够玩转天下。

诸子百家 —— 法家

法虽不善，犹愈于无法

古者立天子而贵之者，非以利一人也。……立天子以为天下，非立天下以为天子也；立国君以为国，非立国以为君也；立官长以为官，非立官以为长也。法虽不善，犹愈^①于无法，所以一人心也。（《慎子·威德》）

【注释】

①愈：胜过，超过。

【译文】

古代设立天子并给以尊贵的地位，并不是为了给他一个人好处。……之所以要设立天子，是为了天下人的利益着想，而不是为了天子才设立了天下；设立国君是为了国家的民众，而不是为了国君才建立了国家；设立管理部门的长官是为了管理，不是为了长官才设立了管理部门。法律虽然不完善，但是有法律还是比没有法律好，它能够用来统一人的思想。

【评说】

法治不是万能的，但是没有法治是万万不能的。由于礼治被人治取代，进而出现了礼崩乐坏、天下滔滔的混乱局面，慎子等思想家将社会政治理想寄托在法治上。慎子强调君主的权威，其目的还是在为实现其法治思想做准备，因而慎子的"尊君"只是将君主作为推行法治政策的必要条件。君主是推行法治的保障，拥有绝对的权力，但君主自身不可为所欲为。

下之所能，上之所用

民杂处而各有所能，所能者不同，此民之情也。大君者，太上也，兼畜下者也。下之所能不同，而皆上之用也。是以大君^①因民之能为资，尽包而畜之，无能去取焉。是故不设一方以求于人，故所求者无不足也。大君不择其下，故足。不择其下，则易为下矣。易为下则莫不容，莫不容故多下，多下之谓太上。（《慎子·民杂》）

【注释】

①大君：最高明的君主，天子。

【译文】

不同特征的人们杂居在一处，每个人都有自己的能力，各自的能力有所不同，这是民众的常情。高明的君主，地位至高无上，担当治理万民的使命。万民的能力各自有所不同，但都是给君主使用的。所以高明的君主依据民众的能力作为财富，能够包容万物、兼

诸子百家——法家

收并蓄,无意于去做取舍。因此他不会设定一个目标来要求别人达到,这样,他的需求都能够得到满足。高明的君主不挑剔万民,所以容易感到满足。不挑剔万民,就容易形成谦卑的品德。形成谦卑的品德,就能够包容万物,能够包容万物,就有很多对自己称臣的人,有很多人对自己称臣,这就叫作至高无上。

【评说】

天生我材必有用。每个人都有一定的长处,不能以一己之见剪裁万物。遵循规律,因循人事,包容万物,兼收并蓄,才能富足广大。违背天道人情的人,天道人情也会背弃他,所以对事物不要先入为主抱有成见,不要干预事物的发展过程,而要善于利用其长处和优势。

君臣之道

君臣之道,臣事事而君无事,君逸乐而臣任劳。臣尽智力以善其事,而君无与焉,仰成①而已,故事无不治,治之正道然也。人君自任,而务为善以先下,则是代下负任蒙劳也,臣反逸矣。故曰:君人者,好为善以先下,则下不敢与君争为善以先君矣,有过,则臣反责君,逆乱之道也。(《慎子·民杂》)

【注释】

①仰成:依赖别人取得成功。

【译文】

按照君臣之道,臣下做事情而君主用不着做事情,君主安逸享乐而臣下从事辛劳的工作。臣下竭尽智慧和能力来把事情做好,君主无须干预,只需坐享其成罢了。这样,国家的政事没有办不好的,这是符合了治国的正道所导致的结果。身居统治地位的君主如果事必躬亲,而且一定要抢在臣下之先把事情做好,那就是代替臣下在担负职责蒙受辛劳,而臣下反而安逸自在了。所以说:身居统治地位的君主,喜欢抢先把事情做好,那么臣下就不敢抢在君主之先把事情做好,有了过失,那么臣下反而会责怪君主,这是导致臣下叛逆使国家混乱的根源。

【评说】

越俎代庖往往会弄巧成拙。只有实行君主专制,法家法治的实施才能纳入必然性的轨道。而君主专制的前提是,君臣各处其位,各谋其政,臣下不能玩忽职守,君主也不能越俎代庖。君主如果与臣下争事,就会导致君失其名;君弱臣强,也会导致纲纪废弛,政治混乱。

位不两立

立天子者,不使诸侯疑焉;立诸侯者,不使大夫疑焉;立正妻者,不使嬖妾疑焉;立嫡子者,不使庶孽疑焉。①疑则动,两则争,杂则相伤,害在有与,不在独也。故臣有两位者国必乱,臣两位而国不乱者,君在也,恃君而不乱矣,失君必乱;子有两位者家必乱,子两位而家不乱者,父在也,恃父而不乱矣,失父必乱。臣疑其君,无不危之国;孽疑其宗,无不危之家。(《慎子·德立》)

【注释】

①疑:通"拟",比拟,比照。嬖妾:宠妾。嫡子:正妻所生的儿子。庶孽:妾所生的儿子。

【译文】

设立了天子,就不能够让诸侯与之相比;设立了诸侯,就不能够让大夫与之相比;设立了正妻,就不能够让宠妾与之相比;设立了嫡长子,就不能够让庶子与之相比。一旦两相比照,就会产生混乱,一个职位上安排了两个人,就会发生争斗,让这两个人处在一起就会相互伤害,祸害就在于一个职位上有两个势均力敌的人,而不在于一个人独占一个职位。所以,一个职位上安排了两个臣下,这样的国家必然会混乱。一个职位上安排了两个臣下,这样的国家如果没有发生混乱,是因为君主在,依靠君主的威势而没有乱,如果君主不在,必然要乱;儿子中间有两个人争夺继承权,这个家庭必然要乱,这样的家庭如果没有混乱是因为有父亲在,依靠父亲的威望而没有乱,如果父亲不在,必然要乱。臣下比照君主,没有不乱的国家;庶子比照嫡长子,没有不乱的家庭。

【评说】

一山不能有两虎。法家法治社会的运作,不是建立在平等的基础之上,而是建立在差别和等级的基础之上,没有差别和等级,就没有权势。为加强君主的权威,防止政出二门,就要从根本上维护等级制度。

事断于法

君人者,舍法而以身治,则诛赏予夺,从君心出矣。然则受赏者虽当,望多无穷;受罚者虽当,望轻无已。君舍法,而以心裁轻重,则同功殊赏,同罪殊罚矣,怨之所由生也。是以分马者之用策①,分田者之用钩②,非以钩策为过于人智也。所以去私塞怨也。故曰:大君任法而弗躬,则事断于法矣。法之所加,各以其分,蒙其赏罚而无望于君也。是以怨不生而上下和矣。(《慎子·君人》)

【注释】

①用策:抽签。②用钩:指拈阄,与"用策"类似,是古代分配财物的一种方法。

【译文】

作为统治民众的君主,如果舍弃了法度而只根据自己的喜好来治理国家,那么惩罚和奖赏都只是出于君主的随心所欲。然而,即使受赏的人得到了应得的奖赏,他还是希望得到的奖赏更多;受到惩罚的人即使罪有应得,也还是希望惩罚能够再轻一些。君主不依据法度,而凭主观衡量赏罚的轻重,那么同样的功劳可能会有不同的奖赏,同样的罪行可能有不同的惩罚,对君主的怨恨由此而产生了。所以分配马匹的时候要使用工具,分配田地的时候也要使用工具,不是因为工具比人有智慧,是因为这样才能去除私怨。所以说:高明的君主依据法度而不是凭主观愿望,一切事务都依照法度来决断。以法度为原则,根据具体情况每个人都恰如其分地得到应得的奖赏或受到应得的惩罚,而不再指望君主能够增加一点或减轻一点。这样,怨恨就无从产生,上上下下就和睦了。

【评说】

慎子提出的"事断于法"在当时是有其积极意义的,它取代"临事制刑",改变了"刑不可知,则威不可测"的传统做法,有利于破除特权制度。因为法律一经公布,作为一种公开、普遍、确定性的法律形式,就获得了"共知性""双向约束性"的特点。民众有可能以法律为武器来与统治者的任性与专制较量,从而在一定程度上实现公民权利对于国家权力的监督与制约。在今天,"事断于法"也有现实意义,它强调尊公抑私,以法治国,要求全社会都以法律和法令作为标准在法律范围内活动,不擅作主张、不越权,从而能够有效去除个人的专断独行妨碍实行法治。

官不私亲,法不遗爱

为人君者不多听,据法倚数^①以观得失。无法之言,不听于耳;无法之劳,不图于功;无劳之亲,不任于官。官不私亲,法不遗爱,上下无事,唯法所在。(《慎子·君臣》)

【注释】

①数:礼数,仪节,指规定。

【译文】

做国君的人用不着多听别人的什么建议,根据法律和规定就可以观察治理国家的得失。不在法律范围之内的言论,不要听;不在法律范围之内的辛劳,不算是功劳;没有功劳的亲人,不任命他做官。官职不施舍给自己的亲人,法网不漏掉自己所喜爱的人。上下相安无事,一切依据法律来办。

【评说】

法不容情。法治社会崇尚一切严格按法度和规定办事,杜绝个人的主观因素。超出规定而自行其是,即使有功劳,也在禁绝之列,同样应该受到处罚。当权者对待自己的亲戚朋友,可以把属于自己的财产分给他们,但绝不能把自己的权力分给他们,应该没有特权的就不可享有特权;当自己的亲戚朋友犯了过失,同样应该不徇私情,不能加以祖护,应该受到处罚的就必须加以处罚。否则，公德废，私欲行，必然导致混乱。言而有信，才能令行禁止。

六、申不害名言

申不害（约公元前385~公元前337），亦称申子，战国时期郑国（今河南新郑）人，著名思想家，三晋时期法家中的著名代表人物。曾做过郑国小吏，韩哀侯二年（公元前375年），韩国灭掉郑国，申不害于是成为韩国人，并做了韩国的小官员。

韩昭侯四年（公元前354年），素来与韩国有仇的魏国出兵伐韩，包围宅阳（今郑州市北）。面对重兵压境，韩昭侯及众大臣却束手无策。危急关头，申不害认为魏国强大，要化解国家危难，最好的办法是示弱，主张为了"除小忿，全大好"，有必要"降心以相从，屈己以求存"，建议韩昭侯执圭（古时臣下朝见天子时所执的一种玉器）去见魏惠王，并断言魏王一定会因此而心满意足，自骄自大，同时，这样做也一定会引起其他诸侯的不满，进而同情韩国。韩昭侯采纳了申不害的建议，亲自执圭去朝见魏惠王，表示敬畏之意。魏惠王果然十分高兴，立即下令撤兵，并与韩国结为友邦。

公元前353年，魏国起兵伐赵，包围了赵国都城邯郸。赵成侯派人向齐国和韩国求援。韩昭侯一时拿不定主意，就询问申不害韩国是应该与魏国友好还是和赵国友好。申不害一时不知道韩王有什么意图，担心说话万一不合韩王的心意，不仅于事无补还可能惹火烧身，就回答说："这是安危的关键，国家的大事。让我深思熟虑一番。"然后，申不害不露声色地鼓动韩国名臣赵卓和韩晁向韩昭侯进言，说："你们都是国家能言善辩的人，做人臣的，不管意见是否被君主采用，只要竭尽忠心就行了。"等到赵卓和韩晁二人分别在韩王面前议论国家大事时，申不害自己则暗中观察韩昭侯的态度，摸透了韩昭侯的心思，于是便进谏说应当联合齐国，伐魏救赵。韩昭侯果然十分高兴，随即采纳了申不害的建议，与齐国一起发兵讨魏，迫使魏军回师自救，从而解了赵国之围，这就是历史上著名的"围魏救赵"。

由于申不害在外交事务中的卓越表现，韩昭侯认定这位"郑之贱臣"是个难得的治国人才，于是在公元前351年，力排众议，破格拜申不害为相，以求变革图强。申不害执政后，主张以法治国，提出"内修政教，外应诸侯"一套治国方略，帮助韩昭侯采用"君人南面之术"推行法治、术治，加强君主专制，稳定政局，限制贵族特权。申不害相韩十五年，韩国渐趋强盛，《史记·老子韩非子列传》称："终申子之身，国治兵强，无侵韩者。"韩国虽然处于强国的包围之中，却能相安无事。

申不害著有《申子》，早已亡佚。现在人们所能看到的只是一些零章断句，比较完整的是《群书治要》卷三十六所引的《大体篇》等。申不害的思想主张"君人南面之术"，要求君主"藏于无事，示天下无为"，这是驾驭大臣的权术。要求君主"去听""去视""去智"，就是装听不见，装看不见，装不知道事情真相，避免暴露自己，使大臣摸不清君主的底细，没办法投其所好，这样大臣们也就没法掩盖他们自己的意图，而君主则可以辨别出

诸子百家——法家

忠臣和奸佞小人。

一臣专君，群臣皆蔽

夫一妇擅夫，众妇皆乱；一臣专君，群臣皆蔽。故妒妻不难破家也，而群臣不难破国也。是以明君使其臣，并进辐凑①，莫得专君焉。今人君之所以高为城郭而谨门闾②之闭者，为寇戒盗贼之至也。今夫弑君而取国者，非必逾城郭之险而犯门闾之闭也。蔽君之明，塞君之聪，夺之政而专其令，有其民而取其国矣。（《申子·大体》）

【注释】

①辐凑：也作"辐辏"，像车轮上的辐条聚集在毂上那样汇集到一处，后引申为从各方聚集。②闾：指里巷的大门。

【译文】

一名妻妾独占了丈夫，其他的妻妾就会乱作一团；一个大臣独自左右了君主，其他的大臣就无法与君主沟通。所以妒忌心强的妻妾很容易毁掉一个家庭，群臣中间的奸臣很容易毁掉一个国家。因此明智的君主驾驭群臣，要像车辐集中于车轴中心那样让他们一起收拢在自己身边，而不要让哪一个臣子独占。现在国君之所以高筑城墙、谨守城门，是为了防患盗贼进入。然而如今杀掉君主夺取政权的人，并不需要去翻越陡峭的城墙、强行闯入紧闭的城门。他们只需要蒙蔽住君主的眼睛，堵塞住君主的耳朵，夺取君主的政权，操控君主发布政令，占有君主的臣民，夺取君主的国家。

【评说】

防臣如防贼。奸臣总是暗地里觊觎权位，真实意图往往秘而不宣，表面上却极尽讨好逢迎之能事，令人防不胜防。所以法家也主张君主应当明智，善于听取谏言。忠言虽然逆于耳，却有利于促进君权的稳固，以防大权旁落。儒家也主张君主听取谏言，但两者似有区别，儒家倡导君臣之间为着身心修养、政治清明和国家安定计议，臣应当勇于进谏，君应当善于纳谏。

君设其本，臣操其末

明君如身，臣如手。君若号，臣如响。君设其本，臣操其末①。君治其要，臣行其详。君操其柄，臣事其常。（《申子·大体》）

【注释】

①本：指治国之道。末：指具体事务。

【译文】

明智的君主就像人的身体一样，而大臣就像人的手一样。君主发号施令，大臣应之

诸子百家——法家

如响。君主从根本上建立起治国之道,由臣下去安排部署;君主制定好纲要,臣下在下面具体实施;君主掌握好权柄,臣下处理日常事务。

【评说】

凡事从大处着手,抓住根本,就能掌握好整体和全局、控制住细枝末节。但法家片面强调,君主创造性地制定一切政策,臣下只能照本宣科,不能越雷池半步,似有教条之嫌。

示天下无为

善为主者,倚于愚,立于不盈,设于不敢,藏于无事;窜端匿疏①,示天下无为。以近者亲之,远者怀之。示人有余者,人夺之;示人不足者,人与之。刚者折,危者覆,动者摇,静者安,名自正也,事自定也。是以有道者,自名而正之,随事而定之也。鼓不与于五音而为五音主,有道者不为五官之事而为治主。君,知其道也,官人,知其事也。十言十当,百为百当者,人臣之事,非人君之道也。(《申子·大体》)

【注释】

①疏:应作"迹"。

【译文】

善于做国君的人,习惯于深藏不露,说话从不自满,做事从不轻率,表现出不问政事的样子,故意打乱行事的常规,以便把自己隐藏起来,给天下人造成一种平庸无能的印象。这样,身边的人就会亲近他,远方的人也会怀念他。向别人显示有余,别人就会来侵夺;向别人显示欠缺,别人就会来帮助。刚强的东西容易折断,高耸的东西容易倾倒,活动的东西容易摇摆,静止的东西容易安定,名义已经规定好了,具体的事情就不会弄错了。所以,那些有道行的人,总是着手从名义上理顺关系,这样,遇到具体的事情就能轻易地处理好。鼓不干预五音,却能够协调好五音,有道行的君主不去做百官的事情,却能够做治理国家的主人。君主,掌握了治国之道,官员掌管具体事务。说十句话,十句话都恰当,做一百件事情,一百件事情都适当,这是臣下们的事情,而不能够等同于君主的治国之道。

【评说】

除了法度规定的责任和义务之外,君臣之间也有利用与被利用的关系,这就涉及运用权术的问题。按照权术的要求,君主首先要韬光养晦,深藏不露,对任何事情,都不要在未决断之前就表露出自己的是非好恶。如果君主不动声色,臣下便无机可乘,君主也就不会受臣下的左右和捉弄,这样就可以暗地里操控一切;同时,君主又要巧于用人,不陷入事务主义的圈子,而要稳居中心,使群臣围着自己转。

诸子百家——法家

三寸之机运而天下定，方寸之基正而天下治

明君治国，而晦晦，而行行，而止止。三寸之机运而天下定，方寸之基正而天下治。一言正而天下定，一意倚而天下靡。①（《申子·君臣》）

【注释】

①靡：分散，混乱。

【译文】

明智的君主治理国家，该隐晦的时候就隐晦，该进行的时候就进行，该停止的时候就停止。万事在心中仔细谋划，天下就会安定；心中谋划得当，天下就能够治理好。一句合理的话，就能够使得天下安定；一句不合理的话，就会导致天下混乱。

【评说】

失之毫厘，谬之千里。计策往往是决定事情成败的关键，把握好起点，制定好决策，剩下的具体事情按照规定去办，自然就能收到势如破竹的成效。法家的法与术不同，法需要公开，术则只能暗藏在君主心中。但是，运筹帷幄能够决胜于千里之外，所以法家主张君主应把精力放在事情的开端上，确保谋虑稳妥而周到。

独视者谓明，独听者谓聪

申子曰："独视者谓明，独听者谓聪。①能独断者，故可以为天下主。"（《韩非子·外储说右上》）

【注释】

①聪：耳朵灵敏。

【译文】

申子说："能独自观察问题叫作眼睛明亮，能独自听取意见叫作耳朵灵敏。能独自做出决断的，就可以做天下的帝王。"

【评说】

申不害劝告君主实行独裁，既不要任由自己个人观念或喜好的支配，也不能受臣民意见的左右。他告诫君主应该像紧闭门户防患盗贼那样防止臣下图谋不轨，理智地独自决断国家事务，警惕大臣一手遮天，蔽君之明、塞君之听。

六慎

申子曰："慎而言也，人且知女；慎而行也，人且随女。而有知见也，人且匿女；而无知

见也，人且意女。女有知也，人且臧女；女无知也，人且行女。故曰：惟无为可以规之。"①
（《韩非子·外储说右上》）

【注释】

①申子：指申不害。而：你，你的。且：将。知：了解。女：通"汝"，指君主。意：猜度，算计。臧：通"藏"。行：采取行动。

【译文】

申不害告诫君主说："你的言论要谨慎，否则人们将会了解你；你的行动要谨慎，否则人们将会跟随你。你的智慧显露出来，人们将会隐瞒你；你的愚昧显露出来，人们将会算计你。你有智慧，人们将会躲避你；你没有智慧，人们将会对你采取行动。所以说：只有无所作为才可以窥测臣下。"

【评说】

申不害重术，认为君主想把权力牢牢地掌握在自己手中，就要学会用术，要深藏不露，欲擒故纵，有意让人觉得自己无所作为，从而放松警惕，在君主面前暴露底细。但是，术能加重疑心，加深彼此之间的不信任感。终日疑神疑鬼，自己也会心神不宁。把别人都当作假想敌，那么在自己骤生疑心的同时，不安全感也会与日俱增。

避舍请罪

韩昭侯谓申子曰："法度甚不易行也。"申子曰："法者，见功而与赏，因能而受宫。①今君设法度而听左右之请，此所以难行也。"昭侯曰："吾自今以来知行法矣，寡人奚听矣？"一日，申子请仕其从兄官。昭侯曰："非所学于子也。听子之谒，败子之道乎？亡其用子芝谒？"申子辟舍请罪。②（《韩非子·外储说左上》）

【注释】

①韩昭侯，战国时期韩国国君，公元前362年~公元前333年在位，具有法治思想，曾任用申不害为相，实行政治改革。申子：指申不害，战国时期郑国人，韩昭侯的相。受：通"授"。②请仕：请求委任。从兄：堂兄。谒：请求。亡：抑，还是。辟：通"避"，退避。辟舍：不敢住在正屋里，表示惶恐。

【译文】

韩昭侯对申不害说："法度很不容易实行啊。"申不害说："实行法治，就是见到了功劳再给予奖赏，根据才能来授予官职。现在您设置了法度却又听从身边人的请求，这才是法治难以实行的原因啊。"昭侯说："我从现在开始才知道如何实行法治，才知道如何来听取意见。"有一天，申不害请求韩昭侯委任他的堂兄做官。昭侯说："这不符合我从你那里

1026

学来的道理啊。我是听从你的请求而破坏你的治国原则呢，还是采用你的治国原则呢？"申不害诚惶诚恐地避开正屋不住而请求给自己处罚。

【评说】

制定法律时只想到如何限制别人，没想到法律总有一天也会限制自己。

七、韩非名言

韩非（约公元前 280~公元前 233），战国末期韩国人，出生于韩国贵族世家。他虽然说话口吃，不善言辞，却善于著述。韩非早年与李斯一起受学于儒家大师荀子（名况，字卿），但是他没有接受儒家的思想，只是继承了荀子一些强国重法的主张。韩非看到韩国国势日益削弱，在七雄争霸中有被吞并和灭亡的危险，多次向韩王提出变法图强的计策，要求兴利除弊，实行法治改革，但未被重视。于是韩非发愤写下了《孤愤》《五蠹》《内外储》《说林》《说难》等十余万言的著作。秦王嬴政读到韩非的著作后，极为赞赏，感叹说："嗟乎！寡人得见此人与之游，死不恨矣。"但秦始皇不知这两篇文章是谁

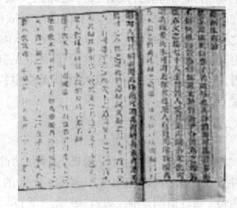

韩非

所写，于是便向李斯询问，李斯告诉他说这是韩非的著作。秦始皇急于得到韩非，便下令攻打韩国，想以此来迫使韩国让韩非出使秦国。韩王开始不任用韩非，但在情急之下便派韩非出使秦国讲和。秦始皇见到韩非，十分高兴，但是却没有马上任用他。

因韩非上书劝秦始皇暂缓伐韩，遭到李斯的非议。李斯害怕秦始皇重用韩非来取代自己的地位，对韩非的才华十分嫉妒。又因韩非曾揭发过权臣姚贾的短处，姚贾对韩非怀恨在心，便与李斯一起陷害韩非，在秦始皇面前诽谤韩非说：韩非作为韩国的公子，内心肯定是向着韩国的，不会为秦国兼并天下而出力，这是人之常情；但是如果放他回韩国，又会后患无穷，不如找个罪名把他处死。秦始皇听信了谗言，就把韩非投入监狱。李斯乘机派人假借秦王的名义给韩非送去毒药，逼迫他自杀。韩非因无法见到秦王，遂服毒自尽，死在狱中。不久，秦始皇感到后悔，立即派人赦免韩非，但为时已晚。

韩非是先秦法家思想的集大成者。在先秦诸子中，韩非是最后出现的一位思想家，所以能够广泛涉猎，综合各家所长，形成自己独特的思想体系。韩非死后，他的著作经后人辑集而成《韩非子》，可分为二十卷，共五十五篇，计十余万字。《韩非子》一书记叙了大量历史事件，汇集了很多寓言故事，批判了包括法家在内的许多学派的各种观点，文笔犀利，说理透辟，风格峻峭，语气专断激越，锋芒毕露。《韩非子》在继承和总结了战国时

期以来法家的思想和实践的基础上，重点宣扬法、术、势相结合的法治思想，提出如何驾驭臣民、坐稳江山，实现中央集权的君主专制理论。

1.世道人情

饰其所矜，灭其所耻

凡说之务，在知饰所说之所矜而灭其所耻。彼有私急也，必以公义示而强之。其意有下也，然而不能已，说者因为之饰其美而少其不为也。[1]其心有高也，而实不能及，说者为之举其过而见其恶而多其不行也。有欲矜以智能，则为之举异事之同类者，多为之地，使之资说于我，而佯不知也以资其智。欲内相存之言，则必以美名明之，而微见其合于私利也。欲陈危害之事，则显其毁诽而微见其合于私患也。誉异人与同行者，规异事与同计者。[2]有与同污者，则必以大饰其无伤也；有与同败者，则必以明饰其无失也。（《韩非子·说难》）

【注释】

①务：要旨，要领。饰：粉饰，美化。所说：所要进说的对象，指君主。矜：自夸，自美。灭：掩盖，遮蔽。彼：指君主。私急：个人的急事，指君主个人的迫切欲望。公义：指国家的利益。示：指明。强：劝勉，鼓励。下：卑下的。已：止，抑制。少：嫌，抱怨。②高：指力所不能及的愿望。见：通"现"。恶：坏处。"多其不行"中的"多"：称赞，赞美。地：事理的依据。资：借取。佯：假装。"资其智"中的"资"：资助，帮助。内：通"纳"，进献。存：保全。微：隐约地。见：通"现"，显示。微见：隐约地表现出，即暗示。毁：诋毁。诽：非议。誉：赞誉。规：筹划。

【译文】

大凡游说的要领，在于懂得美化君主自鸣得意的事而掩盖他羞于启齿的事。君主有个人的迫切要求，即使不合乎国家利益，也一定要指明这是合乎国家利益的，并鼓励他去做。君主心里有卑鄙的念头，但是又不能克制，游说者就要替他把这种卑鄙的念头粉饰成是美好的，并抱怨他不去做。君王心里有过高的期求，但实际上不可能达到，游说者就要替他指出这件事的缺点，揭示它的危害，赞扬他没有去做。有的君主想拿自己的智慧和能力自夸，那么游说者就要给他举出同类的其他事情，多给他提供依据，使他能从游说者这里取得说话的材料，而游说者却假装不知道，以此来帮助他逞能。游说者要想进献保全君主私利的言论，就要给它冠以符合国家利益的美好名义来阐明它，同时又暗示它符合君主的私利。想要陈述对君主私利有危害的事情，就向君主说明它可能遭到人们的毁谤和非议，同时又暗示它对君主也有害处。要有意称赞其他人中与君主有同样品行的人，有意谋划与君主所做的事有同样计策的其他事情。如果有与君主有同样缺点的人，就一定要极力加以粉饰,说那没有什么害处;如果有与君主遭到同样失败的人,就一定要用明白的话来掩饰,说那没有什么过失。

【评说】

韩非作为法家思想的集大成者,每每语出惊人。令人叹为观止的是,这些极尽谄媚逢迎之能事的拍马宣言,对游说者和作为游说者对象的君主心理的把握及人情世故的刻画是如此切中要害,堪称经典。

备其所憎,祸在所爱

王良爱马,越王勾践爱人,为战与驰。医善吮人之伤,含人之血,非骨肉之亲也,利所加也。故舆人成舆,则欲人之富贵;匠人成棺,则欲人之夭死也。[1]非舆人仁而匠人贼也。人不贵,则舆不售;人不死,则棺不买,情非憎人也,利在人之死也。……故人主不可以不加心于利己死者。故日月晕围于外,其贼在内,备其所憎,祸在所爱。[2](《韩非子·备内》)

【注释】

①王良:春秋末期晋国人,善于驾驭车马。勾践:春秋末期战国初期越国国君。他被吴国战败后,曾采用很多策略争取民心,积极备战,故有"勾践爱人"之说。②舆人:制造车子的人。贼:狠毒,残忍。情:真情,本意。加心:留心,留意。晕:环绕日月的白色光圈。

【译文】

王良爱马,越王勾践爱人,是为了打仗与赶路。医生善于吮吸别人的伤口,口含别人的脓血,不是因为有骨肉亲情的关系,而是因为有利可得。所以造车子的人造好了车子,就希望别人富贵;木匠造好了棺材,就希望别人夭折早死。这不是因为造车子的人仁慈而木匠狠毒。别人不富贵,车子就卖不出去;别人不死,棺材就没人买。木匠本意不是憎恨别人,而是因为别人的死亡对他有利可图。……所以君主不能不提防那些能从自己的死亡上获得利益的人。所以当日月外面有白色光圈围绕时,它们的内部必然有毛病,防备自己所憎恨的人,而实际上祸患却往往来自所亲爱的人。

【评说】

法家认为,亲情抵不上利益,人与人之间只有赤裸裸的利益关系;追求利益是人的本性使然,所以,人们不要指望人性有多么高贵;人在利益的驱使下,可能会去做坏事,以不正当的途径获得利益,因此关键在于外在的环境;君主不要给任何企图打自己主意的人提供可乘之机。

諸子百家——法家

君以计畜臣，臣以计事君

明主在上，则人臣去私心行公义；乱主在上，则人臣去公义行私心。故君臣异心，君以计畜臣，臣以计事君。君臣之交，计也。[1]害身而利国，臣弗为也；害国而利臣，君不为也。臣之情[2]，害身无利；君之情，害国无亲。君臣也者，以计合者也。(《韩非子·饰邪》)

【注释】

①计：算计。畜：畜养。②情：真心，实情。

【译文】

明智的君主执掌朝政，臣下就会去除私心而奉行公义；昏乱的君主执掌朝政，臣下就会抛弃公义而去满足自己的私欲。所以君主与臣下各自怀着不同的心思，君主按照自己的算计畜养臣下，臣下也按照自己的算计侍奉君主，君臣之间的关系，是相互算计的关系。损害自身的利益来让国家得利，臣子是不干的；损害国家利益采让臣子得利，君主是不干的。臣子的本意是，损害自身就无所谓利益；君主的本意是，损害国家就无所谓亲近。君臣之间的关系，是按照算计的原则结合起来的。

【评说】

没有道德意识的人会自我贬低。法家把人与人之间的关系归结为一种市场上的买卖关系，人的行为只受追求利益的算计之心支配，人的道德、情感、行为都决定于对自己是否有利，因而人与人之间除了赤裸裸的利害关系之外，没有别的关系。

先王仁义，可以戏而不可以为治

夫婴儿相与戏也，以尘为饭，以涂为羹，以木为胾，然至日晚必归饷者，尘饭涂羹可以戏而不可食也。夫称上古之传颂，辩而不悫，道先王仁义而不能正国者，此亦可以戏而不可以为治也。[1](《韩非子·外储说左上》)

【注释】

①羹：浓汁。胾：大块的肉。饷：吃饭。悫：真实。正：匡正。

【译文】

小孩子一起游戏的时候，用尘土当做饭，用烂泥当做菜羹，用木头当作大块的肉，然而到了天黑的时候就一定要回家吃饭，尘土烂泥可以用来游戏却不可以吃。现在，称道上古时期传颂的东西，虽然动听却不实在，奉行先王的仁义道德却不能把国家治理好，这也是因为那些东西只可以当作游戏而不可以用来治国。

诸子百家

——

法家

佛学院的学生对于佛经的研究最深,然而他们的道行比不上庙里不识字的和尚;专门研究食物是如何充饥,如果不亲自吃饭,可能会比乞丐更瘦。先王的仁义道德,如果不能自己身体力行,而仅仅作为摆设给别人看,或只用于教导别人,确实也只能等同于游戏。

相为则相怨,自为则易和

人为婴儿也,父母养之简,子长而怨;子盛壮成人,其供养薄,父母怒而诮之。子、父,至亲也,而或谯或怨者,皆挟相为而不周于为己也。[1]夫卖庸而播耕者,主人费家而美食,调布而求易钱者,非爱庸客也,曰:如是,耕者且深,耨者熟耘也。庸客致力而疾耘耕者,尽巧而正畦陌者,非爱主人也,曰:如是,羹且美,钱布且易云也。[2]此其养功力,有父子之泽矣,而心调于用者,皆挟自为心也。[3]故人行事施予,以利之为心,则越人易和;以害之为心,则父子离且怨。[4](《韩非子·外储说左上》)

诸子百家——法家

【注释】

①简:简慢,马虎。诮:责备,责骂。谯:通"诮"。相为:指由儒家的仁义道德思想发展而来的那种相互之间怀着要为别人着想的心理,与"自为"对应。②庸:通"佣",雇工。费家:花费家财。调布:挑选布币。布:货币名称。易:交换。耨:锄草。熟:精细。耘:锄草。畦陌:田园中的田埂。云:有,得。③心调于用:心适于用,心合于用,指专心一意地工作。自为:各自为自己的利益而精心打算,与"相为"对应。④越人:指当时居住在东南沿海地区的越国人,这里指关系疏远的人。

【译文】

人还是孩子的时候,父母对他抚养得马虎,孩子长大了就会埋怨父母;孩子长大成人以后,对父母的供养微薄,父母就会生气并责备他。父母与子女之间是至亲骨肉,可是还会有责备或埋怨的事情发生,这都是由于相互之间怀着要为别人着想的心理,却并不符合人人都是为自己着想的世道人情造成的。雇用雇工来播种耕耘,主人花费家财准备了丰盛的饭菜,挑选布币去换取钱币来付给报酬,这并不是对雇工仁爱,而是认为:这样做,耕地的人就会耕得精,锄草的人就会锄得细。雇工用尽力气快速地耕作,用尽技巧修整田埂,并不是对主人仁爱,而是认为:这样做,饭菜才会丰盛,钱币才容易得到。主人供养雇工有着父母对子女一般的恩泽,而雇工也专心一意地劳作,双方都是怀着为自己利益打算的心思。由此可见,人们办事和给人好处,如果都去为自己的利益而精心打算,那么结果是,即使像越国人那样关系疏远的人也容易和好;如果都讲求仁爱去损害自己的利益而为别人着想,那么到头来即使是父母与子女之间也会产生隔阂而相互埋怨。

【评说】

法家的一些思想不仅过于片面,而且倾向于走极端,找到了一点瑕疵就全盘否定。按照儒家的说法,仁爱就是能够设身处地为别人着想,而未必就等于没有条件、不分场合地把属于自己的一切拱手相让。儒家是讲易子而教的,从来就没有把溺爱当成仁爱;至于市场上的公平交易,与仁爱并不相互冲突,买卖双方如果心存仁爱之心,可能会促使交易更好地完成,甚至形成相互信赖的伙伴关系。其实,一个仁爱的社会,至少能够减少许多管理成本和费用。

以数度臣

无数以度其臣者,必以其众人之口断之。众之所誉,从而悦之;众之所非,从而憎之。故为人臣者,破家残𦈎,内构党与、外接巷族以为誉,从阴约结以相固也,虚相与爵禄以相劝也,曰:"与我者将利之,不与我者将害之。"[1]众贪其利,劫其威:"彼诚喜,则能利己;忌怒,则能害己。"众归而民留之,以誉盈于国,发闻于主。[2]主不能理其情,因以为贤。(《韩非子·说疑》)

【注释】

[1]数:通"术",方法。度:测量,考察。接:勾结。巷族:有权势的地方势力。与:赞同,顺从。[2]劫:胁迫。留:通"流",指被裹挟。发闻:上达。

【译文】

君主如果没有一套好的办法来衡量自己的臣下,就必然会根据众人的评论来判断臣下的优劣。对于人们所吹捧的人,君主就喜欢他;对于人们所批评的人,君主就厌恶他。这样,做臣下的就会不惜耗费家产,在朝廷内拉帮结伙,在朝廷外勾结地方势力,以便取得赞誉,暗地里订立盟约来抱成一团,又凭空给党羽封官许愿来鼓励他们,威胁说:"赞成我的,我就给他好处;不赞成我的,我就要迫害他。"而人们贪图他给的好处,被他的威势所胁迫,心想:他如果真的高兴,就会给自己好处;如果他气恨恼怒,就可能残害自己。因此,众人都归服他,民众也向他靠拢,结果一片赞美之声传遍全国,一直传到君主耳朵里。君主不能够分辨真实情况,因而就认为他是贤能的人。

【评说】

韩非发现了问题,但是没有打算真正解决问题,反而起到了把水搅浑的作用。百姓往往根据所掌握的信息来判断是非,所以他们的识别能力与他们所获得的信息有关,如果信息失真,那判断结果必然是错误的。暴君或奸臣为达到利用百姓的目的,往往有意释放虚假的信息来误导百姓,使百姓丧失正常的判断能力,随波逐流,人云亦云。

计算之心

父母之于子也，产男则相贺，产女则杀之。此俱出父母之怀衽，然男子受贺，女子杀之者，虑其后便、计之长利也。[①]故父母之于子也，犹用计算之心以相待也，而况无父子之泽乎？今学者之说人主也，皆去求利之心，出相爱之道，是求人主之过于父母之亲也，此不熟于论恩，诈而诬也，故明主不受也。[②]（《韩非子·六反》）

【注释】

①杀：古代一种溺死女婴的陋俗。怀衽：怀抱。衽：衣襟。②出：这里指推行。熟：熟悉精通。诬：欺骗。

【译文】

父母对于自己的儿女，生了男孩，大家就互相庆贺，生了女孩就把她溺死。儿女都是从父母所生，但男孩受到祝贺，女孩却被溺死了，这是因为父母考虑到自己以后的利益，从长计议的缘故。所以父母对于自己的子女，尚且要用算计的心态来对待，何况是那些没有父子恩情的人呢？现在的学者游说君主，都让君主抛开求利的思想，而从相爱的原则出发，这是要求君主对臣民的爱超过父母对子女的爱，这种不善于把握人间恩情的论调，既是奸诈也是欺骗，所以明智的君主是不会接受的。

【评说】

韩非习惯于用极端的或畸形的事例来证明自己的观点，但是其中大多存在问题。

在本例中，父母生男孩就相互祝贺，生女孩就将其溺死，这种现象并不具有普遍性，而且不是人类社会与生俱来的一种现象，只是在一定时期人类社会畸形发展时出现的情况，而这种情况本身有待于矫正或救治。如果是这样的话，这恰恰说明游说者让君主抛开求利的思想而从相爱的原则出发是可行的。韩非的失足之处在于将一些社会事实夸大为人类社会普遍的、必然的现象，从而将一些无关紧要的病变断定为无可救药的绝症，以误导君主采用自己设定的极端方案。

以法禁而不以廉止

明主之治国也，众其守而重其罪，使民以法禁而不以廉止。母之爱子也倍父，父令之行于子者十母；吏之于民无爱，令之行于民也万父。母积爱而令穷，吏用威严而民听从，严爱之策亦可决矣。[①]且父母之所以求于子也：动作，则欲其安利也；行身，则欲其远罪也。君上之于民也：有难，则用其死；安平，则尽其力。亲以厚爱关子于安利而不听，君以无爱利求民之死力而令行。[②]（《韩非子·六反》）

【注释】

①众其守：多设防守。十母：十倍于母亲。积爱：厚爱。穷：行不通。②动作：行动，

诸子百家

法家

1033

指做事。行身：立身，指做人。关：限制，指安置。

【译文】

明智的君主治理国家，总是多多地设置防范措施，加重处罚犯罪行为，使民众迫于法制的严厉而掌握约束，而不是指望他们出于品行端正而停止作恶。母亲对孩子的爱是父亲的两倍，可是父亲的命令被子女听从的是母亲的十倍；官吏对于民众没有仁爱之心，可是他的命令得到民众执行的是父亲的一万倍。母亲对子女予以厚爱，然而母亲对子女发号施令却行不通；官吏使用威严的刑罚，然而民众却能顺服地听从，如此看来，威严和慈爱两种策略哪种更好，就可以判断出来了。况且父母关爱子女的初衷，在做事方面是希望子女相安无事、得到利益；在立身处世方面是希望他们能够远离罪过。然而君主治理民众的用意是：政权遇到了危机，就驱使他们去拼死作战；国家安定太平，就让他们竭尽全力去耕作生产。父母怀着厚爱把子女安置在安全有利的环境中，然而子女仍然不听从父母的命令；而君主没有存心要去仁爱民众、为他们谋取利益，而只是一味地要求民众为自己拼命卖力，但是命令却能行得通。

【评说】

凡事都要有度，对待子女慈爱也是如此。慈爱超出一定的限度，就会走向溺爱。慈爱的结果是通情达理、善解人意；而溺爱的后果是放纵任性、骄奢淫逸。慈爱得到的回报是尊敬、孝顺；而溺爱得到的回报往往是无礼、怨恨。

言之为物也，以多信

听不参，则无以责下；言不督乎用，则邪说当上。[①]言之为物也，以多信，不然之物，十人云疑，百人然乎，千人不可解也。讷者言之疑，辩者言之信。奸之食上也，取资乎众，籍信乎辩，而以类饰其私。[②]（《韩非子·八经》）

【注释】

①督：考察。当：通"挡"，蒙蔽。②讷：言语迟钝。食：通"蚀"。籍：同"藉"，借助。

【译文】

君主听取言论不进行检验，就无法责求臣下；不考察言论是否有用，奸邪的论调就会蒙蔽君主。言论这种东西，说多了就会被人相信。不真实的事情，十个人说是真的，人们还会说"有点怀疑"；一百个人都说是真的，人们就会说"可能是真的吧"；一千个人说是真的，那就不可能再消除人们对它的相信了。另外，言语迟钝的人说话让人怀疑，能说会道的人说话让人信以为真。奸臣危害君主时，往往要借助于人多，又依靠能言善辩取得信任，再用类似的事例来掩饰自己的阴谋。

诸子百家——法家

【评说】

言论被多次重复，加深了人们的印象和记忆，就容易被人们接受。真实的事情如此，不真实的事情也会很容易让人们信以为真，这是利用了人的从众心理。纳粹就曾经鼓吹：谎言重复一千遍就成了真理。

事因于世，备适于事

古之易财，非仁也，财多也；今之争夺，非鄙也，财寡也。轻辞天子，非高也，势薄也；重争士橐，非下也，权重也。故圣人议多少、论薄厚为之政。故罚薄不为慈，诛严不为戾，称俗而行也。①故事因于世，而备适于事。……故曰：事异则备变。上古竞于道德，中世逐于智谋，当今争于气力。（《韩非子·五蠹》）

【注释】

①士：通"仕"，做官。橐：通"托"，依托，指依附权贵。称：适应。

【译文】

古人看轻财物，并不是因为他们仁爱，而是因为当时财物相对较多；现在的人争夺财物，并不是因为他们卑鄙，而是因为现今财物相对缺乏。古代的君王轻易地就辞去天子的职位，并不是因为他品德高尚，而是因为古代的君王权势很小；今天的人争着去谋求官职、依附权贵，不是因为他们品德低下，而是因为当今的权势太重。因此圣人估量社会财富的多少，考虑权势的轻重，然后制定政治措施。所以刑罚轻不算是仁爱，惩罚制度严厉也不算是暴虐，都只是为了适应社会的实际情况。因此，社会的实际情况随着时代的发展而变化，而国家的政治措施也要符合当时社会的实际情况。……所以说：社会的实际情况变了，采取的政治措施也得随着改变。上古时期的人是在德行上争先，中古时期的人是在智慧上角逐，而现在的人是在力量上较量。

【评说】

韩非善于从社会现象的部分事实中推论出普遍规律，但也往往因此而有以偏概全之弊。韩非对古代圣王明君的仁义之举所做的功利化解释，即使没有"以小人之心度君子之腹"的嫌疑，也陷入了一元化的物质利益决定论的框框中。

严家无悍虏，慈母有败子

敌国之君王，虽说吾义，吾弗入贡而臣；关内之侯，虽非吾行，吾必使执禽而朝。是故力多，则人朝；力寡，则朝于人。①故明君务力。夫严家无悍虏，而慈母有败子。②吾以此知威势之可以禁暴，而德厚之不足以止乱也。（《韩非子·显学》）

①敌:匹敌,势均力敌。说:通"悦"。吾:我,这里指君主。入:使……交纳。臣:使……臣服。关内之侯:即关内侯,边关以内的封侯,战国时设置的一种爵位。非:反对。禽:鸟兽的总称。执禽:古代朝见君主或诸侯时持禽类作为进见礼物,以表示顺服。②务:致力于。悍虏:凶悍的奴仆。

【译文】

和我们势均力敌的国家的君主,即使喜欢我们的道义原则,我们却无法使他们向我们称臣纳贡;边关以内的封侯,即使反对我们的行为,我们也一定能够使他们带着禽类的礼物前来进见朝拜。由此可见,力量强大就会有人前来进见朝拜,力量弱小就要向别人朝拜称臣,所以明智的君主总是致力于壮大自己的力量。管教严厉的家庭不会出现蛮横凶悍的奴仆,可是在慈母的溺爱之下却会出现败家子。我因此懂得,威严的权势可以禁止暴行,而厚道的德行却不能制止祸乱。

【评说】

韩非把政治的目标设立得过于单一,为达到目标所采用的手段和措施又过于急功近利,当目标迟迟不能达到时,就只有通过对权势进行不断升级和强化来推行政令。

言先王之仁义,无益于治

善毛嫱、西施之美,无益吾面;用脂泽粉黛,则倍其初。言先王之仁义,无益于治;明吾法度,必吾赏罚者,亦国之脂泽粉黛也。故明主急其助而缓其颂,故不道仁义。①(《韩非子·显学》)

【注释】

①善:称赞。毛嫱、西施:春秋时期的两个美女。脂泽:化妆用的脂膏。黛:古代女子画眉用的青黑色颜料。

【译文】

赞美毛嫱、西施的美貌,对自己的容貌并没有益处;而如果使用脂膏和粉黛化妆一番,就可以比原来的容颜更加美丽。同样的道理,空谈古代帝王的仁义道德,对治理国家并没有益处;而阐明自己国家的法律制度,坚决地实行赏罚措施,却好比是治理国家的脂膏和粉黛啊!所以明智的君主应当加紧推行有助于治理国家的法律制度和赏罚措施,而怠慢对古代帝王的颂扬,因此不会去空谈什么仁义道德。

【评说】

与其临渊羡鱼,不如退而结网;与其沉陷在一厢情愿的虚构之中,不如把握时机采取务实的措施来取得实际的功效。但是,谈论、颂扬古代帝王的仁义道德,有利于吸取他们成功的治国经验。从历史上看,以仁义道德治国的朝代相比于单纯以严刑峻法治国的朝代更加长治久安。

民智之不可用,犹婴儿之心

不知治者必曰:"得民之心。"欲得民之心而可以为治,则是伊尹、管仲无所用也,将听民而已矣。民智之不可用,犹婴儿之心也。夫婴儿不剔首则腹痛,不揊痤则浸益。[1]剔首、揊痤,必一人抱之,慈母治之,然犹啼呼不止,婴儿子不知犯其所小苦致其所大利也。……夫求圣通之士者,为民知之不足师用。昔禹决江浚河,而民聚瓦石;子产开亩树桑,郑人谤訾。[2]禹利天下,子产存郑,皆以受谤,夫民智之不足用亦明矣。故举士而求贤智,为政而期适民,皆乱之端,未可与为治也。(《韩非子·显学》)

【注释】

①伊尹:商汤的相,辅佐汤灭夏。剔首:古代用针砭治疗疾病的一种方法。揊:割开。痤:疖子。②浸:逐渐。犯:遭受。师:效法。浚:深挖。郑:诸侯国名,位于今河南省中部。谤:毁谤。訾:诋毁。

【译文】

不懂得如何治国的人一定会说:"要顺应民心。"但是,假如顺应民心真的可以治理好国家,那么,像伊尹、管仲这样的人才也就没有用了,只需要听从民众的意愿就可以了。可见,民众的见解是不可以采用的,因为它就像婴儿的想法一样。对于婴儿,如果不用针砭刺他头部的穴位,就不能制止他的腹痛;婴儿生了疖子,如果不割破疖子病情就会逐渐加重。针砭刺穴位或割破疖子的时候,必须一个人抱着他,由慈爱的母亲去为他治疗,可婴儿还是会啼哭不止,这是因为婴儿不懂得遭受一点小痛苦却会得到很大的好处。……君主总是要寻找圣明通达的人,就是因为他们知道,民众的见解是不可以照着做的。从前洪水泛滥时,大禹开挖江河进行疏通,而民众却堆积瓦石加以阻挡;子产提倡开垦荒地,种桑养蚕,而郑国人却说他坏话。大禹为天下谋求利益,子产为郑国人着想,可是他们都因此而遭到毁谤,由此可见,民众的见解不能够采用不是很清楚的吗?因此,选拔人才时去寻求那些崇尚贤能和智慧的儒生,制定政策时希望迎合民心,这都是国家混乱的根源,是不可以用来治国的。

【评说】

法家思想文化中有着天然的排斥民主的基因,韩非的雄辩就能够说明中国几千年来为什么都是君主专制制度。当韩非言之凿凿地宣称只有违背民心才是从根本上为民众着想时,似乎怀着满腔诚意,让人捉摸不透其中是否有诈,但是韩非公然唆使君主漠视民意未免过于惊世骇俗。

诸子百家——法家

2.治国之道

去好去恶,臣乃现素

君无见其所欲,君见其所欲,臣自将雕琢;君无见其意,君见其意,臣将自表异。①故曰:去好去恶,臣乃见素;去旧去智,臣乃自备。②(《韩非子·主道》)

【注释】

①无:不要。见:通"现",显露。雕琢:雕刻加工,这里指在言行上刻意修饰。异:指与真实面目不同的假象。②好:喜好。恶:憎恶。素:原指没有经过染色的丝,这里指本来面目。旧:成见。备:防备,指谨慎对待。

【译文】

君主不要显露自己的欲望,君主如果显露出自己的欲望,臣下就会精心地粉饰自己的言行;君主不要表露出自己的意图,君王如果表露出自己的意图,臣下就会弄虚作假地表现自己独特的才识。所以说:君主摒弃个人的爱好和憎恶,臣下就会显露出自己本来面目;君主摒弃自己的成见和智慧,臣下自会谨慎地依法行事。

【评说】

法家主张,君主的权力不能与别人共享。对于君主来说,别人极力迎合、讨好自己,肯定不是一件好事。面对众人的觊觎,君主必须保持深藏不露,言行举止不能向臣下泄露任何蛛丝马迹,如此,臣下才能毫无防备地把自己的真实意图向君主和盘托出,以利于君主决策。

不贤而为贤者师,不智而为智者正

明君之道,使智者尽其虑,而君因以断事,故君不穷于智;贤者敕其材,君因而任之,故君不穷于能;有功则君有其贤,有过则臣任其罪,故君不穷于名。是故不贤而为贤者师,不智而为智者正。臣有其劳,君有其成功,此之谓贤主之经也。①(《韩非子·主道》)

【注释】

①敕:通"饬",整顿,整治。材:通"才",才干。正:长官,君长。经:常法。

【译文】

明智的君主的统治方法是,让有智慧的人尽量提供他们的谋略,君主根据这些谋虑决断政事,这样君主的智慧就不会穷尽;让有才能的人提高他们的才能,君主根据他们的

諸子百家——法家

才能任用他们,这样君主的才能不会枯竭。有了成就君主就把好的名声据为己有,有了过错就让臣下来承担罪责,所以君主的名望是无穷的。因此君主即使不贤能,也可以做贤能人的老师;即使不聪明,也可以做有智慧的人的长官。臣下付出劳动,君主享受成就,这就是贤明君主治国的方法。

【评说】

　　一个平庸的君主可以通过速成而变为明君贤主。按照这种策略,整个社会的物质资源、人力资源将首先用于供养作为社会寄生虫的君主。法家嘲讽说儒家对古代帝王的崇尚不是愚蠢就是欺骗,然而法家无缘无故地对君主投以巨大忠诚,赋予君主莫大权力,不惜把天下作为私有财产悉数归于君主一人,也让人有点匪夷所思。

国无常强,无常弱

　　国无常强,无常弱。奉法者强,则国强;奉法者弱,则国弱。[①](《韩非子·有度》)

【注释】

　　①常:永久不变的。奉法:奉行法度。

【译文】

　　任何一个国家不会有持久不变的强盛,也不会有持久不变的衰弱。奉行法度如果措施果断强硬,那么国家就会强盛;奉行法度如果措施软弱无力,那么国家就会衰弱。

【评说】

　　治理国家应该有一定之规。在以"朕即国家"为标志的君主专制国家里,国家的兴衰、民众的命运,全部押在君主的意志上。这样,法律最容易首先被君主的意志所毁坏。现代法治精神已经从"治民"转向"治官",即治理那些手中掌握着权力的官员。尽管老百姓也要守法,但是现代法治原则强调为官者不得违法,致力于"治官限权"。

亡王之机

　　亡征者,非曰必亡,言其可亡也。夫两尧不能相王,两桀不能相亡;亡、王之机,必其治乱、其强弱相踦者也。木之折也必通蠹,墙之坏也必通隙。然木虽蠹,无疾风不折;墙虽隙,无大雨不坏。[①](《韩非子·亡征》)

【注释】

　　①机:关键。踦:用力抵住。通:经由。蠹:蛀蚀。

【译文】

　　出现了灭亡的征兆,不是说这个国家一定就要灭亡,是说它可能要灭亡。两个像帝

諸子百家——法家

尧那样的明君,谁也不能统治对方;两个像夏桀那样的暴君,谁也不能灭亡对方。灭亡或称王的关键,必定取决于两个国家之间安定与混乱、强盛与衰弱不相平衡的状况。树木折断一定是因为生了蛀虫,墙壁倒塌一定是由于有了裂缝。然而树木即使生了蛀虫,没有狂风也不会折断;墙壁即使有了裂缝,没有大雨也不会倒塌。

【评说】

木折墙倒之际,埋怨狂风和大雨都是徒劳无益的。相比于防患狂风和大雨,更应该根治蛀虫、彻查裂缝。

意无所制

所以贵无为无思为虚者,谓其意无所制也。夫无术者,故以无为无思为虚也。夫故以无为无思为虚者,其意常不忘虚,是制于为虚也。虚者,谓其意无所制也。今制于为虚,是不虚也。虚者之无为也,不以无为为有常。不以无为为有常,则虚;虚,则德盛;德盛之谓上德。[1](《韩非子·解老》)

【注释】

[1]责:推崇。意:心意。制:牵制。故:故意。常:常规。

【译文】

之所以推崇那些不做作、不思虑而达到虚无境界的人,是称道他们的心意不受任何牵制。那些不懂道术的人,故意用无所作为、无所思虑来追求虚无的境界。那些故意用无所作为、无所思虑来追求虚无境界的人,他们的内心常常忘不了虚无,这样就反被虚无本身所牵制。所谓虚无,是说人的心意不再受任何牵制。现在受到虚无本身的牵制,这就不是虚无了。达到了虚无境界的人不做作,不把不做作当作经常留心的事。不把不做作当作经常留心的事,就达到了虚无的境界;达到了虚无的境界,德性就充实了;德性充实就叫作道德高尚。

【评说】

任何人为因素的干预都会导致法治走样。韩非借老子的"虚无"思想说明,理想的法治境界是君主只需要坐享其成,用不着事无巨细地耗费心思去打理,一切政治事务都有法可依,不夹杂任何情感、好恶等个人因素。这是韩非在为君主的法治找寻理论根据。

知心知事

崇侯、恶来知不适纣之诛也,而不见武王之灭之也。比干、子胥知其君之必亡也,而不知身之死也。故曰:"崇侯、恶来知心而不知事,比干、子胥知事而不知心。"圣人其备矣。[1](《韩非子·说林下》)

諸子百家——法家

【注释】

①崇侯、恶来：即崇侯虎与恶来，商朝末期两个有名的奸臣，均为商纣王所宠信。适：迎合，顺从。比干：商纣王的叔父，因多次劝谏商纣王，被剖心而死。子胥：即伍子胥，名员，春秋时楚国人，吴王夫差的谋臣，因多次劝谏吴王夫差，被逼自杀。

【译文】

崇侯、恶来懂得不顺从商纣王便会遭到诛杀，但是不能预见到周武王会把商纣王灭掉。比干、伍子胥懂得自己的君主一定会灭亡，但是不能够预见到自己会被杀害。所以说："崇侯、恶来懂得君主的心理却不懂得国事的兴亡，比干、伍子胥懂得国事的兴亡却不懂得君主的心理。"只有圣人才同时具备这两样才能，既能够懂得君主的心理，又能够懂得国事的兴亡。

【评说】

人非圣贤，孰能无过？人的智慧是有限的。历史如同一台戏，虽然角色不断地变换，情节却总是相似。君王的更换、朝代的更迭像车轮一样周而复始，可又有多少人能够看透历史规律，领悟其中的主题，并从中吸取更多有益的教训从而回避类似的悲剧呢？

身失道，则无以知迷惑

古之人目短于自见，故以镜观面；智短于自知，故以道正己。故镜无见疵之罪，道无明过之怨。目失镜，则无以正须眉；身失道，则无以知迷惑。①西门豹之性急，故佩韦以缓己；董安于之心缓，故佩弦以自急。故以有余补不足、以长续短之谓明主。②（《韩非子·观行》）

【注释】

①短：不足。道：客观法则，这里指法术。疵：小毛病。②西门豹：战国初期魏国人，魏文侯时任邺县县令，因引河水灌田、革除河伯娶妇的陋习而名闻天下。韦：熟牛皮，这里指熟皮带子。董安于：又作"董阏于"，春秋末期晋国赵简子的家臣，以计谋出名。

【译文】

古代的人因为眼睛不能看见自己的容貌，所以就用镜子来观照自己的面容；因为智慧缺少自知的能力，所以就用法术来端正自己。所以镜子不需承担照出缺陷的罪责，法术不会招致显露过失的怨恨。眼睛离开镜子，就没有办法来修整自己的胡须和眉毛；人离开法术，就没有办法来辨别是非。西门豹性情急躁，所以他就佩带柔韧的皮带，以此来提醒自己从容沉着；董安于性情迟缓，所以他就佩带绷紧的弓弦，以此来提醒自己应该明快敏捷。所以能够做到以有余来补不足、取长补短，就可以称为明智的君主。

【评说】

一个人有自知之明才能看到自己的不足,然后采取相应的举措弥补自己的缺陷。一个国家也应如此,既要看到自己的优势和长处,也要认清自己的缺陷和不足,并采取措施加以改进和完善,才能谋求长足的发展。

势有不可得,事有不可成

天下有信数^①三:一曰智有所不能立,二曰力有所不能举,三曰强有所不能胜。故虽有尧之智而无众人之助,大功不立;有乌获之劲而不得人助,不能自举;有贲、育之强而无法术,不得长生。^②故势有不可得,事有不可成。(《韩非子·观行》)

【注释】

①信数:定数,必然的规律。②乌获:人名,战国秦武王时的大力士。贲、育:指孟贲和夏育,两人都是战国时期卫国著名的勇士。

【译文】

天下有三种确信无疑的道理:一是智慧虽高,也有办不成的事情;二是力气虽大,也有举不起来的东西;三是实力虽强,也有不能取胜的对手。所以即使有像帝尧那样的智慧,如果没有众人的辅佐,也不能建立大的功业;即使有像乌获那样大的力气,如果得不到别人的帮助,也不能自己把自己举起来;即使身体像孟贲、夏育那样强壮,如果不运用法术,也不能永远取胜。所以优势总有不能具备的,事情总有办不成的。

【评说】

"三个臭皮匠顶上一个诸葛亮。"个人的力量有限,唯有众志才能成城。天下大治也不可能只是一个人的功劳,即使是圣明的君王也需要贤臣来辅佐。

立道于往古,垂德于万世

明主之道忠法,其法忠心,故临之而法,去之而思。尧无胶漆之约于当世而道行,舜无置锥之地于后世而德结。能立道于往古,而垂德于万世者之谓明主。^①(《韩非子·安危》)

【注释】

①忠:通"衷",适合。胶漆:胶漆,比喻牢靠。约:盟约。

【译文】

圣明君主的治国原则是适合于法制,他的法制适合于民心,所以他用法来治国,国家就能够治理好;而当他离开了民众时,人们仍然会思念他。尧和当时的人们并没有订立牢靠的约定,可是他的治国办法后来却仍然能够行得通;舜连立锥之地都没有给后代留下,可是他的德行却时时萦绕在人们的心中。能够在古代确立起治国原则,并能将恩德留给万世后代的,可以称为圣明的君主。

【评说】

得民心的举措能成全法治,即使没有强硬的规范,民众也会自觉遵守。

相反,只有强硬的规定却没有得民心的举措,民众就不会发自内心地服从。

不恃比干之死节,不幸乱臣之无诈

设柙,非所以备鼠也,所以使怯弱能服虎也;立法,非所以避曾、史也,所以使庸主能止盗跖也;为符,非所以豫尾生也,所以使众人不相谩也。[①]不恃比干之死节,不幸乱臣之无诈也;恃怯之所能服,握庸主之所易守。当今之世,为人主忠计,为天下结德者,利莫长于此。(《韩非子·守道》)

【注释】

①柙:关猛兽的笼子。曾:指曾参,字子舆,孔子弟子,以行孝道而闻名。史:指史,也称史鱼,春秋时期卫国大夫,以廉正闻名。符:古代朝廷传达命令时用的凭证。尾生:人名。传说他与一女子在桥下约会,女子未能如约而来,河水却涨了上来,他坚持不离开,最后抱着桥柱被淹死。谩:欺诈。

【译文】

设置笼子不是用来防备老鼠的,而是用来让胆小懦弱的人也能够降服老虎;建立法制,不是为了防备像曾参、史鱼这样的孝廉人士,而是用来让平庸的君王也能制止像盗跖这类贪婪的人;制造符契,不是用来防备像尾生一类诚信的人,而是用来使普通百姓不互相欺诈的。君主既不能单单依靠比干这类好人来为大节而死,也不能侥幸地指望乱臣贼子不欺诈;而应当依靠即使胆小的人也能用来制服老虎的牢笼,掌握好即使平庸的君主也能轻易地用来守护政权的法制。处在当今这个时代,为君主忠心谋划,为天下人造福积德,没有比实行法治所取得的利益更为长远的了。

【评说】

韩非的法治虽然不是现代意义上的法治,但是也具备了它的某些特征。

法治的好处是简明快捷,整齐划一,不受人为因素影响,具有很强的可操作性,即使平庸的君主也能够通过实行法治把国家治理好,这也正是韩非极力张扬的。缺点是疏于关注个人的精神世界,缺乏通融性。

諸子百家——法家

良药苦口,忠言拂耳

良药苦于口,而智者劝而饮之,知其入而已己疾也。忠言拂于耳,而明主听之,知其可以致功也。①(《韩非子·外储说左上》)

【注释】

①劝:勉励,鼓励。已:除去。拂:违,逆。致:达到。

【译文】

良药苦口,然而明智的人还是努力把它喝下去,因为他明白喝下去以后就可以治愈自己的疾病。忠言逆耳,然而明智的君主还是愿意听取,因为他知道采用它可以取得功绩。

【评说】

"良药苦口利于病,忠言逆耳利于行"的忠告我们听了几千年,然而世代都有小人得志、谗言不断,关键是缺少圣明的君主。道理也许很简单,但是要切实做到,则需要智慧和勇气。

不恃其不我欺,恃吾不可欺

明主者,不恃其不我叛也,恃吾不可叛也;不恃①其不我欺也,恃吾不可欺也。(《韩非子·外储说左下》)

【注释】

①恃:依靠。

【译文】

明智的君主,不指望人们不背叛自己,而是依靠自己不可背叛;不指望人们不欺骗自己,而是依靠自己不可欺骗。

【评说】

明智的君主有充足的信心相信别人不会背叛他,也有充足的信心相信别人不会欺骗他,因为他的为人处世已经奠定了他不可背叛、不可欺骗的基础。

吏虽乱而有独善之民

人主者,守法责成以立功者也。闻有吏虽乱而有独善之民,不闻有乱民而有独治之吏,故明主治吏不治民。①说在摇木之本与引网之纲。②(《韩非子·外储说右下》)

諸子百家——法家

①独善:指在没有约束的情况下,个人仍然遵守法度。独治:指个人能依法办事。②本:树干。纲:网上的总绳。

【译文】

君主,是严守法治原则、责求臣下完成任务来建立功业的人。只听说虽然有官吏在胡作非为而仍有百姓在独自守法的情况,没听说有百姓在作乱时仍有官吏在自行依法办事的情况,所以明智的君主致力于管理好官吏而不去直接管理百姓。这种论点可以用摇树要摇树干、拉网要拉网上总绳的道理来说明。

【评说】

要防患权力的滥用就要严于吏治。权力是一把双刃剑,既方便用来做更多的好事,也会被滥用做出坏事。因此权力掌握在谁手中,就显得尤为重要。对于品行不好的人,权力像是一件危险品,随时会酿成大祸,所以应剥夺其权力以防害人害己。

诸子百家

法家

观人之所肃,非行情也

广廷严居,众人之所肃也。宴室独处,曾、史之所慬也。观人之所肃,非行情也。①且君上者,臣下之所为饰也。好恶在所见,臣下之饰奸物以愚其君,必也。明不能烛远奸、见隐微,而待之以观饰行,定赏罚,不亦弊乎?②(《韩非子·难三》)

【注释】

①广廷:指众人聚集的公开场合。严居:严肃的场合。肃:肃敬。宴室:私室。慬:通"慢",轻慢,放肆。非行情:不是行为的真实情况。②饰:掩饰,粉饰。物:事,行。明:明察。烛:照,洞悉。

【译文】

大庭广众和严肃的场合,大家都表现得很恭敬;独自待在自己的房间里,就是曾参、史这样的人也会轻慢随便。在公开场合看到人们恭敬的表现,那不是他们行为的真实情况。况且君主这种人,臣下总是要对他掩饰自己的。如果君主喜欢谁或厌恶谁只取决于自己所看到的表面现象,那么臣下通过掩饰自己的奸邪行为来愚弄君主,就是必然的了。君主的明察如果不能够洞悉远处的坏人,发现隐蔽的坏事,而是依靠观察那些经过掩饰的行为,来决定奖赏与处罚,不也是要受到蒙蔽吗?

【评说】

人如果依靠外在的法令去约束自己,没人看见的时候照样会做坏事,因为他没有真正受到感化,内心的私欲还是占着上风。所以君主如果喜欢听好听的话,好大喜功,臣下就会乘机投其所好,竭力掩盖自己的私欲而假意表现得十分忠诚。

法莫如显,术不欲现

入主之大物,非法则术也。法者,编著之图籍,设之于官府,而布之于百姓者也。术者,藏之于胸中,以偶众端而潜御群臣者也。[1]故法莫如显,而术不欲见。是以明主言法,则境内卑贱莫不闻知也,不独满于堂;用术,则亲爱近习莫之得闻也,不得满室。[2](《韩非子·难三》)

【注释】

①图籍:图书。偶:合,通。众端:各种头绪,指众事。潜御:暗地里驾驭。②见:同"现",表露。近习:君主所宠信的人。

【译文】

对于君主来说,最重要的东西,不是法就是术。法是编写成图书条文、设置在官府里、公布到民众中间去的。术则藏在君主心中,通过汇合验证各方面的事情来暗中驾驭群臣。所以法是越公开越好,而术则是不能暴露出来的。所以明智的君主谈论法,那么整个国内包括卑贱的人在内都没有听不到的,不只是传遍整个殿堂;但是运用术,就连宠信的亲信都没有人能够知道,更不能让满室的人都知道。

【评说】

法作为光明正大的招牌,要公之于众;术则是潜藏于胸而经过伪装的杀机,诡诈异常,险不可测,像是等待猎物落入圈套的致命的陷阱。明枪易躲,暗箭难防。不怕法的严厉,就怕术的阴险。

抱法处势则治,背法去势则乱

抱法处势则治,背法去势则乱。今废势背法而待尧、舜,尧、舜至乃治,是千世乱而一治也。抱法处势而待桀、纣,桀、纣至乃乱,是千世治而一乱也。且夫治千而乱一,与治一而乱千也,是犹乘骥、駬而分驰也,相去亦远矣。[1]夫弃隐栝之法,去度量之数,使奚仲为车,不能成一轮。无庆赏之劝、刑罚之威,释势委法,尧、舜户说而人辨之,不能治三家。[2](《韩非子·难势》)

【注释】

①骥:千里马。駬:古代名马。②隐栝:即檃括,矫正曲木的工具。奚仲:人名,古代造车的巧匠。庆赏:奖赏。委:抛弃。户说:挨家挨户地劝说。

諸子百家 —— 法家

【译文】

君主只要坚守法度、掌握权势就可以治理好天下,背离法度、失去权势天下就会混乱。现在如果放弃权势、背离法度而专等像尧、舜那样的君主出现,要等到尧、舜出现时才能天下大治,这就将是一千世的混乱之后才有一世太平。现在如果坚守法度、掌握权势来等待像桀、纣那样的君主出现,要等到桀、纣出现时天下才会混乱,这就将是一千世的太平之后才有一世混乱。千世太平而一世混乱和一世太平而千世混乱这两种情况相比较,就像两个人各自骑着良马背道而驰一样,相差得太远了。如果抛弃了矫正木材的方法,丢掉测量长短的技术,让善于造车的奚仲来造车,那么连一个轮子也造不出来。没有奖赏的劝勉、刑罚的威慑,抛开权势、放弃法度,即使让尧、舜挨家挨户地去劝说,逐个地给人们辨析事理,那么就是连三户人家也管理不好。

【评说】

要想办成一件事情,仅仅依靠自身的聪明才智,虽然也可能成功,但是付出的代价很大,最后煞费苦心,事倍功半。如果掌握了方法和技巧,再运用现成的经验和工具,不但会增加成功的机会,而且会减少许多不必要的麻烦,最后以逸待劳,事半功倍。

越人救溺

夫待越人之善海游者以救中国之溺人,越人善游矣,而溺者不济矣。夫待古之王良以驭今之马,亦犹越人救溺之说也,不可亦明矣。夫良马固车,五十里而一置,使中手御之,追速致远,可以及也,而千里可日致也,何必待古之王良乎?[①](《韩非子·难势》)

【注释】

①越:诸侯国名,范围包括今浙江大部和江苏、江西省部分地区。置:驿站。

【译文】

假如要等待善于在大海中游泳的越国人来拯救中原地区的落水者,那么尽管越国人的水性很好,被水淹没的人也肯定不能得救了。假如要等待古代的王良来驾驭今天的车马,也就像让水性好的越国人来拯救中原地区落水者的说法一样,显然是行不通的。如果有了良好的马和坚固的车,途中每隔五十里设立一个驿站,即使让一个技术中等的车夫去驾驭车马,要想让车马跑得快、行得远也是能够做得到的,而上千里的路程一天之内就可以到达,又何必要等待古代的王良呢?

【评说】

生活中不要有不切实际的奢望,要防止过高的理想实现不了,反而会挫伤自己进取的意志。凡事不能停留在幻想之中,得潜下心来付诸行动,脚踏实地地向前推进。韩非说这番话针对的是,当时的人们都期望能够出现像古代圣王明君一样的君主来治理天下。

那么我们今天该怀有什么样的期望呢?

我们应该牢记,我们是民主的共和国。

不惮乱主暗上之患祸,必思以齐民萌之资利

夫治天下之柄,齐民萌之度,甚未易处也。然所以废先王之教而行贱臣之所取者,窃以为立法术,设度数,所以利民萌便众庶之道也。故不惮乱主暗上之患祸,而必思以齐民萌之资利者,仁智之行也。^①惮乱主暗上之患祸,而避乎死亡之害,知明夫身而不见民萌之资利者,贪鄙之为也。(《韩非子·问田》)

【注释】

①齐:整治。民萌:民众。先王之教:指礼治。贱臣:韩非对自己的谦称。惮:害怕。暗上:昏庸的君主。

【译文】

治理天下的权柄,统一民众的法度,是很不容易掌握的。然而我之所以主张废除先王的礼教,实行敝人所主张采用的法治,是因为我认为建立法治和术治、制定法度的标准,是给民众带来好处、让百姓得到便利的举措。那种不担心残暴昏庸的君主所带来的祸乱,而始终考虑采用以法度来统一民众所带来的利益的做法,是仁爱明智的行为。害怕残暴昏庸的君主所带来的祸乱,逃避死亡带来的危害,一心想着明哲保身却看不见民众利益的做法,是贪生怕死而自私卑鄙的行为。

【评说】

专制君主最乐于把自己的利益说成整体民众或整个国家的利益,以瞒天过海。韩非承认实行法制的风险和代价,但他仍然鼓吹,用法制统一民众是基于为民众考虑,利益很大,而昏庸残暴的君主造成的祸害与之相比却微不足道。

明于臣之所言,则别贤不肖如黑白

往世之主,有得人而身安国存者,有得人而身危国亡者。得人之名一也,而利害相千万也,故人主左右不可不慎也。^①为人主者诚明于臣之所言,则别贤不肖如黑白矣。(《韩非子·说疑》)

【注释】

①得人:得到人才。相千万:相差千万,相差悬殊。

诸子百家——法家

【译文】

回顾历代的君主，有得到了大臣以后自身平安、国家得以保全的，也有得到了大臣以后自身陷入危险、国家灭亡的。得到大臣这一形式相同，但所带来的利弊各自却相差悬殊，所以君主对身边的大臣不可不慎重考察。做君主的如果真的能够明察臣下所讲的话，那么辨别贤能的人与不贤能的人就会像区分黑色和白色一样清楚明白。

【评说】

有什么样的君主就有什么样的臣下，真正明智的君主会任用贤能的臣下辅佐自己治理国家，取得于己于民两全其美的良好效果；相反，不明智的君主则会与无能甚至奸邪之臣走到一起，最终一事无成甚至会落得个身死国亡、徒增笑料的下场。

为政犹沐

古者有谚曰："为政犹沐也，虽有弃发，必为之。"爱弃发之费而忘长发之利，不知权者也。夫弹痤者痛，饮药者苦，为苦惫之故不弹痤饮药，则身不活，病不已矣。[①]（《韩非子·六反》）

【注释】

①爱：吝惜，舍不得。权：权衡。弹：古代一种治病的方法，用石针割刺。痤：毒疮。惫：疲惫。已：停止，这里指治愈。

【译文】

古代有句俗语说："治理国家就好比洗头一样，虽然要脱落一些头发，也一定要洗。"舍不得掉几根头发，却没有看到长出新发的好处，这是不懂得权衡利弊得失啊。用石针割刺毒疮是很痛的，吃药是很苦的，但是如果因为痛苦难受的缘故而不割破痈疮、不吃药，那就命也活不了，病也治不好了。

【评说】

良药苦口，忠言逆耳。有得必有失，有失必有得，只不过失与得的形式在不断变换。现实中，人们在失的时候往往只看到失，所以痛苦不堪；在得的时候又往往只看到得，所以乐得手舞足蹈。

3.任法去私

去私曲就公法，民安而国治

当今之时，能去私曲、就公法者，民安而国治；能去私行、行公法者，则兵强而敌弱。

诸子百家——法家

……今若以誉进能,则臣离上而下比周;若以党举官,则民务交而不求用于法。① 故官之失能者,其国乱。以誉为赏、以毁为罚也,则好赏恶罚之人,释公行、行私术、比周以相为也。②(《韩非子·有度》)

【注释】

①私曲:奸邪,不正直。就:靠近,趋向。以:凭借,根据。誉:声誉。进:选拔,晋升。离:背离。上:君主。比周:勾结。党:朋党。交:结党营私。不求用于法:指不再求得按照法律规定得到任用。②官之失能:指任用官吏不以其才能为根据。毁:诋毁。好赏恶罚:喜欢奖赏、厌恶惩罚。公行:国家的法度。私术:个人手段。相为:指互相包庇利用,官官相卫。

【译文】

如今这个时代,能够去除歪风邪气而实施法治的国家,就会民众安宁、国家太平;能够去除谋取私利的行为而依法办事的国家,在军事上就会强大起来,而敌人就显得弱小了。……现在如果仅凭声誉来选拔人才,那么臣下就会背离君主而私下相互勾结;如果根据朋党关系来推举官吏,那么人们就会致力于结党营私而不再指望在法律的规定之内凭借功劳求得任用。所以选用官吏不根据才能,就会导致国家混乱。如果以虚假的声誉作为奖赏的依据,以恶意的中伤作为惩罚的依据,那么那些喜欢奖赏而畏惧刑罚的人,就会丢掉国家的法律,施展手段暗中勾结,相互包庇利用。

【评说】

德治很容易被利用,从而蜕变为人治,甚至成为奸臣利用的工具。德治理想的落空,使法家决心用法治来根除德治带来的弊端。法家主张法治,对广大社会成员,不论贫富贵贱、智愚强弱、亲疏远近,都能一视同仁,并以公法的形式来保障社会公正,促使国家的发展和社会的治理走上正途。

明主使法择人,使法量功

明主使法择人,不自举也;使法量功,不自度也。能者不可弊,败者不可饰,誉者不能进,非者弗能退,则君臣之间明辩而易治,故主雠法则可也。①(《韩非子·有度》)

【注释】

①量:衡量。度:估量,推测。弊:通"蔽",掩盖,埋没。败者:指败乱事情的人。饰:文过饰非。誉者:指徒有虚名的人。非:通"诽",诽谤,诋毁。辩:通"辨",辨别。雠:使用。

【译文】

明智的君主依照法来选拔人才,而不是凭自己的主观好恶来选拔;依照法来衡量功劳的大小,而不是靠自己的主观推测来估量。有才能的人不被埋没,败乱事情的人无法文过饰非,徒有虚名的人不予以提拔任用,被中伤诽谤的人不会被降职或罢免,这样君臣双方都能够明辨是非功过,国家也就容易治理了,所以君主只要使用法治就可以治理好国家了。

【评说】

应当建立客观的功绩考评制度,而不能听信任何主观的毁誉之辞。执法者应该克服自己个人意志的主观随意性,以身作则地遵循不以个人意志为转移的法治原则。

物有所宜,材有所施

天有大命,人有大命。……左右既立,开门而当。勿变勿易,与二俱行,行之不已,是谓履理也。夫物者有所宜,材者有所施,各处其宜,故上下无为。使鸡司夜,令狸执鼠,皆用其能,上乃无事。①(《韩非子·扬权》)

【注释】

①天:自然界。大命:指不可改变的客观规律和法则。当:受,指听取大臣的意见。二:指"天有大命,人有大命"。履:遵守。宜:适宜。司夜:掌管夜晚的时间,指雄鸡在天亮前啼叫报晓。狸:猫。

【译文】

自然界有自己的客观规律,人类也有自己的客观规律。……辅佐的大臣已经选拔好后,君主就应当广开门路听取大臣们的意见。不要企图更改自然界的客观规律,不要企图改变人类的客观规律,政治的运作规律不变不动,要与自然界的客观规律和人类的客观规律一道运行,运行而永不停止,这就叫作遵循事理。万物都有它适宜的位置,每个人的才能都有可以施展的地方,每个人都处在自己适合的位置上,这样朝廷上下就平安无事了。要像能够让鸡掌管夜里的时间来报晓、让猫捕捉老鼠一样,恰如其分地使用臣下的才能,这样君主就没有什么操心的事情了。

【评说】

事物的各种特征参差不齐,然而,寸有所长,尺有所短,必须承认事物自身的内在价值。管理阶层的人不能事无巨细都亲自过问,关键在于把握事物的整体规律,理顺各种关系。各得其所、各尽所能的政治理想表明了韩非尊重客观规律的自觉意识和开明的用人观念。

不明察不能烛私,不劲直不能矫奸

智术之士,必远见而明察,不明察不能烛私;能法之士,必强毅而劲直,不劲直不能矫奸。人臣循令而从事,案法而治官,非谓重人也。^①重人也者,无令而擅为,亏法以利私,耗国以便家,力能得其君,此所为重人也。……故智术能法之士用,则贵重之臣必在绳之外矣。^②(《韩非子·孤愤》)

【注释】

①智:通"知",通晓。术:统治臣民的权术。烛:照见,洞察,识破。私:私下的勾当。案:通"按",依照。治官:治理政事。重人:指操纵大权的人,权臣。②力:权力。得:得到,控制。贵重之臣:指重人。在绳之外:在法律准绳之外。

【译文】

通晓权术的人,一定要有远见而且能够明察秋毫,不能够明察秋毫就不能够识破营私舞弊的阴谋诡计;能够执行法令的人,态度一定要坚决果断,为人一定要刚强正直,不刚强正直,就不能纠正罪恶的行为。臣下遵照君主的命令来履行职责,依照法律治理政事,这不是我所说的权臣。我所说的权臣,没有君主的命令而敢于独断专行、破坏法律来使个人得利、破费国家的财富来使自己受益,他们的势力足以操纵君主,这就是我所说的权臣。……所以,通晓权术而又能够执行法令的人一旦被君主任用,那么那些地位显耀、操纵大权的人就一定会受到法律的惩处。

【评说】

法律制定得再完备,也得有与之相配套的监察机制和监督措施,而这一切都需要有德有才、公正廉洁的官吏来实行。

号令数下者,可亡也

好以智矫法,时以行杂公,法禁变易,号令数下者,可亡也。^①(《韩非子·亡征》)

【注释】

①矫:改变。时:时常。行:私行。杂:扰乱。

【译文】

喜欢用个人的智谋改变法制,经常用自己的私行来扰乱国家事务,法律和禁令随意改变,政令前后矛盾频繁更改,这种君主可能会亡国。

【评说】

要想治理好国家,必须先有一套持之以恒的治国原则。为所欲为,朝令夕改,只能意味着言而无信。

私义行则乱,公义行则治

明主之道,必明于公私之分,明法制,去私恩。夫令必行,禁必止,人主之公义也;^①必行其私,信于朋友,不可为赏劝,不可为罚沮,人臣之私义也。私义行则乱,公义行则治,故公私有分。^②(《韩非子·饰邪》)

【注释】

①私恩:指不符合法制的私人恩惠。公义:指符合国家利益的原则和道理。②沮:阻止。私义:指违背国家利益而追求个人私利的原则。

【译文】

明智君主的原则是,一定要明察公与私的界限,彰明法制,杜绝私人恩惠。有令必行,有禁必止,是君主的公义;执意要达到个人的目的,只讲朋友之间的信用,赏赐鼓励不了,刑罚阻止不了,是臣子的私义。私义风行,国家就混乱;公义盛行,国家就太平,所以公和私是有分别的。

【评说】

法家总是为整治人而处心积虑。不仅财产利益存在公私之别,义也有公私之分。法家把义分为公义和私义,私义仅仅是为了成全个人的名誉、情感、德性、威望等,君主的个人意志上升为至高无上的法律,私义就被包装成公义。一切有碍于君主意志实现的事情都要加以防患或禁止,臣民的个人威望和声誉如果对代表君主个人意志的公义构成了威胁或挑战,则也在禁止之列。

君子取情而去貌,好质而恶饰

礼为情貌者也,文为质饰者也。夫君子取情而去貌,好质而恶饰。夫恃貌而论情者,其情恶也;须饰而论质者,其质衰也。^①(《韩非子·解老》)

【注释】

①恃:依靠,凭借。须:等待。

【译文】

礼是人内在情感的外在表现,文采是人内在本质的修饰。君子注重的是真实情感,而抛弃情感的外在表现,注重内在本质而不喜欢外表的刻意修饰。那些企图通过外在表现来掩饰内在情感的人,他的真实情感是丑陋不堪的;那些试图通过一番刻意修饰来掩饰内在本质的人,他的内在本质是肮脏不堪的。

諸子百家——法家

【评说】

没有人喜欢弄虚作假的东西，刻意的修饰和装扮往往只是在向人展示虚假不实的一面。韩非反对臣民针对君主刻意地修饰自己的言行。在韩非理想的法治国家里，臣民们的内心世界对君主来说，最好是一览无余，这样，就没有任何个人的秘密可以躲过君主的眼睛。

虽势尊衣美，不以夸贱欺贫

有道之士，虽中外信顺，不以诽谤穷堕；虽死节轻财，不以侮罢羞贪；虽义端不党，不以去邪罪私；虽势尊衣美，不以夸贱欺贫。[①]（《韩非子·解老》）

【注释】

①诽谤：议论，指责。罢：通"疲"，软弱无能。罪：责罚。

【译文】

那些有道德修养的人，即使自己内心和外表真诚和顺，也不因此而去指责那些意志穷困、精神堕落的人；即使自己能够舍生忘死、轻视财物，也不因此而去侮辱软弱无能的人和耻笑见利忘义的人；即使自己能够举止端正、不结党营私，也不因此而去嫌弃行为不正的人和怪罪自私的人；即使自己地位尊贵、衣着华美，也不因此而去在卑贱的人面前夸耀和欺辱贫穷的人。

春秋玉珏

【评说】

真正有道德的人，不仅表里如一、言行一致，而且对他人也一视同仁，不会采取不道德的方式来对待没有道德的人。这表明法家在汲取老子的思想智慧。韩非对老子思想中圣人的四种德行"方""廉""直"和"光"作了有利于推行法治思想的解释。"方"是指表里如一、言行一致，不对君主有所隐瞒；"廉"是指不贪图钱财，不贪生怕死，能够顺应国家的需要而献身；"直"是指公正无私，不结党营私；"光"是指尊贵显赫，引人注目。

大奸作则小盗随，大奸唱则小盗和

大奸作则小盗随，大奸唱则小盗和。竽也者，五声之长者也，故竽先则钟瑟皆随，竽唱则诸乐皆和。今大奸作则俗之民唱，俗之民唱则小盗必和。[①]（《韩非子·解老》）

①作:兴起,产生。竽:古代的一种吹奏乐器,这里比喻倡导者。五声:宫、商、角、徵、羽五种音律,这里指各种乐器。钟:古代的打击乐器。瑟:一种弹奏乐器。

【译文】

大奸产生了,小盗贼就会跟着出现;大奸倡导什么,小盗贼就会附和。竽,是各种乐器中最主要的乐器,所以竽领先吹奏,钟鼓琴瑟等都会随着奏响;竽吹奏什么其他的乐器就会跟着应和。现在大奸产生了,世俗的民众就跟着倡导起来,世俗的民众倡导起来,小盗贼就一定会来附和。

【评说】

同气相求,同声相和。判断好坏不能只看表面现象是否热闹。因为不好的东西经过包装、粉饰并大肆宣扬后,也能够得到呼应,占据一定的市场;人们的从众心理也容易起到推波助澜的副作用,从而为虎作伥、助纣为虐。

恬淡有趋舍之义,平安知祸福之计

人无愚智,莫不有趋舍。恬淡平安,莫不知祸福之所由来。得于好恶、怵于淫物,而后变乱。所以然者,引于外物、乱于玩好也。恬淡有趋舍之义,平安知祸福之计。①(《韩非子·解老》)

【注释】

①趋舍:取舍,指追求和抛弃。怵:害怕,恐惧。淫物:指珍贵的奢侈品。义:准则。

【译文】

人不论是愚蠢还是聪明,无不有一定的取舍。淡泊寡欲、平静安定的时候,没有谁不知道灾祸与幸福是怎样招来的。一旦被喜欢或厌恶的欲望支配,受到奢侈品的诱惑时,思想就变得昏乱了。造成这种情况的原因,是思想受到外物的引诱,被玩赏的东西所迷惑了。淡泊寡欲的时候就会有取舍的准则,平静安定的时候就知道对祸福的考虑。

【评说】

内心清净寡欲,思维就清晰不乱,面对诱惑也能从容自若、远离污浊;身躯被欲望主宰,就会无原则地自我放纵,走向歧途,等到招致灾祸时已经为时晚矣。只有分清自我,克制欲望,才能够禁得起诱惑。

内举不避亲,外举不避仇

内举不避亲,外举不避仇。是在焉,从而举之;非在焉,从而罚之。是以贤良遂进而

诸子百家——法家

奸邪并退,故一举而能服诸侯。①(《韩非子·说疑》)

【注释】

①是:合法,正确。非:不合法,错误。并:通"摒",排除。

【译文】

选拔人才时,对内不因关系密切而有意地回避自己的亲属,对外不因个人私怨而恶意地排除自己的仇敌。正确的言行出现在谁身上,马上就提拔谁;违法的言行出现在谁身上,马上就惩罚谁。所以,贤能的人就得到了进用而奸邪的人只会被斥退,这样君主一有举动就能使天下各路诸侯都服从。

【评说】

法家思想中积极性的一面如果能够得到发扬光大,对促进社会走上良性循环有很大意义。历代清官具有的清正廉洁、公正无私、疾恶如仇、不避权贵等等品行,可以看作对法家思想中积极精神的继承和发扬。

4.赏罚并用

疏贱必赏,近爱必诛

明君无偷赏,无赦罚。赏偷,则功臣堕其业;赦罚,则奸臣易为非。是故诚有功,则虽疏贱必赏;诚有过,则虽近爱必诛。疏贱必赏,近爱必诛,则疏贱者不怠,而近爱者不骄也。①(《韩非子·主道》)

【注释】

①偷:苟且,随便。堕:通"惰",懈怠。

【译文】

明智的君主不随便给予奖赏,不任意免除刑罚。随便进行奖赏,有功之臣工作就会懈怠;任意免除刑罚,奸邪之臣就容易为非作歹。所以如果谁确实有功劳,那么即使是疏远卑贱的人也一定要给予他奖赏;如果谁确实有罪过,那么即使是亲近宠爱的人也一定要加以惩罚。对疏远卑贱的人有功必赏,对亲近宠爱的人有过必罚,那么疏远卑贱的人就不敢懈怠,亲近宠爱的人也就不会骄横了。

【评说】

法家的赏罚措施能够遵循客观、公开、公正、严格的原则,主张不分贵贱亲疏一律平

诸子百家

——

法家

等,这一点难能可贵。赏罚措施如果运用得当,也能够形成良好的激励机制。现代管理学认为:如果没有一套行之有效的激励机制,一个人的能力仅能发挥 20%～30%;如果加以适当的激励,则可发挥到 80%～90%。

危死以其罪,安利以其功

忠臣之所以危死而不以其罪,则良臣伏受;奸邪之匿安利不以功,则奸臣进矣:此亡之本也。若是,则群臣废法而行私重、轻公法矣。①(《韩非子·有度》)

【注释】

①伏:藏匿,潜伏。进:进用,选拔。本:根源。是:这样。重:权势。

【译文】

如果忠臣身处危难甚至罹遭杀身之祸的原因不是因为有什么罪过,那么贤良的大臣就会潜伏退隐;如果奸臣享受平安、获得利益,不是因为有什么功劳,那么更多的奸臣就会得到进用:这正是国家衰亡的根源啊。像这样的话,那么群臣都将废弃法律而私下玩弄权术、轻视国法了。

【评说】

千里之堤,溃于蚁穴。任用忠臣还是奸臣,往往决定着国家政权是稳固还是被颠覆。

法不阿贵,绳不挠曲

绳直而枉木斫,准夷而高科削,权衡县而重益轻,斗石设而多益少。故以法治国,举措而已矣。①法不阿贵,绳不挠曲。法之所加,智者弗能辞,勇者弗敢争。刑过不避大臣,赏善不遗匹夫。故矫上之失,诘下之邪,治乱决缪,绌羡齐非,一民之轨,莫如法。②(《韩非子·有度》)

【注释】

①绳:墨线。枉:弯。准:测量水平的器具。夷:平。科:坎,坑凹。县:通“悬”。斗石:容积单位,十斗为一石。举:实行。措:放置。举措:处理,安排。②阿:偏袒。挠:屈从,迁就。矫:纠正。诘:追究。缪:通“谬”,谬误。绌:通“黜”,削减。羡:多余。齐:整治。一:统一。轨:规范。

【译文】

墨线柱直了,弯曲的木头就能够被砍直;水准仪器放平了,凹凸不平的地方就可以被削平;秤悬挂平衡好了,就知道哪边是重的,从而减少一些增加给轻的那一边;斗石设置准确了,就知道孰多孰少,从而减少多的、增加少的。所以用法来治理国家,合法的就推

諸子百家 ── 法家

行,不合法的就废置。法律不偏袒权贵,就像墨线不迁就弯曲的东西一样。受到法律的制裁,有智慧的人没有理由用言辞辩解,勇敢的人不敢用武力抗争。惩罚罪过不回避权贵大臣,奖赏善行不遗漏普通百姓。所以纠正君主的过失,追究臣下的奸邪,治理混乱,判断谬误,削减那些多余的,整治不合要求的,统一百姓的行为规范,没有比法律更好的了。

【评说】

尽管法家在法律上实际上就是君主个人的意志,但是在权力与法律之间,法家仍然倾向于坚持法律高于权力,即是说,法律一经生效,君主本人也必须无条件遵行。这种严格执法、不避权贵的法治精神要求法律具有至高无上的权威,任何个人都不能凌驾于法律之上,任何个人意志都不能阻挠法律的实施。

设利害之道以示天下

圣人之治国也,固有使人不得不爱我之道,而不恃人之以爱为我也。恃人①之以爱为我者危矣,恃吾不可不为者安矣。夫君臣非有骨肉之亲,正直之道可以得利,则臣尽力以事主;正直之道不可以得安,则臣行私以干②上。明主知之,故设利害之道③以示天下而已矣。(《韩非子·奸劫弑臣》)

【注释】

①恃:依靠。②干:侵犯。③利害:指赏罚。利害之道:指赏罚制度。

【译文】

圣人治理国家,自身就有使人们不得不爱我的办法,而不用依靠人们爱我才为我效力。依靠人们因为爱我才为我效力,是危险的,依靠自己的那种让人们不得不为我效力的办法,才是安全的。君臣之间并没有骨肉亲情,通过公正透明的途径可以得到利益,那么臣下就会尽力侍奉君主;依靠公正透明的途径不可以得到安乐,那么臣下就会图谋不轨来侵犯君主。明智的君主懂得这个道理,所以设立了赏罚制度来把它公布于天下就行了。

【评说】

追逐利益并不可耻,关键在于能否遵循公正透明的原则。法家认为,儒家的仁爱建立在亲情的基础之上,因而易造成公私不分,而亲情关系既不牢靠,也没有普遍性,反而是妨碍法律实施的罪魁祸首。法家自信能够制定一套普遍适用的通行办法,能够变"我求人"为"人求我",那就是明确公正的赏罚制度。

刑罚之所以诛,常于卑贱

法令之所以备,刑罚之所以诛,常于卑贱。是以其民绝望,无所告诉。①大臣比周,蔽上为一;阴相善而阳相恶,以示无私;相为耳目,以候主隙;人主掩蔽,无道得闻;有主名而无实,臣专法而行之。[2](《韩非子·备内》)

【注释】

①备:防备。诛:处罚,杀戮。告诉:申诉。②比周:互相勾结。阴:暗地里。阳:表面上。隙:空子。道:办法、途径。专:专擅,独断。

【译文】

法令所防备的,刑罚所惩处的,通常都是针对那些地位低下的人。因此民众感到绝望,又没有地方去申诉冤屈。大臣们互相勾结,结为一体来蒙蔽国君;暗地里很要好而在表面上假装敌对,以此表示没有私人之间的交情;他们之间互相作为耳目,来等待钻国君的空子;国君被蒙蔽住了,无从了解实情;有国君的名分却没有国君的实权,大臣垄断了国家的法令而独断专行。

【评说】

韩非没有站在民众的立场上说话,却也说出了一些实情。法律往往只能反映强者的意志,维护强者的利益,这样,法网就好比蜘蛛网,只能网住一些弱小的蚊子和小虫,遇到难缠的麻雀,连网都会被一起带走。

用赏过者失民,用刑过者民不畏

主过予,则臣偷幸;臣徒取,则功不尊。无功者受赏,则财匮而民望;财匮而民望,则民不尽力矣。[1]故用赏过者失民,用刑过者民不畏。有赏不足以劝,有刑不足以禁,则国虽大,必危。(《韩非子·饰邪》)

【注释】

①过予:错误地给予赏赐。偷幸:苟且,侥幸。徒取:白白地获取。匮:缺乏。

【译文】

君主错误地给予奖赏,臣子就会滋生侥幸的心理;臣子白白地获得赏赐,那么功劳就不被看重。没有功劳的人受到奖赏,国家财力就会匮乏而且民众也会奢望得到赏赐;国家财力匮乏而民众心存奢望,民众就不为君主尽心尽力了。所以错误地进行赏赐,就会失去民众,错误地使用刑罚,民众就不会畏惧。设置奖赏不能达到鼓励的目的,设置刑罚不能起到制约的作用,那么即使国家强大,也一定是危险的。

【评说】

在法家看来,人的天性都是自为自利的,因此利益是万能的。如果赏罚制度能够运

諸子百家——法家

用得当,就会在民众心理上形成条件反射。而滥施赏罚,会造成条件反射不够敏锐,甚至失效,致使赏罚措施难以驱动民众,达不到鼓励或制约民众的目的。

发矢中的,赏罚当符

释仪的[①]而妄发,虽中小不巧;释法制而妄怒,虽杀戮而奸人不恐。罪生甲,祸归乙,伏怨乃结。故至治之国,有赏罚而无喜怒,故圣人极;[②]有刑法而死无螫毒,故奸人服。发矢中的,赏罚当符,故尧复生,羿复立。[③](《韩非子·用人》)

【注释】

①仪的:箭靶子。②极:至,指致力于法制。③螫毒:有毒的虫子用毒刺刺人,这里指为了发泄私愤而残害人。尧:传说中的帝王,又称帝尧,名放勋。羿:后羿,传说是夏朝时期有穷国的君主,善于射箭。

【译文】

放弃箭靶而随意乱射箭,即使射中了很微小的东西也不能算是技艺高超;抛开法律制度而随意地发怒,即使进行杀戮,坏人也不会恐惧。罪行产生于甲人,处罚却落到乙人头上,那么人们心中的怨恨就会积累。因此治理得很好的国家,依据赏罚的法规而不依从君主个人的喜怒来办事,所以圣人能够达到治国的最高境界;国家只存在根据刑法来处死罪犯的情况,而没有由于君主个人的愤怒而受到残害的情况,所以坏人也就服从法律了。如同射箭能够射中箭靶子一样,奖赏和惩罚都能够符合法制,这样的话,就像帝尧复活了、后羿重生了一样。

【评说】

赏罚分明会让想为非作歹的人慑于法制的威严而在犯罪面前望而却步;另一方面,遵纪守法的人看到法制的威严也会自觉维护它。有效的法制不是依靠强硬的手段恫吓民众,法律只有公正严明才能够让民众心服口服。

誉所罪,毁所赏,虽尧不治

利所禁,禁所利,虽神不行;誉所罪,毁所赏,虽尧不治。(《韩非子·外储说左下》)

【译文】

本来应当禁止的,反而让其得到了好处,本来有好处的,反而加以禁止,这样,即使是神仙也办不好事情;该惩处的,反而给予奖赏,该奖赏的,反而加以诋毁,这样,即使是帝尧这样的人也治理不好国家。

【评说】

圣人之所以能够治理好国家,是因为他们顺应了治国原则,而没有以自己的私欲干

諸子百家——法家

扰妨碍它。如果处处以自己的利益为大,把自己摆在至上的位置,必然违背规律和原则,走上倒行逆施的歧途。

听言观行,以功用为之的彀

夫言行者,以功用为之的彀者也。夫砥砺杀矢而以妄发,其端未尝不中秋毫也,然而不可谓善射者,无常仪的也。设五寸之的,引十步之远,非羿、逢蒙不能必中者,有常也。[①]故有常,则羿、逢蒙以五寸的为巧;无常,则以妄发之中秋毫为拙。[②]今听言观行,不以功用为之的彀,言虽至察,行虽至坚,则妄发之说也。(《韩非子·问辩》)

【注释】

①的:箭靶。彀:把弓拉满。的彀:目标,目的。砥砺:磨箭或刀。杀矢:一种打猎用的箭。端:箭头尖端。羿:后羿,传说是夏朝时期有穷国的君主,善于射箭。逢蒙:传说中的射箭能手,曾向后羿学习射箭,学成之后,因嫉妒后羿高超的射箭技巧而将其杀死。②秋毫:鸟兽在秋天新长出的细毛,形容极其微小。

诸子百家——法家

【译文】

言论和行动,要以实际功用作为它的目的。用磨好的利箭毫无目的地乱射,箭头不一定射不中极微小的东西,但是这还不能说是善于射箭,因为没有选定固定的靶子。设置一个直径为五寸的箭靶子,即使在仅仅十步之遥的地方拉弓射箭,如果不是后羿和逢蒙那样的射箭能手也不能百发百中,这是因为有了固定的目标。所以,有了固定的目标,后羿和逢蒙只要能射中直径为五寸的靶子,就算是射箭技术高超;没有固定的目标,胡乱地射箭,即使射中了极微小的东西,也仍然算是技术笨拙。现在听取言论、考察行为,不以实际功用作为目标,听取到的言论即使分析得细致入微,考察到的行为即使极其坚决,也只能与无的放矢之类的情况一样。

【评说】

凡事都不是孤立存在的。同样一个行为,如果不看它的目的,仅仅依靠它表面的形式,就不能判断它的是非曲直。没有合乎正义的目的,即使表面上看起来很勇敢的行为,也可能是愚昧的、野蛮的甚至残忍的。

听其言而求其当,任其身而责其功

人皆寐,则盲者不知;皆嘿,则喑者不知。觉而使之视,问而使之对,则喑盲者穷矣。[①]不听其言也,则无术者不知;不任其身也,则不肖者不知。听其言而求其当,任其身而责其功,则无术不肖者穷矣。夫欲得力士而听其自言,虽庸人,与乌获不可别也;授之以鼎俎,则罢健效矣。故官职者,能士之鼎俎也,任之以事而愚智分矣。[②](《韩非子·六反》)

①嘿:通"默"。喑:哑。觉:醒。穷:尽头,这里指没有办法。②乌获:战国时期秦武王的大力士。鼎:古代用青铜制成的金属器具,大小不一,一般用作食器、炊器、祭祀时的礼器、传国的重器等。俎:古代祭祀时盛牛羊等祭品的礼器。罢:通"疲",疲弱无力。效:验证,这里指分明。

【译文】

人都睡着了,就分不清谁是瞎子;人都不说话,就分不清谁是哑巴。醒来让他们睁开眼睛看东西,提问题让他们开口说话,那么就分得清谁是瞎子谁是哑巴了。不听取人的言论,就分辨不出谁是没有学识的人;不任用人去做事,就分辨不出谁是没有才能的人。听取他们的言论而考察这些言论与实际是否相符合,任用他们去做事而责求他们办事的功效,那么就分得清谁是没有学识谁是没有才能的人了。要想得到大力士,如果仅仅听他们自吹自擂,即使是一个普通人,也看不出他与乌获那样的大力士之间有什么区别;但是如果把大鼎交给他们举一下,那么谁孱弱无力谁强健有劲就看得清楚了。所以官职这种东西,就是贤能人的"大鼎",把事情交给他去做,愚笨和聪明就能够区别开了。

【评说】

空话、大话在行动面前一向都会不攻自破,所以南郭先生在合奏的时候可以"滥竽充数",但是一旦独奏就暴露无遗。然而,真金从来不怕火炼,有真才实学的人照样能够经得住考验。

仁暴者,皆亡国者也

仁者,慈惠而轻财者也;暴者,心毅而易诛者也。慈惠,则不忍;轻财,则好与。心毅,则憎心见于下;易诛,则妄杀加于人。不忍,则罚多宥赦;好与,则赏多无功。①憎心见,则下怨其上;妄诛,则民将背叛。故仁人在位,下肆而轻犯禁法,偷幸②而望于上;暴人在位,则法令妄而臣主乖,民怨而乱心生。故曰:仁暴者,皆亡国者也。(《韩非子·八说》)

【注释】

①毅:严酷,残忍。与:施与,施舍。见:同"现"。宥:宽容。②偷幸:侥幸。

【译文】

仁爱的人,是心地慈爱宽厚而看轻钱财的人;残暴的人,是内心残忍而轻率地惩罚别人的人。心地慈爱宽厚,就下不了狠心;看轻钱财,就喜欢施舍。内心残忍,憎恨别人的心思就会暴露给臣下;轻率地惩罚别人,那么肆意杀戮的事情就会降临到人们头上。下不了狠心,那么在执行刑罚时就会过多地采取宽大赦免措施;喜欢施舍,那么在奖赏时就会有很多没有功劳的人也得到赏赐。憎恶别人的心思暴露出来,臣下就会怨恨君上;肆意杀戮,民众就会背叛君主。所以仁爱的人处在君位,民众就会肆无忌惮而轻易地违犯法律禁令,怀着侥幸的心理而指望从君主那里得到非分的奖赏;残暴的人处在君位,法令就会被乱施滥用,而臣下和君主之间就会离心离德,民众怨声载道,这样叛乱的想法自然就产生了。所以说:仁爱的人和残暴的人,都是使国家灭亡的人。

【评说】

韩非的这种想法过于极端,历史事告诉我们国富民强时代的君王总是以国家和民众的利益为重,从而使得整个国家有了长足的发展;单纯地依靠刑罚来役使百姓只会适得其反。

宠必在爵,利必在禄

官之富重也,乱功之所生也。明主之道,取于任,贤于官,赏于功。……势足以行法,奉足以给事,而私无所生,故民劳苦而轻官。[①]任事者毋重,使其宠必在爵;处官者毋私,使其利必在禄,故民尊爵而重禄。爵禄,所以赏也;民重所以赏也,则国治。(《韩非子·八经》)

【注释】

①功:事。任:能力。奉:通"俸",俸禄。

【译文】

官吏的富有和显贵,是由混乱的政事所造成的。明智君主的治国办法是:任用贤能的人,推崇忠于职守的人,奖赏有功劳的人。……君主给臣下的权势足够他们执行法令,给他们的俸禄足够他们办好公事,因而谋取私利的行为就无从发生,这样,民众即使劳苦也会觉得官府的赋税很轻。担任官职的人不要让他们的权势太大,要让他们的尊荣一定只表现在爵位上;担任官职的人不准谋取私利,要让他们的利益一定只表现在俸禄上。这样,人们就会尊重爵位而看重俸禄。爵位和俸禄,是用来奖赏的;民众看重作为奖赏的爵位和俸禄,国家就能治理好了。

【评说】

韩非"宠必在爵,利必在禄"思想是现代政治中"高薪养廉"策略的原型,这种思想以人们的利益博弈心理为基础,来防止官吏以权谋私、贪污腐败。另外,韩非"高薪养廉"策略还有一层意义,就是有利于激起民众对丰厚奖赏的兴趣,以此达到君主对民众的有效控制。

功名所生,必出于官法

行义示则主威分,慈仁听则法制毁。……明主之道,臣不得以行义成荣,不得以家利为功,功名所生,必出于官法。法之所外,虽有难行,不以显焉,故民无以私名。设法度以齐民,信赏罚以尽能,明诽誉以劝沮。①(《韩非子·八经》)

【注释】

①外:排斥。齐:统一。沮:阻止。

【译文】

个人的德行和道义受到表彰,那么君主的威势就会被分解;宣扬慈善仁爱的言论被听信,那么法律制度就会被破坏。……圣明君主的治国原则是:臣下不得依靠个人的德行和仁义得到荣誉,不能拿给私家谋取利益的事情当作功劳;功劳名誉的取得,一定是依据国家的法制。国家法律所排斥的,即使有难能可贵的德行,也不能因此而得到表彰,这样臣民就没有因为私人的德行而得到名誉的。要设置法律制度来统一百姓的言行,使奖赏惩罚有诚信,以便使臣民充分发挥自己的才能,依靠公开的赞誉和批评来鼓励守法和阻止为私。

【评说】

个人的聪明才智对君主的权威会构成威胁甚至挑战。法家在贬低以仁义德行著称于世的古代圣王明君的同时,对君主进行神化,将君主一人抬举到至高无上的地位,并限制其他人在地位、权力、名誉、威望等各方面超过君主。

急者不得,则缓者非所务

糟糠不饱者不务粱肉,短褐不完者不待文绣。①夫治世之事,急者不得,则缓者非所务也。今所治之政,民间之事,夫妇所明知者不用,而慕上知之论,则其于治反矣。②(《韩非子·五蠹》)

【注释】

①粱:小米。粱肉:指精美的饭食。褐:粗布衣服。文绣:有刺绣的华丽衣服。②慕:崇尚。知:通"智"。

【译文】

那些连糟糠都吃不饱的人是不会去追求什么美味佳肴的,那些连粗布衣服都穿得破烂不堪的人是不会渴望去穿有刺绣的华丽衣服的。同样,治国的政事,紧急的事情如果还没有得到解决,那些不紧迫的事情就不是眼下所要急于做的了。现在治国的政治措施,那些民间都习以为常的事理,普通民众都明白知晓的道理都一概不用,却崇尚连最聪明的人都难以理解的言论,这是在做与治国目的相违背的事。

诸子百家

——法家

【评说】

事情总有轻重缓急之分别,因此做事情要循序渐进、有条不紊地进行,如果不能做到心中有数、统筹兼顾,只顾去找自己喜欢的事情做,或者眉毛胡子一把抓,麻烦堆积到最后,只会积重难返,甚至无法承受。

磐石千里,不可谓富

磐石千里,不可谓富;象人百万,不可谓强。[1]石非不大,数非不众也,而不可谓富强者,磐不生粟,象人不可使距敌也。今商官技艺之士亦不垦而食,是地不垦,与磐石一贯也。儒、侠毋军劳,显而荣者,则民不使,与象人同事也。[2](《韩非子·显学》)

【注释】

①磐石:大石头。象人:俑人,古代殉葬时用木头、陶土做成的假人。②距:通"拒",抵抗。一贯:一样。毋:通"无",没有。

【译文】

一个国家即使拥有千里见方的大石头,也不可称为富有;即使拥有上百万个木偶陶俑,也不可称为强大。石头并非不够广大,木偶陶俑的数量并非不多,却还是不能称为富有和强大,这是因为石头不可以用来生产粮食,木偶陶俑不可以用来抗击敌人。现在那些用钱买得官职的商人和从事技艺活动的人也是不种地而混饭吃,这样,土地得不到开垦,就和不能种植庄稼的大石头一样了。那些儒生和侠客没有战功,却尊贵而荣耀,那么民众也就将不听从使唤,如同木偶陶俑一样了。

【评说】

政治注重现实和功利。古代的战争多是为了夺取土地和人口,富有和强大是君主治理国家的最终目的。可是国土辽阔,人口众多,并不意味着富有和强大。拥有大量土地却不能开垦,与拥有不能种植庄稼的大石头没有什么两样;统治的民众很多却不听从使唤,与拥有大量的假人也没有什么两样。法家所倡导的改革也多是从这两方面着手。但是法家没有看到,职业的多样化能够促进社会的发展和繁荣。

用众而舍寡,不务德而务法

圣人之治国,不恃人之为吾善也,而用其不得为非也。恃人之为吾善也,境内不什数;用人不得为非,一国可使齐。为治者用众而舍寡,故不务德而务法。[1](《韩非子·显学》)

【注释】

①为吾善:自我完善,自觉地做好事。用:使。不什数:数不到十个。什:"十"。

諸子百家——法家

圣人治理国家,不是依靠人们都自觉主动地去做好事,而是要使他们不得为非作歹。依靠人们自觉主动地去做好事,那么全国也数不到十个这样的人;用法制让人们不敢为非作歹,那么就可以使全国的人行动一致。因此,治理国家的人应当采用对多数人有效的统治方法,而舍弃只对少数人才有效的政治措施,所以君主不应该致力于德治,而应该致力于法治。

【评说】

道德倡导人们主动去做正确之事,注重对情感和态度的培育、引导;法律规定人们不得去做什么,关注的是行为的底线。两者所指向的目标不同,功用也不同。但是,提倡道德对法律的实施有辅助作用,而法律的实施对于维护道德也能够产生功效。所以,不管人的性格特征如何千差万别,道德与法律应在各自的范围内协调一致地发挥自己的功用,完成各自的使命。

不随适然之善,而行必然之道

自直之箭,自圜之木,百世无有一,然而世皆乘车射禽者何也? 隐栝之道用也。[1]虽有不恃隐栝而有自直之箭、自圜之木,良工弗贵也。何则? 乘者非一人,射者非一发也。不恃赏罚而恃自善之民,明主弗贵也。何则? 国法不可失,而所治非一人也。故有术之君,不随适然之善,而行必然之道。[2](《韩非子·显学》)

【注释】

①箭:造箭用的竹子。圜:通"圆"。世:代,古代以三十年为一世。隐栝:矫正曲木的工具。②贵:看重。随:随从,追求。适然:偶然。

【译文】

生来就长得笔直的箭竹,生来就长得很圆的树木,一百代也没有一棵,可是世世代代人们都乘坐车子、用箭来射鸟,为什么呢? 那是因为采用了矫正曲木的方法。即使有不用工具进行矫正就自然笔直的箭竹和自然很圆的树木,手艺高超的木匠也不会看重它。为什么呢? 因为坐车的人并不是一个,射箭的人也不是只射一支箭。同样,即使有不依靠奖赏的鼓励和刑罚的管制就自觉去做好事的人,明智的君主也不会看重他。为什么呢? 因为国家的法制不可以丢掉,而所要治理的人也并不只是一个。所以掌握了统治方法的君主,不是去追求少数人偶然的善行,而是要推行能够普遍生效的法治措施。

【评说 】

德治和法治并不构成对立,也不相互妨碍,反而能够相互补充,各得其所,各自有其自身的意义和价值。就像一件工艺品，工厂可以批量生产，满足需求，而手工作坊制作得却更为精致，富有情趣。

劝之以赏，畏之以罚

古者黔首悗密蠢愚，故可以虚名取也。今民儇诇智慧，欲自用，不听上。上必且劝之以赏，然后可进；又且畏之以罚，然后不敢退。①（《韩非子·忠孝》）

【注释】

①黔首：黑头，指民众。悗：通"勉"。悗密：勤勉努力。蠢：通"蠢"。儇诇：机灵狡诈。劝：鼓励。

【译文】

古代的老百姓勤恳纯朴而又愚昧，所以君主可以用虚假的名声就能够争取他们为自己效劳。现在的民众机灵狡诈而又有智谋，想要按照自己的意愿行事，不肯服从君主。因此，君主一定要用赏赐来鼓励他们，这样才能驱使他们服从君主；同时又要用刑罚来威慑他们，这样才能使他们不敢背离君主。

【评说】

国家的原则对民众的思想和行为具有导向作用。一个国家政治清明，老百姓就会诚实厚道，民风淳朴；政治昏暗，民不聊生，老百姓就会无所适从。统治者越是精于计谋、明察秋毫，民众越会机灵狡诈。韩非颠倒了两者之间的主次关系。

以治去治，以言去言

三寸之管毋当，不可满也。①授官爵出利禄不以功，是无当也。国以功授官与爵，此谓以成智谋、以威勇战，其国无敌。国以功授官与爵，则治者省、言有塞，此谓以治去治、以言去言。（《韩非子·饬令》）

【注释】

①毋：通"无"。当：通"挡"，阻隔。无当：没有底。

【译文】

三寸长的竹管如果没有底，就不可能装满。授予官爵、颁发俸禄，如果不按照功劳来进行，就像竹管一样也没有底。国家按照功劳授予官职和爵位，这就叫作用官职爵位来集中智谋，用官职爵位来激励勇敢作战，这样的国家必定天下无敌。国家按照功绩授予官职和爵位，治理国家就省事了，空话也就被杜绝了，这就叫作用适当的政治措施消除不切实际的政治措施，用合法的言论消除空洞的言论。

諸子百家——法家

【评说】

国家的法制必须有一个恒定的标准，对于民众才能有约束力。如果不同的人适用不同的标准，必然会导致一些人钻法律的漏洞，使得法制失去其威严。

法与时移，禁与能变

治民无常，唯治为法。法与时转则治，治与世宜则有功。故民朴，而禁之以名，则治；世知①，维之以刑，则从。时移而治不易者乱，能众而禁不变者削。故圣人之治民，法与时移，而禁与能变。（《韩非子·心度》）

【注释】

①知：通"智"，智巧。

【译文】

治理民众没有一成不变的常规，只要能治理好国家就是好的法治措施。法治措施随着时代的变化而发展，就能治理好国家；法治措施与时代合适，就会产生功效。所以，民众纯朴，只要用赞誉或贬斥就可以治理好他们；人们崇尚智巧，就用刑罚加以约束，民众才能顺从。时代变化了，而治理措施不变的国家就要混乱，玩弄智巧的人很多，而禁令却不改变的国家就会削弱。所以圣人治理民众，法治措施随着时代变化而变化，而禁令也随着玩弄智巧的人的增加而改变。

【评说】

不同时期治理国家应当采取不同的措施，就像教育不同的孩子一样，乖巧的孩子只用鼓励或斥责就已经足矣，而顽皮的孩子可能要适当增加一点体罚措施才能见效。

自攻者人也，攻人者数也

夫治法之至明者，任数不任人。是以有术之国，不用誉则毋适①，境内必治，任数也。亡国使兵公行乎其地，而弗能圉②禁者，任人而无数也。自攻者人也，攻人者数也。故有术之国，去言而任法。（《韩非子·制分》）

【注释】

①毋：通"无"。适：通"敌"。②圉：通"御"。

【译文】

最高明的治国原则，是利用法度而不依靠个人的智慧。所以掌握了统治方法的国家，不任用享有盛誉的贤人，而能够无敌于天下，国内也一定会太平，这是因为利用了法度来治理国家;被灭亡的国家,敌人的军队公然在自己的领土上横行霸道,却不能防御和制止,这是因为治理国家只依靠个人的智慧而没有利用法度。自取灭亡,因为只依靠个人的智慧;能够有力量攻打别的国家,是因为利用了法度。所以掌握了统治方法的国家,总是去除空谈而利用法度。

【评说】

智者千虑,必有一失。贤明的君主、忠实的臣子制定了法度,在实践中不断加以完善,以利国利民,但是标准必须统一,不能朝令夕改。

5.严刑峻法

赏之誉之,罚之毁之

赏之誉之不劝,罚之毁之不畏,四者加焉不变,则其除之。①(《韩非子·外储说右上》)

【注释】

①之:指臣下。劝:勉励,自勉。其:当,表示命令的副词。

【译文】

奖赏他、赞誉他,不能够使他奋勉;惩罚他、诋毁他,也不能够使他畏惧。奖赏、赞誉、惩罚、诋毁这四种手段用到他身上,他都无动于衷,那么就应当除掉他。

【评说】

作为法家永恒不变的治国原则,法、术、势构成了法家的两面三刀。公开的一面,法家高举法治的大旗;私下的一面,在用权力制造威势从心理上威慑民众的同时,运用被称之为"术"的计谋来达到目的。如果仍然达不到目的,法家也不会就此罢休,接下来就让目标从此消失。

言无二贵,法不两适

明主之国,令者,言最贵者也;法者,事最适者也。言无二贵,法不两适,故言行而不轨①于法令者必禁。若其无法令而可以接诈、应变、生利、揣事者,上必采其言而责其实。言当,则大有利;②不当,则有重罪。是以愚者畏罪而不敢言,智者无以讼。③此所以无辩之故也。(《韩非子·问辩》)

【注释】

①轨:合乎。②大利:指厚赏。③讼:争辩。

在明智君主所治理的国家里,命令是最尊贵的言辞;法律是政事的最高准则。除了君主的命令之外的言论就再没有尊贵的了,除了国家的法律之外就再没有第二种准则了,所以言论和行动凡是不符合法令的都必须加以禁止。至于有些言论虽然没有法令根据,但是可以用来对付欺诈、应对事变、产生利益、推断事理,君主一定要在采纳这种言论的同时责求它们的实际效果。言论和实际效果相符的,就给予重赏;言论与实际效果不符的,就给予重罚。这样,不聪明的人就会因为害怕惩罚而不敢说话,聪明的人也没有什么可以争辩的。这是由于君主明智而没有争辩的缘故啊。

【评说】

法家赋予法令以绝对的权威。法令总是以明确的条文形式得到发布和传达,君主用它们来役使民众,就像用指令操控机器的运行一样令行禁止。但即使人能够成为执法和守法的机器,社会中还有一些复杂的事物不能化约为简单的条文,也不能用简单的"对"或"错"加以判别。这样,法家对法治的情结就开始走向偏执,并致力于从思想观念上入手,要求统一思想,禁毁一切与法令不符合的书籍。所以,从商鞅的"燔诗书而明法令"到秦始皇、李斯的"焚书坑儒",都是用野蛮的手段实行思想文化专制的结果。

诸子百家——法家

重一奸之罪而止境内之邪,报一人之功而劝境内之众

治贼,非治所治也;治所治也者,是治死人也。刑盗,非治所刑也;治所刑也者,是治胥靡①也。故曰:重一奸之罪而止境内之邪,此所以为治也。重罚者,盗贼也;而悼惧②者,良民也。欲治者奚疑于重刑!若夫厚赏者,非独③赏功也,又劝一国。受赏者甘利,未赏者慕业,是报一人之功而劝境内之众也,欲治者何疑于厚赏!(《韩非子·六反》)

【注释】

①胥靡:古代犯轻罪而被罚苦役的人。②悼惧:害怕。③非独:不但。报:酬劳。

【译文】

惩治大盗,并不是为了惩治这个被惩治的人;如果仅仅只是惩治这个被惩治的人,那就等于是在惩治一个死人。对小偷用刑,并不是为了惩治这个受刑的小偷;如果仅仅只是惩治这个受刑的小偷,那就等于是在惩治一个普通囚犯。所以说:加重对一个坏人的惩罚以便制止全国的奸邪,这才是惩罚的目的。受到重罚的,是大盗和小偷;而感到恐惧的,是善良的民众。这样的话,想治理好国家的人为什么还要怀疑重刑的威慑力呢?至于那丰厚的奖赏,也并不只是为了奖赏有功的人,而是在激励全国的人。受到奖赏的人乐于得利,没有受到奖赏的人也会羡慕受赏者的功劳,这等于是在奖赏一个人功劳的同时激励了全国的民众。这样的话,想治理好国家的人为什么还要怀疑重赏的作用呢?

赏罚分明原本无可厚非,但是走极端却不值得提倡。刑罚的目的只是为了警醒世人不要犯罪,一旦犯了罪就必须接受惩罚。所以,如何感化民众不去犯罪才是重中之重,而不是采用重刑去威吓他们。

不蹶于山,而蹶于垤

夫以重止者,未必以轻止也;以轻止者,必以重止矣。是以上设重刑者而奸尽止,奸尽止,则此奚伤于民也?所谓重刑者,奸之所利者细①,而上之所加焉者大也。民不以小利蒙大罪,故奸必止者也。所谓轻刑者,奸之所利者大,上之所加焉者小也。民慕其利而傲②其罪,故奸不止也。故先圣有谚曰:"不蹶③于山,而蹶于垤。"④山者大,故人顺之⑤;垤微小,故人易之也。今轻刑罚,民必易之。犯而不诛,是驱国而弃之也;犯而诛之,是为民设陷也。是故轻罪者,民之垤也。是以轻罪之为民道也,非乱国也,则设民陷也,此则可谓伤民矣!(《韩非子·六反》)

【注释】

①细:微小。②傲:不在乎。③蹶:绊倒。④垤:小土堆。⑤顺:通"慎",谨慎对待。

【译文】

用重刑能制止的,用轻刑未必能制止;而用轻刑能制止的,用重刑也一定能制止。所以君主设立了重刑,那么奸邪行为就都能被禁止,奸邪行为都被禁止了,那么重刑对于民众有什么伤害呢?所谓重刑,就是坏人得到的好处很小,而君主对他所施行的惩罚很重。民众不会因为贪图小利而甘愿蒙受很重的惩罚,所以坏事一定会被禁止。所谓轻刑,就是坏人所得到的利益很多,而君主对他所施行的惩罚却很小。民众羡慕做坏事所得到的好处而不在乎做坏事所得到的惩罚,这样,坏事就不会被禁止。所以古代的圣人有句谚语说:人不会被高山绊倒,却会被小土堆绊倒。山很高大,所以人们都能谨慎对待;土堆很小,所以人们轻视它。现在如果采用轻刑,民众必定会轻视刑罚。如果民众犯了罪而不加以惩罚,就等于在驱使国人犯罪而放弃对他们进行治理;如果等到民众犯了罪再惩罚他们,就等于是在给民众设置陷阱。所以,轻微的惩罚,是民众的小土堆。因此,用轻刑作为治理民众的原则,不是在乱国就是在给民众设置陷阱,这可以叫作伤害民众啊!

【评说】

用重刑可以起到警醒民众的作用,但是刑罚只是治理民众的一种措施和手段,不能够一劳永逸;刑罚本身也不是目的,以罚代治,以罚代教,达不到目的,严厉的刑罚也只能在短暂时间内有效。

諸子百家 —— 法家

佟泰则家贫,骄恣则行暴

夫当家之爱子,财货足用。财货足用,则轻用;轻用,则佟泰。^①亲爱之,则不忍;不忍,则骄恣。佟泰,则家贫;骄恣,则行暴。此虽财用足而爱厚,轻刑之患也。(《韩非子·六反》)

【注释】

①佟泰:奢侈无度。泰:过分。

【译文】

主持家务的家长往往会溺爱子女,让子女们的钱财完全够用。但是子女们的钱财完全够用,就会轻易乱花;轻易乱花,就会奢侈无度。家长对子女慈爱,就不忍心严加管教,不忍心严加管教,就会使子女变得骄横放纵。奢侈无度家境就会贫穷,骄横放纵品行就会暴虐。同样,一个国家即使让民众财物充足而且对民众非常仁爱,采用减轻刑罚的措施也还是会造成祸患的。

【评说】

矫枉不能过正。一件事情过于极端往往会走向反面,带来适得其反的结果。仁爱不等于溺爱,严格也不等于严厉。韩非矫正一个极端倾向的同时,自己也陷入另一个极端。儒家的"中庸之道"还是有其合理性的。

赏莫如厚而信,罚莫如重而必

明王峭其法而严其刑也。布帛寻常,庸人不释;铄金百溢,盗跖不掇。不必害,则不释寻常;必害手,则不掇百溢。^①故明主必其诛也。是以赏莫如厚而信,使民利之;罚莫如重而必,使民畏之;法莫如一而固,使民知之。故主施赏不迁,行诛无赦,誉辅其赏,毁随其罚,则贤、不肖俱尽其力矣。(《韩非子·五蠹》)

【注释】

①峭:严峻。布:棉麻织品。帛:丝织品。寻常:古代长度单位,八尺为一寻,两寻为一常。铄:熔化。溢:通"镒",古代重量单位,二十两为一镒。掇:拾取。必:坚决执行。

【译文】

明智的君王总是立法严峻,用刑严厉。一丈左右的布匹,平常的人也舍不得放手;熔化着的黄金即使很多,盗跖也不敢去捡。一种东西如果不一定有害,那么就是一丈长的布匹人们也不肯放弃;如果一定会伤害到手,那么即使有很多黄金人们也不敢去捡。因此明智的君主一定要严格地施行刑罚。所以施行奖赏应当从优而且要说到做到,使人们贪图它;施行惩罚应当严厉而且要坚决执行,使人们畏惧它;制定的法律应当统一而且要固定不变,使民众都能牢记它。所以君主施行奖赏不要随意变动,执行刑罚不要有赦免的情况。对人进行奖赏时要给予他荣誉,对人进行处罚时要毁坏他的名声,这样,贤能的人和不贤能的人就都会为君主竭尽全力。

【评说】

执行刑罚,绝不手软;施行奖赏,言而有信;赏罚分明,执法如山。这些举措较为符合法治的表面特征。但是韩非的法治并不彻底,因为在这中间仍然掺入了不属于法治的东西,那就是试图对个人名声作法律分外的毁誉,这显然是在施展人治的伎俩。

重刑明民,大制使人

重刑明民,大制①使人,则上利。行刑,重其轻者,轻者不至,重者不来,此谓以刑去刑。罪重而刑轻,刑轻则事②生,此谓以刑致刑,其国必削。(《韩非子·饬令》)

【注释】

①大制:重要的法律制度。②事:指违法的事。

【译文】

加重刑罚让民众知道什么事情可以做、什么事情不可以做,用重大的法律制度去役使民众,这对国君很有利。施行刑罚,对罪行轻微的人使用重刑,犯轻罪的人就不会出现,犯重罪的人更不会出现了,这叫作用刑罚消除刑罚。罪行严重却使用轻的刑罚,犯轻罪的事情就要发生,这叫作用刑罚招致刑罚,这样的国家必然会削弱。

【评说】

法家认为,法制只要符合广大民众的实际利益就能使民众心服口服,即使手段强硬也会赢得民心。但是,过多过频的重刑会激起民愤,一味地压制只会适得其反,历史上陈胜、吴广起义就是一个例证。

6.集权专制

失刑德之患

为人臣者畏诛罚而利庆赏,故人主自用其刑德,则群臣畏其威而归其利矣。①故世之奸臣则不然②,所恶,则能得之其主而罪之;所爱,则能得之其主而赏之。今人主非使赏罚之威利出于己也,听其臣而行其赏罚,则一国之人畏其臣而易其君,归其臣而去其君矣。③此人主失刑德之患也。夫虎之所以能服狗者,爪牙也,使虎释其爪牙而使狗用之,则虎反

服于狗矣。(《韩非子·二柄》)

【注释】

①庆赏:奖赏,"庆"与"赏"同义。利庆赏:以庆赏为利,意指贪图奖赏。故世之奸臣则不然:②故,通"顾",但是。③则:却。易:轻视。

【译文】

做臣子的人,往往畏惧刑罚而贪图奖赏,所以君主独自行使刑罚和奖赏两项权力,那么群臣们就会畏惧君主用刑的威势而一心想着得到君主奖赏的好处。但是世上的奸臣却不是这样,对于他所憎恶的人,能够从君主那里窃取惩罚的权力来对他们进行惩罚;对于他所喜欢的人,能够从君主那里窃取赏赐的权力来对他们进行奖赏。现在如果君主自己不掌握惩罚的威势和奖赏的利禄,而是听任自己的臣下去施行奖赏和惩罚,那么全国的人就都会畏惧权臣而怠慢君主,投靠权臣而背离君主了。这是君主失去惩罚和奖赏两个权柄造成的祸患。老虎之所以能制服狗,是因为有强劲锐利的爪子和牙齿,如果老虎不用自己的爪子和牙齿而让给狗来用它,那么老虎反而会被狗制服。

【评说】

强龙不压地头蛇,老虎被狗制服一类的事情也屡见不鲜。韩非对君臣之间君主的优势和隐患分析得十分精辟,但是,怂恿君主严加防范大权旁落,也会致使君主狐性多疑而滥施暴力。

为人君者,数披其木

为人君者,数披其木,毋使木枝扶疏;木枝扶疏,将塞公间,私门将实,公庭将虚,主将壅围。①数披其木,无使木枝外拒;木枝外拒,将逼主处。数披其木,毋使枝大本小;枝大本小,将不胜春风;不胜春风,枝将害心。②(《韩非子·二柄》)

【注释】

①数:多次。披:砍削,修整。木:喻指朝廷大臣。扶疏:枝叶茂盛的样子。公间:公门,指官府。壅围:堵塞,包围。②外拒:向外伸出。本:树干,指君主的势力。春风:喻指政治形势的变动。

【译文】

作为君主,应当像经常修整大树一样修整自己的臣僚权贵,不要使大树的枝叶茂盛。大树枝叶茂盛,将会堵塞官府,大臣私家就会集结各种势力,而朝廷的权势将会变得虚弱,君主将被臣僚权贵们的势力遮蔽包围。君主经常修整这些大树,不要使大树枝干横生;枝干横生,将会威逼到君主的处所。经常修整这些大树,不要让树枝大而树干小,树枝大而树干小,将承受不起春风;不能承受春风,树枝将会危及树心。

【评说】

法家对一些政治规律有着十分深刻和独到的认识,然而这种敏锐的洞察力不幸用错了地方,将一些矛盾因素无限放大,致使人人都成为自己假想中的敌人,同时其自身也沉陷在自己的想象中与不一定存在的敌人作无谓的精神较量。

人臣有大罪,人主有大失

人臣有大罪,人主有大失,臣主之利相与异者也。何以明之哉?曰:主利在有能而任官,臣利在无能而得事;主利在有劳而爵禄,臣利在无功而富贵;主利在豪杰使能,臣利在朋党用私。[①](《韩非子·孤愤》)

【注释】

①相与异:相互对立。得事:得到任用。豪杰:指有智谋的人。使能:发挥才能。用私:指任用党羽。

【译文】

臣下犯下严重的罪行,是因为君主有重大的过失,臣下和君主之间的利害关系是相互对立的。为什么这么说呢?那是因为:君主的利益在于让有才能的人担任官职,而臣下的利益在于没有才能而想能够得到职位;君主的利益在于把爵位和俸禄授给有功劳的人,而臣下的利益在于没有功劳而想能够得到富贵;君主的利益在于让有智谋的人发挥出才能,而臣下的利益在于想结党营私而任用他的党羽。

【评说】

在法家看来,每个人都想拼命获得更多更大的利益,这样,人与人之间的利益就会不可避免地截然对立。法家看到了社会上的一些基本事实,但是经过法家不适当地夸大和渲染,人与人之间的一些分歧和对立很容易成为难以调和的矛盾。

美下而耗上,妨义之本

简主[①]谓左右曰:"车席泰美。夫冠虽贱,头必戴之;屦虽贵,足必履之。今车席如此大美,吾将何屦以履之?夫美下而耗上,妨义之本也。"[②](《韩非子·外储说左下》)

【注释】

①简主:指赵简子。②泰:通"太"。屦:用麻、葛制成的鞋。屩:草鞋。耗:耗费,破费。

赵简子对身边的侍从说："车上铺的席子太华美了。帽子即使做得粗糙而价格低廉，头也一定要把它戴在上面；鞋子即使做得精美而价格昂贵，脚也一定要把它踩在下面。现在车上铺的席子像这个样子，也太华美了，我将穿什么样子的鞋子把它踩在下面呢？美化了下面的东西，而又耗费了上面的东西，这真是伤害礼义的祸根啊！"

【评说】

君应有君的样子，臣应有臣的样子，父应有父的样子，子应有子的样子，君臣父子，各处其位，各司其职，整个社会就会有序不乱。

诸子百家——法家

人主以一国目视，以一国耳听

申子言："治不逾官，虽知弗言。""治不逾官"谓之守职也可；"知而弗言"，是不谓过也。人主以一国目视，故视莫明焉；以一国耳听，故听莫聪焉。[①]今知而弗言，则人生尚安假借[②]矣？（《韩非子·定法》）

【注释】

①逾：超越。言：这里指告发。聪：听觉灵敏。②假借：借助。

【译文】

申不害说过："官吏处理政事不能超越自己的职权，对于职权以外的事情即使知道也不要说。""处理政事不能超越自己的职权"，是说要谨守各自的职责，这是对的；至于"对于职权以外的事情即使知道也不要说"，这就是要人们都不去告发别人的罪过。君主用全国人的眼睛来观察，所以没有谁能比他看得更明白；用全国人的耳朵来聆听，所以没有谁能比他听得更清楚。现在要是人们都知道谁有罪过而不去告发，那么君主还依靠什么去了解情况呢？

【评说】

申不害的意图是让臣下对君主唯命是从，不该知道的不能知道；不该做的（或不该说的）不能做（或不说），臣下除了听命于君主之外，没有任何个人主张和秘密。不过，"姜还是老的辣"，韩非不愧为法家思想的集大成者。

在韩非看来，臣下还有充当君主耳目的责任和义务，既为耳目，就要有一定的自主权。于是，除了最遭诟病的严刑峻法之外，法家又发明了如告发、举报、株连等一些罪恶的整人手段，令人人自危。

太上禁其心，其次禁其言，其次禁其事

凡治之大者，非谓其赏罚之当也。赏无功之人，罚不辜之民，非所谓明也。赏有功，

罚有罪,而不失其人,方^①在于人者也,非能生功止过者也。是故禁奸之法:太上^②禁其心,其次禁其言,其次禁其事。(《韩非子·说疑》)

【注释】

①方:仅仅。②太上:最重要的,首要的。

【译文】

治理国家最重要的事情,并不是指君主的赏罚得当。奖赏没有功劳的人,处罚没有罪过的人,当然不是通常所谓的明察。但是,奖赏有功劳的人,惩罚有罪过的人,而又能做到赏罚得当,作用还仅仅局限在受赏受罚的个别人身上,并不能产生新的功劳和禁止新的罪过。所以禁止奸邪的办法,最重要的是禁止他们的思想,其次是禁止他们的言论,再次是禁止他们的行为。

【评说】

这是法家禁止思想言论自由的先声。法家不满足于它所极力鼓吹的有功则赏、有过则罚、赏罚得当这样一种简单的法治模式,开始露出它狰狞的面目,试图沿着由行为而至言论再至思想这样一个顺序抢占专制的制高点。

不令之民

夫见利不喜,上虽厚赏,无以劝之;临难不恐,上虽严刑,无以威之。此之谓不令^①之民也。……有民如此,先古圣王皆不能臣,当今之世,将安用之?(《韩非子·说疑》)

【注释】

①不令:不听从命令。

【译文】

见到利益也不欢喜,那么这种人即使君主设置了丰厚的奖赏,也无法勉励他;遇到危难也不惊恐,那么这种人即使君主设立了严厉的刑罚,也不能威慑他。这样的人就叫作不能使唤的人。……如果有了像这样的民众,那么连古代的圣明君王都不能使他们臣服,处在现在这个时代,又怎么能役使他们呢?

【评说】

法家看到了自己法治思想中的漏洞。对于

青铜剑(春秋)

诸子百家——法家

亡命之徒,法家会采取以恶制恶、以暴制暴的严刑重罚予以剪除。但是,如果遇到节义之士,既不能恐吓威慑,又无法收买拉拢、威逼利诱,法家将无计可施。

意欲不宰于君,则不可使

使人不衣不食而不饥不寒,又不恶死,则无事上之意。意欲不宰①于君,则不可使也。今生杀之柄在大臣,而主令得行者,未尝有也。虎豹必不用其爪牙而与鼹鼠同威,万金之家必不用其富厚而与监门同资。②(《韩非子·八说》)

【注释】

①宰:主宰,控制。②必:假如。鼹鼠:小家鼠。监门:指看门人。

【译文】

假如人们不穿衣不吃饭却不感到饥饿也不感到寒冷,又不厌恶死亡,就不会有侍奉君主的心意了。人们的想法和欲望不被君主所控制,那么就不可能被君主役使。生杀予夺的大权掌握在大臣手中,而君主的命令仍然能够得以执行的,这种事情还从来没有过。虎、豹如果不使用自己的利爪和牙齿,那么它们的威风就会和小老鼠一样了,拥有万金财产的人家如果不动用自己的财富,那么他们的物质生活条件也就和贫穷的看门人一样了。

【评说】

韩非思想善于利用人性中的弱点或人自身的不足达到目的。韩非把治理民众当作与敌人打仗,主张君主应当利用人的欲望而役使他们,这与儒家"无欲则刚"的思想刚好相反,也与中国人一向推崇的"富贵不能淫,贫贱不能移,威武不能屈"的气节相去甚远。

废置无度则权渎,赏罚下共则威分

凡治天下,必因人情。人情者,有好恶,故赏罚可用,赏罚可用,则禁令可立而治道具矣。君执柄以处势,故令行禁止。柄者,杀生之制也;势者,胜众之资也。废置无度则权渎,赏罚下共则威分①。(《韩非子·八经》)

【注释】

①具:完备。柄:权力,权柄。渎:轻慢。

【译文】

凡是治理天下,一定要依据人之常情。人之常情,有爱好和厌恶,这使得奖赏和刑罚措施能够派上用场;奖赏和处罚能派上用场,那么禁令法度就可以建立起来,这样治国的措施也就完备了。君主掌握了权柄并据有威势,就可以做到令行禁止。权柄,是决定臣

诸子百家——法家

民生死的大权;威势,是制服民众的凭借。罢免和任用官吏如果没有法度作为依据,那么君主的权力就不神圣了;奖赏和处罚的大权如果和臣下共同分享,那么君主的威势就被瓜分了。

【评说】

韩非过于迷信权势。集权专制的最终结果往往导致民怨沸腾。退一步海阔天空,从历史上看,明智的君王懂得与民众分享权力,崇尚"民为重,君为轻",其结果反而赢得了民心,稳固了政权。

以法为教,以吏为师

明主之国,无书简之文,以法为教;无先王之语,以吏为师;无私剑之捍,以斩首为勇。[1]是境内之民,其言谈者必轨于法,动作者归之于功,为勇者尽之于军。[2](《韩非子·五蠹》)

【注释】

①书简:书籍。古代把字写在竹简上,所以称为书简。捍:通"悍",强悍。②轨:符合,遵循。动作者:指从事劳动的人。功:这里指农耕。

【译文】

明智的君主所统治的国家,要废除古代典籍中的经典,而应当以法令作为教材;禁绝古代帝王的道德言论,而应当以官吏作为老师;制止游侠武士的侠义活动,而应当把杀敌立功视为勇敢行为。这样,国内的民众,那些擅长言谈的人的言论自然就会遵循法令,从事劳动的人就会去致力于农耕生产,逞强好胜的人就会到军事战斗中去竭尽全力。

【评说】

敢言人所不敢言,敢做人所不敢为,是法家思想的一贯风格。法家不惜以耸人听闻的言论来让世人为之惊愕,尽管"以法为教""以吏为师"思想是针对当时的社会实际情况提出的,但是随着秦王朝的灭亡,法家作为一个学派已经不复存在,而其给人留下的严刑峻法、刻薄寡恩的印象依然挥之不去。

忠臣之事君也,非竞取君之国

孝子之事父也,非竞①取父之家也;忠臣之事君也,非竞取君之国也。夫为人子而常誉他人之亲曰:"某子之亲,夜寝早起,强力②生财以养子孙臣妾。"是诽谤其亲者也。为人臣常誉先王之德厚而愿③之,是诽谤其君者也。(《韩非子·忠孝》)

【注释】

①竞:争夺。②强力:极力。③愿:羡慕。

諸子百家——法家

孝子孝敬父亲,不是为了夺取父亲的家产;忠臣效忠君主,不是为了夺取君主的国家。倘若做儿子的常常赞誉别人的父亲说:"某人的父亲,晚睡早起,努力创造财富,来供养子孙奴婢。"这是诽谤自己父母的行为。如果做臣子的常常称颂古代帝王的德行高尚并表示敬仰,这就是诽谤自己君主的行径。

【评说】

父母基于与子女血缘上的亲情关系,必然会履行自己的义务,无须子女的监督;子女如果称羡别人的父母,就属于不敬和无礼。但是韩非以此类推来说明臣民的颂古非今行为属于诽谤君主,则难以说得通,因为君主与臣民之间缺乏父子之间的情义,按照韩非的设想,君主并没有为臣民利益考虑的初衷。

7.故事轶闻

韩昭侯罪侍者

昔者韩昭侯醉而寝,典冠者见君之寒也,故加衣于君之上。觉寝而说,问左右曰:"谁加衣者?"左右对曰:"典冠。"君因兼罪典衣与典冠。①其罪典衣,以为失其事也;其罪典冠,以为越其职也。非不恶寒也,以为侵官之害甚于寒。①(《韩非子·二柄》)

【注释】

①韩昭侯:战国时期韩国君主。典冠:给君主掌管帽子的近侍。说:通"悦"。②典衣:给君主掌管衣服的近侍。恶:厌恶。侵官:越职,超越职权范围。官:官职。

【译文】

从前,韩昭侯喝醉了酒睡着了,掌管帽子的侍从看到君主受凉,就在君主的身上盖了衣服。韩昭侯醒来后很高兴,问身边的一个侍从说:"给我盖衣服的人是谁?"侍从回答说:"是给您掌管帽子的侍从。"韩昭侯就同时处罚了掌管衣服的侍从和掌管帽子的侍从。君主处罚掌管衣服的侍从,是认为他疏忽了自己的职责;君主处罚掌管帽子的侍从,是认为他超越了自己的职权。韩昭侯不是不怕受凉挨冻,而是认为超越职权的危害比受凉挨冻更为严重。

【评说】

本来属于责任,现在成了权力;本来属于善行,现在成了罪过。韩非曾经借用"郑人买履"的寓言嘲讽儒家固守德治而不知变通。但是韩昭侯只相信职责而不相信善行,相

诸子百家 —— 法 家

比于那个只相信尺子而不相信自己脚的郑国人，应该是五十步笑百步吧！

和氏之璧

楚人和氏得玉璞楚山中，奉而献之厉王。厉王使玉人相之，玉人曰："石也。"王以和为诳，而刖其左足。及厉王薨，武王即位。①和又奉其璞而献之武王。武王使玉人相之，又曰："石也。"王又以和为诳，而刖其右足。武王薨，文王即位。和乃抱其璞而哭于楚山之下，三日三夜，泣尽而继之以血。王闻之，使人问其故，曰："天下之刖者多矣，子奚哭之悲也？"和曰："吾非悲刖也，悲夫宝玉而题之以石，贞士而名之以诳，此吾所以悲也。"王乃使玉人理其璞而得宝焉，遂命曰"和氏之璧"。②（《韩非子·和氏》）

【注释】

①和氏：卞和，春秋时期楚国人。玉璞：未经加工雕琢的玉石。楚山：即荆山，位于今湖北省南漳县境内。厉王：指楚武王熊通之兄蚡冒，名熊眴，在位时间是公元前757年至公元前741年。楚武王熊通在位时间为公元前740年至公元前690年。楚武王熊通的儿子即下文的楚文王熊赀，在位时间为公元前689年至公元前677年。②玉人：玉匠。相：鉴定。诳：欺骗。刖：古代一种砍脚的酷刑。薨：古代称君主之死叫薨。奚：为什么。题：评定。理：加工。璧：美玉的通称。

【译文】

楚国人卞和在楚山中得到一块玉石，就双手捧着把它献给楚厉王。楚厉王让玉匠对玉石作了鉴别，玉匠说："这是块石头。"楚厉王认为卞和是在欺骗自己，就叫人砍掉了他的左脚。楚厉王死后，楚武王即位。卞和又双手捧着他的玉石把它献给楚武王。楚武王让玉匠鉴别它。玉匠还是说："这是块石头。"楚武王也认为卞和是在欺骗自己，就叫人砍掉了他的右脚。楚武王死后，楚文王即位。卞和就抱着他的玉石在楚山脚下痛哭，哭了三天三夜，眼泪哭干了，接着流出血来。楚文王听到这个消息，就派人询问原因，问他说："天下被砍掉脚的人很多，你为什么要哭得这样悲伤呢？"卞和说："我不是因为被砍掉了脚而悲伤，我悲伤的是宝玉却被认定为石头，忠贞诚实的人却被说成是骗子，这才是我悲伤的原因啊。"楚文王就派玉匠雕琢这块玉石，果然得到的是一块宝玉，就把它命名为"和氏之璧"。

【评说】

道家把道视为珍宝，说在圣人披着的不起眼的粗布衣服下面，揣着真正的宝物，然而没有人能够识别；儒家以仁为宝物，以"非诚勿扰"的姿态等待求贤若渴的君王登门访求；法家视法术为珍宝，主张臣下应当为了君主的利益而毛遂自荐。但是，存心为人着想，也可能会反遭不公正的对待甚至迫害。韩非也意识到，面对嗜杀的君主，哪怕是进献宝物也会凶多吉少。不可思议的是，进献宝物只为成全君主的一己之私，卞和不知何故心意

诸子百家——法家

如此赤诚？为真理而献身的精神固然可贵，但是为谬论而献身不仅愚昧，而且可悲。

赵襄主学御

赵襄主学御于王子于期，俄而与于期逐，三易马而三后。①襄主曰："子之教我御，术未尽也？"对曰："术已尽，用之则过也。凡御之所贵，马体安于车，人心调于马，而后可以进速致远。今君后则欲逮臣，先则恐逮于臣。夫诱道争远，非先则后也。而先后心皆在于臣，上何以调于马？此君之所以后也。"②（《韩非子·喻老》）

【注释】

①赵襄主：即赵襄子，晋国六卿之一。王子于期：即王良，赵襄子的家臣，善于驾驭车马。逐：指赛马。易马：换马。②术：技巧，方法。贵：重视，看重。安：安稳。调：协调一致。逮：赶上。上：通"尚"，还。

【译文】

赵襄子向王良学习驾驭马车，不久就和王良进行赛马比赛，但是比赛过程中赵襄子与王良换了三次马，三次都落在王良的后面。赵襄子说："你教我驾车，驾车技术还没有全部教给我吗？"王良说："驾车技术全部都教给你了，只是你在运用的时候有失误。凡是驾驭车马最应当注意的是：马的身体套在车子上要安稳，人的注意力和马的动作要协调一致，这样才能够跑得快、奔得远。现在你落在后面就想赶上我，跑在前面又担心被我追上。引导马在路上做远程赛跑，不是跑在前面，就是跑在后面，而无论在前面还是在后面，你的注意力都放在了我身上，还怎么能够和马保持协调一致呢？这就是你落在后面的原因。"

【评说】

瞻前顾后、患得患失只会分散注意力，造成精神不集中。在通往成功的路上，往往只需要安于本分，着眼于办好自己职责范围内的事，就自然能够达到目的。

子夏见曾子

子夏见曾子。曾子曰："何肥也？"对曰："战胜，故肥也。"曾子曰："何谓也？"子夏曰："吾入见先王之义，则荣之；出见富贵之乐，又荣之。①两者战于胸中，未知胜负，故臞。②今先王之义胜，故肥。"（《韩非子·喻老》）

【注释】

①子夏：卜商，字子夏，孔子弟子。肥：胖。荣：引以为荣，引申指喜欢。②臞：消瘦。

【译文】

子夏去见曾子。曾子说："你怎么变胖啦？"子夏回答说："打了胜仗，所以胖了。"曾

诸子百家——法家

1082

子说:"你这话是什么意思?"子夏说:"我在家里学到古代先王们所崇尚的仁义道德,感到十分喜欢;出门看到荣华富贵的乐趣,又感到十分羡慕。两种不同的想法在心里斗争,不分胜负,所以就消瘦了。现在先王们所崇尚的那些仁义道德在我心里取胜了,所以我就胖了。"

【评说】

战胜别人也许并不难,克服自己的缺点、打消自己的不良念头,恐怕就不是一件容易的事了。按照老子的说法,战胜别人,只能算是有力量;战胜自己,才能算是强大。这所谓:心宽体胖。

蚤虱之人

子圉见孔子于商太宰。孔子出,子圉入,请问客。太宰曰:"吾已见孔子,则视子犹蚤虱之细者也。吾今见之于君。"子圉恐孔子贵于君也,因谓太宰曰:"君已见孔子,亦将视子犹蚤虱也。"太宰因弗复见也。[1](《韩非子·说林上》)

【注释】

①子圉:人名。见:引见。商:宋国的别名。太宰:官名,相当于宰相。客:客人,这里指孔子。细:微小。

【译文】

子圉把孔子引见给宋国的太宰。孔子从太宰的宅中出来后,子圉又走进去,问太宰刚才接见的客人怎么样。太宰说:"我见到了孔子,再看您就像跳蚤虱子一样微不足道了。我现在就要把他引见给国君。"子圉怕孔子被国君重用,于是就对太宰说:"国君见到孔子以后,也会把您看作跳蚤虱子了。"太宰于是就不再向国君引见孔子了。

【评说】

由于妒忌心作怪,从下级开始一级蒙蔽一级,导致国家选拔不到合适的人才。不过之所以被下级蒙蔽,上级自身也有责任,往往都是因为自己私心太重、贪图便宜从而听信谗言、让下级钻了空子的缘故。

子胥出走

子胥出走,边侯得之。子胥曰:"上索我者,以我有美珠也。今我已亡之矣。我且曰:'子取吞之。'"候因释之。[1](《韩非子·说林上》)

【注释】

①子胥:即伍子胥,名员,春秋时楚国人。伍子胥因父亲伍奢、兄长伍尚均遭楚平王

诸子百家——法家

杀害,被迫出逃投奔吴国。边侯:防守边界的官吏。索:搜求,搜捕。亡:丢失。

【译文】

伍子胥从楚国出逃,防守边界关卡的官吏抓住了他。伍子胥说:"君主搜捕我,是因为我有颗美丽的宝珠。现在我已经把它弄丢了。你如果把我抓去,我就对国君说:'是您把它拿去吞食了。'"守关的官吏害怕自己被国君剖腹取珠就把他释放了。

【评说】

这是一个关于道德与智慧孰轻孰重的难题。伍子胥急中生智,略施小计挟制守关者,使他因害怕被开膛割肚,而让伍子胥得以逃脱。这对守关者的诚实守信也是一个无情的嘲讽。

鲁人徙越

鲁人身善织屦,妻善织缟,而欲徙于越。或谓之曰:"子必穷矣。"鲁人曰:"何也?"曰:"屦为履之也,而越人跣行;缟为冠之也,而越人被发。①以子之所长,游于不用之国,欲使无穷,其可得乎?"(《韩非子·说林上》)

【注释】

①身:自己。缟:白色生绢,可做帽子。跣:赤脚。被:通"披",分散。

【译文】

有个鲁国人自己善于编织草鞋麻鞋,他的妻子善于编织生绢,他们打算搬迁到越国去住。有人对他说:"你一定会变穷困的。"这个鲁国人问:"为什么呢?"那人说:"草鞋麻鞋是穿在脚上的,然而越国人喜欢光着脚走路;生绢是用来做帽子的,然而越国人喜欢披头散发。拿你的长处,跑到用不着你长处的国家去奔波,要想不穷困,那怎么可能呢?"

【评说】

制定决策应当符合实际情况,不能一厢情愿。否则,即使是英雄也有可能会遭遇无用武之地的尴尬。这里有一个笑话:一个鞋业公司的老板,派两个推销员去非洲推销鞋子。其中一个推销员懊丧地回来报告说:"那个地方没人穿鞋子。"另一个推销员在非洲打电话回来兴奋地说:"这里的市场太大了,没有一个人有鞋子。"

卫人嫁女

卫人嫁其子而教之曰:"必私积聚。为人妇而出,常也;其成居,幸也。"①其子因私积聚,其姑以为多私而出之。其子所以反者,倍其所以嫁。其父不自罪于教子非也,而自知其益富。今人臣之处官者,皆是类也。②(《韩非子·说林上》)

【注释】

①卫:诸侯国名,范围包括今河南省东北部以及山东、河北省部分地区。子:指女儿。出:休妻,把妻子赶回家。成:终。成居:终身住在一起。②姑:婆婆。知:通"智"。

【译文】

有个卫国人出嫁女儿时教导她说:"一定要私下积聚财物。做人家的妻子而被休回娘家,是常有的事;那终生能够在一起的情况,是很侥幸的事。"他的女儿于是就私下积聚财物。女儿的婆婆发现她私下积聚很多财物,一气之下就把她赶回了娘家。他女儿带回来的财物,比他当时给女儿的嫁妆还多了一倍。做父亲的不怪罪自己教育女儿方面的不对,反而认为这样增加财富是聪明的做法。现在处在官位上的臣子,都是这一类人。

【评说】

自私的人往往把自私当作明智,把非法谋取的利益看作自己的财富,把损人利己看作正当的生存之道。殊不知,到头来不仅会是一场空,而且还将自食恶果。真正的智慧并不是自私者所谓的聪明。

杨布击狗

杨朱之弟杨布衣素衣而出。天雨,解素衣,衣缁衣而反,其狗不知而吠之。①杨布怒,将击之。杨朱曰:"子毋击也,子亦犹是。曩者使女狗白而往,黑而来,子岂能毋怪哉?"②(《韩非子·说林下》)

【注释】

①杨朱:字子居,战国时魏国人。缁:黑色。②曩:从前,这里指刚才。女:通"汝",你。

【译文】

杨朱的弟弟杨布穿着白色的衣服出门。回来的时候天下雨了,他就脱掉了白色衣服,穿着黑色的衣服回来,他家的狗不认识他,就对他乱叫。杨布很生气,就要打它。杨朱说:"你不要打它,你自己也会像这样的。刚才假如你的狗出去时是白色的,回来却变成了黑色,你难道能不奇怪吗?"

【评说】

为人处世不能仅仅注重形式。在社会交往中,以貌取人往往会出错。同样道理,认识事物的关键是抓住本质,而不能仅仅拘泥于表面现象。

三虱相争

三虱相与讼。一虱过之,曰:"讼者奚说?"三虱曰:"争肥饶之地。"一虱曰:"若亦不患腊之至而茅之燥耳,若又奚患?"于是乃相与聚嘬其母而食之。彘臞,人乃弗杀。[1](《韩非子·说林下》)

【注释】

①讼:争辩。若:你们。腊:祭礼的名称,周历十二月(夏历十月)举行腊祭,需要杀猪祭神。燥:燃烧。嘬:吸血。母:母体,这里指虱子所寄生的猪。彘:猪。

【译文】

三只虱子互相争吵。有一只虱子从旁边路过,问道:"你们争吵些什么呢?"三只虱子说:"我们在争夺猪身上最肥腴的地方。"那只过路的虱子说:"你们不担心腊祭一到,主人用茅草把猪连带你们一起都烧烤死啊,你们又何必在这点上计较呢?"于是这三只虱子便互相聚在一起吮吸猪身上的血。猪变得消瘦了,主人就不杀它了。

【评说】

目光短浅,只顾眼前利益,是不明智的。人们常常为眼前利益忙得不亦乐乎,却忽视了长远利益,甚至于置即将到来的危害于不顾。

防患于未然

有与悍者邻,欲卖宅而避之。人曰:"是其贯将满矣,子姑待之。"[1]答曰:"吾恐其以我满贯也。"遂去之。故曰:物之几者,非所靡也。[2](《韩非子·说林下》)

【注释】

①贯:穿钱的绳子。贯将满:绳子上穿的钱将满,比喻作恶多端,将要自食其果。②几:危险。靡:迟缓,拖拉。

【译文】

有个人与一个凶暴的人做邻居,想把自己的房子卖掉从而避开这个凶暴的人。有人对他说:"这个凶暴的人就要恶贯满盈了,你暂且等着他自食其果吧。"准备卖掉房子的人回答说:"我怕他是因为害了我才恶贯满盈的啊。"于是就离开了那个凶暴的人。由此可见,事情到了危险的地步,是不能拖拉的。

【评说】

"防患于未然"从来都是至理名言。不要对危险的人或事抱有侥幸心理或者心存幻想,如果不能够从根本上消除隐患,最好还是采取必要的防患措施。

中行文子出亡

晋中行文子[1]出亡,过于县邑。从者曰:"此啬夫[2],公之故人。公奚不休舍?且待后车。"文子曰:"吾尝好音,此人遗我鸣琴;吾好佩,此人遗我玉环,是振我过者也。[3]以求容于我者,吾恐其以我求容于人也。"乃去之。果收蚊子后车二乘,而献之其君矣。(《韩非子·说林下》)

【注释】

①中行文子:即荀寅,晋国执政的六卿之一。中行是以官职为姓氏,文子是其谥号。②啬夫:约束官吏的长官。③遗:赠送。振:振作,这里指助长。

【译文】

晋国的中行文子出境逃亡,经过一个县城。他的随从说:"这个地方的长官,是您的老相识。您何不到他那里留宿呢?也算是等一等后面随行的车马了。"中行文子说:"我曾经喜好音乐,这个人就赠送给我一把音色很好的琴;我喜欢佩戴玉器,这个人就赠送给我玉环,这是助长我的过失。以前他用投我所好的办法来讨好我,我怕他现在拿我再去讨好别人。"于是就离开了这个县城。果然,这个地方的长官扣留了中行文子后面的两辆车子,将其献给自己的主子。

【评说】

投人所好的人往往醉心于物质利益,他们往往会将更大的利益作为追逐的目标,谁得势就巴结谁,甚至于不惜出卖自己的朋友和家人。

真鼎与假鼎

齐伐鲁,索谗鼎,鲁以其雁往。[1]齐人曰:"雁也。"鲁人曰:"真也。"齐曰:"使乐正子春来,吾将听子。"[2]鲁君请乐正子春,乐正子春曰:"胡不以其真往也?"君曰:"我爱之。"答曰:"臣亦爱臣之信。"(《韩非子·说林下》)

【注释】

①谗鼎:一种上部大下部小的鼎。②雁:通"赝",假的。乐正子春:春秋时期鲁国人,孔子弟子曾子(曾参)的弟子,以孝闻名,乐正是以官为姓。

【译文】

齐国讨伐鲁国,向鲁国索要谗鼎。鲁国拿了一个假的送去。齐国人说:"这是假的。"鲁国人说:"是真的。"齐国人说:"你们派乐正子春来证明说是真的,我们就相信你们。"

鲁国的国君就准备请乐正子春去做假证,乐正子春说:"为什么不把真的送去呢?"鲁国的国君说:"我爱惜宝鼎,舍不得送去。"乐正子春说:"我也爱惜我的信誉。"

【评说】

君子将美德作为不换的宝玉藏于心间,而小人心中有的只是金银之物并奉若至宝。

三人成虎

庞恭与太子质于邯郸[①],谓魏主曰:"今一人言市有虎,王信之乎?"曰:"不信。""二人言市有虎,王信之乎?"曰:"不信。""三人言市有虎,王信之乎?"王曰:"寡人信之。"庞恭曰:"夫市之无虎也明矣,然而三人言而成虎。今邯郸之去魏也远于市,议臣者讨过于三人,愿王察之。"庞恭从邯郸反,竟不得见。[②](《韩非子·内储说上七术》)

【注释】

①庞恭:人名,魏国臣子。邯郸:赵国国都,位于今河北省邯郸市西南。②去:距离。反:通"返"。竟不得见:终于不能晋见魏王。指最后魏王还是听信了谗言。

【译文】

庞恭与太子一起到邯郸去充当人质,庞恭对魏王说:"假如现在有一个人说集市上有老虎,大王相信吗?"魏王说:"不相信。"庞恭说:"假如有两个人说集市上有老虎,大王相信吗?"魏王说:"不相信。"庞恭又说:"假如有三个人说集市上有老虎,大王相信吗?"魏王说:"那我就相信了。"庞恭说:"集市上没有老虎是很明显的,然而三个人一说就变成了有老虎。现在邯郸离魏国比集市要远得多,非议我的人也不止三个,希望大王能够明察他们的话。"庞恭从邯郸回来以后,最终还是不能晋见魏王。

【评说】

人言可畏!流言蜚语一旦左右了舆论,就足以毁掉一个人。妖言惑众,随声附和的人一多,白的也会被说成黑的,即所谓"众口铄金"。所以,我们对待任何事情都要有自己的分析,不要人云亦云,否则不仅自己会被假象所蒙蔽,而且也会误导别人。《战国策·秦策二》记载了一则有类似寓意的故事:春秋时期,孔子的学生曾参待人谦恭,以孝闻名。在他的家乡费邑这个地方,有一个与他同名同姓的人杀了人,可有人误以为是他杀了人,就来告诉他母亲说:"曾参杀了人。"他母亲当时正在织布,不相信自己的儿子会杀人,就说:"我的儿子是决不会杀人的。"然后就不慌不忙地继续织布。没过多久,又有一个人跑过来说:"曾参真的在外面杀了人。"曾参的母亲仍然没有理会这句话,不惊不惧地照常织布,处之泰然。又过了一会儿,第三个人跑过来对曾参的母亲说:"曾参确实杀了人。"曾参的母亲听到这里,害怕被株连,心里骤然紧张起来,急忙扔掉手中织布的梭子,翻墙逃走了。

诸子百家——法家

徙辕立信

【原文】

吴起为魏武侯西河之守。秦有小亭临境,吴起欲攻之。不去,则甚害田者;去之,则不足以征甲兵。①于是乃倚一车辕于北门之外而令之曰:"有能徙此南门之外者,赐之上田、上宅。"人莫之徙也,及有徙之者,还赐之如令。俄又置一石赤菽于东门之外而令之曰:"有能徙此于西门之外者,赐之如初。"人争徙之。②乃下令曰:"明日且攻亭,有能先登者,仕之国大夫,赐之上田、上宅。"人争趋之。于是攻亭,一朝而拔之。(《韩非子·内储说上七术》)

【注释】

①吴起:战国时期卫国人,法家代表人物,曾在魏国和楚国进行变法。魏武侯:名击,战国时期魏国国君。西河:魏国郡名,位于今陕西省洛水以东、黄河西岸地区。甲兵:军队。②还:通"旋",立即。俄:一会儿。石:古代重量单位,一百二十斤为一石。赤菽:赤豆。国大夫:官名。

【译文】

吴起担任魏武侯的西河郡郡守。秦国有一个边防岗亭紧靠西河边境,吴起想要攻占它。如果不除去这个岗亭,那么对魏国的种田人危害很大;可是如果要除去这个岗亭,又不值得为此去征集军队。于是吴起想出一个办法,把一根车辕立在北门的外边,然后发布命令说:"谁能把这根车辕搬到南门的外边,就赏赐给他上等的农田和上等的住宅。"开始没有人出来搬,等到后来终于有人把它搬到南门的外边时,就立即按照承诺进行赏赐。不久,吴起又把一石赤豆放在东门外边,然后发布命令说:"谁能把这石赤豆搬到西门外边,就像上次一样给他赏赐。"这一次人们都争着去搬。于是吴起又下令说:"明天将要攻取那座岗亭,谁能率先登上这个岗亭,就任命他为国大夫,赏赐给他上等的农田和住宅。"人们都争相前来应募。于是吴起下令攻打岗亭,很快就把它攻占了。

【评说】

吴起善于把握民众的心理,采取"重赏"和"信赏"两种方式,达到目的。重赏之下,必有勇夫,采取非常规的奖赏方式,能够大大地增加奖赏的吸引力、诱惑力。如果重赏令人怀疑有诈,则必须消除民众的疑心,为此,必须用信赏。吴起前后三次奖赏,建立了诚信机制。言而有信,信守承诺,对于树立威信能够起到立竿见影的效果。

子之相燕

子之相燕,坐而佯言曰:"走出门者何? 白马也?"①左右皆言不见。有一人走追之,报

曰:"有。"子之以此知左右之不诚信。(《韩非子·内储说上七术》)

【注释】

①子之:人名。走:跑。

【译文】

子之做燕国的相国时,有一次坐在那里无中生有地说:"跑出门的是什么,是匹白马吗?"身边的侍从都说没有看见。有个人跑着追出去查看,回报说:"是有一匹马。"子之就用这种办法来了解侍从中不诚实的人。

【评说】

这也是一种指鹿为马的形式,虽然也能用来鉴别人,但久而久之会败坏人心,使得下属人人都去琢磨上司的心思。更为严重的是,还可能会引起人人自危,最后连真话也不敢说了。

卫嗣公明察

卫嗣公使人为客过关市,关市苛难之,因事关市以金,关吏乃舍之。嗣公为关吏曰:"某时有客过而所,与汝金,而汝因遣之。"关市乃大恐,而以嗣公为明察。①(《韩非子·内储说上七术》)

【注释】

①卫嗣公:战国时期卫国国君,秦贬其号为"卫嗣君",公元前324至前283年在位。为客:假扮成客商。关市:这里指管理关口集市的小吏。事:奉承。这里指贿赂。舍:放过。

【译文】

卫嗣公派人假扮成客商经过关口的集市,集市的管理员刁难这位客商,这位客商就用金子贿赂集市的管理员,于是集市的管理员就放过了他。后来,卫嗣公对集市的管理员说:"某某时间,有一位客商经过你们这个地方,给了你们金子,你们才放他通行。"集市的管理员于是十分恐惧,都以为卫嗣公能明察秋毫。

【评说】

自己贿赂下属,又借以惩戒下属,这种惩治腐败的方式并不可取。如此考核下属,下属会感到天下人都不可信,随处可能都是陷阱。用人不疑,疑人不用,任用一个人,就应该给予充分的信任和尊重,他才会发自内心地尽心尽力干好。

諸子百家 ——法家

李季见鬼

燕人李季好远出,其妻有通于士,季突至,士在内中,妻患之。其室妇曰:"令公子裸而解发,直出门,吾属佯不见也。"①于是公子从其计,疾走出门。季曰:"是何人也?"家室皆曰:"无有。"季曰:"吾见鬼乎?"妇人曰:"然。""为之奈何?"曰:"取五牲之矢浴之。"②季曰:"诺。"乃浴以矢。(《韩非子·内储说下六微》)

【注释】

①燕:诸侯国名,范围包括今河北省中部、北部和辽宁省南部以及山西省、内蒙古自治区部分地区。室妇:指家中的女仆。吾属:我辈,我们这些人。②家室:指家里的人。五牲:指牛、羊、猪、狗、鸡。矢:通"屎"。

【译文】

燕国人李季喜欢出远门,他的妻子私下里和一个后生私通。一次李季突然到家,这位后生还在房间里,他的妻子为这件事发愁。他家的女管家说:"让这位公子装扮成鬼,赤身裸体、披头散发,直接冲出家门,我们这些人都假装没看见。"于是这位后生就听从了她的主张,飞快地跑出门去。李季问:"这是什么人呀?"家里的人都说:"没有什么人啊。"李季说:"难道我看见鬼了吗?"妻子说:"对。"李季说:"那我该怎么办呢?"妻子说:"应该用五牲的屎搅在水里来洗浴身体。"李季说:"那好吧。"于是就用五牲的屎来洗浴身体。

【评说】

一个人说谎不可怕,可怕的是大家串通一气都说谎,甚至于整个社会都说谎,最终人人都习惯了谎言,并对谎言麻木不仁,习以为常,甚至信以为真。那将是怎样的一个世道啊?

鬼魅易画犬马难

客有为齐王画者,齐王问曰:"画,孰最难者?"曰:"犬马最难。""孰易者?"曰:"鬼魅最易。"夫犬马,人所知也,旦暮罄于前,不可类之,故难。鬼魅,无形者,不罄于前,故易之也。①(《韩非子·外储说左上》)

【注释】

①孰:什么。鬼魅:鬼怪。罄:显现。类:类似,相像。

【译文】

客人中有为齐王画画的,齐王问他说:"画什么东西最难?"客人说:"狗和马最难

诸子百家 —— 法家

画。"齐王问："画什么东西最容易？"客人说："鬼怪最容易。"狗和马，是人们所熟悉的，经常出现在人们眼前，不可能画得很像，所以很难画。鬼怪，是无形的东西，不会显现在人们面前，所以很容易画。

【评说】

客观地反映事实最难，能够坚持说真话的难度和压力往往也最大，而说假话可以任意编造，就像画鬼一样，反而最容易。

吴起吮脓

吴起为魏将而攻中山。军人有病疽者，吴起跪而自吮其脓。伤者母立而泣，人问曰："将军于若子如是，尚何为而泣？"对曰："吴起吮其父之创而父死，今是子又将死也，今吾是以泣。"[①]（《韩非子·外储说左上》）

【注释】

①魏：战国时期诸侯国名，范围包括今河南省大部、山西省西南部，以及山东、河北省的部分地区。中山：国名，位于今河北省灵寿县至唐县一带。疽：一种毒疮。病疽者：患了毒疮的人。立：立刻，马上。若：你。

【译文】

吴起担任魏国的将军，率军去攻打中山国。士兵中有一个生了毒疮的人，吴起就跪下来，亲自为他吸吮脓血。这个士兵的母亲知道以后，马上就哭了，有人问她："将军像这样对待你的儿子，你为什么还要哭呢？"她回答说："吴起曾经为我儿子的父亲吸吮伤口，他父亲因此拼命作战，就战死了，如今看来这孩子也要因此而战死了，现在我就是因为这个缘故才哭的啊。"

【评说】

法家认为，世界上不存在儒家所想象的理想道德，即使是主动帮助别人的行为，也有自私的目的。

士兵的母亲深知"受人滴水之恩，当以涌泉相报"的道理，惧怕被这个道理所制约，而吴起正是利用这个道理来达到自己的目的。

子皋为狱吏

孔子相卫，弟子子皋为狱吏，刖人足，所跀者守门。人有恶孔子于卫君者曰："尼欲作乱。"[①]卫君欲执孔子。孔子走，弟子皆逃，子皋从出门，跀危引之而逃之门下室中，吏追不得。夜半，子皋问跀危曰："吾不能亏主之法令而亲跀子之足，是子报仇之时也，而子何故乃肯逃我？我何以得此于子？"跀危曰："吾断足也，固吾罪当之，不可奈何。然方公之狱治臣也,公倾侧法令,先后臣以言,欲臣之免也甚,而臣知之。及狱决罪定,公慭然不悦,形于颜色,臣见,又知之。非私臣而然也,夫天性仁心固然也。此臣之所以悦而德公也。"②(《韩非子·外储说左下》)

【注释】

①相卫:任卫国相。卫:诸侯国名,范围包括今河南省东北部和河北省、山东省部分地区。子皋:即高柴,字子皋,也作子羔,春秋末期卫国人,孔子弟子。刖:一种砍掉脚的酷刑。跀:通"刖"。尼:即仲尼,孔子的字。恶:中伤。②走:逃跑。从:随,跟着。亏:破坏,损害。方:当。狱治:按刑法治罪。倾侧:倾斜,这里指反复推敲。慭然:惊恐不安的样子。形:表现。颜色:脸色。私:偏袒,袒护。

【译文】

孔子做卫国宰相的时候,弟子子皋担任掌管刑狱的官吏,有一次执法时砍掉了一个罪人的脚,后来这个被砍掉脚的罪人负责看守大门。一次,有人在卫国国君面前中伤孔子说:"仲尼想造反。"卫国国君准备捉拿孔子。孔子逃走了,他的弟子也都逃走了。子皋跟着跑出大门,那个被砍掉脚的守门人领着他逃到大门边自己的屋子里,这样,追捕的官吏就没有追到他。半夜的时候,子皋问这个被砍掉脚的守门人说:"我没能违背君主的法令而亲自下令砍掉了您的脚,现在正是您报仇的时候,您为什么反而肯领着我逃走呢?我凭什么从您这儿得到这样的报答呢?"这个被砍掉脚的守门人说:"我被砍掉脚,本来是我罪有应得,是没有办法的事。可是当您在公堂上按刑法给我定罪时,您反复推敲法令,先后为我说话,很想免去我的罪,这是我知道的。等到我的案子已经做出结论,罪行已经判定,您惊恐不安,心情很不高兴,表现在脸色上,我看见了,懂得您的心意。您并不是因为想袒护我才这样做的,而是您天性中的仁爱之心本来就要这样。这就是我之所以高兴并且感激您的原因。"

【评说】

韩非借此故事说明,只要执法公正严格,哪怕实施严刑重罚,也不会招致怨恨。这则关于儒家人物的故事,在《孔子家语》中也有类似记载。砍掉脚的守门人没有被仇恨冲昏脑袋,不仅说明执法要公正严明,更要仔细谨慎,而且也说明仁爱之心不可或缺。如果处理得当,法与情能够兼容,仁爱之心与法治精神不相违背,罪人也应该给予同情和关怀。这样,在处罚罪人的同时,不仅化解了矛盾和仇恨,也教育了人。

少室周荐士

少室周者,古之贞廉洁悫者也,为赵襄主力士。与中牟徐子角力,不若也,入言之襄主以自代也。襄主曰:"子之处,人之所欲也,何为言徐子以自代?"①曰:"臣,以力事君者也。今徐子力多臣,臣不以自代,恐他人言之而为罪也。"(《韩非子·外储说左下》)

【注释】

①廉：方正。赵襄主：即赵襄子，名无恤，战国初期晋国六卿之一。中牟：晋国地名，位于今河北省邢台市东南。角力：比力气。处：地方，这里指职位。

【译文】

少室周，是古代正直诚实的人，担任赵襄子的卫士。他与中牟的徐子比赛力气，结果不如中牟徐子，就进宫对赵襄主说要让徐子代替自己的职位。赵襄子说："你的职位，是别人所希望得到的，为什么你要推荐徐子来代替自己呢？"少室周说："我是凭力气来侍奉您的。现在徐子的力气比我大，我不让他来代替我，恐怕别人也会推荐他，那就成了我的罪过。"

【评说】

少室周能够把自己令人称羡的职位让给更有能力的人，值得我们学习。

在现实利益面前，不仅有自知之明，而且为人正直诚实，能够坦然放下一己之私，需要真正的勇气和智慧。

孔子解疑

鲁哀公问于孔子曰："吾闻古者有夔一足，其果信有一足乎？"孔子对曰："不也，夔非一足也。夔者忿戾恶心，人多不说喜也。虽然，其所以得免于人害者，以其信也。人皆曰：'独此一，足矣。'夔非一足也，一而足也。"①（《韩非子·外储说左下》）

【注释】

①鲁哀公：名蒋，春秋末期鲁国君主。夔：传说帝尧时期的乐官。一足：一只脚。信：确实。果信：果真。忿戾：残暴。说：通"悦"。

【译文】

鲁哀公问孔子说："我听说古代有个叫作夔的乐官只有一足（一只脚），他果真只有一足（一只脚）吗？"孔子回答说："不是的，夔并不是只有一足（一只脚）。夔这个人残暴狠心，人们多半不喜欢他。虽然如此，他之所以能够避免被别人伤害，是因为他守信用。人们都说：'只要有这一点，也就足够了。'所以夔不是只有一

鲁哀公

足(一只脚),而是说他只要有这一个优点就足够了。"

【评说】

人无完人。只要有一处优点,就还能被人们认同,就还有自身意义和价值。如果我们能够多些优点,不就更能被人们认同吗?

宋人沽酒

宋人有沽酒者,升概甚平,遇客甚谨,为酒甚美,县帜甚高著,然不售,酒酸。①怪其故,问其所知。问长者杨倩,倩曰:"汝狗猛耶?"曰:"狗猛则酒何故而不售?"曰:"人畏焉。或令孺子怀钱挈壶瓮而往酤,而狗迓而龁之,此酒所以酸而不售也。"②(《韩非子·外储说右上》)

【注释】

①宋:诸侯国名,范围包括今河南省东部和山东、江苏等省部分地区。沽:卖。升:量具,这里指量酒器具。概:用来刮平量取粮食量具的尺子。升概甚平:指量酒公平。遇:对待。谨:殷勤,恭敬。县:同"悬"。帜:酒旗。著:明显。不售:卖不出去。②杨倩:人名。孺子:小孩。挈:提,拿。迓:迎。龁:咬。

【译文】

宋国有一个卖酒的人,卖酒时量酒很公平,对待顾客也很恭敬,酒酿得很醇美,酒旗挂得又高又显眼,但是却卖不出去,以至于酒都变酸了。卖酒的人对此感到奇怪,就去询问他熟知的人。询问有德行的老人杨倩,杨倩说:"你家的狗凶猛吗?"卖酒的人问:"我家的狗凶猛,可是为什么酒卖不出去呢?"杨倩说:"是因为人们害怕你的狗呀。要是有人让小孩揣着钱拿着酒壶去买酒,那么你家的猛狗就会迎上去咬他。这就是酒变酸卖不出去的原因。"

【评说】

豢养一条令人望而生畏的猛狗,再好的酒也卖不出去;权臣弄权、奸臣当道,令人人自危,再好的治国策略也难以推行,再贤明的君主也无计可施。不利的因素可能不大,甚至为人们司空见惯,却是制约成功或发展的瓶颈。不利的因素只要有一个,就可能导致全盘皆输。

治国最患社鼠

桓公问管仲曰:"治国最奚患?"对曰:"最患社鼠矣。"公曰:"何患社鼠哉?"对曰:"君亦见夫为社者乎? 树木而涂之,鼠穿其间,掘穴托其中。熏之,则恐焚木;灌之,则恐涂阤。①此社鼠之所以不得也。今人君之左右,出则为势重而收利于民,入则比周而蔽恶于君。内间主之情以告外,外内为重,诸臣百吏以为富。吏不诛则乱法,诛之则君不安,据而有之,此亦国之社鼠也。"②(《韩非子·外储说右上》)

【注释】

①桓公:即齐桓公,名小白,齐国君主,春秋时期五霸之一。管仲:名夷吾,春秋时期齐国的相。最奚患:最大的祸患是什么。托:寄托,这里指藏身。阤:剥落。②比周:紧密勾结,结党营私。间:刺探,窥测。据:控制。

【译文】

桓公问管仲:"治理国家最担忧什么?"管仲回答说:"最担忧钻进土地神神像里的老鼠。"桓公问:"为什么担忧钻进土地神神像里的老鼠呢?"管仲回答说:"您也看见过建造土地神神像吧? 都是把木头竖起来之后,把烂泥涂在木头上。老鼠就乘机钻进里面的缝隙,在里面挖洞藏身。要是用烟火熏它,就怕烧毁了木头;要是用水灌它,又怕涂上的烂泥掉下来。这就是捉不到神像里的老鼠的原因。现在君主身边的侍从,在外边仗势欺人,从百姓那里榨取钱财;在朝廷里相互勾结,在君主面前隐瞒罪恶。在宫内刺探君主的情况,去告诉朝廷外边的同党,内外相互勾结来增强自己的权势,群臣百官也随之获得利益。官吏不惩处他们,他们就会扰乱法制;惩处他们,君主自身将不得安宁。他们依靠并控制着君主,也像是一批钻进国家这个神像里的老鼠。"

【评说】

管仲的比喻很形象。庄严神圣的神像背后很可能是藏污纳垢之所。老鼠之所以能够猖獗横行,是因为它们找到了神像作为它们的庇护所;然而,不彻底捣毁老鼠们的庇护所,就无法遏止老鼠的繁衍滋生。贪官污吏之所以敢于为所欲为,是因为他们抓住了君主的两难心理而有恃无恐;君主审时度势、当机立断,彻底斩断罪恶的黑手,势在必行。当断不断,反受其乱。

吴起休妻

吴起示其妻以组,曰:"子为我织组,令之如是。"组已就而效之,其组异善,起曰:"使子为组,令之如是,而今也异善,何也?"①其妻曰:"用财若一也,加务善之。"吴起曰:"非语也。"使之衣而归。其父往请之,吴起曰:"起家无虚言。"②(《韩非子·外储说右上》)

【注释】

①组:丝织的带。如是:像这样。就:完成。效:献给。异善:特别美好。②财:通"材",材料。务:着力。加务:特别用功夫。归:指休回娘家。

【译文】

吴起拿着一条丝带给妻子看,说:"你给我织一条丝带,要和这条一样。"丝带织成以

诸子百家 —— 法家

后,妻子就把它拿给吴起看。这条丝带织得特别精美,吴起说:"让你织丝带,要求它和原来这条一样,但现在却编织得这样精美,这是为什么?"他妻子说:"用的材料和原来的一样,只是特别用了工夫。"吴起说:"这违背了我的吩咐。"于是吴起就让她穿戴好,把她休回娘家去。妻子的父亲来为女儿求情,吴起说:"吴起家中没有不实行的空话。"

【评说】

对于法的执行,要求既不能过,也不能有所不足。法不容情,但法要合乎人性,从根本上讲,法是为了给人们带来好处。吴起把生活中的琐事都纳入法的框框中,让法支配一切,以至于做出伤恩薄情、不近情理的事情,显然过了头。吴起的初衷可能是"行义不顾毁誉",但是一个人要想树立自己的威信可以从严格要求自己开始,似乎没有必要通过挑剔他人来达到目的;否则,只能是伤害他人罢了。

秦昭王罚百姓

秦昭王有病,百姓里买牛而家为王祷。公孙述出见之,入贺王曰:"百姓乃皆里买牛为王祷。"王使人问之,果有之。[①]王曰:"訾之人二甲。夫非令而擅祷者,是爱寡人也。夫爱寡人,寡人亦且改法而心与之相循者,是法不立;法不立,乱亡之道也。不如人罚二甲而复与为治。"[②](《韩非子·外储说右下》)

【注释】

①秦昭王:秦昭襄王,名则,战国时期秦国国君。里:古时民众的居住区,户数多少不一。秦制约五十家为一里。公孙述:秦昭王的侍从。②訾:通"赀",轻微的处罚,以财物抵罪。循:顺着。

【译文】

秦昭王生了病,百姓中间每个村都买牛为他祭神,家家都为他祈祷。公孙述外出看到了这种情况,就进宫祝贺秦昭王说:"百姓竟然每个村都买牛祭神为您祈祷。"秦昭王就派人调查此事,果然确有其事。昭王说:"罚他们每人出两副铠甲。没有命令却擅自祈祷,这是爱我。他们爱我,我也将改变法令而顺从他们去施行仁爱,这样法制就不能建立;法制不建立,这是使国家走向混乱灭亡的途径。不如每人罚两副铠甲,再重新和他们一起搞好国家的治理。"

【评说】

以非法的手段实行法治,岂不荒唐?用人治的手段实行法治,就像建造房子一样,地基不牢固,却强调房子本身要建得牢固,这是办不到的。

八、李斯名言

李斯(公元前 280 年~公元前 208 年),字通古,战国末年楚国上蔡(今河南上蔡)人,著名政治家。早年担任乡中小吏,掌管文书资料。一次,李斯发现老鼠在厕所中吃脏东西,每当有人或狗走来时,就慌张逃跑。李斯又发现粮仓中的老鼠却能够饱食无忧,感慨地说:"一个人有出息还是没有出息,就如同老鼠一样,是由自己所处的环境决定的。"于是李斯就跟荀子学习帝王之术。学成后,他认为楚王无能,六国衰弱,就决定西行入秦。来到秦国后,投靠在相国吕不韦的门下担任食客,受到吕不韦的赏识,并因此得到机会晋见秦王嬴政,劝说嬴政攻灭诸侯,成就帝业,受到信任后,被任为长史。

秦王政十年(公元前 237 年),韩国人郑国以修筑渠道为名,来到秦国做间谍被发觉。秦国的宗室大臣乘机请求秦王把从各诸侯国来从事游说的客卿一概驱逐,李斯也在驱逐之列,于是他上书《谏逐客书》进行劝谏阻止,为秦王嬴政所采纳,并得到重用,被任为廷尉,辅助秦王加强对各国进攻。秦始皇统一天下后,任命李斯为丞相。李斯任丞相后,采取措施加强对人民的统治。先后拆除郡县城墙,销毁民间的兵器;废止分封制,采用郡县制;焚烧民间收藏的《诗》《书》、百家著作,禁止私学,加强中央集权专制。之后,李斯还参与制定了法律,统一车轨、文字、度量衡制度。

公元前 210 年,秦始皇驾崩,死前把传位于扶苏的诏书交给宦官赵高。赵高想要立公子胡亥为帝,于是找胡亥、李斯合谋,开始胡亥、李斯二人不同意,但经赵高的反复诱劝,二人改变了主意。于是李斯不公开秦始皇的死讯,与赵高合谋伪造遗诏,扶立胡亥成为太子,同时派使者赐死公子扶苏。事成之后,才公开秦始皇的死讯,于是太子胡亥继位,是为秦二世。

秦二世元年(前 209 年)七月,陈胜、吴广起义爆发。赵高诬陷李斯想割地称王,又诬陷李斯的儿子李由(当时任三川郡守)与乱军私通。蒙冤后,李斯上书给秦二世申冤,但被赵高扣下,并被捕入狱。在狱中李斯忍受不住酷刑逼供,被迫认罪。秦二世二年(公元前 208 年)七月,李斯被腰斩于咸阳,并被夷灭三族。

得时无怠

(李斯)从荀卿学帝王之术。学已成,度楚王不足事,而六国皆弱,无可为建功者,欲西入秦。①辞于荀卿曰:"斯闻得时无怠,今万乘方争时,游者主事。今秦王欲吞天下,称帝而治,此布衣驰骛之时而游说者之秋也。处卑贱之位而计不为者,此禽鹿视肉,人面而能强行者耳。故诟莫大于卑贱,而悲莫甚于穷困。久处卑贱之位,困苦之地,非世而恶利,自托于无为,此非士之情也。故斯将西说秦王矣。"②(《史记·李斯列传》)

【注释】

①荀卿:即荀子(前 298~前 238),名况,战国末期儒家学派的代表人物。度:估量。

诸子百家——法家

楚王：指楚考烈王，顷襄王之子，前262～前238年在位。六国：指齐、楚、燕、韩、赵、魏。②得时无怠：遇到时机就要迅速抓住。万乘：万辆兵车，这里指万乘之国与万乘之君。争：争雄，争强。布衣：平民，这里指游士。驰骛：奔走。非世：非议世事。秦王：指秦始皇。

【译文】

李斯跟随荀子学习帝王治理天下的学问。学成之后，李斯估计楚王是不值得侍奉的，而这时六国的国势都已衰弱，也没有为它们建功立业的希望，于是就想西行到秦国去。临行之前，李斯向荀子告辞说："我听说如果一个人遇到机会，千万不可松懈错过。如今各诸侯国都争取时机，游说之士掌握实权。现在秦王想吞并各国，称帝治理天下，这正是平民出身的政治活动家奔走四方和游说之士施展抱负的好时机。地位卑贱，而不想着去求取功名富贵，这就好比禽和鹿这类非肉食性动物看到肉却不吃从而枉为禽兽，白白长了一副人的面孔勉强直立行走。所以最大的耻辱莫过于卑贱，最大的悲哀莫过于贫穷。长期处于卑贱的地位和贫困的环境之中，却还要愤世嫉俗、轻视功名利禄，标榜自己与世无争，这不是士人的真情实意。所以现在我就要到西方去游说秦王了。"

【评说】

这次西行入秦是李斯命运中的重要转折点。他能够准确把握时局，又能够及时抓住机遇，敢于应对挑战，表现出一个政治家的敏锐眼光、深刻洞察力和非凡气度。但是，李斯的人生目标过于功利，对人的存在意义理解得过于褊狭，预示着他最终将不免被命运所捉弄。李斯期待功成名就的急切心理和露骨言辞，也从反面警醒今天的我们应当理智清醒地对待所谓的成功或成就。

泰山不让土壤，河海不择细流

臣闻地广者粟多，国大者人众，兵强者士勇。是以泰山不让土壤，故能成其大；河海不择细流，故能就其深；王者不却众庶，故能明其德。是以地无四方，民无异国，四时充美，鬼神降福，此五帝三王之所以无敌也。[①]今乃弃黔首以资敌国，却宾客以业诸侯。使天下之士退而不敢西向，裹足不入秦，此所谓藉寇兵而赍盗粮者也。夫物不产于秦，可宝者多；士不产于秦，而愿忠者众。今逐客以资敌国，损民以益雠，内自虚而外树怨于诸侯，求国无危，不可得也。[②]（《史记·李斯列传》）

【注释】

①五帝：说法不一，其中一种认为是指伏羲、神农、黄帝、尧、舜。三王：指夏禹、商汤、周文王。②黔首：庶民，平民。资：资助，给。业：成就。藉：借。赍：付与，给予。雠：同"仇"，敌人。

诸子百家——法家

【译文】

我听说过土地广阔所产粮食就充足，国家广大人口就众多，军队强大士兵就勇敢。所以泰山不拒绝渺小的泥土，才能堆积得那样高大；河海不挑剔细小的溪流，才能变得如此深广；有志于成就王业的人不舍弃广大民众，才能彰显他的盛德。因此地无论东南西北，民众不分这国那国，一年四季五谷丰登，鬼神赐予福泽，这就是五帝三王能够无敌于天下的原因所在。而如今陛下您抛弃了百姓来帮助敌国，排斥宾客来让他们为其他诸侯国建立功业，使天下有才之士后退而不敢西行，停住脚步而不敢进入秦国，这正是人们所说的"借武器给敌人，送粮食给盗贼"啊！不是秦国出产的物品，值得珍视的也有很多；不是在秦国出生的士人，愿意效忠的也不少。现在您驱逐客卿来资助敌国，损害民众来帮助仇敌，在内部削弱自己而在外面又和诸侯结下怨恨，这样下去，要使国家没有危险，是不可能的。

【评说】

法家信守"唯才是举"的用人理念毫不含糊，无论是法家学派的理论家，还是法家思想的实践者，都对人才倍加重视，尽管法家所谓的人才往往有偏激之嫌。秦始皇统一六国天下之时，主观意志上逐渐开始信马由缰。但即使这样，李斯的这番劝谏还是触动了他的某根神经，致使他早先对韩非思贤若渴的心态还没有完全麻木，没有听信谗言而把六国的人才驱逐出秦国。李斯的谏言今天看起来仍然有现实意义。不仅盲目排外要不得，而且在用人观念上也要改变那种只信任本乡本土的亲戚朋友的偏见，不拘一格用人才。要有海纳百川的度量，接纳哪怕是来自五湖四海的人才。

物极则衰

斯长男由为三川守，诸男皆尚秦公主，女悉嫁秦诸公子。三川守李由告归咸阳，李斯置酒于家，百官长皆前为寿，门庭车骑以千数。[①] 李斯喟然而叹曰："嗟乎！吾闻之荀卿曰'物禁大盛'。夫斯乃上蔡布衣，闾巷之黔首，上不知其驽下，遂擢至此。当今人臣之位无居臣上者，可谓富贵极矣。物极则衰，吾未知所税驾也！"[②]（《史记·李斯列传》）

【注释】

①三川：秦郡名，郡治洛阳（今河南省洛阳城东北）。尚：上配，高攀，"娶"字的虔敬说法，后专指娶帝王之女。告归：请假回家探亲。②喟然：感慨动情的样子。大：通"太"。闾巷：里巷。黔首：平民。驽下：谦称自己拙劣无能。擢：提拔。税驾：解驾，停车，指休息或归宿。未知所税驾：不知自己这辆车日后停于何处，借指不知日后是何结局。

【注释】

李斯的长子李由担任三川郡守，儿子们娶的是秦国的公主，女儿们嫁的都是秦国的皇族子弟。三川郡守李由请假回咸阳时，李斯在家中设下酒宴，文武百官都前去向李斯祝贺，门前的车马数以千计。李斯慨然长叹道："哎呀！我听荀卿说过'事情不要搞得过了头'。我李斯原本是上蔡的平民，街巷里的百姓，皇帝不了解我才能低下，才把我提拔到这样高的地位。如今做臣子的人中没有谁比我职位更高了，可以说是富贵荣华到了极点。然而事物发展到了极点就要衰落，我还不知道归宿在何方呢！"

【评说】

物极必反，这是天地间的原则和规律。这时的李斯还没有完全被赫赫声名冲昏头脑，在经过一番追名逐利之后，没有对如约而至的荣华富贵喜不自禁，表现出相当的自知之明和对归宿的隐隐担忧。越是处于高贵的地位，越是需要保持清醒和理智，否则，好事瞬间也会转变成为坏事。

行督责之术

申子曰"有天下而不恣睢^①，命之曰以天下为桎梏"者，无他焉，不能督责，而顾以其身劳于天下之民，若尧、禹然，故谓之"桎梏"也。夫不能修申、韩之明术，行督责之道，专以天下自适也，而徒务苦形劳神，以身徇^②百姓，则是黔首之役，非畜天下者也，何足贵哉！夫以人徇己，则己贵而人贱；以己徇人，则己贱而人贵。故徇人者贱，而人所徇者贵，自古及今，未有不然者也。凡古之所为尊贤者，为其贵也；而所为恶不肖者，为其贱也。而尧、禹以身徇天下者也，因随而尊之，则亦失所为尊贤之心矣，夫可谓大缪矣。谓之为"桎梏"，不亦宜乎？不能督责之过也。（《史记·李斯列传》）

【注释】

①恣睢：放纵暴戾。②徇：通"殉"。

【译文】

申不害说过"占有天下却不懂得纵情享乐，这就等于把天下当成自己的镣铐"这样的话，没有别的意思，只是讲不督责臣下，而自己反辛辛苦苦为天下民众操劳，就像尧和禹那样，所以称之为"镣铐"。如果不能够学习申不害、韩非的高明法术，实行督责措施，一心想着用天下来使自己舒服快乐，而只是白白地操心费力，拼命为百姓干事，那就成了百姓的奴仆，并不是统治天下的帝王，这有什么值得尊贵的呢！让别人为自己献身，那么就会自己尊贵而别人卑贱；让自己为别人献身，那么就会自己卑贱而别人尊贵。所以献身的人卑贱，接受别人献身的人尊贵，从古到今，没有不是这样的。自古以来之所以尊重贤人，是因为受尊敬的人本身尊贵；之所以讨厌不贤良的人，是因为不贤良的人本身卑贱。而尧、禹是为天下献身的人，现在却由于因袭世俗的说法而受到尊重，这也就掩盖了尊重贤人的用心，这可以说是个绝大的错误。说尧、禹把天下当作自己的"镣铐"，不也是很合适的吗？这是不能督责别人所产生的过错。

诸子百家——法家

【评说】

法家把为民众着想视为亏本的买卖。法家的代表人物一脉相承,不仅不遗余力地嘲讽儒家的偶像,还崇尚极端的功利和自私。在法家的眼里,人世间除了功名利欲,别无他物,人与人之间无温情可言,相互之间遵循的是弱肉强食的游戏规则。作为统治万民的君主在极端自私的心理驱使下,对于权术的玩弄更是达到了无以复加的地步。历史上人们对法家的一些思想讳莫如深,应是情理之中的事。或许法家的一些耸人听闻的言论过于阴暗,注定难于登上大雅之堂。

议焚书之策

古者天下散乱,莫能相一,是以诸侯并作,语皆道古以害今,饰虚言以乱实,人善其所私学,以非上所建立。今陛下并有天下,别白黑而定一尊,而私学乃相与非法教,人闻令下,即各以其私学议之。[1]入则心非,出则巷议,非主以为名,异趣以为高,率群下以造谤。如此不禁,则主势降乎上,党与成乎下。禁之便。臣请诸有文学《诗》《书》、百家语者,蠲除去之。令到满三十日弗去,黥为城旦。所不去者,医药、卜筮、种树之书。若有欲学者,以吏为师。[2](《史记·李斯列传》)

【注释】

[1]害:指责,非议。别白黑:分出是非。以其私学议之:指以他私家学派的观点对时政妄加指责。[2]非主:批评君主。趣:趋,意向、旨趣。主势:君主的权威。党与:党羽,派系。文学:泛指文化学术著作。蠲:除,免。黥:古代刑罚之一,在犯人的脸上刺字。城旦:秦时一种刑罚,刑期四年,《汉书·惠帝纪》注:"城旦者,旦起行治城。"黥为城旦:处以黥刑,罚其筑守城墙。

【译文】

古代天下散乱,没有人能够统一,所以诸侯并起,说话都是称引古人来为害当今,装点虚假的言论来混淆事物的本质,人们只欣赏自己私下所学的知识,指责朝廷所建立的制度。当今皇帝已经统一天下,分辨是非黑白只决定于至尊的皇帝一人。可是私学却一起非议法令,教化人们一听说有命令下达,就各自根据自己所学的东西加以议论,入朝时就在心里指责,出朝时就在街巷谈论,在君主面前夸耀自己来求取名利,追求奇谈怪论来抬高自己,在民众当中带头进行毁谤。像这样不加以禁止,在上面君主威势就会下降,在下面就会形成朋党的势力。我认为禁止这些是合适的。我请求让史官把不是秦国的典籍全部焚毁。除博士官署所掌管的之外,天下收藏的《诗》《书》以及诸子百家著作,全都送到地方官那里去一起烧掉。有敢在一块儿谈议《诗》《书》的人要处以死刑示众,借古非今的满门抄斩。官吏如果知道而不举报,以同罪论处。命令下达三十天仍不烧书的,处以脸上刺字的黥刑,处以城旦之刑四年。所不取缔的,是医药、占卜、种植之类的书。

如果有人想要学习法令,就以官吏为师。

【评说】

玩火自焚。秦王朝对《诗》《书》等诸子百家典籍著作采取付之一炬的暴虐手段意味着它的集权专制不依从任何道义和规则,不屑于采取什么虚伪地说辞为自己辩护,也不需要借用什么招牌来作为它的遮羞布。焚书之举向天下表明,秦王朝以法家理论为指导思想的政治实践已经走向极端,并逾越顶峰,脱离轨道,处于危险的失控状态,而远远不像它表面看起来那么强大。

第四节　法家故事

一、韩非子的故事

韩非,战国末年的韩国(今河南郑州新郑市)人,出身于贵族,为韩国的公子,生年与血亲已不可考,卒于公元前 233 年。韩非口吃,不善言说,而好著书。韩非与李斯为同学,同师事于荀子。著有《韩非子》,是先秦法家集大成之作,是我国古代政治学方面的名著。据说,书成后传至秦国,秦王读后称赞说:"嗟乎! 寡人得见此人与之游,死不恨矣。"韩非怀才而不遇,终为自己的同学李斯所毒杀。

遭李斯嫉妒,被迫服毒自杀

韩非是韩国的贵族,"喜刑名法术之学",后世称他为韩非子。他和李斯都是荀子的弟子。

李斯是楚国人,曾经在一个不起眼的小地方——上蔡当个乡长之类的小官。但他是一个不安分的人,总想向上爬。

李斯这个人显然缺乏苏东坡"大江东去,浪淘尽,千古风流人物"的那种心态,更缺乏那种浩气,尽管后来官做到了宰相,但他的思维还是受上蔡小官的那种局限,他的性格还是畏首畏尾、胆小如鼠、患得患失。众所周知,是两只老鼠改变了他的人生观:有一回他上厕所,见肮脏厕所中的老鼠见人如厕吓得逃窜。而在粮仓,他看到的老鼠肥胖光鲜,大模大样地躺着睡觉,见人来了也不躲避,闲适优哉。从此他发誓要做粮仓里的老鼠,绝不做厕所里的老鼠。

后来他成功了,又失败了,死得很难看,很痛苦。

史书记载,公元前 208 年,前丞相李斯因"叛国罪"被诛灭三族,李斯父子惨遭腰斩。李斯啊,李斯,空有满腹学问,最终被一个太监赵高算计得家破人亡。

这故事还得从头说起。

韩非时代的韩国很弱,常受邻国的欺凌,他多次向韩王提出富强的计策,但未被韩王采纳。韩非这个人口才很不好。《史记》载,韩非"为人口吃,不能道说,而善著书"。钱钟书把这种口吃而善著书、笔札唇舌若相乘除的现象称为心理学上的"补偿反应"(《管锥编》第一册"老子韩非列传")。

有学者分析:韩非天资聪颖、观察深刻、思想敏锐,偏偏口吃,要表达时脸憋得通红就是说不出来,这就很容易造成心理自卑。他写《孤愤》一文,表达的就是他这种孤独的愤慨,文中包含着他凝重而苦涩的人生,也有着他对现实世界的疑惧。字里行间可以读出他对人性的最低限度的信任都几乎丧失。他描写了当时社会的像他这样的法术之士向守旧势力抗争的艰难心情,他为此强烈呼吁要"烛私",要"矫奸"。

韩非写出《孤愤》《五蠹》等一系列文章,不是偶然的。这些作品后来结集为《韩非子》一书,是一部法家的集大成之作。宋朝的宰相赵普有句话广为人知,叫"半部《论语》治天下"。还有一句相映成趣的话,是近代著名学者章太炎说的,即"半部《韩非子》治天下"。严复在给光绪皇帝上的"万言书"中直言不讳地说:"在今天要谈救亡图存的学说,我想只有申不害、韩非子的大致可用。"

陈秉才先生对此评论说:"这里的两个'半部说',恰好合二为一,它正是中国封建社会统治思想的集中体现,'霸王道杂之'也好,'外儒内法'也好,都说明儒法思想整体上的结合,构成了封建社会中占统治地位的思想基础,透出了一个时代的精神支柱。它也说明儒、法的互补性、可合成性。"

《韩非子》五十五篇文章是"愤青"韩非的愤世嫉俗之作,文风峻刻、犀利。当然,你如果想在《韩非子》一书中读到人生的欢乐和舒畅,那我劝你改读别的书;如果你想了解算计人的刻薄和怕被人算计的恐怖,好,那你读《韩非子》就对了。韩非以充满恐惧和疑忌的目光打量周围世界,他的全部学说都是以"人性恶"为基石建立起来的。韩非从他的老师荀子那里继承"人性恶"的世界观,他对人性的善良彻底失去了信心。在他看来,人都是趋利避害的。他对人性有极端的恐惧,他对世界有极大的不安全感。在韩非子的眼里,社会就是这样:强凌弱、众暴寡、大鱼吃小鱼或者一群小鱼聚集起来吃大鱼。

当时正在大展宏图、踌躇满志的秦王嬴政在一个偶然的机会,读到《孤愤》《五蠹》这两奇文,击案叫好,极为赞赏。他叹息说:"这个古圣先贤写的文章太好了,可惜不得见了。"廷尉李斯听到了,就对秦王嬴政说:"大王,《孤愤》《五蠹》并不是古圣先贤所著,而是我的同学李斯。"

秦王嬴政打听到韩非在韩国,还郁郁不得志,就想拉韩非来秦国效力,于是派兵攻打韩国。韩非临危受命,出使秦国,谈和平的事。

公元前234年,韩非作为韩国的使臣来到秦国,上书秦王嬴政,劝其先伐赵而缓伐韩。秦王嬴政亲自召见韩非。

李斯有点后悔当初不该对秦王说韩非是自己同学的话,如今有了韩非,自己在秦王眼里还有用吗?更不要说独宠了。李斯的才能远不如韩非,这个他很清楚。

诸子百家——法家

于是，公元前233年，妒忌韩非才能的李斯，先是与姚贾一道进谗言，加以陷害，然后自己又到监狱，将韩非毒死。

一生研究帝王术的韩非，被迫服毒自杀。"令韩非没有想到的是，在他死后十二年，秦始皇实现了由他提出的建立中央集权君主专制帝国的愿望。"（陈秉才语）

江湖险恶，人心更险恶

一个卫国姑娘要出嫁了，姑娘的父母说："女儿，出嫁后，男方未必就真心疼你，所以平时应该多对自己好，多为自己找些后路，一定要存私房钱，多把婆家的东西偷些藏在外面，防备以后离开婆家生活好有保障。被人休的老婆，多了去了；白头到老的，一万个里头只怕也只有几个幸运儿。"姑娘听进耳里，记在心里，果然积攒了很多私房钱。婆婆发现了，对这个一心存私房钱的媳妇很不满意。

最后，男方没办法只有自认倒霉。咳！找了个这么样的女人，放弃她，不要她了。这样一来，姑娘更佩服父母有远见，感谢父母的忠告。

不过，她回娘家时，带回的钱财比她的嫁妆多了好几倍。她老爸得意扬扬："当初幸亏我教了女儿存私房钱！"

韩非不禁感慨："现在这些当官的，都是这种人啊。"

商汤打败夏桀后，怕天下人说他不过是贪恋王位。于是，他主动提出将王位让出来，交给大名鼎鼎的隐士务光打理。可是，又担心务光不识时务，没头没脑地称王。就派了个说客去务光那里吹风："商汤杀了国王，却想嫁祸给你，毁掉你的美好名声，故意把王位让给你。"务光一听，是啊，我怎么就没有想到呢。嗯，在理。还是自己的名声要紧。于是，他投了河。

上面两个故事都是韩非喜欢讲的。他想说什么呢？他想说，人心叵测，江湖险恶，人心更险恶。

人心险恶到什么程度呢？比如说，君王身边的人，他们的话如果单纯是拍马屁，倒也罢了，问题是，他们为了讨好君王、让君王高兴，就

夏桀

不惜胡说八道，用谎话来忽悠君王，大搞"愚君对策"，蒙蔽、欺骗君王以售其奸。韩非子还讲了一个故事，说齐宣王酷爱射箭，能拉开三石之弓。齐宣王身边的随从故意忽悠大王，在试拉这张弓的时候，装作怎么使劲也拉不开的样子，说这弓足有九石。齐宣王笑得不行，以为自己真是大力士，"所用不过三石，而终身自以为用九石"。

《史记·商君列传》记载：韩非的前辈商鞅（约公元前390～公元前338年）当年在魏国不仅得不到重用，甚至除了公叔痤以外压根儿就没有人把他当回事，这对于一个表现

欲和权力欲极强的人来说，是多么寂寞、多么痛苦的事情，如果有朝一日有机会获得补偿，自然是要加倍地施与他人痛苦的。历史告诉我们，商鞅果然这样做了。

不得不说，韩非的老师荀子，那可是大名鼎鼎的学者。在齐襄王（公元前283～公元前265年在位）时荀子甚至是全国第一大学者。

春秋战国是一个"殊死者相枕，刑戮者相望"的时代。生存环境不是残酷，简直是严酷，生命多脆弱，瞬间就毁灭。面对越来越局促的生活空间，士大夫不得不琢磨该怎么办。荀子是个比较务实的人，他不能够认同孔子关于仁、义、礼的道德说教，开始认同并明确提出"人性恶"的观念，韩非说。"在这个乱世还赞美'尧、舜、汤、武之道'，还在那里赞美诗书礼乐，有用吗？简直是笑话。"韩非主张变革，"世异则事异""事异则备变"，用现在的话来说就是要与时俱进，"不期修古，不法常可"（《韩非子·五蠹》）。

荀子这个长寿的大学者的理论，让韩非听了受益匪浅。鲍鹏山教授在《韩非：折断的双刃剑》一文中说："韩非是一代英才。正是在他这里，完成了自荀子开始的对儒家思想的转换——这个过程也是很艰难的——把中国古代政治思想由儒家的礼乐治国、仁政思想，推向了法治轨道，成为法家思想的集大成者。"

韩非的贡献，就在于他的"实事求是"。中国的政治思想，从此开始摆脱了儒家脱离实际的空想主义。这样一来，就有可能出现更加切合人性实际的政治思想——类似西方政治思想中的法治理论。然而不幸的是，韩非的"法制"，迥然有别于"法律高于一切"的现代法治，而是向君主奉献的"治术"——他的"变先王之法"，就是要彻底抛弃仁义道德的温情面纱，用严酷的"刑法""律条"来统治百姓，而绝不把人（百姓）当人看。换言之，他的法，只是指向下层的。帝王君主，是根本不在这个"法"的框架约束之内的。

韩非的著作被编成《韩非子》一书，现存的版本共收录五十五篇文章，分为二十卷。其中有少量作品可能是韩非后学增补的，不过大部分篇章是韩非的原作，可以全面地反映韩非的法家思想。

在韩非看来，商鞅治秦只讲"法"，不讲"术"；申不害只讲"术"，不擅"法"；慎到片面强调"势"，这都是不全面的，"皆未尽善也"。只有把"法""术""势"三者有机地结合起来，才是切实可行的。他说："君无术则弊于上，臣无法则乱于下，此不可一无，皆帝王之具也。"（《韩非子·定法》）"抱法处势则治，背法去势则乱。"（《韩非子·难势》）在"法""术""势"三者之间，"法"是根本，"势"是基本前提，"术"是执行"法"的必要方法。

既然人类在本性上是恶的，自然就无所谓道德、伦理、信用、亲情。什么"社会公正"更是不用提——那个时代也没有这个词。在韩非的笔下，什么善良、崇高、庄严、美好这些词，几乎没有，他不是一个仰望星空的人，他只观察人间、大地。在他看来，人都是趋利避害的动物，"犹兽鹿也，唯荐草而就"，有利就近有害就躲，正如《韩非子·制分》篇所说："民者，好利禄而恶刑罚。"

如何对付这一群趋利避害的"动物"（人）呢？就得严管，有赏有罚。靠提倡什么诗书礼乐是完全没有用的。

韩非继承和总结了战国时期法家的思想和实践，提出了君主专制中央集权的理论。

他主张"事在四方,要在中央;圣人执要,四方来效"(《韩非子·物权》),国家的大权,要集中在君主("圣人")一人手里,君主必须有权有势,才能治理天下,"万乘之主,千乘之君,所以制天下而征诸侯者,以其威势也"(《韩非子·人主》)。韩非主张实行法治,要求"废先王之教"(《韩非子·问田》),"以法为教"(《韩非子·五蠹》)。他强调制定了"法",做到"法不阿贵""刑过不避大臣,赏善不遗匹夫"(《韩非子·有度》)。

秦始皇统一中国后采取的许多政治措施,就是韩非理论的应用和发展。

二、商鞅的故事

商鞅,卫国人,汉族。战国时期政治家,思想家,著名法家代表人物。卫国国君的后裔,故称为卫鞅,又称公孙鞅,后封于商,后人称之商鞅。应秦孝公求贤令入秦,说服秦孝公变法图强。商君之法太过刻薄寡恩,设连坐之法,制定严厉的法律,增加肉刑、大辟,有凿顶、抽肋、镬烹之刑。秦国贵族多怨。孝公死后,被贵族诬害,车裂而死。在位执政十九年,秦国大治,史称商鞅变法。

当商鞅遇到秦孝公

商鞅变法,在历史上太有名了。秦国由于重用商鞅,施行新法而富国强兵,并且将国都迁到了咸阳,使得秦国成为当时的霸主,秦国日渐强大,最终统一了六国。商鞅的新法获得巨大的成功。

和改革家的身份同样有名的,是他的悲惨下场:遭车裂的酷刑,五马分尸,死时年仅五十二岁。

也许有人不明白了,商鞅变法成功了,为什么还要遭受如此残酷的刑罚呢?

商鞅(约公元前390~公元前338年),本姓公孙,名鞅,是卫国国君的后代。商鞅喜欢读管仲、子产的文章,非常欣赏他们的观点。和儒家主张的以礼治国不同,商鞅主张以法治国,"不别亲疏,不殊贵贱,一断于法",故称之为法家。他和李悝、申不害、慎到等人一起开创了法家学派。一直到战国末期,韩非子将法家各派的思想来了个归纳、总结、集大成,写下法家著名的学术著作《韩非子》,韩非将商鞅的"法"、慎到的"势"和申不害的"术"综合、吸收并消化成自己的理论,主张仗势用术、以严刑峻法进行统治,从而成为法家的代表人物。

《汉书·艺文志》著录法家著作有二百十七篇,今存近半,其中最重要的是《商君书》和《韩非子》。

现在就让我们来看看商鞅的发迹史。

商鞅学成之后到了魏国,在宰相公叔痤的手下当个秘书兼私人助理。他的能力和学识受到公叔痤的肯定。公叔痤年纪越来越大,加上为国事操劳过度,病倒了。魏王亲自登门看望,并问公叔痤:"一旦你有不测,你看谁可以继任宰相这个位置?"公叔痤说,"大王可以考虑重用商鞅",然后说了商鞅的不少好话。魏王一言不发,表情显然不悦。

諸子百家——法家

公叔痤明白了魏王的心思,他是怕商鞅不能为国分忧,不想用这个人。公叔痤说,"大王,如果您不想用商鞅,就把他杀了,千万别让这个人被其他国家聘用了,否则对我们魏国非常不利。"

魏王点头说,"好吧,我知道了。"

在离开公叔痤家回宫的路上,魏王对身边的人说,"公叔痤老了,糊涂了,竟然推荐一个嘴上没毛的无名小卒当宰相! 荒唐。"

见魏王走远了,公叔痤从床上爬起来,叫商鞅到身边说,"我刚刚专门向大王推荐了你,我死后你来继任宰相之位,但大王好像不同意我的推荐。我就对大王说,'如果你不重用商鞅,就把他杀了,以绝后患。'大王点头了。所以,商鞅,你听我的话,尽快离开魏国,否则悔之晚矣。"

商鞅慢悠悠地说,"大王既然不听你的话重用我,又怎么会听你的话杀我呢?"就这样,商鞅回到家,倒头大睡,哪都没去。果然不出所料,杀他的人根本没出现。

公叔痤去世后不久,商鞅听说秦孝公在广招贤才。秦孝公在公元前 361 年即位后,就想大干一场,亲自发布求贤令说,"不论是秦国人还是外来的客人,只要能想办法使秦国富强起来,就封他做官。"

看样子秦孝公是个发愤图强的君王。商鞅明白,该是离开魏国的时候了,于是,带着一肚子的学问和见识,投奔秦孝公去了。

经过和秦孝公的几次交谈,秦孝公果然想干一番大事,想通过变法图强一统天下,商鞅把自己的主张同秦孝公说了:商鞅在经济上主张废井田,重农抑商,奖励耕战;政治上推行"以法治国",主张废分封,设郡县,君主专制,仗势用术,以严刑峻法进行统治;思想和教育方面,则主张禁断诸子百家学说,以法为教,以吏为师。

他的才学和观点受到了秦孝公的欣赏。秦孝公封他为宰相,让他全权负责变法的大事。

商鞅做宰相之后,马上着手强化统治。后来的告密、连坐这些招就是从商鞅那里学来的。商鞅下令全国,将居民五家编为一"伍",十家编为一"什",让他们互相监督,一家出事,其他各家都受牵连。商鞅还鼓励人们互相检举、告发,告发者有重奖。新法还鼓励人们杀敌、辛勤务农等等。

当商鞅遇到秦孝公,他的才学得到最大限度的发挥,而秦国注定要成为天下霸主。

"南门徙木"

新法的一整套方案,最终目的都是为了巩固秦孝公的坚强统治。如何确保新法在百姓中顺利实施、并让百姓产生强烈的信任感呢?"南门徙木"就是商鞅为推行新法而精心策划的。太史公司马迁在《史记·商君列传》中记载道:

令既具,未布,恐民之不信,已乃立三丈之木于都市南门,募民有能徙置北门者予十金。民怪之,莫敢徙。复曰"能徙者予五十金"。有一人徙之,辄予五十金,以明不欺。卒下令。

故事的大意是这样的:商鞅知道"好利恶害"是人性的弱点,于是想出了一个征服人心的办法,命人在秦国国都市场的南门,竖了一根三丈高的木头,公开张榜承诺说,"无论是谁,只要能把这根木头扛到市场的北门,就奖赏十两黄金。"

　　不过是搬动一根木头,就可以轻而易举地得到十两黄金,这么便宜的事,谁信哪,太离谱了。围观的人纷纷议论,大家都不相信。毕竟,法家的形象基本上是"刻薄寡恩"的,更何况法家虽然重"法",但也崇"术"嘛,里面不知道暗含什么玄机,人们很难不担心其中有诈,结果,众人观望之后,没有一个人揭榜。

　　商鞅又命人贴出告示说,"谁能把它扛到北门,当场赏金五十两!"围观的人更多了,俗话说得好,"重赏之下必有勇夫",终于,有一个勇敢的人揭榜,抱着试试看的态度,把木头扛起来就走,一直搬到北门。

　　商鞅立即如数把黄金赏给了那个人,一分也没少。这件事在当时成为头号新闻,一传十,十传百,一下子轰动了秦国。商鞅"立信"的目的达到了,秦国老百姓由此知道了商鞅令出必行、说话算数的"执行文化"。

　　任何一项新法的实施都不可能一帆风顺,商鞅的新法也不例外。新法刚实施的一年里,从官员到老百姓,都能听到抱怨声,说新法如何如何不好。从上到下,一片抱怨声,就连太子也说新法不好的话。

　　商鞅说,"法之所以无法推行,是因为地位高的人不遵守法度。"意思是说,法令不通的原因就出在上层贯彻不力,尤其是太子殿下,带头抵触新法,不惩处工作没有开展。他不敢惩罚太子,怕惹怒了秦孝公,经请示了秦孝公之后,惩罚了太子的老师,在这个老师脸上刺了字,以此达到杀一儆百的效果。从此,秦国再没有人敢不遵守新法的了。这个故事在太史公的笔下,名叫"刑太子师傅"。新法的推行格外顺利,政治上高度一致,经济上欣欣向荣。秦国果然强大起来。

　　新法推行了大约十年,达到了富国强兵的目的,秦国的国都也迁到了咸阳。宫殿建得华丽生辉,城墙修得格外坚固,社会稳定,物质充足,秦国成为天下霸主。尝到甜头的秦国百姓由开始的反感新法改口为夸奖新法,有的百姓还编成顺口溜唱新法的好处,按道理说,商鞅听了应该非常高兴才对。可情况相反,商鞅听到赞扬反而很反感,在他看来,这些歌功颂德者,太不老实,都不是什么良民,索性全将他们迁往荒凉的边疆地区。从此以后,大家都明白了:作为秦民,只知守法就可以了,千万不要多嘴,不要议法。

　　变法成功的商鞅,自然受到秦孝公的封赏,被封为宰相之后,他还率领秦军,打败魏国大军,得胜归来后,秦孝公把於商等十五邑土地封给了商鞅。商鞅也从此被称为商君。

　　功高盖世的商鞅无疑是个实干家、改革家,也正因为如此,他得罪不少人,毕竟变法触及了权贵的利益,很多人恨他。他的幕友劝他见好就收,可商鞅不听。秦孝公死后,商鞅的保护伞没有了,反对商鞅的人纷纷举报他。公元前338年,秦惠王登基。秦惠王在当太子的时候就反感商鞅,于是就以商鞅涉嫌谋反为由,派人去逮捕他。

　　商鞅逃到秦国边境时,已是半夜,想找个旅店住宿,老板不知道他是商鞅,对他说:"商君定了法,客人住宿要有官府凭证,如果旅店收留没有官府凭证的客人住宿,那么店老板就与'奸人'同罪。您没有官府凭证,我不敢让您住,您还是走吧,别让我为难。"

商鞅仰天叹息一声,只好逃亡到魏国。可是他曾经率军大败魏国军队,魏国当然恨他,不但不收留他,还派出专人抓住他送回秦国。公元前338年,一代变革家商鞅被以叛国罪为名处以车裂酷刑。

历史到了北宋,又出现了一位改革家名叫王安石,他在感慨自己变法的艰难遭际时,想到了商鞅,同病相怜,为商鞅抱不平说:"世人未可非商鞅,商鞅有令能必行。"

三、李斯的故事

李斯,字通古,秦代政治家,战国末年楚国上蔡人。在秦王政统一六国的事业中起了较大作用。秦统一天下后,与王绾、冯劫议定尊秦王政为皇帝,制定有关的礼仪制度,并被任为丞相。他建议拆除郡县城墙,销毁民间的兵器,以加强对人民的统治;反对分封制,坚持郡县制;又主张焚烧民间收藏的《诗》《书》、百家语,禁止私学,以加强专制主义中央集权的统治。还参与制定了法律,统一车轨、文字、度量衡制度。秦始皇死后,他与赵高合谋,伪造遗诏,迫令始皇长子扶苏自杀,立少子胡亥为二世皇帝。后为赵高所忌,于秦二世二年(公元前208年)被腰斩于咸阳闹市,并夷三族。

立志成为"富贵的粮仓"的老鼠

李斯是楚国人,出生和成长都在上蔡这个小镇上。祖祖辈辈都是布衣,也就是平民百姓。老百姓也有老百姓的快乐,在上蔡这个小镇上,李斯娶妻生子,家境虽不富裕,日子过得倒也平静。拉着孩子们的手散步、读书,后面跟着自家养的大黄狗,那种天伦之乐何尝不是一种莫大的幸福呢。

然而,是人都会有欲望,有欲望就不满足,就想改变命运,特别是读了点古书之后,这种不安于现状的想法日益强烈。

李斯也不例外。他给自己起的字叫"通古"。这还真不是夸张,李斯通读古书,知识渊博,在那样一个乱世,如果不读书,恐怕永远没有出头之日。他把苏秦当成偶像,苏秦凭着自己的学识,凭着三寸不烂之舌游说六国,享受了荣华富贵,我为什么不能呢?我肚里的墨水也不少呀。

可自己苦于没有伯乐推荐。那就自己大胆去闯,毛遂自荐。想到这里,他鼓起勇气,敲开了上蔡郡衙的大门。

一番自我推销之后,赢得了上蔡郡衙内的赏识,同意让他做个管理文书的小吏。这是他人生旅途的第一次转折,尽管他现在还不是官,但成了小"吏",毕竟摆脱了草民的身份。

在上蔡小吏这个位置,一干就是若干年。他又开始不满现状了。毕竟这距离自己的人生理想太遥远,自己的学识也不能得到充分发挥。一次入厕的经历,改变了他的一生。因为,他在厕所里看到几只灰头土脸的老鼠,憔悴不堪,看到狗都吓得藏起来,活得战战兢兢,吃的却是污秽之物。他又想曾经在粮仓里看到的老鼠,身材肥硕,皮毛光亮,悠闲自在,别说看到狗,看到人都不躲藏,他恍然大悟,自言自语:"原来,地位决定一切。人最大的疾病就是卑贱,最大的悲哀就是贫穷。我李斯说什么也不做厕所里的老鼠,一辈子住在脏臭的厕所里任人宰割,太惨了,要做就做粮仓里的老鼠,我要住进'富贵的粮仓'。"

两只老鼠改变了李斯的人生观。李斯对自己说,必须依靠个人奋斗实现这一目标,绝不含糊。他辞掉了上蔡小吏的职位,离开那个曾经给予他平凡、平淡、平静生活的上蔡小镇,来到楚国的兰陵(今山东兰陵县),拜在名满天下的导师、大儒荀子的门下,和韩非成了同学,一起跟着荀子学"帝王之术"。荀子讲述的内容很多,李斯偏爱老师讲的"天下为一"和"帝王之术"。

学成后,荀子问他以后有何打算。李斯说,"我对当学者、著书立说没有兴趣,我想当官,实现老师'天下为一'的政治理想。听说现在秦国正在纳贤,我想去试试。"于是,就辞别了荀子,只身来到秦国。

当时的秦国,正是多事之秋。秦庄襄王刚去世,新王嬴政还年幼,才十二岁,国家大事基本上由吕不韦来操持。李斯便投奔到吕不韦的门下。当代大儒荀子的学生来给吕不韦当门客,吕不韦自然乐意。以吕不韦商人的思维,他认为李斯也属于"奇货可居"之人,于是让他参与编写《吕氏春秋》。李斯的才华得以展示,赢得吕不韦的赏识。吕不韦奏请秦王批准,给李斯封了一个官:郎官。其职责是专门守护宫门、侍卫秦王。

这个位置对于李斯一生的影响非同小可,因为他从此有了接触秦王的机会,让秦王了解他的政治主张。这无疑是他人生旅途的第二个重大转折点。

他把从荀子那里学来的"天下为一"思想整理了一下,写成一道奏疏。其核心内容就是劝秦王统一天下、吞并六国。劝秦王说,"从前秦穆公没有完成这个大业,您应该抓住这个千载难逢的机会。"

秦王嬴政的心里话全让李斯说出来了,君臣二人一拍即合。李斯趁机献计说,"为了统一的目标,我们现在可以专门派人暗中拿着黄金去收买六国的权贵和政要,瓦解六国,离间六国君臣、拉拢六国人才,让他们为秦国服务。"嬴政欣然应允,任命李斯为长史,专门从事瓦解六国的工作。

这个时候,李斯敏感地嗅出了朝廷中硝烟弥漫的权力斗争味道,吕不韦和嬴政之间的矛盾在激化,朝中都感觉到吕不韦有篡位的野心,而嬴政想迫不及待地夺回属于自己的权力,两派斗争渐趋白热化。李斯经过再三权衡,决定放弃吕不韦,一心一意地为嬴政卖命。

李斯的忠诚和瓦解六国工作的成效,赢得秦王嬴政赏识,再次为李斯升职,拜李斯为客卿,类似于副宰相。地位仅仅在吕不韦之下。这距离他要成为"富贵的粮仓"的老鼠的目标已经很近很近了。

荣登帝国丞相之位

李斯在路线问题上坚定地选择站在秦王嬴政的一边。所以,当吕不韦被罢免宰相之位后,不少官员仍然去吕府拜访。吕不韦接到被发配蜀地的诏书后,吓得喝毒酒自杀。很多官员、吕不韦过去的门客,都参加了吕不韦的丧事,独有李斯不参加,也没有出现在治丧委员会的名单上。

事后证明,李斯在明哲保身方面是明智的。秦王嬴政来了个秋后算账,所有参加吕不韦丧事的人全部被逐出咸阳。

没想到的是,更大的劫难又来了。秦王嬴政认为客卿是动乱之源,下令驱逐所有客卿。所有外国人都得被赶出秦国。秦王为什么忽然如此排外了呢?李斯又是如何躲过这一劫的呢?孟宪实先生在一篇文章中这样写道:"秦国破获了一桩重大的间谍案。主持兴修秦国大型项目'郑国渠'的优秀水利工程师郑国,其实是韩国派来的间谍,目的是用大型水利工程消耗秦国的财力和人力。"

案件告破后,秦国掀起了一股"排外热"。凡是六国的人,都被怀疑别有居心,秦国要把他们驱逐出去。李斯是楚国人,自然也在被逐之列。

李斯很认真地给秦王写下了《谏逐客书》。他历数秦国功臣,从百里奚到商鞅、从张仪到范雎,都不是秦国人。要是把这些人都赶出去,岂不是资助了六国?"逐客令"会让秦国失去统一天下的人才。

这封信,为秦国的错误政策踩了急刹车——秦王觉醒,叫停"逐客令",重重提拔李斯。二十年后,秦国统一六国,李斯当上了丞相。一切都证明,李斯的个人计划赶上了历史的节拍。这二十年中,秦国统一天下的政策,大多出自李斯之手:车同轨,书同文,推行郡县制,打击持不同政见者,当然,也包括臭名昭著的焚书坑儒。

《谏逐客书》让李斯一举成名,各国没有被驱赶的人自然都感谢李斯,而且,秦王嬴政从此也逐渐淡化了排外思想,开始在各国广召文武贤才良将。统一六国的步伐加快了。

李斯向秦王嬴政建议,先用计谋挑起赵国和燕国的战争,然后以救燕为名进攻赵国。秦王采纳了,依计行事。几年战事下来,赵国的元气已经大伤。灭了弱小的韩国之后,趁着赵国元气大伤加上国内大旱,秦国再次进攻赵国,俘虏了赵王迁。赵国的公子嘉带了若干人马和部分王亲逃到赵国的代郡(今河北蔚县),自立为代王。

秦国攻打燕国,兵临易水,燕国危在旦夕。无奈之下,燕太子丹物色了刺客荆轲到秦国刺杀秦王,"风萧萧兮易水寒,壮士一去兮不复返",荆轲见到了秦王,准备行刺,结果失败。秦王大怒,秦兵很快就攻破了燕、代两国联军。燕太子丹被燕王杀死,燕国从此灭亡。接下来,秦军又灭掉了楚国和齐国。就这样,经过十年征战,公元前221年,秦终于完成统一六国的大业。李斯劳苦功高,被秦始皇封为廷尉。六国灭了,国家统一了。那么秦王这个国家元首该怎么称呼呢?还叫王显然气势不够了,有个大臣上奏说,不如叫"泰皇"吧。嬴政觉得,"皇"字听起来不错,和三皇并列,有点意思,但是,感觉还不过瘾,于是又加上一个"帝"字。在他看来,自己的功劳已经超越了古代的三皇五帝。"皇帝"这个称呼就是从他开始叫起来的,他是始皇帝,秦国的,所以叫秦始皇。

按照秦始皇当时的设想,自己是秦一世皇帝,子孙后代就是二世皇帝、三世皇帝、四世皇帝等等一直排列下去,直到万世皇帝。

统一天下之后,在国家建制方面,秦始皇又听从李斯的建议,废除分封制,建立郡县制,全国设置了三十六个郡,同时,任命李斯为左丞相。

这个时候的李斯,终于成了一人之下、万人之上的丞相,终于成为"富贵的粮仓"里的"老鼠",享受荣华富贵。

更锦上添花的是,秦始皇和李斯关系非常密切,两个人还成了儿女亲家。李斯的女儿们都嫁给了秦始皇的各位王子,李斯的儿子也荣耀地娶到了公主。这个时候,李斯的富贵与权势,登上了顶峰。一次,李斯的儿子、三川郡太守李由利用公休时间,回家探亲,就这么一个由头,竟然把官场都惊动了。文臣也好,武将也罢,结队来李斯家祝贺,参加李斯的家宴。李斯家门口的街道造成交通堵塞,几千辆马车相约来赴宴。

焚书坑儒

李斯毕竟是个读书人,他想起当年走出上蔡时的志向:一定要成为"富贵的粮仓"的老鼠!如今不仅实现了,还超出了自己预期,到达自己人生的顶峰。不由想起自己的老师荀子讲过的一句话:"物禁大盛"。为什么物禁大盛呢?因为物极必反。如今自己的富贵已到顶点,不知道今后会有什么样的结局。他隐隐感觉到自己人生的折返点,也许,快来临了。

但是,人的欲望无穷无尽,在欲望面前,人很难停下脚步。也曾有昔日好友劝告位高权重的李斯,说李丞相应牢记古训:"累于功名,将至祸患。"能放手时且放手。可是,这个时候的李斯已经不再是当年的那个上蔡小吏,而是堂堂的帝国丞相,是秦始皇最信任的人之一,是秦始皇的亲家。多年的政治生涯,他已经习惯了官场的刀光剑影,习惯谋算别人并被别人谋算。为了掩盖自己出身上蔡农民的这个低微的身份,他将当年知道自己的出身的同学全部杀掉、灭口;为了清理自己的对手,他把自己的政治对手韩非也用毒酒毒死了。

这个时候的韩非,官性远远超过人性,做起事来,心狠手辣。秦始皇四十三年,在一次宫廷宴会上,博士淳于越先是大拍秦始皇的马屁,然后又进谏说,"陛下虽然拥有海内,而子弟却无一官半职,一旦遭遇变乱之祸,没有辅助的藩臣,如何相救呢?"

秦始皇没有回答,而是交给李斯裁决办理。在李斯看来,淳于越的建议荒唐又荒谬,他本来就讨厌淳于越,就想了一个计策突然借机消灭那些和自己意见不合的人。经与秦始皇商量后,下令:天下所有《诗》《书》以及诸子百家的书籍,一律销毁。同时,对那些乱说话的儒生,坑杀,活埋。

这就是历史上令人震惊的"焚书坑儒"事件。

物极必反,腰斩于市

李斯再毒,可毕竟还是书生本色,和那个出身卑贱的太监赵高比起来,可是小巫见大巫了。

赵高精通狱法,因为他太了解,秦自从商鞅变法以来,就推崇"以法为教",到了秦始

諸子百家——法家

皇,这个理念被推到极致。天下人都知道秦始皇非常推崇法家,他的治国理念就是"事无大小皆决于法"。法家的韩非曾经说,"要剪除鸟的翅膀,才能使鸟驯服,让臣民不得不依靠国君的俸禄生活,这样才会乖乖听话。胜民的方法有三:辱民、贫民和贱民。"

赵高看透了秦始皇的喜好,"乐以刑杀为威",于是就苦心学习"狱律令法",熟悉到什么程度呢? 这么说吧,他能对秦帝国烦琐的法令条文倒背如流。有时候,秦始皇在看各地报上来的竹简时,遇到有歧义的地方,问赵高,赵高对答如流。再加上,赵高的书法写得非常好,这就赢得了秦始皇的赏识。提拔他当中车府令,具体职责就是负责皇帝出门乘车、来往的印信和墨书,相当于皇帝的秘书。这为他以后篡改、伪造皇帝遗诏提供了方便。

赵高是个聪明人,他看到在秦始皇的二十多个儿子中,最小的儿子胡亥最受宠。就想法和胡亥套近乎。胡亥是个公子哥,才十几岁,少不更事,他就专门逗胡亥开心,胡亥很喜欢赵高。秦始皇看了,自然高兴,让赵高做了胡亥的老师,教他书法和狱律令法等知识。赵高博得了秦始皇父子的欢心。有一次,赵高受贿的事被举报,秦始皇交给蒙恬的弟弟蒙毅查办。蒙毅查实后,按照秦律将赵高判处死刑,废除了赵高的官籍。谁知道,秦始皇亲自出面说情,下特别赦免令免赵高死罪并且官复原职。

赵高化险为夷后,从此和蒙恬兄弟结了仇恨的种子。

公元前 210 年,秦始皇出游的路上,突发重病,陪伴在左右的李斯和赵高两个人被叫到车前,秦始皇留下遗诏,让赵高速发信给长子扶苏,说,"我死后,到了咸阳再安葬,帝位传给长子扶苏。"说完,秦始皇就病死了。在场的除了李斯,就只有太监赵高和皇帝的小儿子胡亥。赵高和李斯密谋,隐瞒皇帝死亡的事实,暂不发丧。然后用大卧车拉着秦始皇的棺柩,运往咸阳,外人都不知道秦始皇已经死了。

赵高想拥戴胡亥,他和扶苏没有交情。他让胡亥毁了皇帝的遗书,自己假造了立胡亥而杀扶苏的遗诏。李斯是知情人之一,必须拉他入伙。可是,李斯忠心耿耿地陪伴了秦始皇三十七年,秦始皇临终,他还是守在旁边听遗诏的人,让这样的人背叛嬴政的遗言,难度很大。但赵高必须放手一搏。李斯果然不同意,说这是"亡国之言"。善于察言观色的赵高说,"丞相大人,遗诏和玉玺都在胡亥手中。决定权在你我之口。你想想看,如果扶苏当上皇帝,他一定启用蒙恬为丞相,您功高镇主,还能保住到手的富贵吗? 你就回你的上蔡种地,只怕有人还不让你回呢。"这话击中了李斯的软肋,这么多年的奋斗,才有今天。怎么能忍心看着到手的富贵成过眼云烟了呢? 再说了,历史上哪个位高权重的人有二世之福? 看看秦国的历代丞相,一旦被罢官,结局必然被杀,安享晚年、子孙继承爵位的好事想都别想。

李斯权衡了利弊之后,决定和赵高结成联盟。胡亥就这样当上了皇帝,即历史上的秦二世。赵高被封为郎中令,成为大秦帝国事实上的决策者。

俗话说得好,要想人不知,除非己莫为。赵高和李斯一手策划的伪造遗诏的事情,还是在秦始皇的诸位皇子中引起了猜测。于是,继扶苏被骗自杀、名将蒙恬被杀之后,赵高又在诸皇子中开展了大规模迫害运动,秦始皇四十多个子女,全部以谋反罪被杀光。秦

諸子百家——法家

国上下，一片恐慌。老百姓怨声载道。陈胜、吴广在大泽乡起义，一举攻下三川郡，李斯长子、郡太守李由无力防守。秦王朝摇摇欲坠。赵高闻知这个消息，知道铲除李斯的机会来了。便诬陷李斯的儿子三川郡太守李由通敌，李斯自然逃不了干系。李斯一家人锒铛入狱。严刑拷打之下，李斯被迫招供。拿到供词的赵高连夜给胡亥看。胡亥异常感激地对赵高说："老师呀，多亏你及早察觉，否则我就要被丞相出卖了。"

"物极必反"的最终结局还是来了，堂堂帝国的丞相李斯和他的儿子一起，被腰斩于咸阳。李斯家的三族全部被诛灭。其他所有和李斯关系密切的人，自然难逃一死。

司马迁对李斯的死因，这样评论说：贪恋名利，即"持爵禄之重"。

四、申不害的故事

申不害，亦称申子，战国时期郑国京县（今河南荥阳）人，约公元前 385～公元前 337 年，在韩为相十五年。是著名的思想家和改革家，法家思想的代表人物之一，以"术"著称于世。公元前 337 年，申不害卒于韩都郑（今河南新郑）。其著作《申子》，已失传。

申不害是早期的法家。《史记》有"著书两篇，号曰申子"的话，《汉书》有"申子六篇"的话，但全都亡轶了。法家中有三派：慎到重"势"、申不害重"术"，商鞅重"法"。申不害成为法家三大流派之一的"术"的开山鼻祖。

申不害为先秦诸子百家中法家"术"派代表人物。《史记》在《老子韩非列传》后面说他是"故郑之贱臣。学术以干韩昭侯，昭侯用为相。内修政教，外应诸侯，十五年。终申子之身，国治兵强，无侵韩者"。

申不害用"术"

什么是"术"呢？这个词通常和"道"对应。"术"不过是雕虫小技，和"道"没法比。我们现在形容一个人，说他很会玩权术，这话多少带有贬义，因为这距离大道很远。"术"玩多了，弄得大臣怨声载道，百姓民怨沸腾，就有人出来"替天行道"了。"道"是天意，"术"是人为。

我们现在说的"术"没有一个明确的概念，它显然不是"学术"的"术"，而更多指的是现在所说的"权术"。这么说有点抽象，还是讲个故事来说明吧。

我们知道，申不害本来是郑国人，郑国当时太弱，不长时间就被韩国给灭了。郑国灭亡时，申不害大概三十岁左右，还是壮年小伙子。那个时候虽然国家的观念不像今天这么强，但毕竟一夜之间无家可归了，生计问题得解决。自己的国家被韩国占领了，自己也就成了"贱民"，想弄口饭吃，就得向韩国的国君、贵族献媚。

申不害肚里有墨水，知识渊博，在那个时代当个官不难，难的是当大官。在韩国当官，他的身份是"贱臣"——自己的国家郑国亡了，还不是"贱臣"吗？身为"贱臣"，申不害志向远大，想当大官，就得找机会向国君推销自己。知人才能善用，国君连你是谁都不了解，怎么可能重用你，对不对？

他得找机会让国君了解自己。

功夫不负有心人。韩昭侯刚刚即位，颇具雄心，想干点事。申不害适时地在韩昭侯手下谋到一个职位，脚后跟还没有站稳。这个时候，深谙"术"道的申不害自然不敢放肆，凡事谦虚谨慎，察言观色后再说话。机会来了，边境爆发战争，这一次是魏国打赵国，"春秋无义战"，具体因什么原因打我们也不管了，总之，那是个有机会就抢他国地盘的时期，不抢白不抢，抢了也白抢。白抢谁不抢？

魏国一鼓作气，打到了赵国国君的老窝，赵国都城邯郸眼看着危在旦夕。但当时赵国的国力不弱，都城邯郸固若金汤。魏国打了很多天，就是拿不下邯郸。双方就这么僵持下来。怎么办呢？都需要求助于外力。魏、赵两国都派使者来韩国，商量联合对付第三方的事。

诸子百家——法家

韩国国君韩昭侯也没了主意，就问申不害："你说说看，我该答应哪国的要求、与谁联合更有利呢？"

申不害刚来韩国当官，还不太了解韩昭侯的脾气。俗话说得好，伴君如伴虎，一句话能成事，一句话也能坏事。话哪能轻易说出口呢？尤其是在国王身边说话，小心谨慎为妙。他就谦虚地说，"大王啊，请容忍我好好考虑考虑。"

这个时候，申不害就在私下里"活动"了。私下里找到了当时政坛的两派强势人物的代表赵卓和韩晁两位大夫，征求他们的意见，让他们先说说。赵卓说，"助魏"。韩晁说"助赵"。申不害就在一个角落里认真观察韩昭侯对这两种意见的反映。韩昭侯脸上的表情已经告知了答案。他已经猜到韩昭侯倾向于哪种意见。

最后，当韩昭侯再征求他的意见时，他根据"上"意，说出了韩昭侯所倾向的那种意见。韩昭侯一听，还是这小子合我的心意，脸上流露出喜悦的表情。

这个故事，在《战国策·韩策一》中有记载的。

讲这个故事，就能理解申不害所标榜的"术"。他本人在这个故事中的表现就是运用"术"来赢得国君的信任和高兴，从而避免内部矛盾冲突，让自己处在优势地位上。韩昭侯也不是傻子，他观察到申不害善于用"术"，是个人才，和自己不谋而合。韩昭侯就摆下酒宴，邀请申不害喝酒，和他探讨关于"术"的问题。申不害说的一句话说到君王的心坎里，他说："明君使臣并进辐凑。"（《群书治要》卷三十六《申子·大体》）什么意思呢？这句话用今天的话来说，意思就是，高明的大王能使自己像车轮的毂一样，让臣下像车轮的辐条一样，凭你辐条伸出再长，但根部终要凑在车毂上，并受到毂的控制。

韩昭侯喜形于色。一高兴，马上委以重任，让申不害当上韩国的宰相。《史记·老子韩非列传》中这样记载说："（申不害）学术以干韩昭侯，昭侯用为相，内修政教，外应诸侯。"

韩昭侯推崇"术"，更多的是为了巩固他的统治地位，君主用"术"能更好地稳定国家政局，更好地操控大臣，以免他们胡作非为。要知道，在春秋战国那个混乱的时代。臣下弑君，简直司空见惯。一国之君的主要威胁是谁？是老百姓？是周边的敌国？都不是，而是来自大臣。申不害推崇"术"，也是那个时代的需要，为了稳定局势，为了让大家安守秩序，君是君，臣是臣。君主要对大臣留个心眼，不能相信所有的大臣。用申不害的话来说，"君如身，臣如手"。这种情况，君主必须有两面之术，必须学会对付大臣，让臣下慑服。"术"又分两类，一类是控制术，如以静制动之类；还有一类是搞阴谋，耍手腕，弄权术，尔虞我诈等等。

韩昭侯用"术"

韩昭侯对"术"的运用越来越游刃有余。

《韩非子·内储说上》中记载有这样的故事：有一次，他派一个大臣下乡调研。回来后，韩昭侯问大臣："下乡调研的路上，有啥稀罕事吗？"大臣说，"没有什么值得汇报的。"韩昭侯说，"那你就随便说说吧，这一路上都看见了什么？"大臣想了想，说，"对了，我走到国都南门的时候，看到有黄牛犊在路边吃百姓的庄稼苗。"韩昭侯脸色突然严肃起来："今天我问的事情，你绝对不能对任何人说。"

多大的事呀。值得这么严厉吗？别忙，这里面有文章。韩昭侯想趁机玩弄权术，整整一些大臣，树立个人威信。

原来，韩昭侯早就下令，庄稼苗生长期间，凡有牛马进入农田毁坏禾苗者，严惩不贷。规定是出台了，看来有人没好好执行命令。马上下令，各地官员速速把牛马入农田毁苗的情况上报，不得遗漏，否则重罚。

官员们匆忙凑了一些数字上报，随便糊弄一下。韩昭侯一看，南门外黄牛吃禾苗的事没有人上报。就发火了："你们竟然敢糊弄寡人！打回去重新写。"官员们只得重新写，果然南门外还有一群黄牛在吃禾苗。

通过这件事，官员们发现，原来国王不好糊弄，他的眼睛明亮得很，简直明察秋毫。以后再也不敢阳奉阴违、蒙骗大王了。韩昭侯以此达到了监督下属的目的。

《韩非子·内储说下》中还记载这样的故事：某次洗澡，韩昭侯发现，浴缸的底下有一些瓦砾，差点把脚底和皮肤划破了。韩昭侯很生气，但他想想，就没有发火。他得想个办法收拾一下这些身边的内官。一般地说，管理国君浴缸的内官，不是这么糊涂、粗心大意吧，果然如此，那不是拿自己的命开玩笑吗？这事一定是有人想陷害他，目的是想取代他的职位。他假装什么都没有发生，和往常一样洗澡。突然，韩昭侯平静地说，"怎么下面有瓦砾？这个主管沐浴的家伙失职，我要换掉他。谁可以接替？"内官中马上有一个站出来说，"我可以。"

韩昭侯认定此事必是这人干的，但装着不露声色，说，"那好吧。你跟我来一下。"那位内官兴奋地跟着去了。韩昭侯忽然亮出杀手锏，当着众多内官的面厉声喝问："你为什么要嫁祸于人？为什么竟然敢在我的浴缸中放瓦砾？不想活了吗？"这位内官没想到韩昭侯如此明察秋毫，马上跪下认罪。其他内官见到这种场面，再也不敢搞那些小动作了。

"术"是一把双刃剑，能够维护统治者，但也让统治者多疑、恐惧，不信任任何人，处处防范，从而使得君与臣的关系对立。毕竟，"术"的本质是欺骗，深藏于心、难以揣摩。韩昭侯用"术"，反而防守过度，自己累，臣下也累，有时候也会莫名其妙地冤枉人。比如，有

诸子百家——法家

一次，韩昭侯喝醉了，倒在地下睡着了，帽、冠全都不整了，口里还有呕吐物。那时候，内官中有一种叫"典冠"的，其职责就是专门负责君主的帽、冠。典冠一看，自己的职责所在，不能不管呀，悄悄地取了一件衣服盖在韩昭侯的身上。昭侯醒后，发现身上盖了一件衣服。心想，我醉了，竟然如此靠近我，莫非想杀我？于是无比惊讶地问："谁给我盖的衣服？"一内官说，"是典冠大人。"韩昭侯大怒，脸色突变，"推出去，将典冠斩首！"

变法

申不害任韩国的丞相之前，韩国在"三家分晋"以后，分到的地盘最小，秦、魏、楚几个国家都比他地盘大、国力强。这么一个小国，被周围几个大国夹在中间，整天被人虎视眈眈。偏偏韩国宫廷又多次内讧。从韩景侯正式列为诸侯起，内讧就没断过。先是韩景侯的儿子韩列侯被突然闯入的刺客刺死，后来又发生了韩哀侯被杀的事件。内乱不断，外敌又趁机吞并，秦国仅仅在公元前371年这一年，就一举攻取了韩国的六座城池。

内外交困，韩国可以说危机四伏。到韩昭侯当上国王后，仍没有任何好转的迹象，连他自己都不知道国家还能存在多久，自己还能当几天王。他甚至想放弃这个国君，不想整天担惊受怕。不少诸侯国通过变法强盛起来，就连比韩国还小的宋国都敢欺负他，偷袭他，再不变法，连生存都是问题了。

申不害适时地出现了。申不害任韩国的丞相达十五年，运用他的"术"，帮助韩昭侯推行法治，"内修政教"，变法图强。韩昭侯已经把"术"运用自如，自己的专制权力得到加强，国内政局也相对稳定，百姓生活开始好转。按照《史记》中说法，申不害任韩国的丞相期间，国富了兵强了，虽然处于强国的包围之中，整整十五年，外国打韩国的事情基本没有发生过。申不害通过变法、改革，让韩国成为与齐、楚、燕、赵、魏、秦并列的战国七雄之一。《史记·韩世家》中说："申不害相韩，修术行道，国内以治，诸侯不来侵伐。"

韩国由处处受人欺凌到自立自强、"诸侯不来侵伐"的程度，申不害功不可没。

申不害提倡"术"，但他所说的"术"，是在执行法的前提下使用的，而"法"是干什么的？是用来巩固君主权力的。换句话说，申不害讲"术"，但也讲"法"与"势"。他说，"君之所以尊者，令也，令之不行，是无君也，故明君慎之。"国君凭什么令人尊重？是令，令行禁止，令是权力的表现，是一种由上而下的"势"。所以说，"权势"是君主的本钱。申不害提出，"君必有名法正义，若悬权衡以称轻重。"意思是说，国君需要"正名责实"。所谓"正名"，就是孔子说的"名不正则言不顺"。"责实"，就是君主给臣下规定的责任和职权，这是臣下遵从君主的规范。

申不害任韩国丞相后，曾向韩昭侯建议说，"如果大王能够落实'见功而与赏，因能而授官'（《韩非子·外储说左上》）的用人制度，韩国就可以迅速强大起来。"什么意思呢？就是说，应当在韩国推行法治，只有立功的人才能受奖。在任用官吏时，要看重他的能力，这是任用与否的标准。也就是说，行赏也好、任官也好，都应依法行事。

韩昭侯就认真地听从了申不害的建议，遵守"循功劳视次第"的原则，依法行事，对任何人都不通融。韩昭侯有一件破衣服，不想穿了，就让内官收起来。

有个内官请求说，"大王不如把这件衣服赏给小人吧。"韩昭侯说，"贤明的君主一皱眉头，一个微笑，都有讲究，不能随便表露。这件破衣服难道不比皱眉和微笑重要吗，不能随便赏给你。除非你为国立列功，就可以赏给你。"

大臣感觉到，只要效忠于君主，只要尽职尽责，就有机会被提拔、重用，从而激活了用人机制。《战国策·韩策三》上评价说，"昭厘侯（即韩昭侯）一世之明君也；申不害一世之贤士也。"

《韩非子·内储说上》中有一个故事说，申不害想试探一下韩昭侯是否真的依法行事了，就假装面有难色地求情："大王啊，我有个哥哥求到我，想让他帮他当个官。"韩昭公说，"你不是说要'循功劳视次第待有功者而赏'吗？现在你有私求带头坏规矩，你觉得我该怎么办才好？"

申不害听了，避席请罪。这说明韩昭侯在这件事没有口是心非。

申不害去世后，韩国的改革基本上中断。

韩昭侯在国都修筑高大的城门，一直到死，再也没出城门一步。此后，韩国的国力又逐渐地衰弱下去，直至最终为秦国所灭。

五、慎子的故事

慎子，战国时期法家代表人物，赵国人。早年学黄老道德之术，把道家学说向法家理论方面发展。齐宣王时入齐，曾在齐国的稷下讲学，被赐第为上大夫，在当时享有盛名。后来则做了楚太子横的师傅。明慎懋编纂《慎子内外篇》，并辑录慎到传记大略说："慎到者，赵之邯郸人也。慎到博识强记，于学无所不究。自孔子之卒，七十子之徒散游列国，或为卿相，或为士大夫，故卜子夏馆于西河，吴起、段士木、慎到之徒受业于其门，及门弟子者甚众。慎到与孟轲同时，皆通五经。"

法家主"势"派代表

慎到受《老子》影响，认为"道"的本质是万物相等，对后来庄周的"齐物"思想有所启迪。在先秦的法家代表人物中，慎到、申不害和商鞅分别重视"势""术""法"。

慎到是法家中主"势"一派，他认为君主如果要实行法治，就必须重视权势，这样才能令行禁止。

著有《慎子》。《慎子》一书，司马迁《史记·孟子荀卿列传》中介绍说有"十二论"。徐广注释道："今《慎子》，刘向所定，有四十一篇。"班固《汉书·艺文志》著录为四十二篇，宋代的《崇文总目》记为三十七篇。清朝时，钱熙祚合编为七篇，刻入《守山阁丛书》。现存《慎子》只有七篇，即《威德》《因循》《民杂》《德立》《君人》，《群书治要》里有《知忠》《君臣》。

战国初期以后，各国都先后进入了封建社会。当时的法家，继续主张"富国强兵"，用战争兼并，完成中国的统一。

齐国的隐士彭蒙和两位弟子(田骈和慎到)仰慕按理依法的主张,面对社会问题,首先想到的是"齐物"、万物按理一刀切齐,意思是法律面前人人平等。这和庄周的"齐物"是两回事。为什么这么说呢? 我们还是通过一个故事来说明这个问题吧。

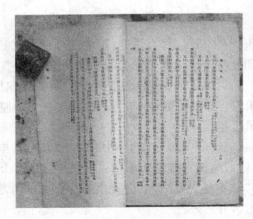

《慎子》书影

《慎子》的《逸文》篇讲了这样一个故事:"一兔走街,百人追之,贪人具存,人莫之非者,以兔为未定分也。积兔满市,过而不顾,非不欲兔也,分定之后,虽鄙不争。"这个故事后来被广泛地引用,比如《意林》《御览》里都有。《吕氏春秋·慎势篇》引慎子的话说:"今一兔走,百人逐一,非一兔足为百人分,由未定。由未定,尧且屈力,而况众人乎? 积兔满市,行者不顾,非不欲兔也,分已定已。分已后,人虽鄙不争。故治天下及国,在乎定分而已矣。"

大意是说,大街上突有一只兔子在狂跑,上百人看了都想去追到手,纵然有贪心的人想抓住兔子据为己有。围观的市民也不会骂他,为什么呢? 因为这只兔子不知道是谁家的,还没有确定归属权,谁抓到手算谁的。再看看集市里笼子内的兔子一排排摆放着,那些不想买的过往市民看都不看一眼,这并不是说他们不想得到那些兔子,而是因为笼子内的兔子已经有了归属权,就算是粗鄙的人也不敢去抢。

慎子讲的这个故事,在当时很实用。战国时代,那么多小国,忙着争地盘,杀来杀去,连国君都没有安全感。

慎子通过讲这个故事提出了一个解决纷争的办法,那就是通过"定分"来解决争抢问题,用今天的法律术语来说就是先对"兔子"确立一个所有权。大家先定好"兔子"归谁所有,这个所有权问题解决了,就可以达到"虽鄙不争",平息战火。所有权就是个权利,权利来自哪里呢? 来自法律规定,规定是谁的,就是谁的。那么,接下来又出现另一个问题:法律又怎么来的呢? 慎子说:"法非从天下,非从地出,发于人间,合乎人心而已。"

法家代表人物慎子提出一个非常可贵的观点:法律"发于人间,合乎人心",言外之意,违背人心的法律不是法律,"恶法非法"。

慎子带着他这个观点和许多名知识分子一起,来到齐国。那时候,齐国的政治气氛比较宽松,齐宣王厚待知识分子,在齐国开办了稷下学宫,慎子在那里讲学,齐宣王给他封了个上大夫,类似今天的一级教授,还专门安排了教授公寓给他住。

慎子讲法兼讲势,认为"贤智未足以服众,而势位足以诎贤者",强调治国以法为准绳。他尊君,但不主张独裁,反对"国家之政要在一人之心",提出"立天子以为天下,非立天下以为天子也"。《庄子·天下》篇把他与彭蒙、田骈并列。《史记·孟子荀卿列传》中说,"慎到""学黄老道德之术,因发明序其旨意。故慎到着十二论,号《慎子》,早佚。今存明慎懋堂本是托名之作。主张弃智去己"，"任法而不任贤者"，重法治不重人治，兼讲"势"治。他提出了集权的主张，在政治上把权势放到了第一位。有了权位。还要有"法"。"法"是治国的标准，他从道家"弃知去己而缘不得已"的观点出发，提出"大君任法而弗躬，则事断于法矣"的思想。君主是"法"的制定者，依法"无为而治"，"民一于君，事断于法"，"官不私亲，法不遗爱"，这样就"上下无事"了。

慎子主张"贵势""尚法"，其思想为后代统治者接受，成为中国古代帝王统治术的源泉。荀子认为，慎到的思想学说是一种迎合君主与大众的学说，细究起来很难看出它的旨归所在。散乱而不成系统，因而是不能用来安邦治国的。而且慎到片面强调法，忽视人的作用、能人的作用，认为法可以包办一切，这又走向了极端。

慎子提倡"齐万物"，认为万物一齐，无高下贵贱之分，这种思想可以说是把老子的"无为"推向极端。慎子说：贤德的人被笨蛋管着、屈居在蠢货的手下，这是为什么？很简单笨蛋的手中握着大权。一个笨蛋没有权的话凭什么驾驭贤人？有权者处在尊位上，由不得你不听话。想当初，当尧还是一个普普通通的老百姓时，连邻居也指挥不动。后来称王，就一呼百应、令行禁止了。如此说来，单凭贤德震慑不了无才之辈，只要手握大权，有没有本事都有人对你毕恭毕敬。（《慎子·威德》）春秋战国五百多年的历史，本质上争的就是个权；后来几千年的历史，本质也是争权夺势的历史。

老子是"弃智慧"，慎子是"弃知识"，以无知为理想。老子教人如婴儿，慎子则教人如土石。老子认为，为道就要日损，为学就要日益，但是，所损所益并不是一个方面的事。日损，指的是欲望、感情之类；日益，指的是积累知识的问题。这两者并不矛盾。一个人应该知其益，守其损。慎子和老子观点不太相同，慎子完全不要知识，《天下》篇说："曰知不知，将薄知，而后邻伤之者也。"

《老子》说："知常容，容乃公，公乃王，王乃天，天乃道，道乃久，殁身不殆。"《庄子·天下》篇里说："公而不党，易而无私，决然无主，趣物而不两。不顾于虑，不谋于知，于物无择，与之俱往。古之道术有在于是者，彭蒙、田骈、慎到闻其风而悦之。"

庄子在《天下》篇中，把慎子和彭蒙、田骈放在一起，作为道家来看待。司马迁也认为慎到是"学黄老道德之术"。

对于彭蒙、田骈、慎子一派，庄子既承认他们"齐物""弃知""去己"的思想与古代的"道术"有某些相通的地方，但又指出这些思想有着"非生人之行而至死人之理"的毛病。

黄崇浩曾在《人民日报·海外版》（2000年10月30日第七版）中撰文说，"楚怀王在位时，慎到为太子横之师。太子横质于齐（公元前300～公元前299年），慎到相随到齐。襄王归楚，'即位为王。齐使车五十乘来取东地于楚。楚王告慎子'。可见慎子已随襄王自齐归楚，佐襄王巧妙地处理了楚与齐、秦两国之间的复杂关系，既暂时安定了楚国，又维护了领土完整。慎子卒年大约在顷襄王二三年（公元前297～公元前296年）。"

六、管子的故事

管仲，名夷武，字仲，齐国颖上（今安徽颖上）人。姬姓后代，与周王室同宗。家境贫

諸子百家——法家

寒,自幼博览群书,与鲍叔牙为友。

齐桓公时任齐国宰相,是历史上著名的贤相。辅佐桓公,被称为"仲父"。四十年,因势制宜,改进宗周制度,推进政治改革,设官吏管理,改革赋税,发展农业,从庶民中选拔贤能,使齐国民富兵强。又提出"尊王攘夷"策略。在他的辅佐下,齐桓公遂"九合诸侯,一匡天下",成为"春秋五霸"之一,与周公一起被称为圣贤。著有《管子》八十六篇。全书十六万言,博大精深,包罗万象,开启了一个时代,引领了春秋列国的百家争鸣,从此各种思潮激荡交织,成为中国有史以来思想最自由、民智充分迸发的时代。

功高盖世的贤相

管仲身上故事多。单单这个人的故事,就可以写一本厚厚的书。他的才学与能力少有人超越,他在政治、军事、外交、文学、音乐、艺术等方面都有独到的建树,他的才能和贡献,令人仰慕。不信的话,你随便找个大企业家问问,谁不知道"管子论相"的故事?又有谁不知道传诵千古的"管鲍之交"?

"学成文武艺,货于帝王家",管仲辅佐齐桓公成就一代霸业,这样的成就几乎是所有士人的梦想。想当初,未出茅庐的诸葛亮,隐居在南阳,待机出山的他拿谁做比呢?就拿管仲和乐毅。他不是常常自比"管乐"(管仲、乐毅)吗?还有那乱世奸雄曹操,当年何其威风凛凛,"挟天子以令诸侯",谁敢小看他呀?可是,曹操怎么能和管仲比?就连他的"挟天子以令诸侯"也是"山寨"了管子当年"尊王攘夷"的罢了。

还有那个得天下英才辅佐的刘邦,楚汉相争,他的那几个智囊策划的最漂亮的战役就是"垓下之围"了吧?十面楚歌,让项羽的军队思念家乡,误以为楚地全部沦陷,从而使楚军失去了抵抗的意志,项羽自刎乌江。这种用音乐来扰乱或者振奋军心的招数,也是从管仲那里学来的,并非什么首创。

精通音律的管仲,早就意识到音乐的力量,他是最早将音乐巧妙地用于战争的军事指挥家。唱歌可以愉悦精神,也可以鼓舞斗志,从而让士兵忘却劳累。就是依靠音乐,管仲两次成功地转危为安。第一次是他还没有当宰相时,那个时候他还是公子纠的私人老师,公子纠在一次战争中兵败,被鲁军送回齐国。管仲很担心鲁国国君半道里突然反悔,把公子纠杀了,就想出一招——管仲现场写歌词并谱曲,歌唱起来激情澎湃、热血沸腾,并让大家边走边唱,一路上有说有笑,不知不觉就到了齐国,使鲁国国君后悔莫及,就这样逃过一劫。

另一次在他当宰相辅佐齐桓公之后,他指挥大军远征山戎,部队到达一个山势险要的地方,停了下来,因为战车推不上去,士兵们疲惫不堪,望山兴叹。管仲灵机一动,现场谱了一曲《上山歌》和《下山歌》,他和士兵们一起又唱又和,群情振奋,结果轮转如飞。齐桓公看了,赞叹不已,原来仲父的歌有这等效果,在险境中能自救,在困境中能振奋,真是神奇。

一代历史名臣管仲在春秋列国的历史舞台上励精图治,挥洒自如,纵横捭阖,梁启超说管仲是"国史上第一流人物","中国最大之政治家,而亦学术思想界一钜子也"。孔子曾这样赞叹管仲,大意是说管仲辅佐齐桓公,称霸诸侯,挽救周室,让老百姓得到了实惠,要不是有管仲这样的贤相辅佐齐桓公,我们恐怕就得成为蛮夷治下的百姓了。

管仲任宰相后,划分、整合了齐国的行政区划,大刀阔斧地进行了机构改革,使全国成为一个整体;在军队方面,他的改革力度更大,他的主导思想是"寓兵于农",把保甲制度和军队结合在一块,合二为一。在每年的春季和秋季,他用狩猎来训练军队,军队的战斗力较之从前大大提高。他还剥夺了老百姓的迁徙权,不让随便迁移到别的地方去。大家集中住在一个地方,这样做的好处是:大家格外熟悉,如果在夜里听到声音就知道对方是敌人还是自己人。如果在白天,那就更熟悉了,听到声音,看到长相,就认出对方是谁了。

经济方面,管仲改革了税收政策,提出"相地而衰征"的五字方针。什么意思呢? 就是说,收税不搞人头平均摊派了,而是根据土地的好坏来收税。这当然更科学更合理。管仲还规定了国家铸造钱币,还出台政策,鼓励本国的盐业、渔业向境外出口,做活边境贸易。与商鞅的重农抑商不同,管仲提出藏富于民,重商兴业的理念。可能是因为早年做过商人的缘故,管仲带头不歧视商人,而是尊重商人、重视商业的发展,这一点很了不起。要知道,在那个时代,商人普遍没有地位,士农工商,商人的地位最低。商人往往和奸商联在一起,影响很不好,人人形容商人的词通常是锱铢必较、唯利是图之类。这个传统传了很久,到明代,商人甚至不允许穿丝绸,更不能参加科举。

管仲鼓励发展商品经济的举措,使齐国经济迅速繁荣昌盛,为齐国成为春秋首霸打下坚实的经济基础。

齐国经济繁荣了,商人的地位提高了,有的商人投机取巧,囤积居奇,趁机哄抬物价,从中赚大钱。对此,管仲就在机构设置中专门设置了轻重九府,大概就类似于今天的发改委、财政部一类,关键时刻用来宏观调控。管仲提出的方案是六字方针,即"轻重敛散以时"。什么意思呢? 就是说在物价便宜时,由国家出面收购;物价贵的时候,由国家出面抛售,从而达到平抑物价、稳定民心的目的。既保护了商人和种植者的利益,也保护了老百姓的权益。

商人和百姓在有了钱之后,很自然地要求参政议政。管仲在用才、选才方面也做个改革,在一定程度上打破了世卿世禄的旧制,设立了新的用人制度,让道德品质高尚有才学的人参与政治,到官员队伍中来。他提出让"秀民"从政,赢得老百姓的拥护。所谓"秀民"从政,就是从平民中选拔优秀的人做官,从而给平民百姓一个上升的希望。

管仲能够当宰相,能够拥有今天的这一切,得感谢一个人,一个商人——鲍叔牙。"生我者父母,知我者鲍叔牙。"这是管仲发自内心的肺腑之言。让我们来看看流传千古的管鲍之交究竟是怎么一回事。

管鲍之交,流传千古

管仲虽然家境贫寒,但读了不少书,堪称博学多才。但苦于没有机会和位置让自己崭露头角,所以只能在社会的底层艰难地挣扎。实在没钱吃饭,就报名参加了军队,随军去前线打仗。但他三次参加战役,三次都从前线逃了回来。

一次偶然的机会,和鲍叔牙相识。两个人一见如故,大有相见恨晚之意。鲍叔牙懂管仲,知道他是有大才之人,非常佩服并敬重他。在管仲最困难的时候,鲍叔牙把自己做生意赚来的钱无偿地援助管仲。几次接受援助之后,管仲自己也不好意思了。鲍叔牙就劝他说,"不如我们兄弟俩先一起合伙做生意吧。"

两个人一起做生意,赚到一些钱,在分配利润的时候,管仲自己总是多吃多占,鲍叔牙得到的报酬总是少他很多。然而,鲍叔牙从来不说,从来不计较,还和从前一样,和管仲一起做生意。周围的朋友们看不下去了,愤愤不平地说鲍叔牙太傻,管仲这个人过于精明,太会算计。两个人一起做生意,每次管仲都要多拿红利,每次鲍叔牙都要吃亏。这个管仲不可交,不够朋友。

鲍叔牙就出面解释,"不是你们看到的这样。多分给他利润,是我的主意,是我自愿的。我家里条件要好一些,他家不同。他家贫寒,老母亲身体又不好,等着他赡养呢。'一分钱难倒英雄汉',谁没有困难的时候呢?"

朋友们又问:"可是,管仲这个人是战场的逃兵,是贪生怕死之辈。你要当心啊。"

鲍叔牙解释说:"这恰恰说明管仲孝顺啊。他万一战死了,家中老母谁来赡养?既然是兄弟,是好朋友,就要互相体谅、扶持并理解,而不是猜疑、拆台。"

管仲得知鲍叔牙如此替自己说话,如此礼待自己,感动不已,对鲍叔牙说:"生我者父母,知我者鲍叔牙。"两个人从此义结金兰,生死与共。

箭射公子小白

管仲和鲍叔牙商量,商人的地位太低,做生意只是权宜之计,为日后的前途打算,不如进宫当家庭教师,好歹进入"士"这个阶层。

鲍叔牙说,"兄弟比我有眼光,好吧。"当时齐国的最高领导人是齐襄公,这个人在历史上口碑不好,荒淫无道,大臣对他是敢怒而不敢言。

齐襄公有两个儿子,长子叫纠,是鲁妃生的;小儿子叫小白,是莒妃生的。管仲和鲍叔牙用做生意赚来的钱,打点了宫廷的内官,如愿以偿。管仲当上了公子纠的老师,鲍叔牙则成为公子小白的老师。

公元前 686 年,齐国爆发一场惊天动地的宫廷内乱,荒淫无道的齐襄公被江湖高手给砍了,连头都找不到了。齐襄公的两个儿子此时都在国外,国不可一日无君,齐襄公的侄子公孙无知被立为新国君,很多大臣不服气,还有几个野心勃勃的家伙对国君的位置虎视眈眈,大有志在必得的架势。不久,内乱再起,忠于齐襄公的旧臣,杀掉了新立的国君公孙无知,一些追随的叛乱分子也被砍头。

齐国再次大乱。

齐襄公的两个儿子坐不住了。父亲被杀的时候,公子纠在鲁国,公子小白则在莒国。得知父亲被杀头的消息,两个公子都使出吃奶的力气、快马加鞭往齐国的国都赶,谁先赶到谁就能夺回王位。

鲁国的国君相当够意思，他带领随从亲自护送公子纠回国夺回本该属于自己的王位。作为老师，管仲此时此刻心急如焚，为了确保万无一失，他对公子纠建议说："公子小白在莒国，莒国距离齐国国都的距离比鲁国要近得多，他现在一定也在赶路，如果他先到齐国，那我们就被动了，不如我带一支小分队，在半道上把公子小白拦住，阻止他到齐国。"

管仲猜得没错，公子小白正带着一帮人箭一般地赶路。管仲就埋伏在必经之地，等到公子小白的人马靠近，管仲将早已准备好的箭射向公子小白。

公子小白顿时倒地。

管仲松了一口气，他以为公子小白一定死了。就马上带人回到公子纠的身边，护送公子纠赶路。

万万没有想到，公子小白根本没有死，管仲射中的只是小白腰间的衣带钩。等公子纠和管仲来到齐国国境时，公子小白和鲍叔牙一行人已经提前到了齐国国都。

公子纠时运不济，慢了一步。先到者为王。公子小白已经登基，当上了齐国国君，他就是历史上大名鼎鼎的齐桓公。

历史上对这个故事是这样记载的："（管仲）为齐公子纠太傅，佐公子纠与公子小白争位，曾箭射小白，中带钩而幸免于难。"

桓公即位，鲍叔牙推荐管仲当宰相

公子小白当上了齐国国君，史称齐桓公。

齐桓公即位后，就问他的老师鲍叔牙："老师，寡人如今当国王了，你就来帮忙治理国家吧。"

鲍叔牙跪下请罪似的说："大王，以微臣之见，应该让管仲来当宰相，定能帮助大王成就一番大事业。"鲍叔牙向齐桓公推荐了管仲。

管仲困难的时候，鲍叔牙慷慨解囊；两个人一起做生意，赚的钱大多数被管仲拿去，外人都看不上了，鲍叔牙不但没有任何不满，还替管仲说话；如今有一个宰相的职位摆在他面前，他又不珍惜，而执意要让给管仲。鲍叔牙这样的朋友，真的是千古少见，难怪苏洵在《管仲论》中这样赞扬鲍叔牙："故齐之治也，吾不曰管仲，而曰鲍叔。及其乱也，吾不曰竖刁、易牙、开方，而曰管仲。"从苏洵的话里，我们能明显地感觉到他在诟病管仲，而力挺鲍叔牙。

这个姑且不论，我们接着讲管仲的故事。话说鲍叔牙向齐桓公推荐管仲来担任宰相一职后，齐桓公正在品着的一口茶吐了出来："老师你说什么？你要我任用他管仲来当宰相？让我任用一个拿着箭来射我的人当宰相？你知不知道他的目的是要射死我，让公子纠当国君？他眼里没有我也就罢了，还要置我于死地！连这样的人我都要重用，除非我脑子进水了。"

鲍叔牙温和地劝齐桓公："大王，您消消气。我理解您的愤怒。换了任何人都会愤怒的，是吧。可如今您是一国之君了，现在齐国刚经历过大动乱，百废待兴，急需人才帮助

諸子百家——法家

您来治理国家。您想想看,做臣子的各为其主,当初管仲拿箭射你,不正说明了他对公子纠的忠心耿耿吗?您想想看是不是这个理?常言说得好,一臣不侍二君,当初如果管仲在半道上拦住您,却并不伤害你,而是为自己留条后路,两边要滑头,那么,这样的人您肯定不敢用,对不对?他连自己的主子都不忠,多可怕呀。可他没有这样做,而是义无反顾地站在公子纠一边用箭射你,他的忠诚天地可知。再说了,管仲这个人和我是多年老朋友,他的能力我是了解的。论本领,他比我强百倍。主公,您如果真想振兴齐国,您听我的建议,用管仲保证错不了。"

一番话说得入情入理。齐桓公原本就不是个小心眼的人,他就接受了鲍叔牙的建议,不计前嫌,放弃了个人的"一箭之仇",任命了管仲做宰相。

管仲做宰相之后,从政治到经济,一直到用人制度方面都进行一系列的改革,齐国的国力日益强盛,齐桓公吞并他国的野心也大了起来。管仲为齐桓公定了一项关键性的执政方针:"内修政治,外结夷国,待机而动。"可是齐桓公不听,一意孤行地与鲁国在长勺展开大战,结果齐国大败而归,遭受重挫。齐桓公从此对管仲更加信任了。

齐桓公这个人,为人宽宏大量,也懂得反思。长勺之战的教训使他意识到,"内修政治,外结夷国,待机而动"的方针是正确的,应该这么坚持下去。四年后,齐国的国力强大到可以称霸诸侯的地步,齐桓公就有当霸主的野心。管仲劝阻说:"综观天下,齐国的南边有楚国,西边有秦国和晋国,都比齐国强大,他们的国君哪个不想称霸?你如果称霸,他们不服,必然打起来,对双方都不利。何况,现在的周王室虽然已经衰弱不堪,但毕竟在名誉上还是天下的共主。东迁以来,诸侯基本不去朝拜了,天下几乎不知君父了。大于您这个时候如果打出旗号——'尊王攘夷'(就是尊崇周王室的权威,驱逐夷、狄等少数民族的势力),那么,正义就在您一方,海内外的诸侯必然望风归附,这样做的效果要比称霸好得多。后来,曹操搞的那个所谓"挟天子以令诸侯",显然是从管仲那里学来的,不过是管子"尊王攘夷"的三国版而已。

齐桓公接受了"缓称霸"建议,获得各国的拥护,威望大大提升。"尊王攘夷"确实威服了诸侯。

晋献公十年(公元前667年)冬天,郑国主动来向齐国称臣纳贡,齐桓公在国际上的威望异常高,便召集陈、宋、郑、卫、滑、许、滕等所有中原国的国君,到宋国开会,订立盟约。周惠王看在召集人齐桓公的面子上,亲自派召伯参加大会。会上,召伯以周天子的名义,授予齐桓公侯伯的头衔,意思就是盟主,或者更直白地说,齐桓公就是霸主了。

齐桓公率领诸侯联军一举平定了北方,并准备平定南方。楚国国君楚成王怕了,派大臣找到管仲,请求停战和谈。管仲就在召陵签订盟约修好,双方退兵,这就是历史上著名的"召陵之盟"。在齐桓公称霸天下的四十年当中,类似的会合诸侯进行过多次,历史上叫"九合诸侯,一匡天下"。

论相

事实证明,鲍叔牙没有看错人,他推荐的管仲确实是个了不起的贤相。齐桓公也很

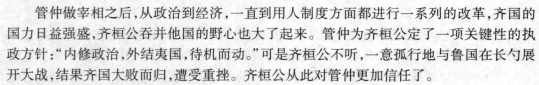

诸子百家——法家

器重管仲,尊称他为"仲父"。

在《史记》《吕氏春秋》《东周列国志》等古书中都记载了"管子论相"也称"病榻论相"的故事。

故事的大意是这样的:管仲患了重病,已经有多日不能上朝了。估计这次病得不轻,未必能挺得过去。齐桓公亲自来到管府探望。就在管仲的病榻前,齐桓公问:"仲父百年之后谁可以接受相位,辅佐寡人?"管仲叹曰:"惜乎宁戚早死!"齐侯曰:"宁戚之外无人乎? 鲍叔何如?"管仲曰:"鲍叔与我生死之交,万死难报,且高风亮节,天下无双,但是非分明,不忘人过,其量不足为相。"

齐桓公就问隰朋这个人怎么呢? 管仲曰:"可以。他谦谨好问,公而忘私,只可惜寿命不长!"

齐桓公又问:"易牙这个人我看不错。他是我的一个厨师,天天为我做天下最好吃的饭菜。有一次,我无意中叹口气说,'咳! 天下的美味我都尝过一遍了,遗憾的是没有尝过人肉的味道。'结果呢,到吃饭的时间,他就给我上了一桌人肉盛宴,肉是蒸熟的,鲜艳夺目,味道迷人,我吃了很满足。原来我这个可爱的厨师易牙,他把自己的儿子给杀了,让我吃了一顿人肉,我很感动——因为我感觉他爱我胜过爱自己的儿子。这样的人还不足以当宰相吗?"

管仲说:"不可以,这样的人万万不可以为相。大王想想看,人都有感情的,在所有情感中,对自己的儿女的情是最浓的,是任何其他情都无法超越的,可是,易牙为了满足国君的要求竟然残忍地牺牲掉自己的亲情,不惜烹了自己的儿子以讨好您,这样的人太可怕了,怎么可能是真心爱您呢? 那是有可怕的政治目的的,绝不是真正地爱您。"

桓公又问:"开方怎么样? 他是卫国的公子,却宁愿舍弃做千乘之国太子的机会,屈尊到我们齐国来,忠心耿耿地侍奉我,至今都有十五年了。一直没有离开过我,就连他父亲去世,他都不舍得离开我,不回去奔丧,可见他对我的爱超过了他自己的父亲。你看开方这孩子怎么样?"

诸子百家——法家

管仲说:"一个人最亲近的莫过于父母了,一个连父子情谊都可以放弃的人,你还能指望他真心诚意地忠诚于您吗? 更何况千乘之国的封地,那可是许多人梦寐以求的好事,他连这样的好事都放弃了,过来俯就于您,可见,他心中所求的必定大于千乘之封。大王您应疏远这种人,更不能考虑让他当什么宰相了。"

桓公又问:"竖刁这个人怎么样? 他宁愿自残身肢来侍奉寡人,这样的人难道还会对我不忠吗?"

管仲说:"大王,人之爱莫重于自身。一个人他连自己的身体都不爱惜,这样的人又怎么可能真心忠诚于您呢? 易牙、开方、竖刁,这三个人,一个杀害自己的孩子,一个不要自己的父亲,一个不爱自己的身体,他们都是彻头彻尾的小人,危险人物,非常危险,大王务必疏远这三个人。如果宠信他们,那么,国家必定出大乱子。"

齐桓公问:"仲父,这三个人,侍奉我很长时间了,仲父既然都知道,为什么不早一点提醒我?"

管仲说："大王啊，一国之君治理一个国家很忙也很累，很操心很伤神，这样的工作需要放松，需要有自己的私生活。在自己的私生活中，享有他的个人癖好，这很正常，否则当一国之君便枯燥无味、一点乐趣都没有了。有癖好很正常，但这些癖好不能影响到国家大事。大王放心，在我死之前，他们不敢轻举妄动。我真正担心的是，一旦我死之后，他们会肆无忌惮地做坏事，祸国殃民，甚至影响到您的安危。大王务必当心，且不可被他们三个人蒙蔽了眼睛和心智。"

齐桓公的厨师易牙偷听到了齐桓公与管仲的这段对话，心里对管仲恨之入骨，但不知道怎么发泄，想报复管仲，可是管仲的威望太高、人脉太好，思来想去，他就去挑拨鲍叔牙，说齐桓公有意重用您为宰相，可管仲阻止了，还当着桓公的面说您度量不大等等一堆坏话。

鲍叔牙和管仲是什么关系？生死之交啊。再说了，鲍叔牙对管仲，那不但是信任，更有佩服，岂是他人能够挑拨离间的？鲍叔牙一听，就微笑着说："管仲荐隰朋为相，说明他一心为社稷宗庙考虑，不存私心偏爱友人。我的能力我知道，我确实做不了宰相。你看，就像现在这样，我做个司寇，很舒服，正合我意。如果真的让我做宰相，我可没有管仲那样的度量，你们几位还能在大王身边吗？"

一番话，说得易牙尴尬不已，赶紧钻到厨房里去了。

不久，管仲去世，过了几天，隰朋、鲍叔牙也相继病逝。没有了管仲的齐桓公，一时六神无主，被易牙、开方、竖刁这三个人哄得开心，就忘记了管仲病床前的提醒，重用了易牙、开方、竖刁这三个人。

大约过了两年，齐桓公病重在床。易牙、竖刁就把宫廷的消息全部封锁了，然后，假传君命，外面的人不让进宫，宫里人也不让出。他们完全把齐桓公弄成了孤家寡人。有两个宫女担心齐桓公的安危，乘人不备，偷偷地翻越宫墙，看到了病床前的齐桓公——已经瘦得皮包骨，正在地上像狗一样地爬着到处找东西吃。饿得发慌……两个宫女哭了，这就是我们的国君？这就是天下的霸主？然后她们两个人就把易牙、竖刁作乱，封锁消息，还不让外面送任何东西进宫的事情全讲了，齐桓公仰天长叹，自捶胸口哭着说："我太糊涂了！我真后悔！我怎么忘记仲父的提醒了呢！倘若死者有知，我有什么面目去见仲父？"

说完，哭完，齐桓公用衣袖遮住脸，坚决地绝食——不，应该说放弃了找食物的努力，活活饿死了。

齐桓公死后，齐国的宫中大乱，齐桓公的几个公子开始了血腥地争夺王位之战，各自拉拢自己的党羽，兄弟之间互相残杀，致使桓公的尸体停放在床上六七十天，尸体腐烂，发臭、生蛆，竟无人收殓……

第五节　法家典籍

　　法家是战国时期的一个重要学派,《汉书·艺文志》列为"九流"之一,起源于春秋时期的管仲、子产,发展于战国时的李悝、商鞅、慎到和申不害等人。商鞅重"法",申不害重"术",慎到重"势"。到战国末期,韩非加以综合,集法家学说的大成。法家主张"各当时而立法,因事而制礼;礼法以时而定,制令各顺其宜"(《商君书·更法》)。要求巩固封建土地私有制,建立统一的君主国家;提出重农抑工商的观点;提倡耕战政策,以农致富,以战求强;厉行严刑峻法,监察官吏职守,建立官僚制度。法家为实现其政治主张,曾和旧贵族进行过激烈的斗争。法家主要著作有《商君书》和《韩非子》等,对后来法学思想影响很大。

一、《商君书》

　　《商君书》是一部堪称中国古代最著名的改革家文集。

　　《商君书》是一部至今仍影响着中国社会变革的政治家文集。

　　商鞅(前390年~前338年),战国时卫国人,姓孙,名鞅,又称卫鞅,后因受封于商地,号商君,故世称商鞅。商鞅是先秦著名思想家、政治家、改革家,早期法家代表性人物。

　　商鞅少好刑名之学,初为魏相公家臣,后入秦为官,扶助秦孝公,在秦国于前356年和前350年前后两次实行著名的变法,"行之十年,秦民大说。道不拾遗,山无盗贼,家给人足。民勇于公战,怯于私斗,乡邑大治"。由于商鞅的变法吏治,终使秦国"兵动而地广,兵休而国富",从夷狄之弱国,一跃为列强,"无敌于天下,立威于诸侯",以致日后兼并六国,一统天下。

　　秦孝公死后,由于招致宗室贵戚之怨,商鞅被诬告欲反,终被秦惠王以车裂处死。商鞅虽死,但一代名臣变法吏治,却功不可没。两千多年来,商君变法,至今仍众口皆碑,后世治国,仍受益无穷。

　　概括起来,商鞅思想的精华,在于其变法之学:依法为本,以刑为用,以农战为道,以富强为目的,这既是商鞅作为政治雄才的"强国之术",也是早期法家思想的理论基础。

　　首先,商鞅从"君臣之义、五官之分、法制之禁"总结出国家起源说。

　　其次,商鞅总结历史的演变,从"国之所以重,主之所以尊者,力也"归纳出国家暴力论。

　　第三,商鞅认为,"国之所以治者三:一曰法,二曰信,三曰权。"任法是治国之要,这是商鞅立法的原则;而法治之要,是刑、赏,即所谓"信",这是商鞅执法的原则;而刑、赏之行,有赖权势,这是商鞅变法吏治的要义所在。

　　商鞅因此而总结出治国平天下的上述三大要素。还需要强调的是,在中国政治思想史上,商鞅第一次系统地论证了法治较之于人治的优越性。其思想学说成为后学韩非子"非道德主义"理论的直接渊源,并对后世"王霸义利之辩"产生了深远的影响。

商鞅变法的主要内容,一是厉行法制,推行连坐法,主张轻罪重刑;二是取消分封制和世袭制,废除贵族世袭特权,实行按军功授爵制;三是废除井田制,承认土地私有,按丁男征赋,奖励农战;四是建立郡县制,加强中央集权。商鞅变法,促进了秦国的政治经济的发展,奠定了富强的基础。

今天我们纵观先秦显学,对于世道人心的关注,对于治乱兴废的裨益,诸子百家,没有能够超越商鞅变法思想的。可见,法家理论,实绩卓著,不仅成就了秦之一统,而且也支撑了中国封建帝制长达两千多年。因此,中国传统文化的基调实际上是阳儒阴法。历朝历代统治者,无不假借崇儒之名,阴取法家法、术、势之道,而行专制之实。

二、《韩非子》

韩非子,生于公元前280年,死于公元前233年,是荀子的学生。他的著作有《韩非子》一书。

韩非子注意研究历史,认为时代在不断前进、变化,不是停滞,不是倒退的。他认为圣人也不是"循守"一种东西不变的。他说:"世异则事异","事异则备变"(《五蠹》),时代变了事物也变,事物不同了做法也要改变,这表明他的历史观是进步的。

韩非所处战国的时代,兼并战争很剧烈,这就要看谁有力量了。韩非说:"力多则人朝,力寡则朝于人。"(《显学》)谁的力量大就能兼并谁。他着眼于"力",即要富国强兵。在韩非看来,要富国强兵就要实现法治,要实行法治就要批判儒家的仁义。

韩非提倡以法为本的法治,是法、术、势的结合,他总结了过去法家的经验教训,主要继承了商鞅的"法",申不害的"术",慎到的"势",他是法家的集大成者。在他看来,法、术、势缺一不可。

他指出商鞅在秦国行"法",因为没有"术","则以其富强也资人臣而已矣"(《法定》),变法的果实落到了权臣的手里。申不害只讲"术"而没有"法","不一其宪令,则奸多"(《定法》),弊病也很多。所以他说:"抱法处势则治,背法去势则乱"(《难势》),"法"和"势"都是关系到法治成败的关键问题。

韩非说:"法者,宪令著于官府。"(《定法》)就是以官府的宪令作为法制的依据,人人遵守。宪令不能违反,不能"去规矩而妄意度"。"法",是规矩准绳,不能离开,不能任意行事。韩非等法家还很重视刑和赏,认为重刑能够杜绝犯"法"。

韩非说"术"是国君驾驭群臣的手段,是一种权术。"术不欲见"(有度),"术"是不能让人知道的。商鞅行法,数十年没有能够成就帝王的事业,"主无术于上之患也"(《法定》)。在韩非看来,没有掌握"术","法"也等于失败了。韩非的"术",后来被统治阶级继承为使用阴谋权术的手段。

韩非说的"势"是国君的最高权力,他说:"万乘之主,千乘之君,所以制天下而征诸侯者,以其势威也。"(《人主》)他说,暴君夏桀能够控制天下,因为是天子,"势重";尧是普通人时,谁也不能管,因为"位卑"。

韩非强调权力要集中,"事在四方,要在中央"(《物权》),"要"指中央集权,国君要紧紧掌握这种权力。他认为对于"势"运用得如何,关系到法治的成败。

韩非强调富国强兵,很注重推行耕战政策,认为这是必由之路。"无事则国富,有事则兵强",有事无事,都可以立于不败之地。韩非在《五蠹》篇里把不从事耕战的游说之士、侍臣、学士、游侠、工商之民斥为社会的五种蠹虫,他严厉批判儒墨等仁义而妨碍耕战的行为。韩非等法家对耕战的重视,代表了新兴地主阶级的进取精神,有利于生产力的发展。

韩非的哲学思想继承了荀子的唯物主义传统。他批判地改造了老子"道"的思想,把"道"说成是自然界的本身和运动着的规律。他认为自然界是不断地发生变化的,没有永恒不变的东西。"一存一亡,乍生乍死","不可谓常"。"万物"服从必然的总规律,"万理"体现不同事物的特殊规律。他对"道"和"理"关系的解释,类似我们今天说的万物各有特殊规律。所有规律共同体现了普遍规律。

韩非反对天命鬼神,他认为"天"是没有意志的,就是十个尧那样的"圣人",也不能使农作物在冬天里长出一株穗来。韩非反对迷信,他认为迷信鬼神是国家将亡的一种征兆。

韩非认为客观事物是可以认识的,他说:"物有常容。"(《喻老》)事物有一定的内容和一定的表现形式,既有一定的自然常态。怎样去认识呢?"虚以静后"(《扬权》),即认识产生于对事物的观察研究以后。他在《解老》篇里批判了"前识者无缘而忘(妄)意度也",即还没有接触事物就想当然得出认识的先验主义。

韩非站在新兴地主阶级立场,维护地主阶级的等级、剥削制度,和儒家的思想没有什么两样。

秦王政(秦始皇)看到韩非的书很有感慨,说:"寡人得见此人与之游,死不恨矣。"韩非的主张,深得新兴地主阶级的赏识。

诸子百家——法家

三、《慎子》

《慎子》是一部中国历史上最早的依法治国理论文集。

慎子(约前395年—前315年),名到,战国时期著名思想家,早期法家代表人物。曾为齐国稷下学士,学黄老道德之术,著十二论,即《慎子》四十二篇。慎到师从道家,却成名于法家。如果把他列为"杂家"的话,那么他也是一个以法家思想为主体、兼收并蓄诸家思想精华的"杂而有主"之大家,所以还是把他留在法家为好。

春秋时期百家争鸣的局面到了战国时期,已经出现了相互兼收、趋向合流的趋势。这时的诸子百家都在为国家富强、国家统一制造理论依据,寻求实践途径。慎到适时而生,其依法治国平天下的先锋思想,无不引导着那个时代的政治时尚,并广为后学所继承。韩非子即在日后将法家思想体系逐渐完善,推向极致,成为法家集大成者和一代宗师。

慎到的思想精华，在其独到的尊"法"重"势"的"法治"理论。

首先，他认为实施法治是治国平天下的唯一法宝和准则，也是赏罚分明、"去私塞怨"的客观依据。如果有法不依，私欲横行，造成的社会危害比无法可依还严重百倍。在慎到看来，百姓须守法、官吏必"卫法"、君主需变法。法治并非一成不变，可以完善改进，但必须"发于人间，合乎人心"。依法治国如若合乎民心，那么最终就可以统一民心。

其次，慎到在依法治国问题上还特别强调，实施法治，必须借助权势的作用为先决条件。权势和政治地位对于统治者来说至关重要。由此可见，其重"势"思想也是慎到法治思想的鲜明特点之一。

第三，慎到的"正名"学说认为，确立等级制的名分，对于维护国家的稳定十分必要。所谓："臣疑其君，无不危国；孽疑其宗，无不危家。"

第四，慎到的"忠臣"论认为，"孝子不生慈父之家，忠臣不生圣君之下"，而"忠不得过职，职不得过官"，臣子必须明确职权职责，绝对不可有越权之举，国家才能"至治"。因此"治乱在乎贤使任职，而不在于忠也。故，智盈天下，泽及其君；忠盈天下，害及其国"。这里所言之"忠"，似有媚上、蒙上之意。无疑，慎到对忠臣的传统看法提出了挑战，令人深思。

第五，慎到的"君主"论认为，拥立天子治理天下，而非让国君所私占；设立官长是让官吏履行官职，而不是让官吏利用职权胡作非为。这样就能摆正了位置，明确了职责，杜绝了腐败，从而也否定了"君权神授"的说教。同时，慎到还认为国家兴亡并不是君主一个人的事。天子能改变政治，却不能改变国家；国家的安危，关键在于法治。治乱安危，社会发展有其特有的客观规律，不可抗拒。

由此可见，慎到所设想的社会蓝图，是建立在以法治为主体的社会统治秩序。这种依法治国的政治思想，对于国家的巩固和发展，有重要的实践意义。而慎到"官不私亲，法不遗爱"的至理名言，也传承百代，并成为后期法家的指导思想和行动纲领。

法家集大成者韩非子，即是在慎子思想的基础上，把法、术、势三者结合起来，建立了一套完整的法家理论体系，并成为统治者治理国家、平定天下、统治民众的理论法宝，千百年来，屡试不爽！

第六节　法家智慧

一、定国智慧

1.举大事，必从其本

管子对曰："君若将欲霸王举大事乎？则必从其本事矣。"桓公变躬迁席，拱手而问曰:"敢问何谓其本?"管子对曰:"齐国百姓,岱之率也。人甚忧饥,而税敛重;人甚惧死,而刑政险;人甚伤劳,而上举事不时。公轻其税敛,则人不忧饥;缓其刑政,则人不惧死;举事以时,则人不伤劳。"

《管子·霸形》

　　桓公与管仲等人讨论治国之道。管仲对桓公说,君王如果想要成就霸王之业,兴举大事,就必须从最根本的事情做起。桓公问管仲什么是最根本的。管仲回答说,齐国的百姓,就是您的根本。百姓很担心饥饿,而国家却税收很重;百姓很恐惧处死,而国家却刑政严酷;百姓很害怕劳顿,而国君兴举政事却没有时限。您如果能够轻征赋税,则百姓会不担心饥饿;如果宽缓刑政,则百姓就会不恐惧死罪;如果兴举政事注意时限,则百姓就不会害怕劳顿了。桓公听后说,我现在算是懂得了治理国家的道理了。

　　"举大事,必从其本"智谋,是管仲"民本"韬略的重要组成部分。民众,是社会的主体、国家的基础,也是君王统治的对象和根基。人云:得民心者得天下,失民心者失天下。要得民心,就必须爱民。与民休息,使民众免于饥饿、恐惧、劳顿,就是最大的爱民。正因为如此,一些有成就的帝王和现代国家领导人,都把与民休息、"从其本事"作为重要的治国策略。

　　楚国有个叫芉叔的地方官,他征收的赋税往往比别的官多,楚王对此非常高兴,在朝廷上赞誉他。孙叔敖见状仰天大笑。楚王不高兴地说:"令尹看到我有做得不好的地方,为什么不直接指出来,却在朝廷上羞辱我?"孙叔敖没有正面回答楚王,而是先给楚王讲了一个故事,他说:"我家乡有一个靠洼池而得利的人。一天,有个吴人路过池边,见洼池里有很多鱼鳖,就对我的乡人说,我善于捕鱼。我的乡人听后很高兴,就给他准备了渔网、舟楫,资助他去捕鱼。可那吴人却跑到洼池边,说,我在这里捕鱼。乡人皱起眉头说,我还以为你能捕获江湖里的鱼来为我增加收益呢,如果在这里捕鱼,那么,我本来就拥有这些鱼,还用得上你捕吗?"讲到这里,孙叔敖停顿了一会儿,接着说:"如今楚国的百姓都是你的臣民,芉叔作为地方官吏,没有用善政来安抚百姓,却从君王所固有的赋税中多加索取,来显示他的政绩,这样做,实际上是剜下君王你腿上的肉给君王吃啊。如果所有官吏都效法他,那国家也就危险了。"

　　楚王觉得孙叔敖讲得有理,便罢免了芉叔,还下令诏示全国:各地官吏,若有效法芉叔那样盘剥我百姓而征取赋税最多的,必处大刑。楚人听到这一诏令,非常高兴,勤奋生产,三年时间就使楚国称霸于诸侯。

　　管仲的"从其本事"、与民休养生息谋略,在实施过程中,也主要体现在减轻民众负担上。当时齐桓公发布公告,规定纳税者只要出百分之一的税款,孤幼的人不处刑罚,水泽按时开放,各地的关卡只查询,不向过往者征捐,市场上也只定契书而不课税。这些政策实行了几年后,民众对齐王就像江河归附大海一样地归附他。

　　民为国之本。明代开国皇帝朱元璋的"高筑墙,广积粮,缓称王"三大战略之所以能

诸子百家 —— 法家

在中国历史上产生重大影响，就是因为其中体现了"举大事，必从其本"的智谋，特别是"广积粮"战略，可以说是智谋的范本。

常言道："兵马未动，粮草先行。"粮草，是军队的基本给养。维持战争需要粮草，进行大规模的、持久的战争，更需要大量充足的粮草。朱元璋回巡的江淮一带，虽然是我国著名的"鱼米之乡"，但是，元朝末年，江淮一带十年九荒，民不聊生。昔日的粮仓变成了缺粮的空仓，许多百姓自己都吃不饱、穿不暖，更谈不上拿粮食供给朱元璋了。

当时，朱元璋曾经下过通令："凡入敌境，听从捎粮。"所谓捎粮，就是说军队的粮草要取之于民，由百姓供给。然而，战火纷乱，青壮年都参军打仗去了，农村劳动力缺乏，严重地影响着农作物的耕作。再加上战乱的侵扰，粮食生产的正常秩序被打乱，产量连年下降。更何况起义军在新占领的地区立足未稳，民众情绪也不稳定，在这种情况下，要征集粮草，十分困难。朱元璋手下的大将胡大海和常遇春对此早有感觉，并先后提出意见，认为一味靠捎粮，老百姓受不了，军队自身也难以维持。

诸子百家——法家

朱元璋也看到了这个问题。当初他提出"捎粮"，是在于使军队的粮草取之于民。然而，这个"取"，只是他自己的一厢情愿，老百姓并不是出于自觉自愿，而是出于无奈才不得不让他"取"。所以，这种"取"，从一定意义上说，有点"榨取"的味道，并且，随着老百姓生活困难程度的加深，这种"榨取"的味道就会更浓。朱元璋心里清楚，百姓是他的根基，他就是在百姓们不满元朝统治的社会心理的基础上，才得以揭竿而起、一呼万应的。如果现在在军队粮草问题上处理不好与民众的关系，就有可能失掉百姓这一根基，使首义大事夭折。

因此，可以这样说，朱元璋实行"广积粮"战略，已经超出了一般意义上的征集粮秣。他一方面广开生产粮食的途径，建立了且战且耕制度；另一方面，又给百姓提供休养生息的机会，减免农民纳粮的负担。朱元璋任命元朝的降将康茂才担任都水营田使，由他负责兴修水利，要求达到高地不怕旱、洼地不怕涝。接着，朱元璋又下令各部队都要在驻地开垦荒地，种植粮食，并且定出章程，规定以产量的多少来实施赏罚，还要求各部队除了供给自身的粮草需要外，必须有存粮。同时，朱元璋又在地方设立管领民兵的万户府，主要职责是将民间的部分壮丁编为民兵，农时耕种，闲时练兵。于是，从军队到地方，掀起了一场轰轰烈烈的大生产运动。

且战且耕制度产生了显著收效。实行的当年，康茂才所部就生产粮食 1.5 万石，余粮7000 石。朱元璋非常高兴，立即下令褒奖。同时谕令全军，指出，要解决粮食不足的困难，强兵足食，还必须做好屯田工作。几年之内，朱元璋所属各部到处兴屯，粮食丰收，保障了部队的自给自足。

在军队自己生产粮食的同时，朱元璋还逐步减轻农民的纳粮负担。1360 年 5 月，朱元璋下令禁止征收寨粮。至此，曾经给百姓带来沉重负担的捎粮政策完全被取消，百姓欢欣鼓舞，更加支持和信赖朱元璋及其领导的部队，纷纷向其部队输送兵员。同时，民众免除了"捎粮"之苦，有了充足的粮食，生活有了保障，进而迸发出搞好生产的积极性，从而为经济的繁荣打下了坚实的基础。

总之,"广积粮"战略的实行,使朱元璋不仅在较短的时间内解决了缺少粮草的窘境,而且在更深层次上,使他得到了民心归顺这一取得胜利的根本依靠。

2.治国先富民

凡治国之道,必先富民。民富则易治也,民贫则难治也。奚以知其然也?民富则安乡重家,安乡重家则敬上畏罪,敬上畏罪则易治也。民贫则危乡轻家,危乡轻家则敢凌上犯禁,凌上犯禁则难治也。故治国常富,而乱国必贫。是以善为国者,必先富民,然后治之。

《管子·治国》

管子说:大凡治国之道,一定要先使民众富起来。人民富裕就容易治理,人民贫穷就难以治理。这里面的缘故是什么呢?原来,人们富裕就会安居乐业,并且爱惜家园,人们安乡爱家就会恭敬君上而畏惧刑罪,而人们敬上畏罪也就容易治理了。相反,人们贫穷就会不安于乡居、勤于职业,并且轻视家园,而不安于乡居、轻视家园的人,就敢于对抗君上、违犯禁令,当人们抗上犯禁时也就难治理了。所以,治理得好的国家往往是富足的国家,而乱国必然是穷的。因此,善于主持国家的君主,一定要先使人民富裕起来,然后再加以治理。

"治国先富民"实际是管仲"民本"思想的组成部分。在管仲归齐之初,齐桓公曾经同他一起讨论建立霸业的大计,当桓公谈到想乘此诸侯之间没有战事的机会稍微加强一下军备时,管仲回答说:"不行。眼下百姓生活困难,您应当先爱百姓而收敛军备,与其厚于军队,不如厚于人民。国家尚未安定,而您却不首先顾人民,去先搞军备,其结果将外不亲于诸侯,内不亲于百姓。"在管仲看来,只有先使民众富裕起来,才能实现内使百姓顺从、外使诸侯归附的宏图。

的确,人民是国家的主体,人民富裕是国家繁荣昌盛的基础和象征。管子的"治国先富民"智谋,看到并抓住了民众这一国家的基础,通过使人民丰衣足食,安居乐业,来牢固国家的根基,治安图霸。

在古代社会中,人民虽然处在无权的被统治地位,但是,一些有真知灼见的思想家已经认识到了民众的重要。如孟子提出民贵君轻的思想,指出:"民为贵,社稷次之,君为轻";荀子说,民众如水,"水则载舟,水则覆舟";汉代贾谊则进一步提出"为政以民为本",并认为,"与民为仇者,有迟有速,而民必胜之"。

要坚持"以民为本"的治国方略,最基本的就是要使民众有吃有穿,安居乐土。就像管仲说的那样:"衣食足则知荣辱,仓廪实则知礼节。"如果统治者见利而忘民,那么,必然导致民穷而国危。正因为如此,历史上一些有作为的统治者都把"富民"政策作为治国的首选策略。

忽必烈是大蒙古国的创建者成吉思汗的孙子。成吉思汗于 1206 年统一蒙古诸部族所建立的大蒙古国,是以游牧为基础的军事奴隶主贵族专政的国家。游牧经济的特点,是不需要过多的劳动力;而军事奴隶主贵族又具有惊人的掠夺性,他们往往不是靠扩大生产来增长社会财富,而是靠向周围邻近的部落、民族发动战争掠取财富。从成吉思汗及其后继者1218年灭西辽,到1279年忽必烈灭南宋小朝廷于崖山后统一全国,蒙古军事奴隶主贵族集团所发动的征服战争持续了70多年,其间他们推行杀掠、屠城、强占民田为牧场以及变俘虏为奴隶的政策,严重地破坏早已进入高度发展的封建社会的中原地区的社会政治秩序和经济结构。在忽必烈建立大元之时,中国先进的封建制度濒临破灭的边缘,整个社会面临着倒退的危险。

如何治理国家?这是忽必烈即汗位的前前后后一段时间内一直思索着的重大问题。即位之前,忽必烈先后招聘王鹗、张德辉等四方学者谋士,听取修身、齐家、治国、平天下之道,讨论儒教等文化在汉族封建统治中的地位和作用。"世祖皇帝,始居潜邸,招集天下英俊,访问治道,一时贤士大夫,云合辐辏,争进所闻。"这是其臣子对当时盛况的追述。1260年春即位后,一套新的治国之策便在忽必烈的心中酝酿成熟。他决定以安定民生、使民富裕为基点,进行一场"变通祖述、加强文治"的改革。就像"民本"思想有许多组织部分一样,"治国先富民"智谋也需要一系列具体举措来支持、体现,如发展生产,减轻民众赋税,以及推行社会福利政策,等等。"劝课农桑"是忽必烈安定民生、使民富裕的具体策略。成吉思汗进入中原后,曾将落后的奴隶制强加给内地,甚至提议毁农田作牧场。造成华北、中原地区经济的逆转和社会的动荡。忽必烈早已注意到"农家劳作,何衣食之不赡"问题的严重性,认识到劝课农桑对于安定民生、使民富裕的重要意义。于是,即位伊始,他便"首诏天下":"国以民为本,民以衣食为本,衣食以农桑为本"。同时,他还命令各地的宣抚司们注意选择通晓农事的人,委任其担任劝农官。1261年,忽必烈设立了劝农司,并发布诏书规定:"今后有能安集百姓、招诱逃户、比之上年增添户口、差发办集,各道宣抚司关部申省,别加迁赏;如不能安集百姓、招诱逃户、比之上年户口减损、差发不办,定加罪黜。"忽必烈劝课农桑以富民的治国策略,使统一后满目疮痍的中国,逐步走向大治。"廪有余粟,帑有余财"。1273年,当时的著名学者王磐曾著文称道:"圣天子临御天下,欲使斯民生业富乐,而永无饥寒之忧,诏立大司农司,不治他事,而专以劝课农桑为务,行之五六年,功效大著,民间垦辟种艺之业,增前数倍。"同时,由于忽必烈抓住了安定民生、使民富裕这一治国的基础,也使他的社会改革收到了较好的社会效果,推动了统一多民族国家的历史发展。

"治国先富民"谋略要落到实处,不仅需要具体的政策,而且还需要各级官吏的贯彻。汉武帝时期,武帝一方面坚持发展生产与民休养生息的策略,另一方面,又注意严肃吏治。他把全国100多个郡划分为豫、冀、幽、并、兖、徐、青、扬、荆、益、凉、交趾、朔方13州,每州设刺史一人,史称"十三部刺史"。刺史每年八月巡视所辖州郡,年终回京向武帝汇报。刺史所视察的有6个方面,即"六条问":一是强取豪夺,超出规定多占田地和住宅,以强凌弱,以众暴寡;二是二千石大官不奉诏令,不遵守国家法制,以权谋私,侵渔百姓,聚敛为奸;三是二千石大官不谨审疑案,风厉杀人,怒则任刑,喜则任赏,草菅人命,民愤极大,还谎报灾异的;四是二千石官员选拔人才时营私舞弊,推荐宠顽,强压贤士的;五是二千石官员子弟依仗老子权势胡作非为,事发后又托人情走后门的;六是二千石官员不尽心公职,阿附豪强,收受贿赂,贪赃枉法的。吏治的省察保证了汉武帝"富民"策略的实行。后人称汉刺史的"六条问事"为"百代不易之良法"。事实确实如此,刺史六条对于保护民众的利益,发挥了重要作用。

3.欲取之,先予之

管子对曰:"山林、菹泽、草莱者,薪蒸之所出,牺牲之所起也。故使民求之,使民藉之,因以给之。私爱之于民,若弟之与兄,子之与父也,然后可以通财交假也。故请取君之游财,而邑里布积之。阳春,蚕桑且至,请以给其口食筐曲之强。若此,则絓丝之籍去分而敛矣。且四方之不至,六时制之:春曰傅,次曰获麦,次曰薄芋,次曰树麻,次曰绝菹,次曰大雨且至,趣芸壅培。六时制之,以给至于国都。善者乡因其轻重,守其委庐,故事至而不妄。然后可以立为天下王。"

《管子·轻重甲》

一天,桓公与管仲讨论成就天下王业之事。管仲说,山林、沼泽和草地,是出产薪柴的地方,也是生产牛羊等祭祀用品的地方。君王应当让百姓到那里去开发,去追捕渔猎,然后由政府作价供应给百姓。如果君王对百姓的爱护能够像弟事兄、子事父那样,就不仅可以沟通财力,而且百姓对君王也可以拥护支援了。为了实现这一目的,再请君王拿出一部分余钱,把它分别存放在各个邑里,等到阳春养蚕的季节一到,就用这笔钱预借给百姓,作为他们买口粮和养蚕工具的本钱。由于有了预购,这样一来国家对蚕丝的征收也就容易得多了。如果这样做了四方的百姓还不归至,那就还要掌握好六个时机,即春天的耕地时机,其后的收麦时机,再其后的种芋时机,再其后的种麻时机,再其后的除草时机,最后是雨季将临农田的锄草培土时机。君王抓好这六个时节的农贷,百姓们就会因我们供应贷款而归至我国。善于治理国家的君王,一向是运用轻重之术掌握充足的钱物储备,从而事情来到面前了不致发生混乱,而后,就可以成就天下的王业了。

前一个条目我们讲到,管仲主张"治国先富民"的治国思想,然而富民不只是一种口号,而且是应该有具体措施。管仲在这里向齐桓公进献的"将欲取之,必先予之"的智谋。就是"富民"的具体措施"治国先富民"的延伸。这一智谋不仅变"竭泽而渔"为放水养鱼,而且,它的着眼点和归结点都是民心和民利。预借钱款以扶持蚕桑,发放贷款以支持农业,这样一来,百姓能不尽力劳作吗? 收获的蚕丝粮食能不充实国库吗? 民众能不归附齐王、拥护齐王吗?

"欲取之,先予之"谋略,是历史上政治家、军事家常用的一种谋略。相传,汉初北方有一个东胡国,国王专横跋扈,盛气凌人。他向邻国寻衅,派使臣到邻国去,要邻国送东胡一匹千里马。邻国国王冒顿觉得自己的实力还不够强大,不足以与东胡抗衡,便采用

诸子百家——法家

欲抑先予的策略,答应将本国最好的一匹宝马送给东胡。冒顿的大臣们认为,这匹千里马是先王遗留下来的,不能够轻易送给别人。冒顿却当着东胡使臣的面微笑着说:我与东胡为邻,不能为了一匹马而失了和气。随即让使者把宝马牵了回去。

过了一段时间,东胡又派使臣送来国书,说东胡国王看上了冒顿的妻子的美貌,要冒顿把夫人送给东胡国王。冒顿的大臣们听后气愤万分,纷纷请求冒顿斩掉使者,然后发兵进讨东胡。对于东胡王的无理要求,冒顿也万分愤慨,但从长远计议,冒顿还是否定了大臣们的建议,说:"东胡王既然喜欢我的夫人,给他便是了,岂可为了一个女人失去一个邻国?"

东胡国王得了冒顿的宝马、美人,日夜荒淫,并认为冒顿真的惧怕自己的势焰,更加得意忘形。过了一段时间,他又派使臣向冒顿索要两国交界处的土地。对此,冒顿的大臣们意见不一,有的主张给予,有的则强烈反对。此时,冒顿则认为抗衡东胡的时机已经成熟,便勃然大怒说:"土地乃国家之根本,怎能给人!"接着,喝令左右将东胡来使斩首,迅即向东胡出兵。东胡猝不及防,连连战败,顷刻全军覆灭。冒顿领兵直冲王宫,杀了东胡王,灭了东胡国。

当然,管仲提出的"欲取之,先予之"谋略,其主旨还不是欲擒故纵,而是他的民本思想的具体深化。通过这种放水养鱼的策略,使生产得到发展,民众富足,这样,国家征取赋税才有丰富的源头。管仲的这一定国之谋,用到企业经营中,也是一种高明兴业之谋。

"顾客第一,职工第二,股东第三,利润第四",这是著名企业家 B.B.福勒的名言。顾客第一,就是要在生产和经营中把顾客放在心上,熟悉顾客,适应顾客的需求,为顾客提供优质的服务,也就是先给予。如果你处处把顾客放在第一位,顾客就会喜欢你,就买你的东西,接受你的服务,财源也就会滚滚而来。

在著名的巴黎希尔顿饭店,曾经发生过这样一件事:一位来自美国的女士在此预订了一个豪华套间,她刚刚抵达就出门拜会客人去了。这位女士穿着特别,身上穿的、手上拎的、头上戴的都是大红色的。她的这一明显偏好被饭店经理看在眼里。当女士刚一出门,经理便命令服务人员重新布置房间。女士会客回来后发现,整个套房从地毯、灯罩、床罩、沙发到窗帘,无一不被换成了大红色,与自己身上的穿戴色调完全一致。这位女士非常感动,当即给服务台开了一张 1 万美元的支票,作为"小费"。

美国玛丽·凯化妆品公司不仅把"欲取之,先予之"作为企业营销之谋,而且还将此作为企业内部管理之道。

商业经营要从客户身上赚钱,这是天经地义的。然而,玛丽·凯化妆品公司创始人玛丽·凯却说:"办企业最重要的动机是为客户提供服务,这一点应当是创办每一个企业的前提。因为希望办企业赚钱或者希望借办企业'消遣',都不会使企业长期生存下去。办企业应当是为了满足别人的某种需要。我们每个人都必须使自己的工作实现这一目标。"

玛丽·凯化妆品公司在 1963 年开张时,只是坐落在达拉斯大保险公司联合企业中一个占地仅 500 平方英尺的小铺面,全部货物只有一架子美容霜。经过几十年的发展,现在已是拥有几亿美元资产的化妆品大企业了。玛丽·凯化妆品公司最重要的经营之道就是帮助别人，为别人服务。按照这一原则，公司从创建时起，就使每个员工认识到，任何人要做成任何一件事，都必须以帮助别人为前提。美容顾问必须帮助顾客，销售主任必须帮助美容顾问，整个公司要求人们互相帮助，大家一齐攀登成功的阶梯。如果你的帮助使更多的人如愿以偿，那么，最终你本人也会如愿以偿。

在玛丽·凯化妆品公司，自私自利的销售主任最终是要失败的。公司管理人员如果想取得成功，考虑问题的角度必须是怎样为部下谋取好处，而不是怎样为自己捞好处。玛丽·凯经常提醒经理们："作为经理，首先考虑的问题是如何帮助部下，如果你把精力花在帮助部下身上，那你会得到报答。人们显然不会在自己不喜欢的经理遇到困难时支持他，人们决不会无缘无故地为经理效忠。别人是不是忠于你，与你管辖的范围毫不相干，你只有关心别人，才能赢得别人对你的忠诚。"公司曾经发生过这样一件事：一位销售主任因个人问题影响了工作，其营业额连续三个月没有达到规定指标，并且差距较大，她很有可能因此失掉主任职务。就在这时，她的两个部下主动打电话联系本部门的其他同事，要求每一个人都伸出援助之手，为主任出一份力，帮助她渡过难关，由于这位销售主任平时注意帮助部下，因此，其部下出于对主任的喜爱和忠诚，都纷纷增加自己的订货，使销售主任一下超额完成了指标。

玛丽·凯化妆品公司总裁玛丽·凯女士不仅自己坚信帮助别人是办企业的一个有效原则，而且处处身体力行。在公司产品目标上，她提出要制造一种对女人有帮助的产品，使她们能够把自己打扮得更美；创建之初，她亲自站柜台，向客户提供周到服务；在公司内部，她通过鼓励和提供大量的训练，来帮助下属成为强者，公司的每一位美容顾问都有机会参加在职训练，在职训练的重点是教会美容顾问怎样分辨产品的细微差别，怎样建立人与人之间的联系，怎样掌握做生意的时机，怎样更好地为客户提供服务等。同时，公司还设置了各种奖励，其奖励所体现的也是帮助别人的精神。比如让销售主任帮助美容顾问获得公司设立的特别奖——汽车，而当一名销售主任帮助四名美容顾问都获得了特别奖以后，公司便奖给主任一辆粉红色的凯迪拉克牌汽车。玛丽·凯曾经总结道："如果某人只是考虑某事对自己有什么好处，那些人在我们公司永远不会取得成功。在我们公司，那些取得最大成绩的人，正是为大多数人的成长提供帮助的人。"

4.以农为本

不生粟之国亡，粟生而死者霸，粟生而不死者王。粟也者，民之所归也；粟也者，财之所归也；粟也者，地之所归也。粟多，则天下之物尽至矣。故舜一徙成邑，二徙成都，三徙成国。舜非严刑罚重禁令，而民归之矣，去者必害，从者必利也。先王者善为民除害兴利，故天下之民归之。所谓兴利者，利农事也；所谓除害者，禁害农事也。农事胜则入粟多，入粟多则国富，国富则安乡重家，安乡重家则虽变俗易习、驱众移民，至于杀之，而民不恶也。此务粟之功也。上不利农则粟少，粟少则人贫，人贫则轻家，轻家则易去，易去则上令不能必行，上令不能必行则禁不能必止，禁不能必止则战不必胜、守不必固矣。夫

諸子百家——法家

令不必行，禁不必止，则战不必胜、守不必固，命之曰寄生之君。此由不利农少粟之害也。粟者，王之本事也，人主之大务，有人之途，治国之道也。

《管子·治国》

不生产粮食的国家要灭亡，生产的粮食而正好只够吃光用尽的国家仅能称霸，而生产的粮食保证食用以后还有节余的国家才可以成就王业。粮食，能吸引人民；粮食，能吸引财富；粮食，还能开拓领土。粮食多，则天下的物产就都来了。在舜帝时期，粮食的种植受土地肥力的限制，为了发展农业，舜帝采用迁徙的方法改换耕地，以促进农耕发展。舜第一次率民迁徙发展农耕建成"邑"，第二次迁徙建成"都"，第三次迁徙建成"国"。舜的迁徙行动并没有采用严重的刑罚和禁令，但是人民都跟着他走，这是因为离开他必然多害，跟着他必然有利。先代圣王正是善于为民众除害兴利，所以天下民众都归附于他。所谓兴利，就是有利于农业；所谓除害，就是禁害于农业。农业发展则粮食收入增多，粮食收入增多则国富，国富则人民安于乡居而爱惜家园。一旦人们爱乡爱家，虽然改变他们的风俗和习惯，对他们驱使和调遣，以至于有所杀戮，人们都不会憎恶。这些都是致力于生产粮食的功效。做君主的不实行利农政策则粮食必少。粮食缺少则民众贫困，贫困则轻视家园，轻视家园就容易外流，人民轻易外流则君主的号令不能做到"必行"，君令不能必行则禁律也不能做到"必止"，禁律不能必止则战争不能必胜而防守也不能必目了。法令不能必行，禁律不能必止，出战不能必胜，防守不能必固，这叫作没有根基的寄生君主。这都是不抓农业、不实行利农政策的危害。因此，粮食工作，乃是成就王业的根本大事，是人君的重大任务，是拥有民众的途径，也是治国的成功之路。

"以农为本"作为治国之道，揭示的是治理国家，成就王业，必须抓住根本。粮食，就是一个国家"得之必生，失之必死"的根本。民以食为天。远古时期的尧、舜、禹，次及商汤王、周文王、周武王，就是因为得到了它，才使王业得以成功；天下的黎民百姓，也必须依靠它，才可以生存。这就是管子提出"以农为本"智谋的历史依据和现实依据。这也是从根本上富民，从根本上定国。

古代社会，由于生产力水平十分低下，农业往往是维系国家和民众生存的命脉。正因为如此，"重农务本"也就成为中国古代重要的治国思想。明代著名学者刘伯温《郁离子》中曾经讲述了这样一个故事：

狐邱的城郊有一个人，家中世世代代从事农业。然而，他觉得耕种农田收入不多，所以经常想着改变自己的职业，去做其他的事。他舅父的儿子在给一位邑大夫掌管车马，每次从邑中回乡总是穿得很考究，于是，这个农夫也想去找份掌管车马的差事干干。一天，他去向主人辞行，他的主人说："我可没有撺你走，这是你自己要走的啊。你走后如果三年内不能回来，那么你管理的田地和房屋我就要出租给别人了，到时候，你可不要后悔呀！"过了三年，农夫在城里一事无成，想再回去务农，但耕地和房屋都更换了人。旧时的主人想招收他，但乡邻都责怪他丢弃农业违背了常理，农夫也感到惭愧，不敢回家了。他

诸子百家

法家

到处流浪,最后因冻饿而死在路上。有人把这件事告诉郁离子,郁离子感慨地说:"古代人称颂好的农夫不因为水旱灾害放弃耕作,好的商人不因为折本废弃经商,正是说的这个道理啊!"守住农夫这个根本,踏实务农,生活才有依靠。

然而,我们认为,管仲"以农为本"的思想,作为一种治国韬略,还不只是表明治国要以农业为基础,更重要的是提示人们,治国要抓住基础,抓住中心环节,这是客观辩证法的重点论的必然要求,也是夺取事业成功的必由之路。

毛泽东就是一位善于抓根本、抓中心、抓基础的高手,"兵民是胜利之本",就是他创造性地提出的战法理论,也是他抓住赢得战争胜利的根本的高超艺术总结。军队是进行革命战争的主导力量,民众是战争力量的源泉,民兵一体,民兵同战,就能无敌于天下。在中国新民主主义革命战争中,毛泽东始终坚持抓住这一根本,导演了一幕又一幕精彩的战争活剧。

实践充分证明这种兵民结合、兵民同战的无穷威力。例如,1947 年 10 月,人民解放军在石家庄以北的清风店展开战斗,当时,地方民兵在敌人前进的道路上布地雷、打伏击,使敌人有路不敢走,有桥不敢过,每前进一步都必须付出极大的代价。民兵和人民群众的配合,使解放军赢得了时间,他们靠两条腿,赛过了敌人的摩托化部队,从而抢先到达了清风店,占领了有利地形,一举围歼国民党第三军。在解放战争的三大战役期间,据不完全统计,各地支前民工达 539 万人次,担架 10 多万副,大车 38 万多辆,牲畜 100 多万头,运送粮食 95 亿斤。辽沈战线被命名为"支前模范县"的北镇县,全县 74300 多个劳动力,参加支前工作的就达 74200 多人次。淮海战役中民工出动小车 41 万辆、挑子 4.2 万多副,运送粮食 5 亿多斤、弹药物资 330 万吨。陈毅当年曾感慨地说:"淮海战役的胜利,是人民群众用小车推出来的。"

管仲提出"以农为本",是因为他看到,粮食可以吸引民众,扩充财富,拓展疆土。毛泽东之所以坚持和牢牢抓住民兵这一夺取战争胜利的根本,在于他认识到,战争伟力之最深厚的根源存在于民众之中。战争虽然是军力和经济力的对比,但是,军力和经济力是要人去掌握的,因此,人力和人心,特别是"兵心"和"民心"的向背,往往能够改变战争中军力和经济力的优劣状况,决定战争的胜负。

5.务在四时,守在仓廪

管子曰:"今为国有地牧民者,务在四时,守在仓廪。国多财则远者来,地辟举则民留处。仓廪实则知礼节,衣食足则知荣辱。"

《管子·轻重甲》

管子说,现在凡是拥有国土统治民众的君主,必须注重四时的农事,保证粮食储备。国家的财富丰裕,远方的人们就会自动前来投奔;荒地开发得好,本国的居民就会安心留住。《管子·四时》中还说,发布政令要有四时特点,没有四时特点,人们就必然消极地观望,处在漫漫昏昏的糊涂状态,被动承受天时的到来。不了解四时,就将失掉立国的基础。"四时"篇对春夏秋冬季要办的事情提出具体的看法:春季颁行的政令是照顾幼孤,赦免罪人;赋予官爵,授予禄位;解冻时修治沟渠,添修坟墓;修平险阻的道路,修整田地的边界,清理田间的通路;不准捕杀幼小的动物,不准折花断萼。夏季颁行的政令是调查有功和为国出力的人们,把他们提拔起来;开用长期储备,打开老仓、老窖,把粮食贷给人民;禁止敞门不关,不准有挽表免冠的失礼行为,清理地沟与田舍;访求曾经向人们布德施惠的人,对他们进行奖赏;禁止设网捕捉野兽,不准杀害飞鸟。秋季颁行的政令是禁赌博,防止小事之争,排除私恨和私斗;不得动用各种兵器;重视安排做散工的农民,督促农民抓紧秋收;修补仓房缺漏;修理墙垣,使门户周严。冬季颁行的政令是评定孤寡,抚恤老人;适应阴气,做好祭神之事,并颁赐爵禄,授官备住;核计收支,不要发掘山川宝藏;拘捕逃犯,提得盗贼者有赏;禁止迁徙,堵止流民,限制分居。国家政令,合于四时则福,不合则会生祸。可以说,管子的"治国先富民"思想是环环相扣、相互配套的,"务在四时,守在仓廪"智谋,是管子"以农为本"战略的重要组成部分。由于以农为本,因此就必须以仓廪作为国家固守的基础;由于农业生产的季节性特别强,因此就必须抓紧四时,务时、惜时。只有这样,才能把"以农为本"战略落到实处。

诸子百家——法家

管仲不仅在治理齐国的实践中推行"务在四时,守在仓廪"谋略,而且还灵活运用这一谋略,来扰乱他国经济,巧取他国。

一次,齐桓公对管仲说,我想夺取鲁梁,不知相国有什么良策? 管仲便提出用扰乱鲁梁的农业生产的办法,来削弱鲁梁,最后迫使鲁梁归降。齐桓公问,具体如何实施? 管仲说,可从大王穿厚绢开始。接着便解释道:"据臣所知,鲁梁是厚绢的产地,大王如果喜欢穿厚绢,再叫身边的大臣们也来穿,这样,全国百姓都会仿效之。到那时,我们就用较高的价格从鲁国进口厚绢,以刺激鲁梁的厚绢生产。等到鲁梁人都去专注厚绢生产时,大王再改穿薄绢,此时,鲁梁必定就范于我。"

于是,齐桓公按照管仲的建议穿起了厚绢,文武百官也换上了厚绢官服。此风很快刮到了民间,齐国厚绢告缺。接着,管仲派人联系鲁梁的大商人,用 300 斤黄金订购了 1000 匹厚绢,并提出还需大量进口的要求。鲁梁的商人把这个消息带回国内,在鲁梁掀起了一股生产厚绢的风潮。人人纷纷放下农活,全力以赴投入厚绢的生产。13 个月后,管仲建议齐桓公改穿薄绢,并公布法令,封锁边境,关闭与鲁梁的交通。

又过了几个月,齐国已没有人穿厚绢了。管仲再派人到鲁梁去探察,鲁梁也大变样了。因为前一段全国上下都忙碌着厚绢的生产,错过了农时,田地都荒芜了,零星种上的一点庄稼,由于缺少管理,几近无收,全国陷入饥饿状态。在齐国只值十几钱的杂粮,偷运到鲁梁后竟卖到千钱。经济的急速转变,终于使鲁梁陷入了严重的危机和混乱,不得不求助于齐国。两年后,鲁梁六成以上的领土割给了齐国,又过了一年,鲁梁主动归降了齐国。管仲反用"务在四时,守在仓廪"谋略,终于成功地归并了鲁梁。

"务在四时,守在仓廪"智谋,从实质上说,就是政令决策必须守住基础,围绕中心,不失时机,顺应时势。俗话说,机不可失,时不再来,一切事情,只有抓住时机,才能夺取成功。

6.相壤定籍——具体情况具体分析

管子对曰："郡县上舍之壤守之若干,间壤守之若干,下壤守之若干。故相壤定籍,而民不移;振贫补不足,下乐上。"

《管子·乘马数》

齐桓公问管仲运用计算筹划的理财方法应该怎么做才对,管仲回答说,对郡县村的上等土地,掌握相当数量的粮食,中等土地掌握相当数量的粮食,下等土地也掌握相当数量的粮食。这样,按照土地的好坏确定征购赋税的数量,百姓就会安定;利用上等土地提供的盈余,赈济贫困而补助不足,百姓也就会对君主满意。"相壤定籍"的策略,实际上是一种具体情况具体分析的谋略。人们通常说,一个事情的成败,往往取决于"天时、地利、人和"三者是否融洽。做任何事情,只有上观天时,下观地利,中观人和,才能取得成功。这上、中、下"三观",其实就是要具体情况具体分析,审时度势。这既是君主的治国之道,军事将领的取胜之策,也是黎民百姓的处事之方。

具体情况具体分析,审时度势,首先是要注意分析客观条件,审天时、地利之势。金兀术战胜韩世忠就是一例。

金国灭掉了北宋后,继续南下,在江浙一带受到南宋将领韩世忠的阻击,双方在长江下游的黄天荡一带展开激战,相持了48天。韩世忠发挥自己的优势,在金山脚下集聚一些勇猛健壮的军士,训练他们用穿上铁缆的大钩拽沉敌船的战术。此法果然奏效,在随后的一次战斗中,韩世忠指挥战舰分成两路,从两翼插向敌船背后,命令士兵用钩挂住敌船,并用力拉铁缆,这样拽沉了多艘敌船,金兵一时间乱了阵脚,只得退兵。

金军将领兀术在总结兵败的原因时,认识到,金兵擅长骑术,不善水战,而宋军对水战较为熟悉,用船如同金兵使马一样方便;再加上宋军船只借助风力,拽船十分容易。要破韩世忠的"铁钩沉船计",必须先使宋军的优势变为劣势。

于是,金兀术采取了三条应变之策:一是在船中装上一些土,铺平,以增加船只的平衡性;二是有风时不出战,风停了则出江攻敌;三是动员人力在韩军的上游偷偷挖凿了一条30里的大渠,和江口相连,以备战时急用。

一切准备停当。金兀术便选了一个风平浪静的天气,派一支人马乘小船从新凿的渠道绕到韩世忠的上流,纵火冲向韩军,其他人马正面夹击。一时间,箭如雨下。而宋军的舰船因无风帆力太弱没法启动,不能发挥威力。宋军大乱,孔世询、严允等将领战死,韩世忠见状,只好收集余部死守镇江。

具体情况具体分析,审时度势,还必须注意分析主观条件,审自身、人和之势。魏景元四年(公元263年),魏将卫瓘受命担任征蜀主将邓艾、钟会的监军。钟会想谋反,但又碍于邓艾和卫瓘,便使出一石二鸟之计,先叫卫瓘去抓邓艾。卫瓘心里也十分清楚,自己

诸
子
百
家
——
法
家

手下兵卒仅千人,去抓邓艾,必定会被邓艾杀死,这样,钟会就可以妄杀监军的罪名,宣布邓艾蓄意谋反,从而除掉邓艾这个强大的对手。

然而,此时卫瓘却没有选择的余地,因为他如果拒绝钟会的安排,也立即会招来钟会的加害。怎么办?卫瓘决定打着魏帝的旗号,前往成都捉拿邓艾。一到成都,卫瓘对邓艾的部将矫诏说,站在官军一边的,可以加官晋爵,坚持与邓艾为伍者,株连三族。从而瓦锯了邓艾部属。随后,星夜入邓艾所住的大殿,将高卧的邓艾父子一网打尽。

钟会见邓艾父子已被囚禁,便正式发兵造反。并邀卫瓘一起谋划诛杀胡烈等将领之事,卫瓘见钟会公开造反,不甘与其为伍,便拒绝了钟会的要求,还找机会向胡烈通报了钟会造反的消息。当钟会威逼卫瓘拿定主意,否则将以利刃相见时,卫瓘只得假意应承。

为了消除钟会对自己的疑心,卫瓘用喝盐水的方式,使自己反复呕吐。他本来就比较瘦弱,这一呕,给人一种大病发作、行将就木的感觉。钟会派亲信前往探视,也未抓到卫瓘诡诈的把柄。于是,卫瓘得以在夜晚联络各路军兵,并于第二天凌晨向钟会发起进攻。终于一举将钟会灭除。具体情况具体分析,审时度势,还要善于算计。管子"相壤定籍"谋略,就是从理财算计的角度提出来的。其《乘马数》篇,主要论述的也是筹划算计的理财方法。审察时势,区别时空,洞悉条件的变化,都离不开周密的谋划算计。

李密是隋末起兵反隋的著名将领。公元 618 年,李密在与王世充的交锋中,接连吃了几个败仗。面对失利,其手下的有些将士离他而去,队伍减员现象日趋严重。李密本人也面临着选择:去洛口?洛口守将邴元真已经叛归王世充了。去黎阳?黎阳守将徐世勣去年曾因诛杀翟让一事与李密交过锋,徐世勣险些被李密搬掉了脑袋,今番投奔,岂不是自投罗网。思前想后,李密觉得只有去投奔李渊父子。虽然太原李渊父子是捷足先登,占了关中,打起了大唐旗号,但凭着自己的文武全才,相信李渊父子一定能接纳和重用。再说,自己也可依托大唐,干一番业绩,身边的这些人,也可免于流为草寇,徒损了英雄本色。

为了使手下兵将顺从入关归并大唐,李密也动了一番脑筋。他选择对自己忠心耿耿的王伯当为突破口。一天,李密来到王伯当的驻地,兄弟见面,感慨万分。一阵寒暄过后,李密对王伯当等众将领说:"如今累遭战败,大势已去,我军恐怕不可能再挥师争雄了。我李密没有能耐,白白地让诸位兄弟辛苦转战几年,如今,只有以一死来表达我对各位的歉意了!"说完,便将随身佩带的宝剑拔了出来。王伯当等人见此情形,急忙阻拦,随后,一个个都低头哭了起来。李密见状,觉得时机成熟,便向大家讲述了入关归唐的想法,并担保大家不愁荣华富贵。跟随李密的将领柳燮也在一旁推波助澜地说:"我军虽然没有同唐国公(李渊在隋时爵封为唐国公)父子一起攻入长安,但是,我军围逼东都洛阳,阻断隋炀帝和隋军的西归之路,这实际上是为唐国公不战而取京师帮了大忙,我们也算得上是大唐的开国功臣。我们入关必定能得到大唐的厚待。"王伯当等人相信李密的见识和眼光,于是,大家一致同意随李密一起入关归唐。

李密投奔大唐后,果然得到李渊的重用,受封爵号为邢国公,官拜光禄卿。

诸子百家——法家

7.用非有,使非人

桓公问于管子曰:"事尽于此乎?"管子对曰:"未也。夫齐衢处之本,通达所出也,游子胜商之所道。人来本者,食吾本粟,因吾本币,骐骥黄金然后出。令有徐疾,物有轻重,然后天下之宝壹为我用。善者用非有,使非人。"

《管子·地数》

桓公和管仲讨论利用地理条件的理财方法。当管仲谈了如何利用齐国丰富的自然资源来富国之后,桓公问管仲,到此为止了吗? 管仲回答说,没有。齐国还具有宝贵的国际地理条件可以利用。齐国地处交通要冲,四通八达,是游客富商的必经之处。外国人来到我国,吃我们的粮食,用我们的钱币,其随身携带的良驹黄金必然要兑换出来。于是,我们只要掌握好号令的缓急、物价的高低,天下的宝物就都为我们所用了。善于治理国家的人,可以使用不是他自己所有的财物,也可役使不是他自己管辖的臣民。"用非有,使非人"就思想而言与管子"治国富民"是一致的,民富则心安,民心安则国家稳定。而就其智谋来讲,突出的是一个"借"字。借民心定国,借物产丰富而兴国,关键是善"借"。"借"无论是定国、经商,还是征战,都是用得最广的谋略。《兵经百字·借字》云:"艰于力则借敌之力,难于诛则借敌之刃,乏于财则借敌之财,缺于物则借敌之物,鲜军将则借敌之军将,不可智谋则借敌之谋。何以言之? 吾欲为者诱敌役,则敌力借矣;吾欲毙者诡敌歼,则敌刃借矣;抚其所有,则为借敌财;劫其所储,则为借敌物;令彼自斗,则为借敌之军将;翻彼着为我着,因彼计成吾计,则为借敌之智谋。己所难措,假手于人,不必亲行,坐享其利;甚且以敌借敌,借敌之借,使敌不知而终为借,使敌既知而不得不为我借,则借法巧也。"《兵经百字》中的"借"虽然也涉及财力、物力、人力,但只局限于敌手。管子提出的"用非有,使非人",则有着更为广泛的借用对象和假借内容。

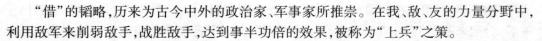

"借"的韬略,历来为古今中外的政治家、军事家所推崇。在我、敌、友的力量分野中,利用敌军来削弱敌手,战胜敌手,达到事半功倍的效果,被称为"上兵"之策。

三国末期,魏国征东大将诸葛诞反对司马昭专权,被司马昭的大军围困在寿春。当时,东吴孙权对诸葛诞持同情和支持态度,并曾派文钦、全怿等将前往援救。司马昭在面对两股敌人的情势下,运用"借敌"之计,先使敌人内部发生变化,然后从外发起进攻,取得了胜利。

司马昭首先让士兵散布谣言,说东吴又要发来救兵,自己粮草紧缺,难以持久相峙。结果使被困的诸葛诞放松了长期作战的思想准备,在城中大吃大喝,导致粮草危机;并由此引发了内部矛盾,致使诸葛诞的两位将领蒋班、焦彝离城投降了司马昭。接着,司马昭又用"反间计"将东吴将领全怿及其亲随兵将几千人招降。最后,司马昭用几百名骑兵护卫着投降的将领,到寿春城外巡视,并告诫城内说:投降我的将领都没有被杀害,其他人员还有什么可害怕的吗? 诸葛诞的将士听到司马昭的宣传,兵心涣散,城楼上的士兵拿

諸子百家——法家

着弓都不肯射箭。司马昭看准这一良机,挥师向城内发起总攻,一举夺下寿春,消灭了诸葛诞。

在古代,由于生产力和科学技术不发达,人们普遍相信鬼神,因此借鬼神、偶像之力也为许多人采用。

战国时,燕军攻打齐国,齐将田单受命担任即墨城守将。在敌强我弱的形势下,田单为了从根本上扭转战局,采取了一系列措施,其中之一,就是谎称神人相助,以鼓励齐军士气,稳定城中民心。

起先,田单让即墨城中的老百姓每当吃饭时,一定要把饭菜放一些在庭院里,说是为了供祭祖先。这样坚持数天后,招引来了许多飞鸟在即墨城的上空盘旋。燕军远远望去,觉得非常奇怪。田单乘机对百姓们宣传说:"这是天神在教我们怎样作战啊!"

随后,田单又在军内外到处散布"很快就会有天神来做我们的军师"的消息。军中有一名士兵,猜出了田单的计谋,便自告奋勇地对田单说:"我能做您的军师吗?"田单看了看这名士兵,没有马上答应他。这名士兵有些担心,转身想走开。此时,田单急忙起身,一把拉住他,请他朝东而坐,并要带领部下举行仪式,拜这位士兵为军师。士兵见状,对田单说:"我欺骗了您,我实在没有什么本事啊!"田单轻声对他说:"你什么都不必说,只受我的朝拜就行了。"从此以后,每次发布号令,田单都说这是神人军师指点的。即墨城中军民,以为真的有天神助战,一个个精神抖擞,更加斗志昂扬;而燕军听到齐军有天神相助,吓得胆战心惊,不敢向前,田单终于取得了胜利。

隋朝末年,王世充一手操持东都小朝廷的军政大权,架空了名为新君主的越王杨侗,想做皇帝的心情十分迫切。应该说,各种条件都基本具备,就差"天意"来促成此事。因为,他心里十分清楚,虽然自己居于一人之下、万人之上,拥有半壁河山,但百姓们是不是都支持他君临天下,这还要看超越人力的杠杆向哪边倾斜。由于没有找到"合适"的借口,他只得暂时等待。

此时,有位叫桓法嗣的道士看出了王世充的心理,便根据《孔子闭房记》,画了一幅男人手持木干驱赶羊的神秘图案,送给王世充,还对王世充说:"羊即杨,是隋朝的国姓;干一者,合起来就是王字;持一干的男人驱羊以后,显见是您将取代隋朝称帝的征兆。"道士还对王世充说了一些应命得登九重做天子的瞎话。王世充终于明白了天命就是这么回事。于是,他装模作样地拜受符命,并授法嗣为谏议大夫,以表示奖励。然后,如法炮制,伪造了诸如"世充为天子"之类的符命,用朱砂写在帛上,借活捉的各色鸟儿,将其一一带出王府。

鸟儿放出去后不久,就有人带着从鸟身上得到的"符命"来向王世充邀功。对此,王世充一方面装出诚惶诚恐的样子,表白自己深受国恩,无论如何也不敢犯上作乱;另一方面,又极为慷慨地将官职和爵位赐给那些来献"鸟书"的人。在"鸟书"舆论的刺激下,一些溜须拍马的人力劝王世充应天顺人,早日登极。王世充此时又装出万般无奈的样子,将杨侗迁入别宫,旋即废之。自己则于619年称帝,建立郑国。只可惜他治国无方,不久就灭亡了,成为隋末唐初的短命王朝之一。

"用非有,使非人"的智谋,不仅在于借力,更重要的还在于恰到好处地运用借来的"力",这就是谋划的关键。例如,在经济活动中,借用别人(包括对手)的财力、物力、人力的事比比皆是,但要将借来的"力"谋得"天下",却是需要动一番脑子、花一番工夫的。

进入 20 世纪 90 年代,随着改革开放的深入,许多港商、台商、外商来到广州,他们需要舒适漂亮的公寓和写字楼。这一高层次的商用住房需求刺激了房产业,房产生意兴隆起来。广州华隆发展公司的创办人卢俊雄也看到了这一大好时机,他想尝试房产业生意但又缺乏资金。怎么办呢?卢俊雄经过反复思考,决定采取用别人的钱赚钱的方法。他先用几千元作为订金买来旧房,然后再找买主,由买主出具装修图样,卢俊雄再代其装修。经过这样一装潢,原来每平方米 800 元的旧房,竟以每平方米 2000 元的价卖出。卢俊雄就此赚得了一笔说多不算多,说少也不算少的资金,从而为华隆发展公司奠定了基础。

用别人的钱赚钱的方法获得成功,极大地鼓舞了卢俊雄。他不失时机地办起了华隆发展公司,并在公司成立后的第一个项目中再次运用"用别人的钱赚钱"的谋略。

位于广州市中山七路的城市百货中心,是一个占地 1400 平方米、拥有中央空调和自动电梯的大型现代化商场。华隆发展公司采用招租的方式开发城市百货中心,为了吸引承租商,华隆发展公司还改变其他商场租期满后一次性退还反馈款的办法,每年返还一部分,10 年退清。结果,220 多个摊位在 23 天时间内全部招租出去,一个摊位一次收 10 年租金 5 万元,这样,公司一下子就收到 1000 多万元的资金。

运用"用非有,使非人"的谋略,还必须果断地更换"借"和"谋"的形式。管仲在建议齐桓公采用这一谋略时,就提出"令有缓急,物有轻重"。华隆发展公司的操作中也注意了这一点。手里有了资金,华隆发展公司便马上将其投入到下一个项目中去增值。他们在广州人口稠密的西华路兴建一座占地 1000 多平方米的彩虹时装购物广场。运作方式仍然是招租,不过,这一次他们采用了更为独特、更有吸引力的退款方式:承租者自报需求面积,隔成高档玻璃房间,每平方米 20 年租金 7 万元,分 20 年逐年退还,承租者还可以得到华隆发展公司赠送的 100 平方米位于新塘的土地。消息一公布,承租者纷至沓来,很快,华隆发展公司又获得了几千万元资金。此后,他们又以同样的方式完成了东方车行和美食城等项目。

在华隆发展公司的发达智谋中,有一点尤其值得一提,那就是他们先后聘用几千名商务代表,这些商务代表有的是其他公司的业务员、有的是在校就读的大学生、研究生,有的原是政府机关的公务人员,等等,年龄从 17 岁到 60 多岁。公司对商务代表不发固定薪水,只是经常把公司的业务状况通报给这些代表,并提示性地交代一些工作,如找旧房子、找承租者、找项目,或提供各种信息等,商务代表的报酬由所提供的信息业务中提成。这充分调动了商务代表的积极性,在几次推租摊位中,许多商务代表都立下了汗马功劳。华隆发展公司也从中进一步完善了用天下的钱和天下的人来发展事业的谋略。

8.藏富于民

圣人之所以为圣人者,善分民也。圣人不能分民,则犹百姓也。于己不足,安得名圣？是故有事则用，无事则归之于民，唯圣人为善托业于民。

《管子·乘马》

圣人之所以成为圣人，就在于圣人往往善于分利于民众。如果圣人不懂分利于民，那他就犹如普普通通的百姓。自己总是贪心而不知足，怎么能称得上圣人呢？因此，国家有事就取之于民，无事则藏富于民，只有圣人才这样善于把基业托寄于人民。"藏富于民"就是与民分利，而不与民争利。这一智谋是管子"爱民""富民"谋略的深化。管仲还曾经这样说：败国亡家的人把财富收藏在箱子里，成就霸业的人则把财富藏于大夫，只有成就王业的人，才善于藏富于民。为什么？因为只有民富才能国强啊！藏富于民，与民分利，既是王者之策略，又是圣者之智谋。因此，这一谋略在政治、经济等领域，在治国、理财等活动中，曾被广为运用。

唐太宗李世民是中国古代历史上的有道明君，十分懂得"藏富于民"的智谋。他经常对朝臣们说："人民依靠国家，国家依靠民众，刻薄民众奉养国君，就好比割自己的肉充饥，肚子饱了，身体也随之毙命了，君富了国家也就灭亡了。"他还教育太子说："民众好比水，人君好比舟，水可载舟也可以覆舟，天子有道，人们推为主，天子无道，人们弃而不用，隋朝不就是这种结局吗？"举世闻名的太平盛世"贞观之治"，其核心不在于减免税赋，而在于防止滥征民力，尤其是坚决反对劳役无时。李世民认为，凡事都必须抓住根本，国以人为本，人以衣食为本，凡营衣食，以不失时为本。贞观五年，礼部官员

唐太宗李世民

根据阴阳家选择的吉日，要在2月为皇太子举行冠礼。这可是国家的一个重大事情。然而，李世民想到，阳春二月正是春耕大忙季节，不仅百姓们要抓紧春耕，官员们也应关顾此事。于是，他不顾群臣的劝说，不管阴阳家的说教，屈礼而贵农时，将冠礼改在秋后农闲的10月举行。李世民喜欢狩猎活动，借此以显示其不忘武备。但为了不违农时，贞观年间的7次田猎，他都安排在当年的冬季农闲时进行。由于百姓收种得时，再加上风调雨顺，人心安宁，虽然当时某些方面的赋税比隋朝还要多，但民众们仍然感觉到官府"徭轻赋薄"，心情舒畅。

9.施普惠，致天下之民

桓公曰："何谓致天下之民？"管子对曰："请使州有一掌，里有积五崙。民无以与正籍

者予之长假,死而不葬者予之长度。饥者得食,寒者得衣,死者得葬,不赡者得振,则天下之归我者若流水。此之谓致天下之民。故圣人善用非其有,使非其人,动言摇辞,万民可得而亲。"桓公曰:"善。"

《管子·轻重甲》

桓公问管仲,怎样才叫作招引天下的民众呢?管仲回答说,请君主在每个州设置一个主管官吏,掌管储备粮食的窖,并在每个窖里储备五窖存粮。对那些缴纳不起税赋的穷苦人家,给予长期借贷;对那些无力埋葬死者的穷苦人家,给予安葬的费用。如果饥饿的人能得到食物,寒冷的人能得到衣服,人死后能得到安葬,穷困的人能得到赈济,那么,天下人就会像流水一样归附我们。这就叫作招引天下的人民。所以圣明的君主善于利用不属于自己所有的财富,使用不属于自己所有的人民,一旦发出号令,就能使万民亲近、归附。桓公听后说,好。

"致天下之民"的关键是什么?就是急民众所急,帮民众所需,解民众之困,扶民众之贫。亦即对民众广施善惠,这样,民众就会像百川汇入大海一样归附而来。

管子"施普惠,致天下之民"的谋略,曾经被其身后的本国大夫田乞运用得淋漓尽致。

田乞是齐景公时期的大夫,他为了谋取控制君主的权力,采取先谋民心的策略,私下施惠于辖下的百姓,以笼络人心。他在向百姓收取赋税的时候,采用小斗计量,而贷卖给百姓时,又以大斗卖出。百姓们都思念他的恩惠,纷纷归附于他。当时任相国的晏子曾多次向景公进谏,说田乞的做法不是好兆头,但是,景公没有引起重视。也未采取控制措施。果然,齐景公死后,田乞便密谋杀了大夫高昭子,相国国惠子逃到了莒国。接着,田乞又除掉了太子荼,拥立晏孺子为齐悼公,田乞自己也在民心的支持下,顺理成章地当上了相国,获得了专弄朝廷的大权。

自田乞以后,田氏的后代都效法他的惠民策略,并且都赢得了民心。他的儿子田常、孙子田襄子和曾孙田庄子,都先后担任了齐国的相国。田氏几乎取代了齐国的国政。公元前404年,田庄子的儿子田太公终于把齐康公赶出了王宫,自立为齐侯,完全窃取了齐国的政权。

"施普惠,致天下之民",不仅是治国理朝的谋略,而且也是商业经营的重要智谋。对广大客户提供优质服务,给顾客以实实在在的实惠,方可以招引天下客,赢得万户心。

1991年北京一家报纸报道了这样一个怪现象:一些南斯拉夫来的客人,到北京一下飞机,首先不是到宾馆饭店,而是要求去元隆顾绣绸缎商行。这家商行怎么有如此大的吸引力?

原来,元隆顾绣绸缎商行(以下简称元隆)是一家有近百年历史的老字号,主要经营丝绸、刺绣抽纱制品、地毯壁毯、高档裘皮等。该商行坚持"诚信、团结、开拓、高效"的企业精神,强化优质服务,并在周到、细致、广泛等方面做足服务文章,从而形成了别具一格的服务特色。

例如：一位智利小姐在中国结婚，要做大襟袄、中式裤、软底绸面绣花鞋、梅花报春织锦被等，元隆全部满足了她的要求，这位小姐逢人就赞颂元隆的服务。元隆还特地联合一家服装厂，为顾客加工具有中国民风民俗特色的兜肚、手绢、裙带甚至小孩的屁股帘儿。只要是顾客需要的，元隆就尽一切力量予以满足。阿联酋总统访华时，因日程安排紧凑，想买元隆的东西又无暇光顾，元隆就派人将货物送到宾馆让其挑选，店员们从中午忙到深夜，为总统一家做成了 15 万元的生意，开创了商行日销售额的最高纪录。一位巴基斯坦客人从西藏带来北京 100 粒松石，想将此加工成项链。可是，跑了很多地方都没有人能承接。元隆知道后，主动帮忙，很快解决了这位外宾的难题。一位阿联酋客人看上了店里的一种地毯，但却想在地毯上面再添织一幅头像，尽管这一要求有较大难度，元隆还是接受了下来，并按照客人的要求很快织好了。外宾称赞说："别的店里办不到的事，这里能办到，这里真正是我们的商店。"

为了保障优质服务战略的有效实施，元隆注意抓了两项工作：一是把好商品进货关。服务质量好坏，商品质量是根本。为了保证店中经营的商品的高质量，元隆一直坚持直接从厂家进货的规定，并对每件货物严格挑选。多少年来，元隆做到了没有一件假冒伪劣商品混入柜台，确保消费者能买到货真价实的商品。二是加强员工的岗位技能培训。元隆的售货员人人都会一门以上外语，这是元隆长年坚持外语培训的成果。一次，有位南斯拉夫老妇人到店里买东西，她用半生不熟的英语同售货员打招呼，导购小姐见状笑盈盈地走过来，用塞尔维亚语向老妇人表示问候，介绍商品直到这位外宾满载而归。世界著名男高音歌唱家帕瓦罗蒂来到元隆，出乎意料地听到售货员用意大利语向他表示问候，这使他激情难抑，主动为十几位售货员高歌一曲《我的太阳》。

优质服务招引了天下的来客，优质服务也创造了优异的效益。1991 年，元隆顾绣绸缎商行荣获全国最佳公关企业称号，当年，元隆也创下了辉煌的经济效益，成为北京商贸战线人均年创利最高的企业。

10.得人之道，教之以政

古之圣王，所以取明名广誉，厚功大业，显于天下，不忘于后世，非得人者，未之尝闻。暴王之所以失国家，危社稷，覆宗庙，灭于天下，非失人者，未之尝闻。今有土之君，皆处欲安，动欲威，战欲胜，守欲固，大者欲王天下，小者欲霸诸侯，而不务得人，是以小者兵挫而地削，大者身死而国亡。故曰：人，不可不务也，此天下之极也。

曰：然则得人之道，莫如利之；利之之道，莫如教之以政。

《管子·五辅》

古时候的圣明君主之所以能够取得盛名广誉，丰功伟业，显赫于天下，为后世所不忘，其中没有得到人们拥护的，从来没有听说过。而那些暴君之所以丧失国家，危及了社稷，颠覆了宗庙，被天下人唾弃，其不是由于失掉人们的拥护的，也从来没有听说过。如今拥有国土的君主，都企盼生活安定、行动威严、征战胜利、防务巩固，在大的方面想成为

诸
子
百
家
——
法
家

1150

天下的王者，在小的方面想成为诸侯的霸主。但是，由于不重视争取人，因此，小则兵败和土地削减，大则身败名裂、国家灭亡。所以说："人"是不可以不极为重视的，这是天下顶重要的问题。应当说，得人心的方法莫过于给人以利益，而利人的方法，最好是用实际政绩来表示，用实际政绩教化民众，争取人心。

"得人之道，教之以政"的智谋，实际上是管仲"以人为本""以百姓为本"智谋的具体化。为了实现爱民、富民，执政者就必须为老百姓实实在在地办一些实事，不仅使老百姓从政绩中得到实惠，更重要的是由此对统御者产生信赖感，增强信心，从而也就树立了统御者的权威，这是"得人心"的最高谋略。

人们常说，得民心者得天下。然而，怎样才能获得民心呢？它不能靠漂亮的施政纲领，也不能靠动听的鼓动口号，而需要实际行动，靠政绩吸引民众、征服民众。汉朝将领邓训就曾通过实实在在的行动结好胡人，使胡人唯命是从，并协助其征服了羌人。

章和二年(公元 88 年)，汉护羌校尉张纡诱杀了烧当羌的首领迷吾等人，引起了本已归附汉朝的羌人的反叛。对此，朝廷深为忧虑，公卿们一致推举由邓训取代张纡的护羌校尉之职。邓训赴任时，各羌族部落在烧当羌新首领迷唐的领导下，正纷纷交换人质，缔结盟约，并纠集了 4 万之众，准备在黄河结冰的时候一齐渡河向邓训发动总攻。当时，还有一个少数民族，名小月氏胡人，人虽不多，但骁勇剽悍，精骑善战，朝廷常利用其牵制羌人，且十分有效。然而，在张纡治理期间，小月氏胡人对汉廷采取的是首鼠两端的态度。

诸子百家——法家

邓训到职后，总结了以往治理少数民族的经验教训，认为，要使边境少数民族归服，不能靠欺骗，也不能靠空话，只能用实际行动来证明朝廷的诚意，给少数民族带来利益，才能谋得他们的真心依附。羌人纷纷叛乱，就是由于张纡失信，而小月氏胡人之所以首鼠两端，也是由于他们感到朝廷的恩信不厚。邓训还分析了辖区少数民族的情况。决定从帮助小月氏胡人开始做起，先谋得小月氏胡人的真心归附。

于是，邓训一面派兵协助胡人坚壁自守，以保护胡人不受羌族的侵扰；另一方面，又大开城门，把胡人的妇女儿童都接到城内来，悉心照顾，使他们过上安宁的生活。这一举措感动了胡人，胡人感激涕零地说："以往汉家官吏时常欺侮我们，如今邓使君对待我们如此亲切，开城门接纳我们的妻子儿女，真像我们的亲生父母一样。从今以后，我们一定唯使君之命是从。"当时，羌人、胡人中有一种习俗，即视病死为耻辱，一旦患了重病，大都自杀而死。邓训了解到这一情况后，经常派遣医生到胡人中去看病治病，使许多危重病人恢复了健康，这一行动不仅赢得了胡人的信任，也使羌人产生了好感。

在此基础上，邓训又下令对那些愿意归顺的羌人予以重赏，致使烧当羌首领迷唐的伯父号吾敢前来输诚。邓训看到全面治理羌地的时机已经成熟，便组织胡人与归附的羌人同汉兵一起，向反叛首领迷唐发起攻击，迷唐招架不住，只得落荒而逃。邓训告谕边境民众，只要安心生产，既往不咎。边境附近的羌、胡部族闻风归附。

值得强调的是，"得人之道，教之以政"谋略的实施，还有一个转变观念的问题，在官与民的关系问题上，柳宗元曾经提出过"吏为民役，非役民也"的思想；黄宗羲则说天下民为主君为客;郑观应则明确提出"君主为天下之人役"。也就是说,君主、官吏应该为天下人服务。这些观念,都是实施"教之以政"谋略的思想基础。

11.效法先王,"游"、"夕"为民

桓公将东游,问于管仲曰:"我游犹东由转斛,南至琅邪。司马曰,亦先王之游已。何谓也?"管仲对曰:"先王之游也,春出,原农事之不本者,谓之游;秋出,补人之不足者,谓之夕。夫师行而粮食其民者,谓之亡;从乐而不反者,谓之荒。先王有游夕之业于人,无荒亡之行于身。"桓公退再拜命曰:"宝法也!"

《管子·戒》

诸子百家——法家

桓公准备朝东方去巡游,临出发前向管仲问一个问题。他说,我这次出游打算东起芝罘,南到琅邪。可大司马却对我建议说,应当像先王的出游一样才是。这话是什么意思?管仲回答说,先王的出游,春天外出,总是调查农业生产上的情况,并把此称作"游";秋天外出,则补助人民生活的困苦,并称此为"夕"。那种大队人马出行而吃喝老百姓的行为,则叫作"亡";纵欲游乐而不肯回转的行为,则叫作"荒"。先王对于自己的人民有"游""夕"的业绩,而自身却从没有"荒""亡"的行为。桓公听后连连称道,这实在是宝贵的治国之法呀!

仿效先王的出游之举,行"""夕"为民之法,实际上是一种借助传统的谋略。什么叫传统?美国当代著名学者希尔斯曾经做过这样的解释:"传统意味着许多事物。就其中最明显、最基本的意义来看,它的含义仅只是世代相传的东西,即任何从过去沿传至今或相传至今的东西。"传统,作为历史积淀沿传下来的东西,包括许多方面,有思想道德、风俗习惯、文化艺术乃至一些制度等。管子抓住对治理国家具有重要意义的先王"游""夕"传统,提请齐桓公效法,这种借助传统以戒君、为民的做法,说明管子定国智谋的全面性和深刻性。

齐国历来就有尊重传统、重视传统、顺从传统的很好习惯。太公姜尚封于齐地时,就采用入乡随俗的方法治理政务,深得周公赏识和民众欢迎。

那是西周初年,著名政治家周公旦受封于少吴的故居曲阜,号鲁公。周公旦没有就封,仍然留在镐京辅佐武王、成王,而派其子伯禽代替自己就封于鲁。伯禽到达封地鲁以后,一直过了三年,才回镐京向周公报告治理鲁地的情况。周公问伯禽,怎么这么长时间才来报告情况?伯禽回答说:"我到鲁地后,改革了当地居民的风俗和礼尚,确定长辈死了要三年以后才能解除服丧。由于推行新礼俗所以来迟了。"

在此期间,太公姜尚封于齐地。太公到齐地去后,只过了五个月就回镐京向周公报告政绩。周公觉得很惊奇,问:"什么原因使你这么快就来报告?"太公回答说:"臣受封到齐地后,简化了一些繁缛礼节,顺从当地居民的传统风俗习惯,所以很快就治理了。"周公听了太公的话,感叹道:"呜呼!将来齐国一定会大发展,而鲁国一定要北面事齐政事,如

果不平易近民,百姓就不易接受;如果顺民随俗,百姓必然会归化于你。"

借助传统还可以起到借古喻今、振聋发聩的作用。管子告谏桓公出游要效法先王"游""夕"的传统,实际上是为了避免桓公犯"荒""亡"的过失。三国时期,刘备妻甘夫人也曾借助"子罕不以玉为宝"的典故,劝谏刘备不可玩物丧志。

一次,有人向刘备敬献了一个精巧的玉人。此玉人雕琢得巧夺天工,高三尺,通体白透,栩栩如生,光彩照人。自得玉人后,刘备常常静坐品玩,喜爱有加,不时口中还念念有词道:"玉之可贵,德比君子,况为人形,而不可玩乎?"甘夫人见刘备因玩味玉人而意志消沉,将复兴汉室、消灭曹魏、吞并东吴、统一天下的宏图大志置于脑后,心中十分焦急。但碍于妇道,又不宜直言。冥思之中,甘夫人突然想到春秋时期子罕拒收别人送的玉石之事,于是,决定借古喻今,来劝诫刘备。

一天,当刘备拉着甘夫人欣赏玉人时,甘夫人便主动给刘备讲了一个关于玉石的故事。甘夫人说:"古代宋人得到一块宝玉,将它送给宋国的正卿子罕,可是子罕连看都不看一眼。献玉的人解释说:'此玉呈玉人状,是一块稀世之玉,故而才敢奉给卿相。'子罕却说:'我平生以不贪为宝贵,你是以玉为宝贵,倘若你将玉赠送给我,那么,你我都丢失了宝贝,你丢掉的是宝玉,我丢掉的则是廉洁这块宝。'子罕的一席话,说得送玉的人羞愧难当。自此,子罕不以玉为宝被人们传为佳话。"正当刘备听得津津有味时,甘夫人马上将话锋一转,说:"现在曹操、东吴都未消灭,陛下你却以一块玉石玩于股掌。常言道,淫惑必生变。使君千万不可长此以往啊!"

刘备听了甘夫人的话,沉思了一会儿,头脑清醒过来,终于撤掉了玉人,摒绝奸佞小人,振作精神,专心于大计。

当然,对于传统,还必须辩证地分析。德国著名思想家黑格尔曾经说:"凡是现实的都是合理的,凡是合理的都是现实的。"这一思想为我们指出了如何正确对待传统的态度。传统在历史上有过合理性,所以它存在过,但现实不是历史,现实中,传统习惯有些部分已丧失了合理性,就不应在现实中再存在了。对于传统的现代价值的评定,应看其是否有利于社会进步、有利于民众的利益。管仲提请桓公效法先王的"游""夕"之举,其基本点是建立在民众利益基础上,春"游"以调查农业生产情况,秋"夕"以补助人民生活困苦。这充分体现了管子以民为本、以农为本的安邦定国智谋。

12.作内政而寓军令

管仲对曰:"……公欲速得意于天下诸侯,则事有所隐而政有所寓。"公曰:"为之奈何?"管子对曰:"作内政而寓军令焉。为高子之里,为国子之里,为公里,三分齐国,以为三军。择其贤民,使为里君。乡右行伍,卒长则其制令,且以田猎,因以赏罚,则百姓通于军事矣。"桓公曰:"善。"

《管子·小匡》

桓公同管仲讨论关于干预天下诸侯事务的问题。管仲回答说,您要想尽快得意于天下诸侯，就应该办事情有所隐蔽，行政务有所藏寓。桓公问，具体该怎样实行呢？管仲回答说，推行内政的过程中可以寓有军令。国君可建立高子所管辖的里，国子所管辖的里，以及国君您自己管辖的里，将这分成三部分的齐国国民，作为三军。然后选拔贤能的民众，委任其作里君。并且，每乡都按照军队来编制，年长仿效军事制度及其号令，进行田猎训练，利用这种训练来演习赏罚事项，这样就使百姓们都懂得军事了。

管仲提出"作内政而寓军令"的策略，实际上具有双重功效：一是使齐国整顿军队、修治武备的行动更加隐蔽；二是通过用军事体制组织民众，更加有利于对民众的管理。这在当时社会条件下，不仅见地深邃，而且也收到了良好的实效。

管仲按照军事体制来组织民众。其具体组织形式是：5 家为 1 轨，每个轨都设有轨长；10 轨为 1 里，每个里设有司官；4 里为 1 连，每个连设连长；10 连为 1 乡，乡里设良人。整个组织系统都实行军令。因此，每家参加训练，5 人为 1 伍，由轨长率领；10 轨为 1 里，50 人为 1 小戎，由里有司率领；4 里为 1 连，200 人为 1 卒，由连长率领；10 连为 1 乡。2000 人为 1 旅，由乡良人率领；5 乡为 1 帅，1 万人为 1 军，由 5 乡之帅来率领。整个齐国分作三军，即高子所辖的军、国子所辖的军和桓公亲自统领的中军。

整个民众在这种军事组织下生产、生活、训练。春天田猎，叫作"蒐"，训练回兵战术；秋天田猎，叫作"狝"，训练出兵战术。这样，民众的行政事务在里内确定，军事技术上的事务，就在郊野完成。通过这种训练，参加卒伍的人，人与人相保，家与家相爱，年少的人共同居住，年老的人一起交游。乡里之间，祭祀互相祝福，死丧互相抚恤，祸福互相关切，居处互相娱乐，行动互相配合。因此，一旦发生战争，夜间作战，声音互相熟悉，就可以不乱；白天作战，眼目相视就可以相互辨识。

经过兵民合一、平战结合的训练，齐国的 3 万兵士，用来防守就能使阵地巩固牢靠，用来出击就可以战无不胜。他们在齐桓公称霸过程中，发挥了重要作用。

"作内政而寓军令"谋略之所以能够发挥很好的功效，其重要的原因在于，它将军与民两种不同的组织形式的优长充分结合起来，这样的排列组合，在实践中就可以产生出 1+1>2 的效果。

"作内政而寓军令"作为管理谋略，也曾被现代企业广泛运用。闻名中原的郑州"亚细亚"商场，就得益于这一管理谋略。

亚细亚商场是由河南省乡镇企业局所属中原不动产公司与河南省建设银行共同投资兴建的股份制企业，它于 1989 年 5 月 9 日正式营业，商场建筑面积 1.2 万平方米，有职工 2000 多人，经营品种达 2 万多个，年销售额近 2 亿元，年利税总额 1000 多万元。亚细亚商场的成就，与其独特的管理方略是分不开的。

亚细亚商场有个鲜明的场名、场徽、场服和场歌。他们取"亚细亚"这个场名，是要表明该企业像太阳一样升起；场徽是一轮光芒四射的红太阳，"ASIA"字样置于太阳的正中，象征着商场立足中原，辐射全国；场服为西服套装，并在袖臂上和帽子正前方缀有场徽标志；场歌是专门创作的，并定名为《心河》，表现商场把人类对生活的期待看作是一种历史

诸子百家——法家

的责任,以此赢得社会的理解和支持,增强企业的凝聚力。

亚细亚商场实行"半军事化"管理。每天早晨,全体职工在商场外广场和营业大厅内,列队做广播操。12名仪仗队小姐在领队的指挥下,在商场外的左侧广场上进行各种队列表演。开门营业时,商场领导干部和迎宾小姐都要列队立于正门两侧,鼓掌欢迎第一批顾客。晚上送走最后一批顾客后,营业员再进行一次清扫,然后将需要补充的商品上好柜、架,为第二天营业做好准备,最后由柜组长领队,排着整齐的队伍走出商场。

与这种"半军事化"的管理形式相一致,亚细亚商场还形成了一套独具特色的经营模式,并对营业员实行"五星级管理",即根据不同标准和要求,将营业员的等级划分为5个层次,进行达标与考核,号召营业员争创"五星级营业员"。

亚细亚商场还以提高职员的群体观念为宗旨,鼓励职工树立为人民做贡献的价值观念和"企业需要就是我们的志愿"的行为取向,提出了"无论做什么我们都将竭尽全力"的企业格言,教育和培养职工热爱亚细亚、振兴亚细亚,为企业的发展共同奋斗、无私奉献。

13."四民"分业而居——分而治之

桓公曰:"定民之居,成民之事奈何?"管子对曰:"士农工商四民者,国之石民也,不可使杂处,杂处则其言咙,其事乱。是故圣王之处士必于闲燕,处农必就田墅,处工必就官府,处商必就市井……"

《管子·小匡》

桓公问管仲,应该怎样划定人民的住处、安排人民的职业?管仲回答说,知识阶层的"士人"、从事农业生产的"农夫"、从事手工劳动的"工匠"、从事商业经营的"商人",这"四民",是国家的基础民众。不可以让他们混杂居住,他们杂居在一起就会说话做事都不专一。因此,圣贤的君王总是安排士人居住在娴静的地方,安排农夫靠近田野居住,安置工匠靠近官府而居,安置商人住在市场边上。"四民"分业而居,除了可以集中专业特长,有利于发挥职业优势之外,从国家治理的角度,更主要的是便于对民众的分类指导、分类管理。作为一种谋略,也就是分而治之。这种分而治之的智谋,在政治斗争、军事战略、商业争夺乃至日常生活中,都有广泛的运用。

管仲提出士、农、工、商四民分业而居,并具体阐释了"四民"分业而居的实施办法。
例如,他提出,让农家的居处集中群聚,使农夫分别四季,安排好农业用具,备置好生产器械。在天气还比较寒冷的时候,就铲除杂草,修整土地,搞一些农田基本建设,以待春季到来时开始耕作。在耕作上,普及交流技术:耕必须深,种必须均,盖土必须快。在雨季到来之前,要抓紧时间除草松土,等雨季一到,就带上各种农具,到地里去间苗,分别苗的好坏,排好苗的疏密。管仲认为,农夫们这样头戴草笠,身披蓑衣,一身水一身泥,竭尽其四肢力气,努力耕作于田野之中,因此,从小就养成了劳动的习惯,思想安定,老实朴素,没有邪恶之心。让他们种地,必然粮食丰收;让他们做官必然贤才辈出;其优秀之才成为士人,是完全可以信赖的。正是出于这一缘故,圣贤的君王总是敬重和爱护农夫。

又如,管仲提出,要使商人的住处集中,这样,他们不仅可以观察四时年景的凶吉,而且可以了解乡中货物的变化,预测市场的走向。然后,以其所有,易其所无。于是,雉羽和牦尾之类的紧缺物资不必远求也会自己到来;竹箭之类的军用物资也可以实现国内有余,奇特的商品也会时常聚集。更主要的是,商人们聚住,互相谈论赢利,互相报告买卖时机,互相陈说商品知识,这使其子弟得到耳濡目染的教育,从而逐渐熟悉了经商之道,不会见异思迁。

分而治之在政治、军事上的运用也是十分普遍的。清朝康熙皇帝平定"三藩",就是采取分而治之的谋略。

"三藩"是指顺治年间派驻云南、广东和福建三地的平西王吴三桂、平南王尚可喜、靖南王耿继茂(后由其子耿精忠袭爵)。原来,这三人是奉朝廷之命南征,以扫荡南明政权和农民军余部的。但当他们击败了南明政权余孽和农民军余部后,恃功自傲,其权势也随之恶性膨胀,成了拥兵自重、独霸一方的地方割据势力,威胁着清王朝的政权,也危害着国家的统一。当时有"天下之财赋,半耗于三藩"的说法。

三藩之中,吴三桂的势力最大。他割据云南,圈占民地,抢掠人口,苛捐杂乱,鱼肉百姓;并招降纳叛,广植党羽;其选官、练兵,都不让朝廷过问,用财开支,不受户部限制。康熙十二年(1673年),吴三桂拒绝朝廷撤藩的旨意,发动了叛乱,接着,耿精忠、尚可喜也树起了反清的旗帜。这就是历史上著名的"三藩之乱"。

"'四民'分业而居"揭示的分而治之之谋略,其高明之处在于,它能使施谋者以有限的力量,对付多个敌手。在这里,选准每一步要打击的重点,是运用该谋略的关键所在。康熙平定"三藩之乱"中就注意了把握这一关键点。

三藩之乱爆发时,康熙皇帝仅20岁,他虽年轻,但机智过人。他运用自己的智慧和胆略,出色地指挥了这场大规模的平叛斗争。康熙仔细分析了"三藩"的情况,决定采取分而治之、各个击破的谋略,并亲自制定了重点打击吴三桂,争取其他叛乱者中立、投降的作战计划。康熙利用耿精忠与台湾郑经集团的矛盾,首先招降了耿精忠。到康熙十六年,尚可喜忧愤而死,其子尚之信也因与吴三桂的矛盾不断尖锐,最后在清军的进逼下向朝廷投降。于是,康熙集中兵力攻打吴三桂。康熙十七年,吴三桂在内外交困中死去,其部不攻自散。一场席卷10省、长达8年的三藩叛乱,在康熙帝的正确指挥下,平息了下去。

分而治之,各个击破谋略在军事上的运用更是十分广泛。天保四年(公元553年),梁朝派东方白额侵扰北齐宿预等地,北齐文宣帝派段韶前往征讨。当段韶领兵至宿预后,梁朝又派严超达等军进逼北齐泾州。与此同时,陈霸先也乘机率军进攻北齐广陵;盱眙等地也受到侵扰。一时间,北齐的东面和南面数路敌军压境。

面对这种局势,段韶的部下都惊恐不定,而段韶却镇定自若。他对部将们分析说:"梁朝自从侯景之乱后,就一直处在国无定主状态,人心不安。各怀去留;而陈霸先等人也是智小胆大,政令不一,外强中干。我对梁、陈的情况了如指掌,诸位不必担心。"接着,段韶留一部分人马继续围攻宿预,自己则亲自率领步骑数千人,直奔泾州。

在开赴泾州的途中,路经盱眙。段韶指挥部队出其不意,直捣侵扰盱眙的敌军。随后,在泾州与严超达的梁军会战,梁军不敌齐军的来势,一败如水。段韶乘胜而战,对部属说:"现我军已破严超达,陈霸先一定不战而逃。"即率军直逼广陵。陈霸先见齐军大队人马,果然不战而逃。至此,四路敌兵已经攻破了三路,只剩梁将东方白额仍盘踞宿预。段韶集中全部兵力,一方面围困宿预城,一方面派术士到城中鼓吹"若不投降,必招大祸"的论调。在一片请降呼声中,东方白额即开城门,同意与段韶结盟。段韶考虑到部将连日征战,人困马乏,便接受了东方白额的结盟请求。段韶分而治之破四军,江淮从此安宁。

14.君操"决""塞"

桓公曰:"善。盖天下,视海内,长誉而无止,为之有道乎?"管子对曰:"有。曰:轨守其数,准平其流,动于未形,而守事已成。物一也而十,是九为用。徐疾之数,轻重之策也,一可以为十,十可以为百。引十之半而藏四,为五操事,在君之决塞。"

《管子·山权数》

桓公同管仲讨论国家理财的权变之策,桓公很赞同管仲提出的理财之术,于是问管仲,如果用国家理财政策来统一天下,治理海内,并且使这种荣誉长存而无穷,有办法做到吗?管仲回答说,办法是有的,那就是注重经济统计以理财,调节物价以平衡商品流通,在物资尚未形成以前采取行动,在事情完成之后予以控制,使财物一变为十,其中之九为国家所用。其实,号令缓急的方法和轻重的策略,就在于使财物一增长为十,十增长为百。然后,再将十成的财物对开,开四成作为国家的储备,另外拿五成来操持国事,治理财务。然而,上述一切归结起来,就是由君上操纵经济的开放与收闭,也就是说,加强和发挥君主在经济生活乃至整个国家治理中的绝对权威。用统一的政策开闭来调控经济,用统一的号令缓急来治理国家,君王就能够与天地共同长久不败。这是统一天下的君主不能转让于人的大权。

"君操'决'、'塞'",实质上是强化君主决策权威的谋略。这一谋略的优长,在于能够集中意志、集中力量、统一政策、统一指挥,从而达到统一步调,统一行动,统筹全局,长远发展。

秦始皇是中国历史上创建第一个统一封建帝国的伟大政治家,他在亲理秦国政治、创立和治理秦王朝的过程中,都充分运用了"君操'决'、'塞'"的智谋。

秦始皇乃秦庄襄王之子(一说其是吕不韦之子),生于公元前257年,"名为政,姓赵氏"。公元前246年,赵政13岁时,庄襄王死,赵政被立为秦王。即位之初,由于年少,国中大权被大臣吕不韦等人把持,秦王政备受权臣挟持之苦。公元前238年,赵政已是22

诸子百家——法家

岁,行冠礼后,他便开始亲政。此间,他运用手中的君权,先后清除了嫪毐、吕不韦两个擅权的集团,使大权集中于他一人手中。以后又经历了10年时间,相继并灭韩、赵、魏、楚、燕、齐六国,建立了中国历史上第一个统一的封建王朝——秦朝。统一后,赵政自称始皇帝,并运用和强化手中的君权,对旧时代遗留下来的政治、经济、文化等制度进行全面革新,为开创中国统一的封建专制主义中央集权制度做出了巨大的贡献。

尽管管子提出的君王操持的"决""塞"之权是在经济领域,然而,作为一种安邦定国的谋略,君王的决策权威应该体现在政治、经济、文化等多领域和多个方面。秦王政在运用中就是这样做的。

在政治上,他加强中央集权,削弱地方割据势力。秦始皇自以为"德兼三皇,功包五帝",所以兼采"皇""帝"二字作为自己的称号,从而要人们更加敬畏他,以便建立起至高无上的权威;他参照六国的礼仪,制定了"尊君抑臣,朝廷济济"的朝礼;他还制定了供皇家和百官用的有等级的舆服制度。为了巩固和加强统治,秦始皇对原有的《秦律》加以修订,作为统一后全国共同的法典,"普施明法,经纬天下,永为仪则"。同时,还加强了对地方的控制,收集天下兵器,销毁后铸成钟镰和金人,以对天下起威慑作用。并迁徙天下豪富,铲除各地防御工程,修筑驰道,沟通各地联系,使中央能加强对地方的控制。

在经济上,秦始皇利用新建立的政治权力干预社会经济,实行了一系列有利于巩固统一和发展经济的革新措施。一是统一经济制度。即统一度量衡制、统一货币、统一车轨。这既便于国家征收租赋、发放俸禄、商品交换,又便于加强全国各地的经济联系,巩固全国统一和发展社会经济。二是进一步巩固封建土地所有制和地主经济。把原来六国诸侯和大小封君占有的土地收为国有,使皇帝在名义上成为全国土地的最高所有者;继续实行军功授田制;核实土地,从法律上承认封建土地私有制。三是进一步推行重农抑商的政策。"皇帝之功,勤劳本事,上农除末,黔首是富"。秦始皇二十七年,下令给全国农夫"赐爵一级",以提高农业劳动者的身份,从而开创了在全国普赐民爵的先例。他还把部分农民迁徙到劳力不足的地方去,广泛开发荒原。进一步"颛川泽之利,管山林之饶",对与国计民生关系密切的盐铁严加控制,实行专卖、专利制度。

在思想文化上,秦始皇也操握"决""塞"。一方面,实行比较开明的文化政策,注意吸收新征服地区的知识阶层,尤其是注意让儒者参加新政权的建设。在始皇周围,曾有博士70人,诸生以千数,候星气者300人,这些知识人才,大都充当秦始皇的顾问,为其出谋划策。两汉时期盛行的征召制度,实际上可以说是起始于秦始皇。秦始皇对在各地的儒生也十分重视,始皇二十八年东巡的目的,就是想通过与齐鲁地区的诸生面议封禅之事,从而起到安抚和笼络在原六国中有重大社会影响的知识阶层的作用。另一方面,秦始皇在思想文化上又实行收闭政策,如在实行统一度量衡、车轨的同时,统一文字,把原来已比大篆有所简化的小篆作为全国统一的官书,用于书写庄重的刻石铭文,同时,又规定大量的官文书采用更为简化的隶书。这不仅对中国文化的发展有着深远的影响,而且对维护中央集权和全国的统一起着极其重要的作用。又如,秦始皇把阴阳五行学说作为建立新王朝、统一各项制度、推行各项政治措施,特别是实行严刑急法的理论根据,据《史

諸子百家——法家

记·秦始皇本纪》记载:"始皇推终始五德之传,以为周得火德,秦代周德,从所不胜。方今水德之始,改年始,朝贺皆自十月朔。衣服旄旌节旗皆上黑。数以六为记,符、法冠皆六寸,而舆六尺,六尺为步,乘六马。更名河曰德水,以为水德之始。刚毅戾深,事皆决于法,刻削毋仁恩和义,然后合五德之数。于是急法,久者不赦。"再如,实行文化专制主义,运用行政高压手段压制、打击不同学派和不同学术观点。始皇三十四年,秦始皇下令"焚书",烧毁除秦以外的各国历史书和除医药卜筮种树以外的全部民间藏书,严禁人们在一起谈论《诗》《书》,严禁以古非今。次年,他又下令"坑儒",对犯禁的人进行严厉镇压,不仅将460余人坑杀于咸阳,还将大量的儒生发配边陲。秦始皇"焚书坑儒"虽然有着极大的消极作用,但是其维护皇帝权威和官学地位的目的,是与其整个治国智谋相一致的。

当然,我们也应该看到,"君操'决'、'塞'"谋略在运用中也会产生一些弊病,如不易调动下属的主动性、积极性和创造性,容易造成集权主义、个人独断专行甚至官僚主义等。正因为这个,要求在强化君主集权时,必须注意集权的程度,扬长避短。具体到秦始皇来说,既有功,又有过。从历史发展角度看,他的成功是大的,而过错相对来说是小的。他在政治上、经济上和思想文化上所建立的一整套制度,对以后的中国封建社会的发展,产生了十分巨大的影响。而他这一整套制度的建立,是与他牢握大权,主操"决""塞"的智谋分不开的。

15.盐铁专卖"官山海"

桓公问于管子曰:"吾欲藉于台榭,何如?"管子对曰:"此毁成也。""吾欲藉于树木?"管子对曰:"此伐生也。""吾欲藉于六畜?"管子对曰:"此杀生也。""吾欲藉于人,何如?"管子对曰:"此隐情也。"桓公曰:"然则吾何以为国?"管子对曰:"唯官山海为可耳。"

《管子·海王》

桓公同管仲商讨征税事宜。桓公问,我想对人们的房屋征税,你看如何? 管仲回答说,这等于叫人们拆掉房屋。桓公又问,如果改征树木税或牲畜税呢? 管仲回答说,这等于叫人们砍伐幼树、杀死幼畜。桓公再问,如果我增加对人口征收的赋税,怎么样? 管仲回答说,这等于叫人们收闭情欲。桓公接着说,那么,我靠什么办法来充实财政、治理国家呢? 管仲回答说,只有国家专营山海资源才是可行的。

什么叫作国家专营山海资源? 管仲说,要成就王业,必须注意充分利用和管理好自然资源。齐国濒临大海,有丰富的盐业资源。盐是人们日常生活不可缺少的物资,十口之家就有10人吃盐,百口之家就有100人吃盐。如果把盐的价格每升增加半钱,一釜就可以多收入50钱,每升增加2钱,一釜可多收入200钱,全国每天就可以从中多得税收200万钱,一个月可得6000万钱。而一个万乘大国,征人口税的当征人数为100万人,每月每人征税30钱,总数才不过3000万钱。假设国君发令对全国的大人小孩直接征税,那一定会引起人们大喊大叫地反对,现在取于盐的政策,即使百倍归于君主,人们也无法逃避。这就是最好的理财方法。

諸子百家——法家

接着，管仲又讲了铁官的理财方法：现在，男耕女织、工匠干活，都离不开针剪犁锄、斧锯锥凿等铁制的工具。如果把每根针的价格增加 1 钱，30 根针的加价收入就等于一个人所纳的人口税；每把剪刀加价 6 钱，5 把剪刀的加价收入就等于一个人所纳的人口税；每个铁铧加价 10 钱，3 个铁铧的加价收入就等于一个人所纳的人口税。其他铁器的价格高低，都可以以此为准。那么，只要人们动手干活，就没有不负担这种征收的。这样一来，国家财税就又可以增加一大笔收入。

"官山海"的基本思想是：凭借国家政权这一超经济的强制力量，对人民的生活和生产必需的盐、铁实行垄断专卖，以获取巨额财政收入。面对齐国丰富的盐铁资源，管仲既没有让其闲置，也没有任其自由发展，而是通过国家专营，让其产生出更大的效益，充实财政，这充分发挥了国家机器参与经济活动的主动性和在经济生活中的强大力量。齐桓公提出的征税方式，瞄准的只是百姓已有的固定物产，没有从自然资源的开发管理上做文章。"官山海"则看准了盐铁资源的广阔市场，以及民众对这种征税方式的承受能力，既避免了从房屋、树木、牲畜等固定物产上征税可能带来的生产恐慌，也避免了对人口征税可能引起的生育恐慌，并且，由于盐铁与人们生活、生产的密切关系，又保证了这一税收措施的效果。

税收，历来是政府财政的基本来源。采取什么方式方法增加税收，这不仅是一个充盈国库的途径的问题，而且更主要的是一个治国理财方略。"官山海"策略在治理国家中的优长，使其被秦汉以来的统治者多次运用，其中最典型的要数西汉中后期汉武帝的效仿。

汉武帝时，与匈奴的关系彻底决裂，连年战事，军费开支大增。自武帝元光二年（前 133 年）后的十多年间，汉匈之间的大规模的战役有 3 次，小的战役则无以计数。武帝元狩四年（前 119 年）的一次大战，汉军兵分两路，分别由卫青和霍去病两位大将军各统骑兵 5 万，步兵 10 万，另有志愿从征者 14 万匹马，财物耗费数量惊人。此外，战争中俘获匈奴数万人，需要厚赏衣食。其中，黄淮一带又闹水灾，也需政府赈济。再加上浩繁的宫廷开支，造成政府财政极其困难。而当时一些不法商人，把持盐业和铁业，投机倒把，大发横财。但是，他们不肯拿钱出来"佐国家之急"。针对这种情况，大农丞东郭咸阳和孔仅向武帝建议，提出由国家经营盐铁业。汉武帝采纳了东郭咸阳和孔仅等人的建议，下令把盐铁业收归国家专营。

为了推行盐铁国营政策，汉武帝还打破先祖关于"市井之子孙亦不得仕宦为吏"的禁令，大胆革新用人制度，重用热心事业、精明强干的盐铁经营专家，由他们担任国家在各地设置的盐官、铁官，管理盐、铁的生产和销售。据《汉书·地理志》记载，当时地方上设的盐官共 32 处，主要分布在濒于渤海、黄海之区和西北、西南的 26 郡（国）的产池盐和井盐之地；铁官分布于 40 郡（国）共 45 处，几乎遍布于全国的东南西北。《史记》说，武帝"使孔仅、东郭咸阳乘传举行天下盐铁，作官府"，国库从此又充实起来。

的确，盐铁官营充实了政府的财政，支援了武帝经略四方的雄图，为奠定我国南方、西南和西域的疆域,起到了重要的作用。此外,进一步勘察盐铁资源,扩大开发和经营业务,也有力地推动了当时盐铁业发展。郭沫若曾经评价盐铁官营政策是"汉武帝一代的文治武功的经济基础……这些中央集权的高级政策对于国家事业是有利的"。

当然,"官山海"策略的实施,还需要一定的社会条件,如山林川泽国有制,中央集权的强大有力等。同时,在具体实施过程中,还必须注意防止经营者官僚化和违反价值法则等弊病的出现。

16.牵之以利,围之以害

故凡治乱之情,皆道上始。故善者围之以害,牵之以利。能利害者,财多而过寡矣。夫凡人之情,见利莫能勿就,见害莫能勿避。其商人通贾,倍道兼行,夜以续日,千里而不远者,利在前也。渔人之入海,海深万仞,就彼逆流,乘危百里宿夜不出者,利在水也。故利之所在,虽千仞之山无所不上,深渊之下无所不入焉。故善者执利之在,而民自美安,不推而往,不引而来,不烦不扰,而民自富。

《管子·禁藏》

一切在治国中出现动乱的原因,都是从上面开始的。所以,善于治国的人要用"害"来约束人们,用"利"来引导人们。能够掌握人们的利和害的人,就可以财富增加而过错减少。原来,凡人的常情,见利没有不追求的,见害没有不躲避的。君不见商人做买卖,一天赶两天的路,夜以继日,千里之遥也不觉得远,就是有利在前面。渔人下海捕鱼,海有万仞之深,在那里逆流而行,冒着危险远航百里昼夜不知返,就是有利在水中。因此,利益之所在,即使是千仞的高山也没有上不去的,即使是深渊也没有不能深入的。所以,善于治国的人,掌握住了利益的去处,人民也就自然美慕并接受管理,不推动他们也会前进,不引导他们也会跟随,不烦民也不扰民,民众自然富裕。

"牵之以利,围之以害"谋略,围绕人们思想和行为的最终动因——利益问题来展开计谋,可以说抓住了施计用谋的核心。这也是管子智谋的独到之处。从这一点上,我们似乎又看到了管子思想中朴素唯物史观的痕迹。的确,人们的思想和行动,总是受到某种利益的驱使,通过晓以利害,来引导人们的行为,调整控制人们的行动,达到治国安邦的目的,这在现代社会中也是高明的智谋。

利益牵动和利益阻断,历来是人们常用的谋略。孔子的弟子子贡就曾运用"告之利害"游说齐、吴,使鲁国避免了一场战祸。

公元前482年,齐相陈恒专权,操纵齐简公任国书为大将,带领兵马进驻汶水之上,待命进攻鲁国。为了避免战争,子贡自告奋勇作为使者,出访齐国。

子贡跑到汶水求见陈恒。陈恒知道子贡是孔子的得意门生,善于辞令,便采取先发制人的策略,单刀直入地对子贡说:"先生此来,是为鲁国做说客的吧?两国即将交兵,倘若是做鲁国的说客,我们是不欢迎的;倘若先生不是做说客,我们将奉为上宾。"子贡并没

諸子百家 —— 法家

有被陈恒的气势所吓住，只见他慢条斯理地答道："我这次来见相国，不是为鲁国的利益，而是为齐国的利益。我们鲁国是很难攻打的国家，相国为什么要选择鲁国呢？"陈恒不解地问："鲁国有何难攻打的？"子贡说道："鲁国的城墙十分单薄而且又矮，君主软弱，大臣无能，士兵也不善于作战。而吴国的城墙特别高，城池非常大，军兵精锐，装备精良，又有良将把守，是非常容易攻下来的。"陈恒没等子贡说完，就大声叫道："你说的难攻和易攻，完全颠倒了，先生再这样戏弄我，就休怪我不客气！"

子贡

其实，子贡将难攻与易攻反说，是为了引起陈恒的注意。他心里十分清楚，要晓以利害，其中的利也好、害也好，都必须与对象的切身利益相关联，这样才能打动人，发挥谋略的作用。子贡见陈恒认起真来，于是，便叫陈恒屏退左右后再实言相告。陈恒依言。子贡接着说"我听人们讲，'忧在外的攻其软，忧在内的攻其强'。我暗地了解了你的处境，你在国内跟诸大臣难以同心共事，如今你叫他们专打软弱的鲁国，他们轻而易举就立了大功，而你却没有份，这样他们的地位就会升高，你的势力反而会危在旦夕。如果你命令他们去攻打吴国，他们在外面与强国相持，而你就可以一手遮天控制国内形势，这一计谋不是使你获利吗？"

子贡从陈恒个人切身利益出发说的一席话，使陈恒茅塞顿开，说话的口气也缓和多了。他对子贡说："如今我的兵马已经开到了汶水，再调去攻打吴国，人们会猜疑我，先生你看怎样办才好？"子贡说："这个不难，你先按兵不动，等我说服吴国援鲁，到时候你调兵攻吴国也就有借口了。"陈恒高兴地接受了子贡的建议，停止了向鲁国进军的行动。

随后，子贡星夜赶到吴国求见吴王，见到夫差后，子贡从吴鲁曾经联合攻齐的战斗友谊，说到齐国要报复鲁国，大军驻于汶水，一旦鲁国攻破，唇亡齿寒，吴国便是齐国的下一个目标。最后，子贡直入主题，说吴国如果趁解救鲁国的机会攻打齐国，然后回头收拾鲁国这一弱国，必然威震强大的晋国，那时，吴国就可以称霸诸侯了。一番图霸梦说动了吴王，夫差当即同意出兵进攻齐国。

子贡出访齐、吴两国，本来是为了鲁国的利益，可是他对谁也没有乞求的话，而是针对国与国之间的利害关系，尤其是陈恒、夫差的利害得失，"牵之以利，围之以害"，终于把即将烧到鲁国的战火引向了吴国和齐国。

"牵之以利，围之以害"也常常被企业家作为商业谋略运用。20世纪40年代，日本电视机产业同美国展开了一场市场争夺战，就是运用这一谋略。

当时，日本的电视机产业尚属幼稚产业，不是美国的对手。于是，日本电视机商决定拿起贸易保护主义的武器，从保护国内市场开始。

诸子百家——法家

1963 年,日本电视机生产厂家联合创立了"电视机出口理事会"。第二年 9 月,在日本皇宫对面的皇宫饭店,日本日立、松下、三菱、三洋、夏普和东芝六家家用电器生产厂家负责电视机生产的头面人物聚集一堂,召开了一个重要的会议,策划如何给国内市场的电视机定一个统一价格。它们一致决定:停止在国内和国际市场上进行甩卖竞争,由各公司的首脑联席操纵电视机的销售价格。为了确保各公司的利益均衡,会议达成的秘密协定还规定,必须根据市场变化情况,定出一台电视机的利润和各公司可能销售的台数。

六大电视机厂家的合谋,使得日本电视机在国内市场上维持着高出美国电视机的价格,滚滚而来的利润则用来补贴出口电视机压价所造成的损失。为了把美国电视机赶出日本,六大厂家还设法取得了官方的支持,在海关设置重重障碍,阻止美国电视机人关。

在保住国内市场之后,日本电视机厂商便开始了进军美国市场的战斗,要在美国搞倾销活动,没有美国人的帮助是不可能的。日本厂家以利益作牵引,策划了一个秘密的"双重价格"方案:日本厂家答应美国商家每进口一台日本电视机,进口商便可以得到 40 美元的回扣;日本电视机公司还发给美国经销商所谓的"市场调查"报酬,并为美国代销商代售的其他商品提供补偿性折扣。在巨大超额利润的诱导下,在较短的时间里,日本电视机厂家就得到了 80 多家美国进口商的帮助。

1968 年 3 月,美国电子工业协会附属的进口委员会向美国财政部提交了一份起诉书,指控日本电视机厂家正在大量非法向美国市场倾销产品。美国财政部立即着手进行调查。然而,日本电视机生产公司对此"反应迟钝"。松下公司给美方调查人员准备了一份所属 186 个松下代销店的文件,每个店的资料堆叠起来都有 70 英尺来高,搞得调查人员"丈二和尚摸不着头脑"。与此同时,日本公司还用利害关系提醒美国的进口商,致使美国的一些代销商由于害怕"吃回扣"一事败露,纷纷毁掉公司的档案和回扣单。这样,使美国政府到 1970 年底也未搞清日产电视机价格问题的底细。

在日本的倾销战面前,美国电视机厂家蒙受了巨大的损失,竞争实力大大削弱,就业率下降,有的随之被吞并。1968 年,美国有 28 个电视机生产厂家,到 1976 年,只剩下 6 家。

17.平准价格,调通民利

凡将为国,不通于轻重,不可为笼以守民;不能调通民利,不可以语制为大治……

……故善者委施于民之所不足,操事于民之所有余。夫民有余则轻之,故人君敛之以轻;民不足则重之,故人君散之以重。敛积之以轻,散行之以重,故君必有十倍之利,而财之扩可得而平也。

凡轻重之大利,以重射轻,以贱泄平。万物之满虚随时,准平而不变,衡绝则重见。人君知其然,故守之以准平。

《管子·国蓄》

凡是准备治理国家、使国家强盛的君王,如果在宏观上不通晓轻重之术,就不可能组

諸子百家——法家

织和通过管理的"笼"来控制民间的经济；如果不能使民间的利益得到调节和融通，也就不能讲以管理经济达到国家大治。所以，善于治理国家的人，总是在民间物资不足的时候将库存的东西供应出来，而当民间物资有多余的时候又把市场上的商品收购起来。民间物资富余就会低价卖出，所以君主应在低价时收购；民间物资不足就会高价买进，所以君主又应该以高价售出。以低价收购、以高价售出，君主不仅可以获得十倍的赢利，而且，物资财货的价格也可以由此得到调节和稳定。

管仲还认为，在治国理财中行轻重之术，最根本或最主要的是：在物资有余、价低滞销时，国家应及时增加库存，用较高价格购进廉价商品；在物资不足、高价脱销时，国家又应及时拿出库存物资，用较低价格销出先前收购库存的廉价物资。这就是"以重射轻，以贱泄平"。各种物资的余缺虽然随着季节的变化有所不同，但作为君主懂得这个道理，并总是用平准的措施来掌握，适时地调通民利，就不仅能维持物资价格的稳定，促进市场的繁荣，而且能推动经济发展，实现国家大治。

运用轻重之术，平准物价，调通民利，是古往今来的政府管理国家经济的重要手段。尽管这一策略不一定是管仲的首创，但可以肯定，在管仲所处的那个时代，这一谋略已被运用得十分广泛了。而在中国古代对这一谋略运用得最成功的，要数西汉的桑弘羊。桑弘羊是汉武帝时期著名的理财家。他在汉武帝当政的 54 年中，参与制定了一系列经济改革政策，为巩固西汉封建中央集权制国家做出了巨大的贡献，对以后中国封建社会的发展产生了重大的影响。在其参与制定的改革措施中，均输平准是一项重大的举措。

为什么需要用政府强有力的手段来调控市场呢？因为，在经济活动中，往往存在着各种利益集团，它们为了各自的利益而操纵着市场，只有政府才有能力、有权威把这些相互冲突的利益加以调和、控制。汉武帝时期的情况正说明这一点。汉武帝即位之初，西汉封建王朝经过几十年的休养生息，国家财力得到了恢复。然而，到了元光年间，由于匈奴对中原的不断侵扰。边境受到极大危害，使朝廷开始对匈奴大规模地用兵。随着战争的扩大和时间的持续，汉室在财力、物力上都遇到了很大的困难。然而，一些富商大贾"乘上之急，所卖必倍"，钻营于封建统治阶级与农民之间，从中渔利。他们从农民手中低价收买各种物品，然后高价卖出。农民为了向国家缴纳赋税，不得不低价将物资卖给商人，而商人将物资积贮起来后，又乘机哄抬物价。富商大贾们贱买贵卖、垄断货物、囤积居奇，这对西汉封建中央集权制国家来说，无疑是一个很大的威胁。他们不但直接损害了封建官僚集团的切身利益，并且还由于商贾剥削农民，使社会动荡不安，农民在商贾的剥削下，有的不安心生产，有的背井离乡，还有的弃农经商。

因此，如何打击富商大贾的猖狂活动，叭固封建中央集权制国家的统治，是汉武帝时期面临的一个迫切需要解决的问题。如果不运用政权的力量加以解决，协调全国的物资的集散和税收，把富商大贾所垄断的商业活动控制到政府手中，封建王朝和各级官僚的开支与消费就无法维持，中央集权制的国家就不能巩固。

"平准价格，调通民利"谋略，重在通过政府行为来调通民利。桑弘羊提出的"均输平

諸子百家——法家

准"策略,也就是国家从流通领域里统制物品的运输与买卖。元鼎二年,桑弘羊任大农丞,开始推行"均输"法。"均输"法规定:农民给官府缴纳贡赋,一律以土地所产的物品来输贡,农民向当地官府交纳贡物的多少,根据当时的时价来折算,当地官府再将所贡之物运到其他地方去高价出售。这样,不仅农民可以根据自己的需要,因地制宜地耕种农作物,以利生产的发展;而且官府负责转运,减轻了百姓劳役转输的负担;并且,官府将贡物运往他地卖出高价,从而也增加了国家收入。元封元年,桑弘羊又对"均输"法做了进一步的改革:取消原来由郡国诸侯自行转输的做法,由中央直接派"大农部丞数十人"按地区主持郡国的均输,并在各地分设均输官,加强了对郡国官吏的统制与监督,从而消除了郡国自主均输带来的贱买贵卖、囤积居奇而造成物价腾贵的弊病;路近地区仍以土地所产的物品为贡物,路远地区则以物贵时的价格与商贾转贩的产品为贡赋,这样一来,边远地区相应地减少了贡赋的数量和转输的劳费,同时又有可能防止商贾从中剥削,牟取暴利。于是,既可增加国家财政收入,又可打击商贾的投机贩卖活动。

经济学的理论告诉我们,市场调节是一种事后调节,是靠价值规律自发地起作用来实现的,不能保持国民经济的综合平衡和稳定协调的发展,需要政府介入调控。为了有序地调节货物的运输和加强市场管理,桑弘羊又创建了"平准"法:"置平准于京师,都受天下委输,召工官治车诸器,皆仰给大农。大农之诸官,尽笼天下之货物,贵即卖之,贱则买之。如此,富商大贾无所牟大利,则反本,而万物不得腾涌。故抑天下物,名曰平准"。京师设平准机构,协调各地的均输,以避免各地转输的盲目性;京师的平准机构"尽笼天下之货物",加强对郡国物资的控制,并实行统一调拨,郡国的货物,积聚以待,听候京师平准机构的调拨;"平准"法重在平衡物价,京师平准机构根据各地的不同情况,通过均输调拨大量物资,贵卖贱买,使富商大贾不能从中牟取暴利,从而达到平稳物价的目的。

"均输""平准"相辅相成,互相补充,取得了很大的效果。它不仅为官府增加了财政收入,活跃了经济,而且,促进了商品生产的发展。据《史记·平准书》记载:实行均输平准以后,"天子北至朔方,东到太山,巡海上,并北边以归。所过赏赐,用帛百余万匹,钱金以巨万计,皆取足大农"。

18.以重藏轻

管子对曰:"……故善为天下者,谨守重流,而天下不吾泄矣。彼重之相归,如水之就下。吾国岁非凶也,以币藏也,故国谷倍重,故诸侯之谷至也。是藏一分以致诸侯之一分。利不夺于天下,大夫不得以富侈。以重藏轻,国常有十国之策也。故诸侯服而无正,臣从而以忠。此以轻重御天下之道也,谓之数应。"

《管子·山至数》

桓公问管仲,保证终身享有天下而不失去的办法是什么?管仲回答说,这个办法有,并且不在普天下,只要先在本国实行就可以。善于治理天下的人,总是严守高价流通政策,因而各诸侯国就不能够泄散我们国家的粮食。粮食流向高价的地方,如同水往低处

诸子百家 —— 法家

流一样。我们国家并不是灾荒，而是通过投放货币来囤积贮藏，使我国的粮价加倍提高，所以各诸侯国的粮食也来到了我国。这就是我们藏一分并可以吸收各诸侯国的一分，利不至于被别的国家所夺，本国大夫也不会占有粮食过多。这种"以重藏轻"的策略，就是可以使国家时常保持有十个财政年度收入的策略。于是，诸侯服从而不会发生征战，大臣们服从而尽其忠心。这就是以轻重之术驾驭天下的办法。

管子始终强调轻重术，其基本思路是"以重射轻，以贱泄平"，通过"平准"协调、控制市场。这里管仲提出的"以重藏轻"的谋略，表面上看，好像与"平准"不相一致，然而实质上却是一样的。运用高价流通政策，以重藏轻，其核心就是要造成一种"势"。《孙子兵法·势篇》云："善战者，求之于势"。高价流通、以重藏轻制造的"势"，既是粮食流向之"势"，又是控制各诸侯国之"势"。通过高价政策，使各诸侯国的粮食滚滚流来，于是，就可以囤积居奇，最后达到驾驭诸侯，统治天下的目的。

沙利特·摩根是拥有740亿美元总资产、掌握全美所有企业资本的1/4的商界巨子，曾被人们誉为"华尔街大佬"。在其传奇式的家族史中，充满了韬略智谋。

摩根家族的祖先在1600年前后从英国移住到美洲，到约瑟夫·摩根时，摩根家庭卖掉了其在马萨诸塞州经营的农场，搬到了哈特福。

在哈特福，约瑟夫主要以经营一家小咖啡馆为生，附带着卖一些旅行用的篮子。由于约瑟夫及其家人善于经营，肯于吃苦，因此，在不太长的时间里，便赚了一些钱。为了发展，约瑟夫将资金拿出一部分，盖了一座很有气派的大旅馆。还买了一些运河的股票，从而使自己成为汽船业和地方铁路的股东。这些投入，都使摩根家族获得了丰厚的收益。然而，使他赚了大钱的，还是保险业。

要"居奇货"，首先就必须要有慧眼识"奇货"。约瑟夫看到保险业大有发展前途，于是，1835年，约瑟夫投资于一家叫作"伊特那火灾"的小型保险公司。那时，哈特福虽然是美国保险业的发祥地，但保险公司却只有屈指可数的几家，而且都不景气。因此，在保险业的所谓投资，也不要现金，只要在股东名册上签个大名、注一注册就可以。其后，投资者就能够取得投保人缴纳的手续费。只要没有火灾，这无本的生意就稳赚不赔。

然而，天有不测风云。不久，纽约发生了一场特大火灾。火灾就是通告，"伊特那火灾"保险公司的投资者们聚集在约瑟夫的旅馆里，一个个面色惨白，急得像热锅上的蚂蚁。不少投资者显然没经历过这样的事件，有些惊慌失措，甚至开始打退堂鼓。约瑟夫觉得这是控制"伊特那火灾"保险公司的极好时机，为了造成"以重藏轻居奇货"的"势"，他出资将打退堂鼓的投资者的股份通通买了下来。并表示："为了付清保险费用，我把这旅馆卖了也在所不惜。"随后，他凑足了10万元，派代理人到纽约去处理赔偿。

纽约火灾的及时理赔，使"伊特那火灾"保险公司的声誉大振。约瑟夫乘此机会将投保手续费提高了一倍，然而投保者仍络绎不绝。与此同时，约瑟夫又扩大投资者的队伍，并大幅度提高股东入股的手续费。就这样两面受益，财富滚滚而来，使约瑟夫·摩根在这次火灾后净赚15万元。

"以重藏轻居奇货"还可作为政治谋略,吕不韦就曾用此谋,重金扶子楚,最后自己也尊为相国。

秦昭襄王四十二年(公元前 265 年),昭王立其次子安国君为太子。安国君有 20 多个儿子,但没有一个是他宠爱的正室华阳夫人所生。在安国君众多的儿子中,有一个叫子楚的,被秦国当作人质送到赵国。由于秦国多次派兵攻打赵国,赵国人对子楚也很不客气;再加上子楚的生母夏姬不为安国君所宠爱,秦国对作人质的子楚也就漠不关心,因此,子楚留滞于赵国的邯郸,处境十分艰难。

吕不韦是一个拥有巨额钱财的大富翁。一次,他到邯郸做生意,见到了子楚,很有些怜爱,并觉得子楚"是一宗奇特的货物,很可以买下来"。于是,他对子楚说:"公子如今的处境,实在让人伤心。我有办法把公子的门户扩展得大大的,不知公子意下如何?"子楚听后笑了笑说:"先去扩展你自己的门户吧,说什么扩展我的门户呢?"吕不韦接着说:"公子你是不知道啊!只有你的门户扩展了,我的门户才能跟着扩展。"子楚听懂了吕不韦话里的意思,便邀他坐下来细谈。吕不韦对子楚说:"秦王年纪老了,华阳夫人又没有儿子,公子如今长期在外国作人质,这样,一旦安国君继位为王,你是很难有机会在那么多的兄弟中争取立为太子的。"子楚叹了口气说:"这事我也想过,但不知道该怎么办才好。"吕不韦说:"我虽然不算富有,但是千金之数还是拿得出来的。我替你到秦国去活动活动,争取让安国君和华阳夫人立你为嫡嗣。"子楚听了吕不韦的这番话,感激得涕泪交流,连忙说:"果真能实现这一愿望,我立誓与你共享秦国。"

于是,吕不韦拿出 500 金交给子楚,让子楚在邯郸广泛交结宾朋,为日后的行动计划做准备。同时,他用另外的 500 金购买了一批珍奇玩物,并将这些玩物带到秦国,通过华阳夫人的姐姐,进献给华阳夫人。吕不韦还托华阳夫人的姐姐告诉华阳夫人,他在赵国见到了子楚,子楚又聪明又贤德,朋友遍天下,在邯郸日夜伤心流泪,思念太子和夫人,还经常说他是以夫人为天的。华阳夫人听了这些话,满心欢喜。接着,吕不韦又怂恿华阳夫人的姐姐替华阳夫人出主意说:"靠色貌事人,色衰了爱便会松弛。你又没有亲生儿子,一旦丈夫不在了,必然要失势。不如趁现在正得宠的时候,劝太子立子楚为嫡嗣。子楚对你那样依附,他如果被立为嫡嗣,你将来不是就有了依靠了吗?"

经过吕不韦的这一系列活动,华阳夫人果真动了心。不久,华阳夫人和太子商量,果然将子楚立为嫡嗣,并且聘请吕不韦做了子楚的师傅。从此,子楚的处境发生了根本变化,名声远播诸侯。秦昭襄王死后,安国君继位,是为秦孝文王,遂立华阳夫人为王后,子楚为太子。孝文王只在位一年便去世了,子楚继立,是为秦庄襄王。庄襄王也只在位三年,他死后太子嬴政被立为秦王,尊吕不韦为相国,号称"仲父"。

19.散囷积,调余缺

岁有凶穰,故谷有贵贱;令有缓急,故物有轻重。然而人君不能治,故使蓄贾游市,乘民之不给,百倍其本。分地若一,强者能守;分财若一,智者能收。智者有十倍人之功,愚者有不赓本之事。然而人君不能调,故民有相百倍之生也……然则人君非能散积聚,钧羡不足,分并财利而调民事也,则君虽强本趣耕,而自为铸币而无已,乃今使民下相役耳,恶能以为治乎?

《管子·国蓄》

年景有歉有丰,因此粮食有贵有贱;号令有缓有急,因此物价有低有高。但是,对这种情况君主不能及时治理,就会使富商进出市场,利用民众的困难,牟取百倍的暴利。同样的土地,技术强的人就能掌握;同样的财物,有智谋的人就能收罗。智者可以获得十倍于人的利润,愚者则连本钱也捞不回。如果做君主的不能及时调剂,那么,民众就会出现相差百倍的生活。所以说,君主如果不能散开囤积,调剂余缺,分散兼并的财利而调节民众的生活,那么,即使君主加强农业、监督生产,并且自己在那里无休止地铸造货币,也只能是造成民众互相奴役而已,这种现象怎么能算得上国家治理好了呢?

"散囤积,调余缺"实际上就是发挥国家对经济的宏观管理的功能,控制富商巨贾囤积居奇,协调资财余缺,保证人民共同富足。因此,也是通过管制经济来实现国家大治的谋略。

晁错是西汉文、景时期的重臣,他聪明过人,号称"智囊",经常有良策妙计,对国家的安定和社稷的巩固起过重大作用,深得朝廷嘉许。他提出的"人粟拜爵"政策,可以说就是"散囤积,调余缺"谋略的运用。

"散囤积,调余缺"作为扼制富商巨贾囤积居奇的谋略,首要的是在一个"散"字上。采用什么方式、方法"散"囤积,是该谋略运用成功与否的关键。对于富商巨贾的囤积居奇行为,既可以通过国家机器强制剥夺其财富,也可以采用政府参与市场的方式控制物价,还可以运用迂回战术,使其和平就范。晁错的"人粟拜爵"政策,就是一种迂回的消解策略。

汉文帝年间,商人的势力越来越大,他们坐列贩卖,囤积居奇,操纵物价,放高利贷,甚至兼并破产小农。这不仅给广大农民的生活带来影响,而且对朝廷财政收入也产生威胁。面对这种情形,晁错向文帝提出了实行"人粟拜爵"政策的建议。晁错认为,面对商人势力的兴起,完全采取过去那种"重农抑商"政策,把商人放在朝廷的对立面,使其成为国家治理的离心力量,这种做法事实上是不足取的。不如用对他们授予爵位的办法,让他们以粮食来赎罪和换得国家对他们的拜爵。这样做,商人要拿钱出来向农民买粮食,粮价于是就会提高,有利于农民和农业;同时,商人将粮食交给国家,国家粮食储备增加,又可以继续实行减免田税的政策。并且,这一政策使商人获得爵位,政治地位得到提高,由此也调动了商人的积极性。

原来,自战国时秦国商鞅变法实行二十等功爵制开始,在军队搞军功爵,民间搞农爵和告奸爵,从而形成了一个为数不小的有爵者阶层。这些有爵者,在政治地位和经济待遇上,明显高于无爵者。当时秦国实行"重农抑商"政策,商人不得有爵位。秦统一中国后,从战争走向了和平,军功不再实行,代之以民爵制,一般农民由官府授爵,官僚阶层则按照各自地位的高低授爵,商人仍然没有爵位。西汉初年,刘邦仍然承袭秦朝的民爵制度,在推行"重农抑商"政策中,对商人的打击更为严厉,商人的政治地位仍旧没有改变。晁错看到商人势力发展的历史趋势,及时提出"入粟拜爵"政策,在汉初休养生息的大背景中,对于推进国家的治理和社会的发展有着重要作用。用晁错自己的话说,就是"一曰主用足,二曰民赋少,三曰劝农功"。

应该说,采用迂回的方式散囤积,是最高明的举措。汉文帝采纳了晁错"入粟拜爵"的政策建议,于公元前168年下达"卖爵令"。诏令一出,商人们立即出现了踊跃购粮、交粮、买爵的热潮,国家由此获得足够5年之用的粮食。于是,国家有粮,商人有爵,农民有钱,三方面皆大欢喜。

在"散囤积,调余缺"谋略中,还有一个如何"调余缺"的问题,余缺调剂思路得当,也可以创造出良好的经济效益。我国著名企业家牟其中就曾在创业之初成功地运用过这一谋略。

那是1992年3月,牟其中创办的南德集团公司爆出一条新闻:他们组织了国内300多家企业的积压物资,为四川航空公司从俄罗斯换回了4架崭新的图154M大型客机。在这次"组装市场"的活动中,南德公司获得了128万元的中介收入。

这一消息确实在中国经济界引起一阵震动。其震动不仅是由于这笔生意涉及两个国家、24亿瑞士法郎、4架大型客机、上万吨货物的大买卖,更主要的,是南德公司在策划和实施这笔大生意过程所运用的智谋策略。

调剂余缺,组装市场,首先必须了解市场上的余缺现状。南德公司的具体运作是从调查研究开始的,他们深入研究了中俄两国市场和有关法律条款后,提到了以下情况:一是俄罗斯的飞机滞销;二是我国的服装、食品、机械等产品滞销;三是双方滞销的产品都互相需要,而且需求较为强烈;四是中俄两国政府都鼓励以物易物方式的贸易。情况明了后,他们决定用以物易物的方式来组织这次跨国贸易。

经过长时间的谈判,南德公司获得了俄方的信任和谅解。俄罗斯古比雪夫飞机制造厂答应先交货,后付款。于是,4架图154M大型客机先期飞抵成都。可是,此时四川航空公司却付不了款。南德公司便以这4架飞机作为公司财产,抵押给银行申请贷款,随后,公司再拿着贷款与全国300多家企业签约,并采取先付货款的方式向这些企业购买积压产品。这些企业很乐意地接受了条件,以物易物的货物就这样源源不断地发往莫斯科。

生意做成后,南德公司还得到方方面面的感谢。首先,俄罗斯古比雪夫飞机工厂因南德公司不仅帮其销掉了飞机,而且还帮其弄到了50车皮在俄罗斯十分紧俏的中国货物,对南德公司感激万分;其次,国内一些企业因南德公司帮其解决了产品积压难题,使企业起死回生而感激南德公司;再次,四川航空公司也因南德公司,帮其在未付款的情况下弄到4架大型客机投入营运,从而使航运营业额大增而对南德公司感激不尽;此外,银行对贷给南德公司的款项能及时回收,并获得了可观的利息而对南德公司十分满意。

南德公司散积压、调余缺获得成功,取得经济效益和社会效益双丰收,最主要的在于

諸子百家 —— 法家

他们了解市场,善于调剂。正如牟其中所说:"我可以说是一个演技平庸但熟悉舞台的演员。造飞机我不如古比雪夫飞机厂厂长,办航空我不如四川航空公司经理,做罐头我不如万县罐头厂厂长。但是,古比雪夫飞机厂厂长不清楚1.1亿人口的四川省的地方航空公司没有干线飞机,川航的经理不清楚怎样搞到廉价大飞机,万县的厂长不清楚莫斯科市民排队买罐头的艰难,而这些我都清楚。"

20.乘时进退

管子对曰:"⋯⋯乘时进退。故曰:王者乘时,圣人乘易。"桓公曰:"善。"

《管子·山至数》

自古以至今,未尝有能先作难,违时易形,以立功名者;无有常先作难,违时易形,而不败者也。夫欲臣伐君,正四海者,不可以兵独攻而取也。必先定谋虑,便地形,利权称,亲与国,视时而动,王者之术也。

《管子·霸言》

桓公同管仲讨论国家的统计理财工作。管仲提出,一切事情都在于掌握时机,根据时机来决定进攻和退却。正是由于这个道理,所以人们说,成就王业的人善于掌握时机,圣人贤哲则善于掌握变化。桓公听后连连称道:好、好!

管子还认为,从古到今,没有违背时机改变形势首先发难而成就功名大业的;也没有违背时势经常发难而不失败的。因此,凡是要想以臣伐君、征服四海的人,不能够只依靠兴兵举武进攻取胜,必须首先定好谋划,占据有利地形,权衡有利的局势,并与盟国密切关系,审时度势,待机而动,这才是成就王业的人的策略。

"乘时进退"一般在军事上运用得较为普遍,因为在军事斗争中,人们觉得更要重视时势变化。在这里,管子将其看成是治国理财的重要谋略,由此可见管子智谋思想的宽广内涵。

"乘时进退"谋略的关键在于"乘时"二字,即善于发现时机,善于在纷繁复杂的事物中和瞬息万变的信息中捕捉时机,把握时机。只有时机把握得准确、得当,才能做到进退适时,游刃有余。否则,时机把握不准,该进不能及时前进,该退又不能及时退却,就必然导致失败。

公元前575年6月,晋楚两国军队因伐郑与救郑在鄢陵相遇。晋军策略得当,获得全胜,力量较前更加强盛。而楚国由于鄢陵之战的失利,不敢轻易与晋国决战。

但是,楚国并不想放弃对中原霸主地位的争夺。一天,楚共王召集群臣商量对付晋国的策略。公子壬夫说:"目前要阻止晋国称霸,必须首先从晋的属国宋国开刀。我们可以采用晋军来了就避开、晋军去了就进攻的战法,抓住有利时机与晋军周旋,削弱其重振霸业的力量。"楚共王听后很高兴,立即任命壬夫为大将,任命从宋国逃到楚国的鱼石等人为前导,会同郑成公一起,兴兵伐宋。

诸子百家——法家

队伍直抵宋国都城外围，并迅速攻下彭城。壬夫命令鱼石率领 300 乘兵车戍守彭城，作为日后进一步攻取宋国的据点，然后亲自率兵主动撤回。楚、郑联军走后，宋国大司马老佐率领部队包围了彭城。楚共王闻讯，命楚军会合郑军再次伐宋，以解彭城之围。宋军见势不妙，急忙撤军，途中遇到楚军的埋伏，老佐战死，楚、郑联军乘势长驱直入，直逼宋国都城。宋成公派大夫华元求救于晋国，晋国正卿韩厥对晋悼公说："当年文公称霸诸侯，就是从救援宋国开始的，如今晋国要恢复霸业，也应当从救助宋国开始。"晋悼公便召集鲁、卫、邾、齐等国的诸侯一起商议救宋，还亲自率领大将韩厥、荀偃、栾黡等人屯兵台谷。楚军听说晋军及其联军大部队来救宋，觉得此时取宋国时势不利，便主动撤回了楚国。晋悼公率领的大军忙碌了一阵，也无功而回。

第二年，晋悼公率领晋、宋、鲁、卫、曹、莒、邾、滕、薛等国联军围攻彭城，将其攻克。随后，九国联军又兴师伐郑，向楚国示威。然而，楚国见此时宋国力量空虚，便派右尹壬夫率军攻打宋国，迫使晋悼公不得不回师救宋，郑国之围随即解脱。晋军等联军在救宋之后，晋将韩厥想乘势攻击楚军所驻扎的焦夷，以期与楚军决一死战。然而，此时楚军又避开联军的攻势，撤向楚国。诸侯联军又只得罢兵而归。可是，当诸侯联军罢兵不久，楚军又协同郑军一起兴兵攻宋。就这样，楚国审时度势，在处于劣势的情况下与晋国周旋了十几年。后来，只是由于国内宫廷内部争权、国外吴国的崛起和侵扰，才使其无力再与晋国争夺中原霸主的地位。

"乘时进退"也可作为经济活动中的谋略。在商战中，当出现有利时机时，就勇往直前；当形势对自己不利时，就退而守之，做到该退且退，该进且进，这不失为一种高明的经营谋略。北京有位个体户就曾运用这一策略，获得了巨大的经济效益。

80 年代中期，北京刚刚兴起"电子游艺热"，这位个体户看准这一市场，拿出家中的全部积蓄作本钱，开办了一家电子游艺室，并且实行 24 小时营业，他和妻子轮流看摊。虽然吃了不少苦，熬了不少夜，但是，由于他先一步抓住了机会，占据了市场，从而获得了可观的收入。后来，北京"电子游艺热"进入高潮，新电子游艺室如同雨后春笋，在各处开张。这位个体户审时度势，主动关闭了自己的电子游艺室。不久，"变形金刚热"在京城刮起，这位个体户觉得这是一个好时机，便倾其资金，南下广州、深圳，购进大批变形金刚玩具。货一到北京，很快就被变形金刚迷们抢购一空。然而，这样抢手的货在倒腾了三次后，这位个体户又鸣金收兵。此后，北京又掀起了"呼啦圈热"，这位个体户瞅准势头，一次吃进 2 万只呼啦圈，仅用了十几天就全部售完，他因此又赚了一笔钱。当其他经营者纷纷竞销呼啦圈时，他又收手转向经营其他商品。这位个体户在三次娱乐热潮中乘时进退，表面上看好像没有赚取更多的钱，其实，这种善于乘时前进和退却的做法，减少了商品经营中的风险，避免了商品经销"退潮"时的损失，因此，获得的效益更为牢固。

"乘时进退"也可以作为平时处事应答的谋略。相传，清朝乾隆皇帝在委任纪昀做《四库全书》主编官之前，想考考纪昀，看看纪昀的学问文采。考试的方式是出对联句。纪昀也想借此机会在皇帝爷面前显示一下自己的才华，便拜请乾隆命题。乾隆先出"两碟豆"，纪昀随口答"一瓶油"；乾隆又说"林中两蝶斗"，纪昀紧接着对"水上一鸥游"。乾

諸子百家——法家

隆见纪昀联得天衣无缝,无懈可击,便立即转移主题,出联道:"人云'南方多山多水多才子'",纪昀是南方人,乾隆出这一联,实际上是夸奖纪昀的学问,同时也暗含着向纪昀讨饶的意味。纪昀也体味到了皇上的语意,于是,他乘时而退,迅速转舵,顺口接道:"我说'北国一天一地一圣人'"。纪昀所联的这一句,既对仗工整,又巧妙地拍了皇帝爷的马屁。乾隆听后,呵呵大笑,随即授职予纪昀。

21."九惠之教"以安民

入国四旬,五行九惠之教:一曰敬老;二曰慈幼;三曰恤孤;四曰养疾;五曰合独;六曰问病;七曰通穷;八曰振困;九曰接绝。

《管子·入国》

开始主持国家的政教,就极为重视九种惠民的政教的实施。"九惠之教"第一叫作敬老;第二叫作慈爱幼童;第三叫作抚恤孤儿;第四叫作供养残疾;第五叫作撮合鳏寡;第六叫作慰问病人;第七叫作通报贫困;第八叫作赈济困苦;第九叫作续接绝户。

"九惠之教"其目的是治国安民,这是管仲"民本"谋略的重要组成部分。作为统治者,土地再广,人民再多,如果老百姓不亲近你,采取不合作的态度,那一切都是枉然。因此,管仲说:"地大则不耕,非其地也";"人众而不亲,非其人也"。统治者若要使国家得到治理,就必须爱民,把"慈爱百姓"作为一个根本的治国方略。对老、幼、孤、疾、独、病、穷、困、绝等人施与惠教,就是慈爱百姓的具体行动。

按照《管子》的记载,管仲辅佐桓公主持国家的政教40天,就5次推行敬老、慈幼、恤孤、养疾、合独、问病、通穷、赈困、接绝这9种惠民的政教。并且有极为具体、细致、明确的实施细则。

所谓敬老,就是在国都和其他城邑设置"掌老"的官员,对于70岁以上的老人,其中有一个儿子可享免除劳役的优待,每年有三个月由官府馈送肉食给老人;80岁以上的老人,两个儿子可免除劳役,每个月有馈肉;90岁以上的老人,全家可免除劳役,每天的酒肉都由官府供应。这些老人过世后,君主供给其棺椁。同时,官府还劝勉其子弟要为老人细作饮食,询问老人的要求,了解老人的嗜好,并尽力予以满足。

所谓慈幼,就是在国都和其他城邑设置"掌幼"官员,凡是士民的子女,由于家境贫寒不能供养而成为拖累的,官府规定:养三个幼儿的,可以免除其母亲承担的国家征收布帛的任务;养四个幼儿的,全家可以免除国家向妇女征收的布帛;养五个的国家还为其配备保姆,同时领取官府发给的两人份额的食粮,直到幼儿能够生活处理为止。

所谓恤孤,就是在国都和城邑设置"掌孤"官员,规定:士民死后,其子女幼小无人抚养,不能独立生活的,一律由同乡、熟人或故旧好友抚养;代养一个孤儿的家庭,一个儿子可免除征出劳役;代养两个孤儿的,两个儿子免除征役;代养三个幼孤的,全家都可以免除劳役。掌管恤孤的官员要经常深入乡里,了解孤儿的饮食饥寒和身体情况,及时采取

诸子百家——法家

怜恤措施。

所谓养疾，就是在国都和城邑设置"掌养疾"的官员，官府还设立收养残疾人的场所。对聋、盲、喑、哑、瘸腿、半身不遂、双手相拱而不能伸开的人们，其生活不能自理，官府就将他们养在残疾人收养所，供给他们饮食衣物，直至他们终生。

所谓合独，就是在国都和城邑设置"掌媒"官员，负责鳏夫和寡妇的再婚配。掌媒官选取亡了妻的鳏夫和亡了夫的寡妇加以配合，并分配田宅让他们安置新家。官府给予新合独的家庭 3 年的免役，3 年后再给国家提供职役。

所谓问病，就是在国都和城邑设置"掌病"的官员，对于士民有病的，掌病官员以君主的旨意进行慰问：90 岁以上的病人每天探问一次；80 岁以上的病人两天探问一次；70 岁以上的病人 3 天探问一次；一般病人 5 天探问一次。病情严重的，要上报君主，由君主亲自慰问。掌病官员是以慰问病人为专职的，因此要在国内巡行，以尽其职。

所谓通穷，就是在国都和城邑设置通报地方贫穷情况的官员，对贫穷无住处的家庭和贫穷无粮食的过往宾客，予以及时的通报。凡是乡里官员及时向上报告的，就给予奖励；凡是隐情不报的，就要给予惩罚。

所谓赈困，就是遇到灾荒年景，民众生活有困难，在征服劳役方面有的不能完成，官府应当宽缓刑罚，宽赦有罪之人，并且开粮仓，拿出库存的粮食来赈济困苦民众。

所谓接绝，就是对死于国事或战争的人士，如果他们已经没有继承人，绝了后代，官府应令其生前友好或故旧，向国家领受一笔钱款，用来负责祭祀。国家为死于国事而又无后的人安排经常祭祀，也就等于是为他们安排了后人，续接了绝户。

国家对老、幼、孤、疾、独、病、穷、困、绝等人如此关怀爱护，百姓也就自然归心，天下亦大治矣。

22. 备患于未形

城郭沟渠不足以固守，兵甲强力不足以应敌，博地多财不足以有众，唯有道者能备患于未形也，故祸不萌。

《管子·牧民》

仅仅依靠城郭沟渠不足以守住国土并使其巩固；仅仅依靠兵强甲坚不足以抵御敌人；仅仅依靠地广财多不足以赢得民众。只有有道的君主做到防患于未然，这才可能避免灾祸的发生。

常言道，凡事预则立，不预则废。具有忧患意识，把灾患防止在没有发生之前，这是统治者执政、人们平常理事的重要谋略。

管仲不仅提出防患于未然的智谋，而且在治国实践中贯彻这一谋略。他告诉桓公，治理国家要注意水、旱、风雾雹霜、瘟疫、虫五害的清除，其中清除水害尤为重要。而水害的清除重在防备。他建议桓公设置治水官吏，委派熟悉治水的人负责。在组织结构上，

諸子百家 —— 法家

任命大夫和大夫佐各一人,统率治水工作,然后挑选下级水官的左右部下各1人,作为水工的头领。水官们巡视水道、堤坝、河川,凡是应当修缮的地方,就拨给士卒、徒隶。管仲要求各地,每当秋后普查户口和土地时,核实人口的数量,分别统计男女老幼的人数,不能从事治水劳动的免役,经过检查来选定各地的甲士,作为服役的总人数,上报于"都水官"。管仲还提出在冬闲之时就要准备治水的工具,由治水官吏与工匠头领会同地方官员按规定检查,留取完好的坚实的,修补残破老旧的,淘汰质量粗劣的。各地还要派甲士轮流采集薪柴,堆放在水道旁。这样没有水害时备好器材,有事时就能及时使用,水害就可以被控制。管仲称此为"平素有准备而预先有安排"。平时有备,水祸从何而来?!

当然,"防患于未然"智谋不仅仅指对自然灾害的防备,它还包括政治斗争中的未雨绸缪和军事斗争中的有备无患。管仲所处的时代,诸侯割据,列强纷争,战争的危险时刻存在,只有不放松警惕,时刻想到战争的危险,从精神到物质上都做好充分的准备,才可能占据主动。否则,废弛戒备,就会给敌人以可乘之机。公元前524年,郑国都城曾发生过一场大火。当火灾发生时,当时的执政者子产命令将武器发放下去,把国人武装起来,登上城墙,加强警戒。子太叔对子产的这一做法不理解,子产解释说:"据我所知,小国平时一旦忘记了防守就很危险,更何况是都城里发生了火灾呢?要想不被人轻视,就必须常备不懈。"不久,晋国的边防官兵向郑国提出抗议,声言"郑国发生了灾患,晋国的国君和大夫不敢贪图安逸,四处祭祀名山大川,不吝惜牲畜而为贵国的平安祈祷。而如今贵国突然给百姓发放武器,让他们登上城墙严阵以待,惹得我国边境上的百姓惊恐万分,不知贵国要干什么,特此要求予以解释"。子产面对晋国挑战式的抗议,回答道;"正如您说的那样,我们国家的灾患也就是贵国君主的忧患,现在我们遭受火灾,我们又担心奸邪之人乘人之危,也怕那些贪婪的人趁火打劫,以加重我国的损失,同时给贵国君主带来更大的忧患。这就是我们行动的初衷。我们既然已经侍奉贵国了,怎么还敢有二心呢?"晋国官员听了子产的回答,无言以对,只好怏怏地回去了。

其实,火灾发生之后,子产还采取了一系列防范措施:他在东门拒绝了晋国公子和公孙要进都城的请求;派司寇把新近前来聘问的客人送出国都;禁止旅居郑国的外国大夫走出住所;让子宽、子上巡视祭祀场所和宗庙;派管理府库的官员各自坚守岗位,不得擅离职守;派野司寇分别管理好他们所征召的徒役,使徒役遵规守纪;等等。正是这些未雨绸缪的措施及时,从而在火灾发生后确保了国家防卫的安全。

"防患于未然"还可以用作保身之智谋。公元前310年,秦武王即位,任命甘茂为左丞相,樗里子为右丞相。武王三年的一天,武王召集甘茂等人商议国事,武王说:"寡人想乘车经过韩国的地界到周王室,以打探一下周王室的底细。如果能实现这一愿望,寡人死了将永垂不朽。"甘茂马上理解到,这是武王想要征伐韩国。于是,在朝中力主伐韩。经过朝臣议定,先与魏国订盟,以便联魏行动。武王还派甘茂作为统帅,率领三军出征。

然而,就在这时,甘茂却派人入朝面见武王,恳求武王不要派兵伐韩。武王觉得此事有些蹊跷,便亲自到甘茂军队的驻扎地息壤去问个究竟。甘茂把武王接进营帐后说道:"宣阳是韩国的大县,上党、南阳也有大量的积贮,这些地方名为县,实际上有郡的实力。

諸子百家 —— 法家

1174

如今君王要越过函谷、三崤、五谷等险境,远道攻伐韩国的这些大邑,必然要花费很长的时间,我担心难以取胜。"武王听了甘茂的话,心里非常不高兴,便责备甘茂说:"先前这些情况为什么不说?"甘茂忙答道:"不是我先前不说,其实现在我也是主张伐韩的,只是有些后顾之忧。"武王问甘茂忧虑什么。甘茂没有直接回答,而是先给武王讲了个故事。甘茂说:"大王必定知道,'三人成市虎'的说法吧。孔子的学生曾参是一个有名的孝子,一天,一个同曾参同名同姓的人杀了人,有人去告诉其母,说您儿子杀了人,曾母正在织布,她梭机都没停一下,只说了句'不会'。不多时,又有一个人跑来报信,曾母停下梭机想了想,仍说了句'不会吧',就又重新织起布来。隔不久,又有人来报告,曾母终于信以为真,停下织机,丢掉梭子,翻墙逃走了。凭曾参的贤德和其母对他的信任,在三个人来说其子杀了人后,其母尚且相信并且害怕了。如今愚臣的贤德比不上曾参,而大王对臣的信任程度也比不上曾参之母信任曾参,并且,怀疑愚臣的人远不止三个,臣怕大王也会丢下梭机。"

武王弄清了甘茂反复的原委,当即表示,不听其他人的非议,相信甘茂定不会辱没使命。并与甘茂盟誓,将盟誓文书就藏在息壤。于是甘茂即起兵伐韩。但果不出所料,围攻宜阳5个多月,一直攻而不下。这时。右丞相樗里子果然出来非议甘茂,劝秦王退兵。就在武王犹豫不决之际,甘茂从前线送来快信,武王打开一看,上面只写"息壤"二字。武王立即醒悟,马上给甘茂派出了5万援兵。援军一到,甘茂乘势发起进攻,一鼓攻下宜阳,斩敌军兵将6万。甘茂此次伐韩能立功受奖,其未雨绸缪、出兵之前与武王定盟起了决定性的作用。

二、严法智慧

韩非子的思想,博大雄奇,丰富多彩,哲学、社会、财经、军事、教育、文化无所不包,但其主体内容则是政治统治思想。他根据春秋战国时期的世道人心,潜心地研究君主如何达到巩固权位、富国强兵以建立霸业的目的,所以常被称之为"帝王之学""帝王之道"和"王者之道"。这种""术""势"三个方面。其中,韩非子大量地设计了君主的御臣之"术",其次是论述"法"的作用、原则,论述得最少的是"势"。这里我们首先对韩非子有关"法"的智谋做一概要介绍。

韩非子的法治智谋主要有如下内容:

1.尽之以法,按法治众:与儒家"性善论"思想针锋相对,韩非子思想体系以"性恶论"为逻辑起点,认为人人都有自利之心,君主(或一级领导)切不可轻信别人。轻信别人,就会被别人的自利行为所控制,轻则丧权,重则丢命。不可信人,但君主又不能不依靠别人,怎么办?唯一的办法就是相信法制、依靠法制,用法制来规定臣下的职责、言行,一切的一切。

2.正赏罚而非仁下:儒家认为人性本善,用礼乐的教化便可唤醒人之善性,所以强调用仁义爱惠抚慰下属;韩非子与此相反,他认为用仁义慈爱所换取的下属的忠心勤勉不牢靠,唯有根据趋利避害的人性,按法律规章实施赏罚,才能使臣民图赏或怕罚而不得不顺从领导者的意图而积极劳作。端正赏罚制度,排斥对下属的仁爱之心,既表现了韩非子法治思想的彻底性,也是韩非子智谋思想尤其是法治思想的重要组成部分。

3.信赏必罚:韩非子主张执法时对臣民要一视同仁,要"刑过不避大臣,赏善不遗匹夫",该赏必赏、当罚必罚。这样才能维持法律的严肃性,也才能保证法律的有效性。

此外,"赏誉厚者人轻死""以刑去刑重其轻""赏必出乎公利,名必在乎为上""赏誉同轨,非诛俱行""法与时转则治,治与世宜则有功""其法易为而令能行"和"法莫如显"等,都是韩非子法治思想中的纲领性智谋,它们分别从立法、执法、法律内容及法律原则等诸多方面提供了许多切实有效的谋略手段、谋略技巧。

1.按法治众

人主之患在于信人。信人,则制于人⋯⋯万乘之主、千乘之君,后妃、夫人、适子为太子者,或有欲其君之蚤死者⋯⋯医善吮人之伤,含人之血,非骨肉之亲也,利所加也。故舆人成舆,则欲人之富贵;匠人成棺,则欲人之夭死也。非舆人仁而匠人贼也,人不贵,则舆不售;人不死,则棺不买。情非憎人也,利在人之死也⋯⋯是故明王不举不参之事,不食非常之食⋯⋯执后以应前,按法以治众⋯⋯则奸邪无所容其私。

《韩非子·备内》

君主的祸患在于信任别人。信任别人,那就会被别人所控制⋯⋯拥有万辆兵车的君主和拥有千辆兵车的小国之君,他们的王后、妃子、夫人,以及正妻生的长子做了太子的,可能有想要他们的君主早一点死的人⋯⋯医生善于在病人的伤口上吸吮脓血,并不是因为与病人之间存在骨肉亲情,完全是因为他的利益在于病人的回报。所以造车的人造成了车轿,就希望别人富贵;木匠做好了棺材,就希望别人夭折早死。并不是造车轿的仁慈而木匠残忍,而是因为别人不富,车轿就卖不掉;别人不死,棺材就没人买。木匠的本意并不是憎恨别人,而是因为他的利益在别人的死亡上⋯⋯所以英明的君主不做没有检验过的事情,不吃不寻常的食物。拿事后的结果来对照事前的言行,按照法令来治理民众⋯⋯这样,奸诈邪恶的人就没有地方能施展他们的阴谋了。

韩非子认为,人是自利的。而且,哪怕是在父母、兄弟、夫妻之间,也存在着为个人利益而不惜置对方于死地的残酷斗争。这种斗争在宫廷里,就表现为争风吃醋、抢夺王位的场面。如此情形之下,君王要保住王位,控制局面,最大的危险就是凭感觉轻信别人(这里的别人是指除自己之外的一切人,包括王后、妃子、太子、大臣等),最有效的方法是"按法以治众"。人性自利,所以不可信人,所以要相信"法"而不相信别人——这是韩非子法、术、势思想的逻辑起点和基本思路。

韩非子把"自利"当作人的"本性",并把其适用范围无限地加以扩大,无视人人都有的同情、善良的一面,在哲学上站不住脚,也违反了普遍人性。但是,在"父子不相亲,兄弟不相安,夫妇离散,莫保其命"的战国时代,韩非子以"人人为利"作为自己政治理论的

诸子百家——法家

社会学基础,与儒家以"性善论"为逻辑起点相比,显得更为深刻,也更为贴近时代特点。从政治智谋的角度来说,韩非子"信法不信人"的"按法治众"智谋在社会政治中,也确实值得研究。

18世纪西方开始盛行"幽暗意识"。1787年,美国独立战争成功之后,当时的"开国诸父"聚集在费城草拟宪法,他们所提出的"联邦论文",便浓重地体现了这种"幽暗意

美国独立战争

识"。一方面他们对自己新建的国家充满着希望;另一方面又对制度的建立怀着戒慎恐惧的现实感。例如撰写"联邦论文"的汉弥尔顿当时这样说:"我们应该假设每一个人都是会拆烂污的无赖,他所做的每一个行为,除了私利之外,便别无其他目的。"而素有美国"宪法之父"之称的麦迪逊则更认为:结党营私是人类的通性。他直截了当地说:"如果每一个人都是天使,政府就没有存在的必要了。"他们认为,"人性本是自私的",拥有权力的人一定会利用权力来谋求私利,即使看起来似乎"很善良、很公道"的人。轻易地相信人,把权力交给他,必然要导致专制独裁;就是把权力交到一大群人手里,也有可能导致这群人的结党营私,欺压没有掌权的人。

不能轻易相信别人,可是国家又必须靠人来管理,相信什么、依靠什么呢? 他们认为只能依靠客观公正的法律制度,只能依靠严密的法律制度来限制人性中自私自利的特点。因此,独立战争成功之后,他们便花了很多时间去构思如何建构政府制度,以便使人的"幽暗面"不得肆虐为害。经过长时间的苦思冥想,他们终于想出了"三权分立,互相制衡"的制度。他们认为:在这种制度之下,即使社会上的各种团体结党营私也无所谓,因为他们自私自利的行为可以互相牵制,互相抵消,社会的公共利益也因此而可以保全。

这就是在国家的层次上,以"人人都自利"为依据,所采取的"按法治众"的政治措施。我们时常惊叹美国二百多年来资本主义制度比较稳定,但有没有想到过,这里面的原因,很大程度上恰恰就是早在几千年前的中国,韩非子就已大胆地提出了智谋的功用。

诸子百家 —— 法家

西方人一般认为,在政治活动、社会交往、工作关系等环境下,人与人之间多半是互为利用、互为工具的关系。因此必须十分强调"合同观念",强调法律程序观念,一定要"信法不信人"。与西方人相比,由于中国人深受儒家"性善论"的熏陶,又往往恪守"修身、齐家、治国平天下"的信条,很容易把社会交往、工作关系与完全是以情感为纽带的家庭伦理混为一谈,因而与韩非子的这一智谋思想大多处于冲突状态。而结果又往往是后悔莫及的时候多。

吴绣是台湾某商业银行东门分行的科长。他不仅为人"四海",而且心地"善良"。然而在1983年间,他竟突然盗领台劳保局的劳保存款5000多万,潜逃海外,消息传开,全台震惊。而认识吴某的人则更是惊诧不已:如此"善良"的一个人,上一年还当选过台"最优秀公务员"的科长,居然会监守自盗?!

案件发生之后,治安单位才发现:依照银行办事制度规定,客户的存单、印章,都应当由客户自行保管。然而,因为吴科长为人"善良",每次劳保局要提存款项,吴科长总是特地请银行人员代为跑腿,"服务到家"。久而久之,劳保局干脆将存单和印章一并交由吴科长保管,这样,只要"一通电话,服务就到",劳保局更加感受到了吴科长的"善良"本性。谁知好景不长,吴某忽然"恶性"发作,携款潜逃,当事人目瞪口呆,只能徒呼奈何了。

在大陆也有此类事情发生。张某初下"股海",一心发财。无奈天不作美,数月下来,省吃俭用好不容易拼凑起来的5万余元,只剩5000元挂零了。好在张某生性执着,坚信自己定能在股票上发财,手头的股票"只进不出"。虽然时处超大熊市,股数不见其少,价值日见其小,但张某仍然顶住老婆的责骂、子女的讥讽,深信股市已到了最底部,他的"黎明前的黑暗"马上就要过去。一次因有要事,急需外出。张某便将股票卡交给了他十分信任的弟弟。他相信弟弟一定会体会他的苦衷,替他谨慎操作,临别时还半开玩笑地说:"赚了钱定有你的。"弟弟也开玩笑似的说:"立张纸吧,到底怎样分成?"哥说:"兄弟之间,我会不相信你吗?到时候你要多少就多少。"说完就登上火车走了。

说来也巧,张某离家的第二天,股市便由熊转牛,而且牛气冲天。等到数月后张某回家,弟弟已使他股票卡上5000余元变成50余万了。

这本来是件大喜事,然而悲剧就此发生了。原来,早在张某回家之前,叔嫂之间已经闹得不可开交。张某的妻子去要钱,张某的弟弟却不给,说是哥给他的只是5000元,其余的都是他自己炒股所得。张某一听,自然是气得暴跳如雷,当即诉诸法院,要求其弟归还那50余万人民币。其弟却说张某亲口答应"要多少就多少",更何况自己本来就没有想全要,只想得到自己炒股所得的38万元。现在哥哥不顾兄弟之情,诉诸法律,所以法院应支持他再从中扣除名誉损失费和误工费等等12万。法院要求作为原告的张某递交"协议书",张某目瞪口呆,追悔莫及。法院因证据材料不足宣布暂时休庭。

张某回到家里,想想最可信赖的弟弟在金钱面前竟会变得六亲不认,而从法官的口气看好像道理还在弟弟那一边,不禁更加气恼。这时,弟弟却大模大样地走了进来,手里拿着一沓钱,得意扬扬地说:"你原来只交给我5000块,我现在送你5万。要就拿去,不要我可连5000也不给了。"张某一听,勃然大怒,顺手拿起一把斧子,对着亲弟弟猛砍下去……兄弟俩的经济纠纷案尚未了结,哥哥却已进了班房,弟弟进了火葬场。

我们无意来评判兄弟俩谁对谁错,只为张某轻信弟弟的"善性"而感到遗憾。假如他在移交股票卡的同时,与弟弟签份协议书,那么喜事还是喜事,兄弟还是兄弟,哪还会有这种两败俱伤的人命案件呢?

2.爱多则法不立,威寡则下侵上

爱多者,则法不立;威寡者,则下侵上。

《韩非子·内储说上七术》

仁慈过分的,那么法制就不能建立;威严不足的,那么臣下就会侵上。

韩非子主张建立绝对理性的法制体系,一切的一切都必须严格地甚至可以说是刻板地按照既定的法律规章来办。理智与感情在很多情形下处于冲突状态,因此,韩非子为了建立和维护这种法律体系,要求在公务中不允许掺杂感情色彩、主观意愿。并认为,仁慈爱惠极易导致下属的嬉皮笑脸、无视上司的权势和威严,从而使禁令阻塞,法规败坏。所以必须摒弃对下属的"爱",严格依法办事,维护自己应有的权威,这样才能使理性的、有效的法制得以确立,才能使禁令畅通无阻。这就是韩非子"去爱立成"以立法的智谋,我们用韩非子自己的原话把它称之为"爱多则法不立,威寡则下侵上"。儒家讲仁义,反对酷刑,法家讲重罚,排斥爱慈。我们认为两者都只抓住了事物的一端而忘记了另一端,都有一定的合理因素,同时又都有绝对化的毛病,应该取长补短,视不同条件、不同情况,区别选用。

郑国的著名宰相子产,弥留之际对他的接班人游吉说:"我死后你一定会在郑国执政。你一定要用威严治理民众。火的表面非常严酷,人们望而生畏,因此很少有人被烧伤;水的外表非常柔和,不少人喜欢玩水,结果很多人被水淹死。你一定要严厉地执行刑法,千万不要使人们淹死在你那看起来宽厚柔和的刑法之中!"

子产死了。游吉牢记着他的话,但总是不忍心执行严厉的刑法。

游吉执政不久,原来遵纪守法的郑国年轻人,一改前态,变得目无法纪,一个接着一个起来公开造反,并迅速占据了萑泽(今河南中牟县),成了郑国的最大祸患之一。

百般无奈之下,游吉不得不率领大军围困萑泽。年轻人根本不把游吉放在眼里,与军队展开激战。游吉只得下令:格杀勿论!

一天一夜的激战,鲜血染红了街头巷尾。年轻人都死于刀枪之下,萑泽百姓无端饱尝了战乱之苦,游吉所带领的军队也损兵折将,伤亡惨重。游吉后悔莫及,喟然长叹说:"吾早行夫子之教,必不悔于此矣!"

董安于担任了赵国上党地区的郡守。走马上任之前他特地对辖区做了一番巡视。在一座座高山之中,看到了一条两旁陡峭如同墙壁一般的百仞深涧。随从人员见此心惊肉跳,都纷纷后退,董安于却站在深涧边缘,东张西望,好像要在这里找出宝藏一般。随从见董安于毫无退意，也只好战战兢兢地重新围到董安于身旁。董安于于是问住在附近的向导：

"曾有小孩、盲人来到这里往下跳过吗？"

"没有！"

"曾有聋子、疯子来这儿来玩吗？"

"没有！"

"曾有牛马猪狗之类到这里来找食物吗？"

"没有哇！"

向导心里想：想自杀的人来到这里恐怕也会被吓得扭头便逃；如果有牛马猪狗之类会到这里来找吃的，那我便天天坐在下面等待从天而降的"摔全牛""摔全马"了，谁还有空来给你当向导！

随从人员也猜不透董安于怎么会问这样的怪问题。

董安于见大伙都疑惑不解的样子，不再多问，感慨地叹了一口长气，对他们说："你们可知道，我从这条深涧上找到了一个'法宝'，知道怎样来治理好上党地区了！……假如我们的法令神圣严峻，对不法之徒严惩不赦，使人们都知道，谁敢犯法作乱，就像是掉进这条深涧一样必死无疑，那么就连稚童疯子也不会误闯禁地了。而只要人人安分守法，上党地区怎么会治理不好呢！"

游吉、董安于都是春秋时期的人。到了战国时，韩非子把这两人的故事放到一起，进行了一番揣摩咀嚼，并从中概括出一条智谋，叫作"爱多则法不立，威寡则下侵上"。

"爱多则法不立，威寡则下侵上"，就是说，如果执法不严，对犯罪讲"慈爱"，那么法律制度便会形同虚设，无法真正地建立起来；如果领导者一味地宽容仁厚，不能借助法律来维护自己的权益，威严不足，那么下级就会侵犯上级，扰乱上下关系和正常秩序。总之，无条件地执行的法律制度才是真正的法律制度，才能真正生发出维护社会秩序、确立领导权威、严防人们以下犯上的种种功能。"弹性的""仁慈的"法律等于没有法律。

的确，游吉慈爱大众，执法不厉，也就使自己失去了应有的宰相之威；第一个犯法的年轻人侥幸从疏宽的法网中自由进出，自然也就带出一大批目无法纪、犯上作乱的不法之徒，使法律制度失之无形，最后构成了扰乱整个国家秩序的大患。如果游吉能早一点清醒地运用董安于的"深涧之法"，执行子产的"烈火之法"，使人们对犯罪行为避之唯恐不及，那么领导的威严、神圣的法律必然得以确立，游吉也就用不着亲冒矢石，后悔莫及了。

韩非子是在他"王者之道"的体系中提出这一智谋的。他建议去爱立威、严格执法的对象主要是君主重臣，着眼于整个国家的法制建设。这在当今当然有借鉴意义。但对于普通领导乃至平民百姓而言，"爱多则法不立，威寡则下侵上"这一智谋思想，实际上也具有广泛的使用价值。

在一个普通的企业、普通的团体里或者在一个平凡的家庭中，总之是由两人以上组成的集体中间，必然会有使"集体"得以组建、运作的原则、规章、约定或秩序——这些都

诸子百家——法家

是韩非子所称的"法"的具体体现。作为企业、团体的组织者,一家之长……你怎样才能使这个"集体"变得牢固、秩序井然而富有集体力量呢?显然必须使组织集体、运作集体的原则、规章具有不可侵犯性和不可破坏性。因此对于个别违反、触犯这些规章制度的成员,务必不能"宽容慈爱",而应严格地按章处罚。否则,"法不立""下侵上",就像一个国家的法律制度形同虚设就"国将不国"一样,这个集体也早晚会变得支离破碎。

3.赏罚之道实国之利器

赏罚者,邦之利器也,在君则制臣,在臣则胜君。

《韩非子·喻老》

赏和罚,是国家的统治手段,如果掌握在君主手中,君主就可以制伏臣下;如果掌握在臣下手中,臣下就会胜过君主。

奖励或惩罚乃是调动、控制人们言行举止的好办法,按照赏罚之"道"(即规律)来治理人民,是国君治理国家时最最重要的策略。这就是"赏罚之道实国之利器"智谋思想。韩非子把"导制其臣"即控制臣下的手段归结为刑德"二柄而已",并曰:"杀戮之谓刑,庆赏之谓德"(见《解老》),虽不免褊狭,但他重视赏罚,重视由谁掌握赏罚大权,无疑是正确的,他抓到了治理国家很关键的问题。

鳝鱼的样子像长蛇,春蚕的模样像毛虫。人们看见蛇就惊恐骇惧,看到毛虫就毛骨悚然。但是,胆子很小的女人和颜悦色地亲手捡着春蚕,渔人们能为多抓到鳝鱼而高兴万分。什么道理?只要有"利"的存在,人们就会忘记了自己所厌恶的事,一个个都会成为那孟贲、专诸一样的勇士!——这是韩非子在《韩非子》中所举的著名事例之一。虽然事例具有绝对化和片面性,但对于我们认识赏罚对于控制人们行为(至少是对于控制某一些人行为)的巨大作用——它可以使懦夫变为勇士,去干自己原本最不愿意从事的事情。

曾从子,是一个善于鉴别宝剑的人。卫出公怨恨吴王夫差。曾从子说:"吴王夫差喜欢宝剑,而我是一个鉴别宝剑的专家。请让我去给吴王鉴别宝剑。我把剑拔出来给他看的时候,就乘机为您刺杀他。"卫出公说:"您去做这件事倒是可行的,但不是为了'义,而是为了利。现在吴国强大而富裕,卫国弱小而贫穷。您如果一定要去,我怕您会被吴王利用来对付我哩。"于是就把他驱逐了。——赏罚之道实为通过控制利益来控制对方的行为,自己手头所拥有的利益的多寡,直接关系到控制力的强弱。卫出公深明此道,深知自己控制力敌不过吴王的控制力,惹不起却躲得起,于是把曾从子驱逐了。——例子很小,却意味深长:国与国的较量有时竟然直接就是赏罚之能力的较量!

宋国都城崇门小巷的一个平民,在为父母服丧时,因为过于哀痛和辛劳而损害了身体,变得十分瘦弱。宋君认为这个平民对父母亲很孝道,便提升他做了统管一方的官员。结果,在第二年,统计结果令人大吃一惊:竞相仿效那平步青云而不惜损坏身体甚至不惜致死尽孝道的人共有十余人。——儿子为父母服丧,在当时,纯粹是出于对父母的爱心,服丧至死,可谓爱之深切。而这种"爱心",居然也可以用利益的赏赐来"制造",可见赏罚对于控制人们的观念、社会的风尚的巨大功能。

李悝出任魏文侯的郡守时,希望人们都能学会射箭。于是他下令说:"对于那些难以决断谁输谁赢的诉讼案件,就叫双方进行射箭比赛。射箭中靶的即为赢,否则就是输。"命令下达后,整个地区很快就掀起了练习射箭的热潮。等到与秦国人打仗时,由于当地民众都惯于射箭,结果把秦国的士兵打得大败。——赏罚也是提高战斗力的有效方法。

人是有欲望的,这种欲望支配着人的行为,而人的欲望最重要的特点便是趋乐避苦。顺应人的这种本能的要求,从而控制人的言行,统一人们的思想,形成有利于整个国家利益的观念、风尚,这正是赏罚之所以成为最有效的统御手段之一的原因。然而,赏罚有没有毫无用处的时候呢?有的,因为社会上也有一些人对于赏赐褒扬无动于衷,也有一些人对于惩罚指责毫不在乎。这种没有任何欲望的人是根本无法用赏罚来支配的。韩非子认为这种人是极个别的人,但也是最危险的人物。那么对于这种人该怎么办呢?

大名鼎鼎的姜太公吕尚,协助武王打败纣王建立周朝后,受封于齐。

齐国东海住着两位著名的贤士华士兄弟。兄弟俩议定:"我们不向天子称臣,不和诸侯交友,耕了田才吃饭,挖了井才喝水,我们对别人无所索求。不要君主给的名声,不要君主给的俸禄,不去当官而只干我们自己愿意干的活。"

姜太公请兄弟俩出来做官,他们非但不做,还反唇相讥。姜太公大为气愤,马上派人将二人诛杀。

周公旦这时正在邻近的鲁国,听到这消息,立刻派遣急使追问此事。

"那两位名士是天下的贤者,你为何要把他们杀掉呢?"

姜太公回答说:"现在如果有一匹马在这里,是一匹千里马,天下最好的。但是,用马鞭子抽它它不前进,用上好的马料喂它它不吃——它又是一匹无法控制的马。对于这匹马,再笨的奴仆也不会把它作为自己的脚力。这兄弟俩就是这样的马匹。他俩宣称不愿臣事于天子,我无法使他们臣服;他们不愿与诸侯交往,我无法驱使他们;他们自己种田来吃,自己掘井来喝,完全不求于人,这样我也就无法用赏罚来打动他们。他们不要名誉,也不要禄位,虽说是贤者,可是毫无用处。既然不愿为国服务,也不为国效忠,留他何用?先王统治其臣民,所使用的不外是爵禄和刑罚,现在这二人居然对这四种手段都无动于衷。如果听任他们因不服兵役、不缴税捐而扬名全国的话,我对全国人民就无法交代了。如果所有的人都去学习模仿他们的话,全国便成了一盘散沙了。而杀掉他们,就可以让大家都知道,我不需要那种不被好饲料诱惑、也不怕马鞭子抽打的名义上的千里马;让大家都知道,我将严惩那些自命清高、不把我的赏罚大权放在眼里的所谓贤士。因此,我必须把这兄弟俩杀掉。"

周公旦听了,连声称赞。

世界上可能真的存在那么几个像老子、庄子等彻底看破红尘、不为金钱所迷、不为刀斧所畏,也不愿为国家社会出力的"高人隐士"。对于这种人,赏罚似乎对他们毫无用处。

诸子百家——法家

但我们从姜太公果断地诛杀华士兄弟以教育全国的事例中可以看出,严惩这类人恰恰又是控制其他人的最有效的手段。这,岂不又回到了韩非子"赏罚之道实国之利器"的智谋之中了吗?

4.正赏罚而非仁下

治强生于法,弱乱生于阿,君明于此,则正赏罚而非仁下。爵禄生于功,诛罚生于罪,臣明于此,则尽死力而非忠君也。君通于不仁,臣通于不忠,则可以王矣。

《韩非子·外储说右下》

国家的安定强大,靠的是一切都依法办事;衰弱动乱,都导源于违背法律原则去偏袒、屈从某些人的意志和行为。国君明白了这个道理,就会严正赏罚原则,而反对对臣下讲仁义慈爱。爵位、俸禄是由于创立功勋得来的;受刑被罚是因为违法、犯罪招致的。臣民懂得了这一点,就会拼尽死力去立功取爵,而摒弃效忠君主个人的做法。君主精通不讲仁爱之道,臣民熟知不效忠君主之理,国家便无敌于天下了。

韩非子认为,国家要强大,就必须依法办事。依法办事的核心就是"赏""罚"二字:有功则赏,违法必罚。与"依法办事"完全对立的也有"仁""忠"二字:君对臣民讲"仁爱",臣对君主效"愚忠"。因此,要依法办事治理好国家,就必须严正赏罚原则,排斥仁爱思想。我们把韩非子为使人民安定、国家强大而设计的重"赏罚"非"仁爱"的智谋思想叫作"正赏罚而非仁下"。

秦昭襄王为秦国的强大呕心沥血,成效卓著,所以深得民心。有一次,郎中(君主的侍从官)阎遏和公孙衍离京在外,看到许多老百姓都在杀猪宰牛,大搞祭祀活动。古代的祭日是有明确规定的,那天并非祭日,所以十分惊奇,就去询问原因。搞祭祀的人回答说:"前几天,君主生病了,我们替他做祈祷,希望他早日病愈,并向神灵许下了大愿。现在他的病好了,我们是在向神灵还愿。"阎遏和公孙衍看到百姓对国君如此虔心爱戴,心里非常高兴。回京之后,便向秦昭襄王拜贺:"您胜过圣君尧、舜了!"

秦昭襄王听后感到很奇怪,问:"你们说的是什么意思?"

他俩回答说:"尧、舜再好,但民众还不至于自发地为君主祈祷。现在,大王生病时,老百姓便向神许愿祈祷;病好了,又杀牛祭祀向神还愿。因此,我们认为大王您已远远胜过了尧、舜。"

秦昭襄王听后不喜反忧,并当即命人前往调查处理:哪些地方的人做了这样的事,就处罚哪些地方的里正和伍长各交两副铠甲以"赎罪"。

阎遏和公孙衍感到吃惊而惭愧。但见襄王不高兴,也就不敢再多问。

几个月后的一天,秦昭襄王和大臣们一起喝酒,心情十分高兴。阎遏和公孙衍便乘机向秦昭襄王讨教:"前些时候,我们认为大王超过尧、舜,并不是故意对您奉承。民众能自发地为大王大搞祈祷祭祀活动,也充分体现了他们对君主的忠心,我们感到非常高兴,

诸子百家——法家

而您竟下令处罚他们。我们疑惑不解。请问大王您为什么要那样做?"

秦昭襄王说:"你们居然不懂得这个道理? 百姓能听我指令为国效力,是因为我能利用手中的权势,严明法纪——该赏则赏,该罚必罚。老百姓未接君令就擅自为我祈祷,虽是爱我,但已违制。而且,我如果被他们的'爱心'感动,就会用慈爱之心与他们相处,就会不该赏的给赏,而应该罚的却不忍心罚了。这样,严明的法制就被'仁爱'破坏了。而法纪不立,必然乱国亡身——因为,我只要一刻不爱民众,手头一旦缺少可赏之物,百姓就不为我所用了。所以我必须断绝讲仁爱的念头,用处罚他们的办法来重申令行禁止的法纪。"

秦昭襄王弃"仁"尚"法"的做法,正好完全符合韩非子"正赏罚而非仁下"智谋思想。通过这种做法,秦昭襄王在全国民众的心目中树立了神圣不可冒犯的权威,保证了政令的畅通和全国行动的协调统一,也为秦国后世帝王以法治国、以法强国,最后以中央集权制国家一统天下树立了榜样,奠定了基础。

"正赏罚而非仁下"的智谋,与儒家仁义治国的思想完全针锋相对,表面看来有点违情悖理,但它对于树立领导者的权威,以威严慑服下级,保证政令畅通以统一意志和行动,确有其独到的优势。因此,无论是在急难时期企图称霸天下的帝王,还是平缓阶段希望保爵全身的将相,信奉韩非子这一智谋的人物都不是个别现象。公仪休是其中有史可据的又一典型代表。

公仪休嗜好吃鱼。他出任鲁国宰相时,国内很多人都争着买鱼献给他,他却一个也不接受。他的弟弟问他:"你喜欢吃鱼,却从不接受别人的好意相送,这是为什么?"

公仪休回答说:"我喜欢吃鱼,所以才不能接受别人的鱼。如果接受了,我就一定得看别人的脸色办事;看人的脸色办事,我就得多赏少罚,违背法度;违背了法度,我就会被罢免相位;被罢免了相位,即使我再爱吃鱼,也一定不会再有人给我送鱼,我自己又不会捕鱼,所以也就再也吃不到鱼了。我不接受,就能严格赏罚原则,就不会被罢相,即使不会捕鱼,却能依法取禄,替自己长久地供给鲜鱼……有希望称王天下的国度里,别人的恩惠是靠不住的,唯有法律制度才是真正的安身立命的保障;而如果每个人都只依靠法律不依靠私恩,国家也就必然强大……"

5.赏誉厚者下轻死

赏誉薄而谩者下不用;赏誉厚而信者下轻死。

《韩非子·内储说上七术》

奖赏和表扬轻微而又欺诈不能兑现的,臣民就不肯被君主使用;奖赏和表扬优厚而又确实守信用的,臣民就会不惜牺牲为君主效劳。

奖赏不外两个目的:一是让立功者因得赏而激起再立新功的动力,二是让其他人因羡慕奖品而仿效着去立功。而无论是哪一个方面,如果奖不丰厚,不能满足人们的心理企求度,那就哪一个目的都难以达到。所以,韩非子认为"赏莫如厚",使人们为了厚赏而甘愿付出某些牺牲，甚至在某些场合下甘愿赴汤蹈火、舍生忘死。这就是韩非子"赏誉厚者下轻死"的智谋。需要注意的是，韩非子把人性看作是"恶"的，是"贪利图益"的，这一智谋的设计也是以此为前提的。

春秋时期，越国曾一度被吴国打得落花流水，濒临覆国边缘。深受战败之辱的越王勾践，经过多年卧薪尝胆之后，准备要灭吴雪耻了。他问大夫文种："我想攻打吴国，你说可以吗？"

文种说："已经可以了。因为我们的赏赐丰厚、赞誉适时。你如果想看到这赏赐和赞誉的功效，不妨焚烧一座宫殿来试一试。"

于是勾践故意命人在宫殿里点起了大火。火势熊熊，大厦将倾，却不见一人前来救火。于是勾践下令："救火的人不幸被烧死，将得到与杀敌而牺牲者同样的赏赐；救火后生还的人，将得到与凯旋将士同样的荣誉……"

命令还在传达之中，民众却已纷纷拥来。他们用防火物涂在身上，披上湿衣服，一个个视死如归地扑向熊熊大火。不一会儿，宫殿左边千头攒动，宫殿右边水花飞溅，大火立即被扑灭了。越王勾践由此体会到了厚赏高誉的功效，同时更加巩固了灭吴雪耻的信心。

悬赏灭火一举成功，充分证明了"厚赏"对于保证政令畅通的意义，应验了文种大夫"赏赐丰厚"便"可以一战"的推论。但是，有人会问：灭火救宫殿事小，胜敌保国家事大。给卫国将士的赏赐怎能轻施给救火之人？凯旋英雄的称誉怎能滥加在泼了几盆子水的人身上？如果说越王勾践只是做个试验，不妨偶尔一用；如果对此推而广之，那就是在赏赐、赞誉方面大小不分、轻重不辨了。

事情并非如此。韩非子认为，"赏莫如厚""赏誉厚而信者下轻死"，也就是说要使手下人心甘情愿地为你卖命，最好的办法就是给予丰厚的赏赐和崇高的赞誉。"赏誉厚而信者下轻死"与俗话说的"重赏之下必有勇夫"是相通的，将在很长一个时期中发挥作用。

问题是，通过厚赏以使手下人心甘情愿地为你卖命，是否会耗尽府库，得不偿失呢？韩非子说："若夫厚赏者，非独赏功也，又劝一国。受赏者甘利，未赏者慕业，是报一人之功而劝境内之众也，欲治者何疑于厚赏？"一般来说，受赏的人总是少数。这一次赏赐虽然赏溢于功，但"重赏"的功效就在于因"重"而令众人羡慕，因而形成人人争功的局面，造成甘愿为上级效劳甚至卖命的风气。以赏赐而换取这种风气，显然再"重"的赏赐也谈不上什么重了。

吴起在魏武侯的时候任西河（今陕西洛水以东、黄河西岸地区）郡守。当时秦国在西河边境上建有一个亭堡。这对魏国种田人危害很大。吴起想拔掉它，但又不值得为此而专门去征集军队。于是他在城外斜放了一根车辕，说："谁能把它移到南门外，谁就可以得到上等的土地住宅。"好长一阵子，竟无人反应，后来终于有一个人把车辕搬到了南门外。吴起毫不迟疑地赏给了上等的土地和住宅。过了一会儿，他又在东门外放了一石赤豆子，并说："有能把它移到西门外的，给予原来一样的赏赐！"话未说完，就有人争着去搬了。吴起这才正式宣布命令："明天将攻击秦国的亭堡,最先登上亭堡的,将被任命为国大夫,再赐给上等的土地和住宅!"第二天,西河人争先恐后地冲向亭堡。不一会儿,亭堡已为魏国所有。

吴起的赏赐实在是够"重"的。但比起攻克秦国的亭堡,尤其是唤起民众争先为吴起效力的风气而言,这赏赐又是微不足道的。

"厚赏"不会得不偿失,"高誉"当然更有可能取得事半功倍之效。还是请看越王勾践的智谋故事:

勾践既已一心想攻打吴国,当然希望国人具有不怕死的牺牲精神和勇气。

有一次,他外出看见了一只像在发怒的大肚子青蛙,就赶紧下令停车,整冠弹衣,然后非常郑重严肃地向那青蛙致敬!

驾车人目瞪口呆了好一阵子,问:"大王为何对一只小小的青蛙如此敬重?"

"这可不是一只寻常的青蛙!"勾践认真地说,"天地间最值得赞美的就是英勇气概。我看这只青蛙有这种气概,怎么能不向它致敬呢!"

这一年,出现了自刎身死而把头献给越王的人。第二年,请求把自己的头献给越王的有十几个。士民们普遍具备了以不怕死为荣、以具有英勇气概为荣的观念。

越吴大战开始了。战斗中,越国将士异常英勇,他们随时可以断头剖腹,但绝不有一丝的回头、后退的想法。不久,越王勾践达成了灭吴雪耻的夙愿。

勾践不愧为智能之士。他通过给一只青蛙以崇高的赞誉,采取向青蛙致敬这一举手之劳,来表明对勇士的极度赞扬态度,激起了举国上下轻死重功、英勇作战的心理趋向。真可谓是用一粒小芝麻换了个大金娃娃。

6.以刑去刑重其轻

行刑,重其轻者。轻者不至,重者不来,是谓以刑去刑也。

《韩非子·内储说上七术》

执行刑罚,从重处罚罪行轻微的犯人。因为害怕遭到重罚,人们就连轻微的刑律也不敢触犯,重罪自然更是唯恐避之不及。这样,轻罪不犯,重罪不出,就叫作"以刑去刑"——用刑罚来消除刑罚。

"重罚"是法家学说区别于其他诸子学说的最鲜明特点之一。所以法家人物都有关于"重刑"的理论和实践。需要说明的一点是,"重罚"并不能简单地认为就是"残暴"或"冷酷",因为"重罚"的目的并不是单单为了对付已经犯了罪的人,而是"杀鸡儆猴",为了使更多的人吸取教训,怕重蹈"重罚"之覆辙而不敢犯罪。这应该说是一种很有效也很值得借鉴的执法手段。

"行刑,重其轻者……"实际上是韩非子引用商鞅的话。公孙鞅(商鞅)为秦国制定法律,特别强调加重处罚犯轻罪的人。他认为:重大罪行,人们一般不会轻易触犯。所

诸
子
百
家
——
法
家

以，如果只有重罪才处以重罚，那就等于很少有人遭到法律的严厉制裁，法律便似乎与一般人毫无关系，其醒目程度无形中被降低了，其惩戒作用也就被大大地削弱了。人们一般"大错不犯"，但往往"小错不断"。所以，如果对轻型罪犯果断地处以本应加在重罪身上的重刑，那么人们就很容易改掉这些小错误，法律的醒目度、惩戒性也就自然而然地得以确立。这样，时时处处都使人们绷紧"法律"这根弦，小心谨慎，不犯小错，杜绝大过。人们不再犯罪，制定了法律却不再需要使用法律，达到"以刑去刑"的目的，国家也就太平无事了。商鞅的重刑思想在秦国得到充分的实施，因此秦国法律以严酷著称也就成了情理中的事，但也正是这一点，构成了秦国力克诸雄、统一天下的直接原因之一。

管夷吾(管仲，也称管子)是另一个颇具法家思想的重要历史人物。他因辅佐"五霸"之首齐桓公成就了赫赫霸业，成了历代宰相的楷模。当时，齐国盛行隆重葬礼，因而布帛多半用来做死人的衣被，木料多半用于做棺材。齐桓公对此忧心忡忡，便对管夷吾说："布帛用完了，就没有什么可以用来遮蔽身体的了；木料耗尽了就没有什么可以用来构筑防御工事的了。但人们看重葬礼的风气久盛不衰，怎样才能加以禁止？"管夷吾回答说："这很容易！"于是下令："棺材板超过××寸厚度的，就斩断死者的尸体！对主持隆重丧事的人判以重刑！"

諸子百家——法家

主持丧事本无罪，却要被判以重刑；棺材板厚一点是小错，却会招致亲人"断尸"之罚，管夷吾之法，堪称"严刑峻法"的一个典型！但在这样轻罪重判的规定之下，齐国重葬之风也就瞬间一扫而空了。

主张和采用"以刑去刑重其轻"这一智谋的，远不止法家和具有法家思想的人物，在儒学大师中也不乏其人。鲁国人火烧沼泽地，偏偏老天刮起了西北风。一时间，风助火势，火借风威，邻近沼泽地的鲁国国都竟已处在熊熊大火的威逼之下，危在旦夕了！鲁哀公见状，急忙亲赴现场，号召民众赶快灭火。然而，左右竟空无一人！原来，大火中不时奔窜出一只只"半熟"的野兽，人们早已闻"香"而逐去了，哪有心思来听从你救火的命令？

自己威望一时扫地事小，国都被焚事大，鲁哀公赶忙与忧国忧民的儒学一号圣人孔仲尼(孔子)商议对策。孔仲尼说："追赶野兽者充满乐趣而不会受到处罚，救火的人辛苦不迭而无从得到赏赐，这就是大火逞凶的原因。"鲁哀公说："说得好！"仲尼说："事情急迫，来不及论功行赏；况且救火的人都给予奖赏的话，拼尽国库还不够。请只用重刑处罚的办法。"鲁哀公说："好！"于是，孔仲尼借国君名义下令说："不救火者与战时投敌叛逃者同罪；追逐野兽者与擅入宫禁者等死！"命令传达未遍，火势却已被完全控制住了。当然，事后并无一人被杀头的——虽然制定了严刑，却并不需要用刑。

你看，孔子运用起法家的"以刑去刑重其轻"这一智谋来，也是驾轻就熟，得心应手。但是，作为儒学的创始人，他是否只是在非常之际偶一用之呢？不是，孔子还有一套与韩非子极为相似的"重刑"理论！请看：

殷商时期的法律中曾有这样的规定："弃灰于公道者断其手"(谁在公共交通大道上倾倒灰土，谁就要被施以断手的处罚)。

子贡是孔子的得意门生，他看到这一法律规定后大吃一惊：老夫子百般推崇的仁爱国度之一的商朝,怎么会有如此不通人情的严酷法律?于是急匆匆地跑去向老师请教:"倾倒灰土的罪行很轻、很轻,而砍手的处罚实在太重、太重。殷商古人怎么会如此残酷不仁呀?!"

"这说明古人深明治国之法!"孔子略加思索后便坚定地说,"在大路上倒灰,灰尘会随风飘起遮蔽别人的眼睛;眼睛被遮蔽了,人们一定会发怒;人们发怒了就会争斗;争斗一起就会使很多家族互相残杀。倒灰事小,引起家族残杀的后果却很大……"

子贡听得人痴入迷,但心想,对"倒灰"小事如此上纲上线是否有点过分?"更为重要的是,"孔子却已闭上了眼睛,子贡知道,这才是老师迸发智慧火花的时候,"惨遭砍手处罚,你愿意吗?当然不愿意,这是人人厌恶的事;但是,不在大路上倾倒灰土,你做得到吗?当然做得到,这对谁都是一件很容易做到的事。那么,让人们去做很容易做到的事,而远远离开人人都害怕、厌恶的事,这难道不是一种绝妙的治国之法吗?"

这实在是一则妙趣横生、含义丰厚的历史故事。令人惊奇不已的是,法家从来是儒学的"冤家对头",尤其是法家代表人物韩非子,他对于儒家"仁、义、道、德"的批评几乎尖刻到了无以复加的地步,但是在"以刑去刑重其轻"这一智谋上,他居然还能与儒家圣人孔子交成了一对知心朋友!

这,既是一种"物极必反""殊途同归"的现象——儒、法两家一尚仁爱,一讲峻法,南辕北辙,在这里却回到了同一点上;也足以说明"以刑去刑重其轻"这一智谋在特定条件下的真理性。

7.信赏尽能

言赏则不与,言罚则不行,赏罚不信,故士民不死也。

《韩非子·初见秦》

说要奖赏却不给,说要惩罚却不执行,赏罚不讲信用,所以士兵不肯拼死。

这应该说是一个非常浅显的道理,但作为两千多年前的韩非子,能明确地强调这一点,并把它作为一条维护法令的尊严、树立君主的权威和切实长期地控制臣下效命的一种智谋手段,应该说是难能可贵的。

战国时期,吴起率军急行军,时值六月酷暑,烈日当空。士兵难免叫苦连天,行军速度怎么也达不到预定的要求。

吴起作为法家的代表人物之一,自然也以坚决实施严刑峻法称著于世。但他想,这个时候虽然也可以拿几个特别的落后分子"开刀",举起严刑峻法这条鞭子,逼迫士兵加速前进。但这样做的负面影响很大,狗急了还要跳墙,何况是持矛执戟的大队士兵。因此,在这种情况下,有必要采取另外的更好的办法。

这时,他发现身后不远处,有一个士兵满脸痛苦的样子,嘴里还在大声地哼哼唧唧,但是,他的步伐却一点也没有慢下来。仔细一瞧,原来,这个士兵身患脓疮,酷暑加上急

诸子百家——法家

行军,自然使他不胜其苦。吴起见状,当即高声对士兵们说:"我的原则是该处罚的绝不留情面,但应该给予奖赏的,也一定加以奖赏。"他转身指了指身后那位身患脓疮的士兵,继续说,"像他这样不顾病痛,坚决执行命令的精神,我就要给予重赏!"

随后,他叫那位士兵坐下,并亲自伏下身去,用口吮取脓汁……见此情景,士兵们无不为之感动,顿时群情激奋,行军速度出人意料地快了许多。

事情还没有结束。那个蒙受名将吮脓之赏的兵士的母亲,在闻知此事后,竟大哭起来。旁人百思不得其解,便惊问其故:"令郎乃一介士兵,承蒙大将吮取脓汁,应该说是受到了高不可攀的最高奖赏,应该高兴才对,为何反倒大哭起来?"

那母亲出人意料地答道:"你们只知其一,不知其二!过去,吴起将军也曾为孩子他爹吮过脓汁。其后两军交战之时,他爹为报答吴起的这种最高奖赏,就抱定了必死的决心,冲锋陷阵,匹马当先……但是,虽然他爹为打仗得胜立下了汗马功劳,我却就此永远失去了丈夫!这就是'一将功成万骨枯'啊!如今,又听说吴起为我孩子吸取脓汁,吴起将军的名声自然是更大了,战无不胜的可能性也更大了,但只怕我的孩子的命运……这怎能叫我不哀痛啊!"

这位母亲可谓是个军事哲学家,她能从如此细小的一件事情中,看出将军重赏等于士兵效命、士兵效命等于将军成名的深刻哲理。吴起也可谓是当之无愧的大将军,他以在军中实施严刑峻法而闻名于世,却又能通过这种实实在在的行动来表示坚决实行有功必赏的态度,从而使士兵不得不自觉自愿地发挥最大的能量,甚至拼死疆场。这同样也足以使他闻名遐迩。

当然,我们这里讲述这个故事,目的并不是要议论这位母亲的深刻思想和吴起将军高超的带兵艺术,而是要说明"信赏"与"尽能"的关系,强调通过"信赏"来达到"尽能"之目的——以有功必赏来实现极大地调动属下积极性这一智谋思想的有效性。《战国策·秦策》中收有《张仪说秦王》一篇。其开头写道:

张仪说秦王曰:"臣闻之,弗知而言不智,知而不言为不忠。为人臣不忠当死,言而不当亦当死。虽然,臣愿悉言所闻,大王裁其罪。臣闻天下阴燕阳魏,连荆固齐,收余韩成从,将西面以与秦为难,臣窃笑之。世有三亡,而天下得之,其此之谓乎?臣闻之曰:'以乱攻治者亡,以邪攻正者亡,以逆攻顺者亡。'今天下之府库不盈,'困'仓空虚,悉其士民,张军数十百万,白刃在前,斧质在后,而皆去走不能死,非其百姓不能死也,其上不能杀也。言赏则不与,言罚则不行,赏罚不行故民不死也。今秦出号令而行赏罚,有功无功相事也。出其父母怀衽之中,生未尝见寇也。闻战顿足徒裼,犯白刃,蹈煨炭,断死于前者,比是也。……秦之号令赏罚,地形利害,天下莫如也。以此与天下,天下不足兼而有也。是知秦战未尝不胜攻未尝不取,所当未尝不破也。开地数千里,此甚大功也。然而甲兵顿,士民病,蓄积索,田畴荒,困仓虚,四邻诸侯不服,伯王之名不成,此无异故,谋臣皆不尽其忠也。"

张仪对秦王所说的意思,用现代的话来说就是:

"不知道便乱说不明智;知道了却不说不忠诚。臣子不忠诚可判死罪,说得不恰当也应判死罪。但我还是痛陈己见,功过是非请大王裁定。现在北燕南魏与楚、齐勾结,并有韩国所剩土地,形成合纵之势,联合一致要与我秦国为敌。对他们的这种做法我感到好笑,因为他们是在冒犯'三亡'而想得到天下。'三亡'是指:以混乱的国家攻打安定的国家,必亡;以邪恶攻打正义必亡;以倒行逆施攻打顺利昌盛必亡。现各国府库不足,粮仓空虚,却驱民参军,扩军达数十百万。虽白刃在前,刀斧在后,但战士仍然逃亡不断,厌战怕战。这不是老百姓不敢死战,而是因为他们的上司对这些逃兵不忍严惩。平时说有功必赏,到时却不兑现;平时说有过必罚,到时又视而不见。说赏不赏,要罚不罚,赏罚无信,所以士卒决不会冒死而战。与这相反,秦国的号令和赏罚制度,是赏罚必随其功过。人们自从离开父母怀抱后,从没见过敌寇,可一听要打仗,他们兴高采烈,脱去上衣,露出臂膀,敢冲白刃,敢蹈炭火,冒死向前者比比皆是……秦国的号令和赏罚制度独步天下,用大秦来夺取天下只怕是杀鸡用了牛刀。因此秦国战无不胜,无坚不摧,战果辉煌。然而,秦国目前却士疲民困,地荒仓虚,四邻不服,霸业未成……何故? 完全是因为,秦王你没有通过'信赏'(当然还可以通过'必罚'——见下一条智谋)来使谋臣们尽心竭力!"

这段文字精警深刻,文采斐然。《韩非子》中也有几乎与之完全相同的文字,致使今人:为考证此文的作者到底是韩非子还是张仪而大伤脑筋。我们这里特地原文摘录,当然不是要加以考证,而只想说明一点:"信赏尽能"这一智谋,是"战国"之重要一"策",为当时的智谋之士所普遍认可和广泛采用;秦国的士兵之所以比其他各国的士兵更为敢于冒死、作战英勇,秦国之所以能力克群雄,一霸天下……与张仪用性命担保所进献的"信赏"之策有着很大的关系。

8.必罚明威

刑罚不必,则禁令不行。

《韩非子·内储说上七术》

执行刑罚不坚决,禁令就无法推行。

韩非子思想以"严刑峻法"称著于世。所谓"严刑峻法",用现代的话说就是,法律制度要严厉无情,执行刑罚要严格冷酷,违法必究,绝不通融。具体来说,就是一要"重罚",二要"必罚"。强调"重罚"而不讲"必罚","重罚"只是空喊口号而已;"必罚"而不"重罚",虽罚却无以儆众,也无法树立法律和君主的威严。所以说,既"重罚"又"必罚"才构成了"严刑峻法",才真正体现了法家思想的特色,也才能真正达到"明威"之效。这样的例子不胜枚举。

楚国南部,有一条河叫"丽水",盛产金子。法律规定金子是只能由国家来开采。可是,很多人为利所驱,都偷偷地违法开采。为防"国有资源"严重流失,于是又重申采金禁令:私自采金者,一旦被抓住,就立即在闹市中分尸示众。可是,被分尸示众的偷采者很多,甚至尸体使得河水壅塞不流,偷采黄金的人却依旧纷至沓来。

对于罪犯的处罚，没有比"闹市分尸"更严酷的了，但是，为什么如此严酷的刑罚仍旧阻止不了人们的犯罪行为呢？原来，人们明知偷采黄金是严重的犯罪行为，因此特别小心，行动非常诡秘；而管理人员则以为有了如此严酷的刑罚便可高枕无忧了，因此只是象征性地到开采地转一转，抓几个人便了事。这样，虽然从总数看起来被"闹市分尸"的人很多，但比起偷采了黄金却又逍遥法外的人来说，却又很少很少。也就是说，偷采黄金能获暴利，而被抓住遭受酷刑的概率却很小，于是很多人都怀着侥幸心理前来冒险了。

韩非子在评论这件事时说："今有人于此，曰：'予汝天下而杀汝身。'庸人不为也。夫有天下，大利也，犹不为者，知必死。故不必得也，则虽辜磔，窃金不止；知必死，则虽予之天下不为也。"意思是，如果现在有人说："给你天下，再杀掉你。"恐怕最平庸的人也是不会干的。占有天下应该说是最大的好处却仍然不干，原因是知道得之必死。反之，因为不一定被抓住，即使有被"闹市分尸"之险，偷采黄金的事仍旧不能禁止。也就是说，有无法律是一回事，能否严格执法又是一回事。只有严格执法，有罪必罚，法律才能起到应有的禁止奸邪的作用。执法不严，罪犯有可能漏网，那么禁令必然会形同虚设。

卫国有个医生犯罪，被判了徒刑。医生不愿过牢狱生活，戴罪潜逃到了魏国，还替魏襄王的王后治了病。卫嗣君听说此事之后，特地派人前往魏国，希望用五十金换回这个医生。可是，卫国的使臣来回跑了五次，魏襄王就是不肯把医生放回卫国。出人意料的是，卫嗣君叫使臣再次前往魏国谈判，而这次谈判的条件，竟是拿左氏城（卫国的城邑，今山东省曹县西北）去换回那个医生！大臣和左右侍从纷纷劝谏说："拿一个大城邑去买回一个犯人，这值得吗？"

卫嗣君却说："这不是你们能知道的。治国不能忽略小事，因为变乱并非都起源于大事。法度不建立，处罚不果断，即使有 10 个左氏城也没有益处；法度建立了而处罚果断，即使失去 10 个左氏城也没有损害。"原来，卫嗣君不惜以城换人，目的是为了执法到底，不让一个罪犯逃脱应有的法律惩罚。魏王被卫嗣君这种严格执法的精神所感动，便把那个犯罪的医生押上了车，白白地送给了卫国。

兵家"始祖"孙武，字长卿，春秋末年齐国长安（今山东惠民县）人。齐景公时流亡到长江下游的吴国，写下了兵法十三篇。由于吴国大臣伍子胥的推荐，吴王阖庐在宫中接见了他。

吴王说："你的十三篇兵法，我仔细看了一遍，写得好极了。但你能否小规模地演示一番呢？"

孙武说："可以。"

吴王问："用什么人来演示呢？"

孙武说："不论男女贵贱，什么人都可以。"

吴王又问："用我的宫女怎么样？"

"当然可以！"孙武胸有成竹地回答。

于是，在后宫的一处园林里，一场奇特的宫女练兵开始了。

180 个宫女，身穿盔甲，手执兵器，嘻嘻哈哈地来到临时设置的操练场上。她们见眉开眼笑的吴王阖庐高坐在望云台上,指挥官孙武一本正经地立在将台上,更是禁不住笑得前仰后合。

孙武用最大的音量,命令宫女们站成了左右两队。又指定吴王最宠爱的两个妃子为队长,各带一队。并向两个队长认真交代:持戟前驱,表示军威;坚决服从军令,不得怠慢!

然后,孙武又向众宫女高声喊道:"你们知道自己的心口、左右手和后背吗?"

宫女们觉得既有趣又好玩,一齐拿腔拿调地答道:"知——道。"

孙武说:"那好。现在注意听我的号令。命令你们向前,就沿着心口方向前进;命令你们向左,就沿左手方向前进;命令向右,就沿着右手方向前进;命令向后,则沿着后背方向后退……听清了没有?"

大家答道:"听——清——了!"

孙武再把动作要领和纪律规定一一加以明确宣示,又命执法军吏置刀斧于阵前,最后强调:"军令如山,不得违抗。军令既出而不服从者,定斩不饶!"说罢,击鼓传令:"向右前——进!"

宫女们本没有把训练当一回事,孙武在台上发布命令,宫女们在台下照样扭扭歪歪,嬉笑取闹,完全没有军事训练的样子。

孙武面带愠色,但还是耐心地说:"约束不明,军令不熟,这是将领的不周之处。"于是把纪律、号令以及各种要求反复申明了好几次,然后再次击鼓传令,"向左前——进!"

宫女们听后,仍然大笑不止。特别是那两个"队长",仗恃着吴王的宠爱,更是带头哄笑,早把自己"队长"的职责忘得一干二净,队伍一下子乱了。

这时,孙武厉声说道:"军令不熟是将领的过错;现在军令已三令而五申,仍然不遵守,则是队长之罪了!……来人!"他传令军吏,立即将两个队长绑了斩首。

这可把满操场的笑声一下子给噎住了。两个当队长的妃子顿时花容失色,呼天抢地求吴王赶快下令赦罪,其他宫女更是目瞪口呆,不知所措。但是最为着急的,不是宫女,而是一直乐呵呵高坐在望云台上的吴王阖庐。吴王见状,赶紧派人告诉孙武,请予免斩,否则,他失去这两个最宠爱的妃子,会食不甘味,寝不得安。

孙武说:"将在军中,有些不适宜的君王之命可以不服从。大王既已授命我训练军队,我理应按军法处置。如果有罪不诛,再高明的将领也带不出好军队来!"就这样,孙武毫不留情地处斩了这两个队长。

孙武斩了两个队长,又重新补上了两个队长,然后击鼓传令,继续操练。

此时操场上,气氛庄严,威武异常。孙武传令向左,宫女们整整齐齐向左前进;传令向右,宫女们整整齐齐向右前进;进、退、跪、起,无不应令而行,毫厘不差,很快达到了训练要求。孙武即派人向吴王禀告:"现在兵阵齐整,令行禁止,请大王检阅调遣。即使是叫她们赴汤蹈火,也决不会有一个人掉队!"

后来孙武一直用这种有罪必罚的做法来训练吴国的军队。吴军在孙武的严格训练下,以纪律严明、勇敢善战著称于各诸侯国。吴王借助这支军队,西破强楚、南服越国、北

诸子百家——法家

威齐晋,因而称霸一时,成了春秋末年的一大盟主。

9.赏罚得当

夫刑当无多,不当无少……夫惜草茅者耗禾穗,惠盗贼者伤良民。今缓刑罚,行宽惠,是利奸邪而害善人也,此非所以为治也。……夫赏无功,则民偷幸而望于上;不诛过,则民不惩而易为非,此乱之本也……

《韩非子·难二》

用刑恰当,无所谓多;用刑不当,无所谓少……爱惜茅草就会损害庄稼,慈爱盗贼就会伤害良民。现在放松刑罚,施行宽厚仁爱,这是便利坏人而伤害好人,这不是治国的办法。……奖赏没有功劳的人,那么民众就会侥幸地希望从君主那里得到意外的赏赐;不惩处有罪过的人,那么民众就不会从惩罚中吸取教训而容易为非作歹,这是国家混乱的根源啊……

韩非子认为,维护法律的尊严主要靠奖赏和惩罚。但赏罚不能乱用,必须"恰当"。所谓恰当,就是有功才赏而且必赏,有罪才罚而且必罚。只有"赏罚得当",赏罚才能起到应有的作用。否则,无功而赏,无罪而罚;或者有功不赏,有罪不罚,民众便会不劳而图赏,败坏法纪却总希望逍遥法外。所以说,无端地施舍(赏)和赦罪(免罚),虽被一般人认为是慈爱的"仁政",实际上却是国家混乱的根源。为了充分说明"赏罚得当",韩非子还特别强调指出,赏罚只有适当与不适当的问题,而没有太多或太少的问题。以为刑罚太多、太滥,或者认为赏赐太少、太薄,只能说明他对赏罚的作用和意义的愚昧无知。

刘邦打败了项羽夺得天下后,开始评功封官。由于群臣争功不止,使得"评功"工作拖了一年多还无结局。刘邦便只好"钦定"了:众爱卿之中,萧何应功居榜首,其封地自然也应最多,朕封之为郑侯……

众臣怎么也想不到,这白面书生萧某人,竟会高居众将之上,坐上那一人之下万人之上的头把交椅,一个个都心怀不平,未等刘邦把话说完,便开始纷纷议论起来了。他们说:"……臣等身披铁甲,手执兵器,驰骋疆场,攻城略地,九死一生。多则百余大战,少则几十回合,都立有或大或小的战功。而陛下的江山正是用我们的

刘邦

胆略、勇气和鲜血换来的。可萧何是何等人也! 他手无缚鸡之力,身离沙场之险。难道舞文弄墨、空发议论,却硬要比我们杀敌保驾、冒死攻城的功劳还管用不成?!"

刘邦故意微笑着问大家:"诸位将军可知狩猎之事?"

諸子百家 —— 法家

刘邦这么一问，大家都觉得有点丈二和尚摸不着头脑了："狩猎？除了天下第一功的得主萧老儿外，在场诸将谁不知道狩猎是怎么回事？"

"好！我就拿狩猎来说明道理。"刘邦说，"以狩猎而论，追赶飞禽走兽的是猎狗，而指挥驾驭猎狗的，则是猎人。显然，猎狗的功劳再大，也不可能与猎人所起的作用相提并论。如今，诸位的功劳只相当于猎狗而已，而萧何的功劳则相当于猎人。并且，诸位所率自家家族中来追随我南征北战的人，多者不过二三人，萧何则动员了他全家族几十人都来追随我，这种功劳也是在场诸位所无法与之相比的。"

刘邦把诸武将比作猎狗，实在有点使人难堪，但他能正确区分功劳的大小，并能完全按照功劳的大小来行赏，完全按照"赏罚得当"的智谋来办事，也应该说是极为明智的。

与之相反，如果赏罚不当，那就必然会大闹笑话，甚至使国家失去应有的法度。齐桓公就曾经闹过这样的笑话。

齐桓公因喝醉了酒而把代表君主尊严的王冠给搞丢了。他觉得非常丢脸，羞得三天不好意思上朝，怕被人笑话。管仲于是对他说："执政者丢了帽子，不应该说是羞耻。而且，执政者即使真要是做了什么丢人的事，也只要能实施良好的政治便行了，良好的政绩足以雪洗执政者的一切羞耻。"

"你说得对！"齐桓公立刻开放米仓，救济贫穷；查阅犯人的罪行，释放了所有犯罪轻微的囚犯。齐桓公自以为实行了如此"仁政"，不仅能够即刻消除自己丢失王冠的羞耻，而且也一定会因此而得一个"仁君"的好名声。

不料未出三天，老百姓竟唱起了这样的歌："公胡不复遗冠乎？"意思是说，齐桓公为什么不再丢一次帽子呢！

韩非子对此事大发感慨，认为齐桓公为了洗刷失冠小耻，却不知"赏罚得当"这一起码的智谋常识，结果丢失了作为国君应有的大面子。的确，如果开仓济贫、释放囚犯，都是应当的，实事求是的，那么，齐桓公是英明君主的话，就应该早早去做，不能等到失冠之时，更不能"假公济私"，把应做之事当作替自己雪耻的工具。更为重要的是，开仓济贫是"赏无功"，释放轻犯又是"不诛过"。奖赏无功之人，百姓自然要把自己的好处和幸福寄托在桓公的再次"失冠"上；不诛其过，必然会使某些人毫无顾忌地去违法乱纪，这是国家混乱的根源，怎么能雪耻呢？

10.刑过不避大臣，赏善不遗匹夫

法不阿贵，绳不挠曲。法之所加，智者弗能辞，勇者弗敢争。刑过不避大臣，赏善不遗匹夫。

《韩非子·有度》

法律不偏袒权贵，法律的准绳不屈从于邪恶就像墨结不迁就弯曲的木料那样。用法律实施制裁，即使是有才智的人也不能用言辞来辩解，即使是勇敢的人也不敢用武力来抗争。惩罚罪过不回避权贵大臣，奖赏好事不遗漏普通民众。

韩非子认为,法律本身是为了维护君主的统治权力,纠正君主的过失,追究臣下的邪恶,治理混乱,解决纠纷,整治错误,消除恶行,表彰善行,激励民众而制定的。因此,为使法律发挥正常效用,就必须公正地实行。惩治罪过,即使再有权势的人,自己所喜爱、亲近的人,也不能赦免;奖励好事,即使地位低下的人,自己所憎恶的人,也不能遗漏。法律面前人人平等,不能以人的地位或个人感情来取代法律。这样,才能去除邪恶,民众才能安定,国家才能太平,而君主的统治也因此才能稳固。韩非子的这一思想,比起儒家的"刑不上大夫",无疑是一个进步。

秦小主夫人任用奄变,贤人们心中不快,隐匿不出;百姓们忧郁怨恨,指责君主。公子连这时正逃亡在外住在魏国,听到这种情况,打算乘机入秦,取代小主为君,于是借臣下和百姓的帮助到郑所这个要塞去。

秦国守边塞的官吏右主然守住要塞,不放他进去,说:"我要坚守道义,不能同时侍奉两个君主,公子您快点离开吧!"公子连没办法,只好离开这所要塞,进入北面狄人住的地方,去往焉氏塞。守塞的官吏菌改把他放了进去。小主夫人听到这个消息,大吃一惊,命令将帅出兵去拦阻。

将士们接到命令就出发了,走到半路,乘机哗变,于是公子连率士卒到了雍城,包围了小主夫人,小主夫人自杀了,公子连立为国君,这就是秦献公。

献公做了国君后,怨恨右主然,想重重地处罚他;感激菌改,想多多地赏赐他。秦国大夫监突谏诤道:"这样做不行。秦公子流亡在外的很多,如果这样做,那么臣子们就会争相把流亡的公子放进来了。这对您是不利的。"献公认为他说得对,所以赦免了右主然的罪而赐给菌改官大夫的爵位,赏给守塞的士兵每人20石米。

献公的智谋在于能够正确运用赏赐。赏赐一个人,并不是因为喜爱他;处罚一个人,并不是因为憎恶他。赏罚是看一个人的行为将会导致什么结果来决定的。导致的结果好,即使憎恶他,也要给予赏赐;导致的结果不好,即使喜爱他,也要给予处罚,不能以个人感情来取代法律。秦献公的这一做法,与韩非子"刑过不避大臣,赏善不遗匹夫"所包含的道理是相同的。这是秦献公使乱世转为太平,使危局转为平安的谋略。

刘邦登基以后,首先把功劳最高、与他最亲近的20多人封了侯,其余的人暂时未封。这些人日夜争功,不免牢骚满腹。

一天,刘邦望见诸将聚在一起议论纷纷,便问张良:"他们在说什么?"张良说:"陛下还不知道吗?这是在谋反呢。"刘邦说:"现在天下太平,他们为什么要谋反?"张良说:"陛下由平民起兵,依靠这些人打天下。现在您当了皇帝,所封赏的都是像萧何、曹参这样一些平日亲近的人,而所诛杀的都是您所痛恨的人。如今军吏计算战功,有功劳的人还很多,恐怕拿出整个天下也不够封赏。他们怕不但得不到封赏,而且还会因陛下追究从前的过失而遭到不测,所以在商量造反。"

刘邦一听,十分忧虑,忙问:"这该怎么办呢?"张良想了想,问道:"陛下平时最为憎恨,而又为大家所共知的人是谁呢?"刘邦说:"我最憎恨的是雍齿。当初我起兵时,打下丰乡,派他驻守,他却投靠了项羽,多次与我为难。后来他又前来投奔我,因为当时正需要人,才把他收下。我早想杀掉他,可是他立了不少战功,也不便杀他。我对他的憎恨,是众所周知的事情。"张良说:"那就请陛下封他为侯。群臣看到连雍齿都得到封典,自然都会安心。"刘邦点了点头。

不久,刘邦下诏,封雍齿为什邡侯,并摆下酒席,宴请文臣武将。同时又催促丞相、御史赶快给将领们评定功劳,进行封赏。那些有牢骚的将领看到这种情况,都十分高兴。他们说:"连陛下最不满意的雍齿都封了侯,我们还有什么可担心的呢?"人心从此安定下来。

刘邦听从张良的建议,论功行赏,连自己最憎恨的人也封了侯,因而安定了人心。同样,春秋时期晋国的君主晋文公在这方面也可算是一个严格执法的大谋略家。他能够公正地执法,将自己喜爱的大臣、心爱的大将军竟因迟到而处以极刑,从而彰明了法度,树立了自己的威信,取得了巨大功业。

晋文公欲建霸业,就问狐偃说:"我把又甜又肥的美味佳肴普遍地赐给官府上的人,哪怕是一杯酒,一块肉也都存放在百姓家中,酒酿成后灌在壶里还没等澄清就给大家喝,鲜肉没等挂起来就煮了给大家吃,杀了一头牛也普遍地赐给国都中的人,一年织成的布全都用来给士兵做衣服穿,这样做足够用来使民众为我打仗了吗?"狐偃说:"还不够。"

文公说:"我放松关口和集市的税收并放宽刑罚,这样做足够用来使民众为我打仗了吗?"狐偃说:"还不够。"

"我的民众有失去财产的,我亲自派郎中去查看处理;对有罪的人就给他们免除刑罚,对贫穷而缺吃少穿的人就给他们施舍;这样做足够用来使民众为我打仗了吗?"

"还不够。这些都是依顺民众生存欲望的办法;而让他们打仗,则是要使他们丧生。民众追随服从您,是因为您依顺了他们的生存欲望,您紧接着却来个倒行逆施,使他们丧生,这就失去了民众要追随服从您的理由了。"

晋文公说:"这样的话,我怎样才能使民众为我打仗呢?"

"使民众不得不为您打仗。"

"要使民众不得不为我打仗,该怎么办呢?"

"有功的一定加以奖赏,有罪的一定加以惩罚,这种方法足够用来使民众为您打仗了。"

文公说:"执行刑罚的最高境界要达到什么地步?"

"执行刑罚要不回避亲近和显贵的人,法治要贯彻实施到您所宠爱的人。"

文公说:"好。"

第二天,文公下令到圃陆围猎,约定以中午为期限,迟到的按军法论处。到了中午,文公一个所宠爱的大臣名叫颠颉的迟到了,执法的官吏请文公定他的罪,文公掉着眼泪很忧伤。执法官说:"请对他用刑啊!"于是文公就按照腰斩的刑罚砍断了颠颉的脊梁,将他示众,用来表明法治信用。从这以后老百姓都害怕了,说:"君主对于颠颉的宠爱器重那样深厚,可君主还是对他依法治罪,何况对于我们,还有什么值得留情的呢?"文公看到

诸子百家——法家

民众可以用来为自己打仗了，于是就起兵攻打原邑，把它攻克了；又讨伐卫国，将卫国的田埂改成东西向以利于晋国兵车的东行，夺取了卫国的五鹿；又攻打阳樊，在它外城打了胜仗；接着讨伐曹国；向南围攻郑国，推倒了郑国的城垛；解除了楚军对宋国的包围；回头和楚军在城濮作战，把楚军打得大败，回师后又订立了践土的盟约，终于结成了衡雍的道义。文公一下子就建成了八项功业。所以能这样，没有其他的缘故，是听从了狐偃的策略，凭借了颠颉的脊梁使赏罚得到了彰明的缘故！

11.以罪授诛，以功授赏，以能授任

以罪受诛，人不怨上……以功受赏，臣不德君……上不过任，臣不诬能。

《韩非子·外储说左下》

因为犯罪而受到惩罚，被罚的人不会怨恨君上；因为立功而受到奖赏，臣下就不会感激君主。君主不错误地任用人，臣下就不会冒充自己有才能而隐瞒其他的能人。

韩非子是个彻底的法治主义者，他坚决排斥国家制度、执行法律中的人治政策和情感色彩、主观色彩，要求一切要以法律为尺度，用彻底的理性来治理国家。"以罪授诛"就是要根据罪行来量刑诛罚，"以功授赏"就是要根据功劳的大小来确定奖赏的轻重，"以能授任"就是要根据能力来安排职位。做到这三点，法律的权威性也就被确立了，法律的强大作用也才会被实现：受到了惩罚的人不会有怨气，接受了赏赐的人不会对领导有私恩（韩非认为"私恩"对于治国是有害无益的，见其他条目），每个官吏也才不会冒充有才能而埋没其他能人。韩非子的"以罪授诛，以功授赏，以能授任"之智谋，完全排斥情感因素，有其片面性的一面，但对于树立法律或规章制度的权威性和充分发挥其作用，的确是很有效的。

孔子当卫国宰相的时候，他的学生子皋做管理监狱的官，有一次执法时砍掉了罪人的脚，这个被砍去脚的罪人后来找到了一个看守大门的职业。有人在卫君面前中伤孔子说："仲尼想造反。"于是卫君想捉拿孔子，孔子和他的学生就逃跑了。子皋跑出大门时，被他砍掉脚的人领着他逃到大门边的房间里，所以差役们没能抓到他。半夜的时候，子皋问这个被自己砍去了脚的人："我不能损害君主的法令，亲自砍掉了你的脚，现在正是您报仇的时候，到底为什么竟然肯让我逃脱？我凭什么从您那里能得到这样的报答呢？"这位被砍掉脚的人说："我被砍断脚，本是我的罪行应该处以这样的刑罚，这是没有办法的。然而当您在公堂上审理我的时候，您在法令规定的范围内尽量争取从轻处理，并且指导我按照可以从轻处理的法令来申诉，很想使我免受处罚，您的这番心意我是知道的。等到这案子已做了结论，我的罪已经判定，您皱着眉头很不高兴，您的心情表现在脸色上，我看见了，又知道了您的心意。您并不是偏袒我才这样做的，而是您那种天生的本性中的仁爱之心自然而然地使您这样做了。这就是我热爱您又感激您的原因啊。"

孔子说："善于做官的建立恩德，不会做官的培植怨恨。概木，是刮平斛等量器的工

具;官吏,是使法令能公正地得到实施的人。治理国家,是不能失去公正的。"

上述事例以及孔子的话,说明罪犯所受到的惩罚,如果确实是因为自己所犯的罪行造成的,是完全符合法律的公正无私的判决,那么受到惩罚的犯人绝不会有怨气,更不会去怨恨法官。因此,"以罪受诛"是保持公正、维持正常的人与人之间的关系、建立严明的国家法律秩序的有效智谋。

田子方从齐国来到魏国,望见一人乘坐着卿大夫才能乘坐的高级轩车,在骑兵的护卫下出来,田子方以为是魏文侯,就连忙把自己的车子移到另一条路上来避让他。后来才知道,原来却只是个翟黄。田子方就问他说:"您怎么乘上这种车子?"翟黄说:"国君想攻打中山国,我推荐了翟角,因而国君的计划得以制订;将要去攻打中山国的时候,我推荐了乐羊,因而中山国被攻克了;夺取了中山国,君主又因为治理它而发愁,我推荐了李克,因而中山国得到了治理。因此国君赐给我这车子。"田子方说:"您的荣耀与您的功劳相比,还不够优厚。"

秦国、韩国一起攻打魏国,魏国大臣昭卯就赶到位于西边的秦国和韩国去游说,结果两国双双收兵退走了。不久,齐国、楚国又来攻打魏国,昭卯于是又到位于东边的齐国、楚国去游说,齐国、楚国也收兵退走了。魏襄王就用五乘大的土地的租税作为俸禄供养昭卯,并把他当作将军来尊敬他。可是,昭卯却说:"伯夷被用将军的葬礼葬在首阳山之下,而天下的人都说'凭着伯夷这样的贤能和仁德,却被用将军的葬礼来埋葬,这实在是连手脚都没能盖住的薄葬啊。'现在我退了四国的军队,而大王竟然只给了我五乘之地的食邑,这种待遇和我的功劳相比,就好像是让我打绑腿、穿草鞋。"

这两个故事说明,臣下因为立功而受到奖赏,他不会去感激君主,只会在重奖的鼓励之下更加积极地去建功立业,而不用靠拉关系、走后门的方式去争取利益。因此君主一定要做到"以功授赏",有多大的功劳就给予多重的赏赐。魏襄王违反了这一原则性的智谋思想,不懂得对功大的臣应该加以重赏,所以昭卯虽然得到了五乘大小的食邑,但还是认为这好像是在给他穿草鞋,这就容易挫伤臣下建功立业的积极性。

少室周这个人,是古代有名的正直诚实的人。他曾做过赵襄子的车右卫士。古代战车上的"车右",是为了保护车上的主帅而设置的力士,力气要大而待遇也很高,所以古代力士常以能做车右为荣。有一次,少室周与一个中牟人名叫徐子的进行角力比赛,没想到少室周竟输给了徐子。少室周于是把徐子推荐给了赵襄子,要求用徐子代替自己车右的职位。赵襄子说:"您所占据的职位,是别人梦寐以求的,你为什么要推荐徐子,要用他来代替你自己呢?"少室周回答说:"我是凭力气来侍奉君主的。现在我已知道徐子的力气比我大,我若不推荐他来代替自己,恐怕别人也要推荐他,而这样不成了我的罪过。"另一种说法是这样的:少室周做了赵襄子的陪乘卫士,有一次他来到晋阳,那里有一个大力士牛子耕。两人进行角力比赛,少室周竟然没有取胜。少室周就向赵襄子建议说:"您之所以让我陪乘在您的车子右边,是因为我力气大,现在有一个比我力气更大的人,希望您能提拔他。"

这个例子是说明"以能授任"的重要性。赵襄子能够做到"以能授任",所以他的臣子才不敢冒充自己有才能而隐瞒其他的能人——因为不管你是否隐瞒，赵襄子总归是要把能人提拔上来的，所以还不如主动推荐以求避罪立功来得好些。

12.赏必出乎公利,名必在乎为上

明主之道:取于任,贤于官,赏于功。……赏必出乎公利,名必在乎为上。

《韩非子·八经》

英明君主的治国办法是:录用有才能的人,推崇忠于职守的人,奖赏有功劳的人。……进行奖赏,一定是由于对国家做出了贡献;加以赞誉,一定是由于为君主出了力。

韩非子认为,给人以利和给人以名的奖赏、赞誉大权乃是君主决定民众行动的指挥棒,指挥棒挥向哪里,民众就会走向哪里。因此,君主怎样动用他的指挥棒,给哪些人予以奖赏和赞誉,往往决定着君主的利益和整个国家的盛衰和强弱。"赏必出乎公利,名必在乎为上"的意思是,奖赏的对象必须是那些对国家做出了贡献的人;赞誉的对象必须是那些能够为君主出力的人。"赏必出乎公利,名必在乎为上"作为韩非子重要的智谋原则,内含着奴役民众和君主利益至上等封建糟粕,但是为了完成某一项重大工程或者为了富国强兵等,用这个智谋来统一大众的意志和力量却是十分有效的。

壬登当中牟县县令的时候,向赵襄子上奏说:"中牟有两个名叫中章、胥已的读书人,他们的人品很好,学识很渊博,您为什么不提拔他们呢?"

赵襄子说:"你让他们来见我,我将任命他们为中大夫。"

赵襄子的管家规劝说:"中大夫,是赵国的重要官位,现在他们没有功劳,而您把官位授给他们,这不符合赵国任命大臣的一贯主张。您恐怕只是耳闻他们的名声,还没有目睹他们的实际吧!"

赵襄子听了管家话后,说:"我选用壬登,既用耳朵打听过他,又用眼睛考察过他了;现在壬登所选用的人,又要我用耳朵去打听、用眼睛去考察他们。这样的话,那么我耳朵、眼睛考察人就肯定是没完没了了。"

壬登在一天之内就使两个人见到了赵襄子,并使他们当上了中大夫,授给他们土地和住宅。于是中牟县放弃田间耕耘、卖掉菜园而去学习研究文献典籍的人,便占了这个城邑的一半。

晋平公向叔向请教事情时,坐得腿痛腰酸甚至抽筋也不敢损坏礼貌的坐姿。晋国人听说了这件事,都说:"叔向是个有德才的人,所以晋平公礼貌地对待他,就是腿抽筋也不敢损坏自己礼貌的坐姿。"于是晋国辞去官职、不再依附权势而去仿效叔向的人,便占全国的三分之一。

郑县有一个叫屈公的读书人,听说敌人来了,一害怕,就晕死过去了;害怕的心情一停止,便又活过来了。(韩非子是以此来说明读书人对富国强兵毫无用处。)

赵武灵王派李疵去察看中山国可不可以进攻。

諸子百家 —— 法家

李疵回来汇报说："中山国可以攻打。君王如果不快速出兵攻打，就将落在齐国和燕国的后面了。"

赵武灵王问："什么缘故可以去攻打呢？"

李疵回答说："中山国的君主喜欢并接见住在山洞中的隐士，那种倾斜着车盖和别的车子紧靠在一起去会见住在偏僻的街坊和狭窄胡同里的读书人要用十来计算了，而以平等的礼节降低自己的身份去拜访不做官的读书人更是数以百计了。"

赵武灵王说："根据你的话来评论，这是个有德才的君主，怎么可以去攻打呢？"

李疵说："您说得不对。因为喜欢表彰隐居的人而使他们能上朝见到君主，那么战士在战场上就不肯出力了；君主尊重学者，降低了身份去拜访那些读书人而让他们在朝廷上做官，那么农夫就懒得在田里耕作了。战士在战场上不肯出力，那么兵力就衰弱；农夫懒得耕作，那么国家就贫穷。兵力比敌人弱，国家又贫穷，像这样再不灭亡的，是从来没有过的啊。攻打它不也是可以的吗？"

赵武灵王说："好！"

于是起兵去攻打中山国，就把它消灭了。

韩非子在这里一口气举了许多例子。需要做一点补充说明的是，韩非子根据当时以力代理的群雄争霸形势，认为只有鼓励耕种和作战才能富国强民，所以他认为奖赏和赞誉的对象实际上主要地应该是那些努力耕战的人。韩非子还认为，言论、行为必须完全统一于君令和法律，凡是与此有悖的东西一律要取缔和禁止，而研究学问的人往往自以为是，提出和宣传一些与君主意志和法律规定不相一致的言论。所以那些隐居在岩洞里、埋头在书斋里的人，往往是些成事不足、败事有余的无用之人，是君主富国强兵的最大障碍之一，千万不能把他们作为奖赏和赞誉的对象。这实际上是韩非子"赏必出乎公利，名必在乎为上"的本义。因此韩非子对所举的这些事例评论说：中章、胥已、叔向这三个人，如果他们的言论遵循法度，那么他们所说的话不过是宣讲一下官府中的文件法典；如果他们的行为符合国家的政情，那么他们不过是遵从法令的良民；赵、晋两国君主对他们的礼遇也实在太过分了。如果他们的言论背离法度而行为又不切实用，那么他们就是违法的人，两国的君主又为什么要敬重他们呢？敬重这种人，国家就活该灭亡！况且那些隐居在家专门搞学问的人，国家太平无事的时候不用力气去从事耕种，国家发生战争的时候又不披上铠甲为国作战，如果敬重他们，就会使人们懒得再去建立耕作和打仗方面的功劳；如果不敬重他们，那么他们又会歪曲破坏君主的法制，一旦国家遭到危险的时候，他们还会做出像屈公那样胆小怕死的行径来，君主从这些隐居在家专门搞学问的人那里能得到什么呢？所以英明的赵武灵王肯定了李疵察看中山国后所做出的分析。

韩非子完全排斥"读书人"的看法，显然是片面的；但他设计出的"赏必出于公利，名必在乎为上"的智谋则仍然适用于今天。

13.赏誉同轨，非诛俱行

刑之烦也，名之缪也；赏誉不当则民疑，民之重名与其重赏也均。赏者有诽焉，不足以劝；罚者有誉焉，不足以禁。明主之道：……赏誉同轨，非诛俱行。然则民无荣于赏之外，有非于罚之内。

《韩非子·八经》

刑罚的烦乱，是由于赞誉的错误；赏赐和赞誉两者不相称，臣民就会犹豫不决了，因为人们对赞誉的看重和对赏赐的看重是相同的。对受赏的人又加以诋毁，那就不能够用奖赏来鼓励人们行善；对受罚的人又加以赞誉，那就不能够用刑罚来禁止人们作恶。英明君主的治国原则是：……赏赐和赞誉一致，贬斥和处罚并用。这样的话，臣民就没有和奖赏不合的荣誉，而有和处罚相合的贬斥。

韩非子认为，为了使法律能发挥出最大的治国效用，就要使法律明晰而一贯，不能自相矛盾，前后冲突。具体到赏罚原则上，就是赏罚应该与功罪相一致，誉、毁应该与赏、罚相一致。一句话，人们所得到的名、利应该与法禁保持一致。唯有这样，法禁才能贯彻执行。赞誉、贬斥与赏、罚不相一致，犯禁者反能得利、得名，那么法禁就实行不了，人们就无所适从。这就是韩非子的"赏誉同轨，非诛俱行"或者叫"誉辅其赏，毁随其罚"的智谋思想。

齐国有一个披着狗皮伪装成狗而进行盗窃的人，又有一个因犯罪而砍掉了脚的人。两人的孩子在一起玩耍的时候，各自争着夸耀自己的爸爸有特别的能耐。那装狗行窃者的儿子说："别人的皮衣上都没有尾巴，只有我爸爸的皮衣上才有一条长长的漂亮的狗尾巴。"那个被砍脚者的儿子说："只有我爸爸在冬天不脱掉裤子上床睡觉（被砍了脚的人在寒冬为了保暖，所以即使上床睡觉，也不得不穿着'胫衣'——残疾人穿的套裤）。"

孩子毕竟是孩子，他们很容易拿一些不光彩的事甚至是丑行作为非常荣耀的事来作为炫耀的资本，大加赞赏。对于孩子的这种幼稚，除了付之一笑，并没有多少可以指责的。但是作为一个有理智的人，这种情况当然是应该力求避免的。而对于领导、组织者尤其是作为君主级的大干部来说，在实行赏罚时，如果出现这种目标与手段南辕北辙的情况是万万要不得的。而在实际情况中，韩非子认为君主常常会犯这种毛病，所以他在多篇著作中都再三提出君主（领导者）应该采用"赏誉同轨，非诛俱行"的方法，千万不要一手往前推另一手却往后拉，结果一事无成，徒费气力。

子绰说："人不能同时用左手画方、右手画圆。用肉去驱除蚂蚁，蚂蚁会更多；用鱼去赶走苍蝇，苍蝇会越聚越多。"

延陵卓子驾驭青色的8尺高的骏马，以及具有长尾野鸡般花纹的好马，马笼头与嚼子安在马的前头，交错的马鞭头上的针准备在马的后面。马想要前进，那么笼头、嚼子限制了它；想要后退，那么交错的鞭针就要刺它；马因而向旁边跑了出去。造父是古代最有名的驾车能手，他看到这种情况后为骏马啼哭不止，说："古代治理民众也是这样呀。奖赏是用来勉励人们立功的，但毁谤却又夹杂在其中；刑罚是用来禁止人们犯罪的，但赞誉却又加在它头上。人们进退不得而不知道该向什么方面努力，这也就是圣人要为他们哭泣的原因啊。"另一种说法是:延陵卓子驾驭青色的 8 尺高的骏马和具有长尾野鸡般花纹的好马,马的前头设有交错的马嚼子,后面则有带着锋利鞭刺的马鞭,马要前进,就用马嚼子拉住它,马要后退,就用鞭子抽打它。马向前不能进,向后不能退,于是就避开马嚼子和鞭子向旁边乱奔,延陵卓子就下车抽出刀来斩断它们的脚。造父这个驾车能手看到了这种情况,哭了,整天不吃东西,接着又抬头对着上天叹息说:"用鞭子抽打,是用来使马前进的办法,但却又有锋利交错的马嚼子在前面拉着;拉马嚼子,是用来使马后退的办法,但却有锋利的鞭针在后面顶着。现在君主因为他廉洁而任用他,却因为他不去奉承身边的亲信而辞退他;因为他公正而称赞他,却因为他不听从自己而废黜他。人们因此而害怕了,进退不得而不知所措,这就是圣人要为他们哭泣的原因。"

韩非子所举的例子带有"寓言"性质,很值得领导者们深思!

14.去甚去泰遵法度

夫香美脆味,厚酒肥肉,甘口而疾形;曼理皓齿,悦情而捐精。故去甚去泰,身乃无害。……毋富人而贷焉,毋贵人而逼焉,毋专信一人而失其都国焉。……上操度量,以割其下。故度量之立,主之宝也。

《韩非子·扬权》

芳香甜美松脆的食物,醇厚的酒,肥嫩的肉,虽然可口,但如果食用不当,就会吃坏身体。皮肤纹理细腻嫩滑、牙齿洁白可爱的美女,虽然使人性情畅快,但如果过度,就会丧失精力。所以去掉过分的吃喝、去掉过度的淫乐,身体才不会受到损害。……不要使别人过分富裕而弄得自己去向他借贷,不要使别人地位太尊贵而弄得自己受到他的威逼,不要专门信任一个人而弄得自己丧失了都城和国家。……君主掌握了法度,用来制裁自己的臣子。所以法度设立,是君主的法宝。

韩非子始终认为,保持君臣各自的名分地位对于君主来说是至关重要的。君臣的名分地位集中地体现在"法度"上。"法度"有时是非常严酷的,法度以外的某些东西是十分诱人甚至也是十分美好的,但是,不依法度而过分追求那些"美好"的东西,不仅仅会"物极而必反",好事变坏事,而且将会颠倒君臣关系,严重损害君主利益。为了严格君臣关系,君主就一定要牢牢地把握法制这个尺度,每一个方面都要防止过分。"去甚去泰遵法度"的智谋说的就是这个意思。

晋文公和楚国作战,来到黄凤山,鞋带松开了,便自己去缚它。身边的侍从说:"不可以叫别人来缚吗?"文公说:"我听说:上等的人,国君和他们相处时,都是国君所敬畏的;中等的人,国君和他们相处时,都是国君所喜爱的;下等的人,国君和他们相处时,都是国君所侮弄的。我虽然没有德才,但先父的大臣都在身边,因此难以使唤他们啊。"

南宫敬子问颜涿聚说:"季孙养着孔子的门徒,他们都穿着上朝时所穿的礼服,和他坐在一起的能人要用十作为单位来计数,但他还是遭到了别人的杀害,这是为什么呢?"

诸子百家——法家

颜涿聚说："从前周成王接近优伶、侏儒来使自己的心情得到畅快满足,但与德高望重的君子一起决定国家大事,因此他才能在天下实现了他的愿望。现在,季孙虽然养着孔子的门徒,穿着上朝时所穿的礼服而和他坐在一起的人数以十计,但他却和优伶、侏儒一起谋划决定国家大事,因此遭到了杀害。所以说:问题的关键不在于和君主相处的是些什么人,而在于和君主谋划国家大事的是些什么人。"

商纣王的宠臣费仲劝说纣王道："西伯昌很贤能,百姓都喜欢他,诸侯都依附他,不能不把他杀掉;如果不杀掉,他一定会成为商王朝的祸患。"纣王说："照你所说,他是一个讲究仁义的君主,怎么可以杀掉呢?"费仲说："帽子即使破得有了洞,也一定戴在头上;鞋子即使五彩缤纷,也一定是被踩在地上。现在西伯昌是臣子,修行仁义而人们向往他。最终造成天下祸患的,恐怕一定是西伯昌了吧!臣子不用自己的贤能来为君主效劳,是不可以不杀掉的。况且君主去杀掉臣子,哪有什么过错?"纣王说:"仁义这种东西,是君主用来勉励臣下的。现在西伯昌爱好仁义,杀掉他是不行的。"费仲劝说了三次都没有被纣王采纳。结果,商王朝被西伯昌的儿子周武王给灭亡了。

这几个是反例。韩非子认为,晋文公自己缚鞋带是自己甘愿放弃做君主的尊严,违反了法度。虽然有"仁厚"的因素在里面,但不是治国的应有的办法。季孙之所以被杀,原因是没有分清"优伶、侏儒"与"孔子的门徒"之间的身份职责。前者只能用作消遣娱乐,与之商讨、决定国家大事,必定导致悲惨结局。西伯昌作为臣子,就一定应该根据自己的职责去维护君主的至高无上的地位,而不能把自己凌驾于君主之上去为自己争取民众。纣王不去阻止西伯昌的这种不合法度的行为,也就必然要落得君位不保、王朝被毁的结局。

孔子陪坐在鲁哀公身边,鲁哀公赐给他桃子和黍子,请孔子吃。孔子先吃黍子,然后才吃桃子,旁边的侍从都捂着嘴笑。哀公说:"黍子,并不是吃的,而是用来揩拭桃子的。"孔子回答说:"我早知道这种用法了。但是那黍子,是五谷中排在第一位的东西,祭祀先王时它是上等的祭品。果品瓜类有六种,而桃子是最下等的,祭祀先王时不得拿进庙中。我听说,君子用下等的东西来揩拭高贵的东西,没有听说过用高贵的东西来揩拭下等的东西。现在拿黍子揩拭桃子,就是用上等的东西去揩拭下等的东西。我以为这样做损害了礼义,所以不敢把桃子放在宗庙的祭品前面先吃。"

赵简子对身边的侍从说:"车子上铺的席子太华丽了。帽子即使做得很粗糙而价格低廉,头也一定戴着它;鞋子即使做得精美而价格昂贵,脚也一定踩着它。现在车子上铺的席子像这个样子,实在华美得过分了,我将用什么鞋子去踩在它上面呢?美化了下面的东西而使上面的鞋帽服装更为破费,这是伤害礼义的祸根啊。"

齐宣王问匡倩说:"儒家的学者打棋吗?"匡倩回答说:"不打棋。"宣王问:"为什么呢?"匡倩回答说:"打棋的时候最尊贵的是'枭棋',而赢的人一定要把对方的枭棋打倒。打倒枭棋,就是在打倒所尊贵的东西。儒家学者认为这样做损害了礼义,所以不打棋。"齐宣王又问道:"儒家的学者用带细绳的箭射鸟吗?"匡倩说:"不射。用带细绳的箭射鸟,是从下面去伤害上面,这就好像臣民从下面来侵害上面的君主。儒家的学者认为这样做

诸子百家——法家

损害了礼义,所以不用带细绳的箭射鸟。"齐宣王又问;"儒家的学者弹瑟吗?"匡倩回答说:"不弹。那瑟,用它的小弦奏出大的声音,用它的大弦奏出小的声音,这是把大和小颠倒了次序,将贵和贱交换了位置。儒家的学者认为这样做损害了礼义,所以不弹奏。"齐宣王说:"说得好。"孔子说:"与其使民众去讨好臣子,还不如使民众奉承君主。"

　　韩非子的法家思想在大多数地方几乎与儒家思想是势不两立的,但在严格按照名分地位、尊卑秩序这一点上,冤家对头居然一唱一和配合得十分默契。儒法都认为君臣上下的名分必须严明,哪怕是"食物"的等级、"打棋"游戏、"弹瑟"娱乐等与之相距甚远的情况中,也要把这种思想灌注其中。这说明中国传统思想文化中浓重的封建等级意识,同时也说明这的确是一种维护君主权威的有效手段。

15.有道之君贵静,不重变法

　　匠人数变业则失其功,作者数摇徙则亡其功。……烹小鲜而数挠之则贼其泽;治大国而数变法则民苦之。是以有道之君贵静,不重变法。故曰:"治大国若烹小鲜。"

《韩非子·解老》

　　工匠多次转换行业,就会丧失他的功效;劳动者多次迁徙变动,就会丢失他的业绩。治理大国而屡次变更法令,那么民众就被它害苦了。因此掌握了统治术的君主崇尚安静稳定,不崇尚经常改变法令。所以说:"治理大国也应像烹制小鱼那样不能老去翻动搅拌。"

　　韩非子主张变法,而且可以说是一个大声疾呼要求破除礼教束缚,推行富国强兵制度的变法理论家。但这里的"变法",是指随着时势的变化,相应地进行改革。而对于在某一时期,法令一旦已经制定,就必须具有相对的稳定性,而不能"数变法"。因为法是全国臣民奉行的准则,统一稳定,百姓才好遵守。朝令夕改,人们就无所适从,毫无工作效率了。"不重变法",是韩非子法治思想中的又一种智谋。

　　18世纪70年代,正当美国的政治家们陶醉于独立即将实现时,杰斐逊却清醒地认识到这只是革命的开始。为了把美国建设成为一个新国家,就必须对原有的法律体系加以改造。

　　1776年10月26日,弗吉尼亚议会通过了"全面修订法律的法案",11月5日议会又投票选出五人修订委员会,其任务是废除或修改现存的法律并且提出新的法律,然后向议会汇报,由它批准。在选举中,杰斐逊得票最多所以被推为委员会主席。修订委员会集会于弗列德里克斯堡,会上首先讨论了修订的原则问题。喜德尔顿等人强烈要求"建立一套全新的法律系统",但最先提出要"变法"的杰斐逊却对这种要求持完全反对的态度。他立意要在基本保存旧法典的基础上进行局部修改和局部革新,以适应当前社会改革的需要。

　　西方法律制度的形成,经过了漫长而曲折的过程,它由习惯法和王室立法(成文法)

诸子百家——法家

组成。人们对于这样庞大的法律制度的适应已是一种根深蒂固的习惯,要将它完全推翻另起炉灶不容易,要使人们突然丢弃这一习惯,形成一种新的行为模式而不出乱子,更是难于上青天。因此,杰斐逊认为法律是理性的东西,是一门学问,也是历史地形成起来的,不顾历史的鲁莽做法是不行的。在他看来,重新制定一套全新的法典"会把我们卷入诉讼的时代。法律应该是合乎理性的,但是稳定性和熟悉性是法律的理性的重要因素。"

结果,杰斐逊的主张获胜了。委员会也就修改方法达成了协议。大家一致认为最好是"不改变古老的法规的措辞,不使用现代化的措辞,也不用新的文字表达去制造新的问题。"1779 年 6 月 8 日在议会上宣读了修订委员会关于修订法律的经过的报告,宣告法律修改工作的完成。事实证明,杰斐逊的提议起到了事半功倍的效果。新法律既满足了客观需要,又切实可行。在新的国家、新的制度下,人们依旧能保持稳定的心态,社会依旧能维持良好的工作效率。

两千多年前的韩非子提出了"不重变法"的智谋,两百多年前的杰斐逊在必须"变法"的时候坚持尽可能地少"变法",应该说,两人的智谋内核是息息相通的。

"不重变法"的目的,最重要的是使人们稳定地从事自己所习惯了的职业和工作方式,维持社会稳定和较高的生产力水平。如果把"不重变法"加以灵活运用——反其意而用之,变成迫其"数变法",那就可以用来搞乱一个国家、搞垮一个国家,轻而易举地吞并一个国家。这样的例子,在我国的春秋战国时期是很多的。

齐桓公企望夺取邻国鲁梁。一天,他向管仲请教良策。管仲讲了一通似乎与夺取鲁梁根本无关的国王穿衣问题。他见齐桓公疑惑不解的样子,便解释说:

"鲁梁的物产是厚绢。国王衣着在某种意义上讲也是一种可以改变人们行为方式的法律。大王您可以通过变换衣着来变换国内衣着的风气,继而变换鲁梁人的工作职业,最后就可以让鲁梁不战而降了……"

齐桓公完全听从管仲的智谋,开始穿起了厚绢做成的衣服。于是,满朝文武都穿起了厚绢以迎合君主的心意。不久,民间也刮起了一股人人争购厚绢、以厚绢服装为时髦的旋风。

于是,管仲与鲁梁的大商人联系,说是将以重金进口大批大批的厚绢。

商人眉开眼笑。鲁梁人眉开眼笑。整个鲁梁投入了一场忙碌地生产厚绢的疯狂之中。每天都有大汗淋漓的马匹奔走于鲁梁与齐国之间,运来厚绢,运走黄金……

管仲告诉齐桓公说:"鲁梁已经到手了。"

齐桓公问:"下一步呢?"

按照管仲的建议,齐桓公开始脱掉厚绢,改穿薄绢了。并同时发布命令:封锁鲁梁与齐国之间的边境,关闭所有关卡,中断两国交通,拒绝进口厚绢。

不久,文武百官以穿薄绢为荣。随后,齐国已无人再穿厚绢。

"厚绢热"在齐国,就像是下了一场暴风雨,匆匆而来,匆匆而去,很快便恢复了平静的蓝天白云。可是,"厚绢热"在鲁梁国,则无疑是一场无可救药的"狂热病":全国上下都因为热衷于生产厚绢,农时被误了、田地被荒芜了……全国陷入了饥饿状态。在齐国只值十钱的杂粮,一运到鲁梁就摇身一变,涨到千余钱!而齐国封锁了两国交通,因此有了千钱也很难有买粮的机会。经济行为的转变,终于使鲁梁陷入严重的危机和混乱之中。

两年后,鲁梁的领土有60%割给了齐国,三年后,鲁梁的国君就率群臣自动向齐国投降了。

16.逆于世而顺于道德

愚者固欲治而恶其所以治,皆恶危而喜其所以危者。何以知之?其所以严刑重罚者,民之所恶也,而国之所以治也;哀怜百姓、轻刑罚者,民之所喜,而国之所以危也。圣人为法国者,必逆于世而顺于道德。

《韩非子·奸劫弑臣》

愚蠢的人固然希望国家得到治理,却厌恶使国家得到治理的方法;都憎恨国家危乱,却又喜欢导致危乱的做法。何以见得?施行严厉的刑罚,是民众所厌恶的,但却是国家所以能治好的方法;同情怜悯百姓而减轻刑罚,是民众所喜爱的,但却是国家发生危亡的原因。圣人在国内推行法治,必定要违反世俗的偏见而顺应治国的规律。

韩非子认为,民众的智慧不可以用,它就像婴儿的心理一样,婴儿不剃头发就会肚子痛,生了疥子,不挑破挤出脓水,就会逐渐加重,剃头发或挤疥子脓水时,一定需要一个人抱住他,由慈爱的母亲去处理,可是婴儿还是会啼哭,呼喊不停,因为婴儿不懂得遭受一点小痛苦会解除大痛苦的道理。

"群众是真正的英雄",尽管几千年前的"奴隶"不能与当今的"群众"同日而语,但韩非子对民众智慧如此极度贬低显然不符合实际。然而,韩非子由此认为,作为一个明智的统治者(或者说是一级领导),其视野必须开阔于普通民众,必须着眼于国家利益和民众的长远利益来制定符合治国规律的方针措施,并必须能够顶住"逆民心"的风险,坚决加以实施。这就揭示出了政治领域中的一条重要规律:世俗观念与治国之道有时存在着不相一致甚至鲜明对立的情况。因此,搞政治的应该顺应民心,但顺应民心绝不能等同于迁就世俗。

子产当上郑国宰相后,政治上制定法令,要求全国人民遵纪守法;经济上鼓励垦荒,并制定新的税收制度。措施刚公布,全国怨声载道,老百姓沿街而唱,责骂子产:"千刀万剐的子产呀,你什么时候才去见阎王!"

几年以后,郑国在子产的治理下,国泰民安,风化肃然,出不闭户,道不拾遗。老百姓不再责骂,反倒称赞起子产来。待子产死时,郑国的农民不再耕作,妇女不戴玉佩,青年们捶胸顿足,号啕大哭,老年人悲哀地呼喊:"子产离开了我们,叫我们再去依靠谁啊!"

设想一下,子产如果在百姓责骂之时,改变自己的主张去顺应"民心",后果会怎样呢?子产是聪明的,他深知,民众的意见有时是错误的,作为领导,要有一番作为,要为民兴利,就万不可盲目地顺从。

诸子百家——法家

《史记》中记载了"西门豹治邺"的故事,更是令人深思。

魏文侯时,西门豹为邺令。他到邺地以后,深入民间调查研究,了解到了当地一直风行着一种"为河伯娶妇"的恶俗:当地人认为,每年要为河伯娶一个老婆;河伯所娶之妇必须是年轻美貌的少女;河伯娶妇之时,必须举行盛大的仪式,在大小巫婆的主持下,那少女要穿上华丽的衣裳,要专门为她在河边造一个"斋宫",十余天后把那"斋宫"连同少女漂浮到河上,任其慢慢地沉下河去与河伯成婚;河伯不是凡人,故其娶妇花费极大,为河伯主持婚礼的巫婆及当地政府的首脑官员也应得到很高的劳务费;……如果不为"河伯"娶妇,河伯便会不高兴,便会用河水来淹没土地,淹溺民众。因此,尽管为河伯娶妇劳民伤财,弄得民不聊生,但是,当地人长久乐此不疲。西门豹对此等恶俗,自然深恶痛绝。他决心打破神权迷信的习俗,实施开凿河渠以泄洪和引河水灌溉农田的计划,以造福邺地大众——"逆于世而顺于道德"。

西门豹治邺

那年为河伯娶妇那一天,西门豹特地也赶到了河边,说:"把河伯的新妇请出来,让我看看她到底漂不漂亮。"他装模作样地仔细端详一番看,对主持婚礼的巫婆等人说:"这个女子不漂亮。麻烦大巫婆去向河伯报告一下,等过几天选到漂亮姑娘之后再重新举行婚礼。"随即命随从人员抱起大巫婆,把她扔到了河中。过了一会儿,不见老巫婆回来,西门豹说:"老巫婆办事拖拉,派一个她的弟子去督促她!"于是,老巫婆的一个弟子被扔到了河中。过了一会儿,又扔了一个,接连扔了三个。西门豹说:"女子不会办事,恐怕是一见到河伯便吓得说不清话了。派个男人去!"于是,随从便把一个参加主持婚礼的地方官扔到了河里,但依然没有反应。参加主持婚礼的官吏们惊恐万状,西门豹却照样严肃认真,说:"派去的人都不肯回来,这可怎么办才好啊?"那些主婚的官员生怕西门豹再扔下去便要轮到自己了,统统跪下磕头,直磕得头破血流,面如死灰。西门豹依旧严肃认真:"不要急嘛,我们再等等。"又过了好一阵子,西门豹才说:"都起来吧。看来河伯太好客了,你们都回去吧。"

西门豹并没有如他自己所说的那样,"等过几天选到漂亮姑娘之后再重新举行婚礼。"当地民众都担心河伯一定会来"报复",所以都暗暗希望哪个巫婆或哪个地方官能去劝劝西门豹,抓紧为河伯娶妇,并向河伯赔个不是。但是,谁敢牵这个头呢?自始至终,从官吏到百姓，从此谁也不敢再提为河伯娶妇之事。为河伯娶妇这一神权迷信的恶习，到此被彻底根除。

之后，西门豹又派发民工，开凿水渠。当时，大家都觉得西门豹无事生非，把老百姓坑苦了，都不愿意服从。但西门豹却说："父老乡亲虽然把我当作了痛苦的象征，但是，百年之后，这里所有的人都会记得我的名字和功绩。"他不做更多的解释，只是以严酷的命令迫使民众服从。不久，开凿成了12条水渠，大河变害为利，所有的农田都得到了灌溉。当地从此做到了旱涝保收，民众一改穷困潦倒的生活，人人丰衣足食。

司马迁给西门豹有极高的评价："故西门豹为邺令，名闻天下，泽流后世，无绝已时，几可谓非贤大夫哉！"而西门豹的一句名言是："民可以乐成，不可与虑始。"意思是说：老百姓可以共享成功的快乐，却无法在艰苦创业的开始阶段去与他们商量对策。西门豹的话虽有极大片面性，但却表达了韩非子"逆于世而顺于道德"的核心内容。而西门豹顶住封建神权，逆封建迷信习俗而行的取消为河伯娶妇的行动，则更是反映了他使用"逆于世而顺于道德"智谋的娴熟和巧妙。

17.明君蓄臣，尽之以法

明君之蓄其臣也，尽之以法，质之以备。……是故大臣之禄虽大，不得藉威城市；党与虽众，不得臣士卒。故人臣处国无私朝，居军无私交，其府库不得私贷于家。此明君之所以禁其邪。

《韩非子·爱臣》

明智的君主豢养他的臣子的方法，是用法律来规范他们的一切，用各种措施来督责他们。……所以大臣的俸禄即便很大，也不能让他们凭借受封城市来造成威势；他们的党羽即便很多，也不能让他们将士兵变成自己的臣属。所以臣子在朝廷任职时不准有私家的朝会，在军队任职时不准有私下的外交，他们财库中的钱财不得私自出借给人。这是明智的君主禁止大臣作恶犯上的办法。

为了防止臣下发展自己私人的势力，犯上作乱，韩非子向统治者建议，以法律来约束、规范臣子，以刑罚来惩处臣子的越轨行为，防备臣子借用封邑制造威势，不准他们拥有私人的武装，不准他们利用自己的财富收买人心；文官不准在家里朝会下属，武将不准与外国勾结；臣外出，不得成群结队、声势浩大，不得携带武器。韩非子强调以法律约束臣下，规定其行为标准甚至到了极苛刻的程度。他强调，臣子应恪尽职守，勿相逾越，假如超出了职责范围，哪怕立了功，也要处罚。以此来防止臣下犯上作乱，确保统治者的权力不失。

战国时韩国国君韩昭侯是一位颇具法治思想的君主。有一次，韩昭侯喝醉酒睡着了，掌管君主帽子的侍从怕君主受寒，就把衣服盖在君主的身上。韩昭侯睡醒后很不高兴，问身边侍从说："盖衣服的是谁？"身边侍从回答说："是掌管帽子的侍从。"韩昭侯因而同时惩处了掌管衣服的侍从和掌管帽子的侍从。他惩处掌管衣服的侍从,是认为他没有尽到自己的职责;他惩处掌管帽子的侍从,是认为他超越了自己的职责范围。韩昭侯并不是不怕着凉,而是认为侵犯他人职权的危害比着凉更厉害。所以英明的君主蓄养驾驭臣下时,臣下不得超越了职权去立功,也不允许说话与做事不相当——事大于言或事小于言。

让臣子只在自己职责范围内尽力,不允许其越职行事,这一治政谋略也是春秋时期秦国国君秦穆公谙熟的手段。他对臣下的管理经常采用这一方法。

秦穆公任命百里奚做相国。这时,晋国派大夫叔虎、齐国派大夫东郭塞出使秦国,秦国大夫公孙枝请求会见他们,秦穆公不答应。

穆公说:"请求会见客人,这是你分内的事吗?"公孙枝回答说:"不是。"秦穆公又问:"是相国委派你了吗?"回答说:"没有。"秦穆公说:"这样看来,你是要做不该做的事。秦国偏僻荒远,处于戎夷之地,即使是事事都有专职,人人各守其责,仍然怕被诸侯耻笑,而现在你竟然要做不该你做的事!下去吧!我要对你的罪过审理惩治!"

公孙枝离开朝廷,到百里奚那里陈述事情的原委。百里奚替他向穆公求情。穆公说:"这样的事是相国该过问的吗?公孙枝没有罪的话,有什么必要求情?要是有罪的话,求情又有什么用呢?"百里奚回来,回绝了公孙枝。公孙枝转而又到闹市中去陈诉。百里奚就命令官吏对公孙枝论罪行罚。

以法律规章严格规定人们的职责范围,使人只能致力于搞好本职工作、尽忠职守的法治策略,也被引申到现代管理学范围中。在现代管理学中有一种"科层制"管理理论,其主要意旨正是严格限定每个人的职责范围。"科层制"是由德国社会学家马克斯·韦伯首先提出来的一种管理制度。所谓"科层制"就是由行政官员对现代社会组织进行分层管理的一种组织管理形式。它在组织上由总部按不同职能划分成各科,再按权力大小分层,确定上下级关系和各人职责。它的基本特征是:第一,照章办事。组织成员的各项活动都有统一的规章,明确的规章制度把每个人的工作任务、职责权限都划分得清清楚楚,每个人只要也只能按照规章办事就行了。第二,专门化。组织的成员都有明确的分工,担任各项职务的人必须经过专门训练,具有专业知识。第三,等级体系。组织内的各种职务和职位,均按照权力等级排列,上下级关系十分明确,每个成员只能根据自己的权力等级行使职权。很明显,韦伯的这一理论与韩非子的"明君蓄臣尽之以法"的智谋思想很有相通之处,韦伯理论的思想渊源,我们可以从韩非子那儿找到。

18.奉法者强则国强

国无常强,无常弱。奉法者强则国强;奉法者弱则国弱。……明主使其群臣不游意于法之外,不为惠于法之内,动无非法。法,所以凌过游外私也;严刑,所以遂令惩下也。

《韩非子·有度》

国家没有永久不变的强盛,也没有永久不变的衰弱。君主奉行法纪强劲有力,坚决实行法治,那么国家就强盛;君主奉行法纪软弱无力,实行法治不坚决,那么国家就衰弱。……英明的君主使他手下的群臣不钻法律的空子,不在法律规定之外打主意,也不在法律规定之内私下施行仁惠收买人心,一举一动没有不合法的。法是用来打击违法行为和摒弃私行的工具,严厉的刑罚是用来贯彻法令、惩罚臣下的工具。

韩非子强调,治理国家必须依靠严明的法纪。统治者应该坚决推行法治,执法者也应该严肃地秉公执法。执行法律,不能有随随便便、不合法度的奖赏,也不能有可以不加实施的刑罚,奖赏如果随便,就会造成人们不积极进取、努力干好自己的事业;刑罚如果不实施,就会造成为非作歹的人增多。韩非子所提出的"奉法者强",还强调执法应坚决果断,不偏袒权贵,不屈从邪恶。凡触犯了法律,无论是有权力、有地位的人,还是有才智有功的人,都必须受到法律规定的制裁。这样,国家才能治理得好。

汉武帝聪明能决断,善于用人,执行法律毫不宽容。隆虑公主的儿子昭平君,上配武帝的女儿夷安公主。隆虑公主病重的时候,拿出黄金千斤、铜钱一千万为昭平君预赎死罪,皇上答应了。隆虑公主去世后,昭平君一天比一天骄横,因醉杀保姆,被关进牢狱。廷尉因为他是公主的儿子,请示皇上如何处理。左右近臣人人都为昭平君说话:"以前交了赎罪钱,陛下都许可了。"皇上说:"我妹妹上了年纪才有这个儿子,她死了,把孩子托付给我了。"当时为这事流了眼泪,叹息很久,说:"法律是高祖皇帝制定的,为了妹妹,而歪曲先帝的法律,我还有什么脸面进高祖庙呢!再说也对不起广大的人良哪!"于是就下令按法处死,汉武帝悲哀得自己抑制不住,左右众臣也都很悲伤。这时待诏东方朔走近前来为皇帝祝寿,说:"我听说圣明的帝王执掌国政,该赏的是伊人也得赏,不能加避;该杀的,是近亲也得杀,不能排除。《尚书》上说:'不偏不党,王道荡荡。'这两条,是五帝所重视、三皇所推行的,陛下您做到了,天下特别幸运!小臣东方朔举杯,冒着死罪连拜两拜敬祝您万岁长寿!"皇上开始很气东方朔,话听完了,很赞赏他,就任用东方朔为中郎。

汉武帝作为国家至高无上的君主,能够秉公执法不徇私情,也正因如此,在汉武帝统治时期能够国家昌盛,国力强大,这正如韩非子所说,"奉法者强则强"。同样的例子还可举汉光武帝刘秀的一些故事。

汉光武帝刘秀是一个谋略过人的开国君主。他能够在西汉末年的乱世之中,打败群雄,力挽狂澜,奠定东汉王朝的基业,一个重要的原因就是知人善任。

昆阳之战以后,刘秀率军进入河北,命祭遵为军市令,负责纠察军纪。祭遵执法非常认真,全军上下,无论职位大小,有违法者必受惩罚。一次,刘秀宠信的一位贴身侍者触犯了军法,论律该斩。祭遵毫不顾及刘秀的情面,根据律条处死了那位违法者。刘秀听到此讯后,十分生气,命令把祭遵抓起来治罪。这时主簿(典令文书的官职)陈副劝阻说:"您不是常想整顿军队的纪律吗?祭遵执法不徇私情,就是为了保证军令得到贯彻执行。"刘秀见他说得有理,不仅赦免了祭遵,而且还把这位铁面无私的执法官升为刺奸将军。为了表示对祭遵严明法纪的支持,刘秀告诫其他将领说:"你们要防备祭遵呀!我的贴身侍卫犯法他都敢于杀掉,对你们他是不会讲私情的。"不久,刘秀再拜祭遵为偏将军。平定河北的战事结束后,刘秀论功行赏,封祭遵为列侯。

諸子百家——法家

刘秀身为一国之君主,能够带头坚决奉法,难能可贵。而法纪在国家的推行,不但国君要坚决奉法,还必须依赖执法人员的果断、公正,不畏权势,这样法制才能很好地在国内推行,国家才能治理得好。历史上,执法之例最著名的莫过于董宣了。

董宣,字少平,陈留(今属河南省)人,是东汉初年的名臣,曾经当过洛阳令。洛阳是东汉的都城,皇亲国戚、高官显贵大都集中在这里。他们当中的一些人依仗权势,为非作歹,目无法纪。汉光武帝刘秀的姐姐湖阳公主就是如此。有一次,她的一个家奴在光天化日之下杀了人,逃入公主府宅。公主明知家奴犯法,却拒不交出,使追捕凶犯的官员无可奈何。

此案报告董宣后,他十分气愤,决心追查到底。于是派人在湖阳公主府的大门附近监视,伺机捕获凶犯。

机会终于等到了。一天湖阳公主外出,让这个家奴陪乘。董宣闻讯后,便带了衙役,在夏门亭守候他们。不多时,公主的车队到了,那个杀人的家奴趾高气扬地坐在车辕上,竟像没事一样。董宣挺身站立,挡住车队的去路。那个家奴心怀鬼胎,一看是董宣,便立即回身向车里的公主报告,希望再能得到公主的保护。公主的庇护态度激怒了董宣,只见他拔出佩刀,在路上画了一条横线,呵斥那凶犯道:"我看你敢走过这条线!"接着严厉斥责公主说:"公主身为皇亲,放纵家奴杀人已属不该;阻挠朝廷命官执法,更是错上加错!"说完,便命衙役上前逮捕凶犯,并把他当场处死。

湖阳公主见董宣竟不把自己放在眼里,立即回宫向光武帝哭诉,要他严办董宣,给自己出气。光武帝大怒,一面安慰姐姐,一面派人把董宣抓来,要治他死罪。

不多时,董宣被带来,他一看光武帝和湖阳公主盛怒的表情,便知大祸即将临头。但他并不恐惧,早有思想准备。他不等皇帝发问,主动伏地磕头说:"臣请求说一句话再死。"光武帝问道:"想说什么?"董宣激动地说:"陛下凭着英明贤德,才使汉得以中兴。如今要放纵家奴杀害无辜百姓的话,不知陛下将如何治理天下?天下人又如何看待陛下?臣不劳陛下乱棒打死,请赐臣自杀吧!"于是,就用头向殿前的石柱上猛撞,顿时血流满面。

光武帝听了董宣的直言,猛然醒悟,忙叫太监拉住董宣,说:"我不杀你,可是你当众羞辱了公主,得向她当面谢罪。"董宣正色申辩道:"是公主纵奴犯法,臣执陛下大法,治奴之罪,不知何由谢罪?"拒不从命。光武帝命太监按着董宣的头,强令他给湖阳公主磕头。董宣双手直直地撑在地上,始终不肯低头。

湖阳公主见光武帝改变了主意,责备说:"从前你做平民百姓时,有人犯了罪,登门求救,你都敢于收留掩护,使官吏不敢上门来讨。如今做了皇帝,反倒不如从前,连一个小小的洛阳令都压不住!"光武帝笑着说:"当皇帝是和当平民不一样的。"湖阳公主拂袖而去。光武帝转身命令:"请强项令董宣退下。"当日赐董宣铜钱30万,董宣全部拿来分送给下属官员。"强项令"的名号也从此传出。

由于董宣刚直不阿,执法严明,敢于触犯豪强,使那些无法无天的人无不心惊肉跳,大为收敛。广大民众则称董宣为"卧虎",歌颂他说:"警鼓不鸣,因为有了董少平。"

19.言无二贵,法不两适

明主之国,令者,言最贵者也;法者,事最适者也。言无二贵,法不两适,故言行而不轨于法令者必禁。

《韩非子·问辩》

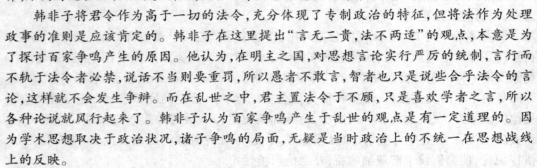

诸子百家——法家

在明智的君主所统治的国家里,君主的命令,是言论中最要尊重的东西;国家的法律,是政事中最要遵循的准则。除君主的命令外,没有第二种被尊重的言论;国家的法律,不同时迎合公私双方。所以,说话办事如果不遵循法律命令的就一定要加以禁止。

韩非子将君令作为高于一切的法令,充分体现了专制政治的特征,但将法作为处理政事的准则是应该肯定的。韩非子在这里提出"言无二贵,法不两适"的观点,本意是为了探讨百家争鸣产生的原因。他认为,在明主之国,对思想言论实行严厉的统制,言行而不轨于法令者必禁,说话不当则要重罚,所以愚者不敢言,智者也只是说些合乎法令的言论,这样就不会发生争辩。而在乱世之中,君主置法令于不顾,只是喜欢学者之言,所以各种论说就风行起来了。韩非子认为百家争鸣产生于乱世的观点是有一定道理的。因为学术思想取决于政治状况,诸子争鸣的局面,无疑是当时政治上的不统一在思想战线上的反映。

战国末期,地主阶级的力量进一步壮大,一个中央集权的专制主义的封建政权即将建立。与此相适应,代表地主阶级利益的法家,要求结束百家争鸣的局面,用地主阶级的思想统一全国的思想。韩非子提出的"言行不轨于法令者必禁"的论点,认为一切言论和行动必须以法令为准则,这对于今天的强化法制观念,推动法制建设,也是一种十分有效的智谋思想。

墨家有个大师腹䵍住在秦国,他的儿子杀了人。秦惠王对腹䵍说:"先生您的年纪已经很大了,又没有别的儿子,我已经下令叫司法官不杀他了。希望先生您在这件事上听从我的话吧。"腹䵍回答说:"墨家的法律规定:'杀人者处死,伤人者受刑。'这样做为的是严禁杀人、伤人。严禁杀人、伤人,这是天下的大理。大王您虽然赐给我恩惠,命令司法官不杀我的儿子,但是我腹䵍却不可不执行墨家的法律。"腹䵍没有应允惠王,最终杀了自己的儿子。腹䵍遵行天下大理,也可算是实践"言无二贵,法不两适"智谋的模范人物了。

"言无二贵,法不两适",几千年前的韩非子就已提出了法律应该具有至高无上的地位,革命伟人自然更清楚维护法令法律尊严的重要性。弗拉基米尔·伊里奇·列宁发现有人不执行苏维埃政权的某项决议或命令时,一定要求处分犯错误的人,他还补充说,一定要打破犯了错误可以不受处分的习惯看法。列宁不仅把没有直接完成任务的工作人员当作是犯了错误的人,而且还把那些没有执行政府决议,因而使机关工作遭到损失的某些机关领导人员,也当作是犯了错误的人。列宁认为,这些领导人员的错误,在于他们未能提醒有关机关,说明原委,提出要求。例如,假使人民委员会责成粮食人民委员部供给某企业全体工人一批紧急口粮,当人民委员会的决定没有被执行时,这个企业的领导人员却没有及时向上级报告,这样的领导人员与粮食人民委员部犯有同样严重的错误。政府官员理应履行自己的职责,执行政府的决议或命令。即便不是决议或命令的主要执行者,在其职权范围内理应过问的事情就应该过问。若政府官员及工作人员不认真履行自己的职责,任何决议或命令都可能变成一纸空文,致使切实有效的措施得不到及时贯彻,现实中存在的问题得不到及时的解决。

少年时就加入红军,参加过井冈山的斗争和两万五千里长征的黄克功,1937年10月在担任抗日军政大学第六队队长时期,竟因对陕北公学女学生刘茜逼婚未遂而开枪杀人。对此大功小功立过不少的罪犯究竟如何处置,当时不少人认为法律应稍做变通,免其死刑,可让他去前线杀敌,戴罪立功。毛泽东的态度与众不同。他认为,如果真让黄克功去前线,虽可能杀敌一二,但其后患无穷。因为此口一开,恃功者就可效仿,屈死者仇恨难平,更无以教育全党和人民群众。所以他为这一问题专门给雷经天写了封信,支持处黄以极刑。此信上符法理,下顺民心,尤其是体现了法令的严肃性,影响巨大,意义深远。

20.明分责成

夫不明分,不责成,而以"躬亲"位下,且为"下走""睡卧"……

《韩非子·外储说左上》

如果君主不去明确君臣各自的职权名分,不用法令去督责臣下完成本职工作,反而用"身体力行、亲自挂帅"的办法来统治臣民,那就会去做"齐景公有车不乘而用双脚奔跑""魏昭王读法困得直打瞌睡"之类的傻事……

"明分"就是明确君主和臣下之间的职责身份,"责成"就是君主要用自己的职权去督责臣下完成各自的本职工作。韩非子认为,法治的作用远比德化大,搞政治就必须搞法治。所以君主的要务不在于修身,不在于身体力行、亲自挂帅搞德化,而在于维持自己神圣的地位,在于依照法律行使自己的神圣职权,去督责臣下完成自己的本职工作。这就是韩非子的"明分责成"之智谋。我们认为,完全排斥德化也不免失之偏颇,君主以身作则对社会政治的影响也是不可低估的。但韩非子强调法治,不赞成领导干部尤其是作为君主这样的最高级的领导干部去从事烦琐的具体事务的智谋思想,还是很有现实意义的。

齐王喜欢穿紫色的衣服,于是齐国的人都喜欢穿紫色的衣服。因而在齐国,五匹没有染色的布换不到一匹紫色的布。齐王为紫色的衣料昂贵而发愁。太傅劝说齐王:"《诗经·小雅·节南山》上说:'君主不身体力行、不亲自挂帅,百姓不会相信。'现在大王想要使民众不穿紫色的衣服,只要大王自己脱掉紫色的衣服上朝。如果群臣有穿着紫色衣服进见的,您就说:'离得更远一点!我讨厌这紫色衣服的气味。'"齐王照这话做了,第二天,朝中就没有谁再穿紫色的衣服了;当月,国都中就没有谁穿紫色的衣服了;当年,国境内就没有谁再穿紫色的衣服了。

邹国的君主喜欢佩戴长帽带,所以他身边的侍从都佩用长帽带,于是帽带的价钱很昂贵。邹君为此而发愁,问侍从,侍从说:"您喜欢佩戴长帽带,于是百姓也大多佩戴长帽带,因此它的价钱就贵了。"邹君因而率先把自己的长帽带割断了,然后出去巡视,于是国内都不再佩用长帽带了。

韩非子举这两个例子,是从反面入手来说明"明分责成"的道理。"明分责成"的反面是儒家的"德化"思想,就是《诗经》中所说的:"不躬不亲,庶民不信(不身体力行,臣民就不会相信)"。齐王为紫色的衣料太贵而发愁,不知道该怎么办,太傅便认为只要齐王身体力行带头不穿紫色的衣服即可。齐王这样做了,要达到的目的也达到了。这是否很好呢? 韩非子认为,做君主,不能禁止臣下而只是约束自己的,叫作被劫持;不能整治臣下而只是检点自己的,叫作混乱;不能节制臣下而只是使自己节俭的,叫作贫穷。所以齐王应该采取更省力更有效的"明分责成"的办法。韩非子对于邹君的做法做这样的评论:君主不能采用发布命令、给老百姓制定佩戴标准的办法来禁止他们佩用长帽带,却自己割断了帽带出巡来表示自己为人民做出表率,这是在使用先侮辱自己的办法来统治管理民众啊。邹君完全可以采用"明分责成"的方法,既使自己保持体面、满足爱好,同时又保证长帽带的价格限定在一定的数目之内。

郑简公对子产说:"郑国很小,又夹在楚晋两个大国之间。现在内城外城都不完整,兵器铠甲都不齐备,不可以用来对付意外的事变。"子产说:"我严密地封锁了郑国的外围边境已经很久了,而郑国内部的防守也已经很巩固了,即使国家很小,但我还是认为它没有危险。您别担忧。"郑简公也就不再去过问国家防务的事情,由子产一手管理,而郑简公也因此而终身没有什么祸患。

郑简公对子产说:"我喝酒都觉得不快乐啊——因为祭品不丰盛而俎豆等祭器不能做得大一些,礼乐不兴使得钟、鼓、竽、瑟等乐器也不能经常弹奏,我的事情繁忙得不一而足。但是国家不安定,百姓没有管理好,家民与战士的关系不和睦,也就是你的罪过了。你有你的职事,我也有我的职事,我们各人管好自己的职事吧。"子产退下来,不再管祭祀等君主管的事而专门掌管政务。过了五年,国内没有小偷强盗,在路上人们都不去捡人家丢失的东西,桃树枣树都遮到了大路上也没人伸手攀摘果实,锥刀遗失在路上就是过了三天也仍然会送回到失主那里。这样的情况一连三年没有改变,老百姓便没有受饥挨饿的情况了。

这里所举的两个郑国君主与相国之间的故事,其含义正好与前面两例相反:郑简公明确君臣各自的职责,放手让臣下去治理政事,因而虽然国家的条件并不好,但不仅终身无祸患,而且与"德化"的方式相比显得轻松自在。

齐景公到渤海去游玩,传递公文的骑士从国都之中赶来,拜见说:"宰相晏婴病得很厉害,即将死去,恐怕您在他生前赶不上见他一面了。"齐景公立刻起身。又一个传递公文的骑士到了,说是晏婴病危。景公说:"赶快套上烦且车,派马夫韩枢来驾驭它。"烦且

诸子百家

——

法家

的车是齐国最好的车,马夫韩枢是齐国最好的马夫。可是,齐景公在车上才坐了几百步路,就感到这马夫赶车赶得不快,夺过缰绳,自己代替他驾起了车;又跑了几百步路,齐景公又觉得几匹马老是跑不快,于是就干脆把车马全都丢了,猛地跳下车来,撒开双腿狂奔起来。烦且这样的好车以及马夫韩枢这样的驾车技巧,齐景公却以为不如自己,下车奔跑,这种不知"明分责成"的行为,实在是够傻的了。

魏昭王对孟尝君说:"我想参与管理国家的具体事务。"孟尝君说:"大王想参与管理国家的具体事务,那么为什么不试着去熟读一些国家的法律呢?"魏昭王读了十根竹简就打瞌睡了。昭王说:"我没有才能读这种法律。"韩非子说,君主不亲自去掌握好自己的权势,却想去做臣下所应当做的事,那么打瞌睡不也是很自然的吗?

历山一带的农夫互相侵占田界,舜就到那里去耕种,一周年后,田界就被端正了。黄河边上的渔民互相争夺钓鱼时凭靠的河中高地,舜到那里去打鱼,一周年后,大家就把好地方谦让给年纪大的人了。东方部落的制陶工人做出来的陶器粗劣不坚固,舜到那里去制作陶器,一周年后,做出来的陶器就牢固了。孔丘赞叹说:"耕田、打鱼和制造陶器,都不是舜的职事,而舜去干这些事情,是为了纠正弊病。舜这个人确实仁厚啊! 如此亲身来到这些艰苦的地方,因而民众都跟着效法他。所以说:圣人用道德去感化人啊!"

韩非子的观点正好与孔子的评论相反。他认为,当时尧为天子,而孔子认为尧也是圣明的,那么圣人处在君位上而天下却还有那么多的奸诈,需要舜去德化,这本身是一对无法解释的矛盾。如果舜确实去纠正了弊病,那就是尧有过失。如果认为舜贤能,那就是否定尧的明察圣明。不可能既肯定了尧还要肯定舜。楚国有个卖盾和矛的人,夸耀他的盾说:"我的盾这样坚固,没有什么东西能刺穿它。"又赞誉他的矛说,"我的矛这般锋利,没有任何东西它刺不穿的。"于是有人反问:"用你的矛去刺你的盾,结果会怎么样?"那人就不能回答了。那不能被刺穿的盾和没有什么东西不能刺穿的矛是不能同时存在的。这是一。其二,舜不拿"明分责成"的法治道理去劝说尧来使天下的人服从法令,却亲自操劳,吃力不讨好地一年去纠正一个弊病,实在是一种没有治国手段的无能之表现。韩非子说:"那种使自己受苦然后去感化臣民过错的做法,是尧、舜也难以做到的;而掌握权势去纠正臣民过错的方法,是平庸的君主也容易做到的方法,不用容易做到的办法,而去遵行尧、舜都难以做到的办法,这种人是不能和他搞政治的。"

21.一民之轨莫如法

一民之轨莫如法。属官威民,退淫殆,止诈伪,莫如刑。刑重,则不敢以贵易贱;法审,则上尊而不侵。

《韩非子·有度》

统一人民的行为规范,没有什么能及得上法律。激励官吏,威慑民众,消除淫乱殆惰,制止欺诈奸伪,没有什么及得上刑罚。刑罚严厉,那么人们就不敢以高贵的地位去轻视地位低下的人;法律严明,那么君主就受到尊重而不被侵害。

一个国家如果没有完善的法律规范人们的行为意志,任人们随心所欲,想干什么就干什么,其结果可想而知。所以,韩非子力倡依法治国,强调君主要贯彻法治,以法律统一人民的行为意志,这样,一切不法现象才会消除,国家才能有一个良好的秩序。韩非子从维护君主权力出发,反对"施仁政于民""以德待民"等,而坚决主张以严厉的法纪来约束人民,这种思想,令人想到一句老话:无规矩不成方圆。"一民之轨莫如法",其含义正与这句话相同。

后赵石勒门下有位龙骧将军叫苻洪,趁后赵内乱,自立门户,称大将军、大单于、三秦王。苻洪死后,其子苻健继承了王位,并进军关中,攻占长安,自称皇帝,国号为秦,这就是史学家所说的前秦。前秦的丞相是苻雄,他有个儿子叫苻坚。后来苻健病故,他的儿子苻生继位,不想此人刚愎自用,任情杀戮,搞得朝野上下人人自危,怨声载道。公元357年,苻坚率兵入宫杀死苻生,从此掌握了前秦的军政大权,并自立帝号,称起"大秦天王"来。

苻坚听说王猛与桓温扪虱谈天下的故事后,认为王猛是个奇才,便相邀共事,二人推诚相待,一见如故。谈起国家的兴亡大事,王猛口若悬河,滔滔不绝,说得苻坚心悦诚服,二人成了莫逆之交,就像刘备遇到了诸葛亮一样。这样王猛终于成了苻坚的心腹谋臣。

诸子百家——法家

苻坚即位之后,王猛为治理国家,也算呕心沥血,鞠躬尽瘁,且颇有建树。那时始平县住着很多从枋头回来的旧族,豪强纵横,盗贼充斥,社会秩序非常混乱。苻坚便命王猛为始平县令,去治理这个地方。王猛一到任便查禁豪强,惩治污吏,捕杀了几个横行乡里的劣豪,士族豪强不免议论纷纷。苻坚听到一些反映后,便对王猛说:"治国安邦最忌酷刑,卿到任不久就捕杀了这么多人,不得人心啊!"王猛诚心诚意地说:"臣闻安定之地要礼治,混乱之邦要法治,陛下命臣治理久乱之邑,为了剪除凶逆,才杀了几个奸党,余者还有千万之计,不过是杀一儆百,倡行法治罢了,岂敢滥施酷政!"苻坚听了深受启发,对群臣说:"我现在懂得以法治国了。"

时隔不久,王猛升任京兆尹。太后的弟弟、光禄大夫强德,强抢民女,无人敢惹,算是京城的一霸。王猛一到任就逮捕了强德,等到苻坚派人来说情时,他已经把强德处死了。一月之内王猛又接连捕杀了20多个权门豪强、皇亲国戚,朝廷官员大为震惊,谁也不敢胡作非为了。苻坚由衷地赞叹说:"王猛真比得上周朝时辅佐齐桓公称霸的管仲了!"

36岁的王猛受到秦王的特殊恩遇,一年之中竟升迁了五次,由京兆尹一直升到吏部尚书、尚书仆射,直到辅国将军、中书令,真是权倾内外,威压众卿了。

礼治与法治、德化与严刑,谁好谁坏,孰优孰劣?是很难做出判断的,或者可以说是不能做出评判的。关键在于推行这些政策的结果如何。王猛辅佐苻坚,不仅在那个豪强纵横、盗贼充斥的始平县,不畏强暴,敢于施用严刑峻法,使得社会秩序迅速恢复,权臣豪贵有所收敛,而且鲜明地提出了"安定之地用礼治,混乱之邦须法治"的观点,为自己的行动从理论上加以说明。宽容的"礼治"用于"安定之地",和平之时,其功用在于"锦上添花";严酷的"法治"用于"混乱之邦",非常时期,其目的在于"雪中送炭"。因此,"礼治"

仁和,能使民众在仁慈的氛围中生活得更加宽松自由。但只有"法治",才能变混乱为有序,使民众统一思想,统一行动。因此,王猛"安定之地用礼治,混乱之邦须法治"的论点,正与韩非子"一民之轨莫如法"的智谋思想相吻合。

王猛依靠推行严厉的法纪,以严明的法律规定来统一人们的思想、意志和行动,使得国家混乱的局面得到了改变,充分说明了"一民之轨莫如法"智谋的有效性。事实上,对法律的功能作用略有所知的人都不难推断出这样的结论:唯有法治国家才能有一个良好的秩序。王猛用法统一全国、易乱为治,同样,金朝也依靠在国内完善法律制度,从而摆脱了游牧民族落后的习性,走上了封建制的道路。

金朝太祖阿骨打和太宗吴乞买时代,虽然国力日盛,但仍处于奴隶制社会。他们攻战时,注重掠生口为奴,在制度上也很不完备。拿"君臣之礼"说,他们在位的时候,君臣之间十分随便,一块坐在炕上喝酒,无拘无束,高兴了,他们就离席跳舞。熙宗完颜亶受汉文化熏陶很深,在年幼时就对女真的旧俗深恶痛绝,立志日后要革旧鼎新。现在坐上皇帝宝座,宗翰等一帮专权之臣已剪除,权力在握,疆域已扩张到淮河以北,该是实行改革,振兴金国的大好时机了,于是他在一帮大臣的支持下,对金朝的政治制度作了一系列重大改革。

金熙宗首先做出的一个重大改革,是统一金朝的内地和汉地的官制。他当上皇帝,随即废除了女真的勃极烈制(勃极烈制是女真族部落贵族议事制,完颜阿骨打建立金朝时曾进行过改革,使之成为金朝中枢的政治、军事统治机构,但仍带有部落贵族议事制的痕迹——笔者注),改用辽、宋及唐朝制度,设路、府、州、县四级。各路设兵马都总管统领军兵。路治所在的府称为总管府。兵马都总管兼任总管府的府尹。各州刺史、节度使统领军兵,兼管政事。路、府、州的军事和行政,实际上是由各级官员统一管理。这是在采用汉制的同时,又延续了女真建国初期形成的军政一体的传统。县一级官府不专设军兵,县令只管民政。

在中央制度上,金熙宗也做了进一步的改革。1138年,他颁布了新的官制和"换官",就是原来女真和辽、宋的官职,依照新制统一换授。据此规定,任命朝内外官员,并规定了所谓"勋封食邑"的制度,即按功勋等授予不同的封爵、勋级、食邑。同年10月,又正式制定封国制。贵族大臣封授国王称号,不过只是一种荣誉的勋爵,并不实际统治某地。金熙宗时确立的这一整套烦琐的官制,大体上都是依照辽、宋旧制,全面地采用了汉官制度。为了加强政府的作用,在原有的尚书、右丞相(他们实际是掌握政权的宰相)的基础上,又增设平章政事和参知下事官,以充当左、右丞相的助手。通过增设官员,进一步加强丞相的权力,同时在朝廷设御史台,主要职责是监察官员活动,处置官员犯法,以加强皇权的统治。

另外一项重大措施是建都城,定礼仪。金朝的都城会宁府,建号上京。原来辽朝的上京,改称临潢府。又在上京会宁府修建宫殿。建敷德殿为朝殿,百官在此朝见皇帝,建庆元宫,安放金太祖以下遗像。后又仿汉制兴建华丽的宫殿,使上京的面貌大为改观。

在兴建宫殿的同时,又详细制定了各种礼仪。如规定出警入跸,不许大臣佩刀剑入官。还制定了百官的官服,他自己也戴通天冠、穿绛纱袍。

　　完颜亶除掉宗翰后,挞懒继任右副元帅,可这个挞懒比宗翰有过之无不及——他曾下令部下大肆捕捉逃奴(那些掠夺来为奴的人),并下令凡隐藏逃奴者的四邻,也要罚300贯钱。他的部下们无论职大的、职小的、文的、武的,觉得可以趁机大肆敲诈勒索,对此令大感兴趣,并热衷于到处捕"逃奴",只要遇上村民就抓过来连捶带揍,逼人家说哪家有逃奴。这样干,还真抓到不少逃奴,不仅能把藏逃奴那家的人口一半充官一半私分,还能从四邻逼索大量钱财,真是何乐而不为!如此大打出手,四处掳掠,逼得百姓只好烧舍杀牛,上山起义,社会秩序曾呈现混乱。于是完颜亶又借用兀术的力量和计策,迅疾除掉了挞懒,并针对他们的倒行逆施所带来的弊病,施行了许多新的措施,如重任兀术,下诏规定"诸州郡军旅之事,决于帅府;民讼、钱谷,行台尚书省治之";由兀术总管其事等等。终于使金朝朝着封建制迈了一大步,国内也有一段稳定、发展的时期。

　　俗话说,没有规矩,不成方圆。金熙宗之前,金人破辽攻宋,能征善战,在马上打天下可堪称道,但处在奴隶制下的游牧民族在马上治天下的规矩、制度很不健全,因而总摆脱不了"野"味和"土"气。金熙宗完颜亶所进行的一系列改革,定下了一套规矩,保证了社会生产、生活的正常秩序和发展,保证了国家的稳定,从而使其向封建化迈进了一大步。

22.法与时转则治,治与世宜则有功

　　欲举大功而难致而力者,大功不可几而举也;欲治其法而难变其故者,民乱不可几而治也。故治民无常,唯治为法。法与时转则治,治与世宜则有功。……时移而治不易者乱,能治众而禁不变者削。故圣人之治民也,法与时移而禁与能变。

《韩非子·心度》

　　想要建立丰功伟绩而难以取得民众力量的,丰功伟绩不可能指望被建立起来;想要搞好法治而又难以改变陈规旧章的,民众必然混乱而不可能指望把他们治理好。所以治理民众没有永恒不变的常规,只要能治理好国家的就是合宜的法度。法度能随着时代的发展而进行变革,国家就能治理好;治理的措施和社会情况相适合,治理就会见功效。……时代发展了而治理的措施不改变,国家就会混乱;能人增多而禁令不改变,国家就会削弱。所以圣人治理民众,法制随着时代的发展而加以变革,禁令随着人们才能的提高而加以改变。

　　韩非子既强调应采取强硬完善的法纪治理国家,同时又指出,治理国家的法律和政策都不能是一成不变的、僵硬的,应和国家的具体情况、时代发展的实际相适宜。时代发展了,而法律还沿用陈规旧习,则对制止国家的混乱,将不能起到有效的作用;同样,治理国家的政策、措施与国情不相适应,这措施也难以推行,即使推行了,对国家也不会有益。韩非子提出的这些理论,反映出其法治思想既具彻底性、坚决性,同时又具有灵活性、实用性。

諸子百家——法家

战国时，惠子给魏惠王制定法令。法令制定完了，拿来让人们看，大家都随声附和着说制定得很好，于是就把法令献给惠王。惠王认为很好，拿来让魏人翟翦看，翟说："好啊。"惠王说："可以实行吗？"翟翦说："不能实行。"

　　惠王说："好却不能实行，这是为什么？"翟翦说，这个法令虽然表面看上去很好，但却不符合实际，所以不能实行。魏王不相信翟翦的意见，还是把国家交给惠子管理。

　　在魏惠王一再强求下，惠子凭着侥幸之心去替魏王管理国家。由于惠子本事不大，所以他治理得很不好。在惠王的时代，作战50次，其中有20次迅速失败了，被杀死的人不计其数，惠王的大将、爱子也被俘虏。惠子治国之术的愚惑，使兵士和人民很疲惫，国家弄得很空虚，天下都指责他的过错，百姓们也都责难魏王，诸侯们更不赞誉他。魏王这时才向翟翦道歉，重新听取翟翦的计谋，把国家保存住了。但是，名贵的宝物已失散到国外，土地被四邻割去，魏国从此衰弱了。惠王由于不能及早听从翟翦的话，而让惠子实施了不符合实际的法令，导致了严重的后果。其根本原因就是违背了"法与时转"的原则。相反，秦孝公由于任用公孙鞅，实施了符合时代发展的新法，而使国家兴盛起来。

　　公孙鞅在秦国，深受秦孝公的重用，经常与他共商国家大事。为了早日实现富国强兵的计划，公孙鞅想在秦国实行变法改革。

　　秦国的贵族都不赞同变法改革。公孙鞅对秦孝公说："对下层人，不能和他们商议开创的计划，只能和他们分享成功的利益。讲论至高道德的人，与凡夫俗子没有共同语言，要建成大业也不能去与众人商议。所以圣贤之人只要能够强国，就不必拘泥于旧传统。"大夫甘龙反驳说："不对，按照旧章来治理，才能使官员熟悉规矩而百姓安定不乱。"公孙鞅说："普通人只知道安于旧习，学者往往陷于所知范围不能自拔。这两种人，让他们做官守法可以，但不能和他们商讨旧章之外开创大业的事。聪明的人制定法规政策，愚笨的人只会受制于人；贤德的人因时而变，无能的人才死守成法。"秦孝公说："说得好！"便任命公孙鞅担当左庶长的要职。

　　于是，公孙鞅开始制定变法的法令。将人民编为五家一伍、十家一什。互相监督，犯法连坐。举报奸谋的人与杀敌立功的人获同等赏赐，隐匿不报的人按临阵降敌给予处罚。立军功者，可以获得上等的爵位；私下斗殴内讧的，以其轻重程度处以大小刑罚。致力于本业，耕田织布生产粮食布匹多的人，免除他们的赋役。不务正业因懒惰而贫穷的人，全家收为国家奴隶。皇亲国戚没有获得军功的，不能享有宗族的地位。明确官职高低、分配房宅、奴仆、衣物的标准。使有功劳的人获得荣誉，无功劳的人即使富有也不能显耀。

　　法令已详细制定但尚未公布，公孙鞅怕百姓不相信，于是在国都的集市南门立下一根长三丈的木杆，下令说："能把此木柱拿到北门去的就赏50金。"有一个人半信半疑地把木杆拿到北门，立即获得50金赏赐。这时公孙鞅才下令颁布变法法令。

　　变法法令颁布一年后，秦国许多百姓前往国都控诉新法使民不便，这时太子也触犯了法令，公孙鞅说："新法不能顺利实行，就在于上层人士带头违反。"太子是国君的继承人，不能给他施以刑罚，便将他的老师公子虔处刑，将另一个老师公孙贾脸上刺字，以示

諸子百家——法家

商鞅变法

惩戒。第二天，秦国人听说此事，都小心翼翼地遵从法令，再也不敢议论法令的是非。

新法实行十年里，秦国国内太平无事，百姓都勇于为国作战，乡野城镇都得到了治理。公孙鞅利用变法，为秦国实现了富国强兵的计划。

公孙鞅由于根据时代发展要求进行了变法，使国家得到了振兴。同样，魏晋南北朝时燕国的国君慕容皝也是由于制定和实施了符合国情实际的政策使得国家得到了发展。

慕容皝建立燕国之初，国力衰弱，人民生产、生活无着落。为求治国之方，他曾花费了大量的精力。一天，他找出了先父的治国遗训，仔细地阅读起来。

其父慕容廆原是鲜卑族的一个首领，祖居辽东一带，西晋元康四年（294年），迁居到大棘城（今辽宁义县西南），东晋元帝时封为鲜卑大单于。先父表面上尊崇东晋，实际上是想借此扩充势力。当时因连年征战，百姓到处流亡，凡来归附的，他都给予妥善的安置，于是四散的流民，前来归附的络绎不绝。慕容廆还起用大批汉族士人处理政事，并倡导礼乐，实行汉化，为向内地发展做了准备。他告诫他的子孙：使用刑罚要慎重，用人要选贤任能，经济要注重农桑，行为要戒酒色……慕容皝看到这里，轻轻点头。从先父的遗训中，他悟出了一个道理：现在的燕国正由游牧转变为农业，当乱世流民逃聚到一处时，不积极解决农业问题，就无法生活下去。为进一步体察民情，他轻车简从，带着几位管理农桑的官员，到郡县去巡视。周游一圈，使他了解到：燕国的土地多为政府掌握着，燕王可以随时调用，而百姓手中既无土地，又无权耕种公田，致使土地大片荒芜。于是慕容皝下令：所有移民和流民，都要实行屯田，国家发给贫民牧牛，如耕种公田，其收成公家得八分，私人得二分；有牛而无地者，也可在公田中耕作，其收成公家收七分，个人得三分。

参军封裕看到这个命令，觉得从事农桑虽然有章可循了，但是这样的规定课租太重，仍然不能鼓励生产。于是向燕王递上一道奏陈，上写道：臣闻圣王治国，贵在执要于己，委务于下。如此，貌似好逸恶劳，实为政体所需。凡任人处事，事先辨其利弊，未雨绸缪，很不容易；但若避难就易，行可行之政，就显得轻松自若了。今茫茫北国，万事待举，首要的是要薄赋税轻徭役，将官田分给百姓，倘若所得收成只抽税十分之一，且寒者给衣穿，饥者给饭吃，使其家庭供给有余，再依靠贤人为农官，将农务管理好，让努力耕田者受赏，耽误农事者受罚，到时不但国家殷富，而且人心安定，国家稳定，大王你也可以少操许多心思了。

　　燕王看过这个奏章,心里暗暗佩服,他对左右说:"封参军讲得很有道理,速令实行。"于是将公田全部分给贫困人家,每户还分给一头牛。百姓们奔走相贺,无不拍手称赞,很快掀起了生产高潮,农桑事业有了很大发展。没过几年,燕国国库财物充实,百姓也安居乐业了。

　　燕王正是由于做到了"法与时转""治与世宜",才收到了很好的功效。

23.法莫如一而固

　　赏莫如厚而信,使民利之;罚莫如重而必,使民畏之;法莫如一而固,使民知之。故主施赏不迁,行诛无赦,誉辅其赏,毁随其罚,则贤、不肖俱尽其力矣。

《韩非子·五蠹》

　　奖赏不如优厚而且讲信用,使人们能贪图它;处罚不如严厉而且一定执行,使人们能害怕它;法律不如统一而且固定,使人们能了解它。所以君主如果施行奖赏不随便变动,执行刑罚没有赦免,再用称赞表扬来辅助他的奖赏,用毁坏名声来伴随他的处罚,那么德才好的人和德才不好的人就都会为君主竭尽力量了。

　　韩非子将老子的思想引申到君主统治策略上,提出君主统治应遵循客观规律,采取虚静无为的统治策略,国家的法纪政策一经确立就应保持其稳定性,以保证国家有一个稳定的环境,使民众能安心从事自己的工作,这样统治者才能维持自己的统治。不根据客观实际,经常变动国家的法令政策,就会使民众难以了解它、适应它,致使民众的生产、生活不得不随之而变动,破坏了国家的稳定,使国家陷于混乱。这是不利于君主统治的。韩非子既强调国家的法令政策应根据时代、形势发展而适时加以改变,又提出法令应有其固定性,从表面看,两者似乎不相一致,但实际上,韩非子所提出的无论是"法与时转""治与世宜",还是"法莫如一而固",都是要求统治者从客观实际出发,根据有利于民众的生产生活,有利于统治者的统治之具体情况而实施,因此,两者其实是相一致的。这些主张表明了韩非子政治思想中尊重客观实际之特点,也是很值得当今制定政策法制、规章制度时借鉴的智谋思想。不尊重客观实际,听凭主观意志,随意更改既定的、民众已经习惯的制度、章程,必然造成混乱。因此法律、政策一旦制定,在符合时势要求的情况下,就应该努力维持其稳定性。

　　汉惠帝统治时,曹参继萧何之后出任相国,治国方略无一变更,全都遵循萧何制定的规章。他挑选郡国官吏中不善辞令、质朴厚道的人,委为丞相史,凡官吏有说话行文过于苛刻、专求虚名者,立即斥退。而自己,一天到晚只喝着美酒,从不料理政务。

　　汉惠帝怪相国曹参不理政事,认为"岂不是在看轻我吗?"就对曹参的儿子曹窋说:"你回家后,私下里试着随便问问你的父亲:'高皇帝新近逝世,当今皇上很年轻,您作为相国,成天喝酒,没有什么主张拿出来和皇上商量,凭什么治理好天下呢?'但是不要说是

諸子百家——法家

我教你这么说的。"

　　曹窋假日回家,找了个机会,用自己的话来劝说曹参。曹参大怒,打了他200下,说:"快进宫去侍候皇帝,国家大事并不是你所应该说三道四的。"

　　到上朝时,惠帝责备曹参说:"对曹窋为什么责打呢? 那些话都是我让他劝告你的。"曹参摘下帽子谢罪,说:"陛下自己觉得圣明英武比得上高皇帝吗?"惠帝说:"我怎么敢与先帝相比呢!"曹参说:"陛下看我曹参与萧何相比谁的德才高呢?"惠帝说:"你好像比不上他。"曹参说:"陛下讲的话很对。高皇帝和萧何平定了天下,法令已经明确制定好了,陛下稳坐天下,我等忠于职守,遵守既定法令而不任意变更,不也很好吗?"惠帝说:"好!你去休息吧!"

　　曹参出任相国后,起用了一批忠厚务实的人,斥免了巧言好名的人,遵循刘邦、萧何所制定的一系列法令规章,继续贯彻"与民休息"的政策。他的这种"无为而治",在当时符合人民反对动乱、渴望生活安定的愿望,也有利于复苏长期战乱之后凋敝的社会经济。

　　曹参的这一治国策略,正是韩非子"法莫如一而固"统治谋略的具体体现。

諸子百家

——

法家

24.其法易为而令能行

　　明主之表易见,故约立;其教易知,故言用;其法易为,故令行。三者立而上无私心,则下得循法而治,望表而动,随绳而斫,因攒而缝。如此,则上无私威之毒,而下无愚拙之诛。

《韩非子·用人》

　　英明的君主所设立的标准容易让人看见,因此他的规约能够在人们心中确立;他的教导容易让人理解,因此他的言论能够被人们运用;他的法律容易做到,因此他的命令能够贯彻执行。这三种情况确立了,而君主又没什么个人的心计,那么下面人就能够遵循法令来办事,这就好像是看着标志来行动,随着墨线来砍削,根据裁剪来缝纫。像这样的话,那么君主就不会滥用个人威势而给臣民造成毒害,而臣民也不会因为愚笨而遭受处罚。

　　韩非子强调奖赏和处罚,法律和规章都应以人力所能为作标准。法律、政策不仅应顺乎时代、国情,还应顺乎人情。刑罚的施行,不能过于广泛,使人们动辄便遭刑罚惩处,这样会招致人们怨恨。同样,奖赏的推行,也不能过于严格,使人无论怎样努力,也达不到其标准,这样,会导致人们失去进取心。奖赏应以人们通过努力能够获得为标准。任何法律措施、政策章程,只有顺应人情、人力所能才能得到推行,也因此才能起到激励民众、惩戒奸邪、治理国家的作用,否则,非但不能起到任何有效作用,反而会带来危害。韩非子从维护君主统治出发对君主提出的这一统治策略,也给今天的一些领导者以启迪,即对于部下、对于他人,制定的规章、提出的要求,应该"留有余地",以使人能做到为准则。

公元前 522 年(鲁昭公二十年)，齐景公患疟疾，长期没有治疗好。各侯国派人来问病的不少。齐景公宠臣梁邱据、裔款对他说："我们对鬼神供奉的祭品比先君更丰富，君主生病，是因为太祝、太史对鬼神不恭敬的罪过，把祝固、史嚚杀了来辞谢宾客吧!"景公听了这些话很高兴，想照着他们的意见办，就去征求晏婴的意见。晏婴说："在过去的弭兵会上，楚人屈建向赵武问及晋人士会的道德状况。赵武说:'他家里事治理得很好，对于国家的事敢于讲话，不徇私情，家里的祝、史祭祀神灵敢说真话，甚至不需要去祈求神灵的保佑。'屈建将赵武的话报告给楚康王。康王赞扬了士会的道德和能干。"晏婴在景公面前之所以提到这事，是要景公学习赵武为人正直，不要一味迷信，不顾人民死活，更不要去杀祝、史。

景公不听晏婴的劝谏，进一步替自己杀人的过错辩护。他回答晏婴说:"梁邱据和裔款都说我能敬献鬼神，只是祝、史不好，所以才打算杀掉他们。"晏婴又说:"要是有德行的君主，内外政事做得很好，上下都没有怨言，祝、史向神灵说话就无愧于心。因此，神灵就接受他们的祭祀，国家受到保佑，祝、史也得到好处，这是因为他们给有信义的君主做和神灵打交道的使者。要是遇着不好的君主，对内对外有偏袒，上下的人都讨厌，行为徇私，聚敛民财，胡作非为，引起天怒人怨，民众诅咒，祝、史说真话是将君主的罪恶告诉神灵，说假话是欺骗神灵。真话、假话都不能说，只有另编一套。这样得罪了鬼神，鬼神不接受祭祀，国家要遭殃，祝、史也不能免于灾难。"晏婴针对齐景公政治上的过失说的这番话，使得齐景公不好再辩解。景公就说，照你这样说，怎样办才好呢?

晏婴最后说:"没有办法了。现在齐国境内，山上的林木，衡麓官守护着;水泽里的蒲草、芦苇，舟鲛官看管着;水草地带的柴草，虞候官守卫着;海里的盐蛤，祈望官管理着。野鄙里的人民，既要替国家服很重的劳役，一些关卡还对他们横征暴敛。在位大夫，接受贿赂，施政无一定的制度，征税无一定限度;还不断新修宫室，淫乐无度;宫内的姬妾任意夺取市上的物品;朝廷里宠臣在野鄙里违法乱纪。君主所想要的东西，不能给予就治罪。民众痛苦，怨声载道，从齐国东方到西方，民众无不咒骂，有少数几个祝、史即便在神灵面前说好话，怎能敌得过千万张口的诅咒。你要诛祝、史是不管用的，只有多做好事才行。"晏婴这番话，直率尖锐，痛快淋漓，道理充足，齐景公听了，满身发热，但也不得不接受，立即让官吏减免税收，去掉关卡，免去放债，减轻了一些剥削。

晏婴对齐景公说这番话，实质上是要齐景公改变法令、政策无一定标准、无一定限度的状况，铲除迫使民众从事不能做到的苛刻政策规定，让他"立可为之法"，据此来避免天怒人怨和不满情绪的增长。齐景公的例子，从反面说明了违背"其法易为"智谋思想的危害。下面唐太宗"贞观之治"的例子，我们则可以看到"其法易为"的好处。

举世闻名的太平盛世"贞观之治"，其首要内容应该是经济上的休养生息、重农养民方略。这一明智有效的统治方略，在武德九年(626 年)李世民与君臣商议"安人理国"措施时有过具体的表述:一是"去奢省费"，二是"轻徭薄赋"，三是"选用廉吏"，四是"使民衣食有余"。

李世民是这样说的，也是这样努力去做的。

贞观元年,李世民想营造一座宫殿,材料都准备好了,但一想到要"去奢省费",就不再兴建了。贞观二年八月,群臣再三建议营造一座高燥的台阁,以改善"宫中卑湿"的条件,但李世民坚决不允许。贞观四年,他曾对大臣们说:"华丽地装饰宫宇,流连忘返于亭台楼阁,虽然是每个帝王的意愿,但奢侈巨耗,是老百姓的祸事,因此不能乱来。"帝王、官府省却了奢侈之事,百姓们也就增加了在自己土地上的劳动时间,生产力自然发展了。李世民还运用《唐律》从刑法上对违令官员予以约束,从而防止了滥用人力,大倡了节俭之风,百姓的生产热情大为提高。

　　贞观年间赋役较严格地执行了"租庸调"法。由于当时的国家远没有隋朝富裕,国库十分空虚,加之阶级矛盾已大为缓和,所以所收的赋税实际上远远超过隋朝。贞观之治的内容不在于减免租赋,而在于防止滥征民力,尤其是坚决反对劳役无时。李世民说:"凡事皆须务本,国以人为本,人以衣食为本,凡营衣食,以不失时为本。"贞观五年,礼部官吏根据阴阳家择取的吉日,要在二月为皇太子举行冠礼。这可是国家的一个重大事件。但李世民想到,二月份正是春耕大忙季节,便不顾阴阳家的说教,宁可屈礼而贵农时,把冠礼改到秋后农闲的十月份举行。唐太宗喜欢狩猎活动,以示不忘武备。但为不违农时,贞观年间7次田猎,都安排在当年的十、十一和十二等农闲月份。老百姓收种得时,加之风调雨顺,人心安宁,虽然交了比隋朝更多的赋税,但感觉上仍觉得是"徭轻赋薄"。

　　李世民就是靠执行顺乎人情,使百姓可以接受、乐于接受的休养生息、重农养民的政策,开创了著名的"贞观之治"。

25.法莫如显

　　法者,编著之图籍、设之于官府而布之于百姓者也。……故法莫如显,……是以明主言法,则境内卑贱莫不闻知也,不独满于堂……

《韩非子·难三》

　　法,是编写进图书中、设置在官府里、公布到民众中去的东西。……所以法没有比公开更好的了,……因此,英明的君主谈起法来,即使是国内那些地位卑贱的人也没有听不到的,不只是传遍整个皇宫殿堂……

　　春秋初期,在以血缘关系为纽带的宗法制度下,统治阶级的内部关系大多用礼而不是用法来调整,而对于"形同畜产"的奴隶,虽然讲"杀"用"罚",但由于他们是可以被任意处置和杀害的"牲畜",所以也就可以"临事制刑,不预设法"。这样,"临事制刑,不预设法"也就成了当时一种传统的法律现象。韩非子在这里明确提出了要改变这种由某个人根据自己的个人臆断临时定刑的"人治"体系,而要公布成文法,并把这种成文法编写成册,公布于众,使法律具有公开性。这一智谋思想,鲜明地站在当时先进的新兴地主阶级立场上,表达了新势力登上政治舞台以后的迫切需要,反对奴隶主贵族垄断法律,随意变无罪为有罪,化有罪为无罪的特权,坚决要求公开法律,制定成文法,以改变"刑不可

諸子百家

法家

知,则威不可测"的旧传统,力求摆脱旧贵族的压迫和宗法制的束缚,无疑具有大思想家的气魄和历史进步意义。在今天,成文法已通行于所有的文明国度。但韩非子认为,法制意识,应该深深地扎根于民众的头脑之中,法律条文应尽可能地明确公布出来,使广大民众都能了解它的智谋思想,仍然有很强的现实意义。

公元前536年(鲁昭公六年),郑人铸刑书,将法令条文铸造在鼎上,公布于众,叫作"刑鼎"。这样,中国历史上终于出现了第一部成文法雏形,第一次使用刑有了文字准则,在一定程度上限制了贵族阶层的某些不法行为。

然而这一历史上的新生事物遭到了传统守旧势力的强烈反对。晋国权臣叔向写信给主持铸"刑鼎"的郑国宰相子产,说:"原先我把你看作我学习的榜样,现在可不那样看了。过去的君主按照习惯来审理案件,没有刑法条文,怕的是民众依据条文争论不已。古时是用义、礼、信来防范民众,聪明的君主、慈惠的师长用德义……来教导民众,民众听使唤,不产生祸乱。若是民众知道有法令条文,对在高位的大臣官员就无所顾忌,敢于以法律条文作为依据跟官员争论,那就不可能治理好国家。"

子产认定制定公开性法律、把刑罚条令让民众明了的必要性和好处,顶住种种责难,坚决要把法律公之于众。他给叔向回信说:"像你所说的长治久安之计,我没有能力做到。我是要解决当前的社会问题。"于是,在我国历史上,第一次公布了法令条文。

公元前513年(鲁昭公二十九年),还是在晋国,晋大夫赵鞅、荀寅带领军队在汝水旁边筑城,同时征收200多斤铁器来铸造一个鼎,把范匄当政时赵盾制定的刑书铸在鼎上,公诸于世。一石激起千层浪。这一举动,在当时也产生了很大的震动,甚至还深深地惊动了孔老夫子。孔子把这一事件视为晋国将亡的征兆,他说:"晋国衰败了,丧失了法度!晋国本应守住开国之君唐叔的规矩来治理民众,卿大夫要按照等级规定办事。这样,才能使民众尊敬身份高的人,地位高的人也才能保持他的地位,贵人和贱人都没有过失,这就是有法度。晋文公就是因有管理爵位的官,在被卢举行军事训练时,重申了祖宗的传统,所以成为霸主。现在抛弃了这种法度,铸造刑鼎,民众只关心鼎上的法律条文,还会尊敬地位高的人吗?地位高的人又靠什么来守住他们的地位和财产!尊卑贵贱的秩序,一被打乱,怎能管理一国政治呢?况且范匄当政时赵盾所制定的刑法,是在夷地进行军事活动时制定出来的,那是搞乱晋国制度的法规,怎能用它来作国家的法典呢?"

当时的许多名士对此都进行了类似的抨击。但事实上,法律条文的公布,客观上强有力地把晋国的法律推到了一个新的阶段。人们可以用法律条文作为量刑的标准,这对贵族的任意胡作非为就有了一定的限制,毕竟是历史的一大进步。

明太祖朱元璋也是一个具有"法莫如显"的智谋思想的统治者。他不仅重视立法工作,而且非常重视法律知识的普及和宣传工作。在明朝建立前夕,他命左丞相李善长和参知政事杨宪、御史中丞刘基、翰林学士陶安等20人议定律令,于十二月制成律285条。法令初行,朱元璋又怕民众一时难以详尽地了解各条法律的内涵,随即指示大理卿周祯等:"设立律条的目的是要使人不要犯法。但田野乡村之民,无法知悉法令的所有内容。

如果出现因不知而误入法网的人，赦免他就等于是废除了法律之威严，严格依法办事就等于要枉杀一大批良民。因此，你们前不久所制定的律令，除了礼乐制度及钱粮法律之外，凡是与民间活动相关的，都应按其类别汇编成册，并用尽可能通俗的语言解释每条法律的含义，颁发到基层郡县，务使民众家喻户晓。"不久，《律令直解》写成了。朱元璋看后非常高兴，说："前几个朝代所用的各种律书，其条文也制定得非常严密，但因为没能让广大民众了解掌握，这样，法律条文不过是官吏们玩弄法律的工具而已。民间不知道法令条文，那就是使天下民众在无知无觉中不断地误入法网。现在，我用《律令直解》颁发民间。使全国人人知晓，这样，犯法的人自然会减少了。"

朱元璋的观点是很有见地的，只有做好法律的宣传和普及工作，使人人通晓，国家才能安定，统治才能巩固。否则，百姓不懂法律，官吏便弄法为奸，徇私舞弊，老百姓也容易误犯法条，使犯罪的现象增加，达不到利用法律来维护社会秩序、巩固封建统治的目的。

26.小信成则大信立

小信成则大信立，故明主积于信。赏罚不信，则禁令不行。

《韩非子·外储说左上》

小的信用成就了，那么大的信用就能树立起来，所以英明的君主不断积累在遵守信用方面的声誉。赏罚不守信用，那么禁令就不能实行。

晋文公攻打原邑，一开始就和士兵们约定攻打原邑的时限为 10 天，10 天之后，即使无功，也要停止进攻，全军返回。因此，晋军实际上也只携带了 10 天的粮食。来到原邑后 10 天了，可原邑还没有被打下来，晋文公便敲锣让士兵们退下来，停止战斗。有个从原邑逃出来的士兵说："原邑再过 3 天就要被攻克了。"于是，大臣们以及旁边的亲信规劝晋文公："原邑内已经粮食耗尽、兵力衰竭了，君主姑且再等一下吧。"晋文公说："我和战士们约定的攻打日期是 10 天，如果现在不离开原邑，这就失掉了我的信用。得到了原邑而失掉了信用，我是不干的。"于是收兵离开了原邑。原邑里的人听到后说："现在有了像这样守信用的国君，可以不归附吗？"于是就投降了晋文公。卫国人听到后说："现在有了像这样守信用的国君，可以不顺从吗？"于是也投降了晋文公。孔子听说后记录这件事说："攻打原邑而得到卫国的原因是守信用。"

晋文公问箕郑说："救济饥荒该怎么办？"箕郑回答说："要讲信用。"晋文公说："在哪些方面讲信用呢？"箕郑说："在名分等方面讲信用。在名分方面讲信用，那么群臣就会忠守自己的职责，各人政绩的好坏就不会超越各自的职责范围而便于考察，所以各种事情不会被怠慢；在做事方面讲信用，那么人们就不会违背天时，百姓就会安分守己干好本职工作；在道义方面讲信用，那么人们亲近的人就会努力实行道义，而远方的人就会归附他了。"

吴起出门，遇见一个老朋友，便邀他到自己家里去吃饭。那朋友说："好，现在你先回

諸子百家——法家

去等我吧。"吴起说:"那我就等您来了再吃。"那朋友到天黑还没有到来,于是吴起也就没有吃饭而一直等着他。第二天早晨,吴起叫人去找这朋友。朋友来了,吴起才和他一起吃饭。朋友感动极了,以后对于吴起的约定,再也不敢有丝毫的违背。

魏文侯和虞人约定了打猎的时间。第二天,正巧碰到天气不好,刮着大风,侍从劝魏文侯不要去了,魏文侯不肯听从,说:"不行。因为风大而失掉信用,我是不干的。"于是就亲自赶着车去了,冒着大风和虞人一起打猎。

曾参的妻子要到集市上去,儿子哭着要跟着她。母亲便哄他说:"你先回家去,等我回来后给你杀猪吃。"曾参的妻子刚从集市上回来,曾参便开始捉猪。他妻子急忙阻止他说:"我只不过是和孩子开开玩笑罢了。你怎么能这样当真呢?"曾参说:"孩子是不能和他开玩笑的。小孩是没有知识的,一切都听从父母的教诲。现在您骗了他,这是在教您儿子骗人啊。母亲欺骗孩子,孩子就不相信自己的母亲了,这是不能用来作为家教的啊。"于是,就把猪杀了煮给孩子吃。

楚厉王有了紧急的情况,就敲鼓,用这种方法来和民众一起防守。有一次他喝酒醉了,错误地打了鼓,民众马上严加戒备。楚厉王就派人去阻止他们说:"我喝醉了而和身边的侍从开玩笑,误打了鼓啊。"民众就都散去了。过了几个月,发生了紧急的情况,楚厉王敲了鼓,但民众却不奔赴前来。他知道他的鼓声已经因为上次的酒醉而失去了信用,只得更改命令,重新明确了信号。这样民众才又开始相信那新的战备信号。

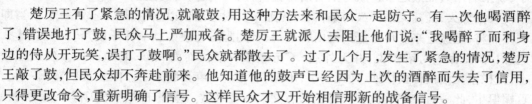

李悝警告左右两个营垒的将士说:"你们要谨慎地戒备! 敌人不久将要来袭击你们。"像这样的警告重复了好几次而敌人没有来,两个营垒中的将士就松懈了,不再相信李悝,结果吃了一次大败战。过了几个月,秦国人来袭击他们。李悝与秦军展开了激战。李悝对左边营垒中的将士诈称说:"快冲上去! 右翼已经冲上去了,再不快点你们就抢不到头功了!"又快马加鞭赶到右边的营垒中说:"左翼已经冲上去了!"左右两个营垒中的将士都回答说:"我们一定也冲上去。"于是两个营垒的将士都争先恐后地冲了上去。战斗结束后,两个营垒的将士又都知道李悝骗了他们,也就更加不信任李悝了。第二年,秦国人又来袭击。秦军一到,李悝的部队几乎全军覆没。

鲁哀公对孔子说:"我听说古代有个名叫夔的人只有'一足'(一只脚),他果真只有'一足'吗?"孔子回答说:"不是的,夔并不是只有一只脚。夔这个人残暴狠心,人们多半不喜欢他。虽然如此,但他还是好好地活着。他之所以能够避免被人伤害,是因为他守信用。人们都说:'独此一足矣',意思是说'单是有这一点就足够了',并不是说他只有一只脚,而是说他有了这一个优点就足够了。"鲁哀公说:"他能这样慎重地守信用,当然有这一点就足够了。"

周幽王的褒姒娘娘国色天姿,却从未对幽王开颜一笑。幽王一是觉得褒姒笑起来一定是更加漂亮动人。二是为了使她开心,特地招来乐工鸣钟击鼓,品竹弹丝,歌舞进觞,然而褒姒依旧全无悦色。幽王问:"爱卿厌恶音乐吗? 最喜欢什么?"褒姒说:"妾无好也。只是记得以前曾用手撕裂丝绸的声音,倒是清脆爽然,略可一听。"幽王一听,赶紧说:"既喜闻裂帛之声,何不早言?"即令每日给褒姒百匹彩帛,派力气大的宫娥天天撕给她听。

可是褒姒虽然喜好听这种声音,但依旧没有笑容出现。幽王问:"卿何故不笑?"褒妃说:
"妾生平从未笑过。"幽王见她这样一说,更想让她一笑。于是下令:"不论宫内宫外的人
等,有能使褒姒笑一笑的,当即给予千金之赏。"虢石父献计说:"先王昔年因西戎强盛,担
心他们突然袭击,便在骊山之上,设置了20余所烟墩、数10架大鼓。只要有贼寇入侵,就
放起狼烟,敲响大鼓。浓烟直冲霄汉,鼓声直达数10里。附近诸侯见烟、闻鼓,就会很快
发兵赶来救驾。现在数年之中,天下太平,烽火皆熄。吾主如果要王后褒姒开颜而笑,不
妨一同前往骊山游玩,然后在夜间,猛地举起烽烟,擂响大鼓。诸侯救兵必至,救兵来了
却不见敌寇,王后就一定要大笑不止了。"周幽王说:"此计甚妙!"便要依计行事。郑伯友
劝谏说:"那烟墩是先王用来防备紧急情况、取信于诸侯的东西。如果无缘无故地举起烽
烟,那就是戏弄诸侯、自害信物了。他日一旦有什么不测情况,即使再举烽烟,诸侯就再
也不会相信了。那么大王就没有用以救急之兵了!"周幽王不听,反而说:"如今天下太
平,哪来的用兵征战之事! 朕与王后出游骊宫,无可消遣,聊与诸侯一戏又有何妨?"于是
当夜大举烽火,猛擂大鼓。鼓声如雷,火光烛天。附近诸侯以为京城有变故,一个个当即
领兵点将,迅速赶来。可是赶到骊山脚下,只听到幽王与褒姒饮酒作乐的声音,哪有什么
寇患! 幽王派人对诸侯说:并无外寇,不劳跋涉。诸侯面面相觑,卷旗而归。褒姒在楼
上,凭栏望见诸侯忙去忙回,并无一事,不觉"扑哧"一声笑起来了。幽王说:"爱卿一笑,
百媚俱生,此虢石父之功也!"当即给虢石父以千金之赏。幽王千金终于买得了美人的一
笑,然而从此使烟墩大鼓失去它们原有的报警求救之信用,再也不能凭它们招来诸侯的
救兵了。后来京城屡遭犬戎洗劫,不得不东迁洛邑。而周朝东迁洛邑,也就意味着西周
王朝的结束,天子权威的一落千丈。

　　齐国攻打鲁国,索取鲁国的岑鼎。鲁君把另一只鼎送到齐国。齐侯不相信,把它退
了回来,认为不是岑鼎,并派人告诉鲁侯说:"如果柳下季认为这是岑鼎,我愿意接受它。"
鲁君向柳下季求助。柳下季答复说:"您答应把齐侯想要的岑鼎送给他,为的是借以使国
家免除灾难。我自己这里也有个'国家',这就是信誉。毁灭我的'国家'来挽救您的国
家,这是我难以办到的。"于是鲁君就把真的岑鼎运往齐国去了。柳下季就是这样赢得了
他名震四海的信誉的。

27.外举不避仇,内举不避子

　　群臣公举,下不相和,则入主明。……外举不避仇,内举不避子。

《韩非子·外储说左下》

　　群臣为公推荐人才,臣子之间私下没有亲密关系,那么君主就能明察。……推荐外
人时连自己的仇人也不回避而加以推荐,推荐家人时连自己的儿子也不回避而加以
推荐。

　　韩非子提出,君主应该在臣子间提倡一种为公举荐人才的风气,不能将私怨带入公
门,不能把私人感情带到为公办事上。要做到"举贤不避仇,举贤不避亲",臣下之间如果

諸子百家——法家

没有一点私人感情关系，凡事都出于公心，就不会结成朋党，不会私下勾结来欺瞒君主，而君主对下边的情况也就能明察了。尽管韩非子在这里是从维护君主统治权力出发提出的一种统治谋略，但是，出以公心举荐人才，"举贤不避仇"，"举贤不避亲"，对于维护国家利益，保持政治清明，确实是一种很好的方法。

　　中牟县没有县令。晋平公问赵武说："中牟，就像我国的大腿和胳膊，又像是邯郸的肩胛骨。我想找一个治理中牟县的好县令，派谁才行?"赵武说："邢伯子行。"平公说："他不是您的仇人吗?"赵武说："私人的仇怨我不把它带到君主的朝廷上来。"平公又问道："宫中内府的官吏，派谁去好呢?"赵武说："我的儿子行。"所以有人这样评价赵武："对外人推荐时不回避自己的仇人，对家族内的人推荐时不回避自己的儿子。"赵武所推荐的46个人，等到赵武死的时候，来吊唁时都到宾客的席位上就座，他就像这样没有私人之间的恩情。

　　晋平公问祁黄羊说："南阳缺个县令，谁可以担任这个职务?"祁黄羊回答说："解狐可以。"平公说："解狐不是你的仇人吗?"祁黄羊回答说："您问谁可以担任这个职务，不是问谁是我的仇人。"平公称赞说："好!"就任用了解狐。国人对此都说好。过了一段时间，平公又问祁黄羊说："国家缺个军尉，谁可以担任这个职务?"祁黄羊回答说："祁午可以。"平公说："祁午不是你的儿子吗?"回答说："您问谁可以担任这个职务，不是问谁是我的儿子。"平公称赞说："好!"就任用了祁午。国人对此又都说好。孔子听说了这件事，说："祁黄羊的这些话太好了! 推荐外人不回避仇敌，推举家人不回避儿子。"祁黄羊和赵武都可以称得上公正无私了。

　　不以亲、仇的私人感情来影响举荐贤才，这种事例在国外也屡见不鲜。

　　1796年初，约翰·昆西·亚当斯在海牙任美国驻荷兰公使。到伦敦后，他得知父亲已当选总统，并改任他为美国驻普鲁士公使。这位年轻的外交官得知这个消息后，心里很不愉快，他在给总统父亲的信中写了一则在伦敦听到的逸闻：路易十四的宫廷里有一位驻外使臣很蠢，笨得令人吃惊。于是人们说："这一定是某位大臣的亲戚。"年轻的亚当斯说："我决不愿意让别人认为我也是这样。"亚当斯总统读了这则轶闻后大为恼火。"大臣的亲戚，"他高声说："我希望那帮愚蠢自负的年轻人不要把美国总统称为'大臣'。"接下来，他对儿子不愿接受新的任命进行了批评。他说，当初他对这一任命也是有所顾忌的，但华盛顿说约翰·昆西·亚当斯是我们"外交官中最优秀的一位"，并坚持认为，新任总统"不应当因为他是自己的儿子就不敢正当提拔任用"。父亲劝儿子说："你不赞成总统委任自己的儿子，是因为你信奉了一条经不起检验的原则。这是个虚伪的原则，一个不公正的原则。总统儿子和其他公民享有同样的自由、平等和法律所赋予的各种权益。"这样，儿子才服从了任命。

　　约翰·亚当斯，美国第二届总统。其子约翰·昆西·亚当斯是美国第六届总统。当约翰·亚当斯就任总统时，其子已经被华盛顿任命为驻海牙公使并在外交界享有很高的声誉。约翰·亚当斯并没有因为他是自己的儿子就不敢对他提拔任用，而是根据他的才干提升他到更重要的柏林公使馆。在古今中外的历史上，人们熟知许多任人唯亲、滥用职权的事例，但亚当斯父子的故事却不能不使人想到问题的另一面：领导人的子女不应拥有被优先提拔重用的特权，但是否因此他们应该被打入另册，而使其才能被埋没呢？这个问题不只对领导者，对每一个人都是值得深思的。其实，中国三千年前就已经解决了这个问题：只要德才兼备，纵使父子兄弟也不必回避，该任命就任命，这就是韩非子所提倡的"内举不避亲"。

马歇尔从个人感情上是很不喜欢麦克阿瑟的。麦克阿瑟喜欢自我吹嘘，爱出风头，桀骜不驯，往往惹人生厌。第一次世界大战中，马歇尔所在的潘兴总部曾计划解散麦克阿瑟的"彩虹师"，麦克阿瑟对此一直耿耿于怀，时刻寻找机会报复。在出任陆军参谋长时，他曾对马歇尔有过很不公正的待遇，影响了马歇尔的晋升。

麦克阿瑟

第二次世界大战中，美国参战后便制定了先欧洲后亚洲的战略，即首先集中力量和英国一道打垮德国纳粹，然后再转而对付日本人。此外，由于日本人偷袭珍珠港得逞，日本在太平洋上取得了军事优势，控制了通往菲律宾的海上和空中通道。这种形势意味着美驻菲军队总司令麦克阿瑟及其部下将战死在菲律宾。对于麦克阿瑟的这个不幸前景，华盛顿的许多高级将领都心照不宣。

如何对待麦克阿瑟及美驻菲军队总司令部的官兵，这对于身为陆军参谋长的马歇尔来说是一个必须处理的问题。

尽管马歇尔与麦克阿瑟关系冷淡，有过私人恩怨，然而，他没有感情用事。他认为，麦克阿瑟是当代一位杰出的军事统帅，如果坐视不救，将是美国的重大损失。因此，他没有计较过去的恩怨，而是采取理智和豁达的态度，决定全力解救麦克阿瑟，使其死里逃生。

他先从陆军经费中拿出一笔钱组织船队偷越日军设置的海上封锁线，给被围困在菲律宾的美军运送给养。为击退不断空袭的日本轰炸机，他又命令航空兵司令阿诺德将军千方百计把驱逐机运往菲律宾。

他也预见到菲律宾肯定要被日军占领的形势，主张尽量避免麦克阿瑟战死的悲剧。他找到罗斯福，真诚地要求说："总统先生，为了我们美军的荣誉和未来战争的胜利，我们必须命令麦克阿瑟离开菲律宾。前往澳大利亚，以便在未来的战斗中任太平洋联军总司令。"

尽管罗斯福一向不喜欢麦克阿瑟，然而，马歇尔却是罗斯福深为信赖的人。经过一段时间的考虑后，他还是同意了马歇尔的建议授权他处理此事。

在菲律宾已经是朝不保夕的情况下，马歇尔首先以总统名义命令麦克阿瑟撤离菲律宾，前往澳大利亚。

以后的事实证明了马歇尔的做法是正确的，麦克阿瑟为太平洋战争的胜利立下了不朽的功绩。而如果马歇尔不是以正确的态度来解决此事，那么必定会给美国带来重大损失。

三、理政智慧

1.兴举德政

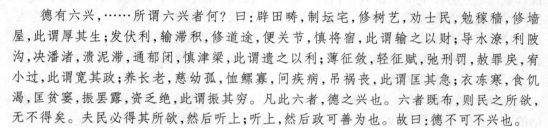

德有六兴，……所谓六兴者何？曰：辟田畴，制坛宅，修树艺，劝士民，勉稼穑，修墙屋，此谓厚其生；发伏利，输滞积，修道途，便关节，慎将宿，此谓输之以财；导水潦，利陂沟，决潘渚，溃泥滞，通郁闭，慎津梁，此谓遗之以利；薄征敛，轻征赋，弛刑罚，赦罪戾，宥小过，此谓宽其政；养长老，慈幼孤，恤鳏寡，问疾病，吊祸丧，此谓匡其急；衣冻寒，食饥渴，匡贫窭，振罢露，资乏绝，此谓振其穷。凡此六者，德之兴也。六者既布，则民之所欲，无不得矣。夫民必得其所欲，然后听上；听上，然后政可善为也。故曰：德不可不兴也。

《管子·五辅》

德政有"六兴"，这"六兴"是什么呢？回答说：开辟田地，建造住宅，培训技艺，劝导士民，鼓励耕作，修缮房屋，这叫作改善民众的生活；开发潜在财源，均输积压物资，修筑道路，便利贸易，注意商旅往来，这叫作给人们输送财货；疏导积水，修通水沟，挖开回流浅滩，清除泥沙淤滞，打通堵塞河道，注意渡口桥梁，这叫作给民众提供便利；薄收税租，轻征捐赋，宽减刑罚，赦免罪犯，宽恕小过，这叫作对人们实行宽政；敬养老人，慈恤孤幼，救济鳏寡，关照疾病，吊慰祸丧，这叫作救急救难；给衣服予寒冷的人，给饮食予饥渴的人，救助贫陋，赈济破败人家，资助一无所有的人，这叫作救助穷困的民众。这六个方面，都属于兴举德政。这六项能付诸实施，人民所要求的也就没有得不到的了。民众的要求只有得到满足，然后才能够听从君主的；人民听从君主，然后政事才能办好。所以说，"德"是不可以不兴举的。

兴举德政是管子法礼并用智谋的重要组成部分，管子提出德、义、礼、法、权等治国理朝的五项措施，并把"德"放在五项措施的首位，可见管子对兴举德政的重视。兴举德政的几个方面概括起来，就是为政要宽和，体察民情，顺应民意，予民实惠，以德服众。

据《论语》记载，孔子曾多次讲要"为政以德"。的确，古今中外有政治头脑的统治者，都深深懂得德政在巩固统治、行使权力上的重要性；自古以来，人民群众也无不拥护德政，爱戴有德行的执政者。中国汉代的黄霸就是这样一位受民众拥戴的人。

黄霸，字次公，出身于富豪家庭。在汉武帝末年开始做官，历经昭、宣二帝，以"外宽内明"为时人所称道,被赞为汉代"循吏之首"。

黄霸在武帝时为太守丞,就已经使"吏民爱敬";在昭帝时,以"宽和为政"而出名;宣帝时,又以"外宽内明得吏民心"。由于政绩突出,他被任命为京兆尹,掌治京师地区。后因征民夫修道没有请示上报和调征军马不足,被人告发,降为颍川太守。黄霸虽然遭受此次波折,但在到位后,一如既往,前后历时8年,兴举德政,把颍川郡治理得物阜民安,一派兴旺。宣帝曾下诏称赞道:"颍川太守黄霸,治理地方,办事认真,能够把恩泽诏书下布民间,使百姓都能重视教化。因此在颍川郡出现了父慈子孝、兄友弟恭、夫和妻顺、朋友有信等良风美俗;耕田之人相互让地让水,和睦相处,共同努力从事农桑生产;盗贼灭迹,路不拾遗。他能够关心人们的疾苦,救济鳏寡,扶助贫苦;社会治安极好,八年内狱中没有重囚犯。官民上下均重教化,言行循理。这样的官员,可谓贤人君子。他就是《书经》中所说的'最好的股肱辅佐之臣'啊!"宣帝还赐给黄霸关内侯的爵位,奖给黄金百斤,提高品级俸禄。同时,对颍川郡中凡讲求德行,孝悌和顺的民众,以及"三老"(掌管教化的乡官)、力田(耕田有贡献的人),也分别赐给爵位。赏予绵帛。全郡皆大欢喜。

"德政"首先表现在为官者自己身正上。《论语》说:"政者,正也。子帅以正,孰敢不正?"然而,"兴举德政"作为一种理政谋略,其内涵则不止于此。它除了为官者以清正廉洁的官风去感化民众外,更主要的还在于用体谅民情、宽和待民、为民办实事等方式,征服民心。黄霸的德政做到了这一点。他除了对民众宽和为政外,对属下官员也能爱护、关心、体谅,并以身作则,带动下属官员努力为民众办好事。在颍川任太守时,一位姓许的县丞年老耳聋,代表太守督察县乡的督邮提出要免去这位老县丞的职务,当督邮向黄霸提出这一建议时,黄霸当即指出:"许县丞是一位廉洁奉公的官员,虽然年事已高,但对日常的事务,都能做得周到、细致,从没有误过事,为什么不可以继续干下去呢?何况,他年纪较大,更要多关心、帮助他,切不可伤害了廉洁官员克己奉公的忠心。"当有人问黄霸为什么要这样处理官吏时,他说:"经常更换长吏,会给工作造成被动和损失,会增加送老迎新的费用,同时也会发生新旧官员交替接管中奸吏从中盗取官物的现象,这样就会使官府财物在明暗之中损失太大,而这些财物又是出之于民,无形中增加了民众的负担,影响民众的生活。而且,更换来的长吏,也未必是能够奉公守法的得力人员,可能还不如原先的官吏,其结果,就使官吏的更换违背了既定的目的。管理各类属吏的办法,应该是以温良有让为本。官吏的更换,只能是清除那些奸佞之徒。"黄霸就这样奉公循理,温良有让,从而既能服众,又深得人心。

黄霸还把兴举德政当成维护君主权威,获取百姓信任的方式。他的这一做法,虽然反映出封建官吏的历史局限性,但同时也揭示了下属官员"兴举德政"必须遵循的原则。这对于为官者是更具启迪意义的。黄霸经常挑选能干的人员,派他们到管辖的各地去,向民众宣传皇帝减轻人民负担的"恩泽诏令",使百姓都知道皇帝要推行治民的宽和政策,减轻徭役和赋税,重视农业生产。为了推行"圣意",黄霸在所辖之地具体规定:驿馆和乡官等,都要饲养鸡、猪,用以救济没有生活能力的鳏寡贫穷者。当民众的生产和生活条件有所改善后,他又着手推行教化,健全管理地方的乡官,设置父老(掌教化)、师帅(管治安)、伍长(管民户)等,鼓励人们向善除恶,努力耕桑,节俭持家,都要种树,饲养家禽牲畜,使自己能够过上丰衣足食的生活。史书多处称赞黄霸:"自汉兴,言治民吏,以霸为首。"

2.张"四维"以行君令

国有四维,一维绝则倾,二维绝则危,三维绝则覆,四维绝则灭。倾可正也,危可安也,覆可起也,灭不可复错也。何谓四维?一曰礼,二曰义,三曰廉,四曰耻。礼不逾节,义不自进,廉不蔽恶,耻不从枉。故不逾节则上位安,不自进则民无巧诈,不蔽恶则行自全,不从枉则邪事不生。

《管子·牧民》

维系国家存在有四条巨绳,断了一条国家就会倾斜,断了两条国家就会有危险,断了三条国家就会颠覆,断了四条国家就会灭亡。倾斜了可以扶正,有危险可以挽救,翻覆了可以再起,只有灭亡了就不可收拾。什么叫作"四维"呢?一是礼,二是义,三是廉,四是耻。有了礼,人们就不会超越应当遵守的规范;有了义,人们就不会妄自追求进取;有了廉,人们就不会隐蔽过错;有了耻,人们就不会趋从坏人。而当人们不超越规范,为君者的地位就会稳固;人们不妄自求进,也就没有巧谋欺诈的活动;人们不掩饰过错,行为就自然端正;人们不趋从坏人,邪恶的事情就不会发生了。

管仲在国家管理上,十分重视教化,强调社会的德育工作。他提出的"四维"智谋,就是一个说明。管仲还指出,"四维张则君令行","四维不张,国乃灭亡",把道德教化作为治国的首要任务。这从一定意义上可以说是开"德教为先"思想之先河。

《史记·商君列传》中说,"恃德者昌,恃力者亡"。其实,这是古往今来统御术的真理。只有以德行治天下,才能使天下之人真正归附自己;心悦诚服地听从自己的命令。相反,以武力服人,虽然暂时也可能征服一些人,但最终是难以征服人心的。这样,政令的实行,就必然会大打折扣。新加坡是亚洲著名的现代化城市国家。新加坡经济的腾飞,是与其重视对国民的社会教化分不开的。80年代以来,新加坡政府一直致力于培养新加坡人的国家意识。弘扬以儒家思想为核心的东方传统文化,并着手建立一套全体新加坡人都能接受的、具有主导意义的、"钦定"的价值观体系。

确定共同价值观构成要素的工作,早在1988年就已经开始。1988年10月,新加坡第一副总理吴作栋正式提出发展"国家意识"的建议,他把"国家意识"称之为"各个种族和所有信仰的新加坡人都赞同并赖以生存的共同价值观"。有人称吴作栋此时已代表新加坡政府为建设共同价值观运动剪了彩。

1991年1月,在经过国会内外的广泛讨论后,政府发表白皮书,提出了5点内容,作为尚在建设中的新加坡共同价值观的基础,即一、国家至上,社会为先;二、家庭为根,社会为本;三、关怀扶持,同舟共济;四、求同存异,协商共识;五、种族和谐,宗教宽容。5种

诸子百家——法家

公共价值观的核心精神是通过各种社会构成之间的和睦、和谐,来维持和促进国家的稳定。国家作为各种社会构成之上的总代表,扮演着积极主动的协调者的角色。

张"四维"以行君令,以德教治理天下,并不是一个空洞的纲领,也不是一种抽象的价值取向。作为一个理政谋略,它是与一系列具体举措相关联的。这里,要张"四维"行"德教",首要的是在宏观上要造成这种氛围。新加坡就十分重视社会环境治理这一促进社会稳定、推动经济发展的重要环节,政府针对人们国家意识淡漠、不守公德、不遵守公共秩序,享乐主义、黄潮、吸毒等现象,开展了"培养国家意识运动""礼貌运动""敬老尊贤运动""睦邻运动""搞好社会秩序运动""整治治安运动"和"廉政运动",等等。新加坡还注意对外来文化的审查,凡是危及国家利益和可能导致人民道德败坏的东西,都不让进口,或限制其进口量,使负面影响限制在最小的范围。他们甚至对蓄发过肩的"嬉皮士"之类的外国游客,也以不符合新加坡的文明准则为由,拒绝入境。

新加坡在推行社会教化过程中,尤其强调政府执法严厉,廉洁奉公。"高效而廉洁"是举世公认的新加坡政府的特色。新加坡在政府内阁中设的廉政公署,专门负责调查政府官员的营私舞弊行为。政府规定,官员不能接受任何形式的馈赠,否则一经查出,便以贪污论处。为了树立并维持廉洁的政风,政府还对官员进行严格的考核、监督。例如,在任用一名官员时,除对其学历、经历要求合格外,还必须对其家庭背景预先调查;政府对在职官员的私人财产,包括不动产、银行存款、股票、贵重珠宝,等等,都要有详细记载,以供核查,此后如果官员的私人财产有所增加,必须说明其合法合理的来源,否则,就有不当得利的嫌疑。

"张四维以行君令"智谋不仅在国家治理上广为运用,而且,也是个人为官理政的重要谋略。中国古代有一位官吏,名叫鲁恭,就一向注重以道德感化百姓,从不以势压人,并且因此创造了很好的政绩。

鲁恭在任中牟令时,遇到农户争讼田地一案。这一案子,前几任县令都曾审断过,但都未完全了断。鲁恭接案后,仔细分析了案件的原委,在为双方评判是非曲直时,晓之以理,动之以情,使大家心服口服。判决后,涉案双方觉得为些许田地相互争执,实在不应该,从此大家相处和睦。又有一次,亭长手下的人借了别人的牛,迟迟不肯归还,牛的主人便向鲁恭告状。鲁恭查明真情后,找到亭长,请他让手下的人将牛还给其主人,可是,那借牛的人就是不还。此事使鲁恭大伤脑筋,他自责社会教化工作没有抓好,还准备引咎辞官。这一情况,让亭长知道了,亭长十分惭愧,不但令手下的人立即归还了牛,自己还向鲁恭负荆请罪,坦言手下人不还牛是因他在从中作梗,充当后台,同时,亭长向鲁恭表示,以后再也不做这种蓄意侵吞别人财物的勾当。

鲁恭以教化治民的举措,百姓们交口称颂。后来,越传越神奇。有一年,河南闹蝗灾,庄稼都遭害,可是中牟的作物长得很好,百姓们附会说,鲁恭的德政感动了神灵,蝗虫也就绕道而行了。此种传说传到了上司耳中,上司专门派人来调查鲁恭的政绩。这天,鲁恭陪同调查官员来到田间,坐在一棵桑树下休息。此时,有一只山鸡走过来,在鲁恭身边停下,山鸡后面跟着一个小男孩。调查官员问小孩:"怎么不把这只山鸡抓住呢?"小孩回答说:"这只山鸡正在那边孵小鸡,我不忍心去抓它。"那位调查官员听了小孩的话,惊讶地站起身来,和鲁恭道别,并说:"这次奉命来调查你的政绩,亲眼看见三件奇异的事情:害虫没有侵犯你的管辖地区,这是第一件异事;你的教化能施及鸟兽,这是第二件异事;连小孩子都有仁爱之心,这是第三件异事。有这三件奇异的事情为证,我再停留在这里,就是给你这位重贤德教化的人添麻烦了。"

3.集天下之心虑之

目贵明,耳贵聪,心贵智。以天下之目视,则无不见也;以天下之耳听,则无不闻也;以天下之心虑,则无不知也。辐凑并进,则明不塞矣。

《管子·九守》

目贵在于明,耳贵在于聪,心贵在于智。利用天下人的眼睛看东西,就没有看不到的事物;利用天下人的耳朵听东西,就没有听不到的信息;利用天下人的心智思考,就没有理解不了的问题。正因为这样,所以,集中大家的智慧和力量共同行事,就能得到明智,而不会受蒙蔽了。

作为领导者,善于倾听多方意见,善于利用多方力量,这既是一个领导艺术问题,也是一个领导智谋问题。管子从统御天下、称霸诸侯的角度,提出"集天下之心虑之"的谋略,揭示了执政者理政制胜的法宝。执政者如果真正能做到集中天下人的聪明才智,就不仅能保持决策的明智,而且没有办不好的事情。

"集天下之心虑之"的谋略,包含着深刻的方法论意义。因为,个人的认识总是有限的,即使是高明的领导者,也不能单靠自己的智慧就能制定出一套达成大事的行动方针,因此,必须集中群众的智慧,遍采众人之长,才能做出科学的决策。

《三国志·董和传》云:"(诸葛)亮后为丞相,教与群下曰:'夫参署者,集众思,广忠益也。'"宋代许月卿曾写有这样的诗句:"集思广益真宰相,开诚布公肝胆倾。"这些关于集思广益的论述,既是对管子"集天下之心虑之"谋略的发展,也是自古以来执政者从实践中总结出来的至理名言。明太祖朱元璋是一个农民出身的皇帝,小时候当过放牛娃,后来出家做和尚。拉起起义队伍后,他认真听取属下意见,集思广益,并十分注意笼络众人,给他们以优厚待遇,专门为他们建立"礼贤馆"。正是"礼贤馆"的众谋士提出的一系列谋略,使朱元璋一步一步走向成功。

"集天下之心虑之"的谋略,不只是在于集中各种智慧,更重要的是在于广开言路,善于倾听各种意见,包括那些反面的意见。俗语说:兼听则明,偏听则暗。只有在充分民主的基础上,才可能真正实现决策的科学化。这就是现代社会决策民主化同决策科学化的辩证统一。

4.慈爱百姓,厚施德惠

桓公问治民于管子。管子对曰:"凡牧民者,必知其疾,而忧之以德,勿惧以罪,勿止

诸子百家——法家

以力。慎此四者,足以治民也。"……桓公曰:"善哉! 牧民何先?"管子对曰:"有时先政,有时先德。骤风暴雨不为人害,涸旱不为民患,百川道,年谷熟,籴贷贱,禽兽与人聚食民食,民不疾疫。当此时也,民富且骄。牧民者厚收善岁以充仓廪,禁薮泽,先之以事,随之以刑,敬之以礼乐以振其淫。此谓先之以政。骤风暴雨为民害,涸旱为民患,年谷不熟,岁饥籴贷贵,民疾疫。当此时也,民贫且罢。牧民者发仓廪、山林、薮泽以共其财,后之以事,先之以恕,以振其罢。此谓先之以德。其收之也,不夺民财;其施之也,不失有德。富上而足下,此圣王之至事也。"桓公曰:"善。"

《管子·小问》

桓公向管仲咨询治民的方略,管仲回答说,凡是治理民众的人,必须知晓民众的疾苦,并且厚施德惠,不用刑罪恐吓,不用强力禁制。注意这四个方面,就能够治理好民众了。桓公觉得管仲讲得很好,于是又问,治理民众以什么事为先呢? 管仲回答说,有时可以先施以政,有时可以先施以德。当没有狂风暴雨形成灾害,没有干旱水涸形成祸患的时候,河流通畅,五谷丰登,粮价低贱,家禽与牲畜同人一起吃粮食,民间也没有疾病和瘟疫。在这个时候,民众富裕而且有骄气。治理民众的人就应大量收购丰年的物产来充实国库,禁止山泽的采伐和捕获,先抓好政事,随后抓刑罚,并用礼乐来劝诫人们消除淫邪风气。这就叫作先施以"政"。如果遇上涝、旱灾年危害民众,成为民众的祸患,此时五谷不收,粮食价格高,民众又出现疾病和瘟疫,在这种情况下,人民穷困而且疲惫。治理人民的人就应开放国库、山林和河泽,以与民众共享这些资财,而后谈政事。先施宽厚,以消除民众的疲惫困苦。这就叫作先施以"德"。在丰年收聚物产时不强夺民众之财;在荒年施与民众财物时,又不失德惠。君上富有而民众满足,这是圣明君王所实行的最好的策略。桓公听了管子的一席话,连连称好。

"慈爱百姓,厚施德惠"谋略,既是管子"兴举德政"智谋的重要组成部分,也是管子"以民为本"思想的具体体现。只有看到了民众的本位作用,才能对百姓表现出慈爱;只有从德政出发,才能对民众施以惠德。管子还认为,普遍施爱而无所遗弃,这才算得上君主的胸怀。同时,君主如果白天晚上都为民众谋利,那民众也就会顺利地完成自己职责所规定的任务。这就是"慈爱百姓。厚施德惠"谋略的意义。

金世宗完颜雍是金朝第四代皇帝,中国古代史上著名的政治家,曾获得"小尧舜"的美称。他当政时,接受海陵王败亡的教训,"以仁易暴",在国家治理上推行"仁民"策略,给百姓以实惠,使金朝的经济文化得到迅速发展。其具体做法主要有以下几点:

一、放奴。完颜雍即位不久,就采取了解放奴隶、发展生产的措施。辽代推崇佛教,寺院的领户称为二税户。进入金朝,二税户大多沦为寺院的奴隶。大定二年,金世宗下令放免全国的二税户,使他们获得解放,成为国家的编户齐民。对于当初随从契丹搞叛乱的人,包括奴婢在内,只要是主动归顺朝廷的,一律赦其罪过,归为良民。同时,还多次下令放免宫廷奴婢和内外官员家庭所属的私奴,使大批奴隶获得了平民身份,从而解放

诸子百家——法家

了生产力。

二、均地。北方地区连年战乱，再加上豪强贵族无限制地兼并土地，使普通农民无田可耕，生活艰难。针对这种情况，金世宗果断下令，权豪之家最多只准保留10顷私人土地，多余的土地一律收归国有，或租给无地的农民耕种，或直接分发给农民。还召集闲散游民，由政府拨给他们土地，让他们安定下来致力于生产。对发生自然灾害的地区，金世宗实行赈救、免税的政策；并在全国各地兴建水利工程，多次治理黄河。这些措施的推行，使北方地区的农业生产迅速得到恢复和发展。

三、宽慈。金世宗施行"仁民"的宗旨，是为了求得社会的安定，使社会在安定中稳步发展。他主张对老百姓要宽慈，要爱护。他曾经对大臣们这样说："朕常常担心因重敛使百姓们困苦不堪。"为了使他的"德治"策略贯彻落实到实处，他还在组织措施上特别注意县令的提拔。他认为，县令是最亲近、接近民众的，必须选拔任命贤才。有一次，尚书省拟奏宗室的完颜阿可为刺史，世宗阅奏章后认为阿可年纪太轻，不适宜担任刺史职务，并批评尚书省的官员说："一郡之守，关系到千里百姓的休戚，如果郡守任非英才，一郡的百姓怎么办？"

四、节用。金世宗崇尚节俭，在封建帝王中是不多见的。然而他躬行节俭之风，在很大程度上是从爱民的角度出发的。大定二年四月，为了改变海陵王时期皇宫中奢靡的风气，下诏减御膳及宫中食物之半；大定六年，他又下诏禁止宫中陈设涂有黄金的饰品，并禁止宫人穿用金线做的衣服，宫中不搞大规模的土木工程，宫中小规模的修建，则从宫人的费用中支拨。大定九年，尚书省就越王、隋王两位皇子的王府要建官室，需征役民夫一事上奏，世宗当即批评说："朕宫中的竹树枯死了，想命人再种植新竹，还担心劳动了别人。两王府都各有僚属仆从，为什么还要役使百姓呢？"遂驳回了奏疏。世宗曾对随人说："朕如果想使饮食丰盛，每天宰杀50只羊也能办到。但是，一想到浪费的都是百姓的血汗，就于心不忍。"元妃李氏病逝，世宗前往兴德宫参加葬礼，在路上见街市十分冷清，便对随行的大臣们说："让百姓照常营业吧！不要因元妃的丧事而影响百姓的生计。"还有一次，世宗因事驾幸兴德宫，朝官们都请他走较便捷的蓟门，但世宗怕出行的队伍妨碍了市民的生业，命令改道而行。

金世宗行"慈爱百姓、厚施德惠"的智谋，在国家治理上获得了极大的成功。《金史》赞颂他："久典外郡，明祸乱之故，知吏治之得失。即位五载，而南北讲好，与民休息。于是躬节俭、崇孝悌、信赏罚、重农桑、慎守令之选，严廉察之责……孜孜为治，夜以继日，可谓得为君之道矣。"

5.德行训练，以小为始

凡牧民者，欲民之谨小礼、行小义、修小廉、饰小耻、禁微邪，此厉民之道也。民之谨小礼、行小义、修小廉、饰小耻、禁微邪，治之本也。

《管子·权修》

诸子百家——法家

凡是治理人民，都应该要求人民注重小礼，实行小义，修养小廉，明知小耻，禁止小的坏事，这些，都是训练人民的重大措施。而能够使民众做到注重小礼、实行小义、修养小廉、明知小耻以及禁绝小的坏事，那就抓住了治国的根本了。

"德行训练，以小为始"也是管子"德政"智谋的重要组成部分。一般认为，德政就是执政者在行政过程中施之以德。其实，这只说明了德政的部分内容。按照管子的思想，完整的德政，还应该包括对百姓进行德行训练，教育百姓依德而行。这正是管子德政智谋的深刻之处。

俗话说，千里之堤，溃于蚁穴；万仞之山，起于垒土。管子提出在德行上，应从小事抓起、做起，为小善，禁小恶，这一被无数历史事实证明了的治国治民良策，对于现代社会的精神文明建设，也是有重大现实意义的。

三国时期的蜀主刘备曾在《遗诏》中这样说："勿以恶小而为之，勿以善小而不为。"这既是对其后世做人的忠告，也是对其继位者传授的理政经验。历史经验表明，执政者要推行德政，对民众施德行训练，首先自己就要做出表率，以小为始，行小善，禁小恶。正如孔子所说："其身正，不令而行；其身不正，虽令不从。"

郑瀚是唐朝贞元十年中的进士，虽然做了官，但是，他在生活上一直节俭朴素，从不讲排场、图奢华。即使是后来担任了河南令尹，管理一省的政事，仍然坚持这样做。

一次，有一个房族的子孙从家乡来到郑府，想依靠郑瀚谋个官差做做。这个郑姓子弟从小生活在偏僻的乡间，靠耕田务农生活，从来没有和朝廷官员接触过。因此，到了郑家不懂官府门第的一些礼仪，甚至连拜会作揖的动作也做不好。再加上在衣着打扮上土里土气，十分陈旧古板。郑瀚的亲属子女，包括仆人马夫都取笑这位不速之客，唯独郑瀚讲这位本房子弟老实本分，节俭朴素。并热情地询问其千里迢迢来城里的目的。这位本房子弟如实禀告说："我在家乡是普通百姓，常被家乡的人看不起。现在伯伯当了令尹，小侄特来恳求伯伯给我一个县尉当当，也好回家乡荣耀一番。"郑瀚做一省的长官，为官正直，声望很高，很受同僚和下属的尊重，如果他出面给下属写封信，让下属留一个小小的官位给乡下子弟做做，并不是做不到的。同时，郑瀚觉得这位房族子弟也很可怜。于是，生了恻隐之心，答应留其在府上住几天再说。

郑姓子弟在郑府住了一些天，决定回家乡等候消息。临行前的一天，郑瀚把子女甥侄都招来聚餐，也算为乡下子弟饯行。这一顿菜肴办得比较丰盛，其中一道名叫蒸饼的主食，外面的表皮比较硬，吃起来不大爽口。郑姓子弟随手拿起一块蒸饼，把外面稍微发硬的表皮一一剥去，然后再吃内面松软部分。郑瀚见状，心里十分不满，当场斥责道："蒸饼的表皮和内层有什么不同？世态浮华，风气衰败，骄奢淫逸，追求享乐的风气，我是十分厌恶的。总是在想用什么办法可以让淳朴敦厚的风俗返回社会。我爱护你，就是因为你一直生活在乡间，靠辛苦耕作生活，衣着破旧，更能体会一粟一谷的艰辛。没想到你的虚浮不实，比穿绫罗绸缎的富家子弟相差无几。"郑瀚说完，伸手将丢弃在桌上的蒸饼表皮都拿了过来，并全部吃了下去。这位房族子弟顿时羞得满脸通红。

第二天，郑瀚送给房族子弟5匹细绢，还嘱咐他一定要保持节俭朴素的生活习惯，忌诫奢侈铺张。然而，这位郑姓子弟在乡下一直没有谋到官差，因为，郑瀚始终没有向下属开这个口。

唐朝还有一位严于律子，不偏袒子女，不给子女护短的人，那就是大将郭子仪。

郭子仪是唐玄宗时的大将，任河东副元帅、河中节度使，因为平定安史之乱有功，被封为汾阳郡王。郭子仪一贯治军严格，并且虽官位显赫，但对子女要求也极严。在军队中有这样一条规定：严禁军人无故在军营中跑马，触犯禁令的人，一律处以死刑。有一天，郭子仪妻子南阳夫人的奶妈之子仗着与郭家的特殊关系，忘乎所以，无视军中禁令，竟然在军营中纵缰奔马，尽情玩乐。此事被人告发，将其抓了起来，并被宫中执法官当庭用棍杖打死。郭子仪的几个儿子，从小和奶妈的儿子一起长大，他们不仅视奶妈像母亲，也视奶妈的儿子如同手足。当他们得知奶妈的儿子被军棍打死的消息后，不仅责骂执法官目中无人，行为放肆，还到父亲郭子仪面前哭诉，要求郭子仪严厉责罚执法官。郭子仪听了十分恼怒，大声斥责几个儿子袒护奶妈之子的错误举动。

第二天，郭子仪的同僚来看他，见他长吁短叹，心情郁郁不乐，不知是什么原委。经过一番询问，郭子仪才告诉大家："我叹息自己的几个儿子都不成器，善恶不分，因此心中不爽。"接着，向众人讲述了事情的经过，最后还说："我手下的执法官严格依照军法办事，几个儿子却不学习、效法；奶妈的儿子自恃有靠山，公然违背禁令而被处死，几个儿子反而可怜、同情。这样的子女，难道还不浅薄平庸吗？"

郭子仪"恨铁不成钢"的惋惜和焦虑，极大地震动了几个儿子，几个儿子都把此事作为鉴戒，在以后的行为上，处处奉公守法，从不凭借父母的权力去做不正当的事，结果都成了才。郭子仪也因不给子女护短，更加受到部属和民众的敬重。

6.政教相似而殊方

管子曰："夫政教相似而殊方。若夫教者，摞然若秋云之远，动人心之悲；蔼然若夏之静云，乃及人之体；窎然若皓月之静，动人意以怨；荡荡若流水，使人思之，人所生往……今夫政则少别，若夫威形之征者也。去，则少可使人乎？"

《管子·侈靡》

政令与教化虽然在功能上相似，但实施的方法则各有不同。教化，就好像秋天的云彩一样高远，能激起人们的悲切之心；又好像夏天静止的云朵，能浸没人的身体；还深邃得像寂静的皓月，触动人们的哀怨之情；也平易得像流水一样，使人们深思，令人们神往。然而，政令则与教化存在着一些差别，它是以强力和刑罚的威严为其特征的。如果失去了这一特征，政令还对人们有驱使作用吗？的确，政令和教化虽然都是社会控制的手段，都是理政的重要方式。然而，政令具有明显的强制性，它是通过强制方式推行的；教化则是一种劝诫和诱导，它是通过启发人们的良知、良能发挥作用的。因此，政教互补、德力兼用，就是"政教相似而殊方"智谋的精神实质。在国家的行政管理中，有些问题，光靠德

諸子百家

法家

是难以奏效的,必须辅之以"力"。行政令,用"法力",与施德政并不矛盾,相反,德力并用,政教互补,更有利于"德政"战略的实行。

苏轼曾经说:"威与信并行,德与法相济。""政教相似而殊方"谋略在实践中的运用,一般来说有以下几种情况:

其一,对此施"教",对彼用"政"。田齐威王在位的头几年,齐国政纲杂乱,民怨鼎沸,很不安定。面对这种局面,威王决定先从整顿朝纲入手。他对公卿大夫们逐一进行调查分析,感到有的是尽力的,有的则玩忽职守,沽名钓誉。于是,他决定对不同的人采取不同的策略。一天,威王招来即墨的大夫说:"自从你任大夫居住在即墨以来,几乎每天都有人到我这里来讲你的坏话。然而,我派人实地考察了即墨后,发现那里的百姓都乐于耕织,给养丰富,各级官吏办事也认真负责,所以社会秩序很好。看来,你不是那种沽名钓誉的人。"随后,威王给了这位大夫万家的封赏。不久,威王又招来阿邑的大夫,说:"自从你居在阿邑以来,我几乎每天都要听到朝中大臣讲你的好话。但是,我派人到阿邑去调查后,觉得不是那么回事。阿邑的田原多有荒芜,农人不事耕种,贫苦不堪。更有甚者,当年赵国攻取甄邑的时候,你见死不救;卫国攻我薛陵时,你又装作不知道。可见你是靠金钱和厚礼拉拢王公大臣以求得声誉的人。"当天威王就下令处决了这位大夫和朝中经常为其说好话的大臣。齐侯的上述举措,在国内引起震动,百姓和大臣们以此为鉴,诚心尽力效忠于国,再也不敢文过饰非。

其二,"政""教"渗透。东汉光武帝刘秀开国不久,不少大臣联名上书,声言古代肉刑严重,人们无法忍受皮肉之苦,对法令十分畏惧。现在的法律,条文虽然定了不少,但处理过于轻薄,所以犯法越轨的事情越来越多。这些大臣建议,新朝应该增订更多、更严厉的律令,以杜绝犯禁违法行为。对于大臣们的上书,刘秀没有立即做出结论,而是下了一道诏,让各位公卿对此事展开议论。一些公卿支持严刑峻法的举措,而杜林则提出了不同的看法。杜林在给刘秀的奏本中这样写道:"民心受到伤害,正义之风气就难以抬头。法律禁令过于繁杂,各种歪风就会通过不正当渠道求得赦免。孔子提倡用政令引导,用法律规范;同时又用德政引导,用礼仪规范。仅仅防止犯罪,使人们会失去羞耻;只有使人们具有羞耻心,才能防止犯罪。"杜林还探讨了先朝的历史经验,认为,汉代一开始时,把秦王朝法律中许多繁杂的东西加以简化,结果天下太平,人心思安,民风宽厚,德政盛行。可是到了后来,各种法令又繁杂起来,但作用却越来越难以发挥。社会上的违法犯罪现象反而扩大蔓延,官吏从收受一点瓜果之类的小东西发展到贪赃枉法,百姓从触犯小律发展为抢劫杀人而处以极刑。由此导致社会无常规,国无廉洁之士,家无完美的品行。官场中,法不能禁,令不能止,上上下下官官相护,损害法律的事情不断发生。杜林最后提出,制定法律,不能本末倒置。既要使人们知道法律,又要教人们懂得礼仪;既要讲政令,又要讲德政,这才是治国的根本方法。刘秀采纳了杜林的意见,坚持执法和教化相辅,并且重视发展社会经济,精减官吏、节约开支、安抚边裔部族,从而使东汉王朝一度兴盛。

诸子百家——法家

其三，以"教"行"政"。隋末以来，天下大乱，连年战争，民不聊生，导致社会盗贼横行。这种历史惯性，一直延续到唐朝。在李世民即位后，社会仍然很不安宁。一天，李世民召集大臣们研讨禁绝盗贼的良策。一些大臣主张对盗贼需加严厉打击。李世民想了想，问："秦始皇和汉高祖，谁的法更严一些？"大臣们回答说："当然是秦始皇严。"李世民接着又问："那么，他们二人在位时，谁的天下更安定呢？"大臣答道："那当然是汉高祖。"于是，李世民进一步反问道："不是说严厉的法令可以防止盗贼吗？为什么秦始皇的法严反而天下不安定呢？"大臣们一时答不上话来。李世民接着说："自古以来，百姓中有的沦为盗贼，并非由于法令太宽，而是因为负担太重，再加上官吏贪赃枉法，欺压他们，使他们为了生计无暇顾及廉耻，从而走上了盗贼的邪路。所以，要防止盗贼，关键在于减轻民众负担，选用廉洁的官吏，并对百姓施以教化，使民众既丰衣足食，又知廉耻。这样盗贼自然就会减少。"李世民运用这一策略，几年下来，果然盗贼减少，社会走向安定繁荣。

7.法以立朝御民

凡牧民者，欲民之可御也。欲民之可御，则法不可不重。法者，将立朝廷者也。

《管子·权修》

大凡治理民众，总是希望民众服从驾驭。而要想民众服从驾驭，就不可以不重视法的作用。法这个东西，就是用来建立朝廷秩序的。

以法理政，以法行政，是管子的重要治国智谋。这一谋略，与其"德政"思想一起，构成了管子在治理朝政上的高超战略。管子的"法治"和"德政"相统一的智谋，对后世产生过深远影响。这也是管仲在先秦诸子学派纷争中，兼有多家之长，难以归其为某一家的原因之所在。

法产生的初始时期，人们认为，其主要有两大功效：一是"定立礼义典常，以和族内"；二是"行天之罚，以威四夷"。管子则认为，法的制定，一在"立朝"，二在"御民"。并且，这二者的运用是相辅相成的。通过法律手段来治理朝政，是为了更好地驾驭民众；而为了使御民之法能发挥更好的效果，就必须"以法立朝"。无数历史事实也证明了这一点。

刘邦还没有当皇帝的时候，对秦朝的各种严规苛法极其痛恨，继而对各种繁文缛节也深为反感。在打江山的过程中，他与手下部将相处，不拘礼数，十分随便。

然而，当了皇帝之后，刘邦看到他手下的这班功臣，在朝廷上举止粗俗，没有一点规矩，心里也很有些不自在。尤其是每当宴会时，这班功臣们入宫后往往放声喧哗，毫无顾忌。当喝醉酒后，更是大喊大叫，旁若无人，有的甚至拔剑击柱，乱发酒疯，实在不成体统。每每见到这种情景，刘邦心里总觉得不是滋味：长此以往，朝廷的这副样子，叫人怎么看得下去？

一天，刘邦与臣子叔孙通闲聊，叔孙通进言说："陛下，依微臣之见，打天下是不能依靠儒生，但是，要守住天下，还不能说他们没有用。如今天下已定，朝廷的礼仪不可不肃。

諸子百家——法家

臣愿到孔老夫子的故乡鲁地去征集儒生,让他们和臣的弟子一道,来京都讲习朝仪,以整肃朝廷礼数。"刘邦虽然不懂朝廷的礼数,但他凭直觉感到现在是到了制定朝仪的时候了,于是,便对叔孙通说:"朝廷礼仪是要实行,但太烦琐了恐怕也难以行得开。"叔孙通听到刘邦的这个话头,连忙接着说:"据臣所知,三皇五帝的礼乐都是不尽相同的。当今我朝之礼仪,只能略采古礼,与前朝折中而行。这样的话,想来也不会烦琐到哪里。"刘邦见叔孙通的说法符合自己的心意,就命他到鲁地招募儒生。

叔孙通领受君命后,立即起程往鲁地,招募到了二三十个儒生。回到都城后,叔孙通便同鲁地儒生、自家弟子一起商拟朝仪。他们拟出初稿后,又逐条进行演习,然后才确定下来,奏请刘邦阅示。刘邦派文吏先到郊外学习新拟的朝仪,文吏们学习得差不多后,刘邦又亲自察视演习。总的来说,这套朝仪尊君抑臣,上宽下严,刘邦看后很满意,于是降旨,让百官群臣学习、演练。

这年新年将要来临之时,丞相萧何奏报:长乐宫已竣工。这长乐宫是在秦朝兴乐宫基础上改建的,长乐宫建成,刘邦就可以到新宫里过年了。于是,刘邦下令,借在新宫过新年之机,实行新的朝仪。

元旦那天,各诸侯王和大小文武百官都到长乐宫朝贺欢聚。天刚蒙蒙亮,便有专门掌管朝廷礼仪的司仪官,引着诸侯群臣依次进入宫中,按照尊卑排列于东西两阶。正殿之中,早已陈列齐备,仪仗威严,气氛庄重。不同等级的司仪官肃立正殿两旁,各司其职,迎送宾客,井然有序。

吉时已到,高祖刘邦乘坐特制车马来到正殿前,在护卫的簇拥下,慢慢登上宝殿,面南而坐。这时,诸侯百官按照等级依次进入,以不同的朝仪顶礼拜贺。朝贺结束,大家便依次分坐筵宴。在宴席旁,立着数名礼仪监察。诸侯百官也个个谨小慎微,唯恐失态。因此,席间只是象征性地饮宴,不敢放肆,只是在按照礼数敬酒之后,才略为放松。当个别官员在酒过数巡后稍有越礼行为时,便立即被司礼官员请出。

这次新年筵宴,是汉朝开国以来首次秩序井然的宴会。宴罢席散,刘邦退入内廷,不由一阵大喜:"我今天才看到彬彬有礼的朝廷,方知皇帝的尊贵。"叔孙通等人也因此得到了重赏。

"法以御民"也是执政者常用的一大谋略。曹操就是一位善于以法统御部属的谋略家。为了消灭军阀割据势力,完成统一大业,曹操非常重视军队建设,"以法治军"则是其建军思想的重要组成部分。他曾明确指出:"礼不可以治兵","吾在军中持法是也"。

曹操认为,自古以来对军队就有严格的法纪约束,"但赏功而不罚罪,非国典也"。于是,他提出:凡是"败军者抵罪,失利者免官爵"。为了强兵,一要充足粮食,二:是严明军纪。只有严明军法,才能保证军队步调一致,"虽用众,若使一人也。"为此,他亲自为军队制定了军令、战令,其中规定:行军时不得砍伐田中的五果桑、柘棘枣;不得损坏田里的庄稼;作战时不得拿取百姓的牛马衣物。违反规定者,处以死罪。

曹操不仅亲自制定法令,而且以身作则,带头执行。他说:"制法而自犯之,何以帅下?"一次,部队行军路过一片麦田,地里的麦子长得十分茂盛,按照军令规定,不得伤麦,违反者将会处斩。于是,骑马的士兵都下了马,牵着马匹小心前行。然而,这时曹操自己的坐骑不慎踏进了麦地,犯了军令。他立即将军中的典官请来,请求依法论刑。典官及其他将领请求免罪,曹操执意不肯,在大家的再三恳求下,曹操最后"割发代首"以行"斩刑"。此事在军中引起极大震动。尽管后人对曹操的这一做法提出许多异议,说是其奸雄的表现。但不管怎么说,曹操以法御军却是值得肯定的,也是成功的。

8.动无非法

夫国有四亡:令本不出谓之灭,出而道留谓之壅,下情本不上通谓之塞,下情上而道止谓之侵。故夫灭、侵、塞、壅之所生,从法之不立也。是故先王之治国也……动无非法者,所以禁过而外私也。

《管子·明法》

一个国家的危亡,有四种表现:号令一开始就发不出去,这叫作"灭";发出号令但中途滞留,这叫作"壅";下情一开始就不能上达,这叫作"塞";下情上达时中途被消止,这叫作"侵"。"灭、侵、塞、壅"现象之所以产生,就是由于法度没有确立的缘故。所以,先王治理国家非常重视法度,所谓一切行动都离不开法度,就是为了禁止过错而排除行私等行为的。

"动无非法"谋略,是管子"法治"智谋的进一步明确表白。管子还认为,凡是做君主的,没有不希望民众为自己效力的,而要使民众为君主效力,就必须建立法度,以法度来推行政令。所以,治理国家,役使万民,莫过于有法度;禁止淫乱,抑制暴行,也莫过于用刑法。百官的工作都按照法度来检查,奸邪之臣就不会产生;暴乱的人都用刑律来惩治,祸患动乱就兴不起来;臣子的进退都用法度来驾驭,营私之术就没有办法建立。管子的这些思想,都可以说是"动无非法"谋略的极好注释。

"动无非法"作为理政谋略,首先体现在国家的宏观治理上。公元1068年宋神宗继位之际,北宋建国已经百余年。就社会经济发展水平来看,大大超过了前代。但是,与此同时,由于北宋田制不立,对于兼并土地采取放任态度,导致贫者田去税存、富者有田无税;在地租、高利贷和官府赋役重重盘剥之下,农民生活十分困苦;冗官和冗兵,官员俸禄优厚,兵费浩繁,朝廷财政负担沉重。面对日益深重的统治危机,神宗熙宁年间,以王安石为首的变法派提出了在经济、政治、军事、文化各领域加强法制、建立法度的改革策略。

王安石,字介甫,临川人,庆历二年考中进士后,在扬州、鄞县等地任职。嘉祐三年,回到京都任三司度支判官。他上任才一个月,就给皇帝上了一部万言书;但当时的仁宗皇帝没有重视他的意见。宋神宗赵顼即位后,立志让国家富强起来。于是决定重用王安石。熙宁二年二月,王安石被任命为参知政事(副相),主持议行新法的制置三司条例司,第二年,升任为宰相。自熙宁二年至九年的八年时间内,王安石等人制定和推行了一系列新法。

青苗法——在夏秋庄稼成熟以前，各地政府借钱粮给农民，到收成以后，再加利息十分之二给政府，纳钱还俗，悉听民便。这一法规的颁布，主要是以国家放债的办法来对付私人高利放债。以前，在青黄不接时机，许多豪强大姓趁机放高利贷，获不义之财，青苗法的实施，防止了这种现象的出现，更有利于农民不误农时。

王安石

免役法——原来官府衙门派给人民的各种差役，改为向官府交钱，由官府雇人充役；各路、州、县差役事务，由各地自定数额收钱，以前不负担差役的官户、女户、寺观等地，也要按定额的半数缴纳助役钱。这样，保证了各种差役的按时摊派，也给朝廷提供了巨大财富。据《宋史》记载，熙宁九年诸路上司农寺岁收免役钱为1041.4553万贯石匹两。

农田水利法——奖励官民条陈因地种植、整治水利河港；清查荒废田地，组织复垦；制订过境以及境内河道的修治、蓄水、泄洪计划方案；按青苗法结保贷款兴修水利，建立堤防，以利农业生产。由于农田水利法的实行，各地修水利、开垦废田的日益增多。两浙路修水利达1980多处，灌田14.7万多顷，京东、京西、河北、河东、陕西等路修水田150多处，发展水稻种植。

方田均税法——确定清丈土地的标准单位：以东西南北四至各千步为一"方"，四角植树以为界址；确定土地质量等级：主要以平川、丘陵坡地、水利地、旱地、沃土、瘠壤或咸碱不毛之地以及土地颜色作为鉴别土质的等级依据，各地区建立登记户名、田亩数量、等级的清册，由官府掌管；确定不纳地税的范围：凡贫瘠、咸碱不毛之地或附近乡户赖以出产山货与灌蓄水之坡塘、沟渠、坟场、公地，都不纳地税；确定按检查厘定的地税额纳税，经办吏员不得对不满升尺的尾数零头，增加浮收和摊派。田地的重新丈量，清查出大批的隐瞒田产，为朝廷增加了大量收入。

均输法——由政府派出发运使，控制各路财富以及国库与地方府库的物资，掌握国家年度收支状况以及全国商品供求流转情况，执行均输具体业务；均输方针是"徙贵就贱，用近易远"，避免长途贩运、增加劳力和运费支出；均输业务的宗旨是稍收私商运销敛散商品的权力，省劳费，宽农民，足国用。均输法的实施，防止了富商大贾操纵货物，限制了大官僚和大商人的随意盘剥，有利于物资通流，为国家积累财富。

市易法——在京都设立市易务，以100万贯作基金控制商业贸易。其主要是依据市场情况，由市易务平抑价格，东西贱了，就增价收购；东西贵了，则压价抛售。同时，市易务向商人贷款，以产业作抵押，5人以上互保，取二分年息。这样一来，就把以前巨商操纵的市场转归朝廷控制。

保甲法——确定十家为保（后改为五家一保），五保为一大保，十大保为一都保。单

诸子百家——法家

丁、女户、未成丁、寡老及外来户，均在保甲编制之列。逐保设置人户、保丁花名牌，做到密而不漏。大保规定每夜抽五丁值夜，遇有盗贼，击鼓追缉或与联保共捕，知情不举或失察者，连坐。保丁农闲集中训练，大保长轮番习教。保丁有功获赏。

保马法——将军马落实到户，凡三等户以上有物力的家庭十户为保，各户独立负责赔偿和领取保马费用；四等以下十户为一社，承受保马责任，如遇马死，则全社赔偿。这样责任落实，以有限之物力，得强壮之战马，利于强兵备战。

"省兵""置将"——裁并原来的马步军营，裁并诸路厢军，定员定额；改变募兵成分，逐步以义勇取代；严格规定应役年限，废除募兵终身制。统一置将编制，明确将领的训练选拔原则，建立正副主将佩"虎符"的职权制度。这样统一了全国军旅的编制番号，也一定程度地缓和了兵将分离的局面。

虽然王安石改革以失败而告终，并且，近千年来人们对其改革评价不一。但是熙宁改革注重新法建设，以法度来治理国家的谋略思想，却是值得肯定和借鉴的。

"动无非法"谋略用来整饬吏治，也能收到极好的效果。我国明朝著名的"清官"海瑞，就常以此谋略整顿吏治，革除弊端。

海瑞中举人后，担任教谕数年，后出任淳安知县。他认为，居官之道在于清、慎、勤，而要使官吏做到这三点，要靠法规。他在任淳安县知事时，亲手订立了一个《兴革条例》，实际上是具有行政法性质的一个法规。条例规定：官吏调转不许迎送，不许送礼品设大席，下级到上级处参谒不许破费，到京城朝觐不许给京官送礼，不许吏书勒索农民，不许向巡道官员的吏书馈送银两。条例对县里的工作程序和检查制度也做出了规定，列出了知县、县丞、主簿等的职责和俸禄标准，革除俸禄之外的一切"常例"。条例还定出了知县、县丞、主簿等官吏的优劣标准，如知县必须知一县之事，一民不安其生，一事不得其理，皆知县之责。为了推动条例的执行，海瑞还专门发布一系列告示，如《禁馈送告示》等。这些法规，有力地推动了淳安的政事。

后来，海瑞调任应天巡抚，他又订立了一个《督抚条约》，条约共35款。海瑞先从自身规范起，规定禁迎送，禁饬馆舍，禁崇饮食，食费不得超过三钱，府县官不许私馈路过当地的上级官吏等。条约还规定，如把仓库财物用以馈送建坊，或送礼举贺，不论道府州县，一律按法规惩治，不得借口这是"俗弊"而加以原谅。条约还指出，各院出巡而有人秘密贿赂其吏书者，是违法之举，行贿者将以坐赃论处。条约还规定了一些司法制度。海瑞的这些行政法规虽然由于时代的限制，不可能被全部执行，但对整风肃纪，清除吏弊，确实起到了积极的作用。

9.国之重器，莫重于令

凡君国之重器，莫重于令。令重则君尊，君尊则国安；令轻则君卑，君卑则国危。

《管子·重令》

大凡统治国家的重要工具，没有比法令更为重要的。法令的力量强大则君主就有尊严,君主保持有威严则国家就安定;反之,法令的力量轻弱则君主就会卑贱,而君主卑贱那么国家也就危险了。

"国之重器,莫重于令"智谋,从维护君主的尊严、权威的角度,进一步阐释了国家实行"法治"战略的重要性。因此,它也是管子以法治国智谋的重要组成部分。

重视法令在治理国家中的工具作用,是先秦法家的重要思想。商鞅曾经明确指出,实行"法治"是历史发展的必然之理,也是他所处的那个社会的"必为之时势"。而要实行法治,首先就要集中君权,驾驭臣民。他说,"权制断于君则威",帝王必须"令行而天下服从"。他在立法上就规定了"自卿相将军以至大夫庶人,有不从王命、犯国禁、乱上制者,罪死不赦"。又规定,官吏虽然守责守职,但不行王法者,也是罪死不赦,还要刑及三族。

为了维护君王的尊威,商鞅还通过立法措施,取消宗室贵族的特权。规定"宗室非有军功,论不得为属籍"。凡是没有军功的君主亲族,都不准注册于宗室的名册上。同时,取消贵族不受刑律制裁的特权,如果贵族不服"王命",也同样要被处斩。商鞅的这些"重令"举措,在限制打击奴隶主贵族势力,建立地主阶级内部的法制秩序,巩固秦孝公这类国君的权势地位等方面,都发挥了重大作用。

"重令"谋略要求人们"唯令是视",但这里还有一个"令"为何出,"令"从何出的问题。西汉名将周亚夫以治军严整而享盛名。一次,汉文帝刘恒亲自巡视、慰劳边防驻军,来到周亚夫屯扎的细柳营。只见营门口的官兵顶盔贯甲,手持兵器,戒备森严,先遣官一到营门就被拦住了。先遣官十分生气,大声喝道:"不许放肆,圣驾马上就要到达,命我前来通报,你们竟敢阻拦,还不快快打开营门,恭迎圣驾!"说着,就要强行闯营门。守门军士拦住不放,说:"军中只听将军的命令,没有将令,任何人都不得擅自入营!"双方正相持不下的时候,汉文帝的车马也来到了营门前。守门军士照样不肯放行。于是,刘恒只得令军士传下一道圣旨给周亚夫,通知他御驾巡视军营一事。周亚夫接旨后,下令开营门接驾。营门开后,守门的军士又告诫文帝的车队,将军有令,军营之中不准车马奔驰。刘恒一行只好按照营中规矩,按辔而行。

刘恒的车驾来到中军帐前,只见周亚夫一身戎装,见了皇帝,作了一个长揖,说道:"微臣甲胄在身,不便跪拜,请以军礼相见。"刘恒见周亚夫威风凛凛的英姿,心中十分佩服,派人称谢道:"皇帝敬劳将军!"劳军仪式一结束,便起驾返京了。车驾一出营门,文帝随从的官吏便议论纷纷,指责周亚夫做得太过分了,对皇帝如此怠慢实在不应该,万一激怒了圣上,还不知落个什么下场。可是,刘恒对周亚夫的所作所为并没有动怒,反而大加赞赏,说:"前面巡视霸上和棘门时,那里到处马马虎虎,拿军纪军令当儿戏,如果遭受袭击,那里的将领准会当俘虏。细柳营中营规如此严密,军令如此森严,连寡人都不能随便进入,敌人还有什么办法袭击他们呢?周亚夫是真将军也!"此后,周亚夫受到了朝廷的格外赏识。

10.以法行法

不法法则事毋常,法不法则令不行。令而不行则令不法也,法而不行则修令者不审也,审而不行则赏罚轻也,重而不行则赏罚不信也,信而不行则不以身先之也。故曰:禁胜于身则令行于民矣。

《管子·法法》

不运用法的手段来推行法,那么国事就没有常规定制;国法如果不用法的手段来推行,那么政令就不能贯彻执行。君主发令而不能贯彻执行,是因为政令没有成为强制性的法规;成了法规而不能贯彻执行,是因为起草政令的人缺乏慎重;起草审慎而不能贯彻执行,是因为奖赏和处罚太轻,赏罚加重而不能贯彻执行,是因为赏罚还缺乏信度;赏罚信实而不能贯彻执行,是因为君主自己不以身作则。所以说,国家的法律能够管制住君主自身.那么政令也就可以通行于民众之中了。

"以法行法"也是管子法治智谋的组成部分。但是,与一般意义上的法治思想不同,管子以法行法谋略强调的则是法治也必须依靠法来推行,即用法的手段来实行法治,立法、司法和执法都应依法而行。这就是该谋略的独到之处。

一般来说,"以法行法"谋略的实施,首先需要最高执政者带头依法行法。这一点,作为一种完美的要求,在旧时君王那里虽然难以全部实现,但也有做得较好的,汉文帝刘恒就是一例。

刘恒是刘邦的第四个儿子,灭诸吕以后,即皇帝位。在位期间,刘恒虽然也握立法、司法和行政大权,但在实践上,他比较注意发挥司法机关的作用,能够克制自己的感情,维护和尊重司法机关的决断,很好地确立和维持了当朝的法制。

一次,先帝刘邦庙座前的玉环被盗,这在当时看来,不是一般的盗窃案,而属于重大的政治案件。负责审理此案的张释之依照刑法提出判处盗贼死刑的审判意见。可是,刘恒一听,大发脾气。因为偷盗宗庙的器物,关系到对待王室的态度问题。刘恒在一气之下,不顾自己已亲自下令废除夷三族之法的决定,非要判处盗贼夷三族的重刑不可。张释之坚持法律的规定,并说,判处盗贼死刑,是依法定律。犯罪有轻有重,不能一概处以最高的族刑。何况皇上已将族刑废止,因为盗宗庙一件器物而重开族刑,岂不有点出尔反尔。刘恒接受了张释之的谏言,最后尊重了司法机构依法做出的判决。

刘恒在法治实践中推行"以法行法"谋略,尊重和发挥司法机关的作用,在很大程度上减少了犯罪,使社会安定,每年发生的重大案件据说不过 400 起。有人颂扬说:"刑轻于它时而犯法者寡,衣食多于前年而盗贼少"。从此开始了史学家称之的"文景之治"时期。

"以法行法"谋略的基本内涵,还是以强有力的法律手段来推行法治。北魏时期的苏绰,就是以这一策略来推行他的改革纲领的。

苏绰,字令绰,长安城西武功县人,北魏孝文帝太和二十二年(498 年)出生在一个世

諸子百家——法家

代做官的仕宦之家。苏绰小时候刻苦好学，博览群书，尤其精通算术，多谋善断，抱负远大。

中国封建社会的各种法制和制度，从秦朝开始就已经相当完备，其后虽因时势有损有益，但基本上仍然可以保证国家机器的正常运转。然而，到了北魏末年，由于社会严重混乱，军阀权臣恣意妄为，使各种法规制度被破坏殆尽。宇文泰草创西魏之初，承北魏的衰敝，一些旧法旧制已显得破败不堪，无法适应新的形势。苏绰受宇文泰重用，担任大行台左丞后，面对积敝成山、满目疮痍的困难局面，毫不气馁畏缩，而是迎难而上，立志兴革，拨乱反正。

苏绰主要倾力于创改法规典章制度。他从大处着眼，小处着手，先易后难，先上后下，使改革有条不紊地循序渐进，求得实效。上任伊始，他首先制定了文案出入呈纳程式，使中央和地方各级政府各个部门的日常公务有章可循，职责分明，办事效率也随之明显提高。接着，他又创定了计账法、户籍法。计账法的主要内容是：要求主管部门预算下一年度的赋役之大数，上报总揽财政收入和支出的度支尚书，然后汇总分类做出各项收支的预算。户籍法规定了清查、登记、统计全国户口的制度和方式方法，以便为推行均田制和租调制提供依据。

苏绰辅佐宇文泰，实行改革，最突出的表现在运用法的手段推行法律制度。大统七年（641年），他参酌古今，反复推敲，撰就了著名的《六条诏书》，通过君主之手，促进新制的建立和执行。《六条诏书》的基本内容是：

1.先治心。要求为政者必须以提高政治道德素质为本，务使心清身正，邪念不生，躬行仁义、孝悌、忠信、礼让、廉平、俭约，"继之以无倦，加之以明察。行此八者，以训其民"，努力改善官府与民众的关系。

2.敦教化。要求为政者必须以提高人民的文明道德素质为要，务使淳朴质直，去恶迁善，教之以孝悌、仁顺、礼义，化民于慈爱、和睦、敬让，努力移风易俗，改造社会精神面貌。

3.尽地利。要求为政者必须劝课农桑，奖勤罚懒，督导有方、繁简适中而不扰民，努力发展生产。

4.擢贤良。要求为政者严格掌握用人标准，一不得专讲家世门第出身，二不得偏取刀笔文墨才艺，三不得随意增加编制名额。上自州郡，下至乡里，所有大小官吏之职，都必须经过"勤而审察，去虚取实"，选取那些德才兼备、名实相符的人充任；同时，必须精简机构，裁汰所有冗员，罢黜所有滥吏，保持官僚队伍的精干清明；强调"官省则事省，事省则民清；官烦则事烦，事烦则民浊。清浊之由在于官之烦省"。

5.恤狱讼。要求为政者"深思远大，念存德教"；秉公执法，不徇私情；不苛不暴，轻重刑罚得当，如果有妄肆残暴、谬害善民者，则刑所不赦。

6.均赋役。要求为政者必须使人民赋役负担平均，一不得"舍豪强而征贫弱"，二不得"纵奸巧而困愚拙"，三不得"不预劝诚"而"临时迫切"，横征暴敛。凡是缺乏体恤民众之心的官吏，都应该被视为"王政之罪人"。

大统七年九月，《六条诏书》颁行全国。宇文泰对《六条诏书》极为重视，将其放置在

諸子百家

法家

1248

文案的右边,作为座右铭。他还下令,要求内外官吏都要会背诵《六条诏书》全文,认真学习领会,遵照执行,其中规定:"牧守令长非通《六条》及计账者,不得居官"。自此以后,西魏吏治为之一新,正气清风化及域内。

11.不淫意于法之外

先王之治国也,不淫意于法之外,不为惠于法之内也。

《管子·明法》

先朝的君王治理国家,不在法度之外浪费心机,以逃避法律的制约;也不在法度管辖的范围内去私行小惠。

"不淫意于法之外"作为一种执法谋略,它不仅是对执法者提出的要求,而且是执法者要想提高执法的效果所必须采取的一种策略。《管子》一书曾对必须这样做的理由做了充分阐述,认为,如果行私惠而赏了无功的人,就等于让民众贪图侥幸而向上讨好;如果行私惠而赦免了有罪的人,就等于让民众轻慢君主而轻易为非作歹。因此,在法度之外行私意,不仅会产生祸乱,滋长奸邪,危害社会公正原则,而且使君主受蒙蔽,丧失正道,导致国家的危亡。

立法要准,执法要严,是一切执政者要有所作为必须坚持的策略,也是历史上广大人民群众所称颂的一种"官风"。北宋"清官"包拯之所以能征服人心,被人们千年传颂,其中最主要的,就在于他不畏权贵,执法如山。

包拯任开封府知府时,开封惠民河水暴涨,严重威胁着京城的安全。经过调查,发现涨水的原因是由于京师的一些宦官势族,争着在惠民河畔垒地筑台,兴建亭园房宅,致使河道淤塞,酿成河水泛滥。为了京城的安全,包拯下令拆除惠民河上的全部建筑,并派人疏浚河道。当时有个皇帝宠信的宦官,拿着地契前来辩护。包拯亲自到实地进行检验,查明向河畔伸展的部分是其伪增的,于是,坚决予以拆除,并上奏皇帝要求弹劾这位宦官。为此事,包拯得罪了不少当朝权贵。

实施"不淫意于法之外"谋略,最重要的是执政者不能有私心。包拯在故乡庐州做知州时,他的一些亲戚和故旧便仗势欺人,打着与包拯亲密关系的牌子,到处为非作歹。一次,他的从舅违犯了法规,人们因畏惧包拯的官位,不敢告发。包拯知道此事后,立刻派人把其从舅逮到公堂。依法重重笞杖了一顿。从此,他的亲友再也不敢胡作非为了。

作为一般官吏,要做到不畏权贵,执法如山,还必须自奉清廉,处处循法办事,无懈可击。我国东汉初年的董宣,一生奉公守职,为官廉正。因此能理直气壮地严格执法,是中国历史上著名的"强项令"。

董宣69岁时出任洛阳县令。洛阳是东汉的都城,京师的豪门贵族常常依仗权势,违法乱纪。董宣到任后,严格执法,不徇私情,对皇亲国戚的不法行为也敢惩处,甚至对皇帝他也敢顶风办案。

诸子百家——法家

皇帝的姐姐湖阳公主府上有一个恶奴，仗势欺人，光天化日之下在洛阳西市杀人，然后躲进公主府内。县衙的吏役们不敢进府抓人，罪犯就这样在公主的庇护下，一直逍遥法外。百姓对此议论纷纷，都拭目以待，看董宣如何处理此案。

董宣决心要惩办凶犯，伸张正义，赢取民心。他不露声色地暗暗派人监视凶手的行踪，寻找机会，缉捕其归案。那个恶奴在公主府中躲了一些天，听到外面没有什么动静，以为万事大吉，就大着胆子坐上公主的车子，随公主一起到城外去游玩。董宣探知这一消息后，立即带人抄近路赶到公主车马必须经过的夏门亭。当公主的车马一到，董宣突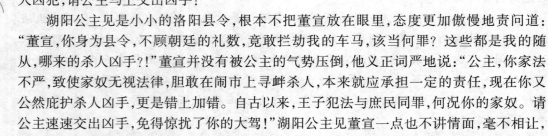然出现在大路中央，迎面拦住公主的马头。湖阳公主大吃一惊，怒声喝道："你是什么人？为何挡住我的车马？"董宣镇定地回答："禀公主，我是洛阳县令董宣，特来缉拿在逃的杀人凶犯，请公主马上交出凶手！"

湖阳公主见是小小的洛阳县令，根本不把董宣放在眼里，态度更加傲慢地责问道："董宣，你身为县令，不顾朝廷的礼数，竟敢拦劫我的车马，该当何罪？这些都是我的随从，哪来的杀人凶手?!"董宣并没有被公主的气势压倒，他义正词严地说："公主，你家法不严，致使家奴无视法律，胆敢在闹市上寻衅杀人，本来就应承担一定的责任，现在你又公然庇护杀人凶手，更是错上加错。自古以来，王子犯法与庶民同罪，何况你的家奴。请公主速速交出凶手，免得惊扰了你的大驾！"湖阳公主见董宣一点也不讲情面，毫不相让，不由得恼羞成怒，更加蛮横地说："就算我的仆人伤了人命，如果我不把他交出来，你敢怎么样？"

董宣听了公主的话，异常愤怒，喝令身后的差役采取行动，从公主的车上揪下了那个杀了人的恶奴，就地予以正法。湖阳公主被这个场面吓得魂飞魄散，立即掉转车头，直奔皇宫，哭哭啼啼向皇帝告了董宣一状。

汉光武帝刘秀与其姐湖阳公主有着格外深厚的感情，光武帝9岁失去父母后，一直由湖阳公主照顾，是姐姐一手将其拉扯长大成人。因此，当他听了湖阳公主的一面之词后，大发雷霆，立即派人把董宣传来，并不由分辩地喝令侍者用乱棍将董宣打死。董宣面对酷刑毫无惧色，从容地请求刘秀在他临死之前讲一句话。刘秀怒气冲冲地问董宣有什么话说。董宣高声道："陛下以圣德而中兴汉室，现在却袒护湖阳公主纵奴杀人，今后还怎么治理天下。臣如此不识时务，用不着别人动手，让我自己结果这条老命算了！"说罢，便头朝殿上大柱撞去，只见顿时血流满面。刘秀听了董宣的话，有所醒悟，又见董宣如此刚烈，心中暗生惜爱之情，便命太监将董宣扯住。

为了照顾公主的面子，刘秀对董宣说："你现在给公主赔个罪，我便马上释放你。"董宣坚决不从圣命，并说："我依法办事，何罪之有？"刘秀被固执的董宣弄得下不了台，不由心头又起怒火，喝令侍者将董宣推到公主面前，用手强摁其头，给公主赔罪。不料董宣两手用力撑地，就是不低头。公主见这种情形，又窝了一肚子火，便激将刘秀，说他贵为天子，操生杀大权，却连一个小小的县令都处治不了，算什么皇帝。然而，刘秀此时却被董宣的不屈精神所打动，他笑着对湖阳公主说："正因为我现在身为天子，所以处理事情才不能胡来。请皇姐你多多谅解。"随后，下令释放了董宣，并赐给其御膳。

董宣在御膳房风卷残云,不一会儿就将一桌饭菜扫个精光,然后,把饭碗扣在餐桌上,出来向刘秀谢恩。陪同的太监见桌子上碗底朝天,急忙出来向皇帝报告。刘秀问董宣此举是什么意思,董宣回答道:"陛下赐给臣以御膳,臣不敢不食尽,这就好比臣下奉职不敢不尽职一样。"刘秀听后,非常高兴,下令赐给董宣30万钱,以示褒奖。董宣将这些钱分送给属下的吏役。

自此以后,洛阳城内的权豪恶霸,大为收敛,京师百姓,无不拍手称快。

12.法藏于官,成俗于国

法制不议,则民不相私;刑杀毋赦,则民不偷于为善;爵禄毋假,则下不乱其上。三者藏于官则为法,施于国则成俗。其余不强而治矣。

《管子·法禁》

法律制度不被非议,那么民众就不敢互相营私;刑罚杀戮不容许宽赦,那么民众就不敢忽视行善事;封爵赐禄的权力不任意给予人,那么臣下就不敢犯上作乱。上述三件事掌握在官府中就是法的作用,推行到国民中去并形成一种风俗习惯,这样,其他的事情不费力也可以使国家得到治理。

"法藏于官,成俗于国"谋略,从一个新的视角,揭示了管子的法治智谋。在管子看来,法,不光是掌握在官府手中就万事大吉了,还必须在"施于国"的过程中,使其成为民众的行为习惯。这种在运用法治的时候仍然不忘记化民成俗的做法,又一次说明管子坚持的是德政与法治相统一的治国智谋。

"法藏于官,成俗于国"谋略的核心,就是执政者要以法化民,使法律规范变成民众的行为习惯。明朝开国皇帝朱元璋,固然十分重视法律,但在实践中,他更重视使法律规范成为民众的行为习惯。朱元璋在领导农民起义军推翻元朝统治的斗争中,注意总结封建王朝兴衰的经验教训,得出了必须加强封建法制的结论。称帝后,他立即命令中书省制定法律,任命"议律官",并亲自同臣子们一起讨论法律,将定出的大明律初稿颁行天下,经过30年的修订,正式编成大明律,成为中国法律史上极重要的一部法典。朱元璋在司法上也采取严峻酷烈的做法,对于平民的反抗、官吏的枉法、富户豪门的不轨,都实行严厉的惩治。

尽管如此,朱元璋在治国智谋上,仍认为要以德化为本,主张法律要简当严明。从简,则无出入之弊;从严,则民知畏而不敢轻犯。并且,他的这一主张完全是以"化民成俗"的角度提出来的。在朱元璋看来,立法简当,可以使言直理明,人人易晓;相反,法密则国无全民。化民才是立法之本。他说:"如果只有刑政而忘掉了礼乐,在上的虽有威严之政,必无和平之风;在下的虽存苟免之心,终无格非之诚。"

为了实现以法化民,朱元璋提出并坚持了一些具有特色的刑罚和诉讼举措:

他主张断案定罪要依法、循情、遵礼,就是把法、情、礼结合起来。与此相关,他更定

诸子百家——法家

亲属相容隐律,坚持甚至扩大"亲属相隐",认为可以"为孝子屈法"。

他要求简便诉讼和鞫狱程序,减少淹滞和枉法。主张缘情论罪,反对缘心论罪。他曾这样指令刑部:"录囚务在情得其真,刑当其罪。"

他反对"夷三族"的刑法,说:"吾以为鞫狱当平恕,非大逆不道,则罪止及其身。先王之政,罪不及孥,罚不及嗣,忠厚之至也。自今民有犯者毋连坐。"他几次下令,除十恶和杀人犯以外的死刑,一律改为罚役赎刑,凡杂犯死刑,皆令输作屯种,终身徒流罪改为限年输作。洪武二十八年,朱元璋敕谕文武群臣,不许用黥、刺、腓、劓、阉割等肉刑,今后有用此刑者,群臣应即时劾奏,处以重刑。

朱元璋还让民间的高年老人理其乡里词讼。命有司选择民间耆民公正可任事者,使其听乡里诉讼。如户婚、田宅、斗殴等事,可以会同里胥一起断决,涉及重大案情的,再告白于官府。这种民众自己教育自己的制度,在实行之初,对于安民息讼发挥了重要作用。

清朝第二代皇帝康熙,是一位很有作为的君主。他在位 61 年,在政治法律措施上,也采取了清吏治、安民心的策略。

康熙从巩固封建王朝统治出发,对法律的性质和作用提出了自己的看法。他认为,"凡事必期便民,若不便于民,而唯言行法,虽厉禁何益"。在"便民行法"思想指导下,康熙曾谕示刑部:"国家设立法制,原以禁暴止奸,安全良善,故律例繁简,因时制宜,总期合于古帝王钦恤民命之意。"

为了真正使法便民,以法化民,康熙着重抓了吏治建设。他认为,吏治好坏关系民生休戚。他规定并实行了许多惩治不肖官吏的法规,以促进民众对国家法治的认同。如规定官员私派劳役、加派税金,要受到革职或拟绞等制裁;上级容隐者,将一并治罪;如果因为加派或贪虐而激起民众的骚乱,其官员要革职处死。康熙特别憎恨贪官,在秋审赦免人犯时,他曾下诏:凡别项人犯,尚可宽恕,贪官之罪不可宽。康熙二十三年,他亲自审理一桩重大侵贪勒索案件,有道员、侍郎、总督以上七八名官员受到拟斩、拟绞、立斩等惩处。

为了从机制上保证以法化民的落实,康熙注意发挥问刑衙门的作用。他说,国家设立问刑衙门,就是在于明罚敕法,弼教化民。因此,他要求大小问刑衙门,应持廉秉公,务必做到"原情准法,协于至当",不得故意放纵讨好,也不得苛刻。他还提出,问刑衙门必须审鞫精详,谳决平允,真正使民情悦服,冤抑毕申,化法成俗。康熙的这些法治策略,对于促成清王朝大一统的稳固统治,发挥了积极的作用。

13.治莫贵于得齐

事莫急于当务,治莫贵于得齐。制民急则民迫,民迫则窘,窘则民失其所葆;缓则纵,纵则淫,淫则行私,行私则离公,离公则难用。故治之所以不立者,齐不得也。齐不得则治难行。故治民之齐,不可不察也。圣人者,明于治乱之道,习于人事之终始者也。其治人民也,期于利民而止。故其位齐也,不慕古,不留今,与时变,与俗化。

《管子·正世》

处理事情最要紧的是当前的急务,治理国家最可贵的是掌握缓急适度。管理民众过急则人民就困迫,人民困迫就会无所适从,民众无所适从就会失去生活的保障;管理过缓则民众就会放纵,放纵就产生淫邪,淫邪就会行私,行私就会背公,当民众背离公道时就难以调用了。因此,一个国家的政治措施所以立不住,就是由于没有得到这个"适度"。掌握不了缓急适度,治国的措施就难以推行。所以说,治理国家、管理民众的缓急适度策略,是不可以不认真体察的。人们称之为圣人的人,就在于懂得治乱的规律,深深懂得人和事体的开始与终结,他治理人民,只求其有利于民众而已。所以他在确立"缓急适度"策略时,不迷信过去,不拘泥于今天,而是随着时势的变化而变化,随着习俗的发展而发展。

　　"齐者,整齐完备也。缓急适度,规正整齐,不过亦无不及,就是齐"。因此,"贵齐"也就是一种"中道"。坚持"中道",是管子的一个重要智谋。"治莫贵于得齐"就是管子"中道"智谋在治理朝政实践中的具体运用。它所体现出来的,就是原则的坚定性和策略的灵活性的有机统一。无论是在政府领导,还是在企、事业管理中,坚定的原则和灵活的策略总是经常遇到的一个问题。成功的管理者,总是既能在事关管理目标的大政方针上做到坚如磐石,又能在具体的实施过程中表现出非凡的应变能力,做到因时因地因事不同而灵活多变地采取不同的策略,使原则的坚定性和策略的灵活性有机地统一起来。

　　"齐文武","齐万物",不仅是我国传统文化中一个重要哲学思想,也是人们十分推崇的一种谋略。人们往往把能"得齐"者看成是高明的智者,并在实践中广为运用这一谋略。

　　东晋时期前秦的著名政治家、军事家和谋略家王猛,长期居于高位,权倾朝野。他善于运用"得齐"之术,通权达变,驾驭属下。

　　一次,他率军与燕主帅慕容评作战时,在决战前夕,曾派遣将军徐成前往燕军阵前侦察敌情,规定中午返回,然而徐成到黄昏时分才归来,并且还讲不出正当理由。王猛大怒,要按照军法将其处斩。大将邓羌为徐成求情,王猛坚持不允。邓羌觉得很失面子,回到自己的营内,纠集手下人马要进攻王猛。王猛派人问其原委,得知是因为徐成一事。于是,王猛赦免了徐成,还称赞邓羌义而有勇。

　　战斗开始后,王猛指着对面漫山遍野的敌兵,对邓羌说:"今天这场战斗,非将军不能破敌取胜,请将军努力为之。"不料,在此紧要关头,邓羌又讨价还价,要王猛答应给他一个司隶校尉的职位,并且还以罢战相要挟。王猛稍做思索,答应了他的要求。邓羌高兴万分,乐得从床上跳起来,捧起酒坛大喝一顿,然后跃马横枪,与部将张蚝、徐成等人一起直扑敌阵,四进四出,如入无人之境,夺旗斩将,杀敌无数,一鼓取得战斗胜利。

　　后人曾经这样评价此事:邓羌身为大将,徇私求情,扰乱军法;带领士兵欲攻主帅,目无上级;临战之时欲求要职,等于要挟国君。有此三条,罪该杀头,何况王猛一贯以执法如山闻名朝野。然而,对于邓羌的这些错误,王猛并没有严肃法条,而是全部容忍退让,采取灵活的策略。王猛之所以能容忍邓羌之所短,调动邓羌之所长,完全是从国家的根

諸子百家——法家

本利益这个大局着眼,从当时的具体情况出发灵活机动地处理问题。正是运用这种缓急谋略,从而在关键时刻取得了巨大的成功。

的确,"齐"而治之,可以减少树敌面,消解矛盾,化消极因素为积极因素,产生比单一做法更好的效果。明朝孔镛曾用此谋略很好地解决了民族纷争。

明孝宗年间,孔镛出任田州知府。到任才3天,便发生了峒族人进犯州城。此时,州内军队调往他处执行任务去了,城中兵力防卫空虚。于是,众人提议关起城门死守。孔镛认为,田州城是一个孤立的城池,关门守城难以维持长久;再说,从长远考虑,与峒人的这种对抗也不是办法,如果采用灵活的方法因势利导,用朝廷的恩泽晓谕造反的峒族人,或许不仅可以解眼前之围,而且可能改善民族关系。

然而,众人听了孔镛的这一想法,感到孔知府的意见是书生脱离实际的迂腐之谈,难以成功。孔镛坚持自己的主张。这时,大家又觉得没有人敢出面当说客。孔镛说:"这是我管理的城池,我应当前去。"众人纷纷劝阻他,说太危险。可是孔镛根本没有把危险放在心上,他命令立即准备好坐骑,打开城门,让他出城。众人请求他带几个卫士,也被他拒绝了。

孔镛来到峒族人中间,要见峒人首领。在峒族人的首领会议上,孔镛说:"我知道你们本是农民,由于饥寒交迫,才聚集在这里苟且求个免于一死。前任官员不体谅你们,动不动就用军队来镇压,想把你们剿尽杀绝。我现在奉朝廷的命令来做你们的父母官,把你们看成是晚辈,怎么忍心杀害你们呢? 你们如果真能听从我的话,我将宽恕你们的罪过,你们可以送我回州府,我把粮食、布匹发给你们,以后就不要再出来抢掠了。如果你们不听从我的话可以杀我,但是接着就会有官兵向你们兴师问罪,到那时,一切后果就由你们承担了。"大家听了孔镛的话,半信半疑地说:"要是真的像您说的那样体恤我们,在您任太守期间,我们绝不再骚扰州府。"孔镛接着说:"我一语已定,你们不必多疑。"于是,众人拜谢。

第二天,峒族人护送孔镛回城。黄昏时分,一行来到城下,城楼上的官员看见孔镛领着一群峒族人,惊讶地说:"必定是太守害怕峒人,被峒人降服了,现在领着他们来攻打城池了。"因此拒绝开城门。孔镛见此情景,笑着对峒族人说:"你们暂且留步,等我独自进城后,再来犒赏你们。"孔镛入城后,命令取出粮食、布帛,分发给峒人,大家道谢而归。此后,峒族人就不再作乱国扰民之事。

14.威不二措,政不二门

人主之所以制臣下者,威势也。故威势在下,则主制于臣;威势在上,则臣制于主。夫蔽主者,非塞其门守其户也,然而令不行、禁不止、所欲不得者,失其威势也。故威势独在于主,则群臣敬畏;法政独出于主,则天下服听。故威势分于臣则令不行,法政出于臣则民不听。故明主之治天下也,威势独在于主而不与臣共,法政独制于主而不从臣出。故《明法》曰:"威不两错,政不二门。"

《管子·明法解》

君主的权威不能由两家占有,国家的政令不能由两家制定。君主之所以能控制臣下,靠的就是权威势力。因此,权威势力落于下边,君主就会被臣子控制;而权威在上面掌握着,臣子就被君主控制。一个被蒙蔽的君主,并不是堵塞和封闭了他的门户,其实是令不能行、禁不能止、所要求的东西得不到,丧失了君主的权威势力。所以,权势独揽在君主手上,君臣就畏惧恭敬;法度政令由君主独立决定,天下就听命服从。如果权势分散到臣子中,政令就不能推行,法度命令产生于臣下,百姓就不会听命。因此,英明的君主治理天下,总是将权势独揽于自己手中,而不与臣下共有,总是将法度政令由自己独定,而不许其出自臣下之门。所以,《明法》篇说:"成不两错(通措),政不二门。"

管子的"威不二措,政不二门"谋略,在本质上仍然是维护君主权威的一种智谋。这理政谋略在中国古代影响过许多人。西晋的刘颂就曾用"刑法划一"策略来解决当时的"法渐多门,令甚不一"弊端;唐太宗李世民也曾提出"明正赏罚""事须划一"的法治策略;明朝的张居正在其改革举措中也曾主张"事权归一"。所有这些,充分说明"威不二措,政不二门"谋略在理政中的极端重要性。

约翰·苏努努是乔治·布什选定的白宫办公厅主任。与布什总统文雅的形象相对照,苏努努在他任白宫办公厅主任的第一年中,给人的印象是脾气暴烈、厌恶调和与妥协,像一个党派意识十足的职业拳击手。

每位总统都有自己的工作步调和方式,而办公厅主任的作用对他的成败与否关系重大。布什在选择办公厅主任时,也曾希望他的办公厅主任是一个坚持己见的人,而不是一位能够迎合国会、新闻界和特殊利益集团的使节。苏努努就是这样的人。他控制着白宫的决策过程,影响着布什的决策。明尼苏达州保守派共和党人文·韦伯曾经这样描述道,你会常常发现在里根政府中,你问"我如何在这个问题上影响决策"。答案会是"你需要找吉姆·贝克",在其他某件事上,答案可能是"看看你能不能找到总统的朋友埃德·米斯,去和他谈一谈,"而在另外一件事上,它会是"找凯普·温伯格帮忙"。而当你问如何在布什的白宫里影响决策时,答案总是相同的:苏努努。

亚利桑那州共和党参议员翰·麦凯恩说,苏努努"使我联想起一个成功的军官。指挥官是英雄好汉,而主任参谋则保证纪律严明。这种搭配简直完美无缺"。一位白宫高级官员也这样评价苏努努:"他对乔治·布什忠心耿耿,全力捍卫布什的地位。他随时都会准备起来战斗,即使是在有人提出很有见地的建议时,比如这件事或那件事可以处理得更好一些,或者某件事情需要重新考虑,等等,也不例外。"

每天工作开始时,苏努努总是带着一个装满工作人员、内阁和他自己为布什准备的决定文稿的活页夹,去与总统碰头。每天工作结束时,苏努努再次与布什碰头,总结一天的情况。苏努努的办事风格是:当问题出现时,一个个地做出决定。他十分热心地挥动着办公厅主任这根指挥棒,在布什总统任期的第一年中留下了他的印记。舆论认为,布什在任期的第一年中能获得特别高的公众支持率,这与办公厅主任的得力工作密切相关。苏努努的工作负担很重,但他却不肯让其他人分担一些。在白宫,他以意志坚强和敢于负责而闻名。

　　"威不二措,政不二门",既需要治国理朝的当政者自觉运用,也需要下属自觉支持。西汉惠帝时,任命曹参为相国。曹参到任后,终日在家饮酒作乐,显得无所事事的样子。惠帝看到曹参这个样子,感到很奇怪,觉得选择其担任相国的本意是想让他积极参政,而现在曹参却对政事似乎不太积极,难道是因为我太年少而不愿辅佐吗?

汉惠帝

　　一天,曹参之子曹窋拜见惠帝,惠帝对曹窋说:"你回去私下里问一问你父亲,就说,'高祖刚刚驾崩,当朝皇帝又年少,你身为相国,整天饮酒逍遥,从不上朝奏事,怎么知道天下国家的忧患呢?'但是,你千万不要说是我告诉你这样说的。"曹窋回到家中,洗漱完毕,便立即到父亲的住处,用惠帝说的话劝谏曹参。曹参听后,反而勃然大怒,召唤家奴将曹窋棒笞了一顿,并骂道:"天下国家之事是你应该乱说的吗?"

　　惠帝知道这一消息后,非常生气。第二天上朝时,惠帝便责问曹参说:"你为什么责打曹窋呢?昨天是我叫他回去劝说你的,他有什么错?"曹参听罢惠帝的责问,立即跪下,并免冠谢罪说:"陛下自认为比高祖如何?"惠帝说:"我哪敢与先帝相比!"曹参接着又问惠帝:"陛下认为我比萧何谁更贤能?"惠帝直言道:"你恐怕不及萧何。"于是,曹参说:"陛下说得十分对。先帝高祖与萧何定天下,所创立的法律政令既明白又具体,陛下只要按照先帝订立的这些法令行使权威,而我们做臣子的各人守职尽责,不就行了吗?"惠帝听了曹参的一席话,觉得其清静无为,不但是为了维护先帝的威望,而且也是维护自己的权势,便说:"你说得不错,休息去吧!"

　　曹参为相国三年,忠心维护皇帝的权威,推行先帝立下的法令,百姓们歌颂他说:"萧何为法,讲若划一。曹参代之,守而勿失。载其清靖,民人宁壹。"

15.势非所以予人

　　凡人君之所以为君者,势也。故人君失势,则臣制之矣。势在下则君制于臣矣,势在上则臣制于君矣。故君臣之易位,势在下也。在臣期年,臣虽不忠,君不能夺也;在子期年,子虽不孝,父不能服也……故曰:令重于宝,社稷先于亲戚,法重于民,威权贵于爵禄。故不为重宝轻号令,不为亲戚后社稷,不为爱民枉法律,不为爵禄分威权。故曰:势非所以予人也。

《管子·法法》

诸子百家——法家

大凡做君主的人之所以能够称为君主，就是因为他有权势。因此，君主失掉了权势，那么臣子就要控制他了。权势在下面则君主就被臣子所控制，权势在上面则臣子就由君主控制。所以，君主与臣子的地位颠倒，就是因为权势落到下面的缘故。臣子掌握了权势，即使有不忠的行为，君主也不能剥夺他；儿子掌握了权势，即使有不孝的举动，父亲也不能制伏他。所以说，政权比珍宝还要贵重，政权比父母至亲还要领先，法度比黎民还要重要，权威比爵禄还要宝贵。因此，不可因为重视珍宝而轻视号令，不可因为父母至亲而把国家放在后面，不可因为惜爱黎民而歪曲了法律，不可因为爵禄而分让了权威。所以说，权势是不能给予他人的。

权势，包括权力和权威两个方面，它是一个人社会力量的表现。权势既有别人赋予，也有通过自身艰苦奋斗而获得的。权势在其适用的范围内，可以指挥一切，调动一切。因此，无论是别人赋予的权势，还是自己努力挣得的权势，一旦权势在手，就应珍惜，"非所以予人"。君主的权势，更是推行国策、调动国力、统御万民的杠杆，因而也就更应倍加爱惜、保护，防止大权旁落，防止臣下越权夺势。这是圣明君主理政时尤其应该警惕的。

汉武帝刘彻是我国西汉时期具有雄才大略的皇帝之一。即位以后，立志将心中的宏图付诸现实。然而，手下的丞相不仅总是领会不了他的意图，而且常常在朝政上干扰皇帝的权势。为此，武帝几次更换人选，仍不能满意。为了强化自己的地位，有效地推行自己的决策，汉武帝决定从体制上进行改革，设置"内朝"。

秦朝以来实行的中央官制，除"三公""九卿"之外，还有一个"内朝"。所谓"内朝"是与"三公""九卿"等"外朝"相对而言的。"内朝"又称"中朝"，为首的官职以尚书令为最高。本来，尚书令一职仅仅是"九卿"之一的少府（掌管皇室财政的官僚）属下的一个官职，现在，尚书令成了实权最大的官，比丞相还神气。"内朝"一建立，"三公"等重臣就成了"外朝"，"三公"的实权就大大削弱了。内朝选拔的一批官僚，都是武帝较信任但官阶较低、资历较浅的官员，这些人由于官位较低，便于控制；资历较浅，没有什么架子。通过这些人来推行治国方略，充分体现和贯彻了武帝的意图。

在地方，为了有效地控制地方官贯彻皇帝意志，加强对地方官的控制，汉武帝把全国分成 13 个监察区，以"州"为单位，每个州设刺史 1 人。州刺史不作为一级行政机构，而是专门从事监察的部门，其主要任务是监察地方官吏、诸侯国的相，还监察地方上的豪强大族，如果发现他们有违法乱纪的行为，就及时上报，并严惩不贷。

通过这些举措，汉武帝成功地做到了皇权的强化，并达到了一系列目的：首先，它削弱了原有中央机构和地方行政机构的权力；其次，它实行了加强以皇帝个人为中心的官僚制度；再次，皇帝想要办的许多事情、想要实行的许多决策，得到较顺利的贯彻。

"势非所以予人"谋略不但要求保住已有之"势"，发挥现有之"势"，而且还需要争取"势"，利用一切可利用之"势"，来推行自己的路线、方针、政策，来实现自己的目的。清朝的丁宝桢就曾用此谋，巧妙地除掉了太监安德海。

安德海是慈禧太后的宠信太监，在朝廷专横跋扈，作恶多端，一些有正义感的朝臣早

諸子百家——法家

就想治一治他。这一年，安德海奉慈禧之命，出京城结纳外臣，以营其私。当时，慈禧、慈安两宫太后垂帘听政，明争暗斗。临行前，慈禧嘱咐安德海悄悄地出去，暗暗地回来。谁知安德海在皇宫里骄横惯了，出京城没有几天，就命令在乘坐的官船上升起了号旗，并且大肆张扬，要沿途官吏接驾、送贿。因此，其所到之处，官民皆怨，鸡犬不宁。

一天，安德海的船来到山东德州境内，德州知府闻信赶紧前去接拜，并且送了200两银子。安德海见银两如此少，很是生气，限德州知府在3天之内交足5000两银子，否则，将予以重责。德州知府一听，慌了手脚。如何对付安德海的这一贪欲呢？他忽然想到顶头上司山东巡抚丁宝桢。丁宝桢为官清廉，并且有胆有识，对付安德海，说不定丁巡抚会有好办法。于是，德州知府连夜奔赴济南，向丁宝桢哭诉了事情的经过。丁宝桢听后问知府，安德海要银子可有圣旨？知府说没有看到。听到安德海并不是奉旨行事，丁宝桢心中暗喜，当即命令德州知府回去领兵将安德海一行提到济南来。知府开始以为自己听错了，当弄清的确是要他去抓安德海时，吓了一大跳，说："大人，这不是太岁头上动土吗？"丁宝桢胸有成竹地说："你只管行事，一切由老夫承担。"德州知府这才遵命而行。

原来，清朝有一条祖训："内监不许私离京城40里，违犯者将由地方官就地正法。"这是清官赋予地方官的一种特殊权力。丁宝桢正是抓住了这一特别权力，下决心要治一治安德海。丁宝桢还想到，安德海作为慈禧的心腹，这次出京虽然没有明诏，但定是得到西太后的暗许；而西太后不敢降明旨，说明东、西两太后有矛盾；安德海是西太后的人，我何不奏请东太后，请东太后下旨发落。主意打定后，丁宝桢立刻派亲信飞马入京向东太后送奏章。很快，东太后降下懿旨，着令丁宝桢就地将安德海处斩。

可是，就在行刑之时，忽然西太后的懿旨也到了。安德海听到这一消息，知道来了救命符，高兴得从地上蹦了起来，朝丁宝桢骂道："姓丁的，这回看你小子怎么收场！"丁宝桢此时清楚，必须紧紧地握住东太后赋予的权力。于是，他大声吩咐道："前门接旨，后门斩首！"果然，西太后降旨要将安德海押回京城查办。然而，为时已晚，就在宣旨的同时，安德海已身首异处了。

16.三官不谬，五教不乱，九章著明

三官不谬，五教不乱，九章著明，则危危而无害，穷穷而无难。故能致远以数，纵强以制……三官、五教、九章，始乎无端，卒乎无穷。始乎无端者，道也；卒乎无穷者，德也。道不可量，德不可数也。故不可量则众强不能图，不可数则伪诈不敢向。两者备施，则动静有功。

《管子·兵法》

"三官"无误，"五教"不乱，"九章"著明，这样即使处境极度危险也不会受到损害，处境极度困顿也不会遭受灾难。因此也就有办法进行远征，有章法总领众强。所谓"三官"，就是鼓、金、旗。鼓是用于作战、用于发动、用于进攻的；金是用于防守、用于退兵、用于停战的；旗则是用于出动队伍、节制军队的。这"三官"是用来推行军令的，有了这三

官,兵法才起作用。所谓"五教":一是教士兵眼看各种形色的旗帜;二是教士兵耳听各种号令的长短;三是教士兵走前进或后撤的步伐;四是教士兵手使各种长短兵器;五是教士兵心记赏罚制度的要求。如果这"五教"都熟练了,士兵就有勇气作战了。所谓"九章",就是军队行止所确定的九种标志,即日章、月章、龙章、虎章、鸟章、蛇章、鹊章、狼章、弓衣章。举日章,白日行军;举月章,夜里行军;举龙章,水里行军;举虎章,林内行军;举鸟章,丘陵行军;举蛇章,沼泽行军;举鹊章,陆上行军;举狼章,山上行军;举弓衣章,则表示将要驾车而回。"九章"确定以后,军队的行止就不会忙乱、越轨。

"三官"无误、"五教"不乱、"九章"著明,就是说军队要纪律严明,令行禁止。管仲还认为,这"三官""五教""九章"起始是没有开端,结束是没有穷尽的。始于无端好比"道",终于无穷好比"德",而道是不可变量的,德也是不可测算的。由于不可度量,敌人强大也不能图谋我军;由于不可测算,敌人伪诈也不敢对抗我军。这两个方面兼而有之,那么,无论是动兵还是息兵都会取得成效。

严明的纪律,是组织有序的保障。管子的这一谋略,可以说是其"作内政而寓军令"智谋的具体化,是其如何更好地发挥"兵民合一"优势的现实要求,也是其实现内富于国、外霸诸侯的重要措施。

法兰西第一帝国皇帝拿破仑一世,是一位军事天才,他始终把整饬军纪、加强对军队的管理教育摆在治军的重要位置上。早在 1796 年初他受命统率意大利军团时,就对于加强部队的组织纪律性,提出了既严格又有所革新的措施,如废除封建社会时代留下来的体罚制度,强调由军事法庭来审处军人的犯罪行为,并同时强调治罪要依据法律条文、规定,不能凭长官个人意志说了算。他还在军队中建立了一个名叫"同志审判令"的组织,利用士兵群众来监督、维护和执行各项法规纪律的落实。"同志审判会"的建立,不仅促进了军法军纪的执行,而且大大缓和了原来棍棒和皮鞭教育所造成的官兵矛盾,士兵在人格上受到了尊重,从而有利于法军战斗力的提高。

苏联元帅朱可夫从严治军,要求令行禁止,并由此在苏联红军部队中树立了崇高的威信。1941 年 12 月 12 日,朱可夫给深受斯大林器重的别洛夫将军打电话,由于两人意见发生了分歧,朱可夫命令别洛夫一刻钟之内赶到指挥部,别洛夫提出异议,朱可夫十分严厉地说:"我命令你到这儿来!你要是不来,我关你的禁闭!"脾气倔强的别洛夫知道朱可夫说话是算数的,于是只好乖乖地准时赶到朱可夫的指挥所。1943 年 5 月 3 日,在粉碎德军塔曼集团的作战关键时刻,朱可夫决定把他最信任的一个师——皮亚谢夫师投入战斗。为了使投入这个师的兵力发挥更大效果,他带着总参谋部作战部长什捷缅科一起来到皮亚谢夫师所在的第 56 集团军指挥所督战。当时战斗进行得十分艰苦,部队都处于停滞不前状态。朱可夫一行到达指挥所后,什捷缅科立即向皮亚谢夫传达朱可夫要求他们继续进攻的命令。皮亚谢夫接到电话后,心里很恼火,便对着话筒大声喊道:"谁都来发号施令,这个仗没法打了。滚你的吧!"可是,当皮亚谢夫弄明白是朱可夫的命令时,再也不说什么了,坚决无条件地按照朱可夫的命令行动。美国作家 A.P.钱尼在其所著

《朱可夫元帅》一书中曾这样评价:正是由于朱可夫具有要求严格的这些品质,他不去考虑下级的个人感情,才使得他能够组织起莫斯科的防御作战。为了挑起挽救莫斯科和苏联的这一极沉重的担子,他甚至伤害了一些人的感情。于是,他在全军就有了这样的名声:他是一位严格、顽强、果断甚至态度粗暴的司令员。

美国陆军上将巴顿,也是以森严的军纪治军而名声远扬的。巴顿从部队的日常作风养成抓起,以达到军容严整、作风过硬、令行禁止。他首先从自己做起,始终是衣冠整洁、合体,适合战斗生活需要。巴顿以他独有的军人风度,给人们以一个雄壮威严、神气的外貌。为了使部队做到令行禁止,他有时亲自出去"抓住一小撮违令者",以强制部下遵令守纪。如1943年3月,美军第二军在北非同德军作战中吃了败仗,士气低落,纪律涣散,士兵们穿着各式各样的衣服到处窜,军容极为不整。巴顿调任该军军长后,把抓纪律和军容整齐作为突破口,他命令全军上下包括技师、护士在内都必须戴钢盔、打绑腿和系领带。为了落实着装条例,他制定了着装方面的罚款制度,对那些违反规定的人,军官罚款50美元、士兵罚款25美元。巴顿还经常到士兵宿舍检查内务,严格纠正不符合规章的做法,甚至用鞭子抽打贴在宿舍墙上的裸妇像。严格的要求和严明的纪律,使巴顿在7天之内就把第二军的士气重新振作了起来,进入了"战斗竞技状态"。在后来的盖塔尔战役中,一举打败了德军。

17.赏足劝,罚足畏

故圣人设厚赏,非侈也;立重禁,非戾也。赏薄则民不利,禁轻则邪人不畏。设人之所不利,欲以使,则民不尽力;立人之所不畏,欲以禁,则邪人不止。是故陈法出令而民不从。故赏不足劝,则士民不为用;刑罚不足畏,则暴人轻犯禁。

《管子·正世》

古时候的明君设立丰厚的奖赏,不能说是奢侈;执行重的禁罚,不能说是暴戾。奖赏薄了则民众不以为利,罚禁轻了则恶人无所恐惧。设立人们不以为利的轻赏,要想役使人们,则民众就不会尽力;规定人们无所恐惧的罚禁,要想禁止人们的恶行,则恶人是不能平息的。这样下去,虽颁布了法令,但人民不肯听从。所以,奖赏不足以令人激励,则民众就不会为君主出力;刑罚不足以使人畏惧,则坏人就会轻易违反法禁。

"赏足劝,罚足畏"谋略,既是制定法律时必须遵循的指导思想,又是实施法治过程中必须坚持的基本原则。《郁离子》曰:"刑,威令也。其法至于杀,而生人之道存焉。赦,德令也,其意在乎生,而杀人之道存焉。"这也就是说,刑罚,是威严的法令,法令威严到了杀人的程度,这样,可使人活下去的道理就隐藏在里面。赦免,是讲恩德的法令,它的本意是使人活命不死,但杀人的道理也隐藏在里面。《尚书》也曾经指出,有刑是希望达到无刑。制定刑律,是希望民众害怕,当民众知道违反了法就必定要处死,这样犯死罪的人也就会少起来。赏足以劝人为善,罚足以使人畏惧作恶,这既是法治的要求,也是德政的愿望。

"赏足劝,罚足畏"历来被执政者广为运用。公元前493年,齐国捐送粮食给晋国叛逃在外的贵族范氏、中行氏,由郑国派人帮忙护送这批粮食。晋国的执政者赵鞅得知这一消息后,决定率领军队阻止齐国的这一行动,并想从郑军手中夺下这批粮食。两军在卫国的戚地相遇。

出征之前,赵鞅向士兵做了动员,宣布了范氏和中行氏的反叛罪行,并且设立重赏来争取各种身份人士的支持。在战前的誓师词中,赵鞅宣布了一系列奖赏政策,其中最重要的内容是:第一,有军功的大夫能得到县郡的土地作为征收赋税的对象;第二,在战斗中立功的庶人、工、商,都可以上升作官吏;第三,在战斗中立功的人臣、隶、圉等家内奴隶,可以免除其奴隶身份,获得人身自由。由于赵鞅宣布解放奴隶、按军功授田、实行立功受奖的政策,从而调动了全军将士的积极性,士气十分高涨。

两军交战前夕,王良为赵鞅驾车,在晋国避难的卫太子蒯聩担任赵鞅的车右,他们一同登上铁丘。远远看去,郑军人马很多,卫国太子竟然吓得从车上跌落下去。王良赶紧递给他一条带子,让他拉着登上战车,并指责说:"你简直像个女人。"赵鞅视察队伍时,又对部队进行了鼓动。他说:"从前先君献公的车右毕万本来是一个平民,他在7次战斗中都俘虏过敌人,结果后来受到重奖,成为家有100乘兵车的大夫。希望大家在这次战斗中也能努力作战,英勇立功获得奖赏。其实,作战英勇并不一定就会战死,毕万就是正常去世的。"

双方交战后,郑国人的武器击中赵鞅的肩膀,赵鞅倒在车中,郑国人乘机把帅旗抢走。正在危急时刻,卫太子蒯聩振奋精神,挥戈向前,救起了赵鞅。晋军也并没有因为主帅受伤、帅旗被夺而影响士气,将士们个个奋勇当先杀敌军,争着立头功。郑军招架不住,开始后撤,卫太子等人紧追不放。郑军被打得狼狈逃窜,晋军缴获了齐国的上千车粮食。

赵鞅这次领兵出战能取得胜利,主要原因是他运用了"重赏"谋略,论功行赏,按功授田,激励了将士的斗志。从这个意义上说,这场战争的胜利,是重赏谋略的胜利。

与重赏谋略相对应的,是重罚谋略。北宋赫赫有名的大将狄青,抓军队建设从整顿军纪入手,立军制,明罚禁,在较短的时间里使部队的战斗力迅速提高,从而创造了奇兵飞越昆仑关,一举扑灭侬智高侵扰的辉煌战绩。

仁宗皇祐四年(1052年),广源州蛮人侬智高为了摆脱交趾的控制,想依附于宋朝,但却遭到拒绝。侬智高恼羞成怒,便向宋朝的两广地区发动了大规模进攻。宋朝在两广地区的军队,由于长期松懈战备,因而在侬智高的进犯面前接连吃败仗,使得侬智高不仅很快攻占了邕州,而且沿着邕江东下,接连攻陷了邕江沿岸的9个州,还一度包围了宋朝最重要的对外贸易港口城市——广州。宋仁宗先后派文官杨畋、孙沔、余靖等大臣前往两广负责讨伐,因指挥不当,都未能制止住侬智高的进攻。侬智高也因其连败宋兵而气焰更加嚣张,竟然提出要宋朝册封他为邕桂节度使,并承认他对两广的割据局面。

面对这种形势,仁宗一时束手无策,曾打算答应侬智高的条件,只是由于朝中一些大臣的极力反对,而未能实施。正在危机之时,刚刚提升为副枢密使的狄青挺身而出,要求仁宗同意他率兵出征,讨伐侬智高。狄青还请示仁宗拨给他一支由陕西边境少数民族组成的骑兵,再加上一些禁兵。仁宗立即答应了狄青的请求,授予他统一指挥两广讨伐侬智高的全权,并同时下令两广所有将帅都受狄青统辖调用。

在队伍出发之前,狄青鉴于两广守军赏罚不明、屡战屡败、视军纪为儿戏的现象,决心从整顿军纪入手,重整士气。他一再申明,军中无戏言,军法如山,他个人执法决不徇私。在他率领的部队离开开封南下途中,有一名士兵抢了过路人的一把菜,此事报告到狄青那里,他立即下令将这个士兵斩首示众。由于纪律严明,全军行动整肃,没有一个人敢喧哗,万余人的队伍行起军来井然有序。

皇佑五年正月初,狄青率领的部队到达广西宾阳,与余靖、孙沔的部队会合。在此之前,狄青为了扭转广南宋军轻敌致败、士气低落的局面,曾经下令要求多支宋军不得妄自出战,一切行动必须听从他的新的军事部署。可是,广西宋将陈曙却一心想抢头功,趁狄青未到,擅自率兵出击,结果兵败昆仑关,其部将袁用等人甚至弃军逃跑。对此情况,狄青十分生气,认为这种目无主帅、不听统一号令的行为是不能容许的。为此,狄青于正月初八凌晨召集诸将开会,当场把陈曙、袁用等30个对兵败有直接责任的大小将官抓了起来,按败亡的军法论罪,随后一并推出军门处斩。

狄青为整顿军纪而采取的严厉处罚措施,使宋军转变了以往那种纪律涣散、将领各执己见、作战时各行其是的状况,全军将士都树立了拼死取胜的决心和信心。在此基础上,狄青用奇兵巧夺昆仑关,一举击败了侬智高的侵扰。狄青也因此被擢升为枢密使。

18. 君主以自正服天下

凡民从上也,不从口之所言,从情之所好者也。上好勇则民轻死,上好仁则民轻财,故上之所好,民必甚焉。是故明君知民之必以上为心也,故置法以自治,立仪以自正也。故上不行则民不从,彼民不服法死制,则国必乱矣。是以有道之君,行法修制,先民服也。

《管子·法法》

人民顺从君主,并不是趋从君主口里说的什么话,而是趋从君主性情上的喜好。君主喜好勇毅,则民众就会敢于牺牲;君主喜好仁爱,则民众就会不贪财货。所以君主喜好什么,下面对此的爱好会更厉害。正是由于这种情况,贤明的君主知道民众会效法官府朝廷;因此要确立法制以便治理自身,定制礼仪以便规正自身。君主如果对法制、礼仪不身体力行,民众就不会服从,而民众不服从法制礼仪,国家必定会混乱。所以,有道的君主,推行法令、修订制度,总是先于民众而躬行。

上行下效,是推行政令、教化民风的重要方式。管仲还认为,君主如果不像君主的样子,那么,臣子也就会不像臣子。君主衣冠不端正,管礼宾的官吏就不会严肃尽职;君主的举动不合乎仪法,其推行的政策法令就不容易贯彻落实。这就像人们常说的那样:上梁不正下梁歪。因此,要有效地推行政务,君主以身作则,以自身的规正行为来威服天下,是一个重要的理政智谋。

諸子百家

——

法 家

管仲不仅提出君主以规正自身来德服天下的智谋,而且在辅佐齐桓公的实践过程中,经常运用这一谋略。齐桓公喜欢穿紫衣服,朝中的一些大臣也跟着做紫衣穿,不久,这股风潮吹遍了全国,全国的民众都对紫色的衣服产生了偏好,以穿紫衣为时髦。一时间,紫布的价格直线上升,5件白布衣也抵不上1件紫布衣。桓公对这一状况十分担心,问管仲怎么办才好。管仲献计说:"您何不试一试首先不穿紫衣?"桓公答应可以,回宫后就脱去了紫衣,并且还说了一些讨厌紫色衣服的话。结果,第二天,朝中就没有人穿紫衣服了;第三天,城里也没有人穿紫衣的。不到一个月,全国的"紫衣热"就退了下来。

其实,像这样上行下效的事例,古往今来都是非常多的。其中,既有正面的,又有反面的。如燕国国君喜欢乌鸦,在王宫的庭院里的各种树上,都搭上乌鸦的窝,人们没有敢动这些窝的。燕王还认为,这些乌鸦能够测知凶吉和掌管祸福,凡是国家大事,都要通过听乌鸦的鸣叫声来做决断。乌鸦因为人们的宠爱而变得十分胆大,经常集在一起群叫,其他的鸟都不敢来此地栖息。由于燕王喜爱乌鸦,官民们也纷纷效仿,从大夫到百姓都饲养起了乌鸦。乌鸦抢夺腥臭腐烂的肉吃,弄得王宫和都城一片狼藉。直到新燕王继位,才结束了这种混乱的局面。

现代社会,人们更加看重执政者的以身作则,并且把国家领导人的正己作风作为政风、民风建设的关键。周恩来毕生致力于中国革命和建设事业,创立了辉煌的业绩,他那作为人民的好总理的形象,永远铭刻在广大人民群众的心中。周恩来巨大的人格感召力,来自他严以律己、以身作则的行动之中。

周恩来不仅自己在工作中以身作则,为人表率,而且对亲属严格要求。建国之初,他就给亲属们规定了"十条家规":

一是晚辈不准丢下工作专程去看望他,只能在出差顺路时去看看;

二是来看他的亲属一律住国务院招待所;

三是一律到食堂排队买饭菜,有工作的自己买饭菜票,没工作的由总理支付伙食费;

四是看戏以家属身份买票入场,不得用招待券;

五是不许请客送礼;

六是不许动用公家的汽车;

七是凡个人生活上能做的事,不要别人来办;

八是生活要艰苦朴素;

九是在任何场合下都不要说出与总理的关系,不要炫耀自己;

十是不谋私利,不搞特殊化。

周恩来这样要求亲属,他自己也主动这样做。1956年10月下旬,周恩来在淮安老家的婶母患病,被县委送到县人民医院治疗。后来因病情反复,县人民医院便写信向周恩来汇报情况。周恩来接信后,立即给淮安县人民委员会写了封回信,信中对县委的照顾表示感谢,并说:"我婶母的病我们知道是无法治疗,今后一切治疗还要麻烦你们(请县人民医院治疗好了),不要向外地转治。如果治疗无效,一切后事也请你们代为办理,但要本着节约和简朴的精神办理。现寄去人民币贰佰元作为治疗和办理后事的费用,如不够

诸子百家 —— 法家

时，请你们先垫付，事后来信说明支付情况，我再补钱去。"其婶母去世后，他又致信淮安县人民委员会负责同志，寄去安葬善后费用所尾欠的垫款 25 元，并在信中说："我婶母家现还有陶华等人，今后的生活费用均由我这儿接济，请当地政府对她勿再予照顾。"此后，周恩来对堂弟媳陶华治病所花费用，也都如数寄还给淮安县委。

1968 年，周恩来的侄女周秉建初中毕业后，主动申请到内蒙古大草原去锻炼。周恩来知道后，专门在家中为侄女做了一顿饭为其送行，并谆谆嘱咐说："我没有什么好吃的招待你，最好的食粮就是精神上的支持。你到草原去当牧民，我们坚决支持。"两年后，周秉建在内蒙古参了军，当她穿着新发的军装高高兴兴地到北京去看望伯父、伯母时，周恩来却不高兴地对她说："你参军虽然完全符合手续，但内蒙古那么多人里面，却挑上了你，还不是看在我们的面子上？我们不能搞这个特殊，一点也不能搞。"周秉建愉快地接受了伯父的批评，重新返回了内蒙古草原。在离开北京的时候，周恩来和蔼而风趣地问秉建："想通了吗？同志！"站在一旁的邓颖超亲切地对周秉建说："你听见了吗？你伯伯称你同志啦！"周恩来还叮嘱周秉建道："你回到草原，对你的歧视会小，但对你的照顾会大，你一定要警惕。"周恩来就是这样以自己清正廉洁的崇高品质，来诚服部属、诚服民众、诚服天下的。

19.俭财用，禁侈泰

主上无积而宫室美，氓家无积而衣服修，乘车者饰观望，步行者杂文采，本资少而末用多者，侈国之俗也。国侈则用费，用费则民贫，民贫则奸智生，奸智生则邪巧作。故奸邪之所生，生于匮不足；匮不足之所生，生于侈；侈之所生，生于毋度。故曰，审度量，节衣服，俭财用，禁侈泰，为国之急也。

《管子·八观》

国家君主没有积蓄然而皇宫府室却很华美，居家百姓没有积蓄然而衣着服饰却很考究，有车乘的人打扮车子的外观，步行的人穿着艳丽的服色，农业产品缺少而奢侈品多，这是奢侈国家的风俗。国家奢侈则用度开支浪费，开支浪费则民众贫困，民众贫困就会产生奸恶思想，奸恶思想产生就会出现邪巧行为。所以说，奸恶邪巧的产生，皆生于物资匮乏贫困；贫困的产生，又生于奢侈；而奢侈的产生，则是生于没有制度。因此说，明确制度和标准，节约衣着服饰，省俭财物用品，禁止奢侈挥霍，是治理国家的急务。

"俭财用，禁侈泰"既是一种勤俭建国的战略，也是一种廉政措施。管仲还认为，俭财用，禁奢侈，首先应从君主做起。君主挥霍无度，百姓就会胡作妄为；君主的奢侈之风不止，百姓就会放纵淫荡。同时，君主还应当重视农业，禁止生产奢侈品的工商业，工匠不得追求刻木镂金，女红也不得讲求彩色花饰，让人们专心农时农事，国家也就会富足。

管仲理政素以勤勉俭朴著称。一次，桓公设宴款待管仲等人。为了这次宴会，桓公斋戒了十天，并派人挖了一口新井，用柴草覆盖着，准备开宴时使用。

管仲来到后,桓公对其说:"请仲父来此饮宴。"然后,亲自拿着酒爵,由夫人端着酒杯敬酒。然而,当酒过三巡后,管仲便离开席位,快步朝宫外走去。桓公见此情形,发怒说:"我斋戒十天来宴请仲父,自认为够严肃隆重的了,可仲父却不辞而去,是什么道理?"陪同饮宴的鲍叔牙和隰朋立即赶了出来,追上管仲后说:"相国为何不辞而出?桓公为此发怒了。"并且连拉带劝地将管仲请了回来。

管仲回到宴会厅,桓公问道:"我斋戒十天而宴请仲父,自以为没有什么得罪仲父的,可是您不辞而出,不知是什么原因?"管仲回答说:"沉湎于饮宴享乐的人必然陷于忧患之中,注重物质享受的人必然轻视品德操行,对朝堂公务怠慢的人必然对政事不经心,对国家有害的人必将危及江山社稷。我就是由于这些考虑才离席而出的。"桓公听了管仲的一席话,觉得言之有理,忠心可见,便立即走下堂来,说:"我不敢个人享受安乐,只是看到仲父年纪大了,我也衰老了,想用宴请安慰一下仲父。"管仲接着说:"我听说壮年不懒惰,老年又不求苟安,顺应天道行事,就一定有好的结果。夏朝的桀、商朝的纣以及周朝的幽王这三个人失掉天下,并不是在一个早上就突然会这样的。您为什么想到要苟安呢?"

管仲说完后,仍执意要离开王宫。这一回,桓公以宾客之礼相拜后,高高兴兴地送出管仲。

"俭财用,禁奢侈"曾经被辅佐勾践复国的范蠡称之为小孩子都懂得的道理。范蠡作为我国古代著名政治家、谋略家,他在施韬光养晦谋略,运用"十年生聚、十年教训"帮助越王勾践雪会稽之耻以后,急流勇退,隐居陶地,人称"陶朱公"。

据传,当时灵邱有一位老人,善于养蜂。每年收获的蜂蜜总是数百斛,蜂蜡也相当多。因此,他的家中十分富有,比王侯都不差。老人过世后,其子继承养蜂业。可是,他的儿子整天吃喝玩乐,从不关心养蜂之事,不到一个月,蜜蜂就开始往别处飞,一年后,蜜蜂逃走了一半,又过了一年,蜜蜂全部逃光,这家也败落了。有一天,陶朱公到齐国路过灵邱,看到从前此地热气腾腾的景象不见了,一片清冷,并好奇地问当地的人是什么缘故。养蜂户邻舍的一位老人说:"从前这家老头养蜂,园里有草屋,屋里有人守护,蜂房的安放疏密成行,坐落有方位,一人精心掌管,注视着蜜蜂的生息,调节蜂房里的冷暖,到收取蜂蜜时,分割出多余的蜜,不把蜜全部割光,使老蜂得以安宁,新蜂得以生长,这样,养蜂老人不出家门就能收获到好处。如今他儿子只知道自己挥霍,园屋不修整,污秽不清除,干湿不调和,开关无节制,居处动摇不安定,就连蝼蚁、鹪鸼、狐狸等侵害蜜蜂也都无人察觉,直到蜜蜂全部逃光,家业穷败,这样怎么能不冷冷清清呢?"陶朱公听后感叹地说:"唉!这样简单的道理,恐怕二三岁的小孩也能知道它,治理国家统治百姓的人可以此作为借鉴('二三子识之,为国有民者可以鉴矣')。"

20.节宫室,适车舆,去玩好

故圣人之制事也,能节宫室、适车舆以实藏,则国必富、位必尊;能适衣服、去玩好以奉本,而用必赡、身必安矣;能移无益之事、无补之费,通币行礼,而党必多、交必亲矣。夫众人者,多营于物,而苦其力、劳其心,故困而不赡,大者以失其国,小者以危其身。

圣明的君主处理政事,往往能够节俭宫室、调适车驾,用来充实国家的储备,这样国家必然富足,王位必受尊敬;能够适度衣服、抛弃玩好,以便加强农业生产,这样财用必然够花,自身必然安定;能够摆脱没有意义的事务、没有益处的开支,注重通币行礼的外交活动,这样盟国必定多聚,邦交必定亲睦。那些平庸的君主,大都迷恋于物质享乐,并且为此费力劳心,到头来弄得个人困顿不堪,国家财用不足,这种局面从大的方面讲可导致国家亡失,从小的方面说则危害君王自身。

"节宫室、适车舆、去玩好"同"俭财用,禁侈泰"一样,虽然都是廉政措施,但二者在涉及范围和针对主体等方面,又是有区别的。"俭财用,禁侈泰"着重是从全国范围来说的,它要求对全体国民,不分官民、不分贫富,都要如此;而本措施则着重是针对官府而言的,特别是国家最高执政者,必须依此谋而行,方能保持政权稳固。

帝王之家的衣食住行、兴趣喜好,初看起来好像是个人生活的一些小事。但是,管仲却从治国为人的高度来看待君王的衣食住行、兴趣爱好,这不能不说管仲理政思想的深邃。历史事实也证明,一个在衣食住行、兴趣爱好上不加约制、任意放纵的君王,是很难把国家治理得井井有条的。因此,从节俭、节制的原则出发,来安排君王的衣食住行、兴趣爱好,是一条不容忽视的治国理政谋略。

诸子百家

——法家

宋仁宗曹皇后,是一位胆识过人、才干出众的女中豪杰。她先后为皇后、皇太后、太皇太后,三朝佐治天下,一生恪守清规,严格要求亲属,杜绝外戚干政,勤俭清廉,生前备受尊敬爱戴,死后得谥慈圣光献。

曹皇后出生在一个贵族官僚大家庭中。曹家原为五代后周王朝的贵戚,曹皇后的祖父曹彬是宋朝开国元勋之一,历任将相,官至枢密使,子孙皆为宋朝文臣武将。在这个素有仁恕清慎门风的簪缨世家中,曹皇后从小就接受严格的、良好的家庭教育,学习诗书礼乐,研读历史典籍。他虽然身为贵族小姐,却很乐意亲自干一些农桑女红,从中体会稼穑的艰难,以培养勤俭惜物的美德。

仁宗明道二年(1033年)十二月,在宰相吕夷简的支持下,仁宗废黜了郭皇后,引起了一场宫廷风波。风波平息后,曹氏以德门淑女应召入宫。然而,仁宗并没有想到立她为后。仁宗当时想立茶叶商人之女陈氏为后,因遭到大臣们的一致反对,才作罢。景祐元年(1034年)九月,曹氏被立为皇后,当年十一月正式受册。这一年她才19岁。

曹氏当上"母仪天下"的皇后以后,更加注意以身作则,率先垂范,倡导勤俭清正之风,力除骄惰淫邪之气,让宫内宫外都注重国计民生,关心百姓疾苦。她经常率领宫人在皇家苑地上种植谷物,培桑养蚕,不辞劳苦。她不仅待人仁慈宽和,不摆架子,而且对皇帝既体贴关心,又闻过必谏。

仁宗有一个特别宠爱的张美人,比曹皇后年轻7岁。张美人仗恃皇上恩宠,总想要骄卖乖,出出风头。一次,张美人要出去游玩,向仁宗闹着要借用皇后的车舆抖抖威风。

仁宗虽然明白这是僭越皇家礼制的行为，皇后是不会答应的，但是，在张美人的纠缠下，仁宗只得推说："你自己去找皇后借。"曹皇后听了张美人的来意，心想，皇宫的规矩是不应破坏的，更何况不能助长这种骄淫之风，于是，便把"皮球"踢了回去，爽爽快快地答应借给张美人车盖。张美人这下可乐坏了，急忙跑回来向仁宗报告好消息。仁宗听后，仔细一想觉得不对，便严肃地对张美人说："国家的文物典章，都有上下礼制，你用皇后的车盖招摇出宫，外边的公卿大臣们看到后，是不会善罢甘休的。"张美人听后羞悔不已，此事只好作罢。

仁宗病逝，英宗继位，曹皇后被尊为皇太后。她本不想干预朝政，但因英宗患病，才在大臣的力劝下应允参政。她虽垂帘听政，却只坐于小偏殿，出令发言都只用普通人的第一人称"吾"，而不称"朕"。垂帘一年多，虽大权在握，却对娘家曹氏亲属及左右臣仆要求特别严格，不准曹家的人随便出入宫禁，也不准他们通过朝内外官员请托办事讨便宜。她的所作所为，深得群臣拥戴。

《郁离子》曰："贪与廉相反，而贪为恶德，贪果可有乎？匹夫贪以亡其身，卿大夫贪以亡其家，邦君贪以亡其国与天下，是皆不知贪者也。"也就是说，对于国君来说，贪于财物，享乐无度，不仅会丧失自身，导致灭门，而且更危险的是亡失天下和万民。当然，郁离子还认为，作为君王，要摒弃贪财物金玉的恶德，追求对仁义道德的贪婪，要像圣人那样，对仁义道德没有一时能感到满足的。这既是"贪"的辩证法，也是君王治天下的至理名言。

南朝时齐国国君萧道成也曾大力倡导以俭治国。萧道成不是世袭的皇帝，他原来是刘宋王朝的中领军，凭着精明善断，在各派政治力量中脱颖而出，夺取王位。为了庆贺新王登基，齐国上下一片欢腾，皇宫中，文武百官喜气洋洋。

在登基大典的那一天，百官们个个身穿华贵的礼服，佩戴着各式各样精美的饰物，齐刷刷地站在宝殿上，等待着新皇的出现。然而，当萧道成来到大殿时，身上穿的却是一袭素色的礼服。为什么皇帝在大喜的日子里不披龙衮，而只穿一身普普通通的礼服？大臣们带着不可理解的神情，窃窃私语着，想探个究竟。忽然，一个细心的老臣发现，皇上不仅衣着素朴，而且连"玉介导"也没有佩戴。所谓"玉介导"，其实就是一块玉佩，因为是古时传下来的避邪之宝，所以历代皇帝都佩戴着。今天，萧道成登基却没有戴"玉介导"，这使大臣们更是不得其解，并且心中惶惶，好像有什么灾祸就要临头一样。

萧道成听到大臣的议论，也看出了大臣们的神情，便高声对大家说："朕今天召集大家上殿举行登基礼的同时，还想向众位爱卿宣布，朕从今以后不佩戴'玉介导'了。我们的祖先告诉我们，'玉介导'有避邪作用，可是过去的末代君主个个都佩戴着，但个个都没有逃避掉杀身之祸和亡国之果。因此，依我看，真正能够驱除邪气的，绝不是什么珠宝玉器。相反地，'玉介导'不是什么避邪的东西，而是招邪的东西。珠宝璧玉本身价值宝贵，今天诸位身上都佩戴多件，这要耗费朝廷多少财力。这样佩珠挂玉，助长奢侈之风，长此下去，就会造成国库空乏，民心思变，就会亡国。"

萧道成说到这里，从侍卫手中拿过先前一直佩戴着的"玉介导"，高举过头，奋力掷在地上，只见"玉介导"顿时碎成了小玉块。这一举动，使大臣们大为震动，朝廷中的奢侈豪华风气,也由此大有收敛。此后,他又带头拆除了自己銮驾上华盖的镶金饰物,并下令把后宫中用金、银建制的栏杆、门槛换成铁质的;内官的嫔妃一律穿朴素的布衣。皇宫中做出了榜样,上行下效,在萧道成执政之初,南朝齐国贵族追求奢华的风气有了很大的改进。

21."中道"为用

政者,正也。正也者,所以正定万物之命也。是故圣人精德立中以生正,明正以治国。故正者,所以止过而逮不及也。过与不及也,皆非正也。非正则伤国一也。

萧道成

《管子·法法》

政事,就是"正"。所谓"正",也就是用"中正""中道"来确定一切事物的命运。因此,圣人总是通过精炼德行、确立中道,以培植这个"正"字,让人们明确这个"正"字,以治理国家。因而,"中正""中道",是用来制止过头现象和弥补不及的。"过"与"不及"这两种情况,都不是"正"。它们作为"不正",对国家的损害是一样的。

"中道"是中国古代哲学的一个重要范畴,也是我国古代道德的最高内容之一。孔子曾经说:"中庸之为德,其至矣乎。"管子的中道为用谋略,既具有朴素辩证法的光彩,又反映了管子理政智谋的深厚哲学底蕴。管子行"中道",就是要求在理政中既"不过",又无"不及"。他曾在讲经济计算时说,黄金是计量财用的工具,懂得黄金的道理,就懂得什么是奢侈和俭省。懂得奢侈和俭省,国家的各项费用也才能够得到适度的满足。如果国家费用过少,对举办事业不利;过多,对商品资源不利。因为,国用过少,那么黄金价格过低,金价低则各项事业不好办,因此对事业不利;国用过多则金价会高,金价高则商品就太贱,所以对资源不利。因此,国君应当掌握好适量和适度。也就是掌握"中道"。

"中道为用",首先是用于国家的政治决策。1940 年 12 月 2 日,美国总统罗斯福竞选总统再度获胜后,从迈阿密登上游船,前往加勒比海巡游。表面上看,总统显得悠哉游哉,人们也感到,他在竞选期间实在太累了,是该散散心,放松放松。然而,罗斯福总统身边的人心里十分清楚,每当总统看来无所事事的时候,恰恰是他集中精力思考重大问题的时候。

当时,欧洲战事日益激烈,英国战场上的损耗巨大,使其已无力用外汇支付美国的武器款项。而在美国国内,中立主义的势力相当强大,许多人不愿意直接卷入战争的漩涡,这就使得罗斯福不能采取直接援英的举措。因此,罗斯福总统正在冥思苦想一种既能援助英国又能取得国会同意的办法。经过左右权衡,罗斯福决定选择租借法。

诸子百家——法家

第二天，当在华盛顿举行的记者招待会上，有记者问及美国对欧洲战事的政策时，罗斯福先巧妙地举了一个例子，他说："如果我的邻居的房子着了火，而在距离四五英尺的地方有我的一条水龙带，他拿着我的水龙带接在水龙头上就可以把火扑灭，这时我该怎么办呢？在他拿水龙带之前，我是否要对他说，我这条水龙带值 15 美元，你得付给我 15 美元才能使用。不能这样做。我只能在他灭完火之后，再把水龙带拿回来就是了。"接着，总统转入正题说："无可置疑，在压倒多数的美国人脑海里都认为，保卫美国最好的直接办法，就是英国能保卫其本身。"

罗斯福的这一回答，既回避了美国人不愿参战这一敏感问题，又阐述了援助英国的意向，同时，还把保卫英国就是保卫美国的意义表达得十分明朗。真可谓是一语多关，寓意丰富。随后，总统向国会提出"租借法"议案，终于获得通过。此后，美国的租借对象，扩及所有同盟国，到日本投降时，其拨款已超过 600 多亿美元。罗斯福取"中道"，既解决了美国人的战争恐惧，又达到了援助盟国的目的。

22.珍惜国力，重尽其民力

欲为天下者，必重用其国；欲为其国者，必重用其民；欲为其民者，必重尽其民力。无以畜之，则往而不可止也；无以牧之，则处而不可使也。远人至而不去，则有以畜之也；民众而可一，则有以牧之也。

《管子·权修》

要想治理好天下，就必须珍惜本国的国力；要想治理好国家，就必须珍惜本国的民力；要想治理好人民，就必须珍惜民力的使用和消耗。没有办法养活民众，那么人们的离去是无法阻止的；没有办法治理民众，那么即使留下来也无法使用。远方的人们投奔来后不想走，是因为有办法养活他们；众多的人民可以统一号令，是因为有办法治理他们。

管子还认为，办事情要根据实际力量，要详细审查国家的财力，明察事物的分量和限度。君主用于民不可以吝啬，征用民力不可以过头，征用民力过了头就会使民众疲劳、贫困。人民贫困和苦于劳役之灾，就会使政令无法贯彻。所以，"珍惜国力，重尽其民力"智谋，也是管子民本思想的重要组成部分，是蓄民、爱民、保民的谋略，它对于立国、定国、治国、理政，都有着重要的意义。

有人说，刘邦入主关中，深受百姓拥戴，得益于他的"约法三章"。其实，从更深的层次分析，刘邦的"约法三章"正是体现了"珍惜国力，重尽其民力"的谋略。

刘邦进入咸阳后，本来打算长期驻留在秦国宫殿里，当他听了樊哙和张良的劝阻后，便率领随从仍旧返回了灞上，而把秦宫的珍宝以及府库的财物全部封存了起来。因为从长远的眼光看，这些都是未来朝廷的财富。

对于民力，刘邦也倍加爱惜。他召集各县的父老说："秦朝的法令，实在太苛刻严厉，几个人聚集在一起讲讲话也要灭族，两人一起谈论《诗》《书》也要杀头。多年来这种苛

诸子百家——法家

政把大家害苦了。按照诸侯们原先约定的,我先入了关,应当做关中王。我现在向大家宣布,我的法令只有三条:杀人的偿命,伤人及盗贼按照不同情况适当治罪。除此以外,所有秦朝的酷虐法令,一律取消。"百姓们听了刘邦的一席话,觉得他是爱民众的,都非常欢喜。

于是,大家争先恐后拿出牛羊和酒食犒劳刘邦及将士,刘邦坚决推辞不受,并说:"我们的粮食很充足,啥都不缺,不必要父老们破费。"关中百姓见此更加拥护刘邦,真诚地希望他能留下来做关中王。

"珍惜国力,重尽其民力"谋略,还包含着这样一种思想,即在国家治理和建设中,必须实事求是,量力而行。周恩来在领导新中国的基本建设中,曾经创造性地运用了这一谋略。

新中国建立之初,百废待举,百业待兴。如何度量国力,珍惜民力,来兴举建国大业,确实让周恩来操碎了心。

新中国的建立,激励和鼓舞着许多爱国的建筑师,他们怀着一腔热血,强烈地希望把祖国的河山建设得更壮观、美丽。他们思考的是,如何运用不同的建筑艺术风格,实现他们的夙愿。

随着三年经济恢复时期的完成,首都建设日益展开,在建筑界各学派之间发生了一场争论。争论的结果,民族建筑学派占了上风。体现民族建筑风格的友谊宾馆、亚洲学生疗养院相继建成,计委、军委办公大楼正在建设之中,民族建筑学派把友谊宾馆和亚洲学生疗养院视为中国民族形式的新风尚,然而,这两座建筑的造价都很高,每平方米竟高达 340 多元,超过了一般建筑的二三倍。当时有不少人对这种情况提出了批评,还有一幅漫画专门讽刺此事,漫画上画着亚洲学生疗养院的厨房也是用琉璃瓦盖的,旁边画的慈禧太后说:"我的御膳房还自愧不如呢?"与此同时,有些建筑师却批评北京和平宾馆是千篇一律的火柴盒式现代建筑的翻版。

新中国的建筑事业到底应该确立一条什么样的建筑设计指导方针,已经提到人们的面前。一次,周恩来在听取我国出席世界建筑学会会议的代表回国汇报后,就新中国的建筑设计指导方针,谈了自己的看法。他说,和平宾馆用了比较短的时间建造了起来,为亚太和平会议的召开做出了贡献,有什么不好呢?封建帝王的宫殿宏伟壮观,但是却要耗费人民的大量钱财和很长的时间才能建起来。我们的建筑当然也要讲求美观,但是,首先应当考虑经济、实用。在经济、实用的基础上,在可能的条件下注重美观。于是,"经济、实用,在可能条件下注意美观"这条适合中国国情的建筑设计指导方针,就这样制定出来了。

1954 年,李富春在第一次全国人民代表大会上,宣布了周恩来制定的建筑设计指导方针,并且规定,一般办公大楼每平方米的造价不得超过 80 元。同时把当时正在施工的计委、军委、总政、国防科委的办公大楼原设计的大屋顶帽子摘了下来,作为向全国建筑设计做示范。在新的建筑设计方针指导下,随后建设的北京饭店、前门饭店、民族饭店等建筑,都注意珍惜国家财力、物力、人力,每平方米的造价也只有 140 多元。从而刹住了

诸子百家——法家

第一个五年计划期间由北京开始刮起的兴建宫殿式建筑的风气。

新的建筑设计指导方针的确立,是新中国建筑史上一件有着重大意义的事情。从经济上说,可以为国家节省大量的建筑投资;从效果上说,可以大大提高资金的效益和建筑的有效使用面积;从时间上说,可以大大加快建设速度。本着这一建筑设计指导思想,周恩来还巧妙地、合理地处理了首都一系列建设规划中保护古建筑艺术和方便人民生活的关系问题。

旧北京街小巷窄,骑马、坐轿、走走三轮车尚可凑合,走汽车就显得十分不适合。北京成为新中国的首都后,车水马龙,行人日增,在老街老巷里行走,人车争道,拥挤不堪。在交通繁杂的东单、西四牌楼、三座门、北海桥等地,还经常发生交通事故。面对这种情况,周恩来深感不安。他亲自主持召开专家会议,决心改造旧北京城的交通道路和设施。一些老建筑专家们听到这个消息后,表示坚决反对。他们由于酷爱民族建筑艺术,希望原封不动地保存北京城内的一砖一瓦、一石一木。梁思成老先生还为此事伤心得哭了。

面对这种局面,周恩来经过再三思考,权衡利弊,认为,旧北京城的交通道路和设施的改造,既是国家发展的需要,又是人民生活的需要,必须实施。但同时,北京城内的民族建筑艺术也必须保护。于是,他决定,在对北京的交通道路和设施进行改造的同时,对北京城内的民族建筑运用三种方式加以保护:一是把拆除的牌楼迁移安放到各公园里;二是不能迁移的,像北海桥,做特殊处理,对其进行重新设计,降低急坡,减少弯度,得装汉白玉栏杆;三是能保留的则尽可能保留,如团城。经过周恩来这一巧妙处理,不仅改善了北京城区的交通,方便了人民的生产和生活;而且保存了一批珍贵的古建筑、古文物,使国力、民力得到了珍惜;还保护了一批古建筑学家的积极性。各界民众无不为此举拍手称颂。

23.取于民有度,用之有止

地之生财有时,民之用力有倦,而人君之欲无穷。以有时与有倦,养无穷之君,而度量不生于其间,则上下相疾也。是以臣有杀其君、子有杀其父者矣。故取于民有度,用之有止,国虽小必安;取于民无度,用之不止,国虽大必危。

《管子·权修》

土地生产财富有时令节气的限制,民众花费劳力有疲惫怠倦的时候,而君主的欲望是没有止境的。这样,用有时令限制的财富和有疲倦时候的劳力,来供养没有止境欲望的君主,而其间又没有一个合理的限度,那么上下之间就会互相怨恨了。于是,就会有大臣杀掉自己的君主、儿子杀掉自己的父亲的现象产生了。因此,对人民征收有一定的限度,财用又有节制的,国家虽小也一定安宁;对人民征收没有限度,用财又没有节制的,国家虽强大也一定会陷于危险。

"取于民有度,用之有止"虽然讲了"取""用"两个方面:一方面,要求君主治国不能无限度地征取民财,不可贪得无厌;另一方面,又要求君主在用财上不能不知节制,任意挥霍。然而，这两方面都是为了说明一个界限问题。作为人君，在治理国家时，不可能不从人民中征收财物，也不可能不使用财物这一基础杠杆。关键是"取""用"有限度。这个"度"的界限，就是"以民为本"，爱民、利民。这也就是此智谋的本质所在。

范仲淹是我国北宋时期著名的政治家和文学家。他一生以天下为己任，为政宽和，勤谨爱民，深得百姓和兵将的爱戴。

范仲淹在担任泰州西溪县盐税官时，看到泰州海堰失修，海潮常常涌过堤堰，淹没沿海农田。于是，他向泰州知州张纶提出建议，组织民力修筑海堰。张纶听取了他的建议，用了一年的时间，修成了180里长的海堰，拦住了海水，使沿海流离失所的1600多户居民又重返故乡。他在任陈州知州时，朝廷要修建太一宫和洪福院，到陕西征调木材。他认为，这既劳民又伤财。便上章朝廷，为民请命，要求停修寺观，以减轻百姓的负担。

北宋中期，朝政积弊日甚，冗官冗禄、冗兵冗费，加重了农民的负担。面对北宋政权政治、军事的日益腐败，社会危机逐渐加深的现实，有政治远见的范仲淹早就发出了社会改革的呼声，主张实行变法，推行新的统治策略。范仲淹在担任应天府学官的时候，就曾给当时的宰相王曾上过万言书，就选拔官吏和将帅、精简官僚机构等方面，陈述自己的变法主张。他的变法主张当时虽然没有被采纳，但在一部分朝官中却引起共鸣，他也因此而出了名。

庆历三年（1043年），宋仁宗起用范仲淹，将其召回京都，升任参知政事。仁宗同时起用有变法思想的富弼、韩琦为枢密副使，组成变法领导班子，拟议具体的改革计划。经过周密磋商，范仲淹很快呈上"条陈十事"。仁宗当时很信任范仲淹等人，完全批准了他们的改革计划，立即下令颁行天下。这就是历史上所说的"庆历新政"。

"取于民有度，用之有止"的"度"在什么地方？一般说来，首先应该考虑的是民众的承受能力，必须在民众能够承受的范围内"取"与"用"。超出民众能够承受的范围去"取"，就会引起民众的怨恨；超出民众期望的范围去"用"，任意挥霍，不讲节制，就会导致民众对政府的不信任，从而危及政权巩固和国家安宁。范仲淹等提出的十条改革意见，基本是从节俭、裁减的角度着眼，注重于整顿吏治，发展生产，意在限制特权利益，减轻民众的负担。十条改革意见是：

一、明黜陟。按军功和才能升降文武官吏，裁汰冗官，废除旧的官吏三年一迁的"磨勘法"。

二、抑侥幸。改革官僚子弟入仕任官的恩荫制度。提高仕子入仕的条件，减少仕子人数，限制贵族特权。

三、精贡举。改革专以诗赋取士的旧科举制度，规定文人习经学和策论，使士人学以致用。在各地设学校，发展新教育。

四、择官长。整顿官员队伍，由中央统一严格挑选有真才实学的人任各路监、军、州的长官，县官要由州官推荐。

五、均公田。地方州、县拨出一定数量的土地作为官吏的"职田"，用来"责其廉节"，

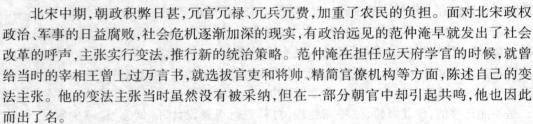

防止官员贪污腐化。

六、厚农桑。兴修水利,发展农业生产,并把这作为考核官吏的重要内容。

七、修武备。在京师附近实行府兵制,募兵5万人,捍卫国都。这些士兵在春、夏、秋三时务农,冬令时节操练,以减轻国家财政负担。

八、减徭役。合并县邑,户少者降为镇,减少农民的差役和赋税,以宽民力。

九、推恩信。强调地方各级政府必须执行中央的敕令,拒不执行和阳奉阴违的官吏,要从重处罚。

十、重命令。各地法令由朝廷统一颁布,严禁政出多门。法令颁布后各级官府要坚决贯彻执行,不得拖延和推诿。

庆历新政一开始就遇到了阻力,随着改革的深入,一些被剥夺特权和利益受损的人相互勾结,联合起来拼命阻挠新法的推行,并制造舆论,谤毁新法,指斥范仲淹等人为朋党,进行人身攻击。新政只推行了一年左右,范仲淹等人就先后遭到贬斥,离开了中书省,出任地方官。改革措施大都至此而被废止。但是,这次改革的影响却是极其深远的。

范仲淹被罢参知政事后,先后出任河东、陕西宣抚使,又做过邠州、邓州、杭州、青州的长官。他痛恨那些反对新法的人,更痛惜利国利民的治国方略不能彻底推行。庆历六年(1046年),他的好友滕子京守巴陵郡,重修了岳阳楼,请他做一篇记文,他挥笔写下了《岳阳楼记》这篇不朽的文学名著,留下了"先天下之忧而忧,后天下之乐而乐"的千古绝唱。这既是他对自己政治抱负和道德理想的抒发,更是对治国方略和为政智谋的精辟总结。

24.不贪于土,不竞于兵

管仲曰:"诸侯之君,不贪于土。贪于土必勤于兵,勤于兵必病于民,民病则多诈。夫诈密而后动者胜,诈则不信于民。夫不信于民则乱,内动则危于身。是以古之人闻先王之道者,不竞于兵。"

《管子·大匡》

管仲认为,统领诸侯的君王,不应该在土地上过于贪婪。贪图土地必然会经常用兵,经常兴师用兵必然导致民众疲困,民众疲困那么君主就只好多行欺诈了。一般说来,机密行诈之后再动用兵力是可以战胜敌人的,但行诈却不能取信于民众。如果不能取信于民众就必然产生动乱,国内动乱就必然危及君主自身。所以,古时候懂得先王之道的人,总是不在军事上互相竞赛。

"穷兵黩武"历来是国政的大忌。瓠里子曾经这样说:"有国者必以农耕而兵战也,农与兵孰非君之民哉? 故兵不足,则农无以为卫;农不足,则兵无以为食。兵之与农犹足与手,不可以独无也。"这里,瓠里子只是阐述了古代社会军事与农业的相辅相依关系。然而,管子则从更深的层次揭示了民力是国家的基础。"不贪于土,不竞于兵"就是从爱惜民力原则出发,提出要慎兴师众,要先把国家的生产和民众的生活搞上去。一句话,要把

诸子百家

法家

内政先治理好。

　　齐桓公执政后,见诸侯之间的战事稍有停息,国内也趋于稳定,便想加强军备。一天,桓公将这一想法告诉管仲,管仲听了后说:"不行。如今国内虽然已经稳定,但是,百姓的生活还十分困难。君上您应当先爱百姓,收敛军备。作为贤明的君主,与其厚于军队,不如厚于广大民众。国家还没有兴盛,您却不肯先顾及民众的生活,而先去搞军备,这样做,必然会导致对外使诸侯不相亲,对内使百姓不相亲。"桓公听取了管仲的意见,暂缓推行军备。

　　然而,第二年,桓公因后宫之事提出伐宋,管仲竭力劝说:"我认为,内政不修就盲目对外用兵,是不会取得成功的。"桓公不听管仲的劝告,坚持亲自领兵攻打宋国,结果,其他诸侯出兵救宋,把齐军打得大败。

诸子百家——法家

　　桓公回到国都,管仲前往迎接,桓公怒气冲冲地说:"你替我加强军备。我们的兵力不充实,战士又没有训练,所以各国诸侯才敢出兵与我们作对,救助我们的敌国。这也说明必须在国内加强军备才行。"管仲仍极力劝阻,说:"这样齐国就危险了。您在国内夺取民财,扩军备战,这是乱国的根源;在国外又侵犯诸侯,各诸侯的民众会多有怨恨;一些深明大义的贤士,也会因此而不肯到齐国来。这样,齐国还能没有危险吗?"鲍叔在一旁也劝道:"君王您一定要采纳夷吾的意见。"桓公没有听从管仲等人的劝阻,命令在全国加强军备,并增加了关税和市场税,桓公用这笔收入来推行"以勇授禄"政策。

　　桓公三年,桓公提出征伐鲁国,因为鲁国曾经出兵救过宋国。管仲说:"不能这样做。我听说,占据一定疆土的君主,不勤于用兵征战,不忌恨小的耻辱,不重犯已犯过的过错,国家才能够安定。如果君主忙于战争,记恨小辱,重复已犯过的过错,那么,国家也就会出现危险。"但是,桓公没有听管仲的意见,依然兴兵征伐鲁国。

　　公元前684年,齐国与鲁国会战于长勺。齐军骄躁轻敌,首先向鲁军发起进攻,企图一举歼灭鲁军。鲁庄公见齐军鼓声震天,便也命令士卒击鼓对敌,谋士曹刿连忙制止说:"齐国军队士气正盛,我军应以逸待劳。"齐军冲过去时,鲁军的阵地稳如铁桶,怎么冲也冲不动,只好退下来。过了一会儿,齐军再次擂鼓冲锋,也未能攻入鲁军阵地。等到齐军发起第三次冲锋,疲惫不堪时,鲁军则以迅雷不及掩耳之势,杀向齐军,齐军被冲得七零八落,大败而逃。鲁军随后驱车追赶30余里,直到把齐军赶出了国境,才收兵回营。

　　此次战事后,桓公决定努力整顿政治,不再加强军备,自守边境,停止过激的行动。并且通过修明政治、劝勉民众的方略来取信于各国诸侯。轻收赋税,放宽关卡、市场的征税,建立赋税和禄赏制度。几年之后,很多诸侯国都亲附了齐国。

　　"不贪于土,不竞于兵"的智谋,也可以看作是一种和平共处的谋略。这种智谋在商战斗智中也曾被广为运用。

　　李嘉诚先生是香港的十大富豪之一,《财富》杂志认为他的身价是25亿美元。他现控制了香港最大的上市集团公司,估计持有5家上市公司的股份,市值约120亿元。此外,他还持有市值约30亿元的其他上市及非上市公司的权益,在加拿大及美国的酒店、地产、赫斯基石油的权益估计值 20 亿元。在中国本土的发电厂、酒店、中信、港澳国际、英国柯路福石油等权益约为 20 亿元,另还有 10 亿元投资在欧洲、新加坡的金融市场或发展计划。有人曾经这样估价:"单以商人的身份而论,李氏个人名下资产是亚洲第一,比较松下幸之助、堤义明或堤清二略多。"

然而,李嘉诚先生的成功,除了勤劳和眼光锐利之外,还与他以诚待人,兢兢业业,不贪短利,稳健中求发展等谋略分不开。他 14 岁就到一家塑胶表带厂工作,并很快成为该厂的营业员。20 岁时,工厂升他为经理。但两年后,他放弃了在别人的公司供职的优越条件,用 7000 元储蓄开设了自己的塑胶工厂,取名为长江塑胶厂。后来,他在为他的公司命名时,也取名"长江"。李嘉诚先生曾对"长江"这一名字的寓意做过这样的说明,他说:"如果你不要支流,你就不能汇成大江大河。"他希望这一名字使他时常记住:一个商人需要大量的朋友和同伴,只有这样才会成功。因此,他在生意场上。常常注意与同行们和平共处,让一些利益给对手。1985 年,他决定以配售方式在伦敦出售港灯 10% 的股份,当时港灯快要公布年终报表,而且这一年港灯的业绩出色。此时,李嘉诚派驻欧洲的代表马世民建议他延后出售,这样可以卖一个更好的价钱。嘉诚先生没有同意。他对马世民说:"我们现在出售会留些好处给买家,将来再有配售时就会较为顺利些。"

人们通常认为,商场如战场,竞争就是拼杀,互相吞并,而李嘉诚先生采用不争短利、汇百川于江流的谋略取得了巨大的成功,确实值得称道。

《壶天录》中说:"和气致祥,乖气致戾。处家固然也,即涉世亦何莫不然!"从这个意义上理解,"不贪于土,不竞于兵",还可以作为一种处世谋略,用此安身立命,待人接物。

25.重调查,每事问

凡立朝廷,问有本纪……行此道也,国有常经,人知终始,此霸王之术也。然后问事,事先大功,政自小始。

《管子·问》

凡是主持朝廷的政事,进行调查都有基本的原则。在国事中,遵守执行了一定的准则,国家就有了常规常法,人们也知道行动的规范,这些是实现霸王之业的策术。在此基础上再开始进行调查,调查从大的事情入手,施政则要由小处开始。

善于调查研究,这是国家领导人重要的理政智谋,也是一般管理者获得成功的领导艺术。领导者的基本任务,在于了解情况和掌握政策。而要做好这两件大事,必须以调查研究为前提和基础。通过调查,获取大量的第一手材料,再经过认真的分析研究,从而得到正确的认识,把握事物的规律,然后制定出合乎实际的路线、方针、政策和各种方案措施。因此,科学的、正确的调查研究,既是领导者必备的一个基本素质,又是实现正确领导的基本要求,同时还是领导者智谋的一种突出体现。

《管子》"问"篇,不仅提出了为政应注意调查的智谋,而且开列了一份社会调查提

诸子百家 —— 法家

纲。这份调查提纲所反映的问题全面而细致,在中外古籍中实属罕见。它提出近百个问题,涉及社会的方方面面,其主要调查问题如下:

死于国事者的遗孤,有无尚未得到田宅的? 死于国事者的遗寡,她们应领的口粮供给情况如何? 青壮年未服兵役的有多少? 国内建立大功的人们,都是哪些部门的官吏? 各州的大夫,都是什么地方的人? 是凭什么荣显起来的?

国中因犯罪而被放逐的,都是哪个家族的子弟? 乡中的贫者,都是何族的后裔?

乡中富户,役使、收养的人有多少? 邑内穷人,依靠借债度日的有多少家? 依靠经营园圃为生的有多少家? 开荒种田的有多少家? 士人亲自耕田的有多少家?

嫡长子收养兄弟者,或因贫穷而寄食于兄弟之家者,各多少? 嫡长子以外的兄弟做官而有封地,现今仍在交税的,有多少人? 以孝行闻名于乡里的子弟,有多少人?

群臣之中,有爵位而无禄田的,多少人? 外国人来投本国而尚无田宅的,有多少家? 外国人来游本国,住在官大夫家里的,多少人? 本国子弟出游别国的,有多少人?

群臣之中,有在官大夫家里兼职的,多少人? 低级官吏中,没有田禄而白白干事的,多少人? 收养贱者经商,自身出外,职务由家臣代理的,有多少人?

乡中子弟,力田耕作,可以为人表率的,多少人? 城里子弟,身无常业,衣食奢侈,带领青年弃农打猎取乐的,有多少人? 男女之间不守规矩,影响乡中子弟的,有没有?

国内尚未开发的资源,其中可以解决人们急需的,有哪几处? 被人们认为有害于乡里的,是哪些东西?

有技术的男女,能用在制造兵器方面的有多少人? 工匠的技术水平可以在战时协助军旅、平时维修补充的,有多少人? 官吏在国家危难时可供调遣的,有多少人? 士人在国家急难时可供使用的,有多少人?

兵车总数共多少乘? 其中用私马驾私车的多少乘? 城中积粟和军中存粮,可以度过多少年?

各个担任官都职务的,任职多少年了? 他们任内所开垦的荒地,使人们受益的有多大面积? 他们所提的奏议,可以增加国家财利的有哪些? 他们建筑的城郭,有利于守卫国土的,是哪些? 所捕盗贼并消除人祸的事情,有多少? 等等。

"重调查,每事问"还是领导者与群众相结合的中心环节。调查不仅使领导者同群众直接接触,而且思想得到交融,信息得到反馈,更有利于决策的制定和贯彻落实。管仲不仅倡导调查研究,而且经常亲自进行调查研究,掌握第一手材料,从而实行有效的政府管理。

公元前683年,管仲在桓公的支持下,推行改革,并与鲍叔牙一起主持内政和军务改革,在不到一年的时间中就取得了显著成效。然而,经济改革进展缓慢,特别是农业改革,"相地衰征"的政策在贯彻过程中阻力很大。于是,管仲决定亲自到农村去走一走,看一看,找找问题的症结。

一天,管仲带着几名随从,出城门往西而行,来到一片原野上,看见几位老农在村边一棵大树下闲聊,管仲便凑了过去,满面笑容地问道:"老人家,'相地衰征'文告你们见到了没有?"

一位老农认出了管仲,忙回答道:"相国,俺们见到过,这可是大好事呀,俺庄户人家都赞成。"

管仲指了指远处一片郁郁葱葱的谷子,又问:"为什么那边庄稼长得那么好,而这边却不行呢?"

老农听了管仲的问话,脸上显露出伤感,说:"人家地好呀!地下6尺就是水,旱涝都不怕。可俺们这地,是一片涝洼地,地下1尺就见水,当然长出来的庄稼差。"

管仲又问道:"那是谁家的地?"

老农答道:"伯大老爷的。前几天伯大老爷打这儿路过,说'相地衰征'不搞了,俺心里还纳闷呢。"

管仲思索了一会儿,问:"这位大老爷是什么人?"

"俺们这一带有名的富户。人家后台硬着呢,大司农是他们家的亲戚。"老农感叹道。

管仲若有所悟地点点头:"老人家,请你对大伙儿说,这'相地衰征'是主公定的治国大计,任何人都不能反对。你看这样确定征税标准行不? 旱地6尺见水的,征税十分之一,地势越高,税越少,直到40尺见水的旱地,征税减半;涝洼地5尺见水的,也征税十分之一,地势越洼税越少,1尺见水的洼地就和水泽一样,1亩折合5分交税。"

老农们听了管仲的划分土地标准,齐声称好,说这种征税方式公平。

管仲又说:"山林泉泽虽然不能产粮食,但可以生产树木,可以捕捞鱼虾,因此,可根据情况,从100亩折合1亩好地到5亩折合1亩好地这样一个比例交税,你们觉得这个方式可行不?"

老农高兴地说:"好哇! 如果真能这样实行,俺们干活就有劲头了。"

告别了老农,管仲一行又到西边山上去察看山林资源情况,了解山民的生活。然后,又顺着乌河考察。一路上,管仲边走边看边问边记,对推进农业改革充满信心。

现代条件下的调查研究,有着新的特点:一是调查研究的对象具有广泛性和系统性。现代社会经济、科技等发展的一体化趋势日益加强,一个地区和单位的发展,离不开它所处的大环境,包括全国、全世界,只有将调查对象放在大系统中去考察分析,才可能得出科学的、准确的结论。二是调查研究方式的多样化和专业化。现代条件下调查研究的方式很多,有抽样调查、统计调查、专家调查、民意测验等。由于多种调查研究方式的采用,领导者事事亲自动手是难以应付的,需要利用专门的调查机构,这也是现代领导者的一种统御策略。三是调查研究方法的现代化和科学化。现代社会的调查不仅运用的是现代的科学理论与方法,而且,在调查研究过程中,正在逐步推行采用现代先进的技术手段。调查研究方法的现代化和科学化,对于充分发挥"重调查,每事问"的实际效用,有着重大的意义。

26.交纳兵器赎罪——通权达变

桓公曰:"卒伍定矣,事已成矣,吾欲从事于诸侯其可乎?"管仲对曰:"未可。若军令则吾既寄诸内政矣,夫齐国寡甲兵,吾欲轻重罪而移之于甲兵。"公曰:"为之奈何?"管子对曰:"制重罪入以兵甲犀胁、二戟,轻罪入兰、盾、鞈革、二戟,小罪入以金钧分,宥薄罪入以半钧。无坐抑而讼狱者,正三禁之而不直,则入一束矢以罚之。美金以铸戈、剑、矛、戟,试诸狗马;恶金以铸斤、斧、鉏、夷、锯、欘,试诸木土。"

《管子·小匡》

　　桓公看到国事已定,军队已建立起来,就想干预诸侯国的事务。管仲说,不可以这样做。因为齐国的军事组织虽然已经结合内政解决了,但还缺少盔甲兵器。我想通过用减刑的办法来增加盔甲兵器。桓公问具体如何办,管仲回答说,可以规定犯重罪的人交纳武器、盔甲、犀皮的肋躯和两支戟来赎罪;犯轻罪的人交纳兵器架、盾牌、护胸甲皮与两支戟来赎罪;犯小罪的人交纳一钧半金属来赎罪;对于薄罪实行宽大,只纳半钧金属。至于那些免予刑事处分的,也须交纳一束箭,以资惩罚。对收集起的金属,好的拿来铸造戈、剑、矛、戟,并用狗马来检验铸造质量;不好的金属拿来铸造斤、斧、锄、镰、锯、欘,并在木土上试验。这一政策实行一个时期后,必然兵器充足,盔甲够用。

　　用"交纳兵器赎罪"的方式来解决盔甲、兵器不足的问题,实际上是一种"通权达变"的智谋。这一谋略不仅使齐国在较短的时间内充实了武备,而且还充分利用了民间闲置的资源,并且给罪犯以新的赎罪、悔罪的机会,消除兵器在这些人手中的潜在危险。真可谓一举多得。明《投笔肤谈·权达第三》曰:"达权者,通达权变也。家计既立,则凡军中之事,备之周察,已不败矣。然欲取胜,犹须见微知著,随机转移,以通达夫权变,而不可胶弦袭辙也。"在一定的时期,根据客观条件的允许程度,采用通权达变的谋略处理一些事务,不失为一种高明之举。

　　明朝张恺任江陵县令时,征讨交趾的明军从江陵经过,军队的总督要张恺当天下午立即送几百个火炉和炉架到军队中。在这么紧急的时间里要弄到几百个火炉的炉架,的确让张恺为难。张恺通权达变,在广泛征集后,命令木匠把方桌的腿锯去一半,在桌面中央再凿一个圆洞,中间放上一口铁锅,按期送到军队里,受到了总督的夸奖。不久,军队又来要张恺在较短的时间内做1000个马槽。张恺招来本县城中会做针线活的妇女,用土布缝成马槽的形状,要槽口部分缀上绳子,再用木春把布马槽的四角撑开,很快就完成了任务。这种布马槽,喂完马以后还可以收卷起来,便于携带。军队不管行进到哪里,马槽都够用。后来,许多部队都仿效这一做法。

　　通权达变一般是不拘泥于成规的,其基本点就是善于根据不同的情况做出不同的反应,依照实际情势灵活变通。官渡之战是中国古代著名的战例。当时,曹操与袁绍在官渡相持已多日,粮食已不多了。于是,曹操任命李典为军需官,负责运输粮草。袁绍被打败以后,曹操继续对袁绍的两儿子袁潭、袁尚开战,并且由李典继续担任运输粮食的任务,还派了程昱与李典合作。李典的这支运粮队伍,严格说来是由各自的家丁、精壮的民工组成,手里拿着武器就算是一支部队,其实并没有什么作战经验。当时运粮需用船装,

諸子百家——法家

走水路,而袁尚派其部下高蕃领兵屯扎在河的上游,将水路已截一断。

面对这种局势,曹操传下令来,要李典在水路受阻后改走陆路。然而,李典认为,高蕃的部队虽然有精良的装备,但是向来纪律松弛。我军可以抓住这一点突破,向其发动进攻,打通水上运输线。李典还同程昱商量说,曹公的命令有悖于现在的实情,我们可以在紧急情况下作出自己的对策。程昱同意了李典的意见。于是,二人领军向北渡河攻打高蕃,一举击溃了敌军,使运粮的水路得以畅通。

要实施通权达变谋略,既要有过人的胆识,又要精于算计。第二次世界大战时,丘吉尔曾权衡利弊,通权达变,以一座城市换取密码机,从而赢得了英伦保卫战的主动权。

"二战"前夕,一个名叫理查德·莱温斯基的波兰籍工程师,曾在纳粹德国的一个工厂参与制作德军总参谋部使用的"哑谜"密码机。后来几经周折,英国情报局用重金收买了莱温斯基,并且在莱温斯基的合作下,研制成功了破译德国"哑谜"密码机密码的超级密码机。由于超级密码机能够破译德军总参谋部的密码,英国情报局从而掌握了纳粹德军的部分作战计划和命令。

1940 年 11 月 12 日,希特勒向德国空军发出了对英国城市考文垂实施大规模轰炸的作战命令,代号叫"月光奏鸣曲"。就在德国空军接到作战指示的同时,英国的超级密码机也破译了德军要空袭考文垂大教堂及工业区,以及空袭时将要采用的战术、飞行航线的情报。丘吉尔得到这一情报后,立即召集有关人员讨论对策。丘吉尔在权衡利弊得失后,决定不对考文垂发出预告,甚至包括老弱病残人员,也不做事先撤离疏散的工作。丘吉尔之所以这样决策,就是为了保住超级密码机。因为,如果英国政府马上对考文垂采取特殊的防御措施,希特勒的第一反应就会怀疑其密码可能已被破译,这样,德军不仅会改变行动计划,而且还会更换新的密码系统。

希特勒

1940 年 11 月 14 日晚 7 时零 5 分,考文垂市的防空警报齐鸣。5 分钟后,德军的"海因克尔"机群出现在城市上空,来回盘旋,并开始了长达 10 个小时的狂轰滥炸。考文垂市遭到了空前的破坏,城市被炸成一片废墟,市民四处逃命,死伤不计其数,损失惨重。然而,英国拥有破译德国密码的超级密码机的秘密却保住了。此后,超级密码机在破译德军情报方面,发挥了重要作用,从而使英军在英伦三岛保卫战中,抵御了德军的强大攻势,还大大减少了人员伤亡和财产的损失。

四、立威智慧

立尺木于高山之上，则必然势压参天大树；鲁哀公稳居君位，则再庸劣愚蠢，也能让天下的第一号圣人孔子拜倒在他的脚下……短可临高，愚可治贤，什么道理？韩非子认为，这就是"势"的作用。"大丈夫不可一日无权"，韩非子所说的"势"有时又称为"势位""权势"和"势重"，指的都是一个人的统治权，如用人权、酬赏权、惩罚权等等。只有统治权牢握在手，才是真正的统治者，才能统御臣民，所以，韩非子对"势治"问题虽然用墨不多，但他说："势者，胜众之资也。"他对于势的看重绝不亚于"法"或"术"，"万物莫如主势之隆"这一智谋思想，比较集中地反映了韩非子的这种态度。

韩非子的"势治"智谋虽然着墨不多，但他不仅继承了法家先人如慎到等人的势治理论，而且推陈出新，补充了不少新的内容和新的特色。

还须说明一点，韩非子的智谋思想我们大抵可用"法""术""势"三个字加以概括。但严格来说，除这三个方面以外，韩非子还设计了不少别的智谋。这"法""术""势"以外的智谋，本书没有另外列出大类，而只是"就近"分别归入了"法""术""势"之中。如"游刃有余立威势"之中的"守弱曰强"一条，就属这种情况。

1.立尺木于高山之上，则临千仞之溪

夫有材而无势，虽贤不能制不肖。故立尺木于高山之上，则临千仞之溪，材非长也，位高也。桀为天子，能制天下，非贤也，势重也；尧为匹夫，不能正三家，非不肖也，位卑也。千钧得船则浮，锱铢失船则沉，非千钧轻而锱铢重也，有势与无势也。故短之临高也以位，不肖之制贤也以势。

《韩非子·功名》

如果有了才能而没有权势，那么即使是贤能的人也不能制伏无能的人。所以将一尺长的木头竖立在高山之上，就可以俯视千仞深的山涧，这并不是因为木头本身长，而是因为它的位置高。夏桀做天子，能控制天下，不是因为他贤能，而是因为权势重；尧如果是一个普通人，不能管理三个家庭，也不是因为没有才能，而是因为地位太卑下。几万斤重的东西依靠船就能浮起来，几两重的东西没有船就要沉下去，这并不是因为几万斤轻些，几两重倒反而重些，而是因为二者之间存在着有势与无势的区别。因此短木临深涧凭借了地位的帮助，没有才能的人能控制贤能的人是因为有权势作依托。

《功名》篇着重论述君主如何立功成名的问题，但在讨论这一问题时，韩非子却浓墨重彩地阐述了法家的"势治"方略。韩非子认为，因顺自然，争取民心，使用法术和凭借权势地位，是立功成名的四种必备手段，而其中最最重要的，却又是势位。儒家尚贤，法家重势。势，是一种强制力，一种"胜众之资"。在道德沦丧的时代，人与人之间的关系是由强力来平衡的，"贤"的力量显然不能与"势"同日而语。强调威势对于领导者的重要意

诸子百家——法家

1280

义是法家区别于儒家的鲜明特点之一,而明确提出"立尺木于高山之上,则临千仞之溪"的处势、用势智谋又是韩非子对法家思想的继承和发扬。"立尺木于高山之上,则临千仞之溪",用通俗的话说就是"大丈夫不可一日无权",谁想要做顶天立地的"大丈夫",想要俯视百川,君临群雄,谁就得占据有利的地位,掌握必要的权势。

中山国有个大官名叫相乐池,有一次,他奉命带一百辆车子出使赵国。道路难行,路途辛苦,车队很容易走散。为此,他特地从门客中挑选出一个最聪明能干的人作为带队人,可是,车队在半路上还是走得散乱不堪。乐池便说:"我认为你有才智,才派你做带队人,现在队伍在半路上还是乱了,这是怎么回事?"

门客见乐池这么一说,便想辞离车队,同时对乐池说:"看来你还不懂得治理的门道——有权威才能制伏人,悬赏才足以鼓励人们积极努力;明罚才足以防止人们干坏事——有财有势,手握赏罚大权才能把事情治理好! 现在我只是您的一个年轻的门客。由年轻人来管理年长者,由地位低下的来治理地位尊贵的,又没有掌握赏罚大权来制约被管理者,这就是队伍必然要散乱的原因。如果您使我能做到:对那些干得好的我有权封其为卿相一样的大官,对那些干得不好的我有权惩罚他们,甚至杀他们的头,那我即使是个大笨蛋,也一定能把这支车队治理得服服帖帖!"

乐池的这个门客对于管理的一番讲解可谓尖刻精警,但他所说的精神实质,实际上与韩非子"立尺木于高山之上,则临千仞之溪"的智谋思想是不谋而合的。短木临深溪需占据有利的地势,同样管理车队(也可以说是管理一切事物)也必须掌握足够的权力和威势。没有有利地势,参天大树也只能与山脚同高;没有权威,再聪明的人也只能在淫威底下呻吟。这是权力社会中的通则,也是领导管理科学中的基本规律。

有权与无权,有势与无势,不仅决定领导者在组织中的影响力,而且也直接与别人对他的整体看法、态度相关联。若要让别人尊重友善,那也应积极借鉴韩非子"立尺木于高山之上。则临千仞之溪"这一智谋思想。请看深信"大丈夫不可一日无权"哲学的苏秦的故事。

苏秦是战国时期最著名的纵横家,声名显赫。可是,他出身低微,家境贫寒。第一次远途游说失败,从秦国返回故乡洛阳时,更是落泊失意,穷困潦倒,就连路费也全部当饭钱用光了。他穿着一双破鞋,拿着一只破箱子回到家里。妻子对他不理不睬;嫂子不给他饭吃,连剩饭都不给;父母亲都不跟他说话;兄弟姐妹都在背后偷笑他……

苏秦心里当然非常难受,但又有什么办法? ——他不能给家人以任何好处,却时时处处都得依靠家人——所以他只能听任家人的奚落和嘲笑!

苏秦开始发愤读书,"悬梁刺股"这个成语,讲的就是苏秦当时鞭策自己、战胜自己的勤读情况。

数年之后,苏秦通过学习,把天下大事、人的心理、政治风云、战争规律都摸透了,终于以自己的才识,说服了众多的诸侯采用他的"合纵"方略。于是他一下子声名远扬,身佩六国相印,执掌六国军政大权。有人描述他此时的威势:"一怒而诸侯惧,安居而天下息"，可以说是毫不夸张的。

身佩六国相印的苏秦，因要前往楚国，游说楚王，途中需经过洛阳。他的家人听到这一消息之后，立刻打扫房屋，预备酒席，他的嫂嫂及全家人都远远地跪下来迎接。到了家里，妻子对他不敢仰视，嫂嫂低着头只知道赶忙料理食物来款待……那种恭维情形简直无法形容，苏秦于是笑着问嫂嫂："何前倨而后恭也？"——为什么前次傲慢，如今恭敬，前后态度如此截然不同啊？

嫂嫂的回答非常坦白："见季子位高金多也。"——是因为知道小叔您现在地位很高，财势雄厚呀！

苏秦于是喟然长叹："富贵则众人仰慕；贫穷则亲戚鄙视……"要领导、控制众人，地位财势，岂可等闲视之！

2.执柄以处势，刑德制臣下

凡治天下，必因人情。人情者，有好恶，故赏罚可用；赏罚可用，则禁令可立而治道具矣。君执柄以处势，故令行禁止。

《韩非子·八经》

凡是要治理好天下，必须凭借人之常情。人之常情，有爱好有厌恶，所以奖赏和刑罚可以使用；奖赏和刑罚可以使用，那么禁约法令就可能建立起来而治国的办法也就完备了。君主掌握了权柄而拥有威势，所以下达命令能贯彻执行，发布的禁约能制止邪恶。

韩非子强调"霸道"，一切都要靠实力。君要能控制臣下，平安地稳坐龙椅，就必须牢牢地抓住作为君主所应该具备的权力。在诸多权力之中，韩非子特别强调赏罚之权也即"刑""德"二柄。"执柄以处世、刑德制臣下"是非常具有韩非子个性特点的智谋思想。

"拉关系，走后门"的结果往往是违法乱纪、贪污腐败。新加坡以吏治清廉著称于世。但人们可能不会忘记，在李光耀执政前，新加坡也曾因严重的拉关系、走后门、贪污腐败……而引起过全民公愤。20世纪50年代，李光耀正是因为提出了"打倒贪污"这一深得民心的响亮口号，才受到民众的支持而取得了政权。

那么，李光耀在一个贪污腐败如此严重的国度里，采用什么手段来取得令世人瞩目的成功的呢？具体的方式方法很多，但归纳起来核心的手段无非两条：既掌"刑"，又用"德"明确是非标准，严格赏罚界限，有功必予赏，有过必有罚——这实际上也就是韩非子"执柄处势，刑德制臣"的智谋。

1952年，李光耀上台后，立刻推行了以奖惩为核心的一系列制度，力求使公务员或者在重"赏"之下"不必贪污"。或者在重"罚"之下"不敢贪污"。

新加坡政府首先拉大文官上下级层之间的待遇差距，使高层和基层事务官待遇的差距高达9倍之多。而严格的"绩效主义"政策，使公务员的升迁，完全不管出身、背景、资历、关系等情况，而完全依据各人的"绩效"高低来决定——"绩效"高者不断晋升，酬金丰厚;反之,永处基层,收入低下——奖罚分明。

与此相配套的是"公基金制度",规定公务员必须将 16.5% 的工资收入作为相对基金,放在国家的银行里生利息,政府则提供 20.5% 的相对基金,每个月总共有 37% 的收入作为基金放在银行里。公务员如果一直勤奋工作,恪尽职守,那么他在 55 岁退休之后,便可以动用这笔十分优厚的基金——重赏;如果有人想中途离职,则扣除政府提供的那部分基金。如果有人犯了贪污罪,则连其本人提存的那部分基金也统统没收充公!——重罚。

新加坡政府还规定:每年年终,公务员必须填表申报自己及家属的财产,包括拥有的证券、房屋、银行存款等等。每个部的常务次长,必须负责审核这些表格。如果有人接受礼品馈赠,他必须赶紧送交部里负责处理礼品的专人;如果受礼人想保有礼品,则由专人估价后,照价买回……

与此相配套,国家专门设有直属总理的"反贪污调查局",负责考评 15 万公务员的职业品质,接受私人机关委托调查的舞弊案件。1970 年,在一次反腐败运动中,几位部长、次长级人物锒铛入狱,即使李光耀一手栽培的亲信,也因犯贪污罪而无法幸免……

李光耀"执柄处势,刑德制臣",使"臣下"们慕利而守职,畏罚而律己,拉关系、走后门、贪污腐败之风一扫而空,开创了世人为之惊叹的吏治清廉之风气。

3.因可势,求易道

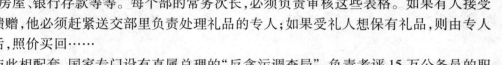

古之人目短于自见,故以镜观面;智短于自知,故以道正己。故镜无见疵之罪,道无明过之怨。目失镜,则无以正须眉;身失道,则无以知迷惑。……天下有信数三:一曰智有所不能立,二曰力有所不能举,三曰强有所不能胜。故虽有尧之智,而无众人之助,大功不立;有乌获之劲,而不得人助,不能自举;有贲、育之强,而无法术,不得长生。故势有不可得,事有不可成。故乌获轻千钧而重其身,非其身重于千钧也,势不便也。离朱易百步而难眉睫,非百步近而眉睫远也,道不可也。故明主不穷乌获以其不能自举,不困离朱以其不能自见。因可势,求易道,故用力寡而功名立。

《韩非子·观行》

古代的人因为自己的眼睛不能看见自己的容貌,所以用镜子来照自己的面孔;因为自己的智力不擅长于发觉自己的过失,所以用法术来端正自己。镜子不应该有显露面部缺陷的罪过,法术不应该因彰明过失而遭到怨恨。有了眼睛而没有镜子,那就没有办法修整自己的胡须和眉毛;立身处世如果失去了法术,那就没有办法发觉自己的迷惑。……天下有三条确实无疑的道理:一是尽管聪明,总有办不成的事;二是尽管力气大,总有举不起的东西;三是尽管强壮,总有胜不过的对手。所以即使有尧那样高的智慧,如果没有众人的帮助,伟大的功业还是不能建成;即使有乌获那样大的力气,如果得不到别人的帮助,还是不能把自己举起来;即使有孟贲、夏育那样强壮的身体,如果没有法术,还是不可能永远取胜。所以形势总有不得心应手的地方,事情总有办不成的。所以乌获会觉

诸子百家——法家

得千钧的东西很轻而自己的身体很重，并不是身体比千钧还要重，而是因为客观形势不利于举起自己的身体啊。离朱看百步以外的毫毛针尖觉得很容易而看自己的眉毛、眼睫毛却觉得很困难，并不是百步以外的毫毛离得近而眉毛、眼睫毛离得远，而是因为客观法则决定了眼睛不可能看见自己的眉毛和眼睫毛。所以英明的君主不因为乌获不能把自己举起来就使他难堪，不因为离朱不能看见自己的面孔而使他困窘。依靠可以成功的形势，寻求容易成功的法则，这样才能用力很少而功业名望可以建立。

韩非子认为，智慧再高、本事再大的人，作为个人，其能量总归有一定的限度，他总归要受到各种条件和客观规律的限制。因而，要成就一番大事业，就必须通过借人、求物等"法术"，顺应客观规律，走一条用力小成功概率大的道路。这，就是所谓的"因可势，求易道"的智谋。

《吕氏春秋》中说："使乌获疾引牛尾，尾绝力尽，而牛不可行，逆也。使五尺竖子引其鼻，而牛恣所以之，顺也。……"乌获是古代最著名的大力士，然而让他去牵牛，如果不顾牛脾气，抓住牛尾巴就拉，那么即使用尽力气，把牛尾巴拉断了，老牛却依然故我，站在那里寸步不动；相反，顺应牛的习性，牵住牛鼻环走，那么即使是一个矮小的孩童，也能使牛听任使唤。

遵循一定的途径猎取功名，功名就无法逃脱，正像日影无法摆脱测日影的标杆，回声必然伴随呼声一样。善于钓鱼的人能把鱼从深水下钓出来，这是钓饵香美的缘故；善于射猎的人能把鸟从百仞高空中射下来，这是弓箭好的缘故。用猫招引老鼠，用冰招引苍蝇，纵然做法再巧妙，也达不到目的。用臭鱼驱除苍蝇，苍蝇会越来越多，不可禁止，这是用招引它们的方法去驱除它们的缘故。强制出来的笑不快乐，强制出来的哭不悲哀，使用强制命令的做法，只可以成就虚名，而不可能成就大业。因此，任何事情都得符合客观规律。违反客观规律，只能一事无成，严格按照客观规律办事，必然"用力寡"却成就大。

"因可势，求易道"，一方面是指要遵循客观规律；另一方面，它还要求我们尽可能地利用一切除自身以外的人力和物力。

春秋时代，孔子的弟子宓子贱出任单父（今山东单县）邑宰相。在他之前的单父宰相是孔子的另一个弟子巫马期。宓子贱见了巫马期之后，吃惊地问他："先生怎么现在瘦成这个样子？"

"治理几万人的县邑，我呕心沥血，身体力行，披星戴月，不敢一日懈怠，怎能不消瘦呢？"巫马期无可奈何却也颇为得意地说。

宓子贱笑了："何至于此？ 昔日尧、舜治理天下，鼓着琴，唱着歌，便把天下治理得井然有序，国庶民富。如今你只是治理一个小小的邑县，便已操劳成这个样子，如果让你治理国家，那又会怎么样呢？"

巫马期没有听到宓子贱对他一心为公作风的肯定和赞扬，已是不太高兴，没料到竟还被如此这般地数落了一番，满肚子的不快，再也不肯多发一言，便悻悻地离开了。

不几天，宓子贱在城南筑了一座简易的琴台，经常在那里弹琴唱歌。琴声曲调悠扬，

諸子百家——法家

歌声委婉动听,单父的乡亲父老们都乐于到台下,听那悦耳的音乐。大家都生活在欢乐之中,无忧无虑,且社会安定,一切井然有序。

巫马期觉得奇怪,他不得不佩服宓子贱的施政才华了。便跑去向宓子贱讨教。宓子贱说:"我之谓任人,子之谓任力。任力者劳,任人者逸。"意思是说,我着眼于依靠他人当然特别是贤能之人来治政,而你则强调自己要带头劳作。而任力者即便披星戴月、辛辛苦苦,也很难把政事办好,因为那只是拼尽一个人的力量而已;任人者则虽然鸣琴而治、安逸逍遥,但政事井然有序,因为这是充分发挥了许许多多人的智慧。

巫马期听后,慨叹:"这是因为我的才能比不上宓子贱呀!"

不久,宓子贱回都城看望孔子,向老师汇报"鸣琴而治"的想法和做法。他说:"学生到单父以后,尊敬父老,爱护百姓,抚恤贫困,与他们同欢乐,共忧患。在那里,学生事之如父的尊者有三人,事之如师的贤者有五人,事之如友的能者有十一人。他们教给我许多施政的方法,我依靠他们,才把单父治理得井井有条。"

孔子击节称赞,说:"真是难得啊,这种'鸣琴而治'的办法,不仅可以治理单父这个县,就是用来治理国家也差不多啊!"

以一个人的力量总是敌不过众人的力量,同样的,一个人的智慧当然也无法对万事精通。所以身为君主的人,与其独自管理国事,不如利用全国的智慧与力量来治理。是否懂得运用他人的智慧与力量,是一个成功者的标志。古代一些聪明的君主,端坐在龙廷上,垂拱而治,就可以把国家治得很好。而有些君主,看起来终生勤勤恳恳,国家却治理得一塌糊涂。就像现代的某些领导一样,有些公司或企业的领导,终日忙忙碌碌,企业仍旧十分不景气;而有些企业的领导,整日看似悠闲,企业却管理得很好,造成这样差异的原因,就在于领导者是否善于运用部下的智慧。

"因可势,求易道",是指要根据客观规律,用最简便的办法来办事。作为领导者,"因可势,求易道",很重要的一点就是要善于利用和动员手下人的聪明才智。宓子贱可谓善于运用部下智慧的人。他的成功管理经验,受到后世的广泛赞誉。司马迁在《史记》中,就把他和郑国的子产、魏国的西门豹相提并论,称他们是贤大夫。

4.抱法处势则治,背法去势则乱

抱法处势则治,背法去势则乱。……夫弃隐栝之法,去度量之数,使奚仲为车,不能成一轮。无庆赏之劝、刑罚之威,释势委法,尧、舜户说而人辩之,不能治三家。

《韩非子·难势》

坚持法度,有了权势,就可以把国家治理好;背弃法度,丢掉权势,就会使国家陷于混乱。……如果抛弃了矫正木材的办法,丢掉了测量的技术,就是让善于造车的奚仲来制造车子,也不能做成一个车轮。如果没有表扬奖赏的鼓励、用刑处罚的威慑,抛开了权势,放弃了法治,让尧、舜以个人的力量挨家挨户去劝说,逐个逐个地去给人们辨析事理,那就三户人家也管不好。

先秦诸子,对于君主统治谋略,提出了种种观点。上述论述,是韩非子针对慎到"释贤而专任势"的唯势论的统治谋略,以及与慎到相反的"贤、势并治"的统治谋略而提出的不同主张。韩非子认为,君主的统治术,以"抱法处势"最宜,因为,从人的本性来看,世上贤能的人少而无德才的人多。"专任势"的话,凭借威势搞乱天下的人就可能多了,而利用威势来治理好天下的人就少了。威势,如果使没有德才的人运用了它,无异于老虎添上了翅膀,是十分可怕的。相反,"贤、势并治"的观点,其前提是"必待贤人而治",但是,由于世上总是不贤之人多而贤人少,因而,强调"贤、势并治"的结果,只能是"千世乱而一世治",这一观点也不可取。君主的统治策略,应该是依靠权势,谨守法度,法、势并重。这样,国家才能安定,君主的统治地位才能稳固,这二者之中,无论抛弃其中哪一方,对君主的统治都是很不利的。在贤、势、法三者之中,韩非子认为贤明君主可遇不可求,因而作为治国谋略,就不能过多地去依赖;而为君必有势、治国可制法则完全是君主人为的因素,强调和时时把握这两点是完全可行且有效的。因此韩非子轻贤重势重法制。这就是"抱法处势则治,背法去势则乱"的智谋思想。韩非子这种忽视君主(或领导)个人品德修养的培养提高的观点显然是十分错误的,但是,从纯理性的角度来设计治国方略,把最具操作性的势和法凸显出来,应该说是一种非常实用的智谋。

商朝最后一个国王帝辛,叫作纣,是历史上有名的暴君。纣是帝乙的小儿子,纣的哥哥微子,因其母不是正妻而未能继位,纣的母亲是帝乙的正妻,故得以继位为王。

纣这个人倒是很聪明,也很有才能。他能言善辩,敏捷过人;体格魁梧,力大无比,能与猛兽搏斗。但是,他的聪明和才能不仅没能挽救商王朝的灭亡,反而加速了商王朝的灭亡。这一方面是因为他正处于商王朝穷途末路的时代,这个即将倾倒的大厦已经不是人力所能挽回的了。另一方面,他的智慧和才能被用于吃喝玩乐上去了,使他的暴君角色演得更加淋漓尽致。

周大夫王孙满说:"商纣暴虐,鼎迁于周。"这句话有一定的道理。纣王实行了一系列残暴的对内对外政策,像火上加油一样,加速了商王朝的灭亡。

纣王的荒淫无度,大大地超过了他的前代。

他上台以后,把殷都从安阳向南扩大到朝歌(今河南淇县),向北扩大至邯郸、沙丘(今河北平乡东北),在这广大地区内大建离宫别馆,恣意享乐。沙丘是他享乐的一个重要据点。他在这里修建了大规模的苑囿、台榭,苑中养着从全国各地进贡来的珍禽异兽,作为专供他欣赏的王家动物园。他在这里集中了许多乐戏,跟他所宠爱的有苏氏美女妲己,终日歌舞,寻欢作乐。传统的乐舞欣赏腻烦了,他便让乐师师涓做了新的"淫声",有所谓"北里之舞……靡靡之乐"。纣王酗酒更加无度。他以酒为池,悬肉为林,让许多裸体男女在这里互相追逐,作长夜之饮。

为了填塞无穷的欲壑,纣王大肆搜刮钱财,榨干了人民的血汗。无数的珍宝财物,堆满了巨大的鹿台,源源不断的粮食流入了巨桥仓库。对于纣王的横征暴敛,连贵族也大为不满,商朝的"大师"对微子说:"现在我们的国王以杀戮和重刑大肆搜刮民财,虽然引

诸子百家——法家

起了民众的仇视而仍然不知停止。他一个人干出了种种罪恶，民众受尽了疾苦而无处诉告。"(《尚书·微子》)

为了镇压国内外日益增长的不满和反抗，纣王又滥施酷刑，恣意妄为。他用"炮烙之法"残害无辜的人民，并以此取悦妲己，让她欣赏这杀人的"节目"。他用"醢""脯"等酷刑残害向他进谏的忠臣。

纣王的倒行逆施，加剧了统治集团内部的分裂。他任用坏人作为亲信，而打击迫害正直的大臣和贵族。《诗经·大雅·荡》假借周文王的口气责问商纣王，揭露了商朝政治的黑暗：

文王曰咨，（周文王责问纣王说：）
咨女殷商。（可叹啊，你们殷商。）
而秉义类，（如果王廷中有贤人，）
强御多怼。（强暴的恶人就怨恨他们。）
流言以对，（就散布流言陷害他们，）
寇攘式内。（争权夺利的小人已进入内部。）
侯作侯祝，（他们造谣生事，诅咒怨毁，）
靡届靡究！（没有极限，没有穷尽！）

周文王所揭露的并非虚情。费仲是一个善于阿谀奉承而又贪财好利的人，纣王却对他大加信用，委以重任。有个叫恶来的人，特别善于挑拨离间，也被纣王所看中，加以擢用。但是，像商容这样的贤人，虽然受到人们的拥护，却被纣王废黜贬斥。纣王的叔父比干也很正直，屡次向他进谏，他都不听。他的兄长微子、箕子一再向他进谏，他都一概拒绝，继续一意孤行。

不仅朝中的大臣、贵族反对商纣王，诸侯和周边少数民族方国也离心离德。西方的周族是商王朝的一个方国。周人在姬昌（即周文王）的领导下，这时正在日益强大。商王不得不封姬昌为"西伯"。姬昌同九侯、鄂侯一起为商朝三公。九侯有个很贤惠的女子，进献给纣王，因为她不喜欢奢侈淫乐的生活，招致纣王大怒，把她杀死，还把九侯处以"醢"刑。鄂侯站出来替九侯说话，句句在理，把一贯善于文过饰非的纣王说得哑口无言。纣王恼羞成怒，把鄂侯处以"脯"刑。西伯姬昌看到纣王如此残暴，暗中叹息几声，被纣王的亲信崇侯虎告发，纣王把他抓来关在羑里。后来西伯的大臣闳夭之徒定了个计谋，把有莘氏的美女，骊戎的文马（一种红鬃白身的骏马），有熊氏的九马驷和许多其他珍宝，通过纣王的宠臣费仲献给纣王。纣王很高兴，说："只要有莘氏美女一物就可以释放西伯，何况还有其他东西呢！"这才把西伯放还。

西伯回国后，更加积极地从事灭纣的准备工作。他逐步向东扩展势力，灭掉了商朝在西部的属国——黎。商朝的大臣祖伊向纣王报告周人的军事活动及国内人心不稳的情况，纣王却说："怕什么？我不是有天命吗？"气得祖伊连声哀叹："纣王不可救药了！"

在内外交困的情况下，纣王为了转移视线，又发动了对周边方国的连年征伐。他先向西显示军威，在太行山的黎地举行大规模的军事演习。东方的夷人乘机起来反叛，纣

諸子百家——法家

王便把全部兵力调到东线,大肆镇压东夷各部。对东夷的战争虽然取得了一些胜利,掠夺了大批的奴隶和财物,但是,战争也消耗了商王朝大量的人力物力,加重了人民的负担,使本来已经十分尖锐的阶级斗争形势,更加处于一触即发的地步。

在这种形势下,纣不仅不悬崖勒马,反而更加恣意妄为。这时微子见大势已去,逃亡于荒野,商朝的太师、少师也拿着商家的祭器和乐器,投奔了周人,箕子忧心忡忡,一筹莫展,只得装疯,却被纣王囚禁起来。比干认为自己作为人臣,应该以死进谏。纣王不听,他三天不出宫门。纣恼羞成怒,说:"我听说圣人的心有七个窍,与平常人不一样。"下令把比干大卸八块,拿出他的心来观看。商王朝统治集团已经分崩离析,到了不可收拾的地步。

这时,周族的姬昌已经死去,他的儿子姬发继位,就是日后赫赫有名的周武王。公元前1027年,周武王挥师东进,诸侯纷纷响应。讨伐大军渡过黄河,进逼到商都的郊外——牧野。纣王也调来大量的兵力进行顽抗。二月甲子日这天黎明,周武王向商军发起了总攻。双方一交战,纣王的军队便纷纷倒戈,回过头去猛攻纣王,纣王大败逃回商都,来到他平日聚敛财富的鹿台,全身裹满了珍宝,跳进火堆自焚而死。这个暴君连同他多年搜刮的财富一起化为灰烬,落得应有的可耻下场。

公元前17世纪由成汤建立的我国第二个奴隶制王朝,经过了六百年之久的统治,至此终于灭亡,从此开始了我国历史上第三个奴隶制王朝——西周。

商朝亡于西周的史实,正说明了韩非子"抱法处势则治,背法去势则乱"的论点。事实上,在商纣王统治前,商王朝已经由于违背了依法治国的原则而造成国内混乱,商纣王不仅不吸取教训,反而变本加厉,倒行逆施,身处君位,不治理国家,而是一心满足自己的享乐。同时,在国内滥施赏罚,对待大臣是无辜者受刑,有功者遭罚,而一些奸臣则得奖赏、受重用。对待民众也是动辄以杀戮、重刑来搜括民财,这样就加剧了国内的混乱。与商纣王的统治相反,从周文王到周武王都能做到"抱法处势",国内自上至下有比较完善的法纪,自己又能勤于政事,使得统治地区的人民生活安定,争取到了民心,一批有才之士纷纷投靠周朝,最终利用商朝的混乱,灭了商朝。西周灭亡殷商的经过,十分有力地证明了韩非子"抱法处势则治,背法去势则乱"这一治国谋略的正确性。

5.万物莫如主势之隆

爱臣太亲,必危其身;人臣太贵,必易主位;主妾无等,必危嫡子;兄弟不服,必危社稷。臣闻千乘之君无备,必有百乘之家在其侧,以徙其民而倾其国;万乘之君无备,必有千乘之家在其侧,以徙其威而倾其国。是以奸臣蓄息,主道衰亡。是故诸侯之博大,天子之害也;群臣之太富,君主之败也。将相之管主而隆国家,此君人者所外也。万物莫如身之至贵也,位之至尊也,主威之重,主势之隆也。此四美者,不求诸外,不请于人,议之而得之矣。故曰:人主不能用其富,则终于外也。此君人者之所识也。

《韩非子·爱臣》

君主过分宠爱臣下,一定会危害到君主本人;大臣过分尊贵,一定会改变君主的地位;王后和妃子如果不分等级,一定会危害到王后所生的儿子;国君的兄弟如果不服从国君,一定会危害到国家。我听说:拥有千辆兵车的国君,如果没有防备,就一定有拥有百辆兵车的大臣在他的身旁,来夺走他的民众而颠覆他的国家;拥有万辆兵车的国君,如果没有防备,就一定有拥有千辆兵车的大夫在他的身旁,来夺走他的威势而颠覆他的国家。因此奸臣繁殖滋长起来,君主的一切就衰亡了。所以诸侯的领地广阔,兵力强大,是天子的祸害;大臣们过分富裕,是君主的失败,大将宰相控制了君主而使大臣私门兴盛起来,这是君主应该摒除的事情。世间各种事物之中,没有什么能及得上君主身份的极端宝贵,君主地位的极端尊严,君主威势的极端重要,君主权力的至高无上。这四种美好的东西,不必从本身之外来寻觅,不必向别人来求取,君主只要合理地使用它就能得到它了。所以说:君主如果不会使用他的这些财富,那么结果就会被奸臣排斥在外。这是当君主的所要牢记的。

韩非子的思想,以法、术、势为核心。上述论述,突出强调了威势之重要,认为君主应树立自己的绝对权威。诸侯势力强大,臣子地位尊贵,都会影响到君主的权势。保持君主的尊严、威势,牢牢掌握君权,乃是事关君主命根子的大事。所以韩非子说:"万物莫如主势之隆"。这是韩非子很具个性特点的法家智谋思想之一。

公元前247年,秦国由年仅13岁的嬴政即位为秦王。当时,秦国相国吕不韦权势甚大。他被封为文信侯,有"蓝田12县""洛阳10万户""河间10城"等大片封地。手下有宾客三千、家僮万人,被尊称为"仲父"。秦国的国政也由他亲自执掌,实际成了秦国的"太上皇"。到了公元前239年,秦王嬴政21岁,根据秦国制度,国君满22岁就要举行冠礼,然后就可亲理政务。就在秦王嬴政即将掌管政权前,秦国朝中掀起了激烈的政治斗争。当时,除吕不韦外,为太后宠幸的假宦官嫪毐,也很有权势。太后把嫪毐封为长信侯,领有太原等郡的封地,让其参与执掌政权,并且,"事无大小,皆决于嫪毐"。十分明显,这是企图阻止秦王嬴政的亲理政务。而吕不韦也在此时积极开展了一系列活动,以维持其权势。吕不韦与嫪毐钩心斗角,争夺权势,以致秦国境内从执法的大官直到驾车马的小吏都在嘀咕是追随吕氏还是跟着嫪毐氏。这种状况,直接威胁了秦王嬴政的统治。到了次年,就在秦王嬴政举行冠礼时,嫪毐更公然发动武装叛乱,秦王嬴政果断地调动军队,平定了这场叛乱,将嫪毐处死。次年,又免除了吕不韦的职务,令他出居食邑河南。由于其宾客暗中仍与吕不韦来往,加上其他六国使者也偷偷与吕不韦接触,秦王嬴政又令其迁居蜀郡。此后,吕不韦就畏罪自杀了。

秦王嬴政在亲理政务后,两年之内,先后消灭了两大臣子势力,把国家权力集中到他一人手中,稳固了自己的统治。此后,又经过10年时间,先后灭了其他六国,统一了全中国,建立了中国历史上第一个中央集权的多民族国家。在完成统一大业后,秦王嬴政吸取了历史教训,采取一系列措施,进一步树立自己的权威,强化统治。首先,采纳廷尉李斯的建议,废除分封制,实行郡县制。其20多个儿子,一寸土地也不分封,从而建立了专制主义的中央集权国家。其次，改"王"的称号为"皇帝"，将自己称为"始皇帝"。规定凡较重大的事情，必须奏请皇帝批准施行。皇帝之下，设三公九卿，组成中央政府，其中丞相为最高文官，作用只是辅佐皇帝处理国政；太尉为最高武官，帮助皇帝掌管全国军事，但不能发兵，也不能带兵，需有皇帝符节，才能指挥军事行动。秦始皇的这些维护自己的绝对权威、树立君主尊严与威势的做法，其思想理论基础，正是直接来源于韩非子。

6.恃势而不恃信

恃势而不恃信，故东郭牙议管仲；恃术而不恃信，故浑轩非文公。故有术之主，信赏以尽能，必罚以禁邪。虽有骏行，必得所利……

《韩非子·外储说左下》

君主必须依靠权势而不能依赖臣下的诚实，所以东郭牙建议齐桓公不能把大权全部交给管仲；君主必须依靠权术而不能依赖臣下的诚实，所以浑轩反对晋文公对箕郑的依赖。所以，掌握了统治术的君主，讲究信用而依法行赏，以便使臣民能充分发挥他们的才能；对有罪过的一定依法惩处，以此来禁止人们为非作歹。臣下即使有乱七八糟的行为，也一定有可以利用的地方……

韩非子认为，掌握了统治术的君主，不是依靠臣下的诚实而是依靠权威来进行统治。由于有完善的法律，可以惩处犯罪行为，因此，任用臣子不必考察其是否诚实，哪怕其有乱七八糟的行为，只要有可用之处，能为我所用就行。上述言论，不仅体现了韩非子法治思想的彻底性，也充分反映了韩非子的功利主义思想。韩非子的这一智谋思想，完全排斥臣民的诚实可靠的意义和价值，显然是片面的，但他强调领导者利用权势、威信的重要性，无疑也是冷峻而深刻的。在现代社会中学习借鉴这一智谋思想，我们就要扬弃其片面性的内容，着重学会韩非子所阐述的利用威势来领导下属的技巧技能。

齐桓公将给管仲树立仲父的称号，命令群臣说："我将给管夷吾树立仲父的称号。赞成我的进门站在左边，不赞成我的进门站在右边。"东郭牙却在大门当中站着。齐桓公说："你为什么站在大门当中？"东郭牙说："您认为管仲的智慧能谋划统治天下的大事吗？"桓公说："能。"东郭牙又说："您认为他的果断敢于干一番大事业吗？"桓公说："敢。"东郭牙说："如果他的智慧能谋划统治天下的大事，他的果断敢于干一番大事业，您因而把国家的权力全部托付给他，凭管仲的才能，利用您的权势来治理齐国，您能没有危险吗？"桓公说："说得好。"于是就命令隰朋治理内政，管仲治理外交，用这种办法来使两人互相牵制。

齐桓公由于得到管仲为相，推行富国强兵政策，使齐国国力大振，因此而成就了霸业，所以桓公要尊管仲为"仲父"，把国家的权力全部托付给他。这样一来，就违背了"恃势不恃信"的谋略思想。倒是齐桓公的大臣东郭牙有心计，一语道破了桓公此举的危害性，提醒了齐桓公。桓公才未把权力全部交给管仲。否则，中国的历史在这一章上大概要重新书写了，类似的例子还可以举出很多。

諸子百家——法家

王儒是清代康熙年间的一位能吏。他当直隶东明县知县,招流亡,垦荒地,缉盗贼,把地方治理得井井有条。

他刚到东明任职的时候,东明县正有一伙盗贼骚扰着乡民。在这伙盗贼中有两个头目,一个叫贾五云,一个叫梁进,都是屡教不改的惯犯。他们仗着自己有些武艺,纠集了一批小偷、流氓及游手好闲之徒,到处打家劫舍,抢夺财物,坐地分赃。贾五云、梁进在这伙盗贼中威信很高,是这伙歹徒的核心人物和首领。在他们的指挥下,盗贼们的行踪神出鬼没,作案方式奸诈狡猾,一连换了几任知县都拿他们没有办法。东明县的乡民吃尽了他们的苦头。

王儒来到东明后,得知盗贼横行是东明县最严峻的问题,决心首先制伏这伙歹徒,为乡民除害。俗话说:"擒贼先擒王"。他知道,盗贼们都受贾五云和梁进的操纵,只要把这两个家伙捉拿,其余的盗贼就好解决了。于是他先派出得力的捕快侦察贾、梁的行踪,掌握了他们活动的规律,然后抓住时机,乘其不备,对他们突然袭击,终于将这两个首犯捉拿归案。

捉到贾、梁二犯后,乡民们无不拍手称快,纷纷要求重重地惩治他们。王儒知道,贾、梁二犯虽然归案,但是他们的大批死党同伙仍然逍遥法外,为害乡里。他并没有立即定贾、梁的罪,而是让人把他们带来,告诉他们,只要真心悔改,官府一定会给将功补过的机会。王知县的话使这两个家伙很受感动,他们跪在地上,不停地叩头,保证今后不再干坏事,乞求得一将功补过的机会。这时,王儒板起脸,严肃地说:"既然你们已经认了罪,想重新做人,我就给你们一次机会。贾五云可以当练总,梁进可以当保长,专门负责缉拿乡里的盗贼,如果你们胆敢不听命令,耍什么花招的话,咱们新账旧账一起算,我决不留情!"两人点头答应,领命而去。贾、梁二人果然不负王儒所望,全力以赴地缉拿当地的盗贼。这些人本来就是他们的同伙,看到他们二人已经改邪归正,纷纷表示洗手不干,到官府去投诚。没有多久,东明县的盗贼就绝了迹。

王儒治东明,所用的是以毒攻毒之计。以毒攻毒本来是医学上的名词,是指用毒药来治疗毒症的一种医疗术。如果把它引申到运用谋略的方面,可以理解为是指一种以恶人制伏恶人,用坏办法来对付坏办法的策略。这种方法在一定的条件下运用是很见效果的。尤其在与犯罪集团的斗争中,一些高明的侦破者,往往把犯罪集团中的一些成员制伏争取过来,利用他们特有的长处制伏其他犯罪分子。王儒以盗制盗正是这种策略成功运用的一个例子。但我们如果再深入一步加以思考,以毒攻毒之计的关键,还在于能够完全控制并灵活施放用来"攻毒"之"毒"。而要能控制和灵活施放"毒",一般来说就应该运用"恃势而不恃信"的计谋。王儒所依靠的就是自己的威势。盗贼首领也只有被王儒的权威所慑服,才会改邪归正,并用自己之"毒"来消除小盗贼们的"众毒"。如果不恃"势"而恃"信",那么盗贼恐怕永远不会有绝迹的可能。

7.任势则治不足而日有余

夫为人主而身察百官,则日不足,力不给。且上用目,则下饰观;上用耳,则下饰声;上用虑,则下繁辞。先王以三者为不足,故舍己能而因法数、审赏罚。先王之所要,故法省而不侵,独制四海之内,聪智不得用其诈,险躁不得关其佞,奸邪无所依。远在千里外,不敢易其辞;势在郎中,不敢蔽善饰非;朝廷群下,直凑单微,不敢相逾越。故治不足而日有余,上之任势使然也。

《韩非子·有度》

做君主如果亲自去考察百官,那么时间就会不够,精力就会不足。而且,君主如果用眼睛去观察,那么臣下就会乔装打扮外观,使君主看不到真相;君主如果用耳朵去听取,那么臣下就会花言巧语,使君主听不出其中的诡许;君主如果用脑子思考,那么臣下就会把事情说得复杂化,使君主拿不定主意。先王认为君主只用眼睛、耳朵、脑子这三样东西是不够的,所以不靠自己的才智而依靠法术、严明赏罚。先王所把握住的法术,赏罚是十分关键的,所以法令简省而君权不受侵害,独自控制着国内的一切,聪明有才智的人不能玩弄他们的诈骗术,能说会道的人不能施展他们谄媚的口才,奸诈邪恶的人没有什么可凭借。臣下出使远在千里之外,也不敢改变君主的吩咐而擅自乱说;权位处在郎中,也不敢隐瞒好人好事,掩饰坏人坏事;朝廷时里的群臣百官,都直接聚集各自微薄的力量给君主,不敢互相逾越职守。所以君主要治理的事少得每天都有大量时间多余,这是君主运用权势依靠法术赏罚才使它这样的啊。

统治者如果完全凭借个人的能力,亲身来处理大小事务,就会整天疲于应付各种事情,忙得不可开交。而即使这样也不能治理好国家。如果凭借自己的权力、地位,运用权威,制定法纪,明确赏罚制度,使部下根据法规制度的规定,在自己的职责范围内尽心尽职工作,这样可以省却统治者的大量事务,每日空闲很多,而国家还能治理得很好。韩非子的这一谋略,实际上指出了"事必躬亲"未必有效,善于做领导的人,应该运用权势,制定规章制度,充分调动下属的积极性,使每个人都主动地干好自己的本职工作。

汉文帝在位期间,周勃为右丞相,陈平为左丞相。有次朝会时,文帝问周勃说:"天下每年判决的讼案有多少件?"周勃愧称不知。又问:"天下每年钱币和谷物的收支各是多少?"周勃又是谢罪,紧张得汗流浃背,不知所答。于是,文帝转问陈平,陈平答道:"这些事都有主管的官吏。"又问:"主管的官吏是谁?"回答说:"陛下如问决狱之事,就责问廷尉;如问钱谷之事,就问治粟内史。"文帝接着又问:"假如各事都有主管的官吏,那你该主管什么事呢?"陈平答道:"主管官吏!陛下不嫌弃我资质驽钝低下,委以丞相之重任。丞相对上辅佐天子,顺理阴阳四时,对下则妥善地化育万物;对外镇服或安抚诸侯、四夷,对内则使百姓归附,使卿大夫各能胜任其职责。"文帝听过这番话,连声赞好。周勃感到很惭愧,知道自己的才能差陈平太远,不久后就托病请求免去自己的丞相之职,陈平成为唯一的丞相。

陈平是历史上著名的智谋之士,他也确实会做领导,他回答汉文帝的话,说明了他非常明确自己的职责。他当丞相,能够"治不足而日有余",原因就在于他"善任势"。也正因如此,他当丞相期间,手下各项工作都做得井井有条,这是很不容易的,也是和他"善任势"所分不开的。像陈平这样的人物,中国历史上还可以举出许多。

晋武帝时,淮南相刘颂上书皇帝,详陈治国方略:"治国大计,分封诸侯最为重要。然而必须审时度势,使诸侯能量所及,于上足以屏蔽京城,于下又不足独立为乱。达此目

诸子百家——法家

标,极为困难。故而陛下须与通古达今之士筹划方略。周代诸侯凡有不轨之举者,或被天子诛灭,或被天子放逐,但诸侯国统却并未因此泯灭;而汉代则不然,诸侯王有罪或无子嗣,诸侯国便随之而亡。当今之世,应革除汉代弊端,遵循周代旧制。诸侯稳固,朝廷自然安定。莽莽九州,万事待举,君王在上,如日在天,绝无仅有。所以,圣明君主教化天下,贵在执要于己,委务于下,如此,貌似好逸恶劳,实为政体所需。凡任人处事,事先辨其利弊,未雨绸缪,很不容易;但若避难就易,以成败论功罪,就显得轻松自若了。如今陛下却反其道而行之,精于事先的甄别,疏于对事情效益的考察,这便是军国大事未得其宜的重要原因。君王若能真正把握要领,统揽全局,论功罪于成败之后,那么,君臣百姓,或奖或罚,便能各得其所了。古代六卿分职

陈平

(按《周礼》:天官冢宰,地官司徒,春官宗伯,夏官司马,秋官司寇,冬官司空),以冢宰统领;秦汉以来,分设九卿、典客、宗正、大司农、少府,以丞相统御。如今事无巨细,均由尚书定夺,而诸卿却无所事事,比之古制,尚书无疑事权太重。应分权诸卿,尚书只统领大纲,年终考核诸卿功过,依制给予相应赏罚。至于帝王,道理亦同。如果事无轻重,全由圣上决断,事有差失,也不知道拿谁是问了。"

　　刘颂上书晋武帝所说的话,表明他也十分明白"善任势则治不足而日有余"的道理,因此才能劝晋武帝"执要于己,委务于下"。事实上,从中国历史看,比较明智的君主,也正是在这方面做得比较好。因此我们可以说,韩非子的这一智谋思想,早已成了中国传统思想文化的一部分。

8.威吓利诱使臣效力

　　夫驯乌者断其下翎焉。断其下翎,则必恃人而食,焉得不驯乎?夫明主蓄臣亦然,令臣不得不利君之禄,不得无服上之名。夫利君之禄,服上之名,焉得不服?

　　　　　　　　　　　　　　　　　　　　　　　　《韩非子·外储说右上》

　　驯养乌鸦的人剪断它翅膀和尾巴下面的长羽毛。剪断了它的翅膀和尾巴下的长羽毛,那么它就一定得靠人喂养,怎能不驯服呢?英明的君主蓄养臣子也是这样,使臣子不能不贪求君主授予的俸禄,不得不在君主所授予的爵位上工作。贪图君主的俸禄,在君主所授予的爵位上工作,怎么能不驯服呢?

　　韩非子认为,聪明的统治者管理臣下,除了依靠强硬的法纪外,为了使有用之人投奔自己门下,为自己效力,或使自己的下属更尽心地干好工作,还可以用"威吓利诱"的办法使臣下不得不既惮服君主的权威,又贪图君主给予的利禄,因此而努力工作。韩非子是

在对当时人们普遍的心理状态有了深刻了解后提出这一谋略的，因而在当时情况下也是行之有效的。而今，人们的心情当然不能与几千年以前同日而语，但是作为一种智谋思想，其基本精神和基本原则仍有值得借鉴的一面。当今社会上仍然流行的所谓"棍棒之下出孝子"，"重赏之下必有勇夫"，也正说明了这一点。

薛公田文做魏昭王相国的时候，昭王侍从中有一对双生子名叫阳胡、潘其，在昭王那里很受器重，却不为薛公效劳。薛公对此深感忧虑，于是就把他们招来与他们打棋行赌，先给他们每人一百金，叫他们兄弟二人打棋相赌，一会儿又加给他们每人二百金。刚赌了一会儿，谒者禀告客人张季的儿子在大门口，薛公勃然大怒，拿起兵器给谒者说："把他杀了！我听说张季不为我田文效劳。"当时张季的党羽在旁边，说："不是这样的，我听说张季为您很卖力，只不过他这个人暗中出力而您还没有听到罢了。"于是薛公就废止了杀人的命令，还用十分隆重的礼节接待他，说："过去我听说张季不为我效劳，所以想杀掉你；现在我知道他实际上是为我效劳的，我难道能忘记张季吗？"于是就通知粮仓献出一千石的粮食，通知金库献出五百金，通知马夫从自己的马棚里献出好马八匹，坚固的车子两辆，又传令宦官领出宫女中漂亮的姬妾二十人，把这些都赠给了张季。这两个双生子便互相商量说："为薛公出力的一定会得利，不为薛公出力的一定要遭殃，我们干吗不为薛公出力呢？"于是就互相劝勉而终于为薛公效劳了。薛公依靠权势，导演了很生动的一幕戏，让两个双生子看到，不为薛公效劳就会被杀；努力为薛公效劳则有厚禄。可见"威吓利诱"双重功能协同"作战"的巨大功能。

薛公借用了君主的这种权术，尚且可以化祸为福，更何况是把这种手段放到君主手中来使用呢？

"威吓利诱"作为迫使臣下不得不为君主效劳的有效手段，既可以充分发挥两种相反相成的功能，也可以根据实际情况单打一地发挥其中一种功能，即或单用"威吓"，或单用"利诱"。请看下例。

唐德宗贞元二年(786年)，降将刘玄佐虽然归顺了唐朝，但依然久居汴州(今河南省开封市)，观望形势，一直未入朝。镇海节度使韩滉前往拜访。刘玄佐敬重韩滉的才望，以下属官员的礼仪迎接他。韩滉趁机与刘玄佐结为兄弟，并要求拜见刘玄佐的母亲。刘母闻后非常高兴，设宴招待韩滉。席间，韩滉问道："弟弟何时入朝？"刘玄佐推辞说："久欲入朝，只是财力不及。"韩滉劝说道："财力我可相助，弟弟宜早入朝。母亲已白发苍苍，应有舒适的环境安度晚年，不可以让她领众妇女，充入宫中为婢。"刘母听得悲泣难解。韩滉先资助刘玄佐二十万钱以备行装，接着几日又在刘玄佐军中出金钱赏劳士卒，全军都为之动心。刘玄佐怀疑韩滉与部下的谈话，只听韩滉查问每日用钱多少，问得非常仔细。回报后，刘玄佐这才明白韩滉出钱大方的意图。韩滉又是资助入朝，又是赏劳收买全军之心，刘玄佐想不入朝也不行了。

在这里，韩滉主要的是单用"利诱"之法。他抓住刘玄佐财力上有困难的弱点，以金钱收买刘玄佐的军心，从而迫使他不得不就范。

9.使人臣莫敢妄言

人臣为主设事而恐其非也,则先出说,设言曰:"议是事者,妒事者也。"人主藏是言,不更听群臣;群臣畏是言,不敢议事。二势者用,则忠臣不听而誉臣独任,如是者谓之:"壅于言"。壅于言者制于臣矣。主道者,使人臣必有言之责,又有不言之责。言无端末,辩无所验者,此言之责之;以不言避责、持重位者,此不言之责也。人主使人臣,言者必知其端以责其实,不言者必问其取舍以为之责,则人臣莫敢妄言矣,又不敢默然矣,言、默则皆有责也。

《韩非子·南面》

臣下为君主筹划了事情而又怕被别人非议,就预先出外游说,扬言说:"议论这件事的人,就是嫉妒这件事情的人。"君主心里记住了这种话,就不再听信群臣了;群臣害怕这种话,就不敢议论这件事了。君主不听群臣、群臣不敢发议论这两种情形起了作用,那么君主就不听信忠臣的话,而专门任用那些徒有虚名的臣子了。像这样的情况叫作:"被言论蒙蔽"。被言论蒙蔽的君主就会被臣下控制了。君主的统治手段应该是,使臣下一定负有说话不当的罪责,又负有该说不说的罪责。说话无头无尾、辩词无从验证的,这就是说话不当的罪责;用不说话来逃避责任以保持官位的,这是该说不说的罪责。君主使用臣下,对说话的臣子,一定要了解他说话的头绪,并用以责求他的办事实效;对不说话的臣子,一定要问清他对某事是赞成还是反对,并把它作为他的责任。像这样的话,那么臣下就谁也不敢再乱说了,也不敢沉默了,说话和沉默都有责任了。

君主被臣下控制,权力被架空,最终导致王位丧失,往往首先由言论始。奸臣通过运用虚假、动听的言论蒙蔽君主,使君主无法明了下情,只能凭感觉宠信奸臣,逐步地对奸臣言听计从,于是便为奸臣所控制。韩非子深知这种危害,强调君主对臣民的统治策略之一,就是要追究臣下言论,假如臣下先前所说的话与后来所做的事不符,或者说了做不到,就追究他的责任,使其受到应有的惩罚。韩非子智谋思想的深刻性在于,他不仅设计了对付那些夸夸其谈、夸大其词者的办法;同时,韩非子还特地提醒君主,要注意和处理那些平时沉默寡言、哼哼哈哈的臣子。无论是在古代还是现代社会中,怕得罪人而采取明哲保身的臣子、下属都存在,这种人对上级不出点子,尸位素餐,对同事保持一团和气,随声附和。好事他都沾光,坏事他毫无责任。哪个朝代、哪级组织中一旦出现这种人,形成这种风气,那么那个朝代、那个组织必然毫无生气,毫无战斗力。因此英明的君主、明智的领导,就必须注意和铲除这种臣子和这种情况。韩非子在这里指出,臣子如果想逃避责任不说话也必须加以追究:一是要规定每个臣子、每个下属都有出点子、发议论的权力和职责,沉默寡言就是失责;第二才是对言论的质量加以考核,说对了要奖,说错了要罚。如此,臣子便既不敢敷衍塞责而"妄言",又不敢消极怠工而"默然",于是,君主便可充分利用臣下来为自己效劳。这才是韩非子完整的"使人臣莫敢妄言"的智谋思想。

汉武帝在位时,一位名叫乐大的方士,能说会道,多方略,敢为大言。他被人推荐,来到宫廷,对武帝说:"我经常往来海上,看见安期、羡门两位神仙,他们认为我地位太卑贱,

诸子百家——法家

不相信我,我的师傅说:'黄金可成,河决可塞,不死之药可得,仙人可致。'然而我们恐怕步文成将军的后尘,所以都掩着口,哪个还敢言方术呢?"汉武帝说:"文成是吃马肝而死的,你若真的能修炼方术,我一定敬重你!"乐大说:"我的师傅从来不求人,只有别人去求他。陛下你若真的想得到方术,那么就必然首先让您的使者尊显富贵,让他成为陛下您的亲戚,以宾客之礼厚遇他,只有这样才能让他去和神仙通话。"这时皇帝正在忧虑黄河经常决口,担忧弄不到黄金,于是拜乐大为五利将军、天士将军、地士将军、大通将军。后来,又封乐大为乐通侯,食邑二千户,赐甲第,童子千人,乘舆、车马、帷帐、器物以充数其家,又将卫长公主嫁给他做妻子,赐予铜币十万斤。天子亲自光临乐大的住宅,沿途为乐大运送供给的使者相属于道。自太主、将、相以下皆置酒宴请乐大,并赠予大量的财物。天子又刻玉印"天道将军",授予乐大,使之享有不臣之礼。乐大共佩六印,贵震天下。于是海上燕、齐之间,人人都效法乐大,宣称自己有禁方,可以使人成仙。

一代英主汉武帝,居然容忍并且听从夸大其词的乐大,其后果不仅仅是在乐大身上赔了公主又折金,更为严重的是导致了极坏的社会风气,这与巩固君权、富国强兵显然是背道而驰的。这种事例,历史上早已有之,正是基于历史上这种事情频频发生,韩非子才大声疾呼要"使臣莫敢妄言"。但必须注意的是:"使臣莫敢妄言"还有一层也可以说是更重要的一层意思,那就是使臣不敢不言。

汉宣帝自幼生长于民间,深知民间疾苦,所以即位后,兢兢业业,励精图治。自丞相以下,都让他们各自陈述自己的主张和建议,然后加以试用,通过实际考察他们的功德,凡是立有功劳应该迁升的,以及做出了特殊贡献的人,都厚加赏赐,即便对于自己的子孙,也同样奉行这一原则,整个朝野枢机周密,品式俱备,上下相安,丝毫没有苟且偷安之意。每次拜任刺史、守、相等职,宣帝都亲自加以考问,仔细听取他们的话,然后将他们所做的和所说的进行对照,判明言行是否一致,凡是名不副实的,一定要弄清缘由,严加惩处。他认为:郡太守是吏民之本,如果经常加以变易,那么黎民百姓就会感到不安;如果黎民知道郡守能长久担任这个职务,就不敢对他进行欺骗、蒙蔽,这样,才会服从其教化。所以,两千石的官吏凡是治理有方、行为卓有成效的,就以诏书加以勉励,增加爵秩,赏赐金银,有的爵位一直升迁至关内侯;朝廷公卿有缺额就选择所表彰过的郡太守,加以提拔任用。因此这一时期出现了很多的良吏,呈现出"中兴"的局面。

汉宣帝因为实施了"使臣不敢妄言"的治政谋略,亲自考察臣下言行,使臣下不能凭借言论欺骗君主,而只能勤恳致力于干好实际工作,由此国家得到了很好的治理。

10.先治者强,先战者胜

故治民者,禁奸于未萌;而用兵者,服战于民心。禁,先其本者治;兵,战其心者胜。圣人之治民也,先治者强,先战者胜。夫国事,务先而一民心,专举公而私不从。赏告而奸不生,明法而治不烦。能用四者强,不能用四者弱,夫国之所以强者,政也;主之所以尊者,权也。

《韩非子·心度》

所以,治理民众,要把奸邪禁止在尚未发生之时;用兵打仗,要使民众的心理适应于

诸子百家——法家

战争。禁止奸邪,在奸邪的根源产生之前动手,就能治理好;用兵打仗,利用民众的自觉思想来作战,就会胜利。圣人治理民众抢先治理奸邪之心,所以能强大;战前做好思想动员,所以会胜利。治理国家的大事,要努力贯彻这种抢先的原则来统一民众的思想认识,专门推崇公家的利益而不顺从私利,奖赏告发奸邪的人来使奸邪不发生,彰明法度来使国家的治理不烦乱。能够采用这四种办法的,国家就强盛;不能使用这四种办法的,国家就衰弱。国家之所以强大,是靠政策;君主之所以尊贵,是靠权力。

韩非子《心度》篇中的"心",是指民心;"度",是指法度。文章着重论述了民心和法度之间的关系,强调用法度来统一民众的思想意愿。全文所包含的智谋思想比较丰富,所引用的几句原文中,也可以从多个角度看出多种智谋,就"先治者强,先战者胜"来说,至少有两层含义,一是要抢先做好准备工作,以求统一思想、统一行动;二是用准备工作来统一思想、统一行动的前提是预先制定法律制度。我们在这里则主要用它的第一层含义,意思是:在奸邪、祸乱发生之前,便要着手禁止奸邪、祸乱,国家就会强大;在两军对垒之前,便要进行思想动员,使民众的思想统一在自觉自愿地参战上,使民众的心理适应于战争,才能取得胜利。这实际上有点类似于"未雨绸缪"的思想。不过"未雨绸缪"所要求的只是泛泛地要求做好准备工作,而韩非子的"先治者强,先战者胜"所要求的准备工作,则有了特定的内容:一是要事先用法制法规或命令指示来规范人们;二是强调民众在思想上、意志上与规章制度保持一致。韩非子的这一谋略思想早已被我国的传统文化所包容吸收,也被历代明智之士所不断使用,而在当今快节奏、高技术的条件下,这一智谋思想则更具有其他智谋所无法替代的使用价值。

春秋战国时期,晋国邀请几个诸侯国结成联盟。在结盟会上,晋国的外交大臣对卫国人员很无礼,卫国君主觉得威望扫地,打算讨伐主持盟约的晋国大夫赵简子。大臣王孙商对卫君说:"你要反对赵简子,对晋国宣战,首先必须征得全国老百姓的支持。"

卫国君主采纳了王孙商的计策,通告全国,说赵简子要求我们卫国每家必须送一个女人去晋国做人质,并且限在三天内交到他手里。此通告一出,激起了全国民众的愤怒,卫君讨伐赵简子的举动因而赢得了一致的拥护。

隋朝末年,由于隋炀帝的穷奢极欲,倒行逆施,没有几年便把隋文帝开创的历史上最富裕的一个国家弄得民怨鼎沸,造反的烽烟燃遍了全国各地。可是隋炀帝照样在扬州花天酒地,得过且过。当时也在扬州的卫队长司马德戡只想能早日西行回归故乡,便与好友裴虔能商量一同逃跑。禁卫军将领宇文化及、宇文智及对他们说:"如今天心厌隋,亡象日见,若能发动卫队杀死昏君,小可成王,大可成帝,何必如丧家之犬一样逃跑呢?"大家一听有理有利,便一致推举宇文化及为主帅,准备干一番大事。

可是,隋炀帝虽然穷奢极欲,荒淫无耻,不顾百姓死活,但对于自己的贴身卫队,却是恩宠有加,要使隋炀帝的卫士能反戈一击,并非一件易事,怎么办?

司马德戡等人找了几个亲信,告诉他们说:"炀帝已不再相信我们卫队,现在已准备好了许多毒酒,打算借开酒宴的机会把我们统统毒死……"

这一惊人的消息立即传遍了整个卫队,人人都有了自卫之心,人人都愤怒至极。司马德戡见时机成熟,便集合卫队,告诉他们想杀掉炀帝成就一番大事业的打算。结果群情激昂，众人异口同声地说："唯将军之命是听！"

公元 618 年 3 月，宇文化及等人在卫队的配合下，率兵杀人宫中，如入无人之境，很快就将隋炀帝捕获了，逼令他自杀。

当时隋炀帝曾质问："朕负百姓，不负汝等，汝等荣禄兼至，奈何负朕！今日之事，孰为首邪？我何罪至此？"

政变者当时回答说："普天同怨，何止一人！还问什么谁首谁尾？昏君贼子，人人可诛！圣上到了此时，尚不知己罪吗？圣上违弃宗庙，巡幸不息。外勤征讨，内极奢淫，丁壮伤锋刃，老弱毙沟壑。大举土木，劳民伤财，四民丧业，盗贼蜂起，专任佞谀，饰非拒谏，屠杀忠良，失信将士，如此罪大恶极，怎能谓何罪？……"

以上两例，都采用无中生有的方法，把士民的思想情绪统一在指挥官的意图上。前一例中说赵简子要求送女为质明显是骗人，后一例中说隋炀帝准备了许多毒药，也是真中有假：炀帝死前已自感皇位岌岌可危，为保全尸，故身边常备毒药，但既不是"许多"，更不是用来毒杀卫兵的。这种骗人之术我们当然要反对，但骗人者为了取得胜利而事先做好准备工作以统一思想、统一行动的做法应该说是符合智谋思想的。

几乎每一次胜利和每一次成功，我们都可以看到这种抢先准备，把参战者的思想、情感和行动统一到国家利益、统一到组织者的意愿意志上来的过程。中国如此，外国亦然。

1940 年，挑起第二次世界大战的德国军队以闪电般的速度打到了法国。与法国一衣带水的英国，出于共同利益，出于保卫自己国家的需要，也派了大量部队来到法国。然而，在很短的时间里，英法联军便在法国本土被德国打得一败涂地。英军在完成敦刻尔克大撤退之后，德军占领区与英国已是隔海相望了。英国本土面临德军直接入侵的危险！

蒙哥马利为了使英国士兵适应随时都有可能爆发的残酷战争，他进行了大量的战争准备工作。有些工作看起来是非常细小的，但在蒙哥马利看来，这些工作牵涉到将士们的思想情绪，所以他想得很细，想得很全，做得依旧非常地严肃认真。例如，他竟考虑到了随军家属问题。他特地下了一个命令："我命令全部随军家属必须立即离去！在抵御入侵的战争中负有作战任务的师团驻地都不允许家属居住！"

或许有人会说，军人们面临着生死关头，其中有些人可能就要血洒疆场了，能让家属在驻地住下来，花不了多少开支，但对军人们的心理安慰的作用却是巨大的。蒙哥马利的做法是否太冷酷无情了一点？他管得是否太琐碎了一点？

蒙哥马利不这样认为。他说："军官们如果带着家小驻在驻地或附近，我军一旦遭到攻击，军官就会情不自禁地首先考虑到家属的安全，从而忽视了自己的战斗任务。处于炮声隆隆、弹片纷飞的战场上，他会担心家属的安全，而不是首先考虑打败德军，我不愿也决不允许军官们因有牵挂而失职误事。英国的全部命运以至文明都处于危急中。我决心消除牵挂，这该是明白无疑的——我是基于对英国命运的关心，基于对每个军官负责才做出这样的决定的。"

战争非同儿戏。它要求军人完全排除个人杂念，全身心地投入，并时刻准备为国捐躯。蒙哥马利遣返军眷绝非琐碎小事，因为减少军官们的牵挂，关系到保证军官们能全身心地投入抵抗德军的战斗中去。而保证将士全身心投入战斗，是整个战争准备工作，乃至是整个战争中至关重要的问题,是决定战争胜负的重要问题。

11.善持势者,早绝奸萌

患之可除,在子夏之说《春秋》也。善持势者蚤绝其奸萌。故季孙让仲尼以遇势,而况错之于君乎?……凡奸者,行久而成积,积成而力多,力多而能杀,故明主蚤绝之。

《韩非子·外储说右上》

祸患可以被除掉,这个道理包含在子夏解说《春秋》时所说的话中:"善于保住权势的君主,都及早地消灭臣下邪恶的苗头。"所以,季康子因为子路使用了和自己相当的权势而拿它指责了孔子,从而消除了祸患,更何况是把这种手段放到君主手中来使用,祸患哪会除不掉呢?……大凡邪恶这种东西,时间长了就会形成一种积累,这种积累多了力量就大了,力量大了就能杀掉君主,所以英明的君主都及早地把它们消灭掉。

韩非子从维护君主统治出发,借子夏所说,提出君主应及早发现和消灭臣下邪恶的苗头,将威胁到自己统治的祸患在刚刚产生时就加以消除。因为祸患、邪恶势力一经形成,力量就会壮大,并且必定会威胁君主权力、地位。韩非子的这一论断,其含义正与民间所谓"小洞不补,大洞吃苦"相同,它告诫掌权者,要保持自己稳固的地位,必须及早地消除隐患,否则,一旦让其形成势力,羽翼丰满,再动手消除,将十分困难。古往今来,能维持自己地位稳固的掌权者,往往是由于多谋善断,能够及时发现和消除身边将要危及自己权力和地位的隐患,而失败者也多由于忽视或不能下决心消除隐患,最终导致自己权力的丧失。

公元前 494 年,吴王夫差在夫椒打败越军,乘势进入越国境内,几乎将越国灭掉。越王勾践带着 5000 人退守在会稽山上,派大夫文种通过吴国太宰伯嚭向夫差求和。夫差打算答应,伍子胥不同意。

伍子胥对吴王说:"这不行。我听说,'建树德行越多越好,去掉祸害越彻底越好。'从前有过氏攻打并灭亡了夏禹的后代帝相。帝相的妃子后缗正怀着孕,从城墙的小洞里逃出来到了有仍,生了少康,少康后来做了有仍的牧正。有过又要攻杀少康,少康就逃奔到有虞,做了那里的厨师头目,以逃避危害。不久,他娶了两个老婆,拥有十里见方的田地和 500 人的部众,他广施恩德,以收集夏的余部,安抚他的官员,派人到有过那里做间谍,一举灭亡了有过氏,恢复了禹的业绩,维护了原有的天下。现在吴国不如有过强,而勾践大于少康,如果答应讲和,越国将来就有可能壮大,不是很危险吗?勾践很会亲近人而又致力于施舍,对应该施舍的人就加以施舍,对有功劳的人从不抛弃而加以亲近。越国和吴国同处在一块土地,而世世代代又是仇敌,今天如不把它灭掉,这是违背了天意,将来后悔可就来不及了!如果真要这样做,吴国的衰落,也指日可待了。我国处在楚国和越国这样的蛮夷之间而使仇敌壮大,用这样的做法来求取霸业,必然是行不通的。"夫差不听从伍子胥的劝谏,为了北上争霸,同意了越国的求和。伍子胥退下去告诉别人说:"越国用 10 年时间繁衍人口,积累财富;用 10 年时间教育人民、训练兵马,20 年以后,吴国大概要变成池沼了。"

诸子百家 —— 法家

10 年后,吴国将要攻打齐国,越王勾践率领他的部下前去朝见,并给吴王和臣下送了很多食物和财礼。吴国人都很高兴,唯独伍子胥害怕,他说:"这是在麻痹吴国啊!"就再次劝谏吴王说:"越国在我们这里,是心腹大患,同处在一块土地上,而对我们有所欲望。他们的驯服,是为了要达到他们的欲望,我们不如早点下手。在齐国,即使能如愿以偿,就好像得到了满是石块的土田,没有办法使用。越国要不变成池沼,吴国就要被灭掉了。请医生治病而说'一定要留下病根'的人是从来没有的。盘庚的训辞说:'如果有猖狂捣乱不听话的,就统统砍了不留后代,就要斩尽杀绝不留祸根。'这就是商朝所以兴起的原因。现在您反过来,打算求得强大,不很危险吗?"夫差还是没有听伍子胥的劝告。

　　事实正如伍子胥所说,越王勾践卧薪尝胆,忍辱负重,一直伺机东山再起。11 年后,勾践率领越国军队终于灭掉了吴国,吴王夫差自杀身亡。正如伍子胥所预料的,越灭吴前后大约经过 20 年的时间。

　　夫差为未听从伍子胥的劝告,导致了这种恶果。这一史实生动地说明了清除隐患的重要性。与吴王夫差相反,对于"善持势者早绝奸萌"这一智谋,纳粹德国臭名昭著的人物戈培尔则可以说是深刻领会、运用自如。

　　1931 年,第三帝国宣传部长约瑟夫·戈培尔与漂亮的玛格达结婚,他们的证婚人是当时的总理希特勒。1933 年 1 月,戈培尔与妻子发生了争吵。玛格达为刺激丈夫,向他透露了自己的犹太血统。她还告诉戈培尔,她青年时代的第一个朋友哈依姆·阿尔罗索洛夫,现在担任巴勒斯坦犹太社的外交部长。戈培尔清楚,如果希特勒知道玛格达是犹太后裔,等待他的将会是一种什么样的命运。他决心要干掉每一个知道其妻子血统的人。

　　这件事过后不久,哈依姆·阿尔罗索洛夫来到了柏林。这位犹太社的外交部长是一位新上升的政治明星。他是当时犹太人中第一个预见到希特勒上台后将给犹太人带来灾难的人。他此次柏林之行的目的,就是要利用他在第三帝国的关系,把犹太人的财产与金钱转移出去。他还计划在同德国有关当局建立联系之后,再去德国一趟,以便合理地组织犹太人撤离。阿尔罗索洛夫的计划令第三帝国的领导们很恼火。他们想除掉他,却又不愿意此事在德国境内发生。

　　戈培尔正想消灭这个对自我威胁很大的人。当他得知当时正有两名德国盖世太保在耶路撒冷执行任务时,便想出了一条杀人之计。戈培尔要那两个盖世太保在阿尔罗索洛夫从德国返回巴勒斯坦后,将他干掉。这样阿尔罗索洛夫就再也不能为转移德国犹太人的财产而谋划,同时戈培尔又借机杀掉了一个对自己的前途威胁很大的人。戈培尔明白,在巴勒斯坦境内杀害阿尔罗索洛夫,还可以起到嫁祸于人,将凶手视线从自己身上移开的作用。因为在当时被英国统治的巴勒斯坦,犹太社与阿拉伯人的矛盾很尖锐,犹太移民区不断遭到一些阿拉伯激进分子的袭击。在犹太社区内,激进派与温和派的矛盾亦十分尖锐。以阿尔罗索洛夫为首的激进派要求摆脱英国人,用武力建立起单一的犹太民族家园;而以魏兹曼和本·古里安为首的温和派,则主张依靠英国实现贝尔福宣言中的许诺。古里安对小于自己 13 岁的阿尔罗索洛夫青云直上更是嫉妒不已,两个人之间的关系很僵。戈培尔很高兴这些矛盾又给他提供了一个好时机。他的计谋实现后,还可收到嫁祸于人的效果。

諸子百家

——

法家

1933 年 6 月 13 日,阿尔罗索洛夫从柏林返回。6 月 16 日星期五晚上,阿尔罗索洛夫同他的妻子西玛去特拉维夫科特丹用餐,庆贺两人久别重逢。这一天是萨巴特节的前夜,大街上行人稀少。用完餐后,夫妇俩直接从餐厅的平台走到海边平地,想沿着夜色笼罩的海滩散步。当他们走了一段路时,突然有两个人向他们走来。其中的一个拿着手电筒直照阿尔罗索洛夫的脸上,并用希伯来问语:"几点了?"就在阿尔罗索洛夫深感惊讶,要掏怀表之际,那人向他连开两枪,阿尔罗索洛夫倒在了海滩上。那两个凶手逃向茫茫的夜色之中。第二天零时,阿尔罗索洛夫遇刺因伤重而死去。

阿尔罗索洛夫遇刺身亡的消息很快在巴勒斯坦犹太区传开,人们义愤填膺,声讨凶手的残忍。以色列犹太区领导人首先把怀疑的对象指向了阿拉伯人,也有人怀疑是犹太教极端分子干的。但谁也未曾想到竟是德国人干的。戈培尔的一箭双雕之计达到了他的险恶目的。

为了消除影响到自己升官的前途、命运的隐患,不惜以残忍的手段搞暗杀,戈培尔之事可以说是"善持势者,早绝奸萌"的极端之例,当然,他所"绝"的不是"奸萌"。

12.明察臣下以利势坏主

人主者,国壅其言谈,希于听论议,易移以辩说。为人臣者求诸侯之辩士,养国中之能说者,使之以语其私,为巧文之言,流行之辞,示之以利势,惧之以患害,施属虚辞以坏其主,此之谓"流行"。

《韩非子·八奸》

君主本来就言路不畅通,很少听到别人的议论,所以很容易被动听的游说打动而改变主意。做臣子的就搜罗各国能言善辩的说客,收养国内能说会道的人,派他们为自己的私利去向君主进说,一一让他们设计巧妙华丽的话语和流利圆通的言辞,向君主显示有利的形势,用灾难祸害来恐吓君主,制造虚假言辞来损害君主,这就叫"流行"。

一般来说,奸臣为了劫夺君主权力,首先要让君主听自己的。为了实现这一目的,他们便收买一批能言善辩的说客,为自己到君主那儿以虚假动听的言辞向君主进言,蒙骗胁迫君主,甚至不用收买说客,直接到君主面前以虚假动听的言辞蒙骗君主,明明是对君主不利的局面,他们可以夸大其词,说成对君主十分有利形势,使君主上当,最终导致君主丧失权力。臣子以动听却虚假的言辞制造舆论损害君主利益的智谋,历史上可以说是屡见不鲜的。所以韩非子特别强调君主必须明察臣下"示之利势以坏其主"的情况,这就是"明察臣下以势利坏主"的智谋思想。

汉武帝是我国历史上一位具有雄才大略的皇帝,建立过许多显赫的功业,但是他的晚年却昏庸无道,任用奸佞。江充就是他最信任的一个无耻之徒,施用过许多奸谋坑害无辜,把国家搞得乌烟瘴气。

江充原来是赵国邯郸人,当过赵王的门客,因坑害了赵太子,改名换姓,潜逃到长安。他有一副精明的头脑,又有一张灵巧的嘴巴,使出摇唇鼓舌的本领,很快就在宫中混上了差事,巴结上了汉武帝。

当时，汉武帝已经立了卫皇后生的刘据为太子。后来，武帝宠幸的钩弋夫人生下了弗陵，深受武帝的喜爱，江充就认为，将来当皇帝的肯定是弗陵，便处心积虑地在汉武帝面前说太子的坏话，离间他们的父子之情。

有一天，汉武帝睡觉，梦见许多木头人拿着棍棒打他，吓得他惊叫起来。从此，他病倒在床。江充觉得，这是进谗言的好机会，便煞有介事地对武帝说："陛下的病全是由别有用心的人使用巫蛊之术而成。臣请求捉拿这些咒骂陛下的人，把他们千刀万剐，使陛下早日恢复健康。"所谓"巫蛊之术"是当时流行的一种迷信把戏，据说把木偶人埋在地下，用巫术诅咒就可以伤人害命。汉武帝本来就很迷信，再加上晚年日益严重的猜忌心理在作怪，就相信了江充的话，真的以为有人在用"巫蛊之术"谋害自己。于是，他就授予江充权力，搜查、法办这些诅咒自己的人。

江充捧着汉武帝的圣旨，带着士兵衙役毫无顾忌地到文武官员和老百姓家里去搜查，凡是挖掘出地里埋有木头人的人家，一律处死。在不长的时间里，由于沾上这件事而受害的人有好几万。弄得上上下下，人心惶惶，全国笼罩在一派恐怖气氛之中。

诸子百家——法家

江充有一个心腹叫檀何，吹嘘自己能够用肉眼识破"巫蛊之术"。他对汉武帝说："据臣施用法术观察，宫里邪气很盛，有人正在用巫蛊术陷害陛下。如果宫里的邪气不消，陛下的病永无痊愈之日。"汉武帝便糊里糊涂地给江充下了一道诏书，让他到宫里搜查。其实这正是江充耍的鬼把戏，以便达到谋害太子的目的。

江充指挥随从闯入宫中，到处挖掘，果真挖掘出不少木头人，尤其在卫皇后住的两个宫中挖出的特别多。太子宫里还刨出了一条布帛，上面写着诅咒皇帝的话。江充见到这些"罪证"，脸上露出了奸笑。扬言要上奏皇帝。他又想，太子已经被掌握在自己手中，就这样把太子交给皇帝，太便宜他了，于是派人去请太子过来，要当众好好戏弄太子。

其实太子根本没有埋过什么木头人，那条布帛也是别人栽的赃。太子想，现在江充一手遮天，纵使自己能够对父亲当面解释，也是不会取得相信的。太子被逼得走投无路，不得不先下手为强。在江充没有报告武帝之前，他就先派武士把江充一伙逮住。江充被押进来后，太子指着他骂道："你这个无耻小人，算计了赵太子还不够，现在又来坑害我们父子！"说罢命令武士杀掉江充，那个自称能识破"巫蛊术"的檀何，则被用火烧死，得到应有的下场。

然而，太子的这一举动可把事情闹大了。江充的几个亲信逃到甘泉宫，向武帝夸大其词地说太子造了反，杀了江钦差。武帝信以为真，派丞相带兵去提太子。太子一不做，二不休，把自己能号召的人都组织起来，真的造起反来了。双方拉开了阵势，在长安城里混战了好几天，伤亡了数万人，把一个繁花似锦的京城糟蹋得一塌糊涂。最后，太子兵败逃走，在被围捕时自杀身亡。他的三子一女都同时遇害。卫皇后也因受到牵连而被迫自杀。

然而，这场悲剧并没有结束。第二年，丞相和在边关抗击匈奴的将军李广利也被指控从事"巫蛊"活动诅咒皇帝。丞相被杀，李将军的家属也被捕受审。李将军一气之下投降了匈奴，他统帅的7万大军全军覆没。汉武帝一生多次取得对匈奴用兵的胜利，最后却由于"巫蛊"之祸在军事上遭到如此惨败，不能不使他受到巨大的震动。后来他察觉出所谓"巫蛊"活动，纯属是江充等人制造出来的冤案，于是又下令诛灭江充全家，以此给受害者昭雪。汉武帝知道真相后,对太子的死倍觉痛悔,然而,死者岂能复活?为了寄托哀思,汉武帝下令修了"思子宫""归来望思"台,可是,这对于江充之流造成的灾难又能有什么补益呢?

江充称得上是一位谋略老手,他搞的正是"示之利势以坏其主"的阴谋。他依靠阴谋发迹,依靠阴谋害人,最后却掉进自己挖下的阴谋陷阱之中,落得个身首异处、遗臭万年的可耻下场。正可谓"机关算尽太聪明,反误了卿卿性命。"像江充之类无耻之徒是为人不齿的,但是谋略被这一类人用来祸国殃民的历史教训,却值得永远记取。作为一国之君,或一级领导,很有必要牢记"明察臣下以利势坏主"这一智谋思想。

13."长袖善舞,多钱善贾"

鄙谚曰:"长袖善舞,多钱善贾。"此言多资之易为工也。故治强易为谋,弱乱难为计。故用于秦者,十变而谋希失;用于燕者,一变而计希得。非用于秦者必智,用于燕者必愚也,盖治乱之资异也。故周去秦为从,期年而举;卫离魏为衡,半岁而亡。是周灭于从,卫亡于衡也。使周、卫缓其从衡之计,而严其境内之治;明其法禁,必其赏罚;尽其地力以多其积,致其民死以坚其城守;天下得其地,则其利少;攻其国,则其伤大;万乘之国莫敢自顿于坚城之下,而使强敌裁其弊也,此必不亡之术也。

《韩非子·五蠹》

俗语说:"袖子长有利于跳舞,本钱多好做买卖。"这是说凭借的条件优越,就容易把事情做好。所以安定强盛的国家容易给它出主意,衰弱混乱的国家难以为它想办法。所以为强大的秦国所任用的人,即使情况发生多次变化而他的计谋也很少失误;被弱小的燕国所任用的人,即使情况只变化了一次而他的计谋也很少获得成功。这并不是被秦国任用的人一定聪明,而被燕国任用的人一定愚蠢,而是因为他们所凭借的条件有安定与混乱的区别。所以周背离了秦国搞合纵,一年就被攻克了;卫国背离了魏国搞连横,半年就丧失了主权。这样看来,周是由于搞合纵而亡了国,卫国是由于搞连横而亡了国。假如周、卫两国慢一点实施他们合纵、连横的计划,而加紧他们国内的治理;彰明他们的法律禁令,坚决地实行赏罚;充分发挥土地的生产能力来增加他们的积蓄,引导他们的民众甘愿拼死来加强城池的守卫;其他的诸侯国如果要夺取他们的领土,得到的好处将会很少;如果要攻打他们的国家,遭到的伤亡会很大;那么即使是拥有万辆兵车的国家也不敢在这种坚固的城防之下把自己拖得困顿不堪,而让强大的敌人抓住自己疲乏的机会来制裁自己,这才是使自己的国家必定不会灭亡的办法啊。

经商之士都懂得,越是有钱,越是容易做生意,钱越多,生意越是能做大,这就是所谓"多钱善贾"。这是有关经商的一个基本道理。韩非子借此道理发挥,向统治者揭示了一条治政策略,即只有加强国家实力,才能保证国家不受外敌侵略;自己越有实力,实施政要大事才越容易成功。"长袖善舞,多钱善贾"其寓意正是揭示条件越是优越,越是容易办成大事这个道理。

1993年世界田径锦标赛上,辽宁省田径教练马俊仁训练的运动员夺得3枚金牌,在此前后,他们共获22枚金牌。一时间,"马家军"成为中国乃至世界舆论关注的热点,据

诸子百家——法家

有关传媒报道,马俊仁有一个能迅速消除运动员疲劳的营养配方。

广东今日集团公司总经理何伯权看到这个消息,一个点子突然从他脑子里冒出来:花高价买下这个配方,生产出具有"生命核能"的营养液,一定能够获得巨大的经济效益和社会效益。

他马上给本公司辽宁办事处的下属打了电话,让他们设法和马俊仁取得联系。辽宁的回答让他着急,因为辽宁的不少厂家也都盯着马俊仁,正计划生产"马家军营养液、矿泉水"等产品。何伯权一听,二话没说,买了飞机票就直飞沈阳。

何伯权设法找到马俊仁,直接提出以 1000 万元的高价买下马的配方。由于种种原因马俊仁起初不同意,但在何伯权的诚意感动下,他们终于达成了合作意向,草签了协议。何伯权终于在东北同行面前取得了成功。

下一步就是将草签协议落实和扩大影响。何伯权回广东后,立即着手筹备在北京人民大会堂举行签字仪式和新闻发布会。他马不停蹄地四处奔波,跑手续办审批。广东的手续办妥了,可在北京却卡了壳。有关主管部门因为辽宁省不赞成马俊仁将配方卖给广东而不同意在北京召开新闻发布会。1994 年 1 月 19 日,广州中国大酒店,何与马正式签约,新闻发布会成功举行。今日集团以 1000 万元买下"生命核能"的配方,同时也漂亮地树立了自己的企业形象。对此国内外有几百家新闻单位宣传报道。这项活动被称为1994 年中国第一号经济新闻和第一号社会新闻。

今日集团由于自身具备雄厚的实力,所以能够花得起高价买下"生命核能"配方,而买下这一配方后,果然也给自己带来了巨大的效益。或许有人要说,今日集团有今日,全凭何伯权的眼光和气魄。这很对,也不全对。如果今日集团没有雄厚的实力,何伯权即使有天大的气魄,恐怕也不会想到要买如此高价的"生命核能",即使想到了,恐怕也只能是心有余而力不足。这就是"长袖善舞.多钱善贾"智谋的立论基础,这就是韩非子再三强调要重视自身建设、努力提高自身实力的原因。

从事经济活动,利用自身雄厚的实力、优越条件能够办成大事。从事政治活动同样也如此。

在秦王政取消《逐客令》后,大梁人尉缭来到秦国,他对秦王建议:以秦国目前的强势,其他诸侯已如同秦国的郡县而已了。但最怕的是我们一时大意,让诸侯因利害相结合。所以我希望君王能舍得花大钱贿赂诸侯的豪臣,以乱其政策。三十万金左右,便可以把诸侯完全消灭掉。

秦王政听完尉缭建议后,非常高兴,对于尉缭的建议照单全收,并且在吞并六国的斗争中适时加以运用。其中重金贿赂赵国重臣郭开,诱使赵王阵前换将就是明显一例。

长平一战,赵国损失惨重,被迫将晋北太原之地和晋中南的上党之地先后割让给秦。到秦王政时,赵国尚有中山、邯郸、河间等地,北有云中、雁门、代等边郡与匈奴抗衡,西以太行山脉为屏障隔挡秦国。而齐、魏、燕国势日衰,所以赵国仍不失为东方强国。而且,赵国地处东方诸国之中枢,在秦国向中原进兵时,赵国既为韩、魏之后援,又遮掩了秦对齐、燕两国战争的锋芒。因此,秦统一六国,赵国最为关键,所以秦始皇发动了大规模的灭赵战争。

秦国发动对赵战争,由名将王翦主持,从始皇十一年(公元前 236 年)开始,始皇十九

诸子百家——法家

年（公元前 228 年）结束，先后达 9 年之久，大致分为两个阶段。

第一阶段为始皇十一年至十四年，这是灭赵战争的准备阶段。秦国乘赵用兵于燕之际，由王翦亲率主力从晋中南上党地区出发，向太行山高台地区的赵军发动攻击，一举攻占了阏与、橑阳（今山西左权），直逼赵都邯郸。王翦又令桓齮率部由南阳（今河南沁阳）出发，沿太行山东南麓前进，攻取了河间六城（今河北、山东间），并攻克了邺邑（今河北磁县东）、安阳，直接威胁邯郸南部。

赵国则针锋相对，分两路抵御秦军，北路由名将李牧率军对抗王翦，南路以扈辄为将阻挡桓齮。秦、赵对峙近两年，王翦军遭到李牧的有力阻击，不得前进；桓齮则在始皇十三年攻占了

尉缭

邯郸东南之平阳、武城，斩赵军 10 万，杀赵将扈辄。第二年，桓齮又率部绕道上党，攻取了赵之赤丽、宜安，加紧了对邯郸的包围。秦王政亲赴河南，部署攻克邯郸的战事。当此紧急关头，赵国急抽调李牧南下，将桓齮击败于宜安、肥下。桓齮畏罪逃往燕国，秦国灭赵战争受挫。

第二阶段在始皇十五年至十九年，这是灭赵之战的关键阶段。王翦因前次西进受挫于李牧，遂改道北移，率主力由太原进攻井陉关（今河北井陉县西），企图出井陉关占领邯郸以北地区；另一部仍由南路经邺邑、安阳进攻邯郸之南。赵国主将李牧揣测到秦军改道的意图，便移主力北上，扼守井陉关，对抗王翦；而令司马尚率另一部赵军据守邯郸之南，以抵御南路之秦军。结果，秦赵两军又分别在北线和南线成对峙状态。王翦被李牧阻于番吾，南路秦军为司马尚所挡，又是两年时间，秦军未得进展。

秦国为了打破战争的僵局，便仿效长平之役中的故伎，再施反间计。秦国派人来到赵国，重金收买了赵王的宠臣郭开，令郭开挑拨赵国君臣关系，"言李牧、司马尚叛反"。昏庸的赵王听信谗言，派赵葱及齐将颜聚替代李牧。李牧拒不受命。于是，赵王以召见为名，诱李牧回京入宫，令佞臣韩仓数列其罪状，抓住李牧上朝行礼不恭的把柄，诬告李牧说：将军战胜归来，大王亲自举爵为你祝酒，然"将军为寿于前而捍匕首，当死！"李牧申辩说："臣身大臂短，不能及地，起居不敬，为此，特意请人给臣用木棒接长了手，并非袖藏匕首，大人若不信，请让臣伸出手来看看。"说罢，李牧将接的手伸出衣袖，状如棒捆，以布缠之，对韩仓说，请公人告大王。韩仓不肯通报，说："受命于王，赐将军死，不赦！"李牧自知无救，北面再拜赵王赐死之命，步出宫门，右手举剑自诛，因臂短，剑不及颈，遂口衔着剑，靠着柱子自杀身死。

李牧被杀三个月后，王翦率秦军主力从上地出发，攻克井陉关，大破赵军，杀了替代李牧的赵军主将赵葱，颜聚兵败逃亡，秦军直逼邯郸，秦军另一路由杨端羌鬼率领，从南路进军。原来驻守邯郸之南的赵将司马尚因李牧事件株连被废，赵军南线无得力将领，

南路秦军得以顺利抵达邯郸南郊,与北部的王翦军形成南北夹击之势。最后,邯郸城破,赵王被俘。秦国灭赵战争胜利结束,时间是始皇十九年。

秦国能够兼并六国,一举完成统一大业,本身就是因为秦王加强了国内的治理,彰明法令,明确赏罚,国内安定,国家的实力有了很大提高,成为诸侯之首。因此能够凭借自己雄厚的实力,打败各诸侯国。上述例子,只是从具体事例说明秦国如何凭借自己的经济实力在政治上取胜的。尉缭子向秦王建议花金贿赂诸侯豪臣之计,当然是根据秦国具备这样的实力而提的。这一计策的实施,最终导致秦灭六国。所以说,要办大事,加强自身实力是先决条件,这也正是"长袖善舞,多钱善贾"这句话所蕴含的实质意义。

14.威不二错,制不共门

威不二错,制不共门。威、制共,则众邪彰矣……

《韩非子·有度》

威势不能由君臣两方面来施行,权力不能出自君臣两个门户,君主必须独揽大权。威势和权力由君臣双方共有,那么奸臣们就会明目张胆地活动了……

统治者不能与他的下属共同掌握权势。处理政要大事的权力、用人权、赏罚权、财权、施恩权等大权,都应由统治者独掌,统治者如果与臣下共掌权势,那么,首先,就如同一家有两个主管办事就没有功效一样,国家就不能治理好;其次,也是更重要的,臣无时无刻不在觊觎统治者的权力,如果与臣下共掌权势,则大权就会逐步旁落,导致统治者最终丢失其权力、地位。不能与臣下共掌权势,这是韩非子反复提醒君主注意的一个重要的统治谋略。

造父是古代最著名的驾车能手。有一次他驾驭着套在一辆车上的四匹马,时而快速奔驰,时而绕着圈打转,随心所欲地控制着马。他能如意地驾驭马匹,专靠马缰绳和马鞭的控制。然而,马被突然蹿出来的猪所惊吓,造父就不能再控制它了。这并不是因为马缰绳和马鞭的威严不够,而是因为这种威严被蹿出来的猪所分散了。韩非子为了说明君主不能与臣共掌权势的道理,特意举了这个例子。韩非子认为,国家就如同马车,君主如同造父,而臣子如同蹿出来的猪。君主在掌握统治国家的大权时,就应防备在旁的大臣分散其威严。同样,王子於期也是古代著名的驭手。他驾驭马拉的副车,不利用马缰绳和马鞭而挑选马所喜欢的东西来驯马,专靠草料和水的利诱。然而马经过园林的水池时,那套好的副车就崩溃而不可收拾了,这并不是因为草料和水的好处不够,而是因为这种好处被园林中的水池所分散了。君主就如同王子於期,民众就如同马。君主施行好处给民众,不允许被臣子所分散。韩非子还继续引申举例说,王良、造父虽都是天下善于驾驭车马的人,但如果让王良手握左边的马的马笼头而大声吆喝它,让造父手握右边的马笼头而鞭打它,马就行不了 10 里路,这是因为两人共同操作的缘故。田连、成窍,都是天下善于弹琴的人,但是,如果让田连在琴首弹拨,成窍在琴尾按弦,那就不能弹成乐曲,这也是因为两人共同操作的缘故。凭王良、造父的技巧,共同掌握马缰绳来驾车,也就不能驱使马,凭田连、成窍的技巧,共同弹琴就不能弹成乐曲,君主和他的臣子共同掌握权势,正像造父、王良共同驾车,田连、成窍共同弹琴一样,是不能治理好国家的。

韩非子以譬喻来说明君臣不能共势的道理,而历史事实更清楚地说明了君主容忍臣下收买民心所造成的极大危害。

春秋时,宋国公子鲍想篡夺王位,又怕国人不拥护自己,就倾其家产,施舍平民,以换取信任和支持。他规定,七旬以上的老者,每月发丝五匹;有一技之长者,招在门下做事;遇到荒年,开粮仓赈济饥民。其母襄夫人也拿出自己的积蓄,从旁佐助,百姓们都很感激。后来有一天,宋昭公出外打猎,公子鲍乘机发动宫廷政变,篡夺王位。不久,亚国率诸侯前来讨伐,但见民心所向,也无可奈何,只好定其君位,撤兵而退。

韩非子指出君主不能让臣掌握施恩权,也就是君主不能让臣下向民众施恩,这个观点由公子鲍篡夺宋国君权之事得到了很好的证明。公子鲍正是通过施行仁义,取得民心,从而顺利地篡夺了王权的。同样的情况,还有孟尝君的故事。

战国时期,齐国有名的贵族孟尝君门下有食客数千名。有一次,他想找一个会算账的门客到封邑薛地讨债,冯谖自告奋勇,署名前往。临行前他问孟尝君:"收完债,买点什么东西回来呢?"孟尝君回答说:"看家里缺什么随便买吧!"冯谖赶到薛地,让地方官吏把欠债的老百姓都召集起来,对证债券。对证完毕,冯谖起身假借孟尝君之命宣布,把所有的债款全部赐给百姓,并且当场把债券烧掉。而后,驾车返回齐国,一大早就求见孟尝君。孟尝君对冯谖回来得这么快感到惊异,就急忙穿戴好来见他。问道:"债收完了吗?怎么回来得这么快?"冯谖说:"收完了。""买什么东西回来了?"冯谖说:"您说让我挑选家里所缺的买,我想,您家里不乏金银财宝,马厩里不缺奇犬良马,美女丽姬环绕堂下,所缺的也就是仁爱之举。所以,我就私下里为您买下了一个'义'字。"孟尝君问:"怎样个买义呢?"冯谖解释说:"现在您只有这么一个封地薛,尚且不能视民如子,抚爱百姓,而用商人的手段,在人民身上榨取钱财。我假托您的命令,把债款赐给了百姓,烧毁了债券契约,百姓欢呼万岁。这是我为您买的义。"孟尝君一听,心中不悦。一年以后,齐缗王要撤掉孟尝君,就婉转地对他说:"我不敢把先王的大臣作为自己的大臣。"孟尝君只得前往自己的封邑薛地。薛地百姓听说孟尝君要来,就扶老携幼,去百里以外的路上迎接。这时,孟尝君才高兴地对冯谖说:"先生为我买的义,今天终于见到了。"

韩非子认为对民众施行仁义的权力只能归于君主,臣子使用此权即超越职权。君主不能与臣下共势,很重要的一个方面就是不允许臣下像君主一样以私人的名义向民众施恩显惠。韩非子的这一观点虽然有其片面性,但要是真能做到这一点,对手保证民众对君主的忠心恐怕是大有益处的。而对于臣下来说,像国君一样向民众施行仁义,无疑是争取民心、巩固自己的地位权力的有效措施。在这一点上,孟尝君的门客冯谖无疑是一个十分高明的谋士。他为孟尝君向民众施行仁义,使孟尝君得到了人民拥戴。这样,尽管齐缗王限制孟尝君,让他不得不回到了自己的封地,然而,由于冯谖有计在前,孟尝君仍然和齐缗王共势,他的势力仍在,民众在支持他。如果这种状况不加以彻底改变,那么孟尝君就必然早晚会重新出山,左右整个国家。

韩非子正是因为对这种现象有深刻的认识,才告诫君主不能让臣下有此类权力。

15.名实相持而成,形影相应而立

人主者,天下一力以共载之,故安;众人同心以共立之,故尊。人臣守所长,尽所能,故忠以尊主。主御忠臣，则长乐生而功名成。名实相持而成，形影相应而立，故臣主同欲而异使。入主之患在莫之应，故曰："一手独拍，虽疾无声。"人臣之忧在不得一，故曰："右手画圆，左手画方，不能两成。"故曰：至治之国，君若桴，臣若鼓，技若车，事若马。故人有余力易于应，而技有余巧便于事。立功者不足于力，亲近者不足于信，成名者不足于势，近者已亲，而远者不结，则名不称实者也。

《韩非子·功名》

君主靠天下的人齐心合力来共同爱戴、拥护他，所以地位才稳固；民众同心同德推举辅佐他，所以地位才尊贵。臣子坚持发挥自己的特长，尽自己的能力，所以他们对君主的忠诚可以用来使君主尊贵。君主使用这种忠心耿耿的臣子，那么长期安乐的局面就会产生，而功业名声也就能造成了。名称和实际相互扶持才能形成，形体和影子相互对应才能确立，所以臣子和君主在治理国家时虽然有共同的欲望却有不同的职事。君主的祸患在于没有人响应他，所以说："一只手单独拍打，即使速度迅猛也没有声音。"臣子的忧患在于不能专任一职，所以说："右手画圆，左手画方，不能够同时画成。"所以说，治理得最好的国家，君主就像鼓槌，臣子就像鼓。技能就像车，政事就像马。所以，人们有多余的力量，就容易响应君主的号召；而技能有了超乎寻常的工巧。就有利于办好政事。如果为君主立功的人不够有力，跟君主亲近的人不够忠诚，使君主成名的人不够权威，在君主身边的人不和君主相亲，而远离君主的人不和君主团结，那便是名不符实的君主了。

韩非子把君臣之间的关系譬喻为名与实、形体与影子、鼓槌与鼓的关系，强调统治者应利用自己的地位、权势，使臣子忠心耿耿为自己服务，这样才会形成长期安乐的统治局面。才能造就功业，事实上揭示了统治的谋略之一，就是要处理好君臣关系，君臣应互相配合，君主应懂得如何驾驭臣子，使臣最大限度地发挥自己的聪明才智，为君主服务。"一手拍不响"，仅凭个人的力量不能很好地统治国家，君主的统治术很重要的一点就在于此。

齐桓公是春秋时期群雄争霸中第一位夺得霸主地位的人。他这一功业的建立，与他能对管仲的大胆任用是分不开的。齐桓公与管仲的关系，可以说是君臣密切配合、充分发挥整体功能的一个典型。当时，齐桓公是听了管仲的挚友鲍叔牙的话而任用管仲为辅佐大臣的。据说桓公为了表示对管仲的尊重，当管仲从鲁国回齐时，他洗了三次澡，在身上洒了三次香水才去城外迎接，见面后就向管仲征询治理齐国的方略，管仲向他陈述了治国的计划，后行之于齐，由此称霸天下，这些措施就是管仲的改革。

管仲本是齐桓公的一个不共戴天的仇人，曾经亲手用箭企图射杀齐桓公。但齐桓公不计前嫌，以隆重的礼节接待管仲，诚心诚意地对待管仲，这就使管仲能够忠心耿耿地为齐桓公服务了。

齐桓公得到管仲后，做什么事都非常容易，办什么事情都很放心。

一次，主管官吏向齐桓公请示事情，桓公说："把这事情告诉仲父去。"不久主管官吏又请示事情，桓公说："告诉仲父去。"这种情况连续了三次。

桓公的近臣说："第一次请示，说让去找仲父；第二次请求，又说让去找仲父。这样看

诸子百家——法家

来,当君主太容易啦!"桓公说:"我没有得到仲父时很难,已经得到仲父了,我为什么不容易呢?"

近臣无话回答了。桓公知人善任,重用管仲,管仲也感激桓公知遇之恩,忠心为桓公服务。因此,齐国的霸业在君臣的密切配合下成就了。

有关君臣相亲、互相配合共成大业的事例,还可以举刘备与诸葛亮的故事。齐桓公为建霸业而重用管仲,同样,刘备为了走上皇位,也一直很注意访求有识之士。当他得知诸葛亮乃天下少有的真才实学的俊杰之后,便迫不及待地"三顾茅庐",专门去向诸葛亮请教。

刘备见到诸葛亮之后,诚恳地说:"现在汉朝崩溃,群雄混战,权臣控制朝政。我不度德量力,想伸大义于天下,完成统一大业,恢复汉朝统治。但由于才疏德薄,智术短浅,屡遭失败,至今一无所成。不过,我的壮志并未因此减退,还是想干一番大事业的。希望你能为我出谋划策。"刘备的谦恭态度,使诸葛亮很受感动。于是他便将天下形势,向刘备做了一番精辟的分析,并提出了实现统一的战略策略,这就是著名的"隆中对"。

刘备极为赞同诸葛亮提出的谋略,从中看到了斗争的广阔前景。他诚恳而热情地请诸葛亮出来辅佐自己。诸葛亮答应了他的要求。

诸葛亮到刘备军中,便立即帮助他扩大军队。他建议刘备用清查"无籍"(没有在政府户籍上登记)游户的办法,在短期内,把军队由数千人扩大到数万人,成为以后转战各地的基本力量。诸葛亮的政治才能,很得刘备的器重,两人"情好日密",引起"寝则同床,恩若兄弟",长期跟随刘备的关羽和张飞的不满。刘备劝解说:"我有了孔明,好比鱼得到了水一样,你们今后不要再说不满的话。"关羽、张飞"乃止"。得到诸葛亮的辅佐,就像"鱼之得水",确实是刘备的心里话。

刘备作为统治者,在吸收人才、争取众人支持以及扩大军事力量方面,都具有超凡的眼光,而得到诸葛亮的帮助,对刘氏集团势力的发展,起了重大作用。可以说,这是刘备政治上取得成功的一大原因。

16.用谏臣以固君权

国小无礼,不用谏臣,则绝世之势也。

《韩非子·十过》

国家弱小而没有礼貌,又不听谏臣的劝谏,那就有断绝后嗣的趋势。

韩非子既提示君主不能一味听信奸臣,否则即受蒙蔽,说明了防备奸臣之法,同时又提醒君主,要使用谏臣,尽管谏臣所言会不顺耳,但它就像良药,虽然其味甚苦,但有利于治病。而不用谏臣,则会君权不保。

晋国内乱,公子重耳出国流亡。曹君曾听说重耳身体有缺陷:两根肋骨连在一起。曹君很想看看是不是真的。重耳经过曹国的时候,曹君便让他赤膊洗澡,躲在一旁偷看。

这是一个非常失礼的行为。当时曹国的大夫负羁和叔瞻侍候在曹君跟前。叔瞻对曹君说:"我看晋公子,不是个平常的人,您对待他没有礼貌,他如果有机会回国当了君主而起兵,那恐怕会成为曹国的祸害。您不如杀了他。"曹君根本就没听叔瞻的劝谏。

负羁见曹君不听谏劝,回到家中闷闷不乐,他的妻子问他说:"夫君从外面回来而有不快乐的脸色,为什么呢?"

负羁说:"我听说过这样的话:'君主有福,轮不到我;君主的灾祸来了,一定会连累我。'今天我们的国君召见晋公子,他对待晋公子没有礼貌,而且又断然拒绝了叔瞻的劝谏。我当时也夹在里面,我因此闷闷不乐。"

他妻子说:"我看晋公子,将是一个具有万辆兵车的大国的君主;他身边的随从,也都将成为大国的卿相。现在他走投无路而出国流亡,经过曹国时,曹国对待他没有礼貌。这个人如果得势回到晋国,一定会惩罚对他无礼的人,那么曹国就首当其冲了。您为什么不先把自己和曹君区别开来呢?"

负羁说:"好。"于是就把黄金装在壶里,又用食物把壶装满,再在壶上加了块璧,在夜间派人去赠送给晋公子。公子接见了使者,行了再拜之礼,接受了他的食物而退还了玉璧。晋公子从曹国到楚国,从楚国到秦国。进入秦国三年了,秦穆公召集大臣们商量说:"从前晋献公和我结交,各国诸侯没有不知道的。晋献公不幸谢世,到现在已经十年左右了。继承王位的儿子晋惠公不成器,我怕他将要使晋国的宗庙得不到扫除而诸神得不到祭祀。像这种情况我们再不去平定,那么就不是和人交朋友的态度了。我想帮助重耳让他回到晋国去,怎么样?"大臣们都说:"好。"秦穆公便起兵,动用了包有皮革的兵车五百辆,同一规格的精选马匹两千匹,步兵五万人,辅助重耳回到了晋国,让他登位做了晋国的君主。

重耳登上王位才几年,便起兵去攻打曹国。他为此而派人去告诉曹君说:"把叔瞻吊出城来,我准备杀了他把他陈尸示众。"又派人告诉负羁说:"军队压城,我知道您不会反对我,请在您住的里巷门上做好标记,我将根据您的标记下达命令,使军队不敢侵犯。"

曹国人听到这个消息后,带着他们的亲戚来到负羁居住的里巷里来求取保护的有七百多家。这就是负羁从前对待晋国公子有礼貌的作用。曹国,是一个弱小的国家,而且夹在晋国、楚国之间,曹君的危险就好像是垒起来的蛋一样,却用非礼的态度来对待晋公子,又不听谏臣的劝谏,这便是他断绝后嗣(亡国)的原因。

明智的君主,由于能够听从臣子的劝谏,改正自己的错误行为,使得国家富强起来这种事例,历史上也很多。

楚庄王被立为国君已经三年(公元前 613 年至前 611 年)。三年中,他不理朝政,却喜欢猜谜语。大臣成公贾入朝劝谏,庄王说:"我禁止人们劝谏,你偏要来,为什么?"

成公贾说:"臣不敢劝谏,只是来说个谜语。"

庄王说:"你说吧。"

成公贾说:"有只鸟站在南方的土山上,三年不动不飞也不鸣,这是什么鸟?"

庄王回答说:"这只站在南方土山上的鸟,之所以三年不飞,是想丰满羽翼;它之所以三年不飞,是想借机观察形势。它不飞则已,一飞冲天;不鸣则已,一鸣惊人。我已经知道这谜语的含义了,你可以走了。"

第二天,楚庄王上朝,重赏了成公贾,痛斥了那些平时只会逢迎拍马的人,并当即提拔了 10 个有才德的人,罢免了 5 个无能之辈。这样,楚庄王在得力大臣们的辅佐下,很快

诸子百家——法家

就使国家富强起来。他于公元前606年率兵逼近周朝首都洛邑,问鼎之轻重,使天下震惊。又于公元前598年围攻郑国,迫使郑国投降。次年,楚军又大败晋军。其间,楚庄王还曾灭掉庸、舒等小国,击败过宋、陈等较大的国家。由于当时楚在列国中最为强大,楚庄王成为历史上著名的"春秋五霸"之一。

成公贾以十分巧妙的方法劝谏了楚庄王,楚庄王也幸而及时领悟,听从了成公贾的劝谏,治理朝政,任用有才能的人,使国家富强,避免了像曹国国君那样的下场。

春秋时,秦穆公出兵偷袭郑国,上大夫蹇叔劝阻说:"不可以。我听说过,偷袭他国城邑,用战车不能超过百里,用步兵不能超过30里,作战都是凭着士兵士气旺盛和力量强盛时到达,因此进攻敌人能够消灭他们,撤离战场能够迅速离去。现在要行军几千里,又要穿越其他诸侯国的领土偷袭他国,您还是仔细慎重地考虑考虑吧。"穆公不听从他的意见。

蹇叔送军队出征到城外,哭着说:"将士们啊!我看到你们出去却看不到你们回来啦!"蹇叔的两个儿子中和视跟军队一起出征。蹇叔对他的儿子们说:"晋国如果阻击我军,一定在崤山。你们战死的话,不死在南山边,就一定死在北山边,以便我给你们收尸时容易识别。"穆公听说了这件事,派人责备蹇叔说:"我发兵出征,还不知道胜负如何。现在你却哭着送行,这是给我的军队哭丧啊。"蹇叔回答说:"我不敢给军队哭丧。我老了,有两个儿子都和军队一起出征。等到军队回来的时候,不是他们战死,就一定是我死了,因此我才哭。"

秦国军队出征经过周的都城,又继续行进,准备进入晋国国境,结果被袭击。晋国的执行大臣先轸在崤山截住并攻击秦军,把他们打得大败,俘获了秦军的3个主帅。

这则故事告诉我们,由于秦穆公犯了兵家大忌,又不相信蹇叔的话,结果导致了秦军全军覆没。

17.守柔曰强

勾践入宦于吴,身执干戈为吴王洗马,故能杀夫差于姑苏。文王见詈于王门,颜色不变,而武王擒纣于牧野。故曰:"守柔曰强。"越王之霸也不病宦,武王之王也不病詈,故曰:"圣人之不病也,以其不病,是以无病也。"

《韩非子·喻老》

赵王勾践到吴国去做奴仆,亲自拿着盾和戈等兵器做吴王的马前卒,所以能把吴王夫差杀死在姑苏。周文王在镶玉的宫门下被纣王辱骂,脸色不变,所以他的儿子周武王后来能在牧野擒获纣王。所以《老子》说:"能保持柔弱就叫刚强。"越王能称霸天下,是因为他不把奴仆看作耻辱;周武王能称王天下,是因为他不把辱骂看作耻辱。所以《老子》说:"圣人不把那些事看作耻辱,因为他也不把那些事看作耻辱,所以就没有了耻辱。"

韩非子以自己的法、术、势思想体系来研究、解释《老子》。但他是一个十分强调和注重实力的思想家,从他对老子"守柔曰强"的解释中,我们可以清楚地看到韩非子注重实力,却又并非是要大家去一味地蛮干。外强往往中干,示强并不是非要张牙舞爪,逆来顺受也决不等于永远不会有抗争的能力。韩非子清楚地看到了强与弱、刚与柔之间相互依存、相互转化的辩证关系。在他看来，有远大的志向抱负和宏伟目标的人，往往都有超出常人的忍耐力和坚韧的毅力。"守柔曰强"作为韩非子的一种智谋思想，就是指这种为实现自己的远大目标，而甘愿忍辱负重的做法，就是指以柔弱驯顺的外表来掩盖内心抱负的手段，就是要求通过长期逆来顺受的"柔弱"，来换取建立巨大功业的时机，表现固有的极为刚强的意志的舞台。如果通俗一点讲，"守柔曰强"，就有点类似于"吃得苦中苦，方为人上人"，或者说是"大丈夫能屈能伸"。

春秋时，赵王勾践被吴王夫差打败退守在会稽山上，越国要求跟吴国讲和，吴国的条件是要勾践夫妇到吴国给夫差当仆役，勾践居然答应了。

勾践将国事委托给大夫文种，让大夫范蠡随他夫妇前往吴国。到了吴国，他们住在山洞石屋里。夫差每次外出，勾践亲自为他牵马。有人指骂他，他也不在乎，低头哈腰，始终表现出一副驯服的面孔，很讨夫差的欢心。

一次，夫差病了，勾践在背地让范蠡预测了一下，知道此病不久就会好，就亲自去见夫差，探问病情，并亲口尝夫差的粪便，向夫差道贺，说大王的病很快就会好的。夫差问他怎么知道，勾践胡编说："我曾经跟名医学过医道，只要尝一尝病人的粪便，就能知道病的轻重，刚才我尝了大王的粪便，味酸而稍微有些苦。用医生的话说，是得了'时气之症'，所以病很快会好的，大王不必担心。"果然不几天，夫差的病就好了。夫差认为勾践比自己的儿子还孝顺，深受感动，就把勾践放回国去。

回国后的勾践，对于战败被困、屈膝投降、尝粪为奴等深感痛苦，一心伺机报仇。他睡不好觉，吃不好饭，不亲近美色，不看歌舞。他苦心劳力，爱抚群臣，教养百姓，经过三年的努力，就在百姓中重新树立起了崇高的威望，百姓都心甘情愿地听从他的召唤。

为了更好地笼络群臣百姓，每当有甘美食品，如果不够分，自己不敢独吃；有酒把它倒入江中，以示与人民共饮。勾践靠自己耕种吃饭，靠妻子亲手织布穿衣；吃喝不求山珍海味，衣服不求绫罗绸缎。为了坚持锻炼自己的意志，床上铺的是柴草，还经常预备一个苦胆，随时尝一尝苦味，以不忘所受之苦。他还经常外出巡视，随从车辆载着食物，去探望孤寡老弱病残，并送给他们食物吃。然后，他召集诸大夫，向他们宣告说："我准备和吴国开战，拼一死活，希望士大夫踏肝践肺同日战死，我跟吴王颈臂相交肉搏而亡，这是我最大的愿望。如果这些办不到，从国内考虑估量我们的国力不足以损伤吴国，从国外考虑结盟的诸侯也不能毁灭它，那么，我将抛弃国家，离开群臣，身带佩剑，手举利刃，改变容貌，更换姓名，去当仆役，拿着箕帚侍奉吴王，以便找机会跟吴王决战。我虽然知道这样做很危险，要被天下人羞辱，但是我的决心已定，一定要想办法实现！"

20年后，越国终于与吴国在五湖决战，吴国军队大败，越国包围了吴王的王宫，攻下南门，活捉了夫差，杀死了吴国宰相。灭掉吴国两年后，越国称霸诸侯。勾践通过长期忍辱负重的"柔弱"表现，终于一下子在世人面前显露了他极其刚强的本质。

勾践灭吴的事例可以说是"守柔曰强"的一个典型。另外，中国古代著名的军事谋略家《孙膑兵法》的作者孙膑，也曾用过这样的谋略来摆脱自己悲惨的命运，并借此达到报仇雪恨,除邪扶正的目的。

战国初期,齐人孙宾和魏人庞涓同拜鬼谷子为师,一起学习兵法。庞涓自认为学得差不多了,就要求下山求取功名。临走之时,向孙宾表示,一旦得到重用,就请孙宾共享荣华。孙宾留在老师身边继续学习,鬼谷子见他为人质朴,学习刻苦,就把私藏的《孙子兵法》全部传授给他。

庞涓在魏国受到重用后,并没有实现邀请孙宾下山的诺言。后来魏惠王听说庞涓的同学孙宾很有才能,就让庞涓写信邀请,庞涓只得照办。

孙宾接到庞涓的信后,高兴地拜别老师来到魏国。庞涓发现孙宾兵法比他知道的多得多,一股嫉妒之心油然而生,于是就设计陷害孙宾,在魏王面前诽谤他。魏王听信了庞涓的谗言,要处死孙宾,庞涓为了骗出孙宾所学的兵法,装作以同学的面孔向魏王求情,把殆刑变成膑刑,把孙宾的膝盖骨挖去,变成一个残疾人。从此,孙宾也就改名叫孙膑了。

庞涓把孙膑关押在一个秘密的地方,向孙膑大献殷勤,小心翼翼地侍奉他。孙膑不知道这一切都是庞涓的奸计,还把他当成知己朋友。庞涓就乘机向孙膑索取《孙子兵法》。孙膑为了报答同学求情饶他不死的恩情,答应背诵下来写在木简上。

孙膑每天都忍痛拼命地默写《孙子兵法》,这件事引起庞涓派来侍奉他的童仆的同情,便将真情告诉了孙膑。直到此时,孙膑才恍然大悟,看清了庞涓的真面目。他把刚写成的几篇兵书毁了,并很快想出了一条脱身报仇之计:守弱图强。

他开始装疯,一会儿大哭,一会儿大笑,一会儿又做出各种各样的古怪模样:不是唾沫横流,就是说话颠三倒四。庞涓怀疑他装疯卖傻,叫人把他扔进厕所的粪坑中,看他是真疯还是假疯。孙膑就抓厕所里的粪便吃。庞涓又让人献上酒肉,孙膑就把这些食物打翻在地,并骂不绝口:“你们想毒死我呀?!”庞涓以为孙膑是真疯了,已是一个对自己毫无报仇能力的可怜虫,因而也就放松了对孙膑的监视。

于是,孙膑很轻松地逃出魏国,成为齐国的一位著名军师。不久,孙膑用围魏救赵之计,既解除了赵国的危难,同时又牵着庞涓率领的魏国精兵来回折腾,最后在中途大败庞涓。又过了不久,孙膑用减灶诱敌之计,引诱庞涓孤军追赶,在马陵全歼庞涓部队,俘虏了魏国的太子,庞涓在羞辱悲愤中不得不自杀身亡。又疯又傻吃过粪被挖去膝盖骨的孙膑一举成名,威震诸侯。

作为“守柔曰强”的典型,还应该举一下另一位古代著名军事家、辅佐刘邦打下汉朝江山的军事家韩信的例子。

当初,淮阴人韩信,家里穷,本人也没什么德行,不能被推选当官吏,又不会做买卖营生,常常随着别人吃喝,人们大都讨厌他。韩信在城下河边钓鱼,有个漂絮的老大妈,看见韩信挨饿,就分给韩信饭吃。韩信高兴地跟漂母说:“我一定重报老大妈!”老大妈生气地说:“男子汉不能自己养活自己!我可怜你而给点吃的,难道希望你来报答吗?”淮阴屠户中的小伙子欺侮韩信,说:“你虽然身高个儿大,爱佩刀剑,可你心里是胆怯的。”接着当众侮辱他说,“韩信,你要不怕死,就捅了我;你要怕死,就从我裤裆底下爬过去。”韩信仔细地看了看他,弯腰就往他裤裆下钻,在地上直爬。整个市上的人们都大笑韩信,认为他

諸子百家——法家

胆小。然而,这正是韩信的过人之处,他能够忍受公然给予自己的侮辱,这种常人难以做到的"柔弱"外表,实际上恰恰表明了他的内心具有常人所不可企及的坚强意志。此后,韩信又经历不少逆境之后,终于成为一代名将。把他内心的刚强和压倒一切敌人的超级能量完全展现到了世人面前。

五、用人智慧

1.谋百年大计,种百获之树

一年之计,莫如树谷;十年之计,莫如树木;终身之计,莫如树人。一树一获者,谷也;一树十获者,木也;一树百获者,人也。我苟种之,如神用之,举事如神,唯王之门。

《管子·权修》

作一年的打算,最好是种植五谷;作十年的打算,最好是栽种树木;作终身的打算,最好是培育人才。种植五谷是一种一收;栽种树木是一种十收;培育人才则是一种百收的事情。我们如果注意培育人才,就会产生神奇的效果。而做事情能获得神奇的效果,只有能成王业的人才能做到。

"十年树木,百年树人"这一流传千古的人才战略思想,是由管子做出系统概括的。的确,人才的培养和造就,是君王的终身大计,也是立国、强国的基础之举。

一次,桓公向管仲咨询战胜敌人的武器问题。管仲说:"选取天下的豪杰,收集天下的精才,招请天下的良工巧匠,就有胜敌的武器了。"

为了广泛地招贤纳士,齐桓公夜以继日地冥思苦想。一天夜晚,桓公抬头望着天空,只见月亮周围繁星闪闪,立即勾起他思贤的心绪。他一边叹息,一边说:"灿烂的群星就像许多贤士一样,我什么时候才能得众多的人才?"正好这时一队武士举着火把巡逻而过,巡逻武士的一排火光使桓公受到启发。第二天,桓公在朝堂上宣布了求贤的计策,即在宫前燃起火炬,他打算不分昼夜地接待各地来投的贤士。

可是,一年过去了,却没有一个人前来求见。为此,桓公十分苦恼。

有一天,一位老态龙钟的老头来到宫前,自称是贤人,要见桓公。桓公见他面黄肌瘦的样子,有些失望,但还是礼貌地问:"老先生从哪里来? 有什么高见?"

"我是从东野来的普通农夫。要问高见,除了出力种田以外,别的什么也不会。"老人回答说。

桓公听了老人的回答,心中有些不高兴,用带着嘲弄的口吻说:"老先生恐怕有 80 多岁了吧?"

老人捋了捋银白的胡须,慢条斯理地回答:"国君的眼力真不差,老朽今年九九八十一岁了。"

诸子百家 —— 法家

桓公哈哈大笑道："你既没有什么特别的能耐，又已年过八旬，难道也值得我将你当贤人看待吗？"

老人听了桓公的这句话，脸上顿时露出严肃的神情，说："国君说这句话可欠考虑。请你想想，为什么宫前的求贤火炬已经点燃了一年多，却一个人也未求到呢？"

桓公被老人问得张口结舌，支支吾吾地说："是啊，我也正为这件事纳闷哩。"

老人接着说："天下的贤才之所以不来拜见你，是因为觉得你是一位圣明的国君，大家怕自己的德才配不上你，担心来了遭到轻视和慢待，因而没有敢来。"

听了老人的点拨，桓公恍然大悟，急切地问道："您看怎样才能改变这种局面呢？"

老人笑了笑，然后说："我今天来，就是为了帮助你解决这个难题的。我到这里来求见你，就是想让天下的人都知道，对我这样一个行将就木的村野农夫，你都肯给予热情接待，何况是那些大智慧的贤人呢？高耸云端的泰山，是由一块块岩石积成，浩瀚无垠的大海，汇集了无数条涓涓细流。要想把国家管理好，就得运用各方面的人才，就要善于听取各方面的意见。"

老人的一席话，说得桓公连连点头。为了表示对老人的敬重，桓公专门为老人举行了隆重的欢迎仪式，并且给予优厚的待遇。

这件事很快传遍了四面八方。不久，各地的人才都纷纷来到齐国国都，效力于桓公麾下。

其实，管仲的人才谋略还有更广宽的内容。他建议桓公要注意用人一技之长：懂诗的可以用来记述社会事务，懂天时的可以用来记述年景丰歉，懂历史的可以用来记述国事的成败，懂出行的可以指导行路的顺逆，懂《易》的可以用来掌握吉凶与成败，懂卜卦的则可以预测凶吉与利害。对于百姓中凡是有上述技艺的人，都要赐给一定数量的土地和布匹，使他们生活有依靠，并授予官职，帮助国君及时发现问题。例如，懂天时的官，在事前及早说明年景情况，使国君不错过时机；懂历史的官，可以及时总结国事的得失，作为今后理朝的经验教训；懂《易》的官，可以掌握祸福凶吉，使国事不至于发生错乱。管仲还重视对专能人才的培养，如精通农事的、善养牲畜的、精通园艺的、善种蔬菜的、善于治病的、懂得养蚕的，等等，都给予一定的奖赏，并不让兵役之事干扰他们，以充分发挥他们的专业才华，保证国家财用的积蓄充裕、消费充足。

对于人才，要大胆加以使用，但更重要的是要花大气力培养，任何急功近利的做法，都是难以收到好的效果的，只用不育，必将才源枯竭。西汉开国皇帝刘邦也是一位善于"谋百年大计，种百获之树"的政治家，他团结、招纳张良、萧何和韩信"三杰"，成为他建功立业、改朝换代的最得力助手。

张良原是韩国贵族，曾经结交刺客狙击秦始皇于博浪沙，他曾向刘邦提出不立六国后代，联结英布、彭越、韩信等军事力量的策略，又主张追击项羽，彻底消灭楚军，这些建议，都被刘邦所采纳。萧何原来是沛县的一名小吏，参加并辅佐刘邦起义。当起义军进入咸阳时，萧何不仅及时规劝刘邦不能贪图享乐，而且用政治家、战略家的眼光，找到秦王朝的律令图册，掌握了全国山川险要、郡县户口等情况，还推荐韩信为大将，自己则以丞相身份留守关中,巩固刘邦的战略后方,源源不断地向前线输送兵员粮草,使刘邦在楚汉之战中取胜。韩信原来是一个贫困潦倒的流浪汉,曾在项羽手下当一名管粮草的小官。投奔刘邦后,很快被重用,任大将之职,用兵如神,屡建战功,成为刘邦打败项羽的最关键性人物。

由于刘邦广集良才,任贤使能,因此,在他的麾下,聚集了一个由不同社会阶层、不同出身和阅历的贤能人物组成的强大人才集团。例如,陈平出身贫困,做小官时贪污受贿,且与嫂子关系暧昧,投奔刘邦后,被任以护军中尉之职,陈平竭尽职责,为创建汉王朝做出了重大贡献。此外,曹参是沛县的一位小吏,周勃以编席为业并兼做吹鼓手,樊哙是一个屠夫,灌婴是贩布的,夏侯婴是马车夫,彭越、黥布曾当过强盗,叔孙通原是秦王朝的博士,张苍是秦王朝典掌文书档案的御史,等等,他们都被刘邦恰当地录用,不但帮其打天下,而且帮其治天下。

公元前 202 年,刘邦在洛阳南宫举行盛大庆祝宴会上对文武大臣这样说:"夫运筹帷幄之中,决胜于千里之外,吾不如子房(即张良);镇国家,抚百姓,给馈饷,不绝粮道,吾不如萧何;连百万之军,战必胜,攻必取,吾不如韩信。此三人,皆人杰也,吾能用之,此吾所以取天下也。项羽妒贤嫉能,手下只有一个范增而不用,此所以为我擒也。"刘邦在这里言简意赅总结的夺取天下的必须善于培育人才、任用人才的经验,几千年来一直为后人所称道。

2.广招贤人,嘉美礼之

公曰:"然则取士若何?"管子对曰:"假而礼之,厚而勿欺,则天下之士至矣。"

《管子·小问》

桓公问管仲,怎样选取天下的豪杰之士?管仲回答说,嘉美而以礼敬之,厚待而不使其受委屈,这样天下的豪杰之士就会来到我们齐国了。

广招贤人,是一切有作为的政治家和领导者都实行的人才战略,而要真正做到广招贤人,又必须对人才以礼相见,以礼相待,嘉美敬重。光有广招贤人的愿望,而缺少"假而礼之,厚而勿欺"的实际举措,贤人是难以招到的。有时虽然招到一些人才,但终究也会离去。所以,管仲将嘉美礼之作为选取天下豪杰之士的方略,这正体现了其人才智谋的全面性、实在性。

燕国地处我国北方,在战国七雄中是最落后的一个。公元前 314 年,燕国的国君哙让位给燕相子之,引起国内大乱。齐湣王乘机起兵,杀死了燕王哙,占领了燕国。燕国人民不甘心亡国,起来反抗,赶走了齐人,并找回了燕太子姬职,立他为王,是为燕昭王。

燕昭王即位时,面对连年战乱而变得满目疮痍的祖国,立志不惜代价,复兴燕国,并期待有朝一日能报仇雪耻。他还认识到,治理国家千头万绪,最重要的是广招人才,有了人才,方能百废俱兴。为了求得贤才,他前往谒拜年高望重的名士郭隗,请教招贤之策。

諸子百家

法家

郭隗告诉他，凡是成就帝业的人，以贤者为师；要想成就王业的人，与贤者为友；要成就霸业的人，以贤者为臣；如果是亡国之君，则以贤者为奴仆。作为一国之君，能否招来贤士，取决于他对贤士能否以礼相待。如果盛气凌人地求贤，只有干苦力、服劳役的肯来；如果按一般的君臣之礼求贤，具有一般才能的人可能会来；只有完全放下君主的架子，屈尊折节地求贤，才会将才智高出自己百倍的贤士吸引到自己身边。

于是，昭王拜郭隗为师，给郭盖了一座宫殿。并且像学生请教老师那样，每天都去探望郭隗，当面求教。为了广招贤才，燕王还按照郭隗的建议，在易水河畔建筑了一座"黄金台"，里面堆放着金子，专门用来招纳贤人、接待志士。这么一来，燕昭王爱贤招贤的名声就迅速传开了，许多有识之士为燕昭王的真诚和慷慨所感动，纷纷从四面八方来到燕国。齐国的邹衍就是其中之一。

邹衍是当时著名的阴阳五行家，他在游历了韩、魏、赵等国后，来到燕国。燕昭王听说邹衍要来，便早早地等候在城外。当邹衍到来时，昭王亲自用衣袖裹着扫地，一边退着一边为邹衍清扫道路。到了宫中，昭王将邹衍请到老师的位置上，而自己则坐在弟子席上，毕恭毕敬地请邹衍以师长的身份给自己授业。为了表示对邹衍的敬重，昭王还特意为其修建了一座宫室，有事就到住处登门请教。昭王厚礼待士、卑身求教的行为，使邹衍深为感动。于是，他决定在燕国长期住下来。这件事在诸侯国引起强烈反响，使到燕国来的贤人更为踊跃。昭王大开国门，不仅欢迎知名学者，而且还把"愿破齐国者""善用兵者"尽数收留下来，给予优厚待遇。由此，在当时出现了"士争凑燕"的局面。

魏国名将乐羊之后乐毅，才学出众，深通兵法，是一位能文善武的难得人才。他听说燕昭王能"屈身下士"，便前去拜见。果然受到隆重接待，并被任命为亚卿。乐毅协助昭王推行改革，在政治方面，制定法律、严明法纪，确定察能授官的用人政策，以正吏风；在安民方面，循法顺令，奖励守法庶民，以稳定社会秩序；在吏政方面，提倡"吊死问孤，与百姓同甘苦"，以笼络民心，争取全国各阶层的拥护；在军事上，进行战法和纪律训练，以尽快提高燕军的战斗力。为了富国强兵，燕昭王兢兢业业奋斗了 28 年，终于使燕国强大起来。公元前 284 年，昭王拜乐毅为上将军，联合秦、楚、韩、赵、魏等国共同伐齐，乐毅出任六国伐齐联军的最高军事统帅，导演了一出复仇伐齐战争的雄伟活剧。

汉武帝刘彻是中国历史上杰出的帝王之一，他在功业上的成就，是与他十分注意选拔和任用各种人才分不开的。元封五年（公元前 104 年），武帝向全国颁发了一份《求贤诏》，其内容大意是：凡是要想建立不平常的功业，就需要有才华出众的人。有的马奔跳着踢人，却能日行千里；有的士人被世俗讥笑议论，却能屡建功勋。力大性悍的强马往往能把车翻覆，不拘小节的壮士可能不安分守己，但这主要是在于如何驾驭使用。因此，各州县地方官要察举下属和百姓中优秀杰出的人才，选拔那些能够担任将相和出使异国他邦的人。这份招贤纳才的诏书，反映了汉武帝求贤若渴的心情，以及豁达大度的帝王之风。

为了达到广集人才的目的，汉武帝采取了一系列措施：确立和完善"察选"制；发展"征召"制；创设"公车上书"，即民众可直接向县、州或朝廷上书陈事；兴办"太学"，以培育专门人才。由于汉武帝重才爱贤，因此，在不太长的时间里，就吸引了大批人才，形成了一个人才辈出为他出谋划策、效力疆场的局面。例如，文韬武略、智勇兼备的军事家卫青、霍去病，由于汉武帝的破格提拔，20岁上下就被拜为车骑将军，率领数十万军队，先后7次出塞抗击匈奴的进犯，为西汉王朝疆域的巩固和扩大建立了不可磨灭的战功；谋士公孙弘向汉武帝建议关心人民生活、重视农业生产、明赏罚等治国之策，受到武帝重用，官至丞相；财政专家桑弘羊在全国范围内实行均输、平准的经济政策，先后理财40年，对国强民富起了重大作用；探险家张骞出使西域，促进了汉与西域的文化交流；农业科学家赵过被任命为主管全国农业生产的搜粟都尉；等等。正是这些文臣武将得到汉武帝的量才录用，他们都竭忠尽智，辅佐汉武帝在位54年，使汉武帝在国家治理、反对匈奴、开拓疆域等各方面都取得了重大成就，创造了西汉王朝的鼎盛时期。

3.用人苟大意得，不以小缺为伤

"鸟飞准绳。"此言大人之义也。夫鸟之飞也，必还山集谷。不还山则困，不集谷则死。山与谷之处也，不必正直。而还山集谷，曲则曲矣，而名绳焉。以为鸟起于北，意南而至于南；起于南，意北而至于北。苟大意得，不以小缺为伤。故圣人美而著之曰：千里之路，不可扶以绳；万家之都，不可平以准。言大人之行，不必以先常，义立之谓贤。故为上者之论其下也，不可以失此术也。

《管子·宙合》

"鸟飞准绳"这一经文，说的是伟大人物必须把握的义理。鸟儿的飞翔，必然会返回到山上或集合在谷中。不返回到山上就会困顿，不集合到谷中就会死亡。山和谷的位置，不一定平正笔直。虽然返回山上或集合谷中的路线是曲折的，但总方向则像绳一样是直的。因为鸟从北方起飞，意向到南方就飞到南方；从南方起飞，意向到北方就飞到北方。只要大的意向是正确的，从不以小的曲折为妨害。所以，圣人赞美这种情形并著书立说称：千里之遥的路途，不可能用绳墨来扶直；万家之众的城市，不可能用准具来取平。这也就是说，伟大人物的行动，不必拘守先例与常规。只要义理立得住就可以称作贤明。所以，君主在考察评价臣子时，不能够丢掉这个选人、论人的方法。

"鸟飞准绳"本来是一个哲学命题，管子将此运用到国家管理，尤其是人才选用上，提出不应拘守常规、先例，不拘一格选人用人。这种转借和运用更进一步说明了管子人才智谋的丰富理论基础。

管子的"不拘一格选人用人"谋略，实际上是从他自身经历中总结出来的。管仲之所以能成为齐国的相国，就在于齐桓公对其不拘一格地选拔和任用。因为，管仲在辅佐公子纠时，为了帮助公子纠夺取齐国王位，曾经向公子小白（齐桓公）射过一箭。齐桓公上任后，开始对管仲恨之入骨，表示要报一箭之仇，杀掉管仲。但是，当桓公了解到管仲是旷世之才，齐国要称霸诸侯，非管仲参政辅助不可时，就用计从鲁国把管仲引渡回齐国。

管仲归齐后,桓公抛弃个人恩怨,不计前嫌,拜管仲为相国,地位在自己的忠心辅臣鲍叔牙之上,这样,才使管仲有得以施展自己才华的机会。而且,管仲也没有辜负齐桓公的厚爱,殚精竭虑,辅佐桓公九合诸侯,称霸天下。

由于管仲自己有这种知遇之恩,因此,在他执政时,在人才问题上,他也一直恪守不拘一格选人用人、"不以小缺为伤"的策略。

公元前681年春天,齐桓公为了谴责宋桓公违背北杏盟约的行为,采纳管仲的计谋,派隰朋讨得周天子之命,出兵讨伐宋国。陈、曹二国申请派兵配合齐国,并愿为先锋。于是,桓公派管仲率领一支人马为先行,去与陈、曹两国的军兵相会。

管仲择定吉日,率领整齐威武的齐军,雄赳赳、气昂昂地开出临淄南门。因为齐桓公好色,每次出行总是要带着姬嫔随行,所以,管仲这次也把爱妾婧带上了。

队伍出都城约行了30余里,来到了猕山脚下。只见一个村野男子,穿着短褐单衣,破笠赤脚,一边放着牛,一边用手拍着牛角,高声唱着歌。管仲见此人气质不凡,独具一格,就让侍卫拿些酒食去犒劳其人。谁知牧牛人吃完酒菜后提出要见管仲。侍卫听后有些不耐烦地说:"相国的车已经过去了。"于是,牧牛人请侍卫转告相国一句话:"浩浩乎白水!"侍卫追上管仲的车,把放牛人的话告诉管仲。管仲听后有些茫然,一时解不出其中之意,便转身问妾婧。婧略加思索后说:"相爷,古时不是有一首《白水》诗吗?'浩浩白水,儵儵之鱼,君来召我,我将安居。'说的是某人要求做官。这个放牛人大概是想做官吧!"

管仲听了妾婧的点拨,立即命令停车,便派侍卫将放牛人招来相见。管仲问牧牛人的姓名,牧牛人答道:"我是卫国人,姓宁名戚。因为仰慕相国礼贤下士,所以不怕路远来到这里求见。因一时未见到你,所以才给村人放牛。"管仲接着问学术诗理、经世之道等方面的问题,宁戚都应答如流。管仲心中十分欢喜,对宁戚说:"我看先生谈吐非凡,英华过人,当推荐于君上。"随即倚车修书一封,亲手交给宁戚,道:"管仲军务繁忙,不能当面向君上荐举先生。再过两天,君上亲率领大军前来,也必定路经此地。请先生将此书信面呈君上,必获重用。"宁戚接过信,惊喜交加,与管仲辞别。

其实,这次与管仲相见,是宁戚精心谋划的结果。宁戚出身贫贱,家境困苦。尽管如此,他仍很小就下定决心,要出人头地,干一番大事。他酷爱读书,善于动脑,18岁开始,便到处游历,一边给人家打工糊口,一边了解各诸侯国的情况。经过几年时间,他走遍了中原各诸侯国。他知道,要施展自己的才华,必须有一个前提,那就是必然遇到开明的国君。他本想在卫国效力,可是卫惠公是位平庸的国君,胸无大志,统治卫国几十年,没有什么建树。继位后的卫懿公更糟,是位标准的花花公子,只知道吃喝玩乐。他了解到齐桓公是位明君,而且有管仲做相国。他对管仲大胆改革的胆略和气魄,更是佩服,因此决心到齐国一展自己的才华。他听说一位牛贩子要到齐国做买卖,便主动要求帮牛贩子干活,只要管饭,不计较工钱,牛贩子十分乐意他帮忙,就这样宁戚来到了齐国。几天后,他打听到齐国伐宋的消息,便以牧牛为幌子,在这通往宋国的必经之路上等待管仲。

当管仲率领的队伍出现后,宁戚激动不已。他不想卑躬屈节地向管仲乞求,便想出了唱歌的方式，试探管仲的学识。与管仲见面后，宁戚感到管仲确实了不起，谈吐之间处处展露出经天纬地的才华，初次见面，管仲就谦虚地向自己请教，还亲笔写举荐信，真不愧为仁人君子。

三天后，宁戚在同一地方见到了齐桓公。由于其超凡的才干和管仲的举荐信，赢得了桓公的赏识，被拜为大夫，受命与管仲同参国政。宁戚也没有辜负桓公和管仲的厚爱，在这次随征中，仅凭三寸不烂之舌，就使宋桓公向齐国求和，取得了不战而胜的战绩。

领导者要做到"不拘一格选人用人"，第一需要打破论资排辈的框框，废止年龄和资历等界限；第二需要看到人非圣贤，不可能没有缺点、过失；第三需要具备容人之量。

作为人才智谋，"不拘一格选人用人"，有着广泛的应用范围，它也是企业经营中的重要人才谋略。美国福特汽车公司负责人就认为，人才的选择就要求不拘一格，大胆聘用、升迁，打破公司管理人员暮气沉沉的气氛，使公司迈向繁荣。亨利·福特十分重视培养和提拔年轻的工程师。他大胆起用年轻的建筑师阿尔巴顿·康，成功地主持了别克汽车新工厂的修建，此后，在设计海兰德公园工厂时，阿尔巴顿·康向福特提出将建筑物外观总面积的75%用玻璃的建议，并设计在总装厂房与机械厂房之间用钢梁相通，制造完成的引擎或变速器就可以利用天井中的吊车搬到总装厂房，然后在总装厂房四层的全楼面的天井也装上吊车，建造一个重力倾斜式的生产流水作业台，成品由高处向下自然滑动，而工人则可以不动。这一设计，使福特公司诞生了一个93分钟的造车秘诀。

正是由于福特公司不拘一格"升"人才，因此，当其他公司来挖墙脚时，有强大的人才群作支持，迅速补缺，不仅不至于影响正常运转，反而还会因新人的出现创造出新的成果。他们还认为，不拘一格选人用人，不一定要100%的优秀，只要有60%的可能性，就可以提拔。因为，人的能力，不放在一定的场合，不可能全部都看得出来，不做做看，就可能不知道，所以，得到60分，应该可以算是及格了。将其破格提拔上来，把职位交给他，鼓励他努力去做，就可以发挥其潜能作用。这大概也可以算作选人用人的秘诀吧！

4.各顺其序，各司其职

天子出令于天下，诸侯受令于天子，大夫受令于君，子受令于父母，下听其上，弟听其兄，此至顺矣……是故岁一言者，君也；时省者，相也；月稽者，官也；务四支之力，修耕农之业以待令者，庶人也。是故百姓量其力于父兄之间，听其言于君臣之义，而官论其德能而待之。大夫比官中之事，不言其外；而相为常具以给之。相总要，诸官谋士量实议美，匡请所疑。而君发其明府之法瑞以稽之，立三阶之上，南面而受要。是以上有余日，而官胜其任；时令不淫，而百姓肃给。唯此上有法制，下有分职也。

《管子·君臣上》

天子向天下人发布号令，诸侯则从天子那里接受命令，大夫则从本国国君那里接受命令，儿子则从父母那里接受命令。下面听从上面的，弟弟听从兄长的，这就是最顺的秩序。由于上下有序，因此，君主总是按年布置和考察事务，辅相是按四时季节布置和考察事务，百官是按月布置和考察事务，而从事体力劳动、专务农业的平民则是等待着政令。

所以,对于平民百姓,应当在他们的父兄中间评量其劳动,从君臣大义上听取其言论,然后由官吏确定其德行和才能对待之。大夫只安排官职以内的事务,而不论及职责以外的事情。至于辅相,则要定出经常的条例规章给百官做依据,尽管这样,辅相也是总揽枢密重要之事,诸位官员谋士则根据实际情况加以评议,并请辅相匡正疑问。君主则只是调用法令来稽考查验诸事,自己只要站在三层台阶之上朝南接受辅相呈上的政事枢要就行了。如果上上下下都这样做,君主就有余暇的时日,百官则胜任自己的职务。四时的政令不出错误,百姓也会严肃地完成对于上面的供应。这也就是上有法制、下有分职,各顺其序、各司其职的结果。

管子还认为,作为君主,需要探求的是统御众官的方法,而不是去干预众官职责以内的事务,作为官吏,需要用心的是处理好职责以内的事,而不要超出到职责以外去。这既是君道,也是臣道。君道不明,奉令行事的百官就会发生疑虑;臣道不明,奉公守法的百姓就会迷茫困惑。由此可见,管仲的"各顺其序,各司其职",不仅是一种社会局面,更主要的是一种用人、统御之谋。

管仲拜相之后,与齐桓公谈了整整一夜,亮出了他的改革方略。在官吏选拔上,管仲提出了"三选"制度,即凡是人才,由乡长或属大夫向上推荐,朝廷重臣进行考评,桓公亲自策问。他还主持制定了官吏的主要职责,如规定:

制定防火的法令,禁止在山泽林薮之处堆积枯草;国有自然资源的产地,负责按时封禁和开放,使人民有充足的房屋建筑用材料和柴草贮备,这是"虞师"的职责。

排泄积水,疏通沟渠,修整堤坝,以保持水利设施的完好与安全,做到雨水过多时无害于五谷,年景干旱时,也有收成,这是"司空"的职责。

观测农田地势的高下,分析耕地土质的肥瘠,查明土地的适宜用途,明定农民应召服役的日期,对农民从事生产和服役的先后,按照农作

齐桓公

物时令的不同,做出适当的安排,使五谷桑麻的种植,各得其所,这是"司田"的职责。

巡视于乡里,察看房屋,观察各种作物的种植和六畜的生长状况,并按时令做出恰当的安排,并且注意劝勉百姓,使百姓们努力耕作,不偷闲误时,留恋家室,不轻易离开乡里,这是"乡师"的职责。

考察各种工匠,审定他们各个时节的作业,分辨产品质量的优劣,提倡产品的完美精致,并且对所辖地区的生产实行统一管理,全面安排,禁止一些刻木、镂金、彩织之类的奢

侈工艺品在各乡制造,这是"工师"的职责。

总之,在管仲看来,各顺其序,各司其职,各守其类,上下就有一定的体统,内外就有一定的分别,行事就有一定的法度,人民生活也就有依靠。

"各顺其序,各司其职"作为御人谋略,是从御事中体现出来的。《吕氏春秋·察贤》提出过两种御事方法:事必躬亲和事不躬亲。说的是宓子贱和巫马期先后治理单父之地,宓子贱治理时,每天只见他在堂上静坐弹琴,没见他做什么,但却把单父治理得相当不错;巫马期治理单父时,则披星戴月,早出晚归,昼夜不得空闲地亲自处理各种政务,单父也被治理得不错。这两种御事方法谁优谁劣呢?古人有这样的评论:事不躬亲是"古之善为君者"之法,它"劳于论人而佚于官事",是"得其经也";而事必躬亲则是"不能为君者"之法,它"伤形费神,悉必劳耳目",是"不知要故也"。前者是使用人才,任人而治;后者是使用个人力气,是任力而治。使用人才而治者,百官而治之;使用力气而治者,必然辛苦劳顿。

让部属各顺其序,各司其职,对于领导者来说,就是要行事不躬亲之策。领导者重在抓纲,纲举目张,这是基本的统御之道。第二次世界大战时,英军统帅蒙哥马利就曾这样提出:身为高级指挥官,切不可事必躬亲于细节问题的干预。他自己的作风就是,在"踱方步"中为重大问题消磨时间。他认为,在激战进行中的指挥官,一定要随时冷静思考怎样才能夺取战役胜利的大问题,而不必为一些细枝末节分心费神。假如一个指挥官过于斤斤计较细节问题,必将对真正事关战局的要务视而不见。而这种本末倒置的作风,必将使幕僚们无所适从,进退失据。

"各顺其序,各司其职"智谋,在企业经营管理中也是可以运用的。每一个企业经营管理者,都希望自己的部属充分提高工作效率。一个公司的茁壮成长,单靠一个精明干练的长官是不够的,只有每个员工都在自己的岗位上,充分发挥自己的专长和能力,尽职尽责,公司才会蒸蒸日上,蓬勃发展。

美国军火大王杜邦,从经营中小企业起,慢慢挣扎,直到创造庞大的事业。在创业之初,公司从采购到销售,都由他一个人亲自包揽。后来,随着公司规模的日益扩大,内部行政和外部事务日益繁杂,杜邦便雇请一批管理人才。他对这些管理职员。总是强调各自发挥自己的专长,尽责做好本职工作。杜邦认为,一个公司就好像一幅地图,每个员工都能在图上找到自己最适合的点,这样的一幅图才显得愈加灿烂辉煌。他经常对其部属说的一句话是:"你们必须全力发挥专长,贡献力量,把事情做得更加合理化。"其公司的职员在业务中,也都牢记杜邦的这句话,尽其才,司其职,努力去完成承担的各项业务。

一位领导者,不需要他是万能的,但却要求他能发挥万人之能。美克德公司是一家经营唱片和音响的企业集团,在第二次世界大战之前,已经具有显赫的声誉。可是,由于战争的影响以及其他一些原因,使这家拥有一流人才和高超技术的公司,迟迟不能展开重建的工作。后来,曾在"二战"期间担任过美日和谈全权大臣的野村吉三郎出任公司社长。虽然他对企业的经营是外行,对唱片、音响更是一窍不通,但是,他却知道身为一个领导者所应该知道的事情,知道如何发挥员工的专长和能力。在具体的业务工作中,野村吉三郎注意人尽其才,各司其职,使得具有专业技能的人,都有机会充分发挥自己的长处。于是,美克德公司在一个缺少业务知识的人的领导下,很快地从战后的废墟上建立起来,创造了企业发展的一桩奇迹。

5.察能而授官

虽有明君,百步之外,听而不闻;闻之堵墙,窥而不见也。而名为明君者,君善用其臣,臣善纳其忠也。信以继信,善以传善,是以四海之内,可得而治。是以明君之举其下也,尽知其短长,知其所不能益,若任之以事。贤人之臣其主也,尽知短长与身力之所不至,若量能而授官。上以此畜下,下以此事上,上下交期于正,则百姓男女皆与治焉。

《管子·君臣上》

即使是圣明的君主,在距离百步以外的地方,想听也照样听不见;隔着一堵墙,想看也照样看不见。然而之所以称得上明君,就是因为善于任用他的臣子,其臣下也善于献出他们的忠诚。信诚引导出信诚,善良传递着善良,所以天下都得到治理。由此可见,圣明的君主举用下面的人才,总是全面了解他们的短处和长处,查考他们能力的大小,然后委任以职务。贤能的人才侍奉君主,也完全认识自己的短处和长处,以及自己力所不能及的限度,度量自己的能力而接受官职。如果君上按照"察能而授官"的原则任用臣下,臣下按照量能授官的原则侍奉君上,君上和臣下互相想念着公正,那么,全国的黎民百姓都能治理好了。

人们常说知人善任。无论是国家的最高统帅,政府的最高领导人,还是一般的领导者,要想使所用的人才达到"善任"程度,首先必须"知人"。也就是说,知人方能善任。管子在这里提出了"察能而授官"和量能授官的智谋。一般说来,量能授官要求的是谋官者的自知之明,而"察能而授官"则是领导者在用人上的统御之道。不注意察能而授官,不了解所用之才的长处和短处,就必然在用人问题上产生盲目性,甚至用错人。

用人做到察能而授官,就能最大限度地发挥人才的作用。《郁离子》曰:"智人出也,善用之,犹山之出云也;不善用之,犹火之出烟也,韩非囚秦,晁错死汉,烟出火也。"也就是说,有才智的人出现了,善于使用他,就像山里出现云后把它奉为神灵一样;不善于使用他,就像火中出现的烟。韩非子被秦国囚禁,晁错被汉朝杀害,这就是从火中出现的烟。历史往往证明,人才固然可贵,但更重要的是如何善于使用人才,人尽其用。如果使用不当,就会白白浪费人才;如果用错了人,就有可能贻误事业。明太祖朱元璋在用人上就曾有这样的教训。

刘基是朱元璋的得力谋士,在辅佐朱元璋平定天下的过程中,料事如神,颇具传奇色彩,被赞誉为当朝的诸葛孔明。刘基在朝官至御史中丞,朱元璋多次要给其加官晋爵,都被刘基婉言拒绝。刘基不仅自知之明极强,而且对朝中文武百官也十分了解,经常为朱元璋用人出谋划策。

诸子百家 — 法家

李善长是朱元璋的同乡,自幼有远大志向,也很有心计,颇受乡里人尊重。元至正十二年,他听说朱元璋尊贤任能,广纳人才,便投奔了朱元璋,担任幕僚长。从此,他兢兢业业,悉心辅佐。由于李善长理政有方,屡建功绩,朱元璋也对其不断委以重任,待他当作最信任的心腹。然而,当李善长官至右丞相,爵授韩国公后,难免与朱元璋有些相左,于是,朱元璋想利用刘基取代李善长。

刘基知道朱元璋的这一想法后,专门拜见太祖,说:"李善长是功勋卓著的老臣,并且善于调和诸将之间的矛盾,皇上不能轻易更换他。"朱元璋对刘基的这种态度不理解,便问道:"李善长曾多次挑你的不是,你还为他说情,我想让你代替他,你还要推辞吗?"刘基连忙站起来,对朱元璋再拜后说:"感谢皇上的信任。然而,换丞相犹如大厦换砥柱,必须用大木才行,如果用小木,大厦必然倾倒。臣实属小才,不能胜当此任。"由于刘基坚辞,朱元璋也就没有撤换李善长。

可是,没有过多久,朱元璋还是罢了李善长的官。在确定替代者时,朱元璋问刘基:"你看杨宪怎么样?"刘基说:"杨宪这个人是个相才,但缺少丞相的气度。丞相要持心淡泊如水,处事只能以义理来权衡,不能掺杂个人私心,这一点杨宪不具备。"朱元璋又问:"汪广洋怎么样?"刘基回答说:"汪广洋器量偏浅,还不如杨宪。"朱元璋再问道:"那你看胡惟庸行不?"刘基摇了摇头,说:"这就好比让小牛犊驾车。胡惟庸就是这样一个人,一经重用,就会破辕惊车,祸害无穷。"朱元璋又试探着问刘基:"作为我的丞相,确实没有比你更合适的人选。"刘基答道:"臣下疾恶如仇,那一定会辜负您的恩典。普天之下,人才济济,皇上您还怕找不出一个好丞相,只要皇上用真心去发现,就一定能寻到贤相,只是眼下您左右这些人当中,我觉得没有人可以担当此重任。"朱元璋听后默然不语。

后来,杨宪因诬陷而坐罪被诛,朱元璋起用汪广洋为右丞相,胡惟庸为左丞相。汪广洋在位2年,浮沉禄位,无所建树,胡惟庸狡诈得宠,朱元璋竟用胡惟庸为右丞相。刘基闻讯后仰天长叹:"皇上不听我言,胡惟庸这小子得志,必定是一大祸害,但愿我的话不灵,才是天下百姓有福。"果然不出刘基所料,洪武十三年(1380年),胡惟庸谋反被诛,株连1.5万余人。

6.重德才,轻资历

其选贤遂材也,举德以就列,不类无德;举能以就官,不类无能。以德弁劳,不以年伤。如此,则上无困,而民不幸生矣。

《管子·君臣下》

君主在选拔贤能之才的时候,应举拔有德行的人进入爵位的行列,不可让无德的人加入其中;要举拔有才能的人担任适当的官职,不可让无能之辈混迹于官场。把德行放在功劳之上,不因为资历年龄而加以压制。这样做,那么君主就没有困难,而人们也不会追求侥幸了。

选拔人才坚持德才兼备,这是古往今来人们公认的选人标准。"德"主要指政治态度、思想作风和道德情操；"才"主要指文化修养、业务水平和工作能力。只要有德有才，即使年纪轻、资历浅，都应该大胆选用。管仲这一智谋的独到之处还包括：他把评选人才，衡量能力，考虑德行而加以举用，作为君主之"道"；他在重德才的同时，明确提出"不以年伤"。

一个人的德才素质是在实践中表现出来的，清皇太极就曾通过实践考察，大胆起用一名奴仆出身的士兵。清兵入关后突袭京师的第一个进攻目标，就是京师的重要屏障——河北遵化。皇太极率领三路大军将遵化城团团围住。

清晨，攻城的战斗打响了，一千余名兵卒，抬着木梯，背插大刀，冒着炮火，喊叫着跳下护城河，在齐胸的水里奋力向城墙根游去。神箭手萨木图登上云梯，像一只攀缘而上的猴子，几步蹿上城头，又飞快地跨到城墙垛内，举起大刀，左砍右杀，冲开了一条血路。

在萨木图的影响下，清兵们争先恐后爬上云梯，一齐向城墙冲去，一会儿工夫，一面黄色的云龙旗插上了遵化城楼。时至中午，守城明军死的死，降的降，清兵占领了全城。

进攻京城首战告捷，皇太极心中非常高兴。当晚，他在遵化城中摆开了庆功宴，并亲自圈定萨木图为头功。

当萨木图领赏时，皇太极拉着他的手，深情地说："自天聪以来，遵化之战，是我后金攻城战的重大胜利。萨木图你冒死攻战，第一个登上城头与明军搏杀，为大清立了大功、头功。朕现在宣布：萨木图官升三级，任把总，统兵1120人。赐号'巴图鲁'。同时。世袭官职，有过失终身免罪。另外，赐马5匹、骆驼3匹、蟒缎10匹。"

这位萨木图，原本是蒙古台吉的一个奴仆，几年前才随主人投奔后金。在兵营里当弓箭手，是一个默默无闻的小卒。但皇太极不以出身、资历论人，重在德才表现。只要有才能，不管什么出身，都受到重用。正是这种用人方略，使皇太极手下人才济济，势力越来越大。

选人用人不重资历重德才，尤其要注意起用开拓型人才。三国时期的刘备在用人方面，就十分注重开拓型人才的任用，不因资历而失误人才。其重用诸葛亮就是一例。

刘备屯兵新野期间，经常走访当地名士，求贤问能。一天，他到名士司马徽家，询问对局势的看法。司马徽向刘备提起诸葛亮，说其人是当今有真才实学的英雄俊杰。刘备忙问："诸葛亮有何能？"司马徽告诉刘备，诸葛亮是徐州琅琊阳都人，少年时因山东战乱，父母早亡，便随叔父来到了荆州。建安二年（公元197年），其叔去世，17岁的诸葛亮就在襄阳城西定居下来。他虽然躬耕隆中，但仍刻苦攻读经典史书，熟悉历朝兴衰的历史，还潜心研究兵法，满腹智谋韬略。他还时常以春秋战国时的管仲、乐毅自比，是一位难得的将相之才。

刘备听后，拍手叫好，高兴地说："我正需要这样的人才。"并表示要马上去请诸葛亮。当时有人建议刘备派人去请就行了，刘备摇头说："不行！这样的大贤人，我一定要亲自去请。"于是，刘备三顾茅庐，终于请得诸葛亮。

诸葛亮出任刘备的军师时，才27岁。他忠心耿耿地辅佐刘备，先取荆州及其以南大

诸子百家——法家